LES GRANDES DÉCOUVERTES

DU MÊME AUTEUR

Les archives (P.U.F., 1959 ; 4e édition, 1985).
Un conseiller de Philippe le Bel : Enguerran de Marigny (P.U.F., 1963).
Cartulaire et actes d'Enguerran de Marigny (Imprimerie nationale, 1965).
Les finances pontificales à l'époque du Grand Schisme d'Occident (De Boccard, 1966).
De Marco Polo à Christophe Colomb (Larousse, 1968).
Histoire de la Normandie, en collaboration (Privat, 1970).
Les contribuables parisiens à la fin de la guerre de Cent Ans (Droz, 1970).
Finance et fiscalité au bas Moyen Age (C.D.U.-S.E.D.E.S., 1971).
Paris au XVe *siècle* (Diffusion Hachette, 1974).
Le commerce fluvial dans la région parisienne au XVe *siècle* (Imprimerie municipale, 1975).
Philippe le Bel (Fayard, 1978).
La guerre de Cent Ans (Fayard, 1980).
François Villon (Fayard, 1982).
La France médiévale, en collaboration (Fayard, 1983 ; 2e édition 1990).
Le temps des principautés (Fayard, 1984).
De l'or et des épices. Naissance de l'homme d'affaires au Moyen Age (Fayard, 1987).
Archives nationales. Quinze siècles d'histoire, en collaboration avec Lucie Favier (Nathan, 1988).
L'univers de Chartres (Bordas, 1989).

JEAN FAVIER
de l'Institut

LES GRANDES DÉCOUVERTES

d'Alexandre à Magellan

FAYARD

Introduction

Le mouvement est naturel à l'homme. L'Au-delà n'est pas seulement ce vers quoi tend le destin de l'homme, c'est aussi ce sur quoi il s'interroge dans sa vie quotidienne. C'est l'au-delà des collines pour le villageois, l'au-delà de l'horizon pour le marin. La soif de connaître porte l'homme à inventer, puis à se déplacer.

Au-delà, les choses ne peuvent aller que mieux. Outre cet horizon qui ferme le domaine des certitudes et qui ouvre celui de l'imaginaire, comment ne trouverait-on pas le pays du printemps éternel, celui des verts pâturages, celui des sols fertiles, celui des fruits d'or ? En termes d'économie domestique, comment ne pas espérer, de l'Occident inconnu comme de l'équateur calculé, le poivre à bon marché et l'or abondant ? Les « autres brebis qui ne sont pas de cette bergerie » annoncées par l'Écriture ne seraient-elles pas à portée d'un voyage ? Pourquoi se contenter de la médiocrité des espaces reconnus ?

Celui qui découvre est celui auquel sourit la chance. Cette vue des choses tient à la philosophie quotidienne. Mise en œuvre par l'historien, elle fait parfois sa part à l'intuition si ce n'est au génie. Quelques images s'imposent alors, celle d'Archimède s'écriant *« Eurêka ! »,* celle du marin de Colomb criant « Terre ! ». Ainsi est-on amené à privilégier l'instant du succès et peut-être du hasard sur la longue durée des cheminements et des approches.

La découverte, cependant, s'inscrit dans une dynamique aux longues racines. Fruit du hasard pur, elle n'est que rarement féconde. Pour prendre place parmi les progrès qu'enregistre l'histoire, elle doit répondre à un besoin, et celui-ci ne saurait se définir que dans une conjoncture politique, économique et, on l'oublie trop souvent, intellectuelle.

Elle se fonde sur des moyens qui sont d'abord d'ordre financier mais parmi lesquels on ne saurait oublier l'expérience accumulée, celle des générations comme celle de l'individu qui cherche et qui trouve : une expérience faite d'autant d'échecs et de fausses routes que de certitudes vérifiées et de progrès irréversibles. Autant dire que le risque de la découverte accompagne celle-ci d'un cortège d'idées reçues et d'illusions. L'actif de l'héritage n'apparaît qu'à l'heure où la découverte acquise fait justice des hypothèses.

Le titre de ce livre doit être pris au sens qu'il avait dans les manuels où, enfants, nous apprenions notre rudiment d'histoire. Nous savons ce qu'il comporte de relatif : ce sont les « grandes découvertes » du monde par l'Europe. Ni en Asie, ni en Afrique, ni en Amérique on n'avait attendu pour exister les navigateurs européens. C'est dire qu'un tel titre ne comporte aucun jugement de valeur sur l'exploitation ultérieure des continents, non plus que sur les découvertes de la science aux siècles suivants.

Ouvrir le récit avec l'aventure couronnée de succès des Colomb, des Gama et des Magellan eût donné au découvreur d'une île, d'un cap ou d'un passage un rôle excessif par rapport à la tradition qui l'a conduit jusqu'à sa découverte. Ce que, depuis le temps de notre première culture historique, nous appelons « les grandes découvertes » est l'aboutissement de quelques millénaires d'appétit d'espace et d'interrogation sur la planète et sur ses terres émergées. Mais c'eût été une autre injustice que de refuser à ces aventuriers qui réalisèrent enfin le périple autour du globe le bénéfice d'un grossissement progressif de l'observation historique. A mesure qu'approche l'instant qui paraîtra plus tard décisif, l'initiative d'un homme ou d'un groupe, d'un prince ou d'un marin, pèse plus lourd dans la balance.

Le rythme de ce livre veut donc donner à la découverte ses dimensions véritables. C'est à la fois l'histoire d'une construction intellectuelle plus que millénaire, celle d'une conjoncture séculaire et celle d'une audace de quelques années. L'Orient ancien et la Grèce ont contribué à l'une, l'Europe occidentale à l'autre, et l'audace est celle d'une poignée d'hommes. La logique d'Aristote est à un bout, l'œuf de Colomb à l'autre.

Le besoin qui porte en germe les découvertes de l'espace, c'est d'abord le besoin vital de l'homme. Au début, on cherche des parcours pour l'élevage, des terres pour la culture. Ensuite, lorsque vient le temps des échanges commerciaux, on reconnaît des routes, on implante des comptoirs, on organise des aires qui sont autant de marchés. L'affinement des relations économiques conduit au besoin de ces métaux précieux qui deviennent à la fois l'étalon des valeurs et le moyen des paiements.

Il est un autre besoin, celui d'une compréhension du monde. Scientifique ou non, intéressée ou non, la curiosité pousse les hommes à affronter l'inconnu, à supporter les chaleurs du tropique et de l'équateur, à chercher les limites de l'Afrique, à poursuivre les chrétientés lointaines, à se risquer sur l'océan. La curiosité des cosmographes et celle des navigateurs se combinent avec la recherche d'une route directe vers les épices de l'Inde ou vers l'or du Soudan.

Chemin faisant, il a fallu triompher de quelques contraintes matérielles. La dernière et la plus rapidement surmontée est celle du financement. C'est au contraire d'une longue évolution des techniques — et de l'adoption progressive par les uns de tel ou tel perfectionnement introduit par les autres — que viennent à l'Occident européen, dans le temps où s'élèvent les grandes cathédrales qui sont aussi une victoire sur l'espace, ces équipements grâce auxquels on pourra s'engager dans l'aventure à long rayon et à long terme : la boussole sur pivot, le gouvernail d'étambot, le gréement différencié, la mesure précise des positions et celle des distances, la cartographie à deux dimensions. N'oublions pas une certaine intelligence du système des vents et des courants marins, sans laquelle nul ne maîtriserait les routes, celle de l'aller qui ne va de soi qu'au départ, celle du retour qui suscite plus d'angoisses que de termes assurés.

Les Colomb, les Gama et les Magellan sont ici débiteurs des marins chinois et des nordiques, des cosmographes grecs et des arabes, des compilateurs alexandrins de l'Antiquité tardive et des Parisiens du Moyen Age. Ils ne le sont pas moins des rumeurs que l'on récolte sur les ports, faites de l'observation avérée et du ouï-dire colporté. La culture du découvreur tient au polygraphe qui recopie comme au vieux marin qui raconte.

Parce que le goût de l'aventure se combine avec la recherche du profit, les illusions alimentent les projets et confortent les audaces. Il y a l'or qui pousse comme les carottes et que l'on cueille au soleil levant. Il y a le Prêtre Jean et son lointain royaume chrétien, que l'on ne sait où situer mais dont on est assuré qu'il procurera l'alliance de revers contre l'Islam. Il y a l'Inde, l'Inde fabuleuse que l'on place également en Afrique et en Asie, au point que l'on ne s'étonnera pas de la trouver au-delà de l'Atlantique : le monde moderne aura ainsi « les Indes ». Dans ce Moyen Age finissant, déjà capable d'élaborer une cosmographie avancée mais encore persuadé des « merveilles » qu'il a héritées de Pline l'Ancien et d'Isidore de Séville, les « îles » à découvrir tiennent autant du vieux mythe de l'Atlantide que des spéculations géographiques.

Trois vues se conjuguent donc, qui conduisent à trois interrogations fondamentales. Pourquoi les terres émergées — les terres où l'on pourrait porter l'Évangile — se réduiraient-elles aux seules terres connues, à ces terres dont on voit bien, depuis l'Antiquité, qu'elles n'occupent qu'un quart de la sphère ? Pourquoi ne pourrait-on contourner l'Afrique ? Pourquoi ne pourrait-on traverser l'océan ?

Les besoins sont ceux d'une société européenne qui touche les bornes de son expansion. Les questions sont celles que se posent quelques hommes, gouvernants, marchands ou marins. D'Alexandre à Magellan, ce sont bien la curiosité, l'avidité et l'audace d'un homme qui conduisent un jour l'entreprise qu'appelle le besoin profond de tous. Il a semblé nécessaire de s'attarder un peu sur la personnalité de ceux que des cheminements différents mènent sur la route de l'inconnu, celle du cap Bojador où l'on voit bouillir la mer, celle de l'Éthiopie chrétienne dont les chrétiens ne reviennent pas, celle du « passage » vers l'est ou vers l'ouest, dont le prix sera une étonnante stratégie marine et une effrayante somme de souffrances.

Que savent ces hommes ? Que peuvent-ils penser et dire quand il leur faut convaincre les princes, les savants et les financiers ? Comment réagissent-ils quand la route est troublée par une boussole que désoriente la déclinaison magnétique ou par une observation astrale que fausse le roulis ? De quel héritage sont-ils porteurs ? De quelles certitudes sont-ils, à tort ou à raison, fortifiés dans leur détermination ?

On trouvera dans ce livre toutes sortes d'hommes du voyage, de l'infant Henri le Navigateur qui navigue si peu au marchand Usodimare qui fuit ses créanciers, du lettré Ibn Battuta qui joue les ambassadeurs et satisfait surtout son appétit du monde visitable au rêveur Gadifer de la Salle qui joue pour lui-même le personnage d'un roman de chevalerie. Ouverte sur les grands mouvements de peuples qui ont façonné l'Europe, l'histoire s'achève sur les profils contrastés du fils de tisserand génois qui découvre l'Amérique sans le savoir, du hobereau portugais qui meurt dans sa découverte, de l'esclave malais et du forban espagnol qui, l'un depuis Malacca et l'autre depuis Séville, auront les premiers accompli le périple du globe et réalisé ainsi l'un des plus vieux rêves de l'homme.

Le Péage, 31 décembre 1990

Le contre-amiral François Bellec et mon collègue Jean-Claude Hocquet ont bien voulu me faire part de recherches en cours. Je les remercie très vivement.

Dans les choix que j'ai dû faire pour nommer les pays, îles et villes auxquels les siècles et les usages nationaux ont donné des noms différents, j'ai surtout voulu éviter les confusions. Je prie le lecteur de croire que ces choix n'ont aucune signification politique au regard du monde contemporain.

Les textes cités sont tous tirés des ouvrages mentionnés dans la première partie de la bibliographie. La traduction de certains passages a été revue.

PREMIÈRE PARTIE

Aux origines de l'aventure

CHAPITRE PREMIER

Les empires

Aussi loin que porte le regard de l'historien, les peuples paraissent déjà préoccupés d'entrer en relations avec les mondes étrangers, d'organiser au-delà de leurs établissements fixes de véritables routes économiques, de chercher hors des voies de leur nomadisme habituel de nouveaux parcours et de nouveaux climats. Au IVe millénaire, l'Égypte unifiée par la mainmise du Sud sur le Nord fait appel à l'or et aux lapis-lazuli de l'Iran. Au IIIe, le cuivre anatolien alimente les artisanats de tout le Proche-Orient, les premiers pharaons de Memphis font venir de Somalie leur encens et Sargon Ier soumet les voisins de la Babylonie pour assurer ses approvisionnements par le contrôle des routes qui unissent la basse Mésopotamie à l'Iran, à l'Arabie, voire à l'Inde.

Nul ne nous dit vraiment l'idée que ces premiers artisans de l'expansion se font des peuples et des pays à découvrir. Lents sont les mouvements, et approximatives les directions. Les produits du grand trafic sont en revanche bien discernés, et la naissance d'une civilisation du bronze affine la carte des ressources naturelles. Routes maritimes et pistes caravanières vont avec précision vers le cuivre et l'étain comme vers l'or et l'argent. On sait où sont les richesses exploitables, et l'on pèse au premier abord la richesse des cités et des États.

L'Orient

Il n'en faut pas plus pour pousser à la migration les peuples pauvres. A la fin du Bronze ancien (fin du IIIe millénaire) déjà, les nomades amorrites passent du désert de Syrie vers les riches plaines de Mésopotamie. Au Bronze moyen, ces mêmes Amorrites mettent la main sur la haute Mésopotamie. En occupant Mari (1798), ils prennent le contrôle du commerce avec les pays riverains de la Méditerranée. Pendant ce temps, les Égyptiens soumettent la Nubie et sont présents en Syrie, alors même que les Syriens créent des comptoirs à Chypre et en Crète. Un peuple passablement hétérogène, venu de Palestine, atteint le delta du Nil et s'y installe en vainqueur grâce à la supériorité de son armée de cavaliers ; ce vont être en Égypte les XVe et XVIe dynasties royales (1720-1567), celles des Hyksos, c'est-à-dire des Étrangers.

Des empires se constituent. L'Amorrite qui règne à Babylone, Hammourabi (1792-1750), étend son éphémère domination sur tous les pays du Tigre et de l'Euphrate. Quelques années plus tard, ce sont les Assyriens de haute Mésopotamie qui prennent la tête. Venus de Cappadoce, les Hittites, qui sont un peuple indo-européen, forment aux XIVe et XIIIe siècles un empire qui englobe l'Anatolie, atteint l'Égée à Smyrne, touche à la Syrie. Au début du XIIe siècle, des peuplades venues des îles, les « Peuples de la Mer », dominent à leur tour la Syrie, l'Anatolie, voire l'Égypte.

Des aires économiques se laissent entrevoir en Méditerranée. Du XVIe au XIVe siècle, c'est celle des affaires crétoises en Méditerranée centrale. On parle de la période minoenne. La relève est prise, jusqu'au XIIe siècle, par Mycènes. Soulignée par un rayonnement artistique qui adopte et enrichit l'héritage minoen de la Crète, l'influence de Mycènes s'étend vers l'ouest jusqu'en Italie méridionale.

Pour autant qu'on en distingue bien les contours généraux plutôt que l'anecdote, cette histoire semble faite de volontés expansionnistes plus que de véritables mouvements. Au fil des siècles, certains élargissent leur territoire, mettent la main sur des routes, des mines ou des ports, et les perdent un jour ou l'autre. Avec l'apparition des peuples du Fer, c'est au contraire un mouvement de fond qui, à partir du XIIe siècle, bouleverse le Proche-Orient. Ces peuples indo-européens, que caractérise une étonnante maîtrise d'un fer au carbone déjà proche de l'acier, ne sont pas, comme la plupart de ceux que l'on vient de citer, des gens qui s'étendent, ce sont des gens qui bougent.

Notons-le tout de suite, c'est alors en tous les sens que les populations de l'Asie se mettent en mouvement. Vers ce même XIIe millénaire, alors qu'en Europe occidentale l'âge magdalénien touche à sa fin avec les peintures rupestres d'Altamira, des Asiatiques venus de Sibérie traversent les étendues froides de l'Alaska et gagnent les plaines giboyeuses de ce qui sera le cœur de l'Amérique. Ont-ils franchi le détroit de Behring sur des radeaux de fortune ? N'ont-ils pas plutôt profité d'un isthme mis au sec, à l'emplacement du détroit de Behring, par l'abaissement du niveau de la mer consécutif à la dernière grande glaciation ? On retrouve aujourd'hui des traces de cette première civilisation américaine jusqu'au Nouveau-Mexique.

Venue de l'Asie centrale, une première vague de migrants a atteint l'Iran vers le XVIe siècle. Elle s'y est lentement perdue. Une autre touche, quatre siècles plus tard, aux rivages de la Méditerranée : on voit les envahisseurs en Asie mineure, en Syrie, aux confins de l'Égypte. Quelques-uns s'établissent, comme en Palestine les Philistins. L'Égypte se replie sur elle-même.

Une troisième vague, enfin, déferle sur tous les pays de la Méditerranée orientale et s'y traduit par des peuplements durables. Longtemps installés sur la rive droite du Danube, les Doriens ravagent la Grèce mycénienne avant de se fixer dans le Péloponnèse. Ainsi chassés, les Achéens vont à leur tour s'établir en Attique, en Asie mineure, dans les îles. La lutte d'Athènes et de Sparte ne sera qu'un épisode de l'antagonisme des anciens Grecs, les Achéens, et des nouveaux occupants, les Doriens. Par la suite, et jusqu'au VIIIe siècle, l'expansion dorienne s'étend dans les îles jusqu'à Rhodes et en Crète, sur les

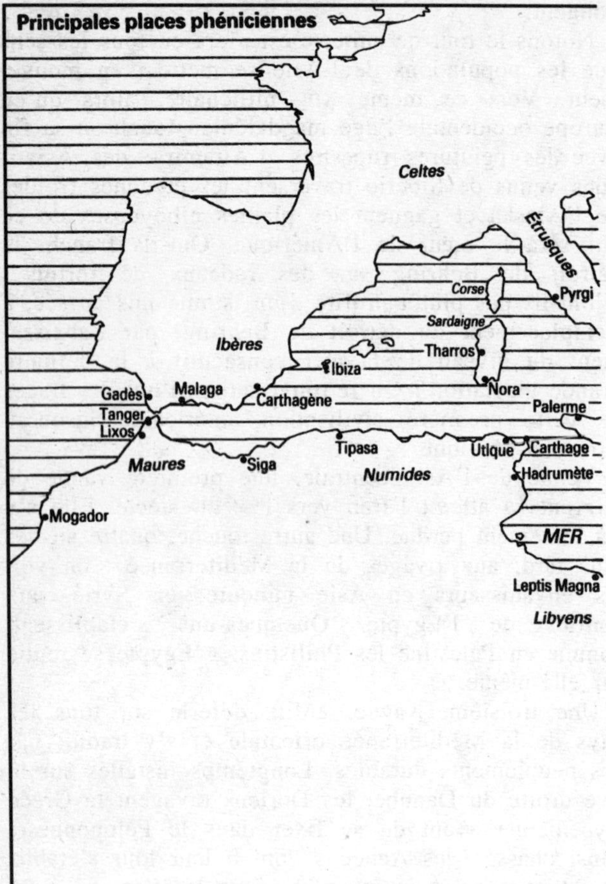
Principales places phéniciennes
Celtes
Étrusques
Corse
Pyrgi
Sardaigne
Ibères
Tharros
Ibiza
Nora
Gadès
Malaga
Carthagène
Palerme
Tanger
Lixos
Tipasa
Utique
Carthage
Maures
Siga
Numides
Hadrumète
Mogador
MER
Leptis Magna
Libyens

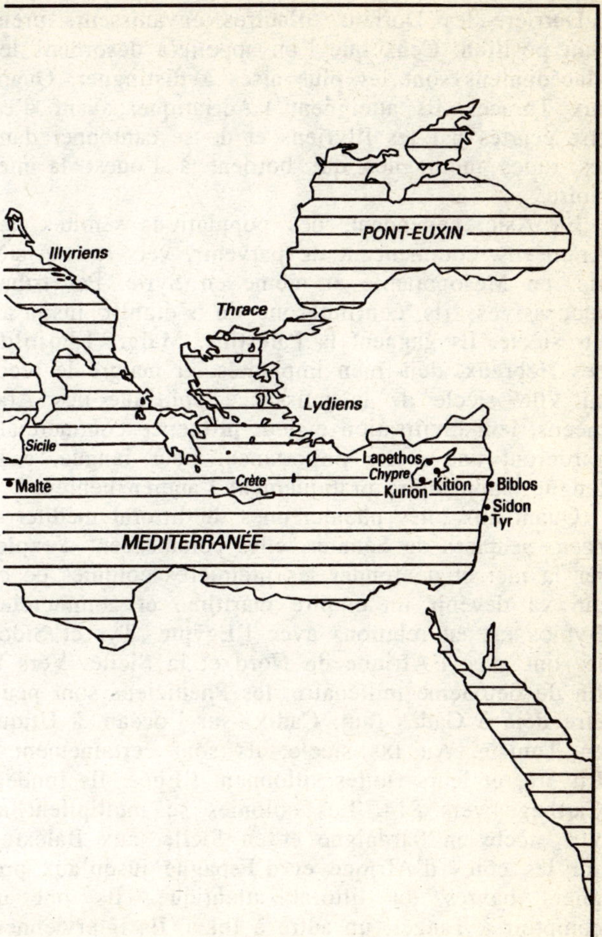
PONT-EUXIN
Illyriens
Thrace
Lydiens
Sicile
Malte
Crète
Lapethos
Chypre
Kition
Kurion
Biblos
Sidon
Tyr
MEDITERRANÉE

bords de la mer Noire jusqu'en Crimée, et vers l'ouest jusqu'à Tarente en Italie et Agrigente en Sicile.

Derrière les Doriens, d'autres envahisseurs prennent position. Ceux que l'on appellera désormais les Macédoniens sont les plus aisés à distinguer. Quant aux Thraces, ils atteignent l'Adriatique, avant d'en être écartés par les Illyriens et de se cantonner dans les rudes montagnes qui bordent à l'ouest la mer Noire.

En Asie, cependant, des populations sémites, les Araméens, commencent de parvenir, vers le XIIe siècle, en Mésopotamie et même en Syrie. Par tribus successives, ils continueront de s'établir jusqu'au VIe siècle. Ils gagnent la Palestine. Malgré l'hostilité des Hébreux, déjà bien implantés, et malgré le recul au VIIIe siècle de la puissance politique des Araméens, leur civilisation et leur influence commerciale garderont une réelle importance. Leur langue, à la longue, supplantera pratiquement l'ancien hébreu.

Quant aux cités phéniciennes du littoral méditerranéen, peuplées de Sémites, elles commencent d'explorer la mer et de fonder les premières colonies de ce qui va devenir un empire maritime et commercial. Byblos est en relations avec l'Égypte, Tyr et Sidon le sont avec l'Afrique du Nord et la Sicile. Vers la fin du deuxième millénaire, les Phéniciens sont peut-être déjà à Gadès (auj. Cadix) sur l'océan, à Utique en Tunisie. Au IXe siècle, ils sont certainement à Chypre, et leurs flottes sillonnent l'Égée. Ils fondent Carthage vers 814. Les colonies se multiplient au VIIe siècle en Sardaigne et en Sicile, aux Baléares, sur les côtes d'Afrique et d'Espagne jusqu'aux premiers havres du littoral atlantique. Ils ont un comptoir à Tanger, un autre à Ibiza. Ils interviennent dans l'exploitation des mines de Toscane. Ils fondent, vers 600, le comptoir de Marseille. On leur prête des succès qui relèvent de la légende : un Phénicien aurait, dans ces mêmes années 600, fait le tour de l'Afrique.

Ce qui est vrai, c'est qu'ils ont constitué un empire commercial et que, par la même occasion, ils ont diffusé leur religion et propagé le support original de leur culture : l'écriture alphabétique. Avec ses vingt-deux signes principaux, l'alphabet phénicien, dérivé d'une écriture archaïque mise au point du côté de Byblos, est diffusé à partir du xe siècle dans tout le bassin méditerranéen par les négociants de Tyr et de Sidon comme ensuite par ceux de Chypre et de Carthage. L'alphabet grec lui devra beaucoup.

Ce n'est plus le temps des déferlements, c'est celui des conquêtes organisées. La volonté politique préside à la construction des empires. Au milieu du xe siècle, les Assyriens du roi Assur Dan II élargissent leur domination depuis la vallée du Tigre moyen. Deux siècles plus tard, au temps de Sargon II (722-705), l'empire s'étend à tout le pays des deux fleuves, atteint le Taurus en Anatolie, comprend les pays méditerranéens de Syrie, du Liban et de Palestine, annexe la vallée du Nil jusqu'à la première cataracte et soumet les pays arabes du Golfe jusqu'à la mer Rouge. Assur Ban Apli — notre Assurbanipal — détruit Thèbes en Égypte. L'empire se disloquera, au siècle suivant, par l'effet d'un gigantisme devenu incontrôlable, aussi bien que sous les coups de nouvelles ambitions : un peuple aryen de l'Iran septentrional, celui des Mèdes, secoue le joug assyrien et tente de prendre la succession, tout au moins dans le nord de la Mésopotamie. Au milieu du VIe siècle, les Perses de Cyrus le Grand mettent tout le monde d'accord.

Depuis deux siècles au moins, ce peuple aryen occupe la cuvette du lac Rezaye, à mi-chemin du Tigre supérieur et de la mer Caspienne. En 659, le chef de la famille achéménide, Cyrus, devient roi. Vainqueur des Mèdes (550), il occupe la Mésopotamie, puis l'Anatolie et la Syrie. Son fils Cambyse met la main sur l'Égypte (525). Après avoir assuré un pouvoir d'abord incertain, leur cousin Darius Ier (roi de 522 à 486) étend l'empire perse jusqu'aux

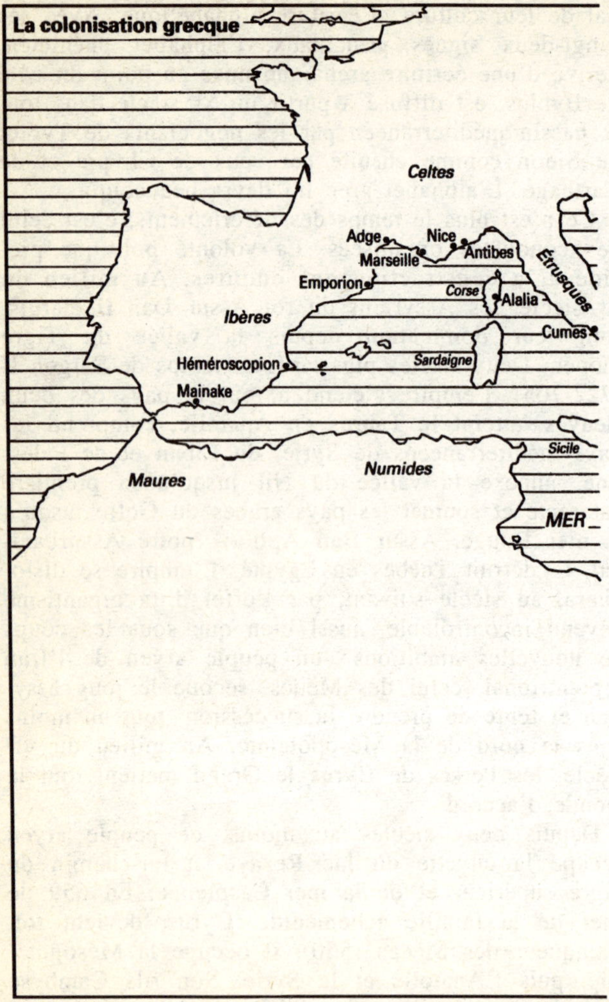
La colonisation grecque
Celtes
Adge
Nice
Antibes
Marseille
Étrusques
Emporion
Corse
Alalia
Ibères
Cumes
Héméroscopion
Sardaigne
Mainake
Sicile
Numides
Maures
MER

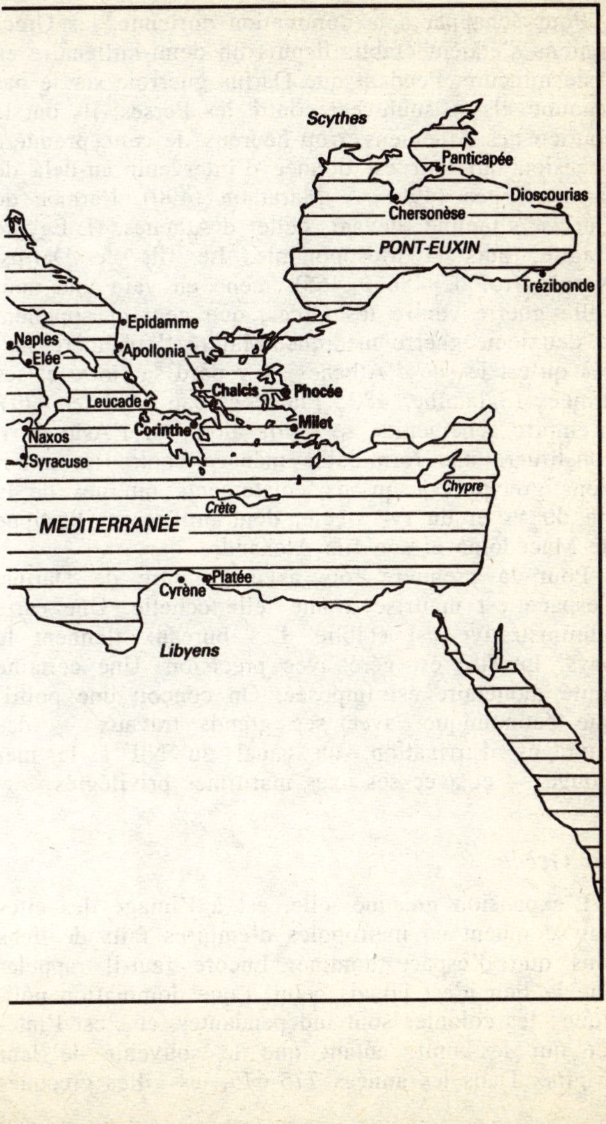
Scythes
Panticapée
Dioscourias
Chersonèse
PONT-EUXIN
Trézibonde
Epidamme
Naples
Elée
Apollonia
Chalcis
Phocée
Leucade
Milet
Corinthe
Naxos
Syracuse
Chypre
Crète
MEDITERRANÉE
Platée
Cyrène
Libyens

rives de l'Indus, et soumet, au-delà de la mer Noire et de ses détroits, le pays des Scythes et celui des Thraces.

Pour échapper à la domination dorienne, les Grecs ioniens s'étaient établis depuis un demi-millénaire en Asie mineure. Pendant que Darius guerroie sur le bas Danube, ils se soulèvent contre les Perses. Ils ont le soutien des Athéniens, trop heureux de cette première occasion qui leur est donnée d'intervenir au-delà de la mer Égée (499). A Marathon (490), l'armée de Darius s'incline devant celle d'Athènes. L'Égypte s'agite, puis la Mésopotamie. Le fils de Darius, Xerxès (roi de 486 à 465), mène en vain une nouvelle guerre contre les Grecs, que ceux-ci appellent la deuxième guerre médique. Malgré l'éphémère succès qu'est le sac d'Athènes, il y perd sa flotte et ses armées (Salamine, 480 ; Platée et cap Mycale, 479). L'empire achéménide se replie alors sur l'Asie où il constituera une formidable menace contre les ambitions grecques jusqu'aux éclatements internes de la fin du Ve et du IVe siècle, dont profiteront Philippe de Macédoine et son fils Alexandre.

Pour la première fois avec l'empire de Darius, l'espace est maîtrisé à une telle échelle. Une carte administrative est établie. Les bureaux tiennent le pays. Le fisc est géré avec précision. Une certaine unité monétaire est imposée. On conçoit une politique économique, avec ses grands travaux — des ouvrages d'irrigation, un canal du Nil à la mer Rouge — et avec ses axes maritimes privilégiés.

La Grèce

L'expansion grecque, elle, est à l'image des cités qui se muent en métropoles d'empires faits de liens plus que d'espace dominé. Encore faut-il rappeler que le lien n'est jamais celui d'une domination politique : les colonies sont indépendantes, et c'est l'intérêt qui les unit, autant que le souvenir de leur origine. Dans les années 775-675, les villes grecques voient encore dans leurs colonies des centres de peuplement, d'exploitation des ressources agricoles ou minières, et des nœuds de leur système de relations commerciales. Mais déjà l'espace est fragmenté. Au long de la côte de Sicile, baptisée Grande-Grèce, Corinthe fonde Syracuse, Mégare fonde Sélinonte et Megara Hyblea, Chalcis fonde Naxos. Malgré la colonisation sur terre, les empires sont sur mer, faits de routes maritimes et de ports privilégiés. Et parce que l'empire immatériel l'emporte en intérêt sur l'empire matériel, rien ne retient les ambitions.

A partir de 675, les villes grecques essaiment tout au long des rives de la Méditerranée et de la mer Noire, depuis Tanaïs sur la mer d'Azov et Trébizonde au fond de la mer Noire jusqu'à Mainake sur la future côte andalouse. Chaque ville continue de créer les colonies qu'exige son propre commerce, mais les villes d'Asie rivalisent maintenant avec les anciennes métropoles de la Grèce d'Europe, et elles constituent des zones d'influence. A l'instar de Corinthe qui colonise la côte orientale de l'Adriatique, voici en Asie mineure Phocée qui fonde Marseille, Nice, Antibes et Agde, et Milet qui multiplie les fondations sur le pourtour de la mer Noire.

Le fondateur ne prend, normalement, la place de personne. Ce que viennent faire les Grecs, nul ne le faisait auparavant. La colonisation devrait donc être par essence pacifique. Le fait que les colons, rarement partis avec une famille, prennent souvent femme sur place est un autre facteur de bonne entente. Des tensions sont cependant perceptibles, car les habitants du voisinage immédiat se sentent asservis, et les peuples de l'arrière-pays entendent contenir les extensions de la colonie. De surcroît, les colonies ne tardent pas à entrer dans le jeu dangereux des alliances locales. Au vrai, tout tient au tempérament des voisins, et les Thraces sont plus fermes que les Gaulois dans leur résistance armée à la pénétration grecque. Ces tensions conduisent à des affrontements localisés, mais elles n'empêchent pas la

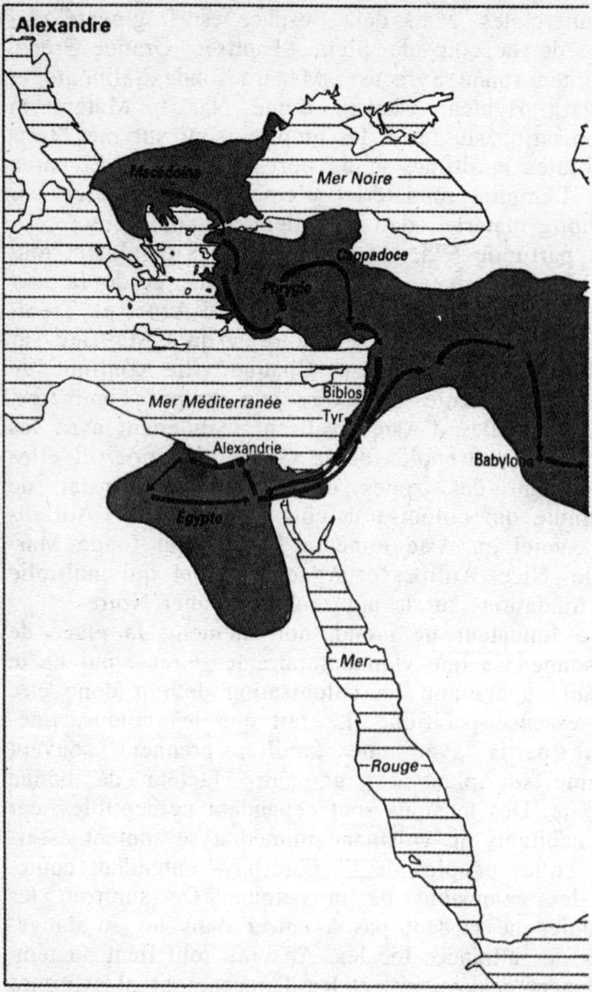
Alexandre
Macédoine
Mer Noire
Cappadoce
Phrygie
Biblos
Mer Méditerranée
Tyr
Alexandrie
Babylone
Égypte
Mer
Rouge

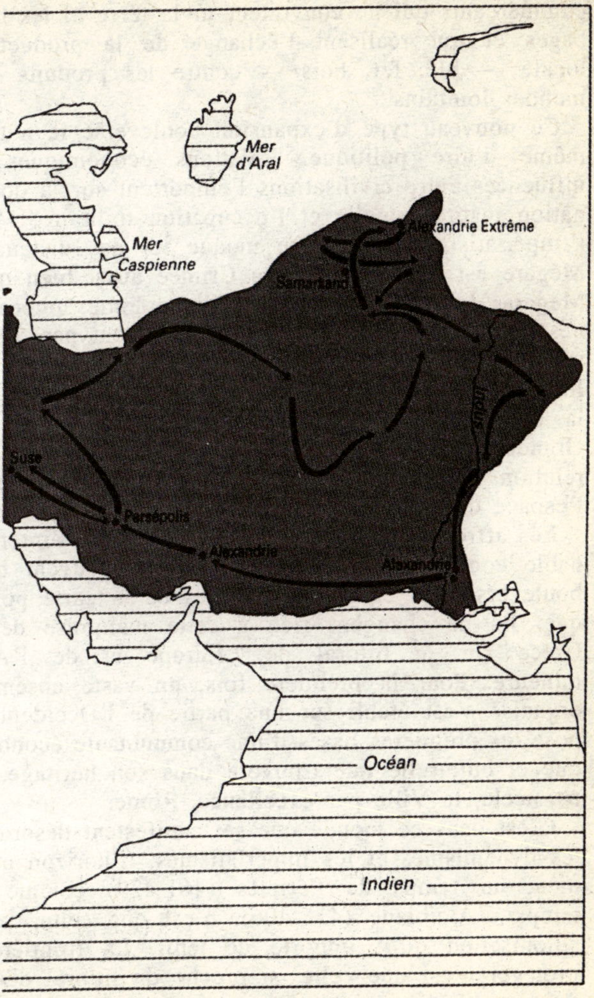
Mer d'Aral
Mer Caspienne
Alexandrie Extrême
Samarkand
Indus
Suse
Persépolis
Alexandrie
Alexandrie
Océan
Indien

plupart des populations littorales — celles de la Gaule, celles de la péninsule Ibérique ou celles du pays scythe — de s'accommoder assez bien de ces commerçants qui ne convoitent ni la terre ni les herbages et qui réalisent l'échange de la production locale — blé, fer, bois — contre les produits des mondes lointains.

Ce nouveau type d'expansion bouleverse la notion même d'aire politique. Relations économiques et influences entre civilisations l'emportent sur la domination institutionnelle et l'occupation militaire. Mais l'impérialisme, surtout, se moque ici des distances. Mégare est à Chersonèse en Crimée aussi bien qu'à Megara Hyblea en Sicile. Les dix colonies phocéennes de la côte gallo-ibérique ne souffrent pas d'être séparées de l'autre colonie phocéenne qu'est Élée, en Italie méridionale, par d'autres colonies grecques de la côte italienne. Entre chacune des villes de la Grande-Grèce d'Europe ou de la Grèce d'Asie, la relation est directe. La colonisation a engendré l'espace discontinu.

Les affrontements du Ve siècle, et surtout l'interminable conflit entre Athènes et Sparte, peuvent bien bouleverser les équilibres internes de la carte politique. Ils ne changent rien à cette mainmise de la Grèce sur le littoral de l'Europe et de l'Asie mineure. Pour la première fois, un vaste ensemble organisé s'est établi sur une partie de l'Occident. Il pose les premières bases d'une communauté économique et culturelle que trouvera dans son héritage, au Ier siècle, la Ville par excellence, Rome.

C'est dans ce monde que se manifestent désormais les dynamismes et les impérialismes. L'horizon athénien, au temps de Périclès (461-429) comme au temps d'Alcibiade (415-406), n'est que celui de la colonisation qu'il importe de tenir. La frontière à protéger n'est que celle, si proche du littoral d'Asie mineure, de l'empire perse toujours inquiétant. Dès la fin du VIe siècle, l'expansion grecque est à son terme. Au Ve, l'hellénisme recule devant la puissance montante des Carthaginois, devant la volonté d'indépendance des Étrusques, devant la réaction des Scythes et des Thraces qui s'organisent, au nord du Pont-Euxin, pour conserver les avantages du voisinage grec sans supporter les inconvénients de la colonisation.

Émerge alors une nouvelle prétention à l'hégémonie. Dégagée de la domination perse, la Macédoine devient sous Alexandre Ier, dans la première moitié du Ve siècle, une rivale redoutable pour Athènes et ses alliés de la Ligue de Délos. Sous Philippe II (roi de 359 à 336), elle commence d'élargir ses vues. Philippe met la main sur une partie du littoral de la Chalcidique (357-356), et affirme ainsi sa présence dans une mer Égée dont le pourtour était jusque-là aux mains des Athéniens et de leurs alliés grecs. Marchant sur la Grèce centrale, dont il ne peut forcer l'accès aux Thermopyles, il soumet la Thessalie avant de se tourner vers l'ouest et d'imposer son hégémonie sur l'Épire et l'Illyrie. Malgré l'éloquence nationaliste d'un Démosthène, dont les *Philippiques* parviennent mal à convaincre Athènes qu'elle y perdra son indépendance, Philippe se fait reconnaître comme le seul maître du monde grec, le seul capable de faire face aux périls que représentent au nord les Scythes et à l'est les Perses. Il impose alors sa domination aux villes grecques encore rétives (346-338).

Son fils lui succède. Il s'appelle Alexandre. En dix ans, il fait du royaume macédonien étendu à la Grèce d'Europe un empire sans précédent. Cette fois, il ne s'agit plus d'influence, ni de relations commerciales. Alexandre est bel et bien un conquérant, habile à manier ensemble une cavalerie efficace et la puissante infanterie de ses phalanges. Mais c'est un empire que son fondateur veut grec, et le retournement du mouvement d'expansion — pour une fois vers l'est, et non vers l'ouest comme à l'accoutumée — secoue pour un temps les esprits habitués à marcher vers le Couchant et à craindre vers le Levant. Alexandre délaisse — qu'eût-il fait, s'il n'était mort à trente-deux ans ? — la Grande-Grèce et l'aire hellénique déjà définie en Méditerranée occidentale. Il n'y a là aucun péril, alors qu'en Asie s'étend toujours la puissance de l'empire achéménide, pour l'heure celui de Darius III. En 334, l'armée de tous les Grecs passe les détroits de l'Hellespont et part à l'aventure. Sans s'attarder devant quelques cités réticentes, elle occupe le littoral de l'Asie mineure, puis s'assure à l'intérieur de la Phrygie et de la Cappadoce. Sévèrement vaincu (333), Darius III a beau offrir son alliance et le partage de l'empire achéménide, Alexandre refuse et se dirige vers le sud. Byblos et Sidon se rendent. Tyr est enlevée (332). L'Égypte est soumise. La fondation d'Alexandrie en gardera le souvenir. Le royaume des Pharaons entre durablement dans le monde hellénique.

Comme Darius tente de refaire ses forces au cœur de la Perse, c'est vers là qu'Alexandre marche maintenant avec toutes ses forces. Il dépasse le Tigre. Darius s'effondre à Gaugamèles (331). Les Grecs sont à Babylone, à Suse, à Persépolis. Darius est assassiné par son entourage (330). Le conquérant comprend alors qu'il est trop loin de ses bases pour continuer à rêver d'une Grèce étendue sur le monde asiatique : malgré ses compatriotes macédoniens et grecs qui n'entendent pas se priver des profits de la victoire, Alexandre se pose en héritier de l'empire vacant, maintient les structures politiques et administratives de l'État perse, et perd son temps — cinq années — à occuper laborieusement les régions souvent désertiques du nord et du nord-est de l'Iran. Il soumet la rive sud de la Caspienne, franchit l'Hindu Kush. Il passe l'Oxus (l'Amou Daria), s'installe à Marcanda · (Samarkand), atteint l'Iaxartès (le Syr Daria). Là encore, la fondation d'Alexandrie Extrême (auj. Leninabad) atteste à la fois la volonté de s'implanter durablement, soulignée par plusieurs autres fondations, et celle de limiter là l'avancée des Européens en Asie centrale. Alexandre est maintenant incertain. La Macédoine est loin. L'armée se fatigue.

Quelques-uns de ses proches complotent contre le roi. Le châtiment des traîtres ne suffit pas à convaincre les soldats de la nécessité d'une guerre qui n'en finit pas.

Alexandre ne sort cependant du guêpier du nord que pour prendre le chemin de l'Inde, dont le nom est déjà synonyme de richesses. En 325, il fonde sur l'Indus une nouvelle Alexandrie.

Reste à revenir. La conquête est mal assurée. Les rois locaux qui se sont inclinés devant le vainqueur n'ont nullement l'intention de persévérer dans la soumission. Le retour est pénible, par la route du sud, qui s'éloigne peu du Golfe où croise sous le commandement de Néarque une flotte grecque construite à cette fin. La première conquête, qu'Alexandre parcourt de nouveau en sens inverse, a pris des habitudes d'indépendance pendant l'interminable épisode de l'Iran septentrional. Le conquérant est pris au piège de son alliance avec l'élite asiatique : Perses et Macédoniens se disputent devant lui, cependant que les Grecs supportent de plus en plus mal l'orientalisation manifeste de leur maître. C'est un homme seul dans son triomphe et épuisé par les excès de toutes sortes qui, achevé par le paludisme, meurt à Babylone le 13 juin 323.

Au vrai, et ceux qui ont souffert de l'éloignement l'ont mal vu sur l'instant, l'hellénisme restera profondément ancré dans la civilisation d'une bonne partie de la conquête. Même si l'empire est divisé entre les successeurs d'Alexandre — les « Diadoques » — et si les nouveaux maîtres de l'Asie conquise reprennent comme inévitable la politique de collaboration avec les milieux dirigeants indigènes, l'Asie mineure, l'Égypte, la Mésopotamie et l'essentiel de l'Iran sont entrés pour longtemps dans un monde hellénistique fidèle à des modèles communs d'organisation politique et militaire, de structure administrative et financière, de spéculation intellectuelle et d'expression artistique.

Les Diadoques font souche. Héritage de Seleucos et de ses descendants, l'empire séleucide restera intact, de l'Asie mineure au Béloutchistan, jusqu'à la conquête romaine ; il subsistera, sensiblement réduit, jusqu'à l'entrée en scène des Arabes. En Égypte, les Lagides, successeurs du diadoque Ptolémée Ier, régneront jusqu'à Cléopâtre.

Carthage

Une nouvelle étoile s'est levée en Méditerranée centrale, qui prend la relève de l'empire phénicien. Il ne s'agit plus, cette fois, d'une fédération de comptoirs aux intérêts principalement économiques. Face à Rome et aux colonies grecques, Carthage se pose en rivale pour la domination du monde occidental.

La ville est plus ancienne que Rome. La tradition fixe sa fondation en 814. A l'origine, c'est une colonie de Tyr, donc une ville phénicienne. L'annexion de la métropole par Alexandre a laissé les comptoirs dans une indépendance propice aux ambitions. Au IVe siècle, Carthage soumet à sa domination ce qui reste en Occident de comptoirs phéniciens. Un empire se construit, fondé sur l'exploitation des réseaux commerciaux de la Méditerranée occidentale, de Leptis Magna en Libye jusqu'aux derniers ports au-delà des Colonnes d'Hercule, à Gadès en Europe, à Tingis et Lixos en Afrique. L'emprise carthaginoise s'étend sur la côte ibérique depuis la nouvelle colonie de Carthago Novus (Carthagène). Les Baléares entrent dans l'orbite, comme bientôt la Sardaigne et la Corse.

A peu près aux contours de la Tunisie actuelle, un État continental conforte la position maîtresse de Carthage, l'un des meilleurs ports de la côte africaine. Une aristocratie marchande en fait vite la plaque tournante de tous les commerces entre l'Afrique et l'Europe. On y trouve les produits de l'Occident, de l'étain de Cornouailles à l'argent et au cuivre d'Espagne, comme ceux des trafics caravaniers de l'Afrique, l'or, l'ivoire, les esclaves.

Héritiers des larges horizons des navigateurs phéniciens, capables dès le Xe siècle de chercher l'or bien au-delà des Colonnes d'Hercule, les Carthaginois ne se privent pas d'explorer les marchés lointains. Au Ve siècle déjà, ils longent les côtes de l'Afrique. Le navigateur Hannon double le cap Vert et atteint un fleuve dont il décrit les crocodiles et les hippopotames : ce pourrait être le Sénégal.

L'empire carthaginois est encore calqué sur celui dont s'accommodent les Grecs depuis l'effondrement de leur rêve oriental. Pour étendu qu'il soit sur les rivages de la Méditerranée, il ne tend à autre chose qu'à assurer au commerce punique des têtes de pont, des monopoles portuaires, des débouchés caravaniers.

Les Carthaginois se sont employés à calmer les appréhensions des Romains. Les deux villes ont conclu des accords commerciaux. Autant en emporte le vent dès que Rome, désireuse de jouer le rôle d'une nouvelle Athènes, se sent portée par une vocation commerciale qui bouleverse les horizons de la Ville rurale des bords du Tibre. Rome commence par s'assurer des positions italiennes, autrement dit des villes encore indépendantes de l'ancienne Grande-Grèce. Tarente tombe en 272. La Sicile devient à son tour romaine.

Que la Corse et la Sardaigne demeurent puniques ne semble plus supportable aux Romains. Rome se sent encerclée. Elle prend donc l'initiative. La première guerre punique (264-241) voit la victoire de Rome en Sicile, en Sardaigne et en Corse. Hamilcar Barca et son gendre Hasdrubal ont leur revanche en Espagne, où Carthage met la main sur un nouvel État continental, étendu de l'Èbre au Guadalquivir. A l'initiative d'Hasdrubal, qui tente une campagne en 208 en partant de l'Espagne centrale, puis d'Hannibal, fils d'Hamilcar, qui attaque en 203 par le littoral et les Alpes, une deuxième guerre punique (219-202) voit en Italie même la défaite des Romains. A la Trébie, à Trasimène, à Cannes enfin, Rome doit céder et peut craindre un destin comparable à celui des cités naguère agrégées de force à l'empire punique. Pour les sénateurs comme pour les légionnaires, la secousse est rude : ils n'avaient accoutumé ni de rencontrer une armée d'éléphants, ni de subir la loi de l'étranger dans la Péninsule. Hannibal a contourné la Ville, mais celle-ci est bel et bien encerclée. Et le Sénat compte cent soixante-dix morts.

Le mouvement s'inverse alors. Pendant qu'Hannibal perd son temps dans les délices de Capoue, Scipion prend en main la réaction romaine. Et c'est une fulgurante marche sur Carthage. L'Espagne punique s'effondre, Scipion — qu'on appellera l'Africain — cueille l'un après l'autre les comptoirs de la côte africaine. L'armée carthaginoise, qui tente de protéger sa capitale, est écrasée à Zama (202). A l'aube du IIe siècle, Rome n'a plus de rivale possible en Occident.

La Rome du IIIe siècle ne faisait encore qu'assurer son indépendance au prix d'un petit impérialisme : l'enjeu des entreprises romaines n'était guère que l'Italie, et c'était déjà beaucoup. La victoire sur Carthage change l'échelle des prétentions romaines. La domination du Sénat s'étend sur la Péninsule jusqu'aux Alpes de Lombardie, mais aussi sur la Sicile, la Sardaigne, la Corse, et au-delà de la mer sur un littoral assez large, qui va des Pyrénées à la future Estrémadure. Même si l'effondrement des Puniques a profité en Afrique au royaume numide de Masinissa, récompensé de sa fidélité à l'alliance romaine, Scipion l'Africain a fait de Rome une puissance méditerranéenne, et de la Méditerranée occidentale un lac romain. Jusque-là préoccupée par les hégémonies orientales, et en particulier par les ambitions grecques, Rome a maintenant de surcroît une façade atlantique. Habituée à l'étroitesse des frontières péninsulaires, elle a dorénavant, en Espagne, une longue frontière continentale. Il lui faudra organiser la cohésion de cet empire en deux parties. Il lui faudra, aussi, tirer, en Occident comme en Orient, les conséquences de cette nouvelle position sur la mer.

Rome

L'impérialisme romain est d'abord, sous la République, une réaction de défense. Rome a eu peur. Carthage au sud, les Grecs à l'est, avec le souvenir d'un empire étendu par Alexandre de la Macédoine jusqu'à l'Indus, il n'en faut pas plus pour qu'on prenne conscience sur les bords du Tibre que l'indépendance est chose fragile et que l'équilibre en Méditerranée appelle la constitution d'une forte puissance européenne. Mais les horizons s'étrécissent, et Rome ne reprend pas à son compte les ambitions de Carthage. Les descendants de Romulus restent des paysans qui bornent leur pré carré, et qui l'élargissent en lui ménageant des glacis protecteurs. Il leur faut des espaces continus. L'esprit des navigateurs phéniciens et puniques leur demeure étranger : la dilatation du monde romain ne passe pas par l'établissement de têtes de pont et par une mainmise sur les routes du commerce lointain. La domination romaine ne sera pas une hégémonie de marchands.

Scipion l'Africain domine encore Rome de son prestige sans précédent quand en 200 le Sénat réagit à la nouvelle des alliances que cherche en Asie, après avoir épousé le parti d'Hannibal contre Rome, un Philippe V de Macédoine qui passe pour ambitieux et qu'il a déjà fallu combattre. Philippe a vaincu la Ligue étolienne. Allié à Hannibal, il espérait bien y gagner la maîtrise d'une Adriatique où Carthage n'avait guère de visées. Le Sénat prend les devants. Il forme avec les Étoliens et les Achéens une coalition contre une hégémonie que ceux-ci ont toute raison de craindre, sans voir qu'ils sont simplement en train de changer de maîtres. La deuxième guerre macédonienne (200-196), où s'illustre Flaminius, vainqueur à Cynoscéphales (197), donne à Rome une Macédoine qui ne présente d'autre utilité que celle d'un glacis protecteur. Une victoire définitive à Pydna (168) sur le fils de Philippe, Persée, consolide cette nouvelle situation qu'est la domination romaine étendue jusqu'à l'Égée.

Le processus, dès lors, est enclenché. A l'appel de ses alliés de Rhodes et de Pergame, Rome intervient en Asie mineure. Vaincu en 189, Antiochos III laisse l'Anatolie au roi de Pergame, qui lègue à Rome, en 133, la totalité de son royaume : Rome a désormais une province d'Asie. Entre-temps, les Romains se sont rendus maîtres de toute la Grèce. Pour s'être révoltée, Corinthe est rasée en 146, la même année que Carthage. Car la vieille capitale punique est définitivement démantelée après une troisième guerre punique (149-146) rendue nécessaire par un ultime soubresaut de l'indépendance carthaginoise face aux prétentions impérialistes de l'allié de Rome, le royaume numide de Masinissa et de ses successeurs. *Delenda est Carthago*, « Carthage doit être détruite » : Caton obtient enfin satisfaction. On sème du sel sur les ruines de Carthage. Les périls sont conjurés.

Du littoral ibérique à la péninsule grecque et à l'Asie mineure, la Ville tient enfin les rives septentrionales de la Méditerranée, et contrôle le passage entre l'Est et l'Ouest. Avec la fin de la puissance punique, c'est aussi la fin de l'influence orientale en Occident. Le sens du mouvement de colonisation vient de s'inverser.

Vingt ans de campagnes font alors de l'Espagne romaine autre chose que la frange littorale occupée dans la guerre contre Hannibal. Deux provinces romaines sont créées. La romanisation paraît irréversible après la prise de Numance par Scipion Émilien (133). Quelques années plus tard, c'est sur un appel de leur vieille alliée, la cité phocéenne de Marseille, où l'on s'inquiète du mouvement des peuples gaulois, que les Romains occupent la Gaule méridionale (125-122). Une dernière intervention, à l'appel des Éduens, permet d'écraser la coalition des Arvernes et des Allobroges, puis de créer une province de Gaule transalpine (121). On l'appellera tout simplement « la Province ». Elle a pour capitale une colonie fondée à cette fin, Narbonne. La route est alors libre de Rome aux Colonnes d'Hercule entre lesquelles s'ouvre l'Océan. Cette route sera la voie Domitienne.

Le temps est venu d'assurer l'ordre en Méditerranée. Par deux fois, le Numide Jugurtha, petit-fils de Masinissa, prend l'initiative des hostilités en Afrique. Définitivement vainqueur à Capsa (107), Marius fait de la Tripolitaine un protectorat romain. Quarante ans plus tard, Pompée met à la raison les pirates qui tenaient les îles de l'Égée (66-67), puis assure à Rome le contrôle du Bosphore en écrasant (63) le roi de Pont, Mithridate, qui fédérait trop aisément toutes les résistances à Rome dans une Asie mineure encore mal assimilée et qui, par deux fois, avait tenu tête aux légions romaines. Quatre provinces sont créées, qui organisent un Orient romain maintenant étendu à la Crète, à Chypre et même, après une seule campagne du même Pompée (64), à la Syrie occidentale.

Tout bascule de nouveau avec César. Ce n'est pas un hasard s'il tourne ses ambitions vers l'Occident : il s'agit pour lui de rivaliser avec Pompée, non de continuer son œuvre en Orient. Profitant des tensions internes de la Gaule, puis faisant face à la révolte généralisée que conduit Vercingétorix, César établit l'autorité romaine jusqu'aux rivages de la Manche et de la mer du Nord, et jusqu'au Rhin (58-52). Lorsqu'en janvier 49 César franchit le Rubicon et marche sur Rome en laissant derrière lui une conquête enfin soumise, ce qui sera l'empire romain a trouvé son équilibre européen. Rome est au centre de ses provinces. Dans la péninsule Ibérique comme en Gaule, l'Océan est atteint. Rome tient les Dardanelles et le Bosphore. De l'Asie mineure jusqu'aux villes phéniciennes de Tyr et Sidon, l'emprise romaine se resserre sur la Méditerranée orientale. Reste hors de l'emprise romaine, avec la Judée, la quasi-totalité du littoral africain. Mais l'empire égyptien des Lagides s'effondre de lui-même. Vainqueur à Actium de son rival Antoine et de la reine Cléopâtre qui rêvait avec lui d'un empire oriental (31), Octave Auguste annexe sans peine l'Égypte cependant que Cléopâtre préfère le suicide à l'humiliation de la défaite. Rome fait alors, à travers la Tripolitaine, la jonction avec ses provinces du Maghreb oriental, l'ancien État carthaginois et l'ancien royaume numide.

La première faiblesse de l'empire, c'est l'étroitesse de la liaison terrestre entre l'Italie et la Grèce : une mince bande littorale le long des côtes nord et est de l'Adriatique. C'est là qu'Auguste fait porter l'effort le plus constant, annexant successivement, entre les Alpes et le Danube, la Rhétie, la Norique, la Pannonie et la Mésie. Moins heureux dans sa tentative d'élargissement des accès à la mer du Nord (désastre de Varus au Teutoburg, 9 ap. J.-C.), il parvient mieux à ses fins sur la mer Noire, qu'il atteint au nord de la Thrace, et en Asie mineure, où il atteint les frontières de la Cappadoce. Il achève, enfin, la romanisation de la péninsule Ibérique en occupant au nord-ouest ce qui sera le León et le nord du Portugal.

Les successeurs d'Auguste ont encore à asseoir l'autorité romaine sur les parties demeurées autonomes du pourtour de ce que les Romains peuvent bien appeler « Notre Mer ». Soumise par Auguste au protectorat romain dès 33 av. J.-C., la Maurétanie — l'Algérie et le Maroc actuels — forme sous Caligula deux provinces romaines. Autre protectorat établi après une victoire de Pompée (63), puis pratiquement annexé par Auguste à la mort du roi Hérode, la Judée se voit, après une dernière révolte, durablement écrasée par Titus (70 ap. J.-C.).

Deux avancées sont à noter au Ier siècle : en Asie, où le royaume vassal de Cappadoce devient une province romaine sous Tibère (17 ap. J.-C.), et en Bretagne, où l'essentiel de la future Angleterre devient romain sous Claude (49). A la fin du siècle, Vespasien consolide la frontière de Germanie par l'annexion de ce qu'on appellera les Champs décumates (74) : supprimant un coin enfoncé dans la jeune romanité à l'est du Rhin supérieur et moyen, il donne ainsi à cette frontière de l'empire un dessin presque rectiligne, des bouches du Rhin sur la mer du Nord à celles du Danube sur la mer Noire.

Trajan procure enfin à l'empire sa plus grande extension. En Europe, ses victoires sur les Daces (101-107) portent la domination romaine au-delà du Danube et jusqu'aux Carpates. Plus proche de l'épopée que de la stricte chronique, le récit de ces hauts faits en cent cinquante épisodes et deux mille cinq cents personnages orne, sur cent quatre-vingts mètres de déroulement, la colonne du forum de Trajan. Ce triomphalisme monumental souligne bien l'orgueil de l'ultime conquérant. En Asie, le même Trajan dépasse le Jourdain, pousse la frontière jusqu'à Petra et établit ses légions jusqu'à Babylone en Mésopotamie, ainsi qu'en Arménie et jusqu'aux abords de la Caspienne. Conquêtes incertaines que celles-ci : Hadrien doit en abandonner une partie, et force lui est d'accorder — en Arménie notamment — des autonomies qui se muent en indépendances.

Reste à enclore un empire considéré comme fini. C'est une mesure de protection. C'est aussi l'aveu d'une ambition assouvie. Rome est désormais au cœur d'un empire cohérent, dont les limites sont celles du monde à peu près connu. L'empire est fait de territoires, non de routes, comme l'était le monde des Phéniciens et de leurs successeurs carthaginois. Rome se heurte maintenant aux déserts d'Afrique et d'Arabie, aux steppes de l'Asie centrale, aux plaines incommensurables de l'Europe orientale, aux profondeurs forestières des pays germaniques dont Tacite décrit la paisible sauvagerie, aux froides étendues de l'Écosse ou d'une Irlande dont le Romain ne saurait imaginer que les lettres latines y trouveront un jour leur conservatoire. La Ville est aux limites de ce qu'elle peut tenter de façonner à son image. Les temps ne sont plus à la conquête, mais à la défense. Le mur qui s'élève, le *limes*, est un symbole autant qu'une barrière.

L'idée date de Vespasien. C'est celle d'une fortification continue entre les défenses naturelles que sont les fleuves frontaliers, renforcée de proche en proche par des fortins et doublée par une route stratégique qui permet le déplacement des garnisons tout au long

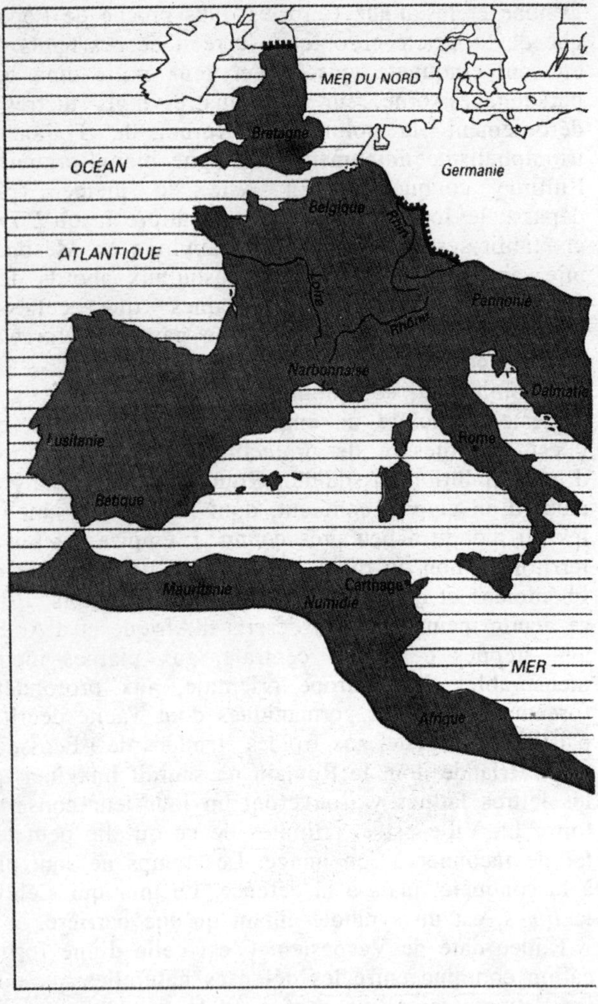
MER DU NORD
Bretagne
OCÉAN
Germanie
Belgique
Rhin
ATLANTIQUE
Loire
Pannonie
Rhône
Narbonnaise
Dalmatie
Lusitanie
Rome
Bétique
Mauritanie
Carthage
Numidie
MER
Afrique

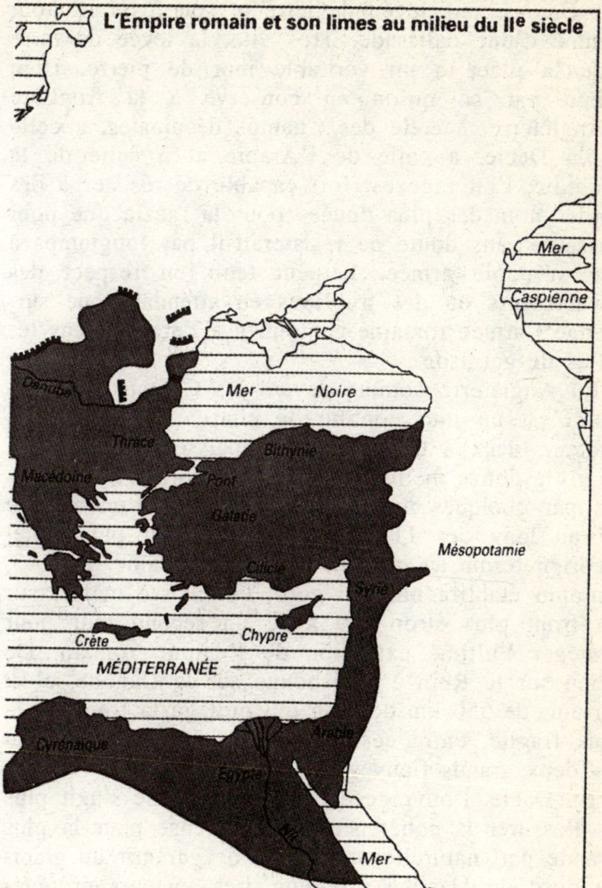

L'Empire romain et son limes au milieu du IIe siècle

de la frontière. Réalisé pour l'essentiel sous Hadrien, vers 120, le *limes* est d'abord, comme les célèbres circonvallations décrites par César dans la *Guerre des Gaules,* une levée de terre et son fossé, le tout sommé d'une palissade. Très vite, la levée de terre cède la place à un véritable mur de pierre. Bien connu par ce qu'on en conserve à la frontière d'Angleterre, à celle des Champs décumates, à celle de la Dacie, à celle de l'Arabie et à celle de la Numidie, l'ouvrage est fort capable de résister à des hordes nomades plus douées pour la razzia que pour l'assaut. Sans doute ne résisterait-il pas longtemps à une véritable armée. Il peut tenir en respect des envahisseurs ou des trublions en attendant que survienne l'armée romaine cantonnée à l'arrière dans les villes de garnison.

En Angleterre comme devant les Champs décumates, c'est un mur continu de cinq à six mètres de hauteur, deux à trois mètres d'épaisseur. Le fossé a de six à douze mètres de large. Les fortins sont séparés par quelques minutes de marche : on en compte 97 au long des 117 kilomètres du mur par lequel Hadrien ferme au nord la Bretagne romaine. En 143, Antonin établira plus au nord, en Écosse même, sur un front plus étroit (59 km), un second mur pour protéger l'ultime extension de l'empire romain. De Bonn sur le Rhin à Ratisbonne sur le Danube, c'est un mur de 550 km de long qui protège la frontière la plus fragile, entre ces frontières naturelles que sont les deux grands fleuves.

En Dacie, l'ouvrage est inachevé : il ne s'agit plus là d'assurer la cohérence d'une défense pour la plus grande part naturelle, mais bien de garantir un glacis au nord du Danube inférieur. Les secteurs protégés par le mur sont, dans le Banat à l'ouest comme en Valachie à l'est, les plus proches de la frontière fluviale. Sur les passes des Carpates au nord, comme en Bessarabie entre le Prut et le Dniestr, quelques fortifications ne font que compléter le dispositif sur des passages mal défendus par le fleuve ou la montagne.

Encore faut-il maîtriser l'espace ainsi enclos. Un réseau de routes stratégiques y pourvoit : des routes faites pour assurer l'acheminement rapide des légions, non pour desservir les villes et les places commerciales. Souvent perceptibles dans la topographie actuelle, on connaît ces tronçons alignés de voies rectilignes, qui enjambent les obstacles au lieu de les contourner, et qui négligent les petites villes et les villages. A l'échelle de l'empire, il en va de même : ce sont des liaisons directes que suggère le tracé quasi rectiligne des routes qui joignent Arles à Trèves et Cologne ou Carthagène à Budapest. D'autres routes longent les côtes de tout le pourtour méditerranéen, le Rhin et le Danube, le *limes* de Germanie et celui d'Arabie. Le réseau laisse apparaître quelques carrefours politiques et stratégiques : Rome, bien sûr, mais aussi Reims et Lutèce, Saintes et Orléans, Arles et Autun, Lyon et Chalon, León et Mérida, Byzance et Thessalonique, Ancyre en Asie mineure et Mélitène en Cappadoce.

En Asie comme en Afrique, la défense est autre qu'entre Rhin et Danube. Les fortins sont reliés, mais la protection est lâche, et l'on a relié les puits plus que les points forts. Les passes étant contrôlées, et les régions fertiles à peu près à l'abri, le *limes* est une présence épisodique, non une fermeture. A vrai dire, l'histoire justifiera le système défensif des Romains. Ce n'est ni de l'Asie ni de l'Afrique désertique que viendront les périls. Les villes de garnison, les camps même, seront en revanche des centres de civilisation, et des pôles de développement économique.

Tout ceci reste fragile. Il faut protéger le *limes*, et Marc Aurèle, l'empereur philosophe, en sait quelque chose, qui doit mener dix ans de guerre (166-175) pour calmer les Germains. Les reliefs de la colonne élevée à Rome pour célébrer la victoire finale ne doivent pas faire illusion : Rome a tout juste réussi à stabiliser ce qui reste un front. A la fin du siècle, Septime Sévère ne fait rien d'autre quand il résiste difficilement en Mésopotamie à l'offensive des Parthes.

Derrière le *limes,* il n'y a rien : des villes de garnison, comme Nimègue, Trèves ou Strasbourg, comme Timgad ou Leptis Magna. Et la communication est lente entre les fronts possibles. Il faudra des mois avant que l'on sache à Metz que la frontière de Constantinople est menacée par les Barbares. Tout le système repose sur un postulat : qu'aucune invasion de masse ne survienne sur l'ensemble du dispositif. Rome pourra repousser une troupe, non un peuple. L'empire est impressionnant. Il est fragile.

CHAPITRE II

Le globe et le continent

Ces peuples en mouvement, ces conquérants, ces marchands, que savent-ils de ce monde qu'ils traversent ? Comment se représentent-ils l'espace où ils situent leurs ambitions ? Comment voient-ils leur territoire, et leurs limites ?

Pour s'en faire une idée, ils ont le ciel et la terre. A l'échelle de l'immensité, il y a cet univers stellaire qui change d'heure en heure, et qui conduit à se poser des questions sur la terre. A l'échelle des voyages, des migrations et des expéditions, il y a l'espace observé, les routes décrites, les villes entrevues.

Laissons la simple contemplation du ciel, avec ses nomenclatures d'astres et de constellations, et avec ses implications dans le devenir des hommes. L'influence du ciel sur la nature et la vie de chacun a toujours animé les spéculations, inspiré des recettes, favorisé les extrapolations. L'astrologie explique souvent l'homme, non l'univers. Très tôt, en revanche, les observateurs du ciel ont compris qu'ils pouvaient y trouver l'image de leur planète, voire sa mesure. La variation des données saisonnières, le cours quotidien des phénomènes, l'allongement inégal des ombres, tout cela conduisait à une astronomie plus ou moins capable d'appréhender la terre au-delà des limites d'une observation immédiate.

Jusqu'à Galilée, rien ne permet de secourir la vue. Regarder n'est pas grossir. Ce qu'on mesure avec plus ou moins de précision, ce sont les angles — notamment les hauteurs sur l'horizon — et les fréquences. Encore y faut-il quelques instruments pour limiter les erreurs d'appréciation et la subjectivité des comparaisons.

La mesure du temps

Les observateurs ont vite compris que les mesures ne sont comparables que prises dans les mêmes conditions, eu égard aux mouvements stellaires. La mesure de l'espace dépend de la mesure du temps. Le cadran solaire n'est que la figuration des ombres portées à des intervalles conventionnels, les heures, et sa construction ne résulte que d'une géométrie simple, qui divise en segments d'arc égaux la projection sur une surface du parcours apparent du soleil en une journée. Mais les heures sont inégales d'une saison à l'autre, d'un jour à l'autre. Et la lecture est d'une imprécision qui n'embarrasse guère l'artisan ou le clerc mais qui interdit à l'astronome tout calcul autre qu'approché. Le cadran est en définitive d'un maigre secours à l'homme de la rue, et un personnage d'une comédie attribuée à Plaute le dit sans ambages au IIIe siècle de notre ère :

> Quand j'étais petit garçon, le cadran solaire, c'était mon ventre,
> De loin le meilleur et le plus vrai de tous ces machins-là.

Le savant, lui, n'en tire rien. Le temps apparent que dénonce le cadran varie d'une bonne demi-heure, au long de l'année, par rapport au temps moyen. Nul n'en ferait l'étalon d'une observation précise des mouvements. Le rôle social et politique du cadran l'emporte sur son utilité scientifique. C'est bien ainsi que l'entendent les Romains quand ils veulent donner une dimension cosmique à la représentation spatiale de leur impérialisme. C'est ainsi qu'à Rome même, dans le cadre monumental de la glorification d'Auguste, près de l'Autel de la Paix et de la carte murale de l'empire, l'astronome Facundus Novius construit vers 10 av. J.-C. une « horloge » monumentale chargée d'une cosmologie symbolique à la gloire de l'empereur né un jour d'équinoxe. Le gnomon, autrement dit la pointe, en est un obélisque égyptien.

Sur la place, le pavement dessine les lignes du cadran. On lit l'heure. La précision s'arrête là.

Tout autre est la clepsydre, autrement dit l'horloge à eau, connue dès l'Antiquité de la Chine comme du monde grec. L'écoulement d'un volume donné d'eau donne la mesure d'un espace de temps qui peut être réitéré. C'est le principe, bien connu, du sablier, mais avec un fluide moins sensible aux frottements, donc plus capable de régularité. Vers 135 av. J.-C., Ctesibius d'Alexandrie imagine déjà une clepsydre à eau perfectionnée, avec un mécanisme complexe fait d'un flotteur et d'une aiguille pour mesurer les heures, d'un siphon et d'un tambour denté pour réamorcer toutes les vingt-quatre heures. La clepsydre de Ctesibius est organisée pour une période de trois cent soixante-cinq jours, ce qui lui permet de mesurer des heures inégales selon les saisons : douze de jour et douze de nuit, quelle que soit la longueur du jour.

La clepsydre est peu maniable, difficilement transportable, incapable d'animer un mécanisme tant soit peu lourd. On ne remédie à ce dernier inconvénient qu'au prix d'un système de roues encore plus lourd, donc encore moins maniable. Les Chinois s'y risquent, sans avantage autre que de curiosité. Au terme de l'évolution, l'horloge à roue hydraulique construite en 1094 pour l'empereur de Chine par une équipe que dirige le diplomate Su Song mesure les temps par intervalles de vingt-quatre secondes ; mais l'instrument n'échappe pas à des variations liées aux frottements et aux conditions climatiques. En fait, c'est un chef-d'œuvre d'ingéniosité, non un instrument de travail. On attendra l'invention de l'horloge à poids et à régulateur — il s'agit alors d'éviter un défilement trop rapide de la suspension — pour disposer vraiment d'un outil commode de mesure du temps. L'engin ne sera mis au point qu'en Europe occidentale, entre la fin du XIIIe siècle et le milieu du XIVe.

Pour insuffisante et pour encombrante qu'elle soit, la clepsydre à eau n'en est pas moins précieuse à ceux qui tentent de mesurer l'espace scandé par le mouvement apparent du soleil, en longitude comme en latitude. Ainsi font en 54 av. J.-C. les observateurs chargés par César de mesurer la Bretagne, notre Grande-Bretagne. Ils se savent encore fort loin du cercle polaire, mais tentent d'estimer la différence des latitudes de la Bretagne et de la Gaule. César se veut lucide.

> Il y a aussi, dit-on, plusieurs autres îles voisines de la Bretagne. Certains auteurs affirment que la nuit y règne pendant trente jours au moment du solstice d'hiver. Nos enquêtes ne nous ont rien révélé de semblable. Nous avons toutefois constaté grâce à nos clepsydres que les nuits étaient plus courtes que sur le continent.

Moins mécanique que la clepsydre, reste le sablier, ou son équivalent à eau : deux ampoules opposées, que l'on retourne au terme de l'écoulement. Ainsi mesure-t-on les laps de temps. Christophe Colomb en usera encore, multipliant la vitesse mesurée de temps à autre en nœuds — en milles à l'heure — par le nombre des « ampoulettes » retournées.

> Il fila huit milles par heure pendant cinq ampoulettes...
>
> Il navigua à l'est-nord-est une partie de cette nuit pendant treize ampoulettes, faisant neuf lieues et demie...

La hauteur des astres

Il est plus aisé de mesurer la hauteur des astres, autrement dit de comparer des angles. Le premier instrument de la comparaison des angles est le plus simple : c'est l'ombre portée par une pointe. Le légionnaire romain se servira de sa lance. Mais l'engin ne sert que pour estimer la hauteur du soleil et ne donne qu'une mesure imprécise. Il permet cependant des comparaisons approximatives d'un lieu à un autre. En un point précis, l'astronome grec ou latin tire quand même bien des indications d'une simple mesure de l'ombre portée par une pointe fixe, le gnomon. Le meilleur des instruments est ici le gnomon constitué par un obélisque, monument assez haut et assez effilé pour que l'on puisse calculer, d'après son ombre, une tangente assez précise de la hauteur angulaire du soleil. Il laisse aussi déterminer la direction exacte du méridien, en prenant la bissectrice de deux ombres de longueur égale observées à quelques heures d'intervalle, de part et d'autre de midi.

Avec les siècles, on perfectionne le gnomon. Ératosthène, déjà, invente de mesurer les ombres portées non sur un parvis mais dans une calotte hémisphérique. On en connaît une, trouvée à Carthage, qui ressemble à une vasque large de 75 cm, taillée dans un bloc de marbre pesant 65 kg. Sur l'un des bords, à mi-hauteur, est fiché le style métallique du gnomon proprement dit. Une graduation procure immédiatement l'angle du rayon solaire, sans qu'il soit besoin de passer par la tangente. Les Romains, en usant à l'envi des obélisques rapportés d'Égypte, imaginent un remède à l'erreur angulaire que provoquerait, si l'on ne faisait à chaque observation la correction, le diamètre non négligeable du disque solaire : ils placent au sommet du gnomon une boule dont on localise avec précision, sur le sol, le centre de l'ombre portée.

Le gnomon n'est malheureusement d'aucune utilité pour mesurer hauteurs et angles des autres astres que le soleil. Il y faut, avec le dioptre, l'oculaire sans lunette qui, malgré l'imprécision matérielle de la visée, mesure les angles eux-mêmes, cette figuration du ciel observé qu'est l'astrolabe.

L'instrument — le « preneur d'astres » — est déjà connu de l'Antiquité. L'astrolabe combine deux instruments, l'un d'observation immédiate, l'autre d'analyse du ciel. L'observation et la mesure des angles sont permises par un disque de bronze relativement maniable, sur la face duquel tourne une alidade, autrement dit une règle pourvue d'un repère de visée. Pendu à un fil qui assure la verticalité du disque et l'horizontalité de l'horizon gravé, l'astrolabe donne, par simple visée et réglage de l'alidade, la hauteur du soleil ou d'une étoile. Il n'est que de lire la face graduée. L'autre face est plus complexe : sur une projection gravée de la sphère et de ses cercles caractéristiques, tourne un anneau où sont figurées les constellations du zodiaque et quelques étoiles d'observation facile. En réglant cet anneau, que l'on appelle l'araignée, on obtient une figuration du ciel par rapport à la position de l'observateur. La première face est donc propre à la mesure des latitudes, la seconde à l'étude des mouvements célestes.

En fait, c'est bien comme instrument d'astronomie — et non de navigation — que l'astrolabe apparaît dans l'histoire. Ptolémée en use, et en décrit l'usage. Les Arabes en empruntent l'idée aux astronomes grecs, et en multiplient les fonctions, sans améliorer pour autant le maniement. Gerbert d'Aurillac le leur empruntera à son tour, à la fin du Xe siècle.

Les calculs précis seront pour plus tard, quand le quadrant et son dérivé le sextant — le quart et le sixième de cercle — seront pourvus d'une lunette optique favorisant la visée précise d'un astre et la détermination immédiate de sa hauteur angulaire sur l'horizon.

Notons ici que l'on ne dispose alors d'aucun instrument ni d'aucune technique pour estimer les altitudes dès lors que l'on sort du champ d'observation visuel. Il n'est pas question de mesurer l'ombre portée par les Alpes comme on peut le faire pour un obélisque. La seule chose possible, c'est de mesurer à la toise les pentes visibles, et de les additionner. La méthode vaut pour une colline. Elle trouve ses limites quand se multiplient les reports et qu'il faut tenir compte des irrégularités de la pente. Le géographe doit alors se contenter de noter les temps d'ascension, ce qui mêle fâcheusement l'altitude et la difficulté.

Quand Ératosthène se hasarde au IIIe siècle avant J.-C. à chiffrer quelques altitudes et notamment celle de l'Olympe, il les sous-estime de beaucoup, se montrant incapable d'appréhender réellement ce que signifie une altitude de mille pieds. Seize siècles plus tard, le philosophe Buridan estimera à dix fois sa hauteur réelle le mont Ventoux dont il a fait l'ascension en notant les distances et les pentes. D'ailleurs, même la base de telles estimations reste des plus floues. Aristote ne comprend pas que la seule référence possible est le niveau de la mer. Il faudra attendre les temps modernes pour que s'impose l'idée d'un niveau moyen des mers à peu près égal en tous les points de la planète. La plupart des géographes s'en tiennent alors à des jugements qualitatifs, pour lesquels le nombre et l'importance des cours d'eau nés au sein des massifs montagneux procurent une échelle de valeurs qui permet de souligner l'importance d'un massif, non sa hauteur. Au XVIIIe siècle encore, certains croiront que les hauteurs de la Bourgogne l'emportent sur celles des Alpes.

Voyageurs et géographes

Malgré l'insuffisance des instruments de repérage astral, l'homme antique se fait une idée du monde en multipliant les mesures au sol et les observations descriptives des pays et des itinéraires. Il mêle malheureusement, avec plus ou moins de sincérité, ce qu'il voit et ce qu'il entend. Le certain et l'on-dit voisinent et se combinent dans les mémoires comme dans les récits, et la critique du témoignage n'est pas la vertu première de ces voyageurs — marins, soldats, commerçants — trop souvent portés, par paresse ou par vantardise, à adopter l'expérience d'autrui.

Les marins phéniciens sont les premiers dont l'aventure parfois lointaine donne matière à des descriptions utilisables. A la fin du VIIe siècle, les navigateurs phéniciens à la solde du pharaon Néchao II se lancent vers le sud sur la mer Rouge, avec le propos, prématuré, de contourner l'Afrique par le sud. Au VIe siècle, un Marseillais, Euthyménès, passe les Colonnes d'Hercule et entreprend vers le sud la première reconnaissance maritime des côtes de l'Afrique. Au début du ve, le Carthaginois Hannon reprend la route du sud, suivi de peu par Eudoxe de Cyzique, cependant qu'un autre Carthaginois, Himilcon, double les Colonnes d'Hercule en se risquant vers le nord.

C'est au même ve siècle que Hécatée de Milet rédige une véritable géographie du monde connu, la *Période* ou *Parcours autour de la terre,* tandis que le premier des historiens, Hérodote, rapporte dans son *Histoire,* ce qui veut dire *Recherche,* tout ce qui lui paraît différencier les Grecs des peuples étranges qu'il a rencontrés dans ses voyages, les Perses, les Mèdes, les Égyptiens. On connaît sa fulgurante observation de l'économie égyptienne : « L'Égypte est un don du Nil. » Les notions d'ethnologie se mêlent aux observations de la nature et aux récits plus ou moins légendaires colportés par les indigènes comme par les voyageurs.

Le plus étonnant est alors celui qui est allé le plus loin. Ce sera longtemps Pythéas le Massaliote, Pythéas de Marseille, qui s'aventure à la fin du IVe siècle au-delà de Gibraltar, touche Ouessant, atteint les mines d'étain de Cornouailles, fait le tour de l'Écosse et parvient sans doute à l'île de Thulé — les Shetland, à moins que ce ne soit la Norvège — qu'il situe à six jours de navigation au-delà de l'île de Bretagne. Peut-être arrive-t-il enfin aux bouches de la Vistule. Le premier, Pythéas observe les différences d'amplitude de la marée et les rapporte aux phases de la lune. Le premier, aussi, il tire de son expérience des latitudes une observation précise de la hauteur de l'étoile Polaire. On lira pendant des siècles ses deux ouvrages, *Sur l'Océan* et *Description de la terre.* Mais de bons esprits, comme Strabon, doutent que le Marseillais soit réellement allé en tous les pays qu'il cite, et les évidentes vantardises de Pythéas nuisent à la crédibilité de son témoignage, même lorsqu'il est véridique.

> L'homme qui rend compte de Thulé, Pythéas, a été reconnu pour un fieffé menteur... Dans ses développements sur les Ostidéens et sur les peuples au-delà du Rhin jusqu'aux Scythes, tout ce qu'il dit des lieux est mensonger. Qui accumule tant de mensonges sur des endroits connus pourrait difficilement dire la vérité sur des endroits que personne ne connaît.

Les invraisemblances de Pythéas, surtout perceptibles dans les mesures qu'il fournit, prouvent en effet, à tout le moins, qu'il ne recopie pas les descriptions antérieures. Plus précises sont cependant les mesures prises par les chefs militaires, pour qui les temps d'acheminement des troupes sont une donnée stratégique dont l'approximation peut coûter cher. On va voir sur place, on regarde, on mesure. Ainsi César faisant relever les coordonnées de la Bretagne, et Agricola, parvenu en 83 à la pointe septentrionale de cette même Bretagne et gagnant les Orcades pour chercher à apercevoir dans le lointain brumeux la Thulé touchée par Pythéas.

Naturellement, chacun fait profiter ses correspondants des observations que lui permet de faire le voyage ou le séjour lointain. Lorsque Julien, qui passe à Lutèce tous ses hivers et y sera proclamé empereur en mars 360, voit pour la première fois la Seine charrier d'énormes blocs de glace, il s'empresse de décrire le phénomène à l'intention de ses amis d'Antioche, lesquels n'ont jamais rien vu de pareil. On croirait, écrit-il, voir flotter « des blocs de marbre blanc sortis des carrières de Phrygie », en l'occurrence celles de Dokimeion, aussi célèbres pour leur marbre blanc que pour leur marbre veiné de rouge. Ainsi saura-t-on à Antioche ce qu'est, en Europe occidentale, une débâcle comme on n'en voit, bien entendu, jamais sur les bords de l'Oronte.

Vers l'est, des relations originales et longtemps précieuses sont procurées par les officiers d'Alexandre, par Néarque en particulier. Les familiers de César et de Pompée ne sont pas en reste, qui laissent de leurs voyages des descriptions où, tel Posidonius d'Apamée en Gaule et en Espagne, ils mêlent les observations objectives — distances, localisations — et les jugements historiques sur les peuples. On sait enfin ce que César croit devoir dire, dans ses *Commentaires,* sur la géographie physique et politique de la Gaule. A celui qui s'aventure, les armes à la main ou pour ses affaires, en pays lointain, l'idée de consigner ce qu'il voit et ce qu'on lui rapporte vient tout naturellement.

L'esprit pratique l'emporte le plus souvent, et le voyageur note surtout les distances entre les repères notables de son itinéraire. Rares sont ceux qui, comme Pythéas à Marseille, prennent la précaution de calculer et de noter au départ la latitude. La plupart se contentent de compter les journées de route. La colonisation romaine, en bornant les routes de mille en mille, facilitera ce décompte linéaire. La géographie est à deux dimensions, avec un point de départ unique, bien conforme à l'idéologie d'un empire universel tissé autour de la Ville par excellence : une seule chose est sûre, la distance depuis Rome. Mais, ce faisant, les innombrables voyageurs qui racontent à leur retour sont aussi des géographes qui décrivent. Là encore, la vision est linéaire, et l'on se contente le plus souvent d'évoquer l'alignement des étapes : c'est le premier service à rendre aux prochains usagers de la route.

Chacun, sans doute, ajoute son expérience à celle des autres. Strabon n'en fait pas mystère, il a beaucoup écouté, et les conquêtes romaines ont ajouté à sa connaissance du monde.

> Nous avons l'avantage de pouvoir aujourd'hui parler pertinemment de la Bretagne, de la Germanie, des pays en deçà et au-delà de l'Ister, des Gètes, des Tyrigètes et des Bastarnes, comme aussi des peuples du Caucase, des Albanais et des Ibères par exemple.

> Nous devons à Apollodore d'Artémite, l'historien de la guerre contre les Parthes, des informations plus précises que ce qu'on avait publié jusqu'ici sur l'Hyrcanie et la Bactriane. La récente expédition de l'armée romaine dans l'Arabie heureuse sous les ordres de notre camarade et ami Aelius Gallus, les voyages des marchands d'Alexandrie qui envoient maintenant de véritables flottes vers l'Inde par le Nil et le golfe Arabique, tout cela nous fait connaître ces contrées mieux que naguère.
>
> Quand Gallus était préfet d'Égypte, je vins le rejoindre, et ayant remonté avec le fleuve jusqu'à Syène et aux frontières de l'Éthiopie, j'appris qu'il partait maintenant cent vingt vaisseaux de Myoshormos pour l'Inde, alors qu'on comptait sous les Ptolémées un tout petit nombre de marchands capables d'oser entreprendre pareille traversée et de commercer en cette région.

Ainsi fait aussi le poète Fortunat, cet Italien de Trévise devenu en 597 évêque de Poitiers, quand il raconte dans sa *Vie de saint Martin* le long voyage à Ravenne de l'évangélisateur des Gaules : la route passe par Paris, Soissons et Reims, franchit le Rhin, suit le Danube, traverse les Alpes, parcourt le Frioul. Mais Fortunat n'oublie pas les dangers du chemin et propose des variantes pour le cas d'insécurité : il peut être nécessaire de contourner la Bavière, voire de choisir, pour la descente vers le Pô, entre l'Adige à l'ouest ou le Tagliamento à l'est, autrement dit entre la route de Vérone et celle du Frioul.

Très tôt, cependant, on imagine une représentation autre que celle d'une route avec ses abords. Et le géomètre Hipparque de Nicée de préconiser, au IIe siècle av. J.-C., la prise de repères astronomiques propres à limiter la dérive des erreurs accumulées sur la distance comme sur l'orientation. Le même Hipparque propose et expérimente un recours systématique à la triangulation pour assurer l'orthométrie d'une véritable géométrie à deux dimensions. Ainsi retrouve-t-on, au plan horizontal, cette estimation des angles qui est déjà, au plan vertical, le moyen premier de toute intelligence de l'univers.

La sphère

Que la terre soit ronde, nul n'en doute. Pour tous les observateurs de l'ombre portée par le soleil, la sphéricité de la planète est chose évidente. Comme le dira au Ier siècle Strabon, on peut l'établir en raisonnant sur la « tendance des corps vers le milieu », ou de « l'inflexion de chaque corps vers son propre centre de gravité », mais elle est tout bonnement perceptible d'après ce que l'on voit sur mer ou dans le ciel : chacun a fait l'expérience de cet horizon qui recule quand on hausse le point de vue.

Les Ioniens, au VIIe siècle déjà, entrevoient la réalité, même s'ils font de la terre un disque, ce sur quoi ironisera Hérodote. Au siècle suivant, un disciple de Thalès, Anaximandre de Milet, constate la courbure du méridien et imagine un cylindre, voire une sphère. Au Ve siècle, les philosophes pythagoriciens pensent que la terre ne peut être que ronde, sans avancer de véritables arguments. Au IVe, le navigateur Pythéas note les étonnantes variations de la durée du jour sous les hautes latitudes de l'Atlantique nord : la longue nuit l'hiver, le soleil de minuit l'été, tout cela s'accommode mal d'une terre plane. Désormais, la sphère est admise par tous, et par Platon aussi bien que par Aristote, qui note la différence de hauteur des étoiles sur l'horizon selon la latitude, et la différence de l'heure de lever du soleil selon la longitude. C'est alors que le mathématicien et philosophe Eudoxe de Cnide met au net la théorie des deux sphères emboîtées, celle de la terre et celle du ciel, et précise les notions fondamentales de localisation sur la sphère, la longitude difficilement mesurable, la latitude et les cercles tropicaux mesurables en termes d'arc par rapport à un équateur lui-même défini en fonction du nord. Eudoxe — qu'on ne doit pas confondre avec le navigateur Eudoxe de Cyzique — se trompe sensiblement quand il donne au soleil un diamètre égal à neuf fois celui de la lune, et son système de mesure est aussi compliqué que son organisation de l'espace stellaire. Au moins précise-t-il l'araignée du cadran solaire horizontal, c'est-à-dire une figuration linéaire d'un cycle annuel que, bien avant les astronomes de César, il estime à trois cent soixante-cinq jours et six heures. Au soleil, Eudoxe attribue trois sphères concentriques tournant en sens opposé, l'une pour le mouvement quotidien, l'autre pour le mouvement annuel, la troisième pour corriger le détail du mouvement. Comme les autres planètes, la terre se meut aussi à travers trois sphères. La cosmographie d'Eudoxe de Cnide reste un modèle d'inutile complication. Mais la sphéricité des corps célestes y est essentielle, et la terre, qui apparaît ici comme le centre de l'univers, est bien une sphère parmi les sphères.

Reste à savoir ce qu'il y a à la surface de cette boule. Au IIe siècle, lorsque le grammairien Cratès de Mallos se mêle de figurer les terres émergées à la surface du globe, il songe déjà à une route occidentale de la péninsule Ibérique vers l'Inde. L'idéal de Christophe Colomb est déjà à portée de rêve.

Ceux qui notent la faible courbure des terres cernées par l'horizon ne peuvent écarter une pensée ambitieuse : cette courbure permet de calculer l'immensité de la planète. En termes scientifiques, cela veut dire mesurer le méridien en partant de l'arc perceptible. Vont y concourir la hauteur des étoiles comme l'ombre portée des hauteurs frappées par le soleil. Au IVe siècle déjà, Eudoxe de Cnide précise les moyens de cette estimation. L'observation des étoiles l'emporte encore sur celle du soleil. Les voyageurs, les compagnons d'Alexandre en particulier, qui sillonnent de grands espaces du monde connu, multiplient les relevés de hauteurs astrales et le navigateur Pythéas le Massaliote peut indiquer, pour les pays et les villes qu'il rencontre dans sa pérégrination, une latitude assez peu éloignée de la réalité que nous connaissons. L'encyclopédiste aristotélicien Dicéarque combine les coordonnées de latitude et de longitude, avec toute l'imprécision qui s'attache encore à une longitude conçue à partir de la sphère et non avec celle-ci : la terre étant ronde, les distances d'est en ouest sont nécessairement mesurables en degrés d'arc. La latitude perceptible conduit à la longitude imaginable. Mais les calculs de latitude sont à la merci des erreurs d'observation que multiplient des instruments approximatifs. Viser une étoile n'a rien d'aisé à l'œil nu.

Une plus grande précision est atteinte dès lors que l'on met en jeu les ombres portées par le soleil. Encore faut-il disposer d'une référence invariable en hauteur comme en orientation. C'est Ératosthène de Cyrène, l'un des premiers maîtres de la bibliothèque d'Alexandrie, qui en fait le premier l'expérience à la fin du IIIe siècle, comparant la hauteur du soleil en un même jour — le solstice d'été — et en deux villes relativement éloignées, Alexandrie et Syène, aujourd'hui Assouan, où le soleil est alors au zénith : et Ératosthène d'en déduire que Syène est située sur le tropique. Avec presque quatre degrés d'amplitude dans l'observation, Ératosthène peut se risquer à un calcul dont le résultat confond encore : il estime le méridien à 252 000 stades égyptiens, soit 39 690 de nos kilomètres. Autant dire qu'il mesure le globe avec une erreur égale au plus à la distance de Paris à Nancy.

On n'ira guère plus loin dans la précision. On tente un relevé des hauteurs visibles de Canope, la plus brillante des étoiles après Sirius. Canope passe pour l'étoile des Égyptiens parce qu'elle domine la constellation — aujourd'hui dite de la Carène — dont on fait en Égypte la nef d'Osiris et en Grèce celle d'Argo, cette nef de Ménélas dont le pilote, Canope, aurait fini ses jours en Égypte. Or Canope, qui est située dans l'hémisphère austral, apparaît sur l'horizon de Rhodes. En mesurant sa hauteur à une même date à Rhodes et à Alexandrie, où Canope atteint à son apogée une hauteur égale au quart d'un signe du zodiaque, soit 7° 30', le grand mathématicien Posidonius, l'ami de Cicéron et de Pompée, croira donner du méridien une mesure incontestable. De Rhodes à Alexandrie, on compterait le quart d'un douzième, soit la quarante-huitième partie, du méridien, ce qui donnerait à celui-ci une valeur excessive : 53 437 km. Posidonius s'est trompé, dans ses observations, de deux degrés.

Mêlant en une même préoccupation l'estimation de la latitude et l'observation de la longueur variable du jour et de la nuit, les astronomes chargés par César de réformer le calendrier — par une meilleure adéquation de l'année civile à l'année solaire qui nous donnera à partir de 46 av. J.-C. l'année bissextile — échouent à préciser la longueur du méridien mieux que ne l'a fait Ératosthène. Deux siècles plus tard, l'Égyptien Claudius Ptolemeus — Ptolémée — revient sur le calcul erroné de Posidonius, mais se trompe tout autant et réduit d'un bon quart le méridien d'Ératosthène. L'Antiquité s'en tiendra là, avec une sérieuse erreur sur le méridien, et donc sur les latitudes. Au moins faut-il retenir qu'aucun des astronomes et mathématiciens grecs et latins, qu'ils soient d'Europe ou d'Orient, ne met plus en doute, après le Ve siècle, la rotondité de la terre. L'observation du ciel et de l'horizon en fait une évidence.

La terre émergée

Les choses vont moins bien quand il s'agit de savoir ce qu'il y a à la surface du globe. Un ou plusieurs continents ? Un ou plusieurs océans ? L'observation du ciel ne répond en rien à cette interrogation, et les voyageurs doivent se contenter de ce qu'ils ont vu, de ce qu'ils ont atteint.

Vers l'ouest et pour une part vers le nord, on a touché aux rives de l'océan. Décrivant les îles dont il croit qu'est faite la péninsule scandinave, Ptolémée ne s'interroge pas un instant, au IIe siècle, sur ce qu'il pourrait y avoir au-delà. On est là au bout du monde. Daubant sur les prétentions de Pythéas qui s'est targué vers 330 d'avoir atteint le nord du continent, Polybe lui reproche au IIe siècle de chercher à faire croire qu'il a touché aux limites de l'univers alors qu'Alexandre, vers l'est, n'a pu le faire. « Si Hermès lui-même disait l'avoir fait, on ne le croirait pas. »

Tenues pour des escales dans la mer intérieure qu'est la Méditerranée, les îles apparaissent, aux confins de la terre émergée et de l'océan, comme les bornes mystérieuses du monde des hommes. L'Irlande, les Canaries, Ceylan ne sont pas des bases pour une découverte du globe, elles sont, déjà ambiguës dans leur nature, le terme de l'exploration des terres. La Terre est le contraire de l'Océan. Alors qu'on trouve partout des mers qu'il est loisible de contourner, nul n'a contourné l'Océan. Il paraît être la fin de toutes choses émergées. Il est une limite par nature, non par position. Reste qu'on ne l'a pas encore atteint à l'est, où l'Inde reste synonyme de terre extrême, et qu'on le suppose au sud.

L'image s'impose donc d'un continent unique, vu d'abord comme circulaire par les premiers géographes grecs, puis comme une masse allongée d'est en ouest, ou plutôt d'un complexe allongé de terres émergées, qu'il est commode de grouper en trois continents séparés par des obstacles naturels : le détroit de Gadès, autrement dit de Gibraltar, entre les Colonnes d'Hercule, le Nil ou la mer Rouge, selon que l'on met ou non toute l'Égypte en Afrique, et le Thanaïs, autrement dit la mer de Marmara. Ces trois continents touchent tous à une Méditerranée décidément conçue comme le centre du monde habitable et quelque peu dilatée en conséquence. Et les conquérants se targuent sans la moindre gêne d'avoir porté leur empire aux limites de la Terre. Mais l'Europe, l'Asie et l'Afrique appartiennent bien au même ensemble de terres émergées, *l'oikumène*, dont on ne connaît que deux limites sur quatre. Et l'Océan n'est pas moins unique, au point que les Romains lui donnent volontiers un visage allégorique, opposable à celui de la Terre.

Sur ce rectangle aux contours arrondis, tout le monde est d'accord dès le Ve siècle. Hérodote ironise sur l'idée d'un continent circulaire. Aristote voit les terres émergées comme un ensemble étalé au long d'un faisceau de parallèles : en gros, autour du parallèle de Rhodes (36° nord).

D'Ératosthène à Ptolémée, l'ensemble de terres allongé au nord de l'équateur n'est mis en doute par personne. « Il est conforme à la nature », expose doctement Ératosthène — que Strabon ne contredit pas en cela — que la dimension de la terre émergée soit sensiblement plus grande de l'aube au couchant que du nord au sud. Et Ératosthène d'insister sur ce point : tout est dans l'hémisphère nord. L'autre doit être couvert d'eau.

Quant aux dimensions de ces terres émergées, c'est une tout autre affaire. En latitude, les théoriciens de la sphère extrapolent du méridien aux parallèles, ou à tout le moins à l'équateur. Le globe idéal est assez bien vu, et l'on se trompe assez peu sur les latitudes, puisque aussi bien l'ombre du gnomon peut être mesurée en tout endroit. Quelque peu astronome, Pythéas le Massaliote situe au IVe siècle cette île de Thulé dont les marins insulaires lui ont parlé à quelque six jours au nord de la Bretagne, près de la « mer gelée », à la latitude « où le tropique d'été se confond avec le cercle arctique ». Le tropique est, à 4/60 de cercle soit 24° — la réalité est à 23° 26' — de l'équateur, le parallèle où s'arrête la course montante du soleil à son zénith. Thulé est donc, pour Pythéas, sur le parallèle où le soleil au sommet de son ascension atteint 24° au-dessus de l'horizon. Voilà qui met Thulé à quelque 66° de latitude nord. C'est au vrai la latitude du nord de l'Islande, qui est évidemment hors d'atteinte d'une navigation de six jours depuis la Bretagne. Pythéas, là encore, a compris le globe, mais il mêle les observations véritablement mesurées, les récits mal compris et les vantardises qui valorisent son audace. Il n'a pas vu lui-même le soleil de minuit, mais il en a calculé l'existence. Et son propos sur la mer gelée laisse entendre qu'il a pour le moins vu dériver des glaces flottantes. Strabon s'en inspirera en décrivant des « sortes de méduses » à la surface de l'eau.

Vers le nord, Pythéas se fait sans doute plaisir en étirant les terres émergées vers le pôle. Plus raisonnables, Polybe et Strabon tiendront pour limite l'Irlande, à la juste latitude de 54°. L'expédition d'Agricola, qui croit apercevoir Thulé — peut-être voit-on alors les Shetland — lorsqu'elle atteint en 83 les Orcades, situe ainsi vers 60° l'extrême septentrion des terres émergées. L'hiver approche. Agricola refuse d'aller voir plus loin. Au IIe siècle de notre ère, le géographe égyptien Ptolémée choisit plutôt les six jours de mer que le soleil de minuit, et fait plus grand cas des observations d'Agrippa que des fables de Pythéas : il place Thulé à 63°. A cette date, nul n'a vu cette Thulé dont tout le monde parle. Au plus a-t-on discerné une ride sur un horizon brumeux. Avec sagesse, Ptolémée n'essaie pas de faire croire l'impossible : évitant tout réalisme inventé, il dessine l'île avec les contours géométriques d'un losange qui ne laissent aucun doute sur le caractère hypothétique de la terre légendaire qui serait le bout du monde et qui fera, après Virgile, rêver les poètes.

Tout autre est la question de savoir jusqu'où s'étendent, vers l'est et vers l'ouest, ces terres émergées. Aristote, déjà, dans son traité *Du Ciel*, fait presque le tour du globe à travers les terres connues ou entrevues. « Il n'y a rien d'invraisemblable à croire que la région des Colonnes d'Hercule est proche de l'Inde. » Ératosthène se veut plus précis quand il évalue l'ensemble des terres émergées à deux septièmes du globe, répartis au long d'un arc égal aux deux tiers du parallèle de Rhodes : la route la plus courte de l'Espagne à l'Inde, l'extrême Orient connu, passe par l'ouest. Compte tenu d'un hémisphère austral entièrement occupé par l'océan, cette estimation laisse aux terres 57 % de l'hémisphère nord. On sait que, les deux hémisphères confondus, les terres occupent en réalité 29,2 % du globe. Le calcul d'Ératosthène ignorant l'existence de l'Amérique, il est donc tout à fait excessif, aussi bien dans son rapport des terres au globe que dans celui de la distance de l'Indus à Gibraltar, inférieure en réalité au quart du parallèle.

Au temps d'Auguste, la carte d'Agrippa confirme fâcheusement ces erreurs, réduit à peu de chose l'Europe du nord, étire à l'excès les terres vers l'ouest et vers l'est. Ce qu'elle présente, c'est l'Europe face à l'Afrique, celle-ci étant figurée au-dessus de l'Europe. Rien d'étonnant à ce que, pour le cartographe d'Agrippa, l'Europe méditerranéenne soit le centre du monde, et à tout le moins le centre des terres émergées.

Les géographes sont d'ailleurs bien conscients de leur incapacité à estimer avec précision la dimension de terres ou de mers dont ils n'ont au vrai qu'une vision partielle. Cela explique la passion dont ils se prennent alors pour estimer la circonférence du Pont-Euxin, cette mer Noire dont la carte de Doura Europos donne une figuration circulaire qui facilite la compréhension du problème, à défaut de procurer une vue exacte des distances nautiques. Et même pour une mer Noire dont ils ont aisément fait le tour, les Romains se trompent sévèrement. Dès que l'on hausse le point de vue, l'erreur est encore plus grande. A la surface de la planète, l'Europe, et tout particulièrement l'Europe méditerranéenne, est toujours surdimensionnée. On ne s'avisera qu'au XVIe siècle de ce qui eût bouleversé les rêves et les audaces : c'est par l'est que l'Inde est le plus proche de l'Espagne.

On ne songe pas moins à une route méridionale, une route maritime qui contournerait l'Afrique et permettrait d'aller de la Méditerranée à l'océan Indien autrement que par les voies caravanières dont on connaît la longueur, la lenteur et l'inconfort. Les légendes interfèrent ici avec l'observation et avec le calcul. Strabon rapporte sans ciller un propos de Posidonius qui aurait connu un navigateur marchand, Eudoxe de Cyzique, lequel aurait entendu dire en Égypte qu'une épave trouvée en mer Rouge était ce qui restait d'un bateau de Gadès, notre Cadix. Et Posidonius de tenter, sans vraiment insister, la navigation d'Espagne vers la mer Rouge par le sud. L'illusion est la même pour le nord : si les terres émergées sont une sorte d'île, on devrait relier la Caspienne à la mer d'Irlande. Tout le monde parle des Colonnes d'Hercule du nord, que nul n'a vues, alors qu'on connaît bien celles de l'ouest. L'un des capitaines d'Alexandre, Patroclès, est catégorique : l'océan du nord permet d'aller d'est en ouest, tout comme l'océan oriental doit permettre de joindre l'Inde à la Caspienne, laquelle n'est pour lui qu'un golfe.

La commodité veut qu'on distingue des continents, à vrai dire jointifs. Il en va différemment des régions climatiques que, suivant en cela les dires des voyageurs aussi bien que la simple observation de la hauteur apparente du soleil, les géographes s'efforcent de définir avec en tête deux idées. L'une est théorique : à quoi ressemblent les pays qui s'étagent au long du méridien ? L'autre est pratique : jusqu'où peut-on aller vers le sud ? Tout se ramène à une question : peut-on songer à contourner l'Afrique ? Posidonius, au Ier siècle av. J.-C., use déjà de la classification moderne suivant les tropiques et l'équateur, ces parallèles particuliers déjà établis au IVe siècle par Eudoxe de Cnide et entre lesquels s'effectue la course apparente du soleil à son zénith quotidien. Le tropique, dira Strabon, c'est l'endroit où, au solstice d'été, le gnomon ne fait pas d'ombre portée à midi. D'un point de vue astral, le tropique ne pose aucun problème. Il en va différemment du point de vue humain : tout bon Mediterranéen entrevoit ce que veut dire le soleil au zénith. Pour Posidonius, la zone intertropicale est chaude mais habitable, donc franchissable. Aux générations suivantes, Strabon comme Ptolémée sont catégoriques en l'autre sens : l'équateur est inhabitable.

Parmi tous ceux qui tentent de concevoir, de mesurer et de représenter le globe, un esprit original s'insurge contre cette vue d'une masse de terres allongée au nord de l'équateur. Il s'appelle Cratès de Mallos, et ce n'est ni un mathématicien ni un astronome. Cratès est un grammairien. Vers le milieu du IIe siècle av. J.-C., il tire de l'idée qu'il se fait de l'équilibre universel celle d'une pluralité des terres habitées à la surface du globe. Que tout soit groupé comme le veulent Ératosthène et ses semblables lui paraît chose invraisemblable. L'ensemble de terres plus ou moins connu étant ce qu'il est, il y a place sur le globe pour trois autres ensembles. Les terres connues prennent pour lui l'aspect de quatre demi-cercles — deux en chaque hémisphère — ayant tous leur diamètre face à un équateur occupé par une mer, ou plutôt par un bras de l'océan. Mais Cratès, qui raisonne en philosophe, redevient réaliste quand il juge impossible le voyage vers les autres terres : il fait excessivement chaud à l'équateur.

La construction est trop intellectuelle pour convaincre. Avec plus de bon sens, un Strabon juge simplement, au temps d'Auguste, que rien ne garantit la mer libre entre l'Espagne et l'Inde, et qu'Ératosthène est sans doute allé un peu vite en n'imaginant pas un instant qu'il puisse y avoir d'autres terres émergées.

> Avec les mathématiciens, Ératosthène soutient que la terre habitée forme approximativement un cercle, qui tend à se fermer lui-même, en sorte que, si l'immensité de l'océan Atlantique n'y faisait obstacle, il nous serait possible d'aller par mer d'Ibérie jusqu'en Inde. Il suffirait de suivre le même parallèle et de parcourir la section qui reste, une fois ôtée la distance définie ci-dessus, soit un peu plus du tiers de la circonférence totale...

> Or là aussi Ératosthène a tort. Le raisonnement qu'il tient à propos de notre zone tempérée dont le monde habité est une fraction, c'est peut-être un raisonnement correct aux yeux des mathématiciens. Mais quant à notre monde habité ! Nous appelons monde habité celui que nous habitons et connaissons. On admettra que dans la zone tempérée il puisse y avoir deux mondes habités, ou plus, et cela surtout à la hauteur du parallèle d'Athènes, dans la partie qu'Ératosthène décrit à travers l'Atlantique.

Rien ne devrait, toutefois, interdire le tour complet du globe, et Strabon, qui ne croit pas à une division absolue de l'océan en deux mers qui se trouvera pourtant vérifiée seize siècles plus tard, souligne le caractère relatif de l'impossibilité.

> Il faut plutôt croire que l'Océan est confluent et continu. En effet, les navigateurs qui ont entrepris le circuit, puis ont fait demi-tour, disent que ce n'est pas l'obstacle d'un continent qui, les empêchant d'aller plus avant, les a forcés de rebrousser chemin, mais le dénuement et la solitude, la mer n'en continuant pas moins à leur offrir le passage.

Christophe Colomb est encore loin. Les techniques de navigation ne permettent pas d'envisager une telle navigation le dos au continent.

Cratès mis à part, que personne ne prend au sérieux, sinon quelques philosophes portés par l'esprit stoïcien à écarter l'absolu d'un unique monde habité, tout le monde est donc bien d'accord : les terres habitées sont une masse allongée dans l'hémisphère nord. Les Pères de l'Église feront chorus avec les philosophes grecs pour d'autres raisons : la Création est unique, et l'on voit mal comment la descendance d'Adam pourrait se retrouver en des continents séparés par une chaleur infranchissable. Tout le monde est en revanche d'accord sur un point : qu'il y ait, ou non, un continent austral au sud de l'équateur, il devrait être possible, n'était la chaleur, de contourner par le sud les terres connues. L'idée fera son chemin, jusqu'à Vasco de Gama : il doit y avoir un « passage ». On devrait aussi trouver à travers l'océan une route vers l'Inde. Mais rien ne dit qu'il n'y faille pas contourner encore d'autres terres habitées. L'Inde est à l'ouest, comme à l'est. Mais la route est-elle libre ? Le problème n'a plus rien de scientifique. Il relève des navigateurs, et de leur audace.

La représentation de l'espace

Une chose est de savoir qu'un globe est occupé par les terres émergées avec leurs mers intérieures et par l'océan. Une autre est de représenter les contrées connues dans cet ensemble de terres. A tous égards, le besoin se fait sentir d'une figuration. Il faut cartographier. Les gouvernants et les chefs militaires veulent se représenter leur territoire en soi et face aux autres. L'objectif stratégique est évident : où aller, par où passer, où s'appuyer. Avec les temps, la tendance change. Que conquérir ? D'où vient le péril ? Strabon multiplie les exemples.

> La flotte d'Agamemnon, pour avoir pillé la Mysie à la place de la Troade, revint déshonorée. Les Perses et les Libyens, prenant les détroits pour des golfes aveugles, côtoyèrent de grands dangers et laissèrent derrière eux des trophées de leur folie.

L'objectif économique n'est pas moindre : où sont les ressources naturelles, les marchés, les carrefours possibles ?

Avec l'établissement des États organisés, il est un objectif fiscal lourd de postérité cartographique : quels hommes et quels peuples imposer, quels trafics contrôler et taxer, quelles routes soumettre au monopole et à l'imposition ?

La carte devient vite symbole. Nous connaissons, grâce à Pline, la carte murale de l'empire romain figurée, selon la volonté testamentaire d'Agrippa, gendre d'Auguste, sous le Portique du Champ de Mars. Et plusieurs tableaux juxtaposés, c'est la représentation du monde connu de Rome quelques années avant notre ère. Le genre, alors, n'est pas nouveau, et les Grecs ont souvent figuré le monde à plat, de même qu'ils l'ont représenté sur des sphères. Ce qui est ici essentiel, c'est l'emplacement : près de l'Autel de la Paix.

L'idée survivra, et l'on usera souvent de la signification symbolique du monde comme témoignage public de la souveraineté. Les cartes des victoires seront exposées dans les temples. Les cartes de l'empire concourront à la glorification de l'empereur. Bien des villes auront leur mappemonde, significative de l'appartenance à l'univers politique défini comme l'empire. La carte est le pendant des *Res gestae,* du récit des hauts faits. On ne néglige pas davantage ce qu'une telle figuration apporte à ceux qui ont charge du monde, au temporel comme au spirituel. La jeunesse y trouve des leçons de civisme, les administrateurs un moyen de gouvernement. Le monde chrétien y trouvera un jour sa représentation spatiale, et Cassiodore préconisera l'aménagement de cartes murales pour l'édification des jeunes moines.

Encore faut-il savoir représenter les terres émergées. Localiser les pays et les villes du nord au sud est aisé. Malgré une incertitude sur la valeur du degré, les latitudes sont assez bien connues. Les longitudes, en revanche, sont pour le moins incertaines. Sur terre, on pallie cette insuffisance du repérage en mesurant les distances. On compte les jours de marche. S'il le faut, on compte les pas. Les Romains iront jusqu'à ponctuer leurs routes de bornes milliaires. Les navigateurs, dans le même temps, s'avouent incapables d'évaluer correctement les distances en mer, faute de la montre qui permettra la mesure des longitudes, mais ils savent trop le prix d'une identification précise des repères littoraux — les amers, sur lesquels se prennent les alignements — pour ne pas multiplier les relevés, les descriptions et les dessins des côtes et de leurs points remarquables. Les cartographes qui réalisent les tableaux du Portique d'Agrippa savent assez bien ce que sont, au moins pour la Méditerranée, les contours de la terre émergée.

Pour ce qui est des fleuves, on confond volontiers les méandres, et les infléchissements de cours sont totalement méconnus. Celui qui navigue voit le fleuve dans sa longueur réelle, non dans son tracé à travers le pays : le cours lui paraît linéaire. Celui qui côtoie le fleuve coupe au large des méandres et s'épargne les détours des coudes. Trop heureux est-on quand le dire des bateliers permet d'être assuré d'une identité que cachent souvent les appellations différentes que donnent au même cours d'eau les peuples riverains. C'est seulement au temps d'Auguste que les géographes romains reçoivent la preuve que le fleuve aboutissant à la mer Noire et le fleuve qui limite en Germanie la progression des légions sont un seul et même Danube. On attendra plus longtemps de semblables certitudes pour les fleuves dont on connaît en Europe centrale le cours supérieur et dont on entend parler pour leur embouchure en mer du Nord ou en Baltique. Pour la plupart, les géographes connaissent des tronçons, que nul ne saurait relier. De la Caspienne à la mer du Nord, la route des fleuves reste incertaine. De même l'unité du Nil échappe-t-elle à l'observation à courte distance.

Tout se ramène assez souvent à des listes de coordonnées comme celles que procure Ptolémée au IIe siècle, et à des alignements de villes, figurés en des « itinéraires » où l'essentiel se réduit à deux informations : la séquence des étapes et la distance qui les sépare. Les meilleurs exemples en sont l'*Itinéraire Antonin* et la *Table de Peutinger*, cette carte du IIIe ou IVe siècle connue par la copie médiévale découverte à Spire en 1494 par l'humaniste allemand Konrad Peutinger.

Le voyageur est intéressé à savoir ce qu'il lui en coûtera de temps pour aller par la terre d'une cité à l'autre ou par mer d'une île à l'autre. C'est en jours de mer que Pythéas donne au IVe siècle les distances d'une navigation au large des côtes norvégiennes. Le marin entend savoir où relâcher. Que la route tourne lui importe peu : il n'a guère les moyens de s'en écarter. La configuration des côtes lui est plus utile, en revanche, et il ne lui est pas indifférent de connaître, outre la séquence des escales, la place et l'importance des promontoires à contourner, voire la possibilité de couper au plus court au large d'un golfe ou d'une anse. Le marin appelle de ses vœux une représentation de l'espace, non une simple présentation des étapes journalières. La réponse des cartographes est le « périple », une carte où — sans forcément s'aligner comme en un itinéraire — les étapes s'ordonnent dans un espace à deux dimensions.

Au IIe siècle, déjà, on sait allier les deux propos pour porter sur une région un regard plus large, qui figure à la fois le détail des accidents topographiques et des opportunités d'étape ou d'escale et leur mise en place dans un ensemble. Un exemple est bien connu, qui reflète ce qu'on pouvait réaliser en une lointaine province dans les années 200. Improprement nommée le « bouclier » de Doura Europos (Syrie) et provenant sans doute d'un établissement marchand du Pont-Euxin, cette peinture sur parchemin présente dans un espace systématiquement circulaire — parce que toute carte est circulaire dans la mesure où le monde l'est et où le bouclier d'Achille l'était aussi — mais dans l'ordre où les rencontre le caboteur qui suit les côtes, sinon dans une exacte proportion des distances, les ports et les embouchures de la mer Noire. Le fragment conservé (Bibl. nat.) laisse voir le Danube, la Méotide, autrement dit la mer d'Azov, et le Thanaïs (le Don) qui se jette dans celle-ci.

Il ne s'agit plus ici de figurer les étapes d'une route, terrestre ou maritime, et les villes que représente une maison sur la côte sont parfois distantes de soixante ou quatre-vingts milles romains, autrement dit bien supérieurs à ce que permet une journée de marche ou de navigation. Le parti pris de symétrie nuit à la vraisemblance, et en tout cas à l'utilisation pratique. Le cartographe a placé ses ports et ses estuaires dans l'ordre, autour du cercle, sans se soucier d'autre chose que de trouver à l'opposite de la mer d'Azov cet Hellespont (la mer de Marmara) qui équilibre opportunément la composition.

Après tout, Pline se soucie peu de citer dans un ordre géographique, comme le fera Strabon, les villes qu'il énumère. La représentation de l'espace est une chose, la précision en est une autre. Le prétendu bouclier de Doura Europos appartient bien à un autre genre que l'itinéraire ou le périple. Mais, parce qu'elle prend en son ensemble le monde que connaît et où vit un homme ou une société, cette carte du Pont ouvre la voie à ce qui sera la représentation véritable de l'espace, à la cartographie nautique du Moyen Age, au « portulan ».

La carte de Doura Europos donne le même espace à des distances sans commune mesure. Au vrai, elle aligne les ports. Quant aux routes terrestres, l'itinéraire les représente comme des droites à peu près parallèles, ce qui rend une telle carte inutilisable pour qui veut aller d'une ville à l'autre. Mais ce n'est point l'affaire de qui veut avant tout mettre en page une route avec ses étapes alignées, ou les relations de la Ville, Rome, avec ses provinces.

La terre est un globe, la carte est une surface. Ceux qui entendent donner de l'espace une représentation précise se trouvent, très vite, confrontés au problème bien connu de la projection. Au IIIe siècle, Ératosthène — l'inventeur du mot « géographie », c'est-à-dire dessin de la terre — se trouve heureux d'une projection cylindrique déjà utilisée trois cents ans plus tôt par le précurseur Anaximandre, et qui sera encore au XVIe siècle la projection de Mercator. A vrai dire, en concevant les terres émergées comme un espace allongé d'est en ouest et en laissant dans l'inconnu l'océan du nord, la géographie d'Ératosthène se limite à la zone du globe pour laquelle les graves inconvénients de la projection cylindrique n'apparaissent guère. On les verra surtout quand on en viendra à représenter avec la même échelle les différences de longitude sur le parallèle du Congo et sur celui du Groenland.

Deux siècles après Ératosthène, Strabon use encore de la projection cylindrique, la plus commode à qui n'y regarde pas de trop près sur le Danube et s'intéresse surtout aux distances vers l'Espagne comme vers l'Orient.

> C'est à la chaîne de montagnes située près de la Colchide et de l'Euxin — et par conséquent distante de l'Inde de plus de trente mille stades — que les Grecs ont donné le nom de Caucase.

La carte murale du Portique d'Agrippa s'en tiendra là, elle aussi. L'exemple sera suivi. Tous les itinéraires que se transmettent et mettent à jour les agents de l'administration impériale, les chefs de l'armée ou les entrepreneurs commerciaux adoptent ce parti, rendu célèbre par l'*Itinéraire Antonin :* celui d'un guide à l'usage du Romain qui prend la route d'une province lointaine.

Déjà, les géographes ont inventé la projection conique. Pour une carte de détail, elle a toutes les vertus. Ptolémée la préconise comme le seul moyen de figurer vraiment l'espace. Mais il s'empêtre dans sa contradiction quand il veut « montrer la terre dans toute l'étendue qu'on lui connaît », et il ne parvient pas, semble-t-il, à en organiser pour son propre compte l'usage systématique. Et Strabon, qui connaît bien la projection conique, y renonce pour cette simple raison qu'elle lui paraît inadéquate pour représenter un large espace.

Les uns et les autres ne trouvent en définitive de solution que dans le découpage. Ératosthène compartimente en régions plus ou moins naturelles sa vision du monde et rend ainsi tolérable la distorsion inhérente au cylindre. La carte d'Agrippa est faite de tableaux muraux juxtaposés sous le Portique. Ainsi les dessinateurs peuvent-ils y donner du profil des côtes une vue détaillée et s'essayer à retracer les contours de quelques grands fleuves. Les cartographes se contenteront longtemps, et jusqu'à l'époque moderne, d'un morcellement qui privilégie la courte distance mais rend illusoires les raccordements.

La description du monde

Voilà pour la figuration. Reste à savoir ce que l'on rencontre dans l'espace. Le géographe et le voyageur ne font ici qu'un : de la carte, nous passons à la description des hommes, des villes, des usages. Le marchand note les ressources, le soldat mentionne les obstacles et les citadelles. Et le navigateur Pythéas — puisant dans le dire des autres autant que dans son expérience propre — n'omet ni le soleil de minuit ni la longue nuit que l'on observe dans l'île de Thulé, à six jours au nord de la Grande-Bretagne.

Les écrivains se mettent à l'œuvre. Au Ve siècle déjà, Hérodote mêle à sa compilation des histoires, légendaires ou assurées, des peuples rencontrés une tentative d'explication de leurs situations actuelles, voire des réalités économiques. Agatharchilde de Cnide rédige un livre *Sur la mer Rouge* et Arthémiodore d'Éphèse des *Géographiques* qui font se succéder les itinéraires connus et leurs points remarquables. Posidonius multiplie les notations au cours de ses propres voyages, décrit l'Égypte, la Gaule, l'Espagne. Il caractérise les peuples, les Celtes en particulier, dont la différence avec le monde gréco-latin attire son attention.

Autant de géographes, autant d'inventaires. Certains tentent de hausser le point de vue. Quelques grandes œuvres voient le jour, que l'on citera jusqu'en plein Moyen Age. S'inspirant de ses lectures autant que de ses observations propres et de celles de ses lieutenants, César entend donner dans ses *Commentaires* une vue d'ensemble des pays et des populations barbares de la Gaule, de la Germanie et de la Bretagne insulaire. En plusieurs ouvrages, Varron de Réate, autrement dit de Rieti, donne à la même époque des littoraux, des estuaires et des ports une description qui dépasse la nomenclature pour atteindre à une véritable géographie côtière. Pline l'Ancien y puisera largement, dans les années 50 après J.-C., pour sa synthèse de l'univers où se combinent la description physique et la relation des phénomènes humains.

Entre-temps, Strabon formule, dans une vaste *Géographie* écrite en grec, le propos ambitieux d'une somme des connaissances utiles au gouvernement d'une Rome étendue jusqu'aux limites du monde accessible. Et d'organiser une masse d'informations considérable, où prennent place la description physique des pays, les bases démographiques de leur rayonnement et de leur politique, l'analyse des ressources et des courants de l'économie.

> Considérée par rapport au climat et à la nature du sol, la Perse comprend trois zones : une première zone, maritime, torride, sablonneuse, pauvre en produits autres que les fruits des palmiers, peut mesurer de 4 300 à 4 400 stades et s'arrête à l'Oroatris, le plus grand fleuve de la contrée ; la dcuxième, au-dessus de celle-ci, riche en productions de toutes sortes, est composée de plaines et d'excellents pâturages, et abondamment pourvue de rivières et de lacs ; la troisième, boréale, froide et montagneuse, est habitée par des pâtres ou conducteurs de chameaux.

Strabon n'oublie pas les utilisateurs immédiats de sa *Géographie :* il va jusqu'à porter des jugements stratégiques.

L'Europe est naturellement bien douée, entièrement composée d'une sorte de mosaïque de plaines et de montagnes, en sorte que partout coexistent la tendance paysanne et sociale, et l'instinct guerrier. C'est le premier élément qui domine, celui qui porte à la paix. Aussi l'Europe règne-t-elle sur l'ensemble grâce à l'influence de ses peuples dominants, les Grecs d'abord, les Macédoniens et les Romains ensuite.

Ainsi, tant pour la paix que pour la guerre, l'Europe est-elle totalement autonome. Elle possède une réserve inépuisable d'hommes pour se battre, pour travailler la terre et pour administrer les cités.

Une autre de ses supériorités est qu'elle produit les fruits les meilleurs, ceux qui sont indispensables à l'existence, ainsi que tous les minerais utiles. Elle ne fait venir de l'extérieur que des parfums et des pierres de grand prix, dont la privation ou l'abondance n'ajoute rien au bonheur de notre vie. L'Europe nourrit également des troupeaux en quantité, mais peu de bêtes sauvages.

Quand il descend au plus près de la carte, Strabon devient descriptif. Visiblement, il a une carte sous les yeux quand il compare la péninsule Ibérique à une peau de bœuf étalée, dont le cou se continuerait jusqu'en Gaule et serait coupé par les Pyrénées. Il est, naturellement, à l'aise quand il s'agit de pays qu'il connaît bien.

Les très hautes montagnes que sont les Alpes dessinent une ligne circulaire dont la courbe est tournée vers la plaine celte et vers la chaîne Cemnène, le creux vers la Ligystique et l'Italie. Elles abritent dans leurs montagnes diverses peuplades, toutes de race celte, sauf les Ligyens. Ceux-ci sont de race différente, tout en ayant un mode de vie très voisin. Ils occupent la partie des Alpes qui touche aux Apennins et tiennent

> aussi une partie des Apennins, chaîne de montagnes qui s'étend sur toute la longueur de l'Italie.

Le géographe est plus gêné quand il décrit les contrées lointaines. Les informations s'amoncellent alors, plus ou moins en vrac, et il fait mal le tri. Distinguant les quatre sommets du massif de l'Ida qui portent le nom d'Olympe, alors qu'il est un autre Olympe au voisinage, Strabon évoque soudain « le son de la flûte, le cliquetis des crotales, des cymbales et des tambours, les cris modulés, les évohés et les battements de pieds » par lesquels se caractérisent les différentes catégories de desservants des cultes olympiens. Stigmatisant les mœurs des Siginnes du Caucase, il observe qu'ils imitent en général les Perses mais usent de « mauvais petits chevaux à peau velue, inaptes à la monte ». Mais, alors qu'il récuse les animaux monstrueux décrits par Mégasthène, il hésite, quand il évoque les usages des pays, à écarter les traits merveilleux « que tout le monde répète » et qu'il sait invérifiables.

> Les Derbices adorent la terre et ne sacrifient ni ne mangent les animaux femelles. Les vieillards qui ont passé soixante-dix ans sont égorgés, et leurs plus proches parents dévorent leur chair. Les vieilles femmes sont étranglées, puis enterrées. Les hommes morts avant soixante-dix ans ne sont pas mangés, mais enterrés.
>
> De même parle-t-on de certains peuples chez lesquels chacun s'évertue à allonger sa tête en rendant le front assez proéminent pour qu'il couvre et ombrage le menton.

Le même Strabon se fait toutefois critique quand il lui faut parler des Amazones. Encore l'auteur de la *Géographie* s'arrange-t-il pour mettre la naïveté au compte des historiens. Ce qu'il en dit « suivant certains historiens » — en fait, Théophane, Métrodore et Hypsicrate — n'est prudemment rédigé qu'au conditionnel, ce qui n'empêchera pas Christophe Colomb d'avoir en tête l'histoire des Amazones quand on lui parlera de l'île des Femmes. Strabon, pourtant, fait preuve de prudence.

> Les récits qui concernent les Amazones sont bien particuliers. Dans le cas de tous les autres peuples, en effet, le mythe et l'histoire ont leurs domaines propres, nettement séparés. On nomme mythe ce qui est antiquité, fable ou prodige, tandis que l'histoire s'attache à la vérité, que l'événement soit ancien ou récent, et n'accueille, sauf en de rares exceptions, aucun merveilleux. Mais quand il s'agit des Amazones, on énonce pour le temps présent les mêmes récits fantastiques et impossibles à croire que ceux des temps antiques. Qui croira en effet qu'une armée, une cité, un peuple de femmes, puissent jamais se constituer durablement sans hommes ?

Strabon n'en tente pas moins de procurer pour les régions et les villes qu'il décrit des données mesurables, mêlant le plus souvent les hauteurs astrales des astronomes et les distances des voyageurs.

> A Byzance, le jour le plus long dure quinze heures un quart en heures d'équinoxe. Le jour du solstice d'été, le rapport du gnomon à son ombre est de 120 à 41 4/5. Cette région est à quelque 4 900 stades du parallèle qui passe par le centre de Rhodes, et à quelque 30 300 stades de l'équateur.

Au siècle suivant, Ptolémée achèvera de concevoir une véritable pédagogie de la géographie, mettant simultanément en œuvre l'art de décrire et celui de figurer. Beaucoup plus que le savant, c'est le voyageur qui est le bénéficiaire de l'œuvre, et surtout le marin. Ce n'est pas un hasard si, sur les cinquante-deux noms que cite pour la Corse le géographe égyptien, vingt-deux correspondent à des accidents topographiques du littoral, autrement dit à des repères et des amers. La carte et le récit trouvent alors leur équilibre définitif. Même si Ptolémée se plaint de l'insuffisance des témoignages et de la médiocrité des cartographes qui déforment à l'envi les noms des villes et ceux des fleuves, et même s'il se trompe gravement à l'échelle du monde connu en donnant à la Méditerranée — qui n'en fait au maximum que 42 — une extension de 62° sur le parallèle, il donne au voyageur le moyen de savoir où aller et par où passer. On sait comment se repérer. On sait aussi ce qu'on peut attendre d'une ville ou d'un pays.

CHAPITRE III

Des peuples en mouvement

Les grandes migrations

La migration vers l'ouest des peuples de l'Asie centrale est depuis longtemps commencée. A vrai dire, la mobilité paraît naturelle à des tribus d'éleveurs que la maigreur des pâturages et la rudesse des variations climatiques saisonnières condamnent au nomadisme. Protégée depuis le IIIe siècle par sa Grande Muraille, la Chine paraît stable et commence d'assimiler ses premiers immigrants, ces Hiong Nou établis en 195 par un traité avec l'empire des Han. Mais le plus gros des Hiong Nou demeure à l'extérieur, dans le désert de Gobi, face à la Grande Muraille, et fait peser sur la frontière septentrionale de la Chine une menace qu'aggravent les bouleversements internes de la politique chinoise à partir de la chute des Han (220). Vient le temps de la division, et même de l'anarchie : c'est la Chine des Trois Royaumes. L'avènement des Tsin (265) n'y porte qu'un remède théorique. Les Barbares du nord en profitent, les Hiong Nou multiplient les incursions en profitant de l'inachèvement de la Grande Muraille. En 311, ils pillent la capitale, Lo Yang. Leurs voisins Tabgatch marchent également vers le sud, et atteignent à l'occasion la vallée du Houang Ho, le fleuve Jaune. Les dynasties qui suivent, et qui voient le triomphe du bouddhisme en Chine, ne rétablissent qu'épisodiquement l'unité chinoise et la sécurité de l'empire. Il faudra attendre la fin du VIe siècle pour que les Souei amorcent le redressement politique et économique de l'empire. L'œuvre sera menée à bien, à partir de 618, par les T'ang.

Les Hiong Nou du nord, cependant, regardent plutôt vers l'ouest. Leur nomadisme pastoral porte, année après année, les troupeaux et les campements aux tentes de feutre un peu plus vers le cœur du continent, vers les hautes vallées de l'Ienisseï, de l'Ob, de l'Irtych. Ils ne s'arrêteront qu'au XVIIe siècle, devant Vienne. On les appellera alors les Turcs. Au Ve siècle, ils sont déjà au nord de la Perse, nouent des relations diplomatiques avec Constantinople, contrôlent les routes de la soie.

Devant eux, un autre peuple s'ébranle. Il vient de Mandchourie. Au Ve siècle, il domine cette région de l'Altaï et de ses hauts plateaux qui sera notre Mongolie, au sud du lac Baïkal et jusqu'à la région du lac Balkach. Ce sont les Jouan Jouan, encore appelés Avars.

D'autres se trouvent ainsi poussés vers l'ouest : les Huns, jusque-là paisibles éleveurs sur les steppes de la Sibérie occidentale, entre le Balkach et la mer d'Aral. Dès la fin du IVe siècle, ils doublent la Caspienne, puis la mer Noire. Au milieu du Ve, ils sont sur le Danube. Les Huns du sud, ou Hephthalites, ne suivent pas leurs cousins dans cette marche vers l'Europe. Ils visent les régions prospères, et infiniment plus proches, de la Perse et de l'Inde, contournant ainsi par l'ouest la chaîne himalayenne que les tribus venues de l'Extrême-Orient se sont bien gardées d'affronter. Ils y font un temps la loi, jusqu'à ce qu'au VIe siècle une réaction conjointe des Perses et des Turcs les réduise définitivement.

La route de l'Europe n'est pas libre pour les Huns et ceux qui les poussent. Devant ces Asiatiques originaires de Mongolie ou de Mandchourie, les plaines au nord du Caucase sont occupées par des tribus indo-européennes assez proches de l'empire romain pour que des descriptions s'en rencontrent dans la littérature latine. On connaît leurs campements faits de chariots en cercle et non de tentes, leur goût pour le lait aigre, leurs cuirasses d'écailles et leurs casques coniques. Entre la mer Noire et la Caspienne, ce sont les Alains. Plus au nord, entre les hautes vallées du Don et de la Volga, ce sont les Sarmates, venus d'Iran prendre, vers le Ve siècle av. J.-C., la place des Scythes. Les Romains, déjà, n'ont cessé de les affronter et de les contenir. Pour le Romain d'Orient, le Sarmate est le Barbare par excellence.

Mais en Iran les nomades Parthes ont eux-mêmes chassé vers l'ouest, au IIIe siècle av. J.-C., les Séleucides qui tenaient là l'un des vestiges de l'empire d'Alexandre. Ils menacent quelques états plus ou moins passés dans l'aire d'influence de Rome après les dernières conquêtes de Trajan, comme l'Arménie et les petits royaumes araméens de la Mésopotamie septentrionale. Riches de leur civilisation brillante, forts de se sentir les héritiers d'Alexandre, les Parthes du IIe siècle ap. J.-C. ne sont plus une réunion aléatoire de tribus nomades ; ils sont devenus un État, rival de Rome et, contre Rome, porté à l'expansion. Parthes et Romains vont se battre, parce qu'il est une hégémonie de trop au Proche-Orient, et parce que la route de la soie est en cause. La riposte de Trajan, qui fait couronner roi des Parthes un client, puis celle de Septime Sévère ne sont que de courtes pauses dans un mouvement qui reprend au IIIe siècle, après qu'une révolte nationaliste a porté au pouvoir, en 224, la dynastie iranienne des Sassanides.

Ceux-ci conquièrent en quelques décennies tout le pays compris entre la Caspienne et la mer d'Oman, l'Arménie et l'Hindu Kuch. Sur leur front nord, ils contiennent les Turcs et les Huns. A l'ouest, ils s'opposent très vite à l'Orient romain, à Constantinople. Au sud, ils s'allieront au VIe siècle avec les Arabes contre les Éthiopiens, et prendront pied en Arabie, occasionnellement au Yémen, durablement au Bahrein. Ils n'en seront que plus étonnés, au VIIe siècle, quand la conquête arabe mettra fin à l'empire sassanide (651). Mais pendant deux bons siècles — surtout à partir du IVe — l'empire sassanide a constitué un bloc intermédiaire entre l'Asie profonde et le monde méditerranéen. Contrôlant toutes les routes commerciales du Moyen-Orient, imposant leur monnaie d'argent, organisant un développement économique fondé sur la croissance des productions industrielles aussi bien que sur les défrichements nécessaires au ravitaillement des villes, les Sassanides font échec aux positions avancées de Rome : bien avant l'entrée en scène des Arabes, Antioche et Alexandrie s'étiolent, gênées pour s'affirmer comme places commerciales si les relations ne sont pas libres avec le continent, et incapables — le dos à la mer — de tenir un rôle véritable dans la défense de la romanité.

Et voici les Slaves, les Goths. Eux, viennent du nord. Le long de l'Elbe et de l'Oder, ils ont lentement gagné, depuis les rivages scandinaves, les pays du bas Danube. A la fois agriculteurs et éleveurs, ils ont un goût modéré pour le nomadisme. Ce sont les gens du village, non du campement. Dans la région fertile des basses vallées de la Vistule, du Don, du Dniepr et du Danube, ils sont depuis des siècles au contact de Rome. Leur civilisation reflète à la fois ce voisinage et celui des Germains qui bordent le Danube et le Rhin. Peu portés au voyage, ils subissent à partir du IVe siècle la poussée venue de l'Orient. Mais leur translation vers l'ouest s'accompagne d'une ambition née de leur longue accoutumance à la romanité. Ce qu'ils vont demander, c'est à entrer dans l'empire. Ces gens paisibles qui voient poindre la menace sur leur flanc oriental n'ont qu'une envie : se faire Romains.

Certains y sont déjà : les Celtes. C'est vers le milieu du premier millénaire av. J.-C. qu'apparaissent dans les textes occidentaux ces Celtes dont une métallurgie du fer relativement affinée confirme la présence, tout autant que les données de la linguistique. En fait, ils sont en Gaule dès le IXe siècle. Ils passent dans les îles Britanniques, où leur langue s'enracinera. Vers le VIe siècle, les Grecs notent l'installation de Celtibères dans la péninsule que l'on dira Ibérique.

D'où viennent ces Celtes ? Assurément de l'Asie centrale, où le fer est déjà maîtrisé au milieu du IIe millénaire. Mais n'imaginons pas un peuple entier déferlant sur l'Occident. Sans doute s'agit-il de vagues successives, limitées dans leurs effectifs mais que leur capacité à forger un armement de qualité porte à la domination des populations allogènes. Très vite, ils se fondent dans le substrat ethnique de l'Europe occidentale. Leur civilisation s'impose, non leur peuple. Par la vallée du Rhône comme par les cols alpins du pays étrusque et par les routes des Alpes orientales vers l'Adriatique, les Celtes sont en contact avec la civilisation du monde méditerranéen. Des courants commerciaux sillonnent le monde celtique. En témoigne le vase de Vix apporté de Grèce jusqu'aux rives de la Seine vers la fin du VIe siècle, aussi bien que les vases grecs importés en Franconie au siècle suivant.

Au début du IVe siècle av. J.-C. le monde celte reprend son mouvement d'expansion. Peut-être poussé vers le sud par un refroidissement général de l'Europe occidentale, il se manifeste en Italie. Les envahisseurs n'en sont plus, alors, à découvrir le monde des Grecs, des Étrusques et des Latins. Les « Gaulois » fondent Milan et Bologne, saccagent Rome (390), mettent fin à la puissance étrusque. Le nord de la Péninsule sera désormais, pour les Romains, la Gaule cisalpine. D'autres armées celtiques affrontent Alexandre, sillonnent la Macédoine (280), pillent Delphes (279), colonisent en Asie mineure ce qu'on appellera de leur nom, la Galatie (275). Les Gaulois d'Italie et les Galates d'Asie sont un même peuple au sens large du terme.

N'en faisons pas un empire organisé. Pour être concomitants, les mouvements des peuples celtisés ne constituent nullement une politique concertée d'expansion et de colonisation. Le monde celte ne résistera pas à l'émergence d'une nouvelle force, celle de Rome : au début du IIIe siècle, les Romains passent à l'offensive. La Gaule cisalpine est définitivement soumise à Rome en 225-222. Une habile alliance avec la ville phocéenne — devenue grecque — de Marseille procure aux Romains, dès les années 180, des prétextes pour intervenir en Gaule transalpine même. Leur victoire sur les Arvernes (121), venant après la fondation d'Aix et juste avant celle de Narbonne, signifie bien la fin des ambitions celtiques.

Déjà, de nouvelles vagues venues de l'Orient atteignent l'Europe. Ce sont encore des Celtes. On les appelle les Belges. Venues de Bohême et de Franconie, probablement poussées par des mouvements de ces peuples qu'on appellera germaniques, plusieurs tribus passent le Rhin au IIIe siècle : les Atrébates, les Bellovaques, les Rèmes, qui donneront leur nom à de futures villes, Arras, Beauvais, Reims. Parmi les premiers occupants, établis alors depuis quelque cinq siècles, ces nouveaux arrivants détruisent des équilibres et déterminent des mouvements secondaires. Bien des Celtes de Gaule s'en vont renforcer l'emprise celtique en Angleterre. Quant aux Séquanes, qui ont donné leur nom à la Seine, c'est sans doute à ce moment-là qu'ils gagnent les pentes du Jura, préparant ainsi de belles ambiguïtés pour les historiens de la toponymie.

Un siècle plus tard, voici d'autres Belges. Ils ont longtemps cohabité avec les Germains, mais ils ont gardé assez d'identité pour bien apparaître aux Gaulois chez qui ils arrivent au IIe siècle comme d'autres Celtes, proches des précédents, mais tant soit peu Germains quand même. Ce sont les Nerviens et les Éburons. Ils s'installent sur les bords de la Moselle et de l'Escaut. Certains vont jusqu'en Angleterre. Là encore, le mouvement est limité, et l'occupation sporadique. Au vrai, la Gaule s'en défend à peine.

Le tour des Germains est venu. Eux aussi cherchent vers l'ouest des terres à cultiver et des terrains de chasse à exploiter. Et puis, dans les profondeurs de l'Europe centrale et orientale comme naguère en Asie, on rêve sans doute de ce climat plus clément qui caractérise les abords de l'Atlantique. Pour les peuples partis depuis un millénaire de leurs steppes d'origine, la Gaule chevelue apparaît comme un pays de cocagne, avec ses forêts giboyeuses et ses pâturages régulièrement arrosés.

Les premiers Germains, ce sont, vers 120, deux peuplades établies depuis quelque temps en Bohême : les Cimbres et les Teutons. Ils ont trouvé des alliés en pays celtisé, en Helvétie. Ils ravagent la Gaule, l'Espagne, l'Italie même. Une armée romaine est écrasée en 107 près d'Agen. Il faut tout le talent de Marius pour leur infliger enfin, à Aix (102) et Verceil (101), les défaites qui écartent du monde romain cette nouvelle menace.

C'est le moment où Rome prend l'initiative de l'expansion en Occident. Pour deux siècles, voilà les Slaves et les Germains contenus aux frontières qui furent celles des premières implantations celtiques avant d'être celles de l'impérialisme romain. Le *limes* et les légions les tiennent en respect. Mais la pression monte, dans un monde germanique dont César fait un peu facilement l'unité en amalgamant dans ses propos tout le pays qui, au-delà du Rhin, lui paraît peuplé de ceux qui ne sont pas ses Gaulois. En bornant la Gaule, Rome fabrique une Germanie.

Les rivalités pour l'empire et les fissures qu'elles introduisent dans la cohésion du monde romain remettent en mouvement les Germains vers le même temps où, vainqueur devant Lyon de son compétiteur et de ses légions gauloises, un Berbère nommé Septime Sévère l'emporte par la force de ses légions danubiennes. L'insécurité s'installe dans l'Occident romain, née de la guerre civile. Le banditisme règne. Quelques bandes de Germains se risquent dans l'empire, le temps d'une razzia. D'autres Germains, plus réalistes à court terme, font de fructueuses affaires avec les Romains et prennent l'habitude de parcourir les terres de l'empire. Beaucoup trouvent à s'employer comme mercenaires dans des légions où l'on ne voit plus depuis longtemps les descendants de Romulus. Bien des Francs se trouvent ainsi dans l'empire longtemps avant d'y apparaître comme des envahisseurs.

Les barbares établis

Une nouvelle fois, c'est un mouvement de fond qui provoque les premières de ces « invasions » en quoi il ne faudrait certes pas voir une manœuvre concertée. Ce mouvement de fond vient du nord, cette fois : des pays riverains de la Baltique, où diverses peuplades subissent sans doute les conséquences économiques d'une croissance démographique. Les uns poussent les autres. Vers le début du IIe siècle, les Goths de la péninsule scandinave rejoignent sur le continent les Goths de la future Prusse, contraignant à un mouvement vers l'ouest les Burgondes déjà installés en Poméranie. Pendant ce temps, les Vandales établis entre Oder et Vistule dans la future Silésie exercent eux aussi une pression vers leurs voisins occidentaux, les Suèves et les Marcomans. Ces derniers, qui sont sur le Danube au contact du monde romain, commettent l'erreur de manifester contre Rome, vers le sud, leur agressivité. Marc Aurèle les soumet, et marque son autorité en fortifiant contre eux, sur le Danube, la place de Ratisbonne. Les Suèves, au contraire, entament une marche vers l'ouest qui repousse à leur tour les Germains établis au voisinage du *limes* et du Rhin, les Alamans — qui sont des Suèves occidentaux — et les Francs.

Tout s'ébranle au IIIe siècle. A partir de 256, les Goths manifestent leurs ambitions territoriales vers le Danube inférieur, et profitent de la mauvaise protection romaine pour s'installer, les uns en Dacie jusqu'au Danube, les autres plus à l'est dans la basse vallée du Dniestr et du Dniepr. On appellera les premiers « Wisigoths », les seconds « Ostrogoths ». Des Goths se font, par groupes entiers, mercenaires chez les Parthes, aggravant ainsi la pression exercée sur les frontières orientales de l'empire romain. Dans le même temps, les Alamans attaquent de tous les côtés la frontière romaine. En 235, ils détruisent Strasbourg. Vers 250, ils sont chez eux dans les anciens Champs décumates, entre le *limes* et le Rhin. Dix ans plus tard, on les voit dans la plaine du Pô. Les peuples francs — les Saliens ne sont que l'un d'entre eux — agissent au contraire en ordre dispersé, mais ils parcourent la Gaule, incendient les villes dont une longue période de sécurité a laissé péricliter l'enceinte, passent même en Espagne, où ils pillent Tarragone. Certains se retrouvent en Afrique, où ils se font pirates, ce qui laisse les Romains s'étonner de leurs capacités nautiques.

Rome croit, un temps, pallier la menace en embauchant les envahisseurs les uns contre les autres. On engage en Gaule des Francs, aussi bien que des Sarmates ou des Alamans. L'empire organise leur présence, leur permet de constituer des colonies, leur concède des terres. Pendant que les peuples venus de Scandinavie colonisent l'Europe orientale et centrale, les peuples germaniques entament en Gaule — et peu après en Espagne — une expansion qui n'est plus une invasion. Des chefs francs passent avec Rome des accords, concluent des traités : ils deviennent des « fédérés » (*foedus* : traité).

Mais on sait bien que Rome ne tient plus sa frontière. Une invasion à l'est dégarnit immédiatement les garnisons de l'ouest, les légions refusent d'abandonner un pays qu'ils jugent être le leur pour aller défendre une autre partie de l'empire qu'ils considèrent comme étrangère. Bien des séditions n'ont alors d'autre cause : le légionnaire gaulois se sent Gaulois plus que Romain, et il n'entend pas laisser sans défense sa famille pendant qu'il se battrait en Orient pour des gens qu'il ne connaît pas. Faite pour rapprocher l'autorité politique et le commandement militaire, la division de l'empire par Dioclétien (293) n'est qu'un médiocre remède à une situation qui multiplie les particularismes à l'intérieur même de chaque pays romanisé. Même s'il est un empereur à Rome et un autre à Constantinople, ceia n'assure pas l'autorité du côté de Tanger, de Cologne ou de Palmyre. Le coup d'arrêt donné au IIe siècle à l'expansion romaine le soulignait déjà, mais le passage de

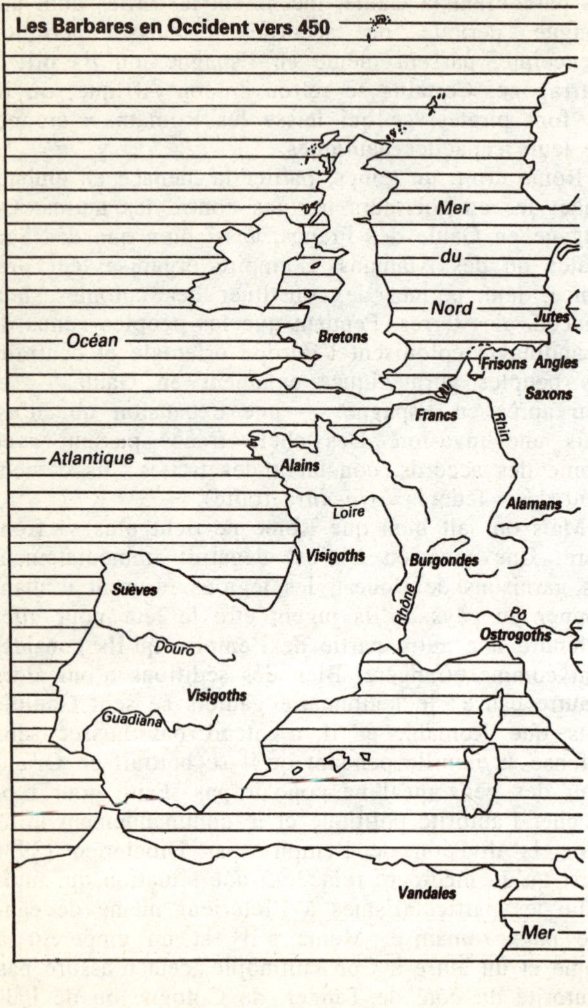

Les Barbares en Occident vers 450

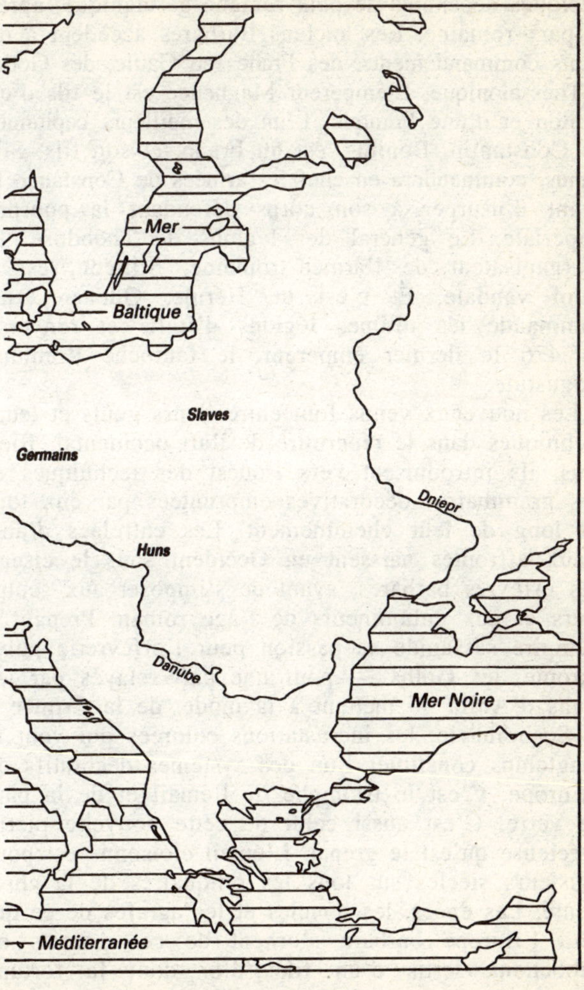
Mer
Baltique
Slaves
Germains
Dniepr
Huns
Danube
Mer Noire
Méditerranée

l'offensive à la défensive le met en évidence de manière dramatique : l'empire est trop vaste.

L'entrée en scène des fédérés donne à l'Occident quelques décennies de paix romano-germanique, après la paix romaine. Les anciens Barbares accèdent à de hauts commandements, des Francs en Gaule, des Goths à Thessalonique. L'empereur Magnence est le fils d'un Breton et d'une Franque. L'un des meilleurs capitaines de Constantin, Bonitus, est un Franc, et son fils, Silvanus, commandera en chef les armées de Constance II avant d'usurper à son corps défendant la pourpre impériale. Le général des légions de Théodose, le réorganisateur de l'armée romaine, Stilicon, est à demi vandale. Et c'est un Hérule, Odoacre, qui commande les ultimes légions d'Italie et renverse en 476 le dernier empereur, le fantoche Romulus Augustule.

Les nouveaux venus font entrer leurs goûts et leurs techniques dans le répertoire de l'art occidental. Bien plus, ils introduisent vers l'ouest des techniques et des grammaires décoratives empruntées par eux tout au long de leur cheminement. Les entrelacs d'animaux affrontés naissent en Occident sous le ciseau des orfèvres barbares, avant de s'imposer aux sculpteurs et aux enlumineurs de l'âge roman. Prenant à l'empire sassanide sa passion pour l'orfèvrerie polychrome, les Goths — pour une part relayés par les Huns d'Attila — mettent à la mode, de la Crimée à la Scandinavie, les incrustations colorées qui vont si longtemps constituer l'un des systèmes décoratifs de l'Europe. C'est le triomphe de l'émail et de la pâte de verre. C'est aussi celui de cette nouvelle pierre précieuse qu'est le grenat. L'émail cloisonné est pour plusieurs siècles sur tous les reliquaires de la chrétienté. Les épées, les boucles et les agrafes de ce qui sera l'Europe barbare s'ornent de ces grenats en cabochons sertis d'un filet d'or dont la fortune commence au IIIe siècle sur les bords de la mer Noire pour toucher au Ve le futur royaume de Clovis et au VIe les rives de la Baltique. Avec son décor animalier et ses incrustations de superbes grenats, la longue épée trouvée à Tournai dans la tombe du roi Childéric — le père de Clovis — témoigne de ce nouvel universalisme culturel dû, en plein empire romain, à l'intrusion de Barbares frottés aux civilisations de l'Orient grec et sassanide.

Mais l'équilibre est instable, et la paix romano-barbare fragile. L'édifice occidental craque de nouveau au milieu du IVe siècle. Saxons, Francs et Alamans passent le Rhin. L'habile politique de Julien et celle de Stilicon rétablissent pour un temps la sécurité, c'est-à-dire l'équilibre. Et soudain, c'est la lame de fond. Les Wisigoths — les « Goths sages » — cherchent dans l'empire un refuge contre les Huns et obtiennent en 376 de l'empereur Valens une place au sud du Danube. Ils s'y montrent rapidement des fédérés encombrants, voire rebelles. Le 9 août 378, ils défont près d'Andrinople Valens, qui trouve la mort dans l'affaire. Théodose les reprend en main, en fait des fédérés, mais ne peut les fixer durablement. Les Goths dénoncent le traité. Ils sillonnent la Macédoine et la Grèce. Sous la conduite d'Alaric Ier, les Wisigoths continuent de chercher l'aventure dans l'empire. Ils parcourent le Péloponnèse, atteignent l'Italie. En 410, après trois jours de siège, ils pillent Rome. Le beau-frère d'Alaric, Ataulf, passe en Gaule.

Marchant devant les Huns, les Vandales viennent de quitter la Silésie, emmenant avec eux un fort groupe de Suèves et une partie des Alains. Ils bousculent les Alamans, passent le Rhin près de Mayence le 31 décembre 406, contournent les Francs du Rhin qui protègent efficacement le nord de la Gaule, et s'en vont vers les Pyrénées. En 409, ils s'installent en Espagne, où l'autorité romaine doit à contrecœur les accepter comme fédérés. Les Suèves y fondent au nord-ouest de la Péninsule un royaume qui durera près de deux siècles, jusqu'à son annexion par les Wisigoths (585). Les Vandales passent en 429 en Afrique du nord, où ils constituent un état relativement solide, capable de dominer la Méditerranée occidentale et d'entrer en relations avec Constantinople. Il faudra l'armée byzantine de Bélisaire pour rendre le Maghreb à l'empire romain (534). Quant aux Alains, ils se diluent dans l'espace romain.

Pendant ce temps, les Wisigoths ont passé les Alpes. Alors que leurs cousins Ostrogoths — les « Goths brillants » — prennent leur place en Italie, les Wisigoths cherchent une place en Gaule. Les Wisigoths montrent alors ce qu'ils voulaient profondément : celui qui devient leur roi à la mort d'Alaric Ier, son beau-frère Ataulf, épouse à la mode romaine la sœur de l'empereur Honorius, sa captive Galla Placidia (414). Contenus sur leur front nord par une habile défense des Gallo-Romains que conduit le patrice Aetius, ils fondent en Aquitaine et en Espagne un royaume wisigothique. Réduit à l'Espagne par les Francs de Clovis (vainqueur à Vouillé, 507), ce royaume durera jusqu'à l'arrivée des Arabes au début du VIIIe siècle.

L'invasion de 407 a profité à d'autres, qui n'ont cependant rien fait pour percer les défenses romaines. Sur les pas des Vandales, les Burgondes pénètrent dans l'empire, s'établissent sur la rive gauche du Rhin, autour de Spire et Worms, et s'y font reconnaître par les Romains comme fédérés et défenseurs de la frontière. Après une rébellion vite réprimée par Aetius (435), ils auront sur les pentes du Jura un nouveau refuge, autrement durable, à partir duquel ils construiront un État étendu jusqu'à la Méditerranée. Ils donneront leur nom à la Bourgogne.

Les Francs profitent aussi du mouvement. Quelques tribus franques, et notamment celle des Saliens, glissent quelque peu des bouches du Rhin vers la région de Tournai. C'est là qu'en 481 ou 482 Clovis prendra la succession de son père Childéric.

Derrière les Germains comme derrière les Goths, il y a les Huns. Entre 370 et 375, ils ont soumis les Alains et mis en déroute les Goths alors établis dans ce qui est aujourd'hui l'Ukraine. Ils constituent vers 420 un véritable État, aux prétentions européennes. Assassin et successeur de son frère en 434, Attila reçoit des ambassadeurs et en envoie à tout l'Occident. Il demande à l'empereur de Constantinople de lui payer tribut. Il exige des terres dans l'empire. Dans l'immédiat, il s'emploie à établir sa souveraineté sur les peuples germaniques demeurés sur la rive droite du Danube.

Ne soyons pas dupes de la légende. Attila n'est ni une brute ni un rustre. Son secrétaire est un poète romain, Oreste, dont le fils sera Romulus Augustule. La cour d'Attila est brillante. On y rencontre le chef des Hérules Odoacre, qui sera le dernier général des armées romaines. Plus que le fossoyeur de la romanité, il en voudrait être le maître. L'ambition d'Attila est qu'on le reconnaisse comme Romain. Mais il arrive le dernier, et les Barbares déjà installés font front contre l'intrus. Lorsqu'il se tourne vers l'Occident, faute de se faire ouvrir l'Orient, Attila fait peur à ces Goths, ces Burgondes, ces Francs qui tiennent déjà la Gaule pour leur terre. Aetius n'a aucune peine à former l'armée qui dégage Orléans et arrête les Huns aux « Champs catalauniques », en fait près de Troyes (451).

Quelques vagues d'envahisseurs arrivent encore. Les Avars venus de Chine sont au VIe siècle sur le bas Danube et atteignent la Thuringe, où le Mérovingien Sigebert Ier les écrase en 562. Ils subsisteront, tant bien que mal, sur le Danube jusqu'à l'assaut définitif donné en 796 par Charlemagne. Les Bulgares profitent de la faiblesse des Avars, et s'établissent à la fin du VIIe siècle entre le Danube et le Balkan. Quant aux Lombards, qui fuient eux aussi devant les Avars, ils sont en Italie en 568 et fondent, en 584, un royaume, autour de Pavie, sur lequel mettra la main, avec la connivence de la papauté, un Pépin le Bref soudain désireux d'une paradoxale expansion vers la Méditerranée.

Les derniers mouvements de cette translation de peuples sont aux VIIIe et IXe siècles l'arrivée sur le sol franc de fortes troupes de navigateurs pillards venus de Norvège ou du Danemark, les Normands, dont un groupe sera fixé en 911 dans ce qui devient à cause d'eux la Normandie, et après 896 l'arrivée en Germanie d'un peuple finno-ougrien venu des confins de l'Oural, les Magyars, ou Hongrois, finalement confinés par Othon Ier sur le Danube moyen (955).

Un nouvel équilibre

L'équilibre, dès lors, s'établit pour quelques siècles. Les peuples en mouvement touchent à l'Océan. C'est un autre Occident qui succède à l'empire romain. Le principe de celui-ci survit à Constantinople, mais les réalités s'en effacent en Italie même, malgré la reconquête partielle d'un Justinien qui, au VIe siècle, règne à Ravenne aussi bien qu'à Carthage. Il n'y aura plus, maintenant, que des retouches. A la fin du Ve siècle, les Ostrogoths s'établissent en Italie du Nord dans le temps où les Angles, les Jutes et les Saxons de la Germanie septentrionale et du Danemark passent la mer et viennent occuper la partie orientale de l'Angleterre. Maîtres de la Gaule du Nord dès avant 500, les Francs mettent la main, au début du VIe siècle, sur le Midi en évinçant les maîtres épisodiques que sont les rois wisigoths et burgondes, sans anéantir pour autant ces peuples. L'arrivée des Lombards, qui occupent le nord de l'Italie à partir de 568, celle des Avars, qui s'attaquent en vain aux Francs dans les mêmes années, la disparition de l'empire hunnique dans l'anarchie qui suit la mort d'Attila, tout cela ne représente plus que des rides superficielles à la surface d'un Occident barbare façonné en deux siècles par la profonde lame venue d'Asie.

Ce nouvel équilibre laisse se dessiner des routes commerciales dont témoignent les monnaies et les objets d'importation — les armes comme les bijoux et les tissus précieux — que mettent au jour les fouilles et les trouvailles archéologiques. De l'Orient à l'extrême Occident, la voie méditerranéenne, qui assure encore la prospérité de Marseille et celle des ports de l'Italie méridionale, est concurrencée dès le VIe siècle par la route terrestre qui s'organise au long des grands fleuves, du Danube au Rhin, voire à l'Elbe. Peu praticable dans les moments d'invasion, ce cheminement direct de la mer Noire à la mer du Nord fera, au VIIe siècle, la fortune de l'Austrasie précarolingienne comme celle de la Westphalie, de la Thuringe et de la Bavière. Il concourt à nourrir et fixer l'activité des populations slaves établies entre l'Elbe et la Vistule sur les arrières des Germains, dans un pays relativement dépeuplé aux IVe et Ve siècles par les passages des peuples en migration. Les grandes places du mouvement commercial de l'Europe carolingienne vont s'inscrire au long de cette voie purement continentale : Cologne, Mayence, Metz, Verdun, Worms, Ratisbonne.

Par Prague et Cracovie, une autre route, moins favorisée puisque dépourvue de parcours fluviaux, s'ouvrira plus au nord entre le Xe et le XIe siècle. Sans doute s'agira-t-il alors de protéger le commerce tandis que règne l'insécurité provoquée par l'arrivée des Hongrois dans la plaine du Danube et leurs divagations dans les pays germaniques du voisinage. Mais la route de Prague est aussi celle de Kiev : mieux que la voie danubienne, elle mettra l'Europe occidentale en relations avec les grandes routes de l'Asie centrale, celles qui laissent au sud la Caspienne et la mer d'Azov.

Les Barbares sont entrés dans le monde romain par peuples entiers, le mot peuple qualifiant le plus souvent de simples tribus. Du système romain de l'hospitalité — qui partage les terres entre les anciens propriétaires prêts à payer ainsi leur sécurité et les nouveaux occupants trop heureux d'un établissement définitif — à la simple appropriation de quelques grands domaines par les vainqueurs, l'arrivée des nouveaux maîtres de la carte politique ne se traduit pas par un bouleversement des structures économiques. Francs, Goths ou Burgondes ne sont pas assez nombreux pour menacer d'éviction le paysan moyen, et les grands propriétaires ont assez de domaines pour négocier la cession de quelques-uns, c'est-à-dire une perte de revenu. Les couches supérieures de la population achètent la paix, les autres continuent de travailler.

L'osmose ne tarde donc pas, qui fond les ethnies et amalgame les genres de vie. Les langues s'enrichissent, comme ce latin tardif qui prend aux parlers germaniques leur vocabulaire de la guerre ou de la métallurgie. Bien sûr, chacun a conservé son droit, les Romains sont jugés selon la loi romaine et les Barbares suivant la coutume de leur nation, mais c'est à la romaine que l'on commence de mettre en écrit les usages ancestraux des peuples nomades. Il deviendra vite impossible de savoir, après quelques générations de mariages mixtes, qui est Romain et qui est Franc.

L'accès à la romanité a signifié la christianisation. L'Évangile atteint les Goths en Crimée dès le IIIe siècle. Au milieu du IVe, la prédication de l'évêque Ulfila assure leur conversion massive, mais les met dans le camp de l'arianisme, c'est-à-dire d'une théologie simplifiée par l'effacement de ce qui reste la plus grande difficulté du christianisme, le dogme de la Trinité. Chrétiens, mais d'une foi condamnée par le concile de Nicée (325), leur conversion fait paradoxalement des Goths et des Burgondes ariens de véritables intrus en Occident. La chance de Clovis est, en revanche, de céder à la persuasion des évêques gallo-romains et à la sollicitation de Clotilde, l'une des rares princesses burgondes à n'avoir pas embrassé l'arianisme. Aux populations gallo-romaines, parmi lesquelles ils ne sont qu'une petite minorité, Clovis et ses Francs apparaissent d'emblée comme les meilleurs Barbares possibles. Cette acceptation sans réserve sera lourde de conséquences. Elle sera la condition du nouveau visage de l'Occident quand, renversant au VIIIe siècle un mouvement vers l'ouest deux fois millénaire, les armées du roi franc et les missionnaires du pape partiront ensemble à la conquête de la Germanie.

La conquête arabe

Les Arabes, jusqu'au VIe siècle, n'ont guère bougé. L'Arabie, c'est la péninsule, avec sa zone agricole au Yémen, sur le flanc sud-ouest de la corne d'Aden, avec ses tribus de bédouins éleveurs de chameaux et caravaniers plus au nord, avec ses deux grandes places marchandes de Médine et La Mecque. L'Arabie connaît d'incessantes querelles internes où interfèrent l'alliance de la Perse sassanide et celle de l'Éthiopie chrétienne. L'influence romaine, puis byzantine, s'étend quelque peu sur l'Arabie du nord, au contact de l'ancien *limes*.

La prédication de Mahomet change tout. En juillet 622, avec quelques fidèles, il quitte La Mecque où la vie lui devient impossible, et s'établit à Médine. C'est l'exil, l'Hégire. Les musulmans vont dater de là l'ère qui commence. Huit ans plus tard, Mahomet est de retour à La Mecque. Il y meurt en 632, ayant déjà soumis la moitié occidentale de l'Arabie, du Hedjaz au Yémen, et posé des jalons à l'extrême est, dans la région d'Oman. Deux ans après, toute l'Arabie est musulmane. Repoussant les Byzantins alors que Justinien est déjà aux prises avec les Perses, les Arabes sont en Syrie, en Palestine, en Égypte. Ils atteignent le Tigre à Séleucie et à Ctésiphon (637). La Mésopotamie est entièrement soumise avant 650. En 651, la Perse sassanide s'effondre.

Mais il s'en faut encore que l'autorité du calife soit partout respectée. Les premiers califes, Abu Bakr, Umar, Utman, consacrent une bonne partie de leur temps et de leur énergie à faire face à des schismes et à mater des rébellions. Les troubles empirent au temps d'Ali, gendre et cousin du Prophète, calife de 656 à 661. La conquête marque le pas. A la mort d'Ali, l'Islam s'étend cependant de la Tripolitaine aux premières pentes du Caucase et au cœur de la Perse. Les successeurs d'Ali, les califes omeyyades atteignent la vallée de l'Indus, touchent au Cachemire et presque à la mer d'Aral. En Afrique, les Arabes s'imposent aux Berbères et mettent la main sur les routes caravanières qui unissent les pays de la Méditerranée à ceux du Niger. Ils apparaissent en Tripolitaine en 664. L'est du Maghreb est occupé par les Arabes à partir de 670. Carthage tombe en 698. On voit les envahisseurs en Mauritanie en 681. A la fin du VIIe siècle, ils sont maîtres de la côte atlantique.

En 711, les voici en Espagne, où le royaume wisigothique tombe comme un fruit mûr. Cinq ans plus tard, ils sont aussi en Asie mineure, où ils occupent la Cappadoce. On les voit devant Constantinople.

Mêlés à des Berbères fraîchement islamisés, les Arabes passent les Pyrénées. Carcassonne est prise en 725. Les envahisseurs sillonnent l'Aquitaine et la vallée du Rhône. En 721, ils sont devant Toulouse, et on les trouve devant Autun. Le maître de l'Espagne musulmane, Abd er Rahman, vient en personne commander l'armée de l'ultime poussée vers l'Europe du nord-ouest. Le royaume franc a peur pour son sanctuaire, pour Tours, où est le tombeau de saint Martin. Le 25 octobre 732, entre Poitiers et Tours, Charles Martel met un terme à l'offensive.

On reverra les « Sarrasins » en Gaule et en France pendant quatre siècles. Ce ne seront plus que des razzias, et Sarrasin voudra dire pirate ou pilleur. Mais à Poitiers — ce nom restera à la bataille — la dynamique de la conquêtc arabe s'est enfin brisée. Commence la longue histoire d'une cohabitation, celle de l'Espagne mozarabe, trait d'union entre les civilisations. C'est par là, et souvent grâce aux juifs d'Espagne, que l'Occident chrétien connaît au XIIe siècle dans leurs traductions arabes les grandes œuvres scientifiques et métaphysiques de l'Antiquité grecque.

Avec Charlemagne, dès la fin du VIIIe siècle, la Reconquête commence. Elle atteint l'Èbre et le

Douro au XIe siècle, le Tage au XIIe, le Guadalquivir au XIIIe. Les jeux sont faits lorsque les musulmans essuient à Las Navas de Tolosa une défaite sans rémission (1212), suivie de la prise de Murcie en 1243 et de Séville en 1248. Mais le royaume de Grenade subsistera deux cents ans encore. En 1492, c'en sera fini. Alors même que depuis cinquante ans il est implanté en Europe de l'Est, l'Islam a disparu de l'Europe occidentale.

L'Europe des Carolingiens

L'Occident subit donc de plein fouet cette irruption venue du sud, d'une direction dans laquelle on n'avait guère accoutumé de regarder. Depuis que Phéniciens et Grecs en avaient fait la route habituelle de leurs relations commerciales, la Méditerranée passait pour un lien, non pour une frontière. Soudain, en ces quelques années de la fin du VIIe et du début du VIIIe siècle, elle devient un front.

Depuis que Henri Pirenne a rapproché ces deux noms en un titre célèbre, *Mahomet et Charlemagne*, les historiens s'interrogent : la conquête arabe a-t-elle brisé l'Europe méditerranéenne héritée de l'Antiquité, a-t-elle façonné ce monde continental dont l'empire de Charlemagne procure un premier exemple et qui va donner à l'histoire européenne, jusqu'à la fin du Moyen Age et malgré quelques épisodes comme celui des croisades, son cadre géographique et ses relations obligées ?

Du long débat, toujours ouvert, autour des « thèses de Pirenne », c'est une vue plus nuancée des horizons successifs de l'Europe qui se dégage dans les deux domaines des relations entre économies et entre cultures. Nul n'écrirait plus, comme on le faisait encore entre les deux guerres, que les « invasions germaniques » ont ruiné le monde romain et que le Moyen Age commence brutalement sur les pas des envahisseurs venus de l'est. L'activité est encore vive jusqu'au VIe siècle dans les villes de l'Occident romain. Les échanges avec l'Orient byzantin sont encore, par la voie méditerranéenne, relativement importants dans l'Italie ostrogothique et dans la Gaule mérovingienne. D'importantes colonies de marchands originaires du Levant — on les qualifie indistinctement de Syriens — vendent des étoffes, des fruits, de l'huile, des épices dans les villes de l'Occident, et pas seulement dans les ports méditerranéens. C'est bien à partir du VIIe siècle l'établissement de la puissance arabe au sud de la mer qui raréfie les apports d'or comme ceux de papyrus, conduisant ainsi au monométallisme-argent aussi bien qu'à l'usage du parchemin. Encore faut-il noter que ces raréfactions ne sont pas simultanées, que le monde carolingien connaît encore la soie, que Fos et Marseille sont encore des ports actifs au VIIe siècle, que la thésaurisation de l'or par les pillards vikings est pour beaucoup, au IXe, dans la raréfaction de l'or en Occident et que les Arabes font, jusqu'au XIIIe, circuler le métal monnayé en Italie méridionale et en Espagne, si ce n'est au-delà.

Que l'or musulman ait été rare ou abondant — c'est l'objet d'une vaste querelle entre historiens — ne change rien à l'essentiel : le déclin des relations entre l'Europe occidentale et l'Orient n'est pas à mesurer dans le court terme. Sans doute amorcé dès la fin du Bas-Empire pour la simple raison que l'unité politique s'effrite et que les solidarités économiques sont de moins en moins perceptibles, ce relâchement paraît s'accentuer à partir du VIe siècle. La conquête arabe ne fait sans doute qu'en accélérer la conclusion.

A cet assoupissement qui n'a rien d'une cassure, il est une autre cause, qui tient à l'Occident lui-même. D'autres centres d'initiative commencent d'éclore, qui donnent naissance à de nouveaux axes de relations politiques, économiques et culturelles. La puissance — d'abord foncière, puis politique — de l'aristocratie austrasienne donne dès le VIIe siècle une importance déterminante à ces pays du Rhin, de la

Moselle, de la Meuse et de l'Escaut dont les horizons continentaux ne sont pas ceux des Alpes et de l'Italie, et dont les perspectives maritimes sont aux débouchés de ces fleuves sur la mer du Nord. L'ascension politique des maires du palais d'Austrasie, de Pépin de Landen à Pépin le Bref, va de pair avec l'essor de places commerciales comme Mayence, Metz et surtout Verdun, qui reste, du VIe au Xe siècle, le grand marché européen des esclaves achetés en Espagne aussi bien qu'en Angleterre. De nouveaux ports surgissent, comme Quentovic sur la Manche, près de l'embouchure de la Canche, ou Duurstede sur le Rhin. Et les grands courants commerciaux sont ceux qu'animent en mer du Nord et jusqu'en Baltique les Frisons. Les marchands d'Irlande et d'Angleterre sillonnent l'Atlantique oriental et la mer du Nord, apportant le cuir, la laine et l'étain jusqu'à la Loire et jusqu'au Rhin, et emportant le vin, l'huile, le sel, le fer et le plomb.

Le temps où l'Europe ne regardait que vers la Méditerranée est passé. Le continent n'est plus l'arrière-pays de son littoral sur la mer grecque et romaine. La nouvelle dynastie pourra bien, avec Pépin comme avec Charlemagne et encore au IXe siècle avec Charles le Chauve, regarder à l'occasion vers l'Italie où le royaume lombard entre dans l'univers des Francs et où, par la connivence d'un pape qui n'a pas le choix de ses alliances, se sacralise le nouveau titre impérial. Ces mêmes Francs pourront bien porter leur convoitise vers l'Espagne où la fondation d'une marche en Catalogne efface quelque peu, au début du IXe siècle, le fâcheux souvenir de la catastrophique retraite par Roncevaux (778). Mais la grande préoccupation du Carolingien, c'est maintenant ce qui se passe à l'est du Rhin. L'expansion franque emporte la Frise, la Thuringe, la Bavière, la Saxe. A la mort de Charlemagne, l'axe de l'empire est entre la Meuse et le Rhin. De nouvelles puissances économiques naissent à Gand comme à Dinant, à Maastricht comme à Namur. Même si Aix-la-Chapelle n'est qu'une capitale éphémère, les centres de la décision politique sont maintenant les grands carrefours continentaux, Metz et Reims, Paris et Orléans, Cologne et Mayence, Milan et Pavie.

L'Occident est défini. Ses fronts sont au sud contre les Sarrasins d'Espagne ou de Sicile, à l'est contre les païens de Pologne. Le front nordique et atlantique ne durera qu'un temps, de l'entrée en scène des pillards vikings à l'installation des Normands sur le littoral de la Neustrie. Mais l'éclatement de l'empire carolingien en fait un monde suffisamment complexe pour que les conflits internes l'emportent sur l'expansion. On se battra au IXe siècle entre Francie de l'est et Francie de l'ouest, au XIe entre comté d'Anjou et comté de Blois. Il faudra l'impérialisme pontifical pour faire de nouveau, à la fin du XIe siècle et dans la logique de la réforme grégorienne, l'unité — combien temporaire et combien relative — de l'Europe occidentale dans une lutte commune pour la libération et la défense des Lieux Saints.

Alors que s'établissent les équilibres durables du monde ibérique, du monde italien, du monde franc et du monde germanique, alors qu'au Xe siècle la conversion de la Pologne met la paix aux frontières de l'est européen et qu'au XIIe les difficultés de l'Orient latin suffisent à dissuader la chrétienté de toute ambition asiatique, l'Europe trouve enfin sa stabilité. Le temps des expansions est terminé. Vient celui des aventures.

Les routes de l'Atlantique nord

Ceux que l'on appellera les Vikings ne sont à l'origine que des petites tribus de navigateurs marchands qui sillonnent la Baltique et ses aboutissements de la mer du Nord et de l'Atlantique. D'autres peuplades scandinaves, des Goths, des Vandales, s'en sont allés vers le sud et l'ouest à travers le continent. Aventuriers de la mer et des embouchures parce qu'en perpétuelle quête de marchandises et de débouchés, les Vikings sont plus portés vers le trafic des produits de luxe comme l'ambre ou les fourrures que vers le transport de pondéreux difficilement compatibles avec de maigres embarcations.

Le navire des Vikings — une forme de la knorr — a quatre ou cinq mètres de large, un quinzaine de mètres de long. Navire marchand avant tout, il est lourd parce que solidement construit à clin, c'est-à-dire avec des bois qui se recouvrent l'un l'autre, mais à l'usage, quand l'équipage y a pris place avec quelques vivres, ce navire à fond plat et dépourvu de pont contient peu. Pourvu d'une voile rectangulaire mais manœuvrable à la rame, il est médiocrement rapide, mais il est sûr. Pour les expéditions les moins pacifiques, quand il s'agit de razzier villes et églises alignées au long de vallées peuplées et non d'acheter des fourrures ou de l'ivoire à quelques tribus de chasseurs, on utilise éventuellement le mince et long drakkar — trente mètres de long en y comprenant une proue et une poupe fort effilées, trois à quatre mètres de large — à l'étrave ornée d'un serpent ou d'un dragon, un navire rapide et assez souple pour se glisser entre les bancs de sable d'un parcours fluvial aussi bien que pour affronter les vagues de la haute mer.

Naturellement, les Scandinaves regardent vers ce continent qui, à leurs yeux, s'étend en profondeur dans toutes les directions. Dès le VIe siècle, des tribus entières se mettent en mouvement, en quête de climats moins rudes et de terres plus fertiles. Les Vandales et les Goths sont de ceux-là, qui vont vers le sud-ouest et que nous retrouvons au Ve siècle en Germanie, en Gaule, en Espagne et, pour les Vandales, en Afrique. D'autres, marchands plus individualistes, ne cherchent que des comptoirs. Ils atteignent au VIe siècle la Vistule et l'Oder. Valorisés par une conquête arabe qui restreint l'usage des cheminements traditionnels entre l'Orient et l'Occident, les grands fleuves de l'Europe centrale et orientale leur ouvrent des routes vers la Méditerranée orientale, la

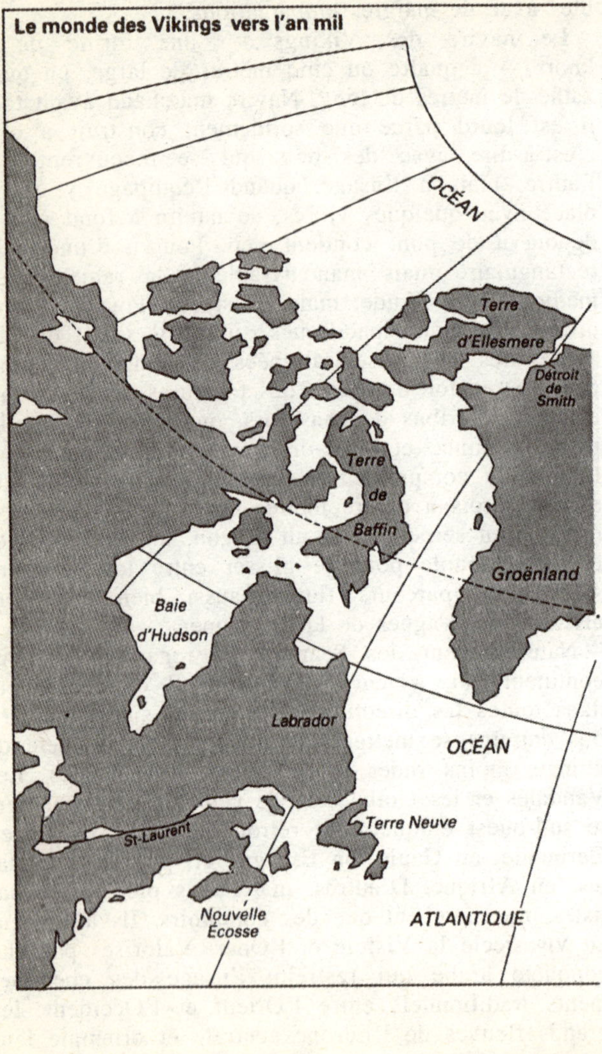
Le monde des Vikings vers l'an mil
OCÉAN
Terre
d'Ellesmere
Détroit
de
Smith
Terre
de
Baffin
Groënland
Baie
d'Hudson
Labrador
OCÉAN
Terre Neuve
St-Laurent
Nouvelle
Écosse
ATLANTIQUE

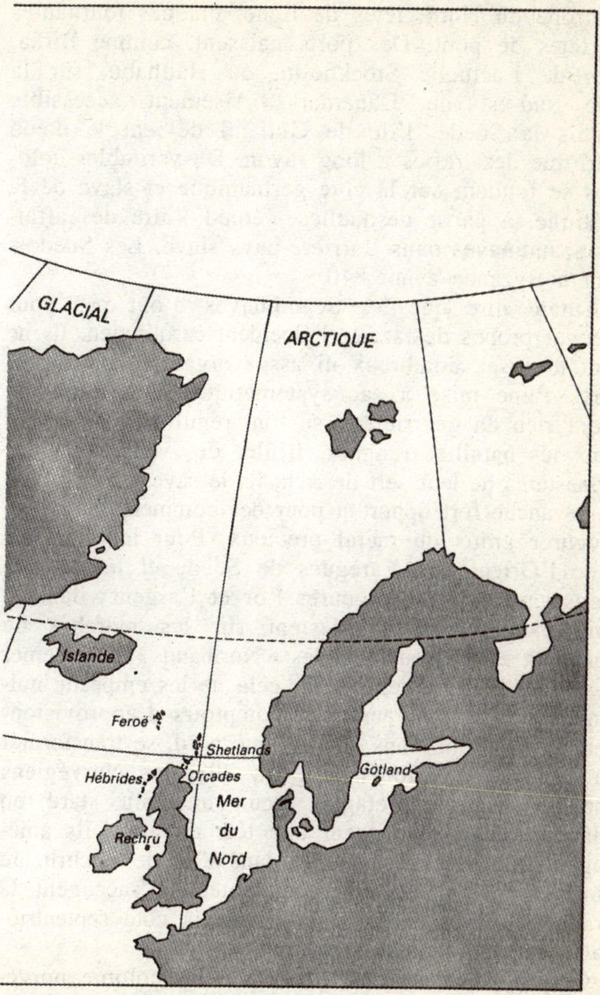
GLACIAL
ARCTIQUE
Islande
Feroë
Shetlands
Hébrides
Orcades
Mer
du
Nord
Rechru
Gotland

mer Noire et la Caspienne, autrement dit vers les richesses de l'Asie.

Des places commerciales émergent ainsi dans l'Europe du Nord, têtes de ligne, plaques tournantes ou têtes de pont. Des ports naissent, comme Birka, près de l'actuelle Stockholm, ou Haithabu, sur la côte sud-est du Danemark. Aisément accessible depuis la Suède, l'île de Gotland devient le nœud maritime des trafics à long rayon. De véritables colonies se fondent sur la côte germanique et slave de la Baltique, à partir desquelles s'étend l'aire des affaires scandinaves dans l'arrière-pays slave. Les Suédois sont à Byzance avant 840.

Autant dire que les Scandinaves n'ont pas pour premier propos de razzier l'Occident carolingien. Ils ne sont ni assez nombreux ni assez organisés pour tirer parti d'une mise à sac systématique. D'ailleurs, ils n'ont rien du guerrier, et se font régulièrement battre dans les batailles rangées. Brûler des villages et des monastères ne leur sert de rien, ils le savent bien. Il est en revanche fort opportun pour des commerçants de se procurer gratis du métal précieux. Pour leurs trafics avec l'Orient, les Varègues de Suède et les Norvégiens savent où se procurer l'or et l'argent : dans le temps où ils se manifestent sur les marchés de Tachkent et de Boukhara, les « Normands » vont semer la terreur en Occident. Mais cela ne les empêche nullement de chercher aussi des comptoirs d'approvisionnement qui vont, dans l'Atlantique nord, se transformer en centres de colonisation. En 793, les Norvégiens sont en Grande-Bretagne, deux ans plus tard en Irlande, où ils établissent une tête de pont. Ils aménagent une base permanente dans l'île de Rechru, au nord de Dublin. L'année suivante, ils saccagent la grande abbaye de Lindisfarne, sur la côte septentrionale de la Northumbrie.

Certains s'installent à demeure. La colonie norvégienne prospère, s'étend. Entre 832 et 845, leur chef Thorgestr conquiert la moitié de l'Irlande. L'Occident ne prend pas encore peur : nul ne voit là autre chose qu'une conquête comme tant d'autres, et une guerre comparable en tout aux entreprises guerrières des premiers Carolingiens.

Les choses changent et commencent de sembler graves aux Occidentaux quand les « Normands » s'en prennent à la fois aux royaumes anglo-saxons et à l'empire franc. Dans les années 840, les Danois attaquent les royaumes de Northumbrie, de Mercie, d'Est-Anglie. La victoire du roi de Northumbrie Alfred le Grand à Edington (878) ne fera que mettre des bornes à leurs ambitions insulaires. Ils continueront de jouer un rôle dans l'Angleterre anglo-saxonne jusqu'au temps d'Édouard le Confesseur, lequel parviendra enfin à les priver de tout pouvoir politique (1040).

Sur le continent, les navigateurs danois prennent dès avant 800 la place des Frisons, jusque-là maîtres de la navigation en mer du Nord, et quelques groupes s'implantent même en Frise, d'où ils embarrasseront les embouchures du Rhin et de l'Escaut jusqu'à leur éviction en 891 par le roi carolingien de Francie orientale, Arnoul. Ils se tiennent en revanche à distance des côtes occidentales jusqu'à la mort de Charlemagne, mais le temps de Louis le Pieux les voit déferler sur toutes les côtes et au long de tous les fleuves. Ils sont sur la Loire en 819, sur le Tage en 844. Quelques raids passent Gibraltar. Les Normands se signalent en Italie en 859. Ils pénètrent au cœur des royaumes continentaux. On les trouve devant Paris en 845. En 885, ils mettent la ville en danger, et l'incapacité de l'empereur Charles le Gros à dégager ce qui est déjà une ville-pont d'importance stratégique et de surcroît l'une des capitales de l'ancienne Neustrie comptera pour beaucoup dans la décision des grands qui prononcent sa déchéance.

Devant les Normands, les dirigeants de la Francie occidentale s'organisent. Quelques comtes reçoivent des commandements militaires étendus : l'un d'eux, Robert le Fort, qui gouverne la défense des pays de la Seine et de la Loire, et qui trouve la mort à Brissarthe (866) en combattant les envahisseurs, sera l'ancêtre des Capétiens. D'autres préfèrent l'abandon de positions devenues périlleuses. C'est ainsi que les bénédictins de Noirmoutier, dont l'abbaye est mise à sac en 830, se replient dans un premier temps, avec les reliques de leur fondateur saint Philibert, en Poitou où ils fondent en 836 le nouveau monastère de Saint-Philibert-de-Grandlieu, puis dans un deuxième temps en une contrée qui leur paraît définitivement à l'abri : ils s'établissent à Tournus (875). On n'en verra pas moins les Normands en Bourgogne.

L'habileté de Charles le Simple permet enfin à l'Occident de souffler : après avoir sérieusement battu la bande de Normands qui tenait depuis dix ans la Basse-Seine et le pays chartrain, le roi laisse une terre aux pillards, à charge pour eux d'y assurer la paix. Le traité de Saint-Clair-sur-Epte (911) donne à Rollon le comté de Rouen, auquel des marchandages pour le maintien d'une fragile soumission ajouteront un pays étendu en 924 jusqu'à Bayeux et en 933 jusqu'au Cotentin. Assez vite christianisés et devenus dociles par intérêt, ces « Normands de la Seine » seront d'une aide précieuse pour mettre à la raison les « Normands de la Loire ». En deux ou trois générations, ils seront parfaitement assimilés, et l'archéologue ne saurait plus distinguer, dans les cimetières de ce qui est devenu la Normandie, les tombes des Franco-Romains et celles des Scandinaves pourtant venus avec leurs usages et leurs croyances.

Non contents de sillonner le littoral européen de l'Atlantique, les Vikings entreprennent d'explorer et de coloniser, vers l'ouest, les terres émergées de l'Atlantique nord. Comme sur les côtes de l'empire carolingien aux VIIIe et IXe siècles, ils cherchent tout à la fois au IXe et au Xe dans leur conquête des îles du Grand Nord. Mais les îles sont pauvres, et les Vikings y trouveront beaucoup plus de nouvelles occasions de pêche et de chasse que de trésors ou de terres à cultiver. Les Norvégiens sont aux Shetland vers 700, aux Orcades et aux Féroé vers 800, en

Islande en 874. Ils occupent les Hébrides. En 982, un parricide en fuite, Erik le Rouge, découvre le Groenland. Peut-être atteint-il ensuite la terre de Baffin. Le Groenland devient vite une base commerciale, d'où partent pour la Norvège les peaux d'ours et de phoque, l'huile de phoque et l'ivoire de morse.

Longeant la côte à la faveur du dégel estival des eaux littorales, les Vikings poussent l'investigation vers le nord. Ils hivernent même au-delà du cercle polaire. Vers le 77e parallèle, ils atteignent ce Grand Nord où le Groenland et la terre d'Ellesmere ne sont séparés que par le mince détroit de Smith aux eaux presque toujours gelées. Pour savoir que l'on passe ici du Groenland à l'Amérique, il faut une carte, et ils n'en ont pas. A ces latitudes, les exportateurs en mal d'occasions marchandes laissent quelques traces de leur passage : boucles de bronze, fragments de coques rivetées — les bateaux des Eskimos sont faits de peaux cousues — ou casque de fer. Peu importe que ces témoins soient à l'est ou à l'ouest de la baie de Baffin. Pour les Vikings, il ne s'agit au vrai que d'aller d'île en île. Le Groenland est une île, la terre d'Ellesmere en est une autre.

Poussé par le hasard des vents et des courants, un Norvégien, Bjarni Herjolfson, prend en 986 le premier contact d'un Européen avec une terre, plus au sud, qui pourrait être Terre-Neuve, donc l'Amérique. Le fils d'Erik le Rouge, Leif Eriksson, fait une reconnaissance plus sérieuse peu après l'an mil et touche sans doute la terre de Baffin. Pour qui connaît un peu les courants et les vents à leur aboutissement européen, gagner le Labrador est chose plus aisée qu'aller de Bergen à Reykjavik.

Les premiers qui atteignent l'Amérique ne sont donc pas d'audacieux navigateurs piquant droit à l'ouest, partant de la Norvège, ce qui eût été une rude navigation, ou partant du Groenland méridional, ce qui eût été impossible à travers une baie de Baffin alors bloquée en son milieu, même en été, par une langue de glace. Ce sont des explorateurs avisés et des caboteurs prudents qui ne s'éloignent vraiment des côtes ni sur mer ni sur terre. Revenant vers les eaux libres après un périple au-delà du cercle polaire arctique, ils touchent sans le savoir un nouveau continent, mais c'est en venant du nord. La première découverte de l'Amérique n'est pas une aventure atlantique mais une aventure polaire.

Que signifient les noms que ces Scandinaves donnent à des découvertes dont ils ne mesurent pas l'importance pour l'avenir, à ces pays qu'abordent quelques expéditions marchandes sans lendemain ? Les sagas parlent d'abondance de ces terres nouvelles, d'un Vinland surtout imaginé par des clercs qui ne se sont pas déplacés et qui traitent les terres de l'ouest comme un monde mythique dont la seule idée porte leur imagination. Le Markland, le Helluland de bien des sagas du XIIIe siècle, c'est sans doute le Labrador. Le Vinland, la terre des vertes prairies ou la terre du vin — nous ne savons — d'où l'on rapporte du bois pour la construction des bateaux et où l'on s'émerveille d'avoir vu pousser de la vigne sauvage, c'est peut-être Terre-Neuve, ou la Nouvelle-Écosse.

Les Vikings ne poussent sans doute pas plus loin. Malgré bien des annonces spectaculaires, il n'est aucune preuve d'une présence européenne au long du Saint-Laurent et à l'intérieur du continent américain. Le propos des Vikings était de s'enrichir, non de fonder des empires. Encore moins a-t-on quelque preuve d'un contact entre les Vikings venus de l'est et les populations américaines venues de l'ouest treize ou quatorze mille ans plus tôt. Après quelques rares et brèves expéditions que l'isolement par rapport aux bases groenlandaises interdit de transformer en colonisation, les Vikings quittent l'Amérique. Un évêque vient au XIIe siècle pour une tournée pastorale qu'il serait abusif de rapporter à une véritable évangélisation. Quelques vestiges archéologiques témoigneront de ce passage des Européens, comme cette statuette de bois représentant un homme au vêtement orné d'une croix, trouvée en 1977 près de Lake Harbour, sur la côte méridionale de la terre de Baffin, face au Labrador. On n'ira guère plus loin, et on ne recommencera pas de si tôt, mais cela suffira pour que reste vivant dans le monde des marins familiers de l'océan Arctique le souvenir d'une terre étendue vers le sud au-delà de l'Atlantique.

La route de l'Amérique paraît ouverte. Il n'en est rien. Car une période de froids plus intenses et de glaciations plus étendues survient alors. Les témoins sont assurés : la croissance des arbres, les limites des glaciers, les dates des floraisons et des récoltes. Pour autant qu'on puisse extrapoler d'une région à l'autre, il semble que ce refroidissement de l'hémisphère nord s'amorce dans les années 1200, s'aggrave vers 1300 et ne diminue que fort lentement après 1350. Pour les Scandinaves familiers de l'Atlantique nord, cette tendance au froid signifie une navigation plus encombrée de glaces et une survie plus difficile dans le blizzard. Le monde nordique se referme sur lui-même. Ce refroidissement du XIVe siècle ramène vers le sud du Groenland les Eskimos jusque-là tenus à distance par les colons scandinaves. Ceux-ci, d'ailleurs, se découragent. A l'heure où Christophe Colomb prend le large vers l'ouest, les descendants des Vikings sont repliés sur leur presqu'île scandinave. C'est par des Eskimos occasionnellement rencontrés au cours d'une campagne de pêche par les pêcheurs des Féroé et des Shetland que les Norvégiens obtiennent vraisemblablement au XIVe siècle les quelques informations sur la géographie des régions arctiques qui prennent place dans l'*Invention fortunée* que lira Colomb.

D'autres navigateurs ont gardé l'usage d'un parcours moins septentrional vers le Ponant : les pêcheurs savent très tôt ce que rapporte une campagne sur les bancs de Terre-Neuve. Curieusement, ces patrons bretons, basques ou anglais, voire portugais, n'ont pas la moindre idée de ce que peut signifier une terre au-delà de l'Atlantique. Mais au XVe siècle déjà ils s'aventurent à traverser l'océan. Dans les années 1450, les pêcheurs de Paimpol et de Bréhat pêchent la morue sur les côtes d'Islande et des « Terres Neuves ». Vingt ans plus tard, un Portugais établi aux Açores, Vaz Corte Real, pourrait bien avoir atteint Terre-Neuve par une route plus méridionale encore que celle des Bretons. On n'en est plus à longer les îles comprises entre le 60e et le 77e parallèle. Cette fois, on prend le large vers l'ouest. C'est aussi ce que font les pêcheurs de Bristol qui trouvent sur l'océan une île, aussitôt baptisée d'un nom alors nouveau, Brasil, qui pourrait bien être une nouvelle fois Terre-Neuve. En 1497, un marchand de Bristol, John Day, juge expédient de faire part de la découverte au plus fameux navigateur de ces années-là, Christophe Colomb. La même année, John Cabot touche à son tour une terre, à l'ouest. On n'en finit pas de découvrir Terre-Neuve. Mais pour tous, Terre-Neuve est le bout du monde. C'est la fin de l'Atlantique. Nul ne pense que c'est le début du Nouveau Monde.

DEUXIÈME PARTIE

Les forces profondes

CHAPITRE IV

Les chemins de la foi

La dilatation du monde chrétien

Au VIIe siècle, le front de la christianisation est à peu près stabilisé. L'arianisme achève de disparaître dans ses derniers bastions d'Afrique et d'Espagne, alors même que la conquête arabe va mettre tout le monde d'accord. En Italie comme en Gaule, l'autorité du pape suffit à balancer celle de l'empereur et à faire oublier les prétentions œcuméniques du patriarche de Constantinople, non à établir une véritable hiérarchie ecclésiale sur l'Occident : les vrais maîtres des églises « nationales » sont les évêques, souvent réunis en conciles provinciaux ou régionaux, et les souverains lorsqu'ils parviennent à prendre le contrôle de ces conciles.

La fulgurante avancée des Arabes met à mal, en Afrique comme en Espagne, une chrétienté longtemps active, et reporte vers le nord des dynamismes évangélisateurs qui s'exercent mieux aux dépens d'un paganisme polythéiste que d'un islam monothéiste et conquérant. On parlera bientôt de la Reconquête, du combat par la foi. On ne parlera guère de convertir les musulmans.

L'Église d'Occident ayant refait son unité autour du dogme défini par le concile de Nicée, c'est d'abord vers l'Angleterre qu'elle oriente sa prédication. Ayant compris que les populations celtiques repoussées au Ve siècle par les envahisseurs anglo-saxons ne se soucient nullement de convertir ces Barbares pour les retrouver un jour au Paradis, Grégoire le Grand envoie, en 597, des missionnaires italiens, menés par un moine romain que l'histoire connaîtra comme saint Augustin de Cantorbéry. Augustin convertit le roi de Kent, Ethelbert, fonde le monastère de Cantorbéry, puis organise une Église d'Angleterre avec un siège métropolitain à Cantorbéry et des évêchés à Londres et Rochester. Mais le mouvement s'essouffle vite. Pour que l'Église couvre l'ensemble du pays anglo-saxon, il faudra encore un siècle.

Cette dissension entre la vieille chrétienté celtique — on se souvient du rayonnement religieux et culturel du monachisme irlandais au VIe siècle — et la jeune chrétienté anglo-saxonne porte des fruits paradoxaux : c'est vers la Gaule que les Irlandais, et notamment saint Colomban († 615), dirigent leurs entreprises de rénovation spirituelle du christianisme par l'établissement d'un monachisme exigeant qui renoue avec l'héritage de l'érémitisme oriental.

Une nouvelle vague d'évangélisation de l'Occident par lui-même vient au VIIIe siècle de cette région dont l'aristocratie domine les destinées politiques du royaume franc : l'Austrasie, autrement dit le pays qui s'étend de la Marne à la Weser et dont, autour de Metz, les points forts sont sur la Meuse, la Moselle et le Rhin. Au vrai, tout tient alors à la conjonction des efforts, diversement intéressés, déployés par la nouvelle dynastie des maires du Palais pippinides et des rois carolingiens, et par une papauté capable de voir son avantage à une réunification politique et religieuse de l'Occident.

C'est cependant d'Angleterre que vient l'évangélisation de la Germanie. Les Anglo-Saxons se risquent d'abord sur le littoral de la mer du Nord, en Frise. Wilfrid y est en 678, Willibrord en 690. Les progrès sont lents. Le paganisme règne encore en Frise quand survient en 716 le moine Wynfrid. Né dans le Devonshire vers 675, Wynfrid a quarante-quatre ans — ce n'est plus la jeunesse — quand il décide d'aller à son tour porter l'Évangile en Frise. Malgré un échec initial, il revient en 718. Mais, cette fois, ses ambitions ne se limitent pas à une prédication isolée : il entend organiser la progression de la foi. Le voici à Rome, où Grégoire II le rebaptise Boniface et le charge officiellement d'évangéliser la Germanie.

Boniface retourne alors en Frise, où il seconde le vieux Willibrord. En 722, il entreprend d'établir en Bavière — pays déjà évangélisé au début du siècle par Rupert — et surtout en Hesse un réseau de vie religieuse. Sacré évêque, nommé archevêque en 732, il multiplie les centres de rayonnement spirituel, avec des abbayes comme Fritzlar (723), Reichenau (734) et Fulda (741), des évêchés comme Passau (737), Freising (739), Erfurt et Würzburg (741). Il s'établit à Mayence, et dirige de là le mouvement missionnaire vers la Saxe. C'est finalement en Frise qu'il poursuit son activité lorsqu'il est tué par les païens (754).

On sait le rôle essentiel qu'a joué dans ces mêmes années saint Boniface dans l'alliance de Pépin le Bref et de la papauté. Sans en être le responsable, il est l'acteur décisif de l'avènement de la nouvelle dynastie franque. Il donne à Pépin la caution de l'Église, mais il use en revanche du prestige politique du roi franc pour soutenir l'évangélisation de la Germanie. La suite du mouvement s'en ressent, qui lie durablement la conquête militaire et la conversion des païens. Boniface a converti la moitié de l'Allemagne sans devoir tirer l'épée. Ses successeurs marcheront dans les pas des armées carolingiennes.

En même temps qu'ils mettent au pas la Bavière (à partir de 743, et définitivement en 787) et la Saxe (de 744 à 804), Pépin puis Charlemagne leur imposent le christianisme et se servent de celui-ci pour garantir la soumission des conquêtes. La terreur religieuse règne en Saxe après une nouvelle révolte de ce pays si souvent soumis et rebellé. Lorsqu'à la mort de Charlemagne (814) le royaume franc touche l'Elbe inférieur et le moyen Danube, l'Église est fortement établie en Germanie avec comme piliers ses évêchés de Cologne, de Mayence et de Salzbourg, puis l'évêché épisodique de Brême (787) et ceux de Hambourg et Münster (vers 805). L'évangélisation de la Frise s'achève grâce à Liutger, l'un des premiers Frisons convertis par Willibrord.

A l'extrême est, cependant, au nord du moyen Danube, la victoire carolingienne sur les Avars (791-795) conduit à la conversion de ce peuple, résidu de l'ancien peuple des Huns. La sagesse d'Alcuin, le conseiller ecclésiastique de Charlemagne, limite ici le risque d'une adhésion massive mais superficielle, comme naguère en Saxe : on mettra plus longtemps, mais il n'y aura pas de réaction fâcheuse. Là encore, à la mort de Charlemagne, l'affaire est terminée.

La christianisation est certainement plus réelle sur le Rhin jadis romain qu'au cœur de la Bavière, de la Thuringe et surtout de la Saxe, où le paganisme anime encore la révolte anti-franque de 842. Le monde scandinave se fortifie contre un christianisme en quoi l'exemple germanique lui laisse voir le synonyme de l'asservissement aux Francs. Les Danois barrent l'isthme du Slesvig d'une muraille de terre qui rappelle à l'envers, après plus d'un demi-millénaire, le *limes* du monde romain. Et les Vikings s'avisent qu'ils limiteront le risque d'une invasion franque en allant harceler les Francs chez eux, ce à quoi les portent aussi bien leurs intérêts économiques que les crises sociales liées à leur croissance démographique.

Deux siècles passeront donc avant que reprenne vraiment la marche vers l'est du christianisme, deux siècles pendant lesquels les foyers d'évangélisation mis en place par Boniface et ses premiers continuateurs porteront leurs fruits. Lorsqu'aux approches de l'an mil la progression reprend vers les pays slaves, les arrières sont assurés. L'Allemagne du jeune Empire Romain Germanique est, pour la plus grande part, solidement chrétienne.

De Salzbourg, où l'évêque Virgile († 784) laisse une forte empreinte, le christianisme rayonne dès la fin du VIIIe siècle vers les pays slaves de Carinthie et de Moravie, et vers la Bohême. Au temps de Louis le Pieux, l'archevêque de Reims Ebbon se risque un moment au Danemark (823), et les avatars du roi Harold et de son fils font pour quelques années du

Danemark un royaume officiellement chrétien. Rien de cela n'est solide et durable. L'expansion chrétienne ne reprend qu'à la fin du Xe siècle, lorsque le monde occidental cesse de craindre les invasions des païens normands.

Les premiers progrès sont enregistrés après les victoires que remporte en 933-934 le roi Henri Ier — père du futur empereur Othon Ier — sur les Hongrois et les Danois. Vers l'an mil, la christianisation du Danemark est pratiquement achevée. Due à l'initiative de Vikings convertis en Occident et revenus chez eux porteurs de la bonne parole, celle de la Norvège est un fait accompli dans les années 1030 La Suède ne vient qu'en dernier et dans l'incohérence, malgré de brillants succès dès le début du XIe siècle : le temple païen d'Upsal demeure, jusque dans les années 1080, un symbole de la résistance à l'Évangile. Missionnaires anglais et allemands constituent les premiers cadres des églises scandinaves. Un clergé local est cependant en place au XIe siècle. Il gardera de ses origines un profond particularisme, sensible dans la discipline aussi bien que dans l'orthodoxie dogmatique. Mais il faudra encore deux bons siècles pour que la population des campagnes manifeste dans ses comportements plus de christianisme que de paganisme.

Les Scandinaves poussent eux-mêmes vers l'ouest les limites d'une christianisation sporadique dont les vestiges sont des témoignages assurés d'une présence européenne sur le continent qui sera l'Amérique. En fait, le propos des navigateurs norvégiens est de coloniser des terres nouvelles et hospitalières, voire de trouver de nouvelles possibilités de pêche ou de chasse, quand ce n'est pas tout simplement une base commerciale ou un refuge. Lorsque, vers 980, le Norvégien Erik le Rouge découvre le Groenland, c'est parce qu'il fuit un pays natal où il vient de tuer son propre père. Quoi qu'il en soit des motivations, la dilatation de la chrétienté n'est toujours qu'une conséquence. Et la mauvaise volonté d'Erik à ce propos n'empêche pas son fils Leif Eriksson de pousser à la christianisation du Groenland. Une Église s'organise ainsi dans l'Atlantique nord, avec les récentes conquêtes du christianisme, l'Islande, les Féroé, les Orcades, les Hébrides. Il y a en 1124 un évêque à Gardar (auj. Igaliko) au Groenland, et cet évêque paraît même s'être aventuré dans une inutile tournée pastorale au Vinland, ce qui pourrait bien signifier Terre-Neuve ou la Nouvelle-Écosse, autrement dit l'Amérique. Au XIVe siècle, l'Église groenlandaise est encore vivante, et l'évêque s'acquitte de ses dettes envers le fisc pontifical en envoyant de l'ivoire de morse. Mais le refroidissement qui caractérise le XIVe siècle porte là comme ailleurs ses fruits : les Eskimos descendent vers le sud, et multiplient les hostilités. L'Église du Groenland s'étiole, à l'instar de la colonisation scandinave dans tout le Grand Nord. Le dernier évêque meurt en 1378. La Curie continua d'en nommer jusqu'au début du XVIe siècle, le plus souvent pris parmi les franciscains, mais rares furent ceux qui, même pour un simple voyage, quittèrent la Norvège. Au début du XVe siècle, il y avait encore au Groenland un vieux curé et quelques fidèles.

Vers l'est, la résurrection du pouvoir impérial sous-tend de même la reprise de l'action missionnaire. Officiellement chrétienne au IXe siècle, la Bohême est définitivement acquise à l'Évangile lorsqu'au milieu du Xe l'empereur Othon Ier parvient à y faire reconnaître sa souveraineté. La Pologne suit, lorsque le roi Mieszko préfère la conversion à un affrontement avec l'empereur. Les missionnaires venus d'Allemagne et de Bohême prêchent alors sous sa protection. En l'an mil, l'Église de Pologne s'organise hiérarchiquement autour de l'archevêché créé à Gniezno. Vient enfin le tour des Hongrois, vaincus en 955 par Othon Ier. Leur conversion accompagne leur mutation vers un nouveau genre de vie. Abandonnant le nomadisme et la razzia, s'ouvrant à une civilisation agricole et bientôt urbaine, les Hongrois se laissent tenter sans peine par une religion qui commence de passer pour un signe de supériorité : saint Étienne fonde en même temps le royaume de Hongrie et l'Église de Hongrie. Après une réaction sans lendemain au temps de son fils Béla, le christianisme ne sera plus mis en cause par les Hongrois.

Tout ce courant missionnaire procède de l'Occident, de la conjonction des dynamiques propres à la papauté romaine, à l'Angleterre, à l'Austrasie franque enfin. A l'est, cependant, l'Église de Constantinople n'est pas en reste et cela aussi bien par souci de la conversion des païens que par un besoin politique d'assurer contre Rome ses prétentions à la primatie œcuménique.

Le patriarche de Constantinople a commencé par ramener au bercail la chrétienté bulgare, qui devient au IXe siècle l'un des éléments les plus originaux du monde byzantin. Il échoue, en revanche, à garder dans son orbite les Églises de Bohême et de Moravie. Ces deux pays ont bien été, initialement, évangélisés (864) par des Grecs, Cyrille et Méthode, lesquels répondaient à la demande d'un duc de Moravie soucieux de ne pas aggraver sa dépendance à l'égard de l'empire franc par une soumission à cette papauté que l'on prend volontiers, depuis Charlemagne, pour le pouvoir spirituel de l'empire occidental. Mais Bohême et Moravie sont rapidement prises en main (867) par la papauté et surtout par les évêques francs de Germanie. Tout autant que les désaccords doctrinaux sur la Trinité ou sur le culte des images, ces rivalités pour la primauté sur les Églises slaves déjà constituées conduiront, en multipliant les frustrations, à la rupture définitive de 1054 et à la partition de la chrétienté.

Le grand succès de Byzance, qui affronte ici le paganisme et non Rome, c'est au XIe siècle la conversion de la Russie de Kiev. La Russie est alors un ensemble disparate de peuples très différemment organisés. Succédant aux Goths, aux Huns et aux Avars, les Khazars occupent depuis le VIIe siècle la vaste plaine de Russie méridionale, autour du Don et de la basse Volga. Au nord, de la Baltique à l'Oural, vivent dispersées quelques peuplades finnoises. A l'ouest, des Slaves, séparés au IIIe siècle de ceux qui ont cherché fortune entre l'Elbe et la Vistule, s'établissent au VIe sur la Dvina et la haute Volga. C'est chez eux qu'apparaissent, vers le VIIIe siècle, des tribus de Varègues, autrement dit de Scandinaves d'abord recrutés comme mercenaires pour faire face aux assauts des Bulgares et des Khazars, puis implantés et vite exigeants quant à leur part de territoire. Au milieu du IXe siècle, ils forment un petit état, autour de Novgorod. Quelques années plus tard, ils sont à Kiev. Non contents de s'imposer aux Slaves, ils les regroupent, les protègent, les mettent à profit. Un État slave émerge enfin, paradoxalement structuré par des Scandinaves parents des Vikings qui terrorisent alors les villes et les campagnes d'Occident. Au milieu du Xe siècle, l'osmose des deux populations est à peu près réalisée. Alors même que les princes de Kiev soumettent les Bulgares et les Khazars, ils achèvent de faire d'une domination « normande » un véritable royaume russe.

La Russie de Kiev bénéficie d'une intense circulation commerciale, dont les grandes voies sont le Dniepr et ensuite la Volga, ouverts eux-mêmes sur la mer Noire et donc sur le monde byzantin. C'est par là que la plaine russe exporte ses produits, ses fourrures son miel, ses bois. C'est par là qu'en sens opposé pénètrent en Russie les influences culturelles de l'Orient grec. Au IXe siècle, Cyrille et Méthode ont, avec l'accord de l'empereur byzantin Michel III, commencé de porter l'Évangile chez les Khazars de la Volga. Au Xe, le christianisme apparaît sur les rives du Dniepr. Peu avant l'an mil, le prince de Kiev Vladimir le Grand reçoit le baptême et épouse la sœur du basileus de Byzance. Mais le nouvel État russe veille sur son indépendance et songe déjà à une politique de bascule : en 1051, la fille du prince Jaroslav, Anne, épouse le roi de France Henri Ier.

L'Orient russe et byzantin — Moscou, après la chute de Constantinople en 1453, prétendra à l'héritage de Byzance — n'est donc pas encore coupé de l'Occident, et c'est bien une même frontière de la chrétienté qui progresse encore vers l'est. Mais en gagnant la grande plaine russe après la Bulgarie, l'Église de Constantinople rétablit un équilibre que lui faisait perdre depuis trois ou quatre siècles les progrès de l'Évangile en Occident. Les Églises de Grande-Bretagne, de Germanie, de Pologne, de Bohême et de Moravie avaient été autant de dilatations du pouvoir romain dans l'Église. Soudain, en ce début du XIe siècle, Byzance vaut de nouveau ce que vaut Rome : une vieille chrétienté et de très vastes espoirs pour l'Évangile. Comme Rome, bien que plus tard et plus étroitement, Byzance touche au monde septentrional, à la Baltique. Nul n'a d'illusions, le christianisme est encore là superficiel, fragile, sporadique même, et il faudra encore du temps pour que le peuple russe oublie en profondeur son ancien paganisme. A l'horizon du monde connu, cependant, le patriarche de Constantinople regarde aussi loin que le pape de Rome. Nul ne s'étonnera vraiment qu'en 1054 l'un et l'autre se tiennent pour égaux et s'adressent de mutuelles excommunications. L'expansion chrétienne débouche sur la rupture.

Pèlerinages

Tout part d'une idée simple, qui découle de la « Communion des saints », c'est-à-dire de la participation de tous aux mérites de tous. Le chrétien moyen trouve son profit aux vertus des meilleurs. Encore faut-il en prendre les chemins, ceux de l'imitation que facilitent les exemples puisés dans la vie des saints — l'iconographie chrétienne s'en nourrit — et ceux de la fréquentation que favorise le voisinage. C'est à ces chemins du Salut par la proximité qu'appartiennent des pratiques aussi diverses que le culte des reliques, la sépulture près des corps saints, le voyage vers les lieux privilégiés que sont les lieux saints de la Vie du Christ et de sa Passion aussi bien que les tombes des apôtres et des principaux intercesseurs en l'Au-delà, martyrs et confesseurs de la foi.

C'est aussi la raison de ces vols ou de ces achats de corps saints et de reliques qui enrichissent le trésor spirituel des plus avisés. Il en coûtera à la chrétienté occidentale d'avoir plusieurs corps de sainte Marie-Madeleine ou de saint Benoît, et saint Louis pensera bien faire en profitant de l'endettement du basileus byzantin pour lui acheter la Couronne d'épines. Le corps saint ou la relique sont un trésor, que l'on défend et que l'on protège de la calomnie aussi bien que du vol. Le pèlerin de Saint-Gilles-du-Gard dit vertement leur fait aux imposteurs qui réduiraient à néant les vertus de son pèlerinage.

> Telle est la tombe du bienheureux Gilles, confesseur, dans laquelle son corps repose et est honoré. Qu'ils rougissent de honte, les Hongrois qui prétendent avoir son corps ! Qu'ils se troublent, les moines de Chamalières, qui imaginent avoir son corps tout entier ! Qu'ils soient confondus, les gens de Saint-Seine, qui se glorifient d'avoir son chef ! Que soient troublés de crainte les Normands du Cotentin, qui se vantent d'avoir son corps tout entier.

On n'est pas moins véhément à Saint-Léonard-de-Noblat, où l'on sait que les moines de Corbigny osent se vanter de conserver le corps du saint. Celui-ci est déjà assez bon de les combler de bienfaits alors qu'ils n'ont pas « le plus petit de ses os ». Au vrai, on le précise à Noblat, le saint de Corbigny est un certain Léotard, qu'ils ont rebaptisé au mépris de l'honneur.

A cette justification de la « pérégrination » par la recherche des mérites d'autrui, communicables au prix de la foi, se joint la justification personnelle par la participation aux souffrances du Christ et à celles des martyrs : le pèlerinage est une épreuve, une mortification, un sacrifice. On en revient les pieds en sang. On y perd un peu de sa santé et de son avoir, quand on n'y perd pas la vie. Les deux cheminements vers le Salut se retrouvent lorsqu'au terme d'une longue marche, souvent douloureuse, le pèlerin reçoit la grâce de mourir près du lieu saint. Mourir près du Tombeau du Christ, après avoir mis ses pas dans ceux du Christ, est une chance spirituelle, même pour ceux qui, en toute sincérité, préfèrent quand même revenir vivants, avec ces singuliers profits que sont l'invasion de la grâce pour l'Autre Monde et l'auréole du héros pour celui-ci. L'épreuve de la Croisade, voulue par la papauté comme une expédition militaire et politique de reconquête, est comprise à la fin du XIe siècle par un grand nombre de chrétiens, que le pape n'a jamais songé à lancer sur les routes de l'Orient, comme le pèlerinage par excellence, l'épreuve de la foi aux limites du martyre.

L'épreuve est régénération. Le pèlerin revient purifié, et le rituel du pèlerinage multiplie les gestes symboliques. Pendant des siècles, à deux lieues de Compostelle, le pèlerin parvenu au terme de son chemin trouvera une rivière en un lieu boisé. Là, on se met nu, et on se lave tout entier. Ces braves gens n'ont guère l'habitude d'une telle toilette et beaucoup, après une route longue et poudreuse, se contenteraient d'un bon bain de pieds. Le rite qui les dénude et les immerge a tout pour les étonner. L'un appelle cela le « lave-âme ». Moins porté au surnaturel, l'autre parle du « lave-couilles ». Au moins ont-ils ainsi pris conscience que le pèlerinage n'est pas seulement une performance, une prouesse, une distraction.

Les premiers pèlerinages tirent parti de la paix romaine. Les Occidentaux vont, au IVe siècle, prier à Jérusalem sur le Tombeau du Christ. Et déjà, cette découverte du monde qu'est aussi le pèlerinage donne matière à des guides routiers. L'*Itinéraire de Bordeaux à Jérusalem* procure d'utiles conseils quant au choix des routes et des étapes : le pèlerin bordelais penserait-il de lui-même que la meilleure route de Provence en Italie passe par le nord, par la vallée de la Durance et le col du mont Genèvre ? Mais l'*Itinéraire* ne manque pas d'indiquer, chemin faisant, les curiosités qui jalonnent à la fois le voyage et l'histoire sainte, le puits de Jacob comme la grotte de Bethléem. Et il attire l'attention du voyageur sur les basiliques récemment construites en Terre Sainte par ordre de Constantin.

De telles pérégrinations conduisent à la rédaction, plus ou moins spontanée, de récits qui sont eux-mêmes des guides pour les prochains pèlerins. Ainsi fait, dans la seconde moitié du VIIe siècle, l'évêque franc Arculf, jeté par la tempête sur les côtes des Hébrides, à l'ouest de l'Écosse, et recueilli au monastère colombanien d'Iona. Arculf est allé en pèlerinage à Jérusalem. Il a visité la Terre Sainte et a poussé jusque chez les Infidèles. Il a vu Bethléem aussi bien que Damas. Il a admiré en Égypte la septième merveille du monde, dûment cataloguée comme telle depuis neuf siècles : le phare d'Alexandrie, avec ses 134 mètres de haut. Il a relâché en Crète. A Constantinople, où il a séjourné de Pâques à Noël, il s'est recueilli devant plus de reliques insignes qu'il n'en peut citer de mémoire. L'abbé d'Iona ne manque pas l'occasion : sous la dictée du voyageur, il note les détails de cet extraordinaire périple.

Les merveilles de la nature ne sont pas absentes du récit dont est abasourdi le bon moine : l'évêque n'a-t-il pas vu, en Sicile, un volcan cracher du feu ? D'ailleurs, Arculf ne manque pas d'en appeler au pittoresque : sur les bords du Nil, il a vu les crocodiles chasser les ânes et les manger. La seule chose qu'il n'explique pas, c'est comment, ayant pris un bateau en Sicile pour se rendre à Rome, il s'est retrouvé à l'ouest de l'Écosse !

Aucun voyageur ne manque de visiter, au prix d'un détour, les corps saints que peut lui proposer un voyage dont le motif est tout autre. Se rendant à Ravenne, saint Martin infléchit vers le nord son itinéraire pour prier, nous dit Fortunat, à Soissons sur la tombe de saint Médard et à Reims sur celle de saint Remi. Notons au passage que saint Remi n'est pas né quand meurt saint Martin, et qu'au VIe siècle le bon poète Fortunat prête assurément à l'ancien évêque de Tours ses propres dévotions.

La brisure de l'empire ne change pas grand-chose à la route de Jérusalem. De l'empire carolingien à l'empire des successeurs de Justinien, les embûches se multiplient, il y a des païens sur les routes terrestres, et des pirates sur la voie maritime, mais le pèlerin, le plus souvent, ne quitte pas la terre chrétienne, et la conversion des Hongrois rend à la fin du Xe siècle tout son intérêt à une route continentale désormais sûre. Certes, les pays de Terre Sainte sont passés aux mains des Infidèles depuis le VIIe siècle, mais les Arabes laissent l'accès des Lieux Saints plus ou moins libre à qui se présente en croyant et en homme pacifique. Aux lendemains de l'an mil, encore, c'est le voyage par excellence.

Tout change brutalement au XIe siècle, avec l'arrivée des Turcs seldjoukides : l'intolérance l'emporte, l'Occident se voit fermer la route des Lieux Saints. Les Turcs sont à Jérusalem en 1070. Ils occupent durablement la ville à partir de 1078. Les chrétiens comprennent que c'en est fait du pèlerinage au Tombeau du Christ, alors même que la dynamique du pèlerinage vient d'être ranimée par les initiatives spontanées qui accompagnent le millénaire de la Passion. En cette année 1033, le chroniqueur Raoul le Glabre le note avec étonnement, on voit riches et pauvres partir plus nombreux, et partir ensemble. Foulque Nerra, le terrible comte d'Anjou qui n'hésite devant aucune violence pour agrandir sa principauté, qui multiplie traîtrises et violences contre les églises et les monastères, et qui s'inflige en compensation des pénitences spectaculaires, ne recule pas, à soixante-sept ans, devant ce qui sera son quatrième pèlerinage à Jérusalem, un pèlerinage dont il ne reviendra pas vivant : il mourra sur le retour, à Metz, en 1040.

C'est aussi le moment où le mouvement qui porte vers l'est l'Évangile touche à son terme avec la consolidation du christianisme romain en Pologne et les premiers succès du christianisme byzantin dans la Russie de Kiev. Dès les années 1050, on parle d'une reconquête militaire de la Terre Sainte. Ce sera la Croisade. Les Turcs en fournissent l'occasion, que saisit en 1095 un Urbain II soucieux d'affirmer son autorité sur l'Église enfin assainie par la réforme grégorienne. Ce n'est pas un hasard si le temps de la Croisade est aussi celui de l'extraordinaire éclosion des nouveaux ordres religieux. Tous ces ordres qui, de Cîteaux à Prémontré et de Grandmont à la Chartreuse, privilégient l'esprit d'austérité et de mortification, entrent dans la même voie du Salut par l'épreuve et le renoncement, à laquelle participe l'esprit de pèlerinage devenu l'esprit de Croisade.

Un autre type de pèlerinage s'impose très tôt, au sein même de la chrétienté occidentale : il conduit les fidèles vers les tombeaux des apôtres et des principaux intercesseurs spirituels, de ces saints en qui un pays ou l'Europe entière reconnaît ce qu'on appellera plus tard un saint patron. Il en est à tous les horizons, et à toutes les distances. Il en est pour toutes les bourses, et pour tous les héroïsmes. Le plus souvent, les sépultures des principaux fondateurs de l'Église locale suffisent à attirer aux jours de fête un concours de peuple renouvelé d'année en année. Les reliques insignes n'attirent pas moins.

D'autres sanctuaires établissent leur renommée sans le moindre corps saint. Au reste, on serait bien empêché de rendre un culte au tombeau des anges, et le corps de la Vierge reste dérobé aux hommes par l'Assomption. Les statues miraculeuses y suppléent, qui prolongent bien souvent des rites antérieurs au christianisme. Elles font dès le haut Moyen Age la réputation de Chartres ou du Puy, comme plus tard, au XVe siècle, celle de Czestochowa. On va à Chartres, dès le IXe siècle, parce que Charles le Chauve a offert à la cathédrale beauceronne le Voile de la

Vierge, et l'on sait trouver à Cunault, aux portes de l'Anjou, l'anneau nuptial de Marie, avec quelques gouttes de son lait. Une apparition de l'archange — avec son cortège de miracles — fait définitivement la célébrité du mont Gargano, dans les Pouilles, et le pèlerinage de saint Michel y semble florissant dès le VIe siècle. D'autres pèlerins vénèrent le même archange au Mont-Saint-Michel, dont l'histoire légendaire s'enrichit à partir du IXe siècle d'épisodes directement empruntés aux voyageurs revenus du Gargano.

La fête religieuse donne prétexte à tous les rassemblements. De grandes foires en naîtront aux Xe et XIe siècles, avec leurs mouvements d'hommes et de marchandises, avec leurs mouvements financiers aussi.

A venir passer une joyeuse journée à la fête de saint Denis, les Parisiens et leurs proches voisins gagnent peu de mérite, et nul ne s'en vanterait. L'épreuve est légère. La récompense le sera. La justification par le sacrifice donne sa valeur au pèlerinage lointain, celui qui, d'autre part, satisfait le besoin d'un changement d'air, d'une découverte des pays et des hommes, d'une parenthèse dans le déroulement monotone des saisons à la ville ou au village. Une foi réelle se combine aisément avec un besoin d'évasion.

Ainsi naissent dès le haut Moyen Age les grandes confluences. C'est ainsi que l'on va à Rome sur la tombe des Apôtres, celle de saint Pierre avant tout. Pèlerin à Rome malgré les risques que font courir aux voyageurs les incursions des Sarrasins en arrière du littoral provençal et ligure, l'abbé de Cluny, Mayeul, est fait prisonnier en 972 sur le chemin du retour. Naturellement, le pèlerinage de Rome trouve un nouveau prestige avec les renforcements de l'autorité pontificale qui sous-tendent au XIe siècle la réforme grégorienne et au XIIIe les tentatives de théocratie fondées sur l'augustinisme politique d'un Innocent III. En peine de rétablir sur l'Église d'Occident une autorité fort attaquée par les princes temporels et notamment par le roi de France, Boniface VIII redore le prestige du pèlerinage romain en instaurant, en 1300, une indulgence spéciale, celle du Jubilé, autrement dit de l'Année sainte. Ses successeurs réitéreront l'opération. La papauté romaine du Grand Schisme en fera même, à la fin du XIVe siècle, un instrument de combat contre Avignon et un prétexte à perception financière propre à compenser l'insuffisance d'une organisation administrative victime du maintien à Avignon des archives et des administrateurs de l'ancienne papauté unique d'Avignon. Des fidèles du pape d'Avignon iront, malgré les foudres que brandit celui-ci, gagner chez l'adversaire une indulgence avancée de 1400 à 1390 par une papauté romaine en mal d'argent.

Les pèlerinages se multiplient. On va sur la tombe de saint Martin à Tours, de saint Nicolas à Bari, de sainte Marie-Madeleine à Saint-Maximin ou à Vézelay, de sainte Foy à Conques.

Naturellement, la « seconde Rome » n'est pas en reste. Séjournant à Constantinople en 1403 dans l'attente du navire qui le conduira à Trébizonde, l'ambassadeur castillan Ruy Gonzalez de Clavijo entend bien profiter des trésors de reliques accumulés par les empereurs, de Constantin à Justinien. Ce n'est qu'affaire de patience.

> Nous fîmes savoir à l'empereur que nous souhaitions visiter la ville, ses églises et contempler ses reliques. L'empereur délégua pour nous accompagner son gendre, Micer Hilario Doria, marié à l'une de ses filles bâtardes, ainsi que plusieurs gentilshommes de sa cour, afin qu'ils nous montrassent tout ce que nous voulions voir...
>
> Nous ne vîmes pas cette fois-ci les nombreuses reliques de Jésus-Christ que possède l'église, à la suite d'un oubli de l'empereur, qui était parti à la chasse en ne laissant à l'impératrice que les clés d'accès aux autres reliques. On nous les montrera un autre jour.

L'ambassadeur castillan voit à l'église de la Vierge *Pammacaristos* le bras de saint Jean-Baptiste amputé d'un doigt par le coup de dents d'un père de famille dont la fille se voyait menacée, à Antioche, d'être livrée au dragon : le père a lancé le doigt du saint dans la gueule du dragon, lequel en a trépassé sur-le-champ.

De même voit-il à Sainte-Sophie les grils sur lesquels « fut rôti » saint Laurent. Mais c'est à Saint-Jean *in Trullo* que l'on montre les grandes reliques de la Passion, le morceau du pain de la Cène que Judas ne mangea pas, la fiole pleine du Précieux-Sang, les poils de la barbe du Sauveur, « arrachés au moment de la Crucifixion », le fer de la Sainte-Lance, un fragment de l'éponge imbibée de vinaigre, la robe tirée au sort. Quant à l'église Saint-François, elle offre à la vénération un morceau de la Vraie-Croix, les os de l'apôtre saint André, le bras droit de sainte Anne et la robe de bure de saint François d'Assise.

Il y a des reliques pour toutes les dévotions. A vrai dire, Clavijo paraît plus curieux que dévot. Mais rien n'échappe à ce touriste d'occasion : les toits de plomb, le jaspe des colonnes, la profondeur du port. Et comment ne pas noter l'étonnant modernisme de la conclusion qu'il tire de sa visite à Sainte-Sophie : « Tout cet ensemble mérite d'être vu. »

Ceux qui ne vont pas à Constantinople pour leurs affaires ou à Rome par piété peuvent, à l'Occident de l'Europe, aller à Compostelle : le pèlerinage est fréquenté dès les lendemains de la découverte, en 813, d'une sépulture immédiatement identifiée comme celle de saint Jacques le Majeur. C'est alors que saint Jacques devient le patron de la Reconquête sur l'Islam. On l'a vu apparaître, en 844, au fort de la bataille de Clavijo, pour conduire, l'épée à la main, les armées de la chrétienté contre celles de l'Infidèle. Saint Jacques est le *Matamore,* celui qui vainc les Maures. La chrétienté en lutte identifie son combat à l'action du saint apôtre.

Les routes de pèlerinage

Des routes de pèlerinage s'inscrivent sur la carte de l'Europe. Ce sont les routes que les pèlerins se conseillent mutuellement, celles que leur indiquent des monastères transformés en véritables agences de voyage au bénéfice de monastères apparentés, car chacun a sa route de prédilection, qui favorise ses frères. Ce sont aussi les routes où les pèlerins sont assurés de trouver gîte, soins et assistance en des hospices conçus pour eux et financés à cette fin par la charité publique. Ils savent y rencontrer des compagnons. Au long des routes, il leur est aisé de s'intégrer à ces groupes de marche et de prière qui rendent moins hasardeux un voyage toujours peuplé d'aléas. Comme l'écrit un pèlerin, les hôpitaux sont des lieux sacrés, des maisons de Dieu, qui procurent le réconfort aux pèlerins, le repos aux indigents, la consolation aux malades, le salut aux morts et l'aide aux vivants.

Les plus célèbres de ces « chemins » sont ceux de Compostelle, dont le réseau étendu sur toute l'Europe organise la convergence et facilite les aménagements logistiques. Il y a le « Chemin » par excellence, le *Camino*, dont le tronçon final atteint Compostelle depuis Saint-Jean-Pied-de-Port et le val de Cize par le col de Roncevaux, Pampelune, Logroño, Burgos et León. Une route littorale, par Bayonne, Bilbao, Santander et Oviedo, double le « Chemin ». Vers ces passages occidentaux des Pyrénées, convergent en France quatre grandes routes.

L'une vient de la Loire et de l'Aquitaine. C'est celle des pèlerins regroupés à Paris, où le départ se donne traditionnellement à Saint-Jacques-de-la-Boucherie, et où de premiers soins sont prodigués en haut de la rue Saint-Jacques, à l'établissement tenu par les frères hospitaliers de Saint-Jacques-du-Haut-Pas. Par Orléans, Tours, Poitiers, Saint-Jean-d'Angély, Saintes et Bordeaux, elle gagne Ostabat et la montée vers le col. Quelques-uns préfèrent, à Poitiers, abandonner la route traditionnelle et passer par Charroux et Angoulême. Pour l'essentiel, cette «route de Tours» est celle qui permet de prier sur la tombe de l'apôtre des Gaules: saint Martin est à peu près aussi célèbre que saint Jacques. Pouvoir conjuguer les deux pèlerinages ne laisse personne indifférent. Il n'empêche que certains — des Normands et des Bretons — choisissent plutôt de commencer leur pérégrination au Mont-Saint-Michel; par Nantes ou par Angers, ceux-là rejoignent le gros des pèlerins à Poitiers ou à Saint-Jean-d'Angély.

La deuxième route part de Vézelay. Elle en tire une grande renommée. Sainte Marie-Madeleine va protéger le pèlerin au long de sa route. C'est la « route limousine », celle des pèlerins venus de Champagne et de Lorraine, voire d'Allemagne. Dès le départ, elle offre une « option » : on peut, avant de prendre la route du sud-ouest, faire une excursion à Avallon et Cluny, voir Autun ou Tournus. De Vézelay, on gagne Neuvy-Saint-Sépulcre, soit par le nord, c'est-à-dire par La Charité, Bourges et Châteauroux, où l'on se repose à l'abbaye de Déols, soit par le sud, c'est-à-dire par Nevers, Saint-Amand et La Châtre.

Les deux cheminements de la route limousine se joignent à Neuvy-Saint-Sépulcre, d'où la plupart des pèlerins gagnent Saint-Léonard-de-Noblat, Limoges, Périgueux. Autant dire que l'on prie saint Léonard, saint Martial et saint Front, et que l'on admire par la même occasion, avant de traverser la Gascogne, les trésors de reliquaires qui font la réputation de l'émail limousin aussi bien que les extraordinaires coupoles des églises périgourdines. On fait même provision de médailles. Le Musée de Cluny conserve de ces médailles de plomb, comme celle où, sur une silhouette de château crénelé, on voit Léonard briser en levant la main les chaînes d'un prisonnier. La médaille protégera des mauvaises rencontres.

Il manque des pèlerins aux rassemblements de Neuvy. Certains ont quitté leur groupe à Bourges ou

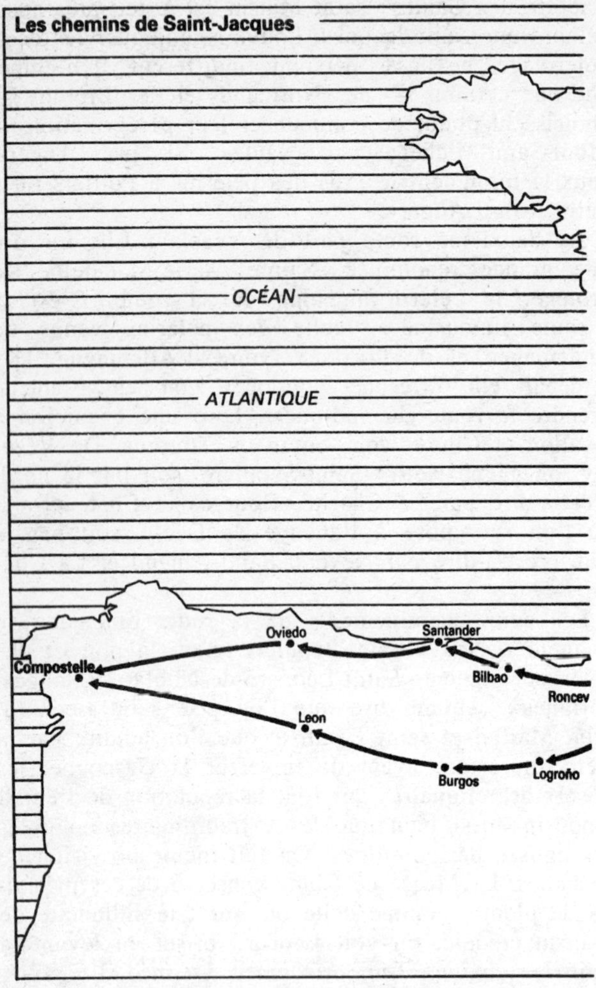
Les chemins de Saint-Jacques
OCÉAN
ATLANTIQUE
Oviedo
Santander
Compostelle
Bilbao
Roncev
Leon
Burgos
Logroño

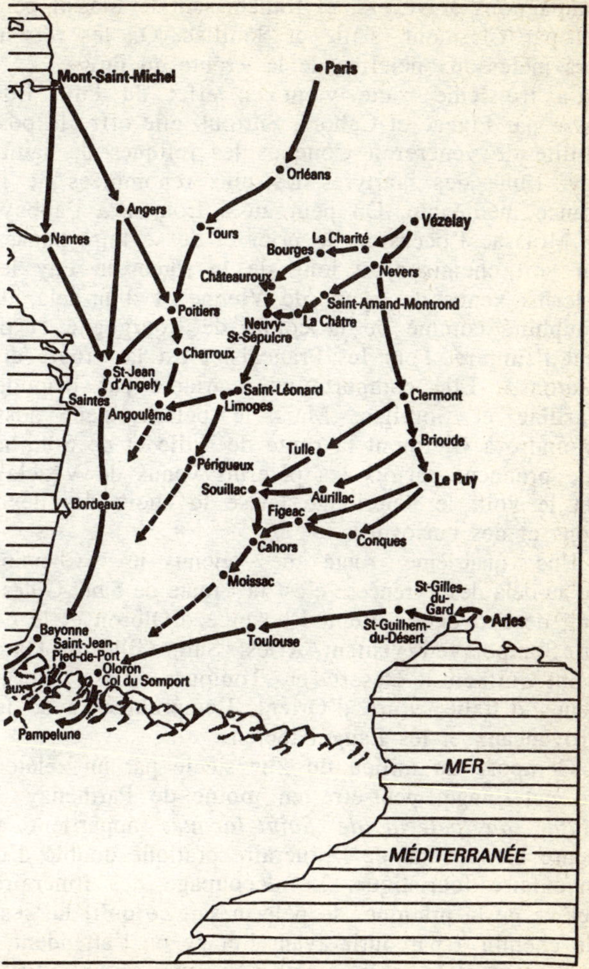
Mont-Saint-Michel
Paris
Orléans
Angers
Nantes
Tours
Vézelay
La Charité
Bourges
Nevers
Châteauroux
Saint-Amand-Montrond
Poitiers
Neuvy-St-Sépulcre
La Châtre
Charroux
St-Jean d'Angely
Saintes
Saint-Léonard
Limoges
Angoulême
Clermont
Tulle
Brioude
Périgueux
Le Puy
Souillac
Aurillac
Bordeaux
Figeac
Conques
Cahors
Moissac
St-Gilles-du-Gard
Arles
St-Guilhem-du-Désert
Bayonne
Saint-Jean-Pied-de-Port
Toulouse
Oloron
Col du Somport
Pampelune
MER
MÉDITERRANÉE

Déols, et préfèrent gagner Angoulême pour rejoindre finalement au sud de Bordeaux les voyageurs venus de Paris et de Tours. D'autres ont laissé leurs compagnons à Nevers, et franchissent le Massif central par Clermont, Tulle et Souillac. On les retrouvera mêlés aux pèlerins de la « route du Puy ».

La troisième route vient en effet du Puy. Elle passe par Figeac et Cahors. Surtout, elle offre la possibilité de vénérer à Conques les reliques de sainte Foy, l'une des martyres les plus renommées de la France médiévale. On peut aussi trouver à l'abbaye de Moissac l'occasion de prier et de se faire panser. On voit cheminer au long de la route du Puy les pèlerins venus de Lyon, de Vienne et d'au-delà, du Dauphiné comme de la comté de Bourgogne et de tout l'Empire. Pour les Français, c'est la « route des Teutons ». Elle comporte une variante par Brioude, Aurillac et Souillac. Mais le pèlerin peut aussi rejoindre à Clermont la route de Tulle et de Souillac que prennent parfois les pèlerins venus de Vézelay. On le voit, le pèlerinage laisse le choix des dévotions et des curiosités.

Une quatrième route ne rejoint le « Chemin » qu'au-delà des Pyrénées : c'est la « route de Saint-Gilles » qui, de Provence, atteint l'hospice d'Oloron et le col du Somport en visitant Arles, Saint-Gilles-du-Gard, Saint-Guilhem-le-Désert et Toulouse. Les pèlerins venus d'Italie, voire d'Orient, l'empruntent avec les Provençaux et les Languedociens.

Composé au milieu du XIIe siècle par un zélateur du pèlerinage, peut-être un moine de Parthenay, le *Guide du pèlerin de Saint-Jacques* appartient au genre bien connu de l'itinéraire pratique doublé d'un inventaire touristique. Le découpage des itinéraires relève de la pratique : le pèlerin sait ce qu'il lui reste de chemin à parcourir avant l'étape où l'attendent la nourriture et les soins.

> Depuis les ports de la Cize jusqu'à Saint-Jacques, il y a treize étapes. La première

va depuis le village de Saint-Michel qui est au pied des ports de la Cize, sur le versant gascon, jusqu'à Viscarret. Et cette étape est courte. La deuxième va de Viscarret à Pampelune, et elle est petite. La troisième va de Pampelune à Estella. La quatrième, d'Estella à Najera, se fait à cheval.

Notons que la « petite » étape fait quand même trente-cinq de nos kilomètres, et que la « courte » en fait une quarantaine, avec le passage du col. On aura remarqué que les routes familières aux pèlerins multiplient, chemin faisant, les occasions de sanctification par la visite de sanctuaires prestigieux. Les uns prient devant la tombe de saint Martin, les autres devant celle de Marie-Madeleine, d'autres devant la Vierge du Puy et devant sainte Foy. Par la route de Saint-Gilles, on prie devant les restes de saint Trophime, de saint Gilles et de saint Sernin, mais on peut aussi flâner aux Aliscamps et rêver là aux héros des chansons de geste, puis faire le détour par les Saintes-Maries-de-la-Mer. Il s'agit bien d'un tourisme spirituel, scandé, en l'attente du grand moment qui vient au terme du voyage, par les pratiques de dévotion propres à chaque station pieuse. Il est des dévotions à chaque étape, plus ou moins fameuses il est vrai. On n'a pas tous les jours le corps de saint Martin, mais Sainte-Croix d'Orléans offre un morceau du bois de la Croix, et l'on assure que la coupe précieusement conservée à Saint-Samson n'est autre que la patène de la Cène.

Le pèlerin ne marche pas le nez baissé, et il ne se prend pas pour un pur esprit. En route, il regarde, il rencontre, il écoute. Il mange et il boit.

> A Estella, le pain est bon, le vin excellent, la viande et le poisson abondants. La ville regorge de toutes sortes de délices.
>
> Carrion est une ville industrieuse, prospère, riche en pain, en vin, en viande et en toutes sortes de choses.

La visite sainte n'interdit pas la curiosité touristique. L'auteur du *Guide* a vu près d'Arles le cimetière des Aliscamps et s'y est étonné de trouver tant de tombes de marbre, avec tant d'inscriptions antiques « gravées en lettres latines, mais dans une langue inintelligible ». Rappelons que l'auteur du *Guide* écrit en latin ! La langue épigraphique ne lui dit, à l'évidence, rien, mais on ne laisse pas passer le pèlerin devant de tels alignements sans attirer son attention. A Saint-Gilles, le même voyageur décrit avec force détails la châsse d'or avec ses apôtres, son zodiaque et ses vieillards de l'Apocalypse. Il cite même les vers latins gravés au-dessus de la scène : une inscription qui, l'artiste ou son commentateur se laissant emporter par l'imagination, vante la « claire sonorité » de la cithare dont jouent les vingt-quatre vieillards. Le guide touristique ne manque ni un émail ni une gemme.

> Le toit de la châsse est décoré par-dessus et sur les côtés à la façon d'écailles de poisson. Au sommet, treize cristaux de roche sont enchâssés, les uns en échiquier, les autres affectant la forme de pommes ou de grenades. Un gros cristal, taillé à la façon d'un grand poisson — d'une truite — se dresse, la queue tournée vers le haut. Le premier de ces cristaux, taillé cornme un grand vase, est énorme. On y a fixé une croix d'or précieuse.

Naturellement, il convient de voir à Saint-Seurin de Bordeaux le cor d'ivoire de Roland, fendu par le souffle puissant du neveu de Charlemagne, à Saint-Jean-d'Angély le chef du Baptiste et un morceau de la Croix. Mal avisé serait celui qui ne s'extasierait pas, à Angoulême comme à Melle, devant la sculpture qui représente le « cavalier Constantin ». A Paris, on admire la plus grande ville d'Occident, avec ses cent clochers. A Compostelle, on porte attention aux trois monumentales lampes d'argent. Et le voyageur est prévenu que l'on compte à la cathédrale quatorze piliers de chaque côté de la nef et un pilier dans l'axe à l'entrée, qu'il y a soixante-trois vitraux et que chacun des dix portails est pourvu d'un nom. Le socle de la fontaine comporte trois degrés, et quinze hommes se baigneraient à l'aise, écrit l'auteur du *Guide,* dans la vasque dont l'eau paraît chaude l'hiver et fraîche l'été.

L'œuvre pieuse se combine parfois avec le pittoresque de la route. A Compostelle même, les responsables du sanctuaire ont astucieusement trouvé le moyen d'économiser sur le transport des matériaux pour leurs travaux de construction : les pèlerins sont heureux de gagner ainsi des mérites supplémentaires, et le *Guide* nous en prévient.

> A Tricastela, au pied du mont, en Galice, les pèlerins reçoivent une pierre qu'ils emportent avec eux jusqu'à Castañola, pour faire la chaux qui servira à la construction de la basilique de l'Apôtre.

Fruits de l'expérience commune, d'autres ouvrages de la sorte ont certainement circulé de génération en génération. Celui-ci nous dit ce qu'aux soirées d'étape le pèlerin sur le retour peut bien enseigner au pèlerin sur l'aller.

> Si tu traverses les Landes en été, prends soin de préserver ton visage des mouches énormes qui y foisonnent et que l'on appelle guêpes ou taons.
>
> Si tu ne regardes pas tes pieds avec précaution, tu t'enfonceras rapidement jusqu'au genou dans le sable marin, qui est là fort envahissant.

L'information peut, à l'occasion, lui sauver la vie ou sauver celle de sa monture. Avec la fausse modestie de qui a échappé au pire et prodigue ses recommandations, l'auteur du *Guide* note les curiosités mortelles.

> En un lieu dit Lorca, vers l'est, coule un fleuve appelé le Ruisseau Salé. Garde-toi bien

> d'en approcher ta bouche ou d'y abreuver ton cheval. Ce fleuve donne la mort. Tandis que nous allions à Saint-Jacques, nous trouvâmes deux Navarrais assis sur la rive, aiguisant leurs couteaux. Ils ont pour habitude d'enlever la peau des montures des pèlerins qui boivent cette eau et en meurent. A notre question, ils répondirent par un mensonge : cette eau était bonne, et potable. Nous en donnâmes donc à boire à nos chevaux. Deux moururent, que ces gens écorchèrent sur-le-champ.

A vrai dire, le guide touristique semble passablement timoré. Peu d'eaux trouvent grâce dans son gosier. Beaucoup sont malsaines, et donnent la mort. L'Èbre fait exception, qui est bonne et abonde en poissons. Mieux vaut toutefois se garder des poissons que l'on pêche vers Logroño.

> Ces poissons sont funestes à ceux qui les mangent. Que ce soit le poisson que l'on appelle vulgairement barbeau ou celui que les Poitevins nomment alose et les Italiens *clipia,* que ce soit l'anguille ou la tanche, tu n'en dois manger nulle part en Espagne ou en Galice. Car, sans aucun doute, ou tu mourrais peu après, ou tu tomberais malade.

Tout ceci laisse bien penser que les eaux sont malsaines, et qu'au Moyen Age on meurt en voyage comme des mouches. Comment ne pas penser, en lisant ces lignes, à tant de morts qui nous paraissent excessives, celle de Barberousse mort d'avoir pris un bain dans l'Oronte, celle de Jean sans Terre mort d'avoir mangé des pêches au vin ? Mais il est quand même à de telles pages des lecteurs sceptiques, et l'auteur prend ses précautions.

> Si quelqu'un, par hasard, en mange et n'est pas malade, c'est qu'il a plus de santé que les autres, ou qu'il est acclimaté par un long séjour dans le pays. Tous les poissons et toutes les

viandes de bœuf et de porc de toute l'Espagne et de la Galice donnent des maladies aux étrangers.

Le pèlerinage ne s'achève, en effet, que par la mort ou, plus souvent, par ce retour à l'ordre qu'est le retour chez soi. Très tôt, cependant, il conduit aussi à la colonisation. Un pèlerin saisit l'occasion de s'établir que lui offre le voisinage du sanctuaire, ou n'importe quel point de la route. Un autre raconte, et donne des idées à tel autre que pousse, plus que la piété, l'esprit d'aventure ou la recherche d'un profit.

C'est ainsi qu'au XIe siècle des Normands revenus d'un pèlerinage à Saint-Michel au Gargano se montrent assez enthousiastes dans leur description des pays traversés pour engager quelques-uns de leurs compatriotes à gagner la Sicile, non par dévotion, mais avec l'idée de s'y tailler quelque terre, voire quelque principauté. Byzance semble avoir renoncé à reconquérir l'île perdue aux IXe et Xe siècles. La Sicile est terre arabe, et c'est à la fois œuvre pie que d'en chasser les Infidèles et œuvre licite que de s'approprier leur bien. Les fils du petit seigneur du Cotentin qu'est Tancrède de Hauteville s'en vont chercher fortune sur la route des pèlerins. Guillaume Bras de Fer, Robert Guiscard, Roger — le futur roi Roger Ier — et leurs compagnons constituent à partir de 1058 cette principauté normande qui s'étend sur la Calabre et la Sicile et qui donne naissance en 1071 à un comté de Sicile, base du royaume érigé en 1130.

Un mouvement s'est ainsi amorcé, qui va désormais porter vers l'Orient méditerranéen une Europe en pleine expansion démographique et désormais capable d'une stratégie organisée. Maître des Pouilles et de la Calabre, Robert Guiscard se prend à rêver. Il songe à supplanter l'empereur byzantin Alexis Comnène. Il lui fait la guerre en Illyrie, se rend maître de Durazzo sur l'Adriatique (1081). Son fils Bohémond porte la guerre jusqu'en Thessalie. On le retrouvera quinze ans plus tard à la tête d'une des armées de la première croisade, dont il oubliera vite les objectifs : s'étant taillé une principauté avec Antioche, il négligera d'accompagner les autres croisés jusqu'à Jérusalem. Son neveu Tancrède aura sa part. D'autres les imiteront sans plus attendre.

En ce même temps, notons-le, les Normands demeurés en Normandie mettent la main, aux côtés de Guillaume le Conquérant, sur le royaume d'Angleterre et sur ses fiefs. Là encore, le courant colonisateur s'inverse. Celui-ci remonte vers le nord. Le temps est bien fini des flottes normandes qui passaient de la Baltique et de la mer du Nord, par la Manche et par l'Atlantique, jusqu'aux pays de la Seine, de la Loire et de la Garonne.

La Croisade

La Croisade se veut une réplique à la guerre sainte de l'Islam. Elle est surtout la riposte à l'établissement durable de l'Islam en Espagne, en Sicile, en Orient, et l'on comprendrait mal la géographie des entreprises occidentales si l'on oubliait que l'Égypte copte est, comme la Syrie, la Palestine et l'Asie mineure, une vieille terre chrétienne jalonnée d'évêchés et riche de ses Pères de l'Église, de ses moines et de ses ermites. L'Occident chrétien doit beaucoup à l'Orient, dans son ensemble, et le pèlerinage aux Lieux Saints, autour de Jérusalem et de Bethléem, n'est qu'un aspect de cette relation privilégiée au sein de la chrétienté, que la conquête islamique rend infiniment douloureuse.

La « Reconquête » commence en Espagne dès lors que Charlemagne, malgré son échec de 778 et le désastre de Roncevaux, ajoute dans les premières années du IXe siècle aux principautés demeurées chrétiennes — la Galice, la Cantabrie, les Asturies — une « marche d'Espagne » qui se mue en un comté de Catalogne et un royaume de Navarre. Dès le IXe siècle, la Reconquête donne naissance à l'ouest au royaume de León. Au milieu du Xᵉ, s'ébauchent autour de Burgos un royaume de Castille et au sud de la Navarre un royaume d'Aragon. C'est de ces deux royaumes que partent les principales entreprises en direction du centre de la Péninsule.

L'affaire demeurerait comparable à tant de conflits liés à la croissance des jeunes principautés — comme ceux qui opposent en France le comté de Blois et celui d'Anjou, ou le Capétien au duc de Normandie — si la chrétienté entière ne s'en mêlait dans la seconde moitié du XIᵉ siècle. Le pape appelle les chrétiens au combat contre les Infidèles. Jouant dans tout l'Occident le rôle de recruteur pour la cause de la foi, l'ordre de Cluny se fait le prédicateur d'une Reconquête d'abord castillane. Au moment même où l'expansion normande atteint la Sicile et l'Italie aussi bien que l'Angleterre, les Bourguignons se pressent pour aider Alphonse VI de Castille. Celui-ci est à Tolède en 1085. Dix ans plus tard, il donne à son gendre Henri de Bourgogne — un Capétien — le comté qui deviendra le royaume de Portugal. L'année précédente, en 1094, le Cid Campeador a poussé jusqu'à Valence. L'Aragon, cependant, prend l'initiative. Alphonse Iᵉʳ le Batailleur est à Saragosse en 1118.

Les choses, soudain, paraissent devoir en rester là. Les chrétiens se lassent quelque peu d'une guerre qui n'en finit pas, et qui profite surtout aux souverains dont elle assure l'expansion territoriale. Les rivalités entre royaumes sont plus évidentes que l'objectif commun. La générosité de l'Occident se tourne vers d'autres fronts. C'est le temps de la Croisade. L'Europe chrétienne laisse les Espagnols s'arranger seuls avec leurs Sarrasins. Après l'éphémère domination des Almoravides marocains, les énergiques Almohades établissent en 1145 sur toute l'Espagne musulmane une hégémonie fondée sur la réforme religieuse et la puissance militaire. Même si, en 1147, le premier roi de Portugal, Alphonse Iᵉʳ, est à Lisbonne, la Reconquête paraît s'essouffler. A la fin du XIIe siècle, les chrétiens d'Espagne et d'ailleurs peuvent craindre que le mouvement s'inverse et que commence à son tour la Reconquête musulmane.

L'Occident chrétien se ressaisit. Innocent III reprend et amplifie les vues théocratiques d'un Urbain II. Comme celui-ci, il voit dans une entreprise commune de la chrétienté contre l'ennemi commun le moyen d'assurer l'unité de l'Église autour du pontife romain. Il organise une véritable croisade, met d'accord l'Aragon, la Castille et la Navarre. A Las Navas de Tolosa, en 1212, la puissance des Almohades s'effondre sous les coups portés par les chrétiens enfin unis. L'Aragon occupe les Baléares, prend définitivement Valence (1238). Ferdinand III de Castille est à Cordoue en 1236 ; il entre dans Séville en 1248. A la fin du siècle, l'Islam ne garde dans la Péninsule que le petit royaume de Grenade. Les crises de l'Occident le laisseront subsister jusqu'en 1492, date à laquelle, ayant réalisé l'unité de l'Espagne, les Rois Catholiques Isabelle et Ferdinand achèveront de lui donner ses côtes pour frontières.

Pendant que se développe l'offensive castillane, les Normands sont en Sicile. On les y trouve dès les années 1040. Roger Ier est maître de l'île en 1091. Là encore, c'est la colonisation qui l'emporte. Ce qui sera le royaume normand de Sicile et de Naples organise une structure sociale entièrement artificielle, étroitement calquée sur les règles d'une féodalité qui, en Europe du nord-ouest, demeure chose assez pragmatique. Nulle part le type de la féodalité normande n'est aussi pur qu'en Sicile, où les réalités sont une application de normes. Le monde en partie germanique qu'est l'Europe féodale exporte ici son modèle. Par rapport à une civilisation de la cité, lentement imposée au continent par l'Europe méditerranéenne, c'est un étonnant reflux.

Le mouvement va prendre une autre ampleur avec les croisades d'Orient. En 1095, au concile de Clermont, Urbain II prêche la Croisade, ce qui signifie pour lui la mobilisation à des fins évangéliques d'une double dynamique propre à l'Occident des années 1050. Il y a la dynamique d'expansion: la croissance démographique engendre le besoin d'évasion, comme l'émergence nouvelle d'une richesse en numéraire disponible pour autre chose que la simple subsistance des producteurs. Il y a aussi la dynamique querelleuse, que le pape souhaite orienter vers d'autres conflits que ceux, internes, dont souffre la chrétienté. Alors que l'Église vient de remporter de réels succès avec ses institutions de paix — la paix de Dieu, la trêve de Dieu — qui réduisent les possibilités de guerre et protègent les non-combattants, Urbain II invite la chevalerie chrétienne à user de son courage contre de meilleurs ennemis que le voisin chrétien. Et il la convainc qu'elle en a les moyens: l'un des conseils les plus significatifs que donne le pape à ses fidèles est d'affermer le revenu de leurs terres pour quelques années afin de se procurer l'argent de la croisade.

A ce moment encore, Urbain II n'imagine pas qu'il va, ce faisant, lancer sur les routes de l'Orient lointain toutes sortes de braves gens, totalement inconscients des difficultés de l'entreprise. Le pape veut une armée. Il sera fort étonné d'apprendre qu'il a mis en mouvement des « pauvres gens » bien incapables de se battre utilement. Avec tout ce qu'il implique de besoin aveugle de mobilité, l'esprit de pèlerinage est ici plus fort que la construction politique et stratégique.

Chez les barons, la confusion est autre. La chevalerie occidentale a parfaitement entendu que le pape avait besoin de soldats, et c'est probablement avec un total désintéressement que la plupart se croisent. L'occasion fera dévier le propos, de la première croisade pour la création d'une Terre Sainte latine, à la quatrième pour la substitution des Latins aux Grecs à Constantinople. Mais les barons n'ont, devant la tentation, que le sentiment de faire là ce qu'ont fait ailleurs leurs semblables. Il restera cependant de l'esprit de Croisade une lancinante préoccupation: préserver les Lieux Saints, les sauver, les reprendre. La mission militaire des croisés subsistera, à travers les ordres de chevalerie comme dans la vie quotidienne des barons de Terre Sainte. On continuera de se battre pour le Tombeau du Christ, comme d'assurer la sécurité des pèlerins.

Les routes de la première croisade sont à la mesure du recrutement : elles convergent vers Constantinople, point de départ de l'opération militaire, mais différemment. Les pauvres gens de la croisade populaire prennent la voie terrestre, celle du Danube, avant d'être écartés de Constantinople comme indésirables et d'aller se faire massacrer par les Turcs en Asie mineure (21 octobre 1096). Deux choses au moins sont sûres : ceux qui mènent ne sont pas faits pour cela, et ceux qui suivent mourront sans avoir vraiment compris ce qui s'est passé. Même si l'interrogation bien connue de ceux qui, à chaque village, demandaient si c'était là Jérusalem n'est qu'un épisode et n'a pas le caractère dramatique qu'on lui donne parfois, elle reflète bien l'ignorance de ces gens quant au monde, et leur inconscience devant leur propre entreprise. Les marins de Colomb ne seront pas moins inquiets du terme de leur navigation.

La véritable croisade est divisée en quatre groupes. Le duc de Basse-Lorraine Godefroy de Bouillon conduit le premier, secondé par son frère Baudouin de Boulogne. Cette armée lotharingienne passe tout naturellement par la route danubienne, à travers la Hongrie et la Bulgarie. Un deuxième groupe est formé des Normands de Sicile et d'Italie. Conduit par Bohémond et Tancrède, ils sèment la panique en traversant une péninsule balkanique qui les a vus, dix ans plus tôt, comme les ennemis jurés des Byzantins. L'armée languedocienne, que conduit le comte de Toulouse Raymond de Saint-Gilles, passe par la Lombardie et la côte dalmate, pour rejoindre finalement la route des Normands. Le dernier groupe, formé des Français du Nord menés par les comtes de

Flandre et de Normandie, ferme la marche sur la route danubienne. Tout ce monde — peut-être cinquante mille hommes — se retrouve devant Constantinople.

Là, Alexis Comnène les accueille fraîchement. L'empereur ne se souvient pas d'avoir demandé quoi que ce soit, et il voit fort bien à quel point ses droits sur la Terre Sainte jadis byzantine paraîtront légers à de tels « libérateurs ». Ceux-ci n'entendent évidemment pas œuvrer, comme on le fait dans la Reconquête espagnole pour le roi de Castille ou celui d'Aragon, à la seule consolidation politique d'un empire grec que, depuis 1054, le schisme coupe de la catholicité romaine. Contenir les Turcs est une chose, mais on comprend bien à Byzance que l'affaire va se solder par un progrès de l'Occident romain aux dépens de l'Orient grec.

L'Asie mineure est occupée. Antioche tombe, puis Jérusalem (22 juillet 1099). Après la mort d'un Godefroy de Bouillon qui n'est qu'avoué du Saint-Sépulcre, c'est-à-dire bras séculier de la papauté et du patriarche désigné par le pape, son frère Baudouin prend le titre de roi (25 décembre 1100). La croisade est finie. La plupart des croisés regagnent l'Occident, fiers d'avoir libéré le Tombeau du Sauveur et étonnés d'avoir créé un royaume de Jérusalem et des principautés — Antioche, Édesse, Tripoli, etc. — aux relations internes mal définies.

La frontière de la chrétienté, maintenant, passe entre le royaume latin et ses voisins d'Alep, de Damas et de Bagdad. Selon les moments et selon les hommes, ce sera l'accommodement ou la guerre. Notons que les Anglais et les Allemands ont été peu nombreux dans la croisade, et que les Espagnols ont affaire ailleurs. L'Orient «franc » est en fait un Orient français. Le système politique et social établi sur le Jourdain et sur l'Oronte doit tout aux constructions juridiques de la France féodale, laquelle donnera en revanche dans la féodalité d'Outre-Mer une image très systématique et idéalisée de ses propres structures. En sens inverse, la France, jusque-là moins liée au monde islamique que l'Espagne ou l'Italie, découvre tout à la fois l'Islam et l'Orient. Les récits des pèlerins et des croisés donnent à la civilisation de la France médiévale une base nouvelle, qui, subitement, l'enrichit d'exemples et de références. Sur les bords de la Seine et de la Loire comme sur ceux de la Meuse et de l'Escaut, voilà que l'on va vivre, deux bons siècles, à l'heure de la Croisade. La mode est à l'exotisme. On chante la *Chanson d'Antioche* ou la *Chanson de Jérusalem.* La noblesse fait d'un Godefroy de Bouillon devenu légendaire plus qu'historique le type par excellence du chevalier chrétien : Godefroy est encore un héros dans le *Chevalier au cygne.* La prouesse tourne au mythe dans les *Enfances Godefroy.*

En Orient, cependant, les choses vont mal. Parce que l'Orient latin est démographiquement insuffisant et financièrement incapable, il ne saurait résister à la poussée turque qu'avec l'appui de nouvelles expéditions occidentales. Les croisades se succèdent. A Vézelay, en 1146, saint Bernard prêche une deuxième croisade qui montre surtout l'incompétence des souverains occidentaux face à un monde islamique dont ils ne comprennent ni les complexités ni les relations avec la chrétienté orientale. Pour le seul plaisir de ne pas écouter les conseils du prince d'Antioche Raymond de Poitiers dont l'idylle publique avec la reine Aliénor d'Aquitaine le désoblige gravement, le roi de France Louis VII perd son temps à attaquer Damas, dont l'alliance était pourtant acquise, en oubliant le principal danger, celui que représente à Alep l'atabeg Nour ad Dîn, notre Nouradin. Quand les croisés repartent, en 1148, Jérusalem est toujours en danger.

En fait, le repli est commencé. A Hattîn, le 4 juillet 1187, l'armée du royaume latin se laisse écraser. Jérusalem tombe le 2 octobre. Une troisième croisade (1190-1192) ne fait qu'aggraver la mésentente entre Philippe Auguste et Richard Cœur de Lion. Acre est reprise, non Jérusalem. Richard négocie seulement avec Salah ad Dîn — Saladin — le libre accès des pèlerins aux Lieux Saints.

Une nouvelle fois, l'ardeur des croisés se détourne de son objectif normal. Déjà en 1191 Richard Cœur de Lion a occupé Chypre, qu'il laisse finalement à Guy de Lusignan pour le consoler d'avoir par incapacité perdu sa couronne de Jérusalem. Richard se soucie fort peu de ce que Chypre est aux Byzantins, donc à des chrétiens. En 1204, c'est bien pis. Parce qu'il faut payer aux Vénitiens le transport maritime de la quatrième croisade, on va prendre en Dalmatie une ville byzantine récemment enlevée par les Hongrois. On est là en pleine chrétienté. Puis, comme il faut de l'argent pour financer la suite de la croisade, on va rétablir à Constantinople un empereur détrôné. Mais le mécompte est assuré quand on prétend faire payer par les contribuables byzantins le prix de leur mise au pas. Les croisés prennent une deuxième fois Constantinople, et cette fois à leur seul profit. On pille, on brûle. Personne ne parle plus d'aller à Jérusalem. Un Occidental, le comte Baudouin IX de Flandre, devient empereur sous le nom de Baudouin Ier. Les Latins se taillent des principautés. Les Villehardouin sont princes d'Achaïe. Jusqu'au retour des Grecs en 1261, l'empire latin de Constantinople maintiendra la fiction d'une unité retrouvée de la chrétienté. En réalité, les provinces de l'empire sont l'une après l'autre reprises en main par les Grecs. La chrétienté a étalé ses divisions. L'Islam tient toujours les Lieux Saints.

Depuis le temps de Salah ad Dîn, le cœur politique de l'Islam et la clé des Lieux Saints ne sont plus à Bagdad mais en Égypte. On s'en avise chez les Latins, chez ceux d'Orient comme parmi les nouveaux croisés venus d'Occident. Une cinquième croisade (1217-1221), menée par le roi de Hongrie et le duc d'Autriche, occupe le port égyptien de Damiette et se solde par une vaine négociation pour l'échange de Damiette et de Jérusalem. Une autre, en 1239, échoue à Gaza. Entre-temps, l'empereur excommunié

Frédéric II de Hohenstaufen a fait la preuve des dissensions du monde latin : il négocie un compromis, élimine son beau-père le roi de Jérusalem Jean de Brienne, se fait couronner à sa place (1229) et se laisse évincer à son tour par des barons francs peu portés à reconnaître cette usurpation.

Saint Louis reprend le projet d'un assaut contre l'Égypte, et ce au moment où la révolution des Mamelouks met au pouvoir au Caire un parti de Turcs particulièrement incommodes. Damiette est prise (6 juin 1249). Les imprudences des barons, l'indécision du roi et la mauvaise organisation de la croisade conduisent au désastre. Vaincu, puis encerclé, le roi de France doit capituler (6 avril 1250). Il est rapidement libéré, mais la rançon est lourde : Damiette pour le roi, 500 000 livres pour son armée. Saint Louis se rendra finalement plus utile à l'Orient latin en consacrant alors quatre ans à une réorganisation politique et militaire du royaume de Jérusalem. Sans doute l'Orient latin doit-il à cette remise en ordre résolue quelque quarante ans de survie.

A la fin de sa vie, saint Louis veut payer à nouveau de sa personne. Fourvoyé à Tunis où l'envoie son frère Charles d'Anjou, trop occupé par les intérêts de son fragile royaume de Sicile en Méditerranée occidentale, le roi de France ne réussit qu'à se fâcher avec l'un des États arabes les plus ouverts à une entente avec la chrétienté (1270).

On parlera encore souvent de la Croisade. Les princes temporels et la papauté s'entendront pour en faire l'un des prétextes commodes de la fiscalité sur les Églises. Pendant près de deux siècles encore, on lèvera la décime à toute occasion, mais toujours pour la Croisade. En fait, rares sont ceux qui s'en soucieront. Nul doute qu'un Philippe le Bel en soit soucieux. Un Jean sans Peur, à la fin du XIVe siècle, gagne son surnom en participant aux durs combats de Nicopolis, en Bulgarie, où le sultan Bayazid écrase l'armée du futur empereur Sigismond et du maréchal Boucicaut.

Malgré les mots, il n'est plus ici question de la Croisade. Face aux Mongols à Cracovie (1241, 1259, 1285, 1288) comme face aux Turcs à Nicopolis (1396), l'Occident se défend d'une nouvelle vague d'envahisseurs venus de l'est. Que cette défense prenne les couleurs d'un combat pour la Croix ne change rien au fait que l'Occident n'en est plus à rêver des Lieux Saints.

CHAPITRE V

Les emprunts de l'Europe

A voyager, on apprend à connaître, et à former une opinion. On collectionne les objets et les idées. Au retour, on enrichit son pays ou son village de ce qu'on rapporte, de ce qu'on a vu. Les idées circulent grâce aux clercs, aux savants qui trouvent en chaque lieu le moyen d'une communication avec le milieu local par le moyen d'une langue commune. Le latin est bien utile aux clercs de l'Europe occidentale. Le sabir du voyageur est impropre aux échanges intellectuels. Pour la plupart, pèlerins et croisés restent entre eux, se retrouvent en des hospices où l'on comprend leur langue, se hasardent peu hors des routes balisées dont ils ont le mode d'emploi. Même à de courtes distances, la difficulté des langues surgit, génératrice d'incompréhension et de jugements quelque peu rapides. Fidèle à la vieille attitude du Romain de l'Antiquité, le voyageur tient pour barbare celui qui tient un autre langage. « Les Gascons sont légers en parole », note l'auteur du *Guide du pèlerin de Saint-Jacques-de-Compostelle*. Et d'observer ailleurs : « Les Saintongeais ont déjà un parler rude, mais celui des Bordelais l'est davantage. » Les Basques ont même langage que les Navarrais, ce qui permet de les mettre tous dans le même sac.

Des souvenirs

Car le voyageur n'est guère tendre pour les peuples qu'il découvre. Toute singularité lui paraît anomalie. Là encore, l'auteur du *Guide du pèlerin* donne le ton sans aménité. Bavards, les Gascons sont également moqueurs, débauchés, ivrognes, gourmands, mal vêtus de haillons et dépourvus d'argent. Ils mangent sans table, et boivent tous au même gobelet. Passe encore pour la table et le vêtement, mais le lit est à l'avenant.

> Ils n'ont pas honte de coucher tous ensemble, sur une mince litière de paille pourrie, les serviteurs avec le maître et la maîtresse.

Les Navarrais ne sont pas mieux vus. Le cuir de leurs souliers n'est pas tanné, et garde ses poils. Ils mangent tous à la même marmite, avec les doigts. La main leur sert de cuiller.

> C'est un peuple barbare, différent de tous les peuples par ses coutumes et par sa race, plein de méchanceté, noir de couleur, laid de visage, débauché, pervers, perfide, déloyal, corrompu, voluptueux, ivrogne, expert en toutes violences, féroce et sauvage, malhonnête et faux, impie et rude, cruel et querelleur, inapte à tout bon sentiment, dressé à tous les vices et à toutes les iniquités...
>
> Dans certaines régions de leur pays, en Biscaye et en Alava, quand les Navarrais se chauffent, l'homme montre à la femme — et la femme à l'homme — ce qu'il devrait cacher.
>
> Les Navarrais forniquent honteusement avec les bestiaux. On raconte que le Navarrais met un cadenas à sa mule ou à sa jument pour empêcher tout autre que lui d'en jouir. La femme et la mule sont en proie à la même débauche.

L'excès même d'une telle charge en dit long sur le mauvais souvenir que conserve l'ancien pèlerin de ses relations avec les populations rencontrées sur le chemin de Compostelle. En pleine chrétienté, le pèlerin est théoriquement le bienvenu, et protégé de tout par tous. En fait, il est mal reçu. Le réalisme impose de penser que le Navarrais voit dans le même temps en ces milliers de pèlerins qui passent devant sa porte autant de paresseux, de marginaux, d'inutiles et de chapardeurs. Mais le voyageur ne brille pas par la largeur d'esprit, et son regard sur le monde est volontiers chargé de mépris.

Au reste, il est commode de mettre l'hostilité au compte d'une xénophobie dont l'homme du Moyen Age n'est que rarement exempt. Au XIIe siècle, déjà, la conscience nationale s'affirme et se découvre à la faveur de cette confrontation entre groupes humains tout au long des routes de pèlerinage comme des routes marchandes. Dès que l'on est loin de chez soi, on ressent la solidarité de ceux qui ont même origine et même langage. Quitte à les dramatiser, on systématise les différences. Le vade-mecum tourne au règlement de compte national.

> Le peuple navarrais est semblable aux Gètes et aux Sarrasins par sa malice, et il est de toute façon ennemi de notre peuple de France. Pour un sou seulement, le Navarrais ou le Basque tue, s'il le peut, un Français.

Faut-il dire longuement que tel qui se plaint du Navarrais semblable aux Sarrasins n'a jamais tenté de traverser un pays sarrasin ? L'incompréhension réciproque du voyageur et des naturels ne fait qu'empirer quand la différence se fait criante. Au cœur de l'Asie, Guillaume de Rubrouck souffre assez des moqueries que lui vaut son ignorance de la langue tartare pour demander des leçons au moine arménien avec lequel il a lié amitié et qui, établi depuis longtemps, pratique la langue du lieu sans avoir oublié le peu de latin qu'il a jadis appris.

Sur les routes de Jérusalem, de Rome ou de Compostelle, l'obstacle n'est jamais d'un tel niveau, et l'on s'en tire toujours avec l'aide de clercs parlant tant soit peu latin. Le langage des gestes et le sabir qui mêle les mots de l'un et ceux de l'autre suffisent aux besoins élémentaires de la vie. Le pèlerin ne rencontre pas les difficultés que connaît à Bruges ou à Londres le marchand italien ou le Hanséate pour qui l'ignorance linguistique conduit à l'incapacité commerciale.

A défaut de bien comprendre les pays qu'il traverse, le pèlerin ou le croisé collectionne les souvenirs. Ainsi voit-on, sur les chemins de la foi, circuler tous les produits qui seront un jour ceux du tourisme : les insignes de plomb — on dit alors les enseignes — et les étoffes de soie, les objets de piété et les souvenirs pittoresques, les livres et les dessins. On colporte les ivoires, les émaux, les parures brodées.

Le pèlerin d'Orient se souvient du rôle que tient dans l'imaginaire d'Égypte ou de Syrie l'animal fabuleux aux queues nouées ou entrelacées, le vrai comme le lion, le dromadaire, l'éléphant, la gazelle ou le cerf, le faux comme le griffon, le sphinx ou la licorne. En Arménie d'abord, à Byzance ensuite, et en Syrie, le voyageur a trouvé ces soieries de la Perse sassanide qui font de l'animal un motif ornemental généralement combiné avec un règne végétal dont la stylisation fait un thème à variations. Il a été sensible à ce parti pris de symétrie qui affronte ou adosse les hommes ou les éléphants, quand il ne donne pas une seule et même tête à deux oiseaux ou à deux fauves. Le pèlerin de Compostelle, lui, se souvient des chapiteaux à copeaux, ces blocs de pierre semblables à des billots de bois à demi rabotés qu'il a aperçus aux colonnes des nefs ibériques. L'un comme l'autre, si l'occasion s'en présente, puisera un jour dans ses souvenirs. Maître d'œuvre, il reproduira en Auvergne le chapiteau entrevu en Galice. Orfèvre ou bronzier, il donnera aux aiguières la forme d'un lion, d'un sphinx ou d'un griffon. Dessinateur ou sculpteur, il placera l'animal de légende dans le quadrilobe d'une façade ou d'une page enluminée. Et le même bestiaire se retrouve, comme sur une soierie brodée venue d'Orient, dans les registres, les rinceaux et les médaillons des cors d'ivoire, ces « olifants » si souvent attribués au preux Roland, que burinent les artistes italiens des XIe et XIIe siècles à l'imitation des Arabes de Sicile.

Tout circule, d'ailleurs, en tout sens. Et l'on ne s'étonne pas plus de trouver un lion à la façade d'une église de Poitiers que de retrouver à la façade du Saint-Sépulcre de Jérusalem des thèmes ornementaux déjà vus sur le mur d'une église saintongeaise. Au reste, sait-on d'où vient une idée, un thème, une figure ? Un étonnant vase à verser fondu en plein XIIIe siècle par un artiste saxon, et aujourd'hui conservé au musée de Hambourg, mêle la forme générale d'un dragon à corps d'oiseau, les palmettes et les rinceaux d'un décor végétal fortement stylisé, le réalisme d'une scène empruntée à l'histoire sainte — la tentation d'Adam par le démon — et l'affirmation d'une appartenance à la société chevaleresque de l'Occident par l'application, sur l'aile de l'oiseau fantastique, du sceau où l'on voit un chevalier charger l'épée haute. La même diversité des inspirations place une scène de chasse dans les trois registres de l'olifant de Berlin, des cerfs, des lièvres et des colombes dans les médaillons de celui de Stockholm, des lions, des licornes et des griffons entre les rinceaux de celui du Louvre.

Emprunté à l'Orient lointain ou né sur la terre d'Occident, tout cela fait vite partie d'un complexe de références qui paraît disponible et commun. Le hiératisme sacré emprunté à l'Orient et à l'hellénisme byzantin qui en font l'expression par excellence de l'idéalisme — l'idée même de la Vierge-Mère et non l'épisode historique de la maternité de Marie — rejoint, dans cette confusion des héritages où l'Occident semble se rcconnaître, l'équilibre et la symétrie axiale qui font la grandeur des compositions géométriques chères à l'Orient antique.

Le monachisme

L'un des premiers apports de l'Orient à la chrétienté occidentale, c'est, sous les deux formes que sont l'érémitisme et le monachisme, l'idée même d'une vie religieuse étrangère aux hiérarchies territoriales calquées sur les structures administratives de l'empire romain. La cité est devenue le diocèse. L'évêque s'est établi à côté des dépositaires du pouvoir laïc mais en parallèle avec ceux-ci. Tout cela, l'Occident le doit à Rome. Ce qu'il doit à l'Orient, c'est l'ermite, et c'est le moine.

L'érémitisme a fleuri au désert de l'Égypte ou de la Syrie chrétiennes. Sans doute est-il, entre autres, un héritage de pratiques contemplatives antérieures à l'Évangile. Bien des philosophes grecs en portent témoignage. La Bible en offre d'autres exemples, d'Élie à Jean Baptiste. Dès le IIIe siècle, le souci de la perfection individuelle — par la prière et par la mortification — conduit des âmes pieuses à rechercher la solitude, conçue comme une voie de l'approche de Dieu. De l'Asie mineure à l'Égypte, et tout particulièrement en Syrie, les formes les plus étonnantes de la solitude spirituelle se mettent à proliférer. Certains de ceux que l'on appelle ermites ou anachorètes choisissent de demeurer toujours debout : on les appellera les « stationnaires ». D'autres, assez nombreux, préfèrent construire ou adopter une colonne pour vivre tout en haut, parfois dans une cabane suspendue. Saint Siméon « le Stylite » (mort vers 423) reste le plus célèbre, perché au sommet d'une colonne de six coudées, puis de colonnes de douze et vingt-deux coudées, et enfin d'une colonne de trente-six coudées qui lui assure, à une douzaine de mètres au-dessus du sol, un sérieux refuge loin des hommes qui viennent le regarder comme une curiosité. Mais il est des dizaines de stylites, et l'on en trouve encore au XIIe siècle, des portes de Constantinople au désert de Syrie, dans cette chrétienté orientale que découvrent les croisés et les pèlerins occidentaux.

D'autres trouvent la solitude en s'enfermant. Le sacrifice par la cellule est moins spectaculaire. Il est plus propre à tenter les esprits occidentaux moins portés vers la prouesse et surtout désireux d'une vie de prière. L'Europe aura ses reclus.

L'Occident découvre l'anachorétisme sur les routes de l'Orient. Il en fait vite l'un de ses mythes. L'archevêque de Gênes Jacques de Varazzo — dit

Jacques de Voragine — donne ainsi à l'Europe du XIIIe siècle l'un des supports de son rêve avec sa *Légende dorée* qui est une compilation passablement imaginative de Vies des Pères du désert déjà fort accommodées. Les traductions en langue vulgaire s'en multiplieront jusqu'à la fin du Moyen Age.

Tout le monde ne se contente pas de lire avec admiration la vie des reclus, des stylites et des stationnaires. Les excès des uns et des autres ne découragent pas les émules qui, dans l'Irlande des VIe et VIIe siècles, inventent les plus étonnantes mortifications. L'ermite en prière dans son baquet d'eau glacée n'est que la traduction en climat irlandais d'un saint Siméon brûlé par le soleil au sommet de sa colonne. Les ermites irlandais convertissent à leurs pratiques des fidèles de Gaule ou de Germanie, et mêlent ainsi l'individualisme de l'anachorète et celui du missionnaire. Mais le continent se méfiera toujours de macérations qui dépassent le raisonnable.

L'Église se garde ouvertement de ces formes incontrôlables de vie religieuse. Dès 692, en Orient, un concile interdit la réclusion aux trop jeunes hommes et en soumet la pratique à une autorisation de l'évêque. En pure perte, on le pense bien. La même prudence se rencontre en Occident, où l'Église hiérarchique se méfiera toujours des relations directes du fidèle avec Dieu. La papauté verra sans plaisir des têtes légères comme Pierre l'Ermite embarquer dans une équipée folle les braves gens de la première croisade.

Autant dire que l'Église pousse à une certaine organisation de l'anachorétisme. Les fidèles l'y aident, qui laissent rarement en paix l'ermite dont la réputation de sainteté fait un père spirituel, un maître à penser, un exemple de vie. Nombreux sont ceux qui, partis pour prier dans l'isolement, se retrouvent à la tête de disciples qui exigent un enseignement et une règle de vie. C'est ce qui arrive, au IIIe siècle, à l'Égyptien saint Antoine, dont l'exemple et l'enseignement touchent vite toute la chrétienté. Au VIe siècle, l'Irlandais saint Colomban fait la même expérience d'un monachisme qui emprunte aux anachorètes une ascèse particulièrement rude. On raisonne encore de même dans l'Europe du XIe siècle quand des esprits avides d'isolement, se tenant quand même à l'écart des excès de l'anachorétisme incontrôlé, réunissent leurs disciples en des communautés pratiquant certaines formes d'isolement et d'éloignement. Le monachisme de Cîteaux, celui de Prémontré ou celui de la Chartreuse sont, dans les années 1100, une réaction contre le monachisme devenu traditionnel, celui des bénédictins, et un retour sensible vers le demi-anachorétisme d'Égypte ou de Syrie. La *Charte de Charité*, qui est, à partir de 1119, la constitution de l'ordre cistercien, insiste particulièrement sur l'éloignement du siècle, et l'on sait que les monastères de ce nouveau type se rencontrent plus souvent en des reculées qu'aux portes des grandes villes.

Très tôt, cependant, on voit les inconvénients d'une vie spirituelle hors de tout magistère. L'ermite est maître de sa prière, de sa pensée, de ses dévotions. Toutes les déviations sont en perspective dans cette religion fondée sur l'anarchisme. Saint Pacôme, au IVe siècle, prêche déjà les avantages théologiques autant que sociaux d'une vie en commun dans la prière et la mortification. A la génération suivante, Basile de Césarée dénonce l'orgueil de l'érémitisme, avec son esprit de compétition qui en fait un concours de prouesses. Bien plus, il rappelle l'enseignement de saint Paul : la Charité l'emporte sur toutes les vertus. Comment pratiquer la Charité dans l'isolement ? Basile organise la vie commune de ses propres disciples. Une « règle » voit le jour, pour la première fois. D'autres suivent.

L'Occident, là encore, imite l'Orient. La vie commune — le « cénobitisme » — passe pour le chemin par excellence d'une perfection sans égoïsme. Dès le début du Ve siècle, saint Honorat s'inspire des exemples orientaux quand il dote d'une règle le monastère provençal de Lérins. L'évêque d'Arles

Césaire intègre dans cet idéal les exigences de l'esprit occidental, toujours sensible à l'équilibre et à la modération : la règle de saint Césaire établit une harmonie nouvelle des exigences spirituelles et des considérations matérielles. Bien avant saint Benoît au VIe siècle, le moine selon Césaire accepte la discipline et la pauvreté, consacre sa journée à la prière et au travail intellectuel autant que manuel. Surtout, il célèbre en commun l'office, et vit en commun sa prière comme son ouvrage. De l'isolement, d'anciens ermites passent à la vie commune. L'Irlandais saint Colomban dote ses disciples d'une règle où l'on trouve encore bien des rigueurs héritées de la spiritualité érémitique mais qui accommode celle-ci avec le cadre, désormais privilégié, de la vie commune.

Pour le reste, les cadres de la vie religieuse empruntent peu à l'Orient. L'Église d'Occident est romaine dès l'abord, et elle le reste. Elle le marque bien en organisant, puis en maintenant l'exigence du célibat des prêtres. Elle va, au VIIIe siècle, jusqu'à adopter délibérément un dogme — le Saint-Esprit procède du Père et du Fils, non du Père comme le Fils ou par le Fils — qui, refusé par les Orientaux, contribue à creuser le fossé entre les deux Églises de Rome et de Constantinople. Il n'empêche que l'Église d'Occident ne songe nullement à récuser l'héritage oriental qu'elle doit à ceux-là mêmes qui, évangélisateurs ou simples prosélytes au sein des communautés de marchands « syriens » établies dans les villes de la Méditerranée occidentale, lui ont à la fois transmis l'Évangile et son langage. Avec le christianisme, l'Occident a reçu une religion aux antipodes des anciens cultes occidentaux, une religion sans généalogies divines, sans relation entre le surnaturel et les forces de la nature, sans cet Au-delà anthropomorphique dont la fonction était de prolonger les félicités terrestres par des chants, des festins et des amours célestes. L'Occident doit à l'Orient la transcendance.

L'art religieux

Il lui doit aussi un système de références qui colore les façons de penser, de sentir, d'exprimer les vérités fondamentales. Faut-il souligner longuement le fait que, pour des siècles, dans la formulation de sa prière, l'Occidental des climats tempérés ou froids comparera le bonheur à des sources d'eau fraîche et assimilera l'enfer à la chaleur? De même l'héritier du citadin qu'est le citoyen romain ou son descendant traitera-t-il longtemps de l'écoulement du temps avec le vocabulaire de l'éleveur nomade qui attend l'aurore en surveillant son troupeau sous le ciel étoilé du désert.

Rien d'étonnant, en ces conditions, à ce que l'Occident fasse siennes des pratiques qui lui sont au départ étrangères. On calcule la date de Pâques — et toute l'année qui en découle — d'après un calendrier lunaire surtout adapté à un faible contraste des saisons. On adopte purement et simplement dans la liturgie le symbole combien oriental de la fumée d'encens.

Pour ses lieux de culte, l'Église latine a d'abord confisqué la conception romaine du lieu de réunion qu'est la basilique: des nefs parallèles, au toit supporté par des alignements de colonnes. C'est bien, ici, l'expérience des voyageurs qui fait entrer, dès le haut Moyen Age, dans la pratique occidentale certains partis architecturaux rencontrés en Orient. La chapelle palatine d'Aix est, au début du IXe siècle, directement inspirée de Saint-Vital de Ravenne, qui reproduit le plan d'une église byzantine. A la même époque, à Germigny, l'évêque d'Orléans Théodulfe emprunte à l'Arménie le parti général de son église et à son Espagne natale le détail des absides en arc outrepassé. Quant à Saint-Marc de Venise, avec son plan ramassé en croix grecque et sa triple abside, avec son architecture de brique et ses quatre coupoles élevées sur des piliers, c'est très exactement un chef-d'œuvre de l'art byzantin et, dans la ville alors la plus ouverte sur l'Orient, une pédagogie de cet art à l'usage de l'Occident.

Les grands mouvements de pèlerinage et les premières croisades ravivent cette connaissance de l'Orient en supprimant les intermédiaires tels que Venise et même Byzance. Le clocher carré, si caractéristique de nos églises romanes et gothiques, vient directement de la Syrie, où les basiliques chrétiennes s'en accompagnent dès le IVe siècle. Les maîtres d'œuvre de notre XIIe siècle n'hésitent pas à s'inspirer des grands exemples fournis par les hauts lieux de pèlerinage. Ils multiplient ainsi en Occident les églises sur plan central et les rotondes à l'instar de Constantinople et surtout de Jérusalem. Et ils facilitent la vie conventuelle des chanoines et des moines par le moyen de ces déambulatoires inventés en Égypte pour que le défilé des uns ne trouble pas la prière des autres.

L'art roman ne doit pas moins aux grands reliefs de la Perse et de la Mésopotamie anciennes, dont les églises arméniennes des premiers siècles chrétiens offrent des exemples renouvelés. L'Occident découvre ici l'originalité des vastes compositions sculptées. Plus que des frises du Parthénon ou de la colonne Trajane, c'est des reliefs monumentaux des lions, des taureaux ailés et des archers de Suse ou de Khorsabad que procède, bien indirectement, la première statuaire de nos églises romanes.

L'animal, lui aussi, vient de l'Orient lointain donner à la chrétienté romaine une nouvelle gamme d'expression et de signification. L'art religieux de l'Égypte ancienne recourait volontiers à l'assimilation d'un homme et d'un animal. L'animal à visage humain, l'animal à nom d'homme, voilà ce que retrouve la symbolique chrétienne, qui donne pour attribut aux évangélistes un animal identifiable, qui fait du cerf altéré le symbole de l'âme éprise de perfection et qui donne à vingt animaux une signification d'éternité. L'Antiquité gréco-romaine avait transmis ou inventé l'étrange faune des animaux imaginaires, des monstres scrupuleusement décrits par Pline et, après lui, par les encyclopédistes. Mais c'est l'héritage direct de l'Orient que l'assimilation de la licorne — selon les auteurs et les artistes — à la Vierge, au Christ ou à Satan, celle du lion à tête d'homme et queue de scorpion au prophète Jérémie, celle du satyre ou du dragon au démon.

La symbolique ne touche pas seulement les représentations individuelles. Elle s'étend à la mise en scène du dogme et de la morale. Le combat des Vertus et des Vices — avec la personnification des vertus et des vices qui tiendra une si grande place dans le pittoresque des grands portails de l'Occident médiéval — vient directement des combats cosmogoniques de l'Orient ancien, ceux du Jour et de la Nuit, ceux du Bien et du Mal, ceux de la Vie et de la Mort. Avant le combat moral mis en forme au IVe siècle par Martianus Capella, il y a le combat fondamental d'Osiris, de Gilgamesh, de Mithra. L'Occident ne les a pas gommés de sa mémoire. Comme l'iconographie gréco-latine pour les épreuves d'Hercule, l'iconographie chrétienne ne garde de l'histoire du prophète Daniel dans la fosse aux lions que l'image anecdotique d'une préfigure du Christ sur la Croix. Mais la symbolique du combat du Bien et du Mal, ramené à son essence par l'absence de prétention à l'historicité, garde jusqu'au bout toute sa force.

L'Occident se trouve donc tiraillé, tout au long du Moyen Age, entre ces deux formes d'expression qu'il tient, l'une de Rome, l'autre d'un Orient dont l'esprit n'est pas transmis par Rome mais retrouvé au long des chemins de la foi, en Terre Sainte comme à Byzance, par une chrétienté occidentale souvent étonnée. De Rome vient le sens de l'humain, le sens de la vie, le sens de l'existentiel. Ils donnaient leur vigueur aux scènes des pavements de mosaïque comme aux tableaux sculptés des sarcophages. Ils s'expriment dans les chansons de geste comme dans les poèmes des troubadours ou des *Minnesänger*, dans les tympans et les vitraux de l'Histoire de Marie ou de la Passion du Christ. On leur doit le regard maternel de la Vierge penchée sur l'Enfant, le visage douloureux du Crucifié, le sourire de l'Ange annonciateur de Reims ou celui du Tentateur de Strasbourg.

D'Orient vient en revanche l'expression de l'idée avant celle de la chose. La représentation artistique est avant tout révélation de l'essence même des êtres. Elle manifeste leur place dans le système du monde ou dans celui de la Rédemption. La *Théotokos*, la Mère de Dieu, est le trône du Fils de Dieu, non une mère qui allaite. Dieu lui-même n'est pas le Père ou le Juge aux comportements identifiables par l'homme, il est le Créateur, le Tout-Puissant, le *Pantocrator*. Et le cortège des saints, à Ravenne comme à Palerme, relègue l'épisode de leur vie terrestre pour mieux dégager, en ramenant l'instrument des martyres à un simple moyen d'identification, ce qui est l'essentiel : leur participation hiérarchique à la Gloire de Dieu. Le hiératisme n'est pas absence de vie, il est idéalisation.

C'est ainsi que la Gloire de Dieu se manifeste, sans la moindre concession au pittoresque, dans la sobre composition du tympan de Moissac ou du Portail royal de Chartres. De même la place de Marie est-elle tout entière — sans l'historicité des scènes qui jalonnent sa vie depuis l'Annonciation — dans le thème du Couronnement des portails gothiques de Senlis ou de Chartres. Quant aux différences hiérarchiques que l'on observe dans la taille des acteurs du Jugement dernier de Conques ou de la Pentecôte de Vézelay, elles expriment physiquement la relation des uns et des autres, leur rang dans le plan divin. C'est ce qu'exprimait jadis la taille respective des courtisans du Pharaon : l'importance s'exprime par la taille.

En tout cela, rien de systématique. Avec son visage sombre sur fond d'or, le Christ de la mosaïque des Saints-Côme-et-Damien, à Rome, tient plus de la plastique ostrogothique que de la tradition romaine. Toujours à Rome, le peintre de la crypte de Saint-Clément mêle à son gré, vers 1100, l'idéal des figures hiératiques et le pittoresque des scènes de composition qui illustrent la vie de saint Clément. Et le même maître d'œuvre qui nous donne à Vézelay l'une des rares figurations de la fondation de l'Église, au jour de la Pentecôte, ne se refuse, pour suggérer les nations en attente de l'Évangile, ni les secours de l'anecdote ni ceux du pittoresque. L'Occident a beaucoup emprunté à l'Orient. Il s'est toujours réservé le droit d'y choisir ce qui lui convient.

Sait-il bien, d'ailleurs, ce qu'il doit à l'Orient ? Tel qui rapporte de pèlerinage ou de croisade une idée ou un objet n'est évidemment dupe de rien. Mais que dire de celui qui emprunte en Occident le langage ou le thème dont il ignore l'origine. C'est sans doute le cas pour la grammaire décorative qui s'est introduite en Occident, siècle après siècle, depuis les premières arrivées de peuples porteurs des produits de leur civilisation. Venue d'Asie, la rosace est déjà en Europe occidentale au Ve siècle av. J.-C., à l'époque de la Tène.

L'art militaire

N'oublions pas l'architecture militaire. En Occident, les systèmes défensifs se sont complétés au fil des siècles, appuyés sur les mêmes sites et les mêmes défenses naturelles, avec ce constant souci d'une réutilisation économique des ouvrages encore utilisables. L'aventure orientale survient précisément à la veille du moment où, en Occident, l'explosion démographique appelle de nouvelles enceintes urbaines et où la croissance des principautés territoriales exige de nouveaux points forts. C'est donc en Orient, pour les besoins d'une défense commune contre l'Infidèle, que les Européens font sur des terrains neufs les expériences qui porteront leurs fruits en Occident. Dans l'affrontement avec des Turcs et des Égyptiens passés maîtres dans l'art de la guerre et moins oublieux que les Européens des leçons de l'Antiquité gréco-romaine, l'ingéniosité des défenseurs de la Terre Sainte trouve à s'employer. On emprunte, on réplique, on invente.

Bien des détails de l'armure du chevalier chrétien, bien des procédés et des techniques de l'artillerie de siège, sont ainsi des adaptations du génie oriental, ou des ripostes à celui-ci. L'Europe en gardera des engins comme le mangonneau avec son balancier à poids fixe — inspiré des perrières turques — et le trébuchet avec son balancier à charge suspendue. L'importance des sièges dans l'histoire de l'Orient latin vaudra à l'Occident d'adopter pour longtemps le bélier articulé employé contre les murs d'Antioche en 1096, ou la tour sur roues pour l'approche des enceintes assiégées, utilisée avec succès en 1099 lors de l'ultime assaut contre Jérusalem.

On retiendra aussi les expériences de systèmes défensifs faites en Orient, dans la première moitié du XIIe siècle, par les templiers à Tortose ou Saphet comme par les hospitaliers au Krak des chevaliers sur l'Oronte, ou à Margat sur la route littorale. On a mesuré la capacité défensive des fortifications établies sur les éperons rocheux profondément entaillés d'un fossé qui prévient les surprises. On connaît maintenant l'art d'utiliser le donjon comme principal point de défense plutôt que comme repli. Jusqu'aux croisades, le donjon est l'héritier de l'ancienne tour protégée par des palissades de bois : c'est ce que l'ennemi prend en dernier, quand les enceintes ont cédé. Maintenant, on sait que le donjon peut aider à défendre l'enceinte. Les architectes contemporains de Philippe Auguste s'en souviennent lorsqu'ils conçoivent le château de Dourdan, le premier Louvre ou l'énorme défense de Château-Gaillard. L'aboutissement sera, jusqu'au XIVe siècle, à Vincennes et ailleurs, un donjon placé dans la position la plus exposée, donc la plus efficace.

Dans le détail, bien des inventions du XIIe siècle sont également, peu ou prou, débitrices des constatations faites en Orient. C'est la tour ronde, qui élimine les angles morts de la fortification carrée. C'est aussi le haut talus maçonné, qui fait ricocher à l'horizontale les projectiles lancés du haut des courtines. Et c'est le système de flanquement qui multiplie les tours et demi-tours au long de l'enceinte et autour des portes.

Ce perfectionnement de l'art de la fortification aura une conséquence paradoxale en Occident. Jusqu'au XIIe siècle, les sièges de plusieurs semaines, voire de plusieurs mois, ne sont pas rares. On assiège, on mine, on prend d'assaut. C'est cet art du siège et de l'escalade que mettent en pratique, lors de la première croisade, les barons francs venus pour prendre Jérusalem et obligés pour cela de prendre les autres villes stratégiques et notamment les ports. A partir des années 1150, les grands sièges deviennent l'exception. On le sait bien, prendre une forteresse ou une ville fortifiée est devenu pratiquement impossible. Les sièges durent rarement plus de deux à trois semaines, le temps de tester la capacité des défenseurs et de vérifier qu'ils ont bien des provisions. Prendre une enceinte d'assaut est devenu une vue de l'esprit : on négocie très officiellement l'ouverture des portes, quand on ne trouve pas dans la place assiégée le complice qui les ouvrira. La guerre de Cent Ans sera faite de ces « surprises ». Le siège de Saint-Sauveur-le-Vicomte n'est en 1374-1375 que la mise en œuvre encore malhabile de la jeune artillerie à feu. Ceux de Château-Gaillard en 1203-1204 et d'Orléans en 1429 sont l'effet d'un acharnement dû à l'importance stratégique de l'enjeu. Encore faut-il rappeler que, dans l'affaire d'Orléans, les plus malheureux sont les assiégeants anglais.

Hors ces quelques cas d'exception, on ne tente plus de « prendre » une forteresse. Les armées contournent les villes. Et les choses ne changeront vraiment qu'aux XVe et XVIe siècles, avec l'apparition en campagne d'une artillerie capable de détruire les fortifications, non de les égratigner. Le château s'ouvrira sur le jardin. Les enceintes urbaines s'enterreront.

Jamais, depuis les expéditions de Charlemagne en Bavière et en Saxe, tant de princes territoriaux, tant de chefs militaires, n'ont ensemble constaté l'originalité des autres et parlé de leurs tactiques et de leurs techniques. Dire que tout vient de la Croisade serait excessif. Mais celle-ci procure aux barons francs leur première occasion d'un regard commun sur la guerre. La confrontation n'est pas seulement génératrice d'emprunts. De pures inventions de l'Occident sont, au retour de Terre Sainte, les fruits de cette réflexion menée face à l'art militaire des Byzantins et des Turcs.

Traductions

L'Espagne est une autre terre de contact entre les civilisations, avec cet étonnant mélange du romain, du wisigothique et de l'arabe qui caractérise le monde mozarabe. Dès le VIIe siècle, les chrétiens nestoriens et les juifs qui s'éloignaient de l'orthodoxe Byzance portaient vers le monde arabe des manuscrits grecs — des œuvres d'Aristote, de Ptolémée, d'Hippocrate — que les intellectuels des écoles d'Égypte ou d'Afrique du Nord allaient traduire, recopier, diffuser à travers tout l'Islam. Au Xe siècle déjà, les monastères catalans, comme celui de Ripoll près de Vich, conservent côte à côte des manuscrits arabes qui sont souvent des traductions du grec et des manuscrits latins enrichis de notes en langue arabe par des commentateurs familiers des deux littératures. On circule beaucoup entre Le Caire et Tunis, entre Tunis et Cordoue, entre Cordoue et Barcelone. Les manuscrits philosophiques et scientifiques sont dans le bagage du marchand comme dans celui du messager. Pour connaître la pensée arabe, il suffit aux Européens de fréquenter les monastères catalans. Les traducteurs y sont nombreux, qui rendent accessible aux clercs habitués au latin une tradition intellectuelle venue de l'Orient par l'Afrique.

Car on voyage aussi à travers la chrétienté, et les connaissances se propagent plus rapidement que ne le laisserait croire l'idée, assez fausse, d'une Europe où la difficulté des communications conduit à l'immobilisme. Les clercs, déjà, vont de diocèse en diocèse et surtout de monastère en monastère. Lorsqu'en 967 le futur Sylvestre II, le moine Gerbert d'Aurillac, arrive en Catalogne, il y trouve des maîtres dans les arts, un peu délaissés au nord des Pyrénées, que sont les mathématiques, l'astronomie, la géométrie, la musique spéculative. Il y découvre cet héritage de l'hellénisme tardif — celui d'Alexandrie — que ne lui ont pas transmis les encyclopédistes de la latinité, les Boèce et les Martianus Capella. Il en fera bénéficier la cour pontificale, où l'emmènent (970) les évêques de Vich et de Gérone venus négocier avec le pape Jean XIII, puis l'école épiscopale de Reims qu'il dirige d'abord comme écolâtre (972) et ensuite comme archevêque (991), et derechef Rome lorsqu'il monte en 999 sur le trône de saint Pierre. Quand on sait qu'entre-temps Gerbert a été abbé de Bobbio et archevêque de Ravenne, on mesure le rayonnement d'un enseignement qui fait d'un clerc auvergnat l'un des propagateurs de la pensée scientifique gréco-arabe.

Un siècle passe. La Sicile musulmane devient normande, et Tolède passe au roi de Castille. Les traducteurs chrétiens joignent maintenant leurs efforts à ceux de leurs prédécesseurs juifs et mozarabes. Alors qu'on n'entend ni le grec ni l'arabe dans les grandes écoles de l'Europe continentale, le talent pour les langues fleurit dans ces terres de rencontre entre civilisations. A Palerme, à Tolède, à Barcelone, on lit le grec et l'arabe comme le latin. L'abbé de Cluny Pierre le Vénérable en profite pour faire traduire, par une commission formée d'un juif, d'un mozarabe et de deux chrétiens, un Coran dont il pense que mieux vaut le bien connaître pour combattre ce qui passe encore, en ce temps d'émergence des hérésies, pour une doctrine opposée au christianisme.

Mais on traduit surtout des textes dont on découvre jusqu'à l'existence. L'Occident accède ainsi à la logique et à l'éthique d'Aristote, en attendant une métaphysique que son infléchissement radical par les commentateurs de langue arabe comme Avicenne et Averroès fera prendre au XIIIe siècle pour une réelle menace contre la foi chrétienne. On traduit dans le même temps toute une littérature scientifique à peine soupçonnée jusque-là, où les ouvrages grecs déjà traduits en arabe voisinent maintenant avec les travaux des savants arabes eux-mêmes. Ainsi s'ouvrent pour les intellectuels de la chrétienté, à la veille de l'essor universitaire, des voies nouvelles qui partent des mathématiques d'Euclide et d'Al-Kharizmi, de la médecine d'Hippocrate, de Galien, de Rhazès et d'Avicenne, de l'astronomie de Ptolémée. A Chartres et à Paris, l'enseignement en sera très rapidement renouvelé. Dominée par les hautes figures de Siger de Brabant et de Thomas d'Aquin, la réflexion théologique du XIIIe siècle sera marquée par cette confrontation brusque et brutale entre la tradition platonicienne transmise par la latinité et le néo-rationalisme inspiré d'un héritage hellénique longtemps oublié.

CHAPITRE VI

Les routes de l'Asie

Au milieu du XIIIe siècle, voici que l'Occident porte sur l'Orient un regard nouveau. Les croisades se soldent par des souvenirs d'épopée, par une nostalgie de l'héroïsme, par un constat d'échec. Saint Louis et ses compagnons de l'équipée d'Égypte, Frédéric II et les aventuriers d'une expédition disqualifiée par l'excommunication, tels sont les derniers visages que prend l'idéal jadis illustré par Godefroy de Bouillon. Malgré le courage des derniers défenseurs d'Acre, de ces templiers et de ces hospitaliers qui tiennent jusqu'au bout en sachant la vanité de leur sacrifice, l'Orient des Occidentaux s'effondre en 1291, et l'Europe en porte le deuil sans s'alarmer vraiment.

L'Europe ne voit pas davantage ce que va signifier pour elle, pendant cinq siècles au moins, la lente mais sûre émergence de la puissance turque sous la nouvelle dynastie des Ottomans. Au mieux voit-on que les choses ont changé, que les rives orientales de la Méditerranée sont en train de passer sous la domination des Mamelouks, que les Ottomans sont sur le Bosphore en face de Byzance et qu'ils ne cessent de s'étendre en Anatolie.

Les Mongols

De nouveaux empires se créent dans une Asie toujours sillonnée par les larges mouvements de peuples. Au XIIIe siècle, ce sont les Mongols. Gengis Khan, qui prend la tête des tribus mongoles à partir de 1196 et se fait reconnaître pour maître unique en 1206, organise d'abord sa domination sur les hauts plateaux où trouvent leur source tous les grands fleuves de l'Asie septentrionale, l'Irtych, l'Ob, l'Iénisseï, la Lena, l'Onon, l'Amour. Il est le Khan suprême des

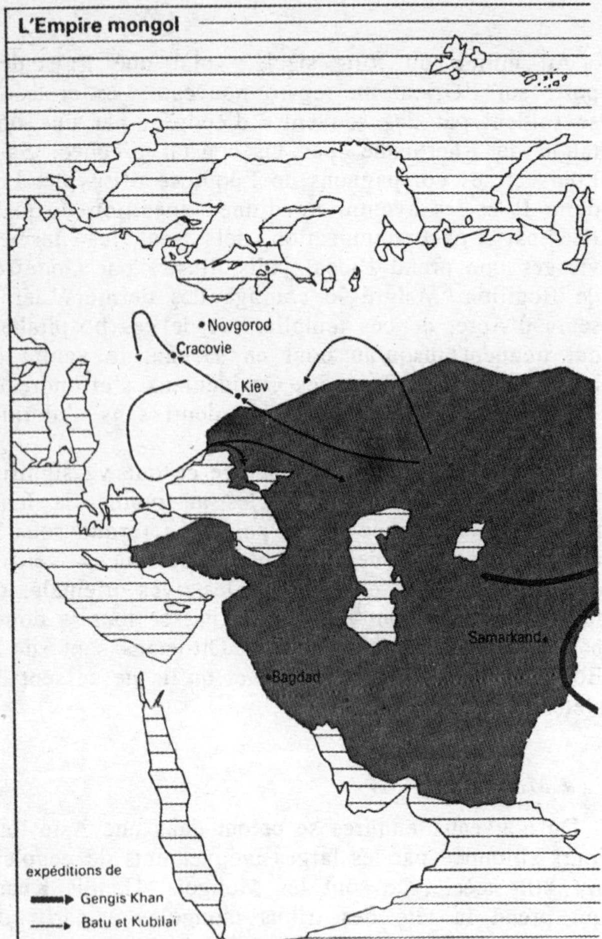
L'Empire mongol
Novgorod
Cracovie
Kiev
Samarkand
Bagdad
expéditions de
Gengis Khan
Batu et Kubilaï

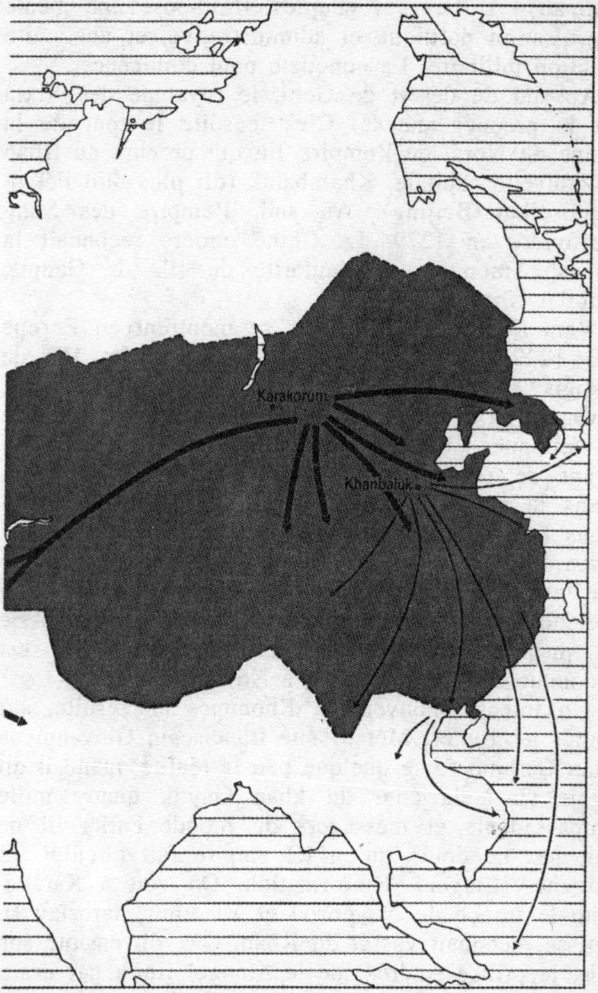
Karakorum
Khanbaluk

Kirghiz et des Merkits du haut pays mongol qui s'étend à l'ouest du lac Baïkal et jusqu'autour de Karakorum. Il tient à l'est les Tatars, à l'ouest les Naïmans. A tous ces peuples, il impose une même organisation politique et administrative, et une unité d'action militaire. La conquête peut commencer.

Au sud du désert de Gobi, le royaume des Xixia est le premier annexé. C'est ensuite le tour de la Chine du Nord, de l'empire Jin qui procure au Khan sa nouvelle capitale, Khambaluk (dit plus tard Pékin, aujourd'hui Beijing). Au sud, l'empire des Song s'effondre en 1279. La Chine entière reconnaît la dynastie mongole et l'autorité du fils de Gengis, Kubilaï Khan.

Vers l'ouest, les Mongols se montrent en Europe dès 1222. L'expédition que conduisent les fils de Gengis Khan contourne la Caspienne par le sud, ravage l'Arménie et la Géorgie, terrorise la Crimée et sillonne l'Ukraine, puis la Russie méridionale, avant de regagner les steppes de l'Asie centrale. Dans la seconde moitié du siècle, d'autres expéditions font connaître la puissance du Khan jusqu'aux rives de l'Adriatique, en Syrie, en Inde et aux abords de Java comme du Japon. La domination du Khan s'étend sur des empires vassaux à travers toute l'Asie et jusqu'en Europe : la suzeraineté mongole est reconnue à Bagdad comme à Novgorod.

Un intense mouvement d'hommes en résulte, sur toutes les routes. Même si le franciscain Giovanni da Pian Carpino force quelque peu la réalité quand il dit avoir vu à la cour du khan Guyuk quatre mille ambassadeurs et messagers du monde entier, il ne fait pas de doute qu'un tel empire fait circuler les hommes, l'argent, l'information. On voit à Karakorum le prince de Novgorod et Vladimir, Jaroslav II, qui se reconnaît vassal du Khan. On voit ensuite son fils, le prince André, que le Mongol finira par destituer pour avoir comploté contre l'unité de l'empire. On voit enfin le frère d'André, le grand Alexandre Newski, assez habile pour ménager le Khan tout en organisant pour la Russie une réelle autonomie. De même rencontre-t-on chez le Khan l'ambassadeur du calife de Bagdad, la reine de Géorgie, le roi de Corée. A de moindres niveaux, la cour attire les envoyés diplomatiques ou administratifs, les hommes d'affaires, les lettrés aussi. A la fin du siècle, Marco Polo soulignera l'importance du milieu intellectuel de Khambaluk.

Il est dans la capitale du Khan de véritables colonies d'étrangers. Établis ou retenus, il y a là des Allemands et des Hongrois, des Russes et des Arméniens, des Arabes même, et des Iraniens. Certains ont choisi de vivre parmi les Mongols, d'autres ont échoué là. La plupart, comme les Polo pendant vingt ans, ne savent nullement s'ils rentreront un jour.

Heureusement pour l'Occident, l'empire mongol se divise contre lui-même, victime de son gigantisme et des rivalités dynastiques. Au nord-ouest, la Horde d'Or est dans une large mesure indépendante dès le XIIIe siècle. Au centre, la Horde blanche l'est au XIVe. Entre la Caspienne, l'Indus et l'Arménie, l'empire vassal des Ilkhans voit renaître le nationalisme persan. A l'est, l'empire des Yuan s'identifie de plus en plus avec la Chine, une Chine gouvernée par les Mongols mais où la conscience chinoise reste assez profonde pour préparer l'effondrement de 1368 et l'arrivée d'une dynastie proprement chinoise, celle des Ming.

L'épopée de « Tamerlan » est d'un autre genre. Elle n'étonne pas moins l'Occident. Fils d'un chef de tribu d'origine mongole mais fortement touchée par l'influence turque, riche de ses troupeaux et fort de sa foi musulmane, Timur Lang est roi de Transoxiane en 1370, à l'âge de trente-quatre ans. Il se sent vite à l'étroit dans ce démembrement du royaume de Djaghataï, lui-même démembré de l'empire mongol. Entre Samarkand, Tachkent et Boukhara, il contrôle le commerce caravanier entre l'Inde et les pays de la Horde d'Or. C'est peu. L'idée lui vient tout naturel-

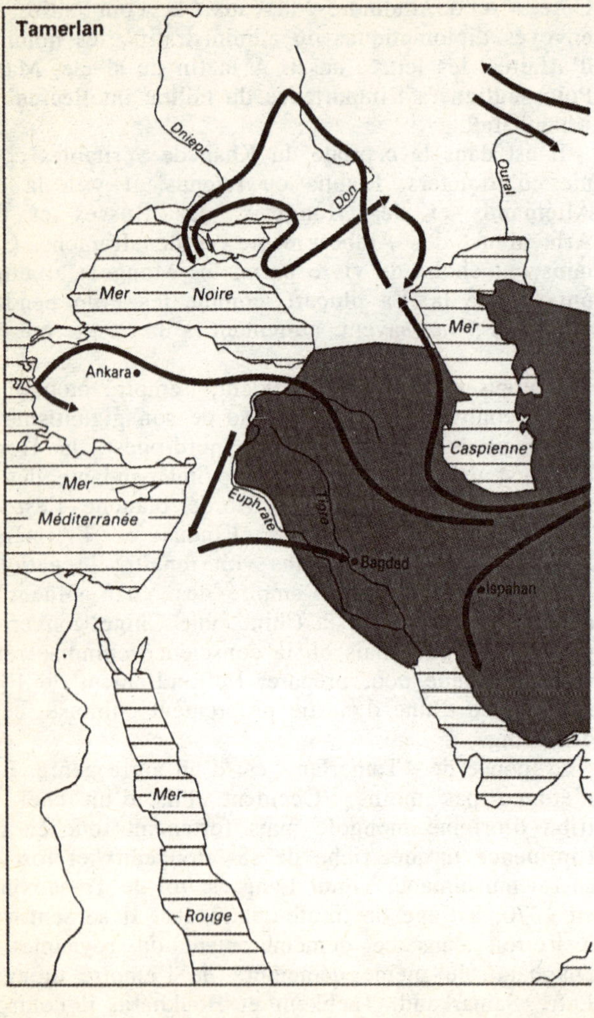
Tamerlan
Dniepr
Don
Oural
Mer Noire
Mer
Caspienne
Ankara
Mer
Méditerranée
Euphrate
Tigre
Bagdad
Ispahan
Mer
Rouge

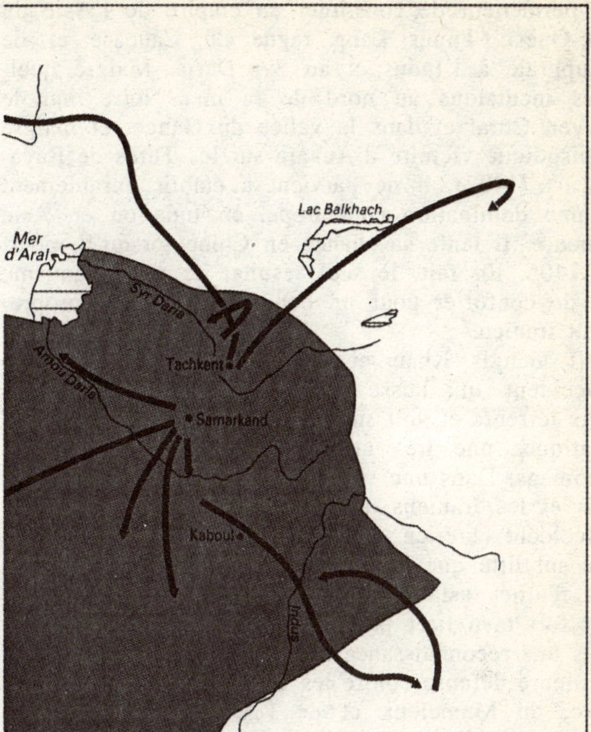
Lac Balkhach
Mer
d'Aral
Syr Daria
Amou Daria
Tachkent
Samarkand
Kaboul
Indus
OCÉAN
INDIEN

lement de reprendre à son compte les ambitions de Gengis Khan : dominer l'Asie. Trente ans d'expéditions rapides et efficaces dans toutes les directions lui permettent de constituer un empire de l'Asie du Sud-Ouest. Timur Lang règne du Caucase et de l'Euphrate à l'Indus et au Syr Daria. Malgré quelques incursions au nord de la mer Noire, sur le Moyen Oural et dans la vallée du Gange, et malgré l'épisodique victoire d'Ankara sur les Turcs de Bayazid Ier (1402), il ne parvient à établir durablement aucune domination en Europe, en Inde ou en Asie mineure. Il tente sa chance en Chine lorsqu'il meurt en 1405. En fait, le seul résultat de ce dynamisme est de conforter pour un bon siècle un État proprement iranien.

Ni Gengis Khan ni Timur Lang n'ont inquiété l'Occident, qui laisse aux Russes et aux Byzantins leurs terreurs et voit surtout dans ces deux puissances asiatiques une très utile menace dans le dos des Ottomans. Dans une vue simple des choses, les Mongols et les Iraniens ont un adversaire commun avec l'Occident chrétien : l'Islam. Voyant les choses avec une subtilité que lui permet sa parfaite connaissance des réalités asiatiques, le roi d'Arménie Hayton Ier sait fort bien tirer parti de cette situation et trouver dans une reconnaissance de la suzeraineté mongole sa meilleure défense contre les Turcs. Faisant un tout du Turc, du Mamelouk et de l'Arabe, l'Européen de France, d'Allemagne, d'Angleterre, d'Espagne ou d'Italie se sent bien aise que l'Infidèle ait autre chose à faire que de secourir le royaume de Grenade et de remonter le Danube. On comprend la fascination qu'exercent à leur tour un Gengis, un Kubilaï, un Tamerlan.

Des missionnaires

Le pape n'a pas attendu la chute d'Acre pour savoir que le rêve d'Urbain II s'est brisé. C'est en Europe qu'un Innocent III, un Innocent IV, un Boniface VIII tentent de réaliser le pouvoir de l'Église sur le monde. La théocratie que conçoivent les canonistes du XIIIe siècle n'en appelle plus à l'unité des chrétiens par le combat sacré pour la Foi et le Tombeau du Christ. La Jérusalem terrestre n'est plus à Jérusalem.

Les théologiens et les politiques n'oublient pas pour autant qu'il est un monde étranger à l'Évangile, imbriqué dans un univers inconnu où de nouveaux équilibres ouvrent soudain des perspectives jusque-là injustifiables. On sait le Turc talonné par le Mongol, et l'illusion se fait jour chez les uns d'une alliance de revers contre les Ottomans, chez les autres d'une évangélisation de l'immensité asiatique. De la crainte du Tartare à la surestimation d'une entente avec le Grand Empire, toutes les réactions de l'Europe occidentale devant ce que l'on sait des bouleversements de l'Asie conduisent à la prise de conscience d'une nécessité : l'Occident veut savoir ce qu'il en est.

Les initiatives se multiplient donc, de tous ordres, dès le milieu du XIIIe siècle. Rien d'étonnant à ce que le Capétien s'en mêle, en ce temps où les princes s'en remettent volontiers à lui pour leurs arbitrages. Pour l'essentiel, cependant, l'initiative vient du pontife romain, dont l'ordre franciscain seconde les vues, non sans voir là l'occasion providentielle d'un rayonnement original qui ne doive rien à l'imitation des ordres anciens et des empires monastiques, de Cluny comme de Cîteaux. Les dominicains ont mis la main en Occident sur la défense de l'orthodoxie, sur le combat par la science et la parole. Ils sont dans les universités. Ils ont l'Inquisition. Les bouleversements de l'Asie offrent aux frères mineurs de l'ordre de Saint-François l'occasion d'entrevoir un autre champ d'action.

C'est Innocent IV qui charge en 1245 le franciscain italien Giovanni da Pian Carpino d'une première exploration. Innocent IV, c'est Sinibaldo Fieschi, l'un des hommes d'État de son temps. Fieschi a montré qu'il était intransigeant. C'est un politique aux larges vues, et aux méthodes parfois rudes. Chassé de Rome par le parti des Gibelins, c'est lui qui convoque le concile œcuménique de Lyon (1245) et qui réplique à l'hostilité impériale par l'excommunication de Frédéric II. L'envoi de Pian Carpino entre dans une politique, et dans une manœuvre politique : alors même que le pape est tenu loin de Rome par les aléas de son conflit avec l'empereur Frédéric II, la papauté prend en main les relations de la chrétienté avec le monde extérieur.

Certes, on n'attend pas du frère mineur qu'à lui seul il convertisse les Tartares. Pian Carpino doit aller, regarder et rendre compte. Le pape veut savoir ce qu'il en est au juste de ces pays étranges et de ces hommes en qui l'Occident voit à la fois la terreur et le paganisme, mais qui touchent en même temps au merveilleux puisqu'ils peuplent les rêves et le décor des églises.

Huit ans passent. Saint Louis n'entend pas laisser au pape l'initiative d'une nouvelle responsabilité à l'égard de la chrétienté. Les relations du pape et de l'Église de France sont tendues. Bien avant son petit-fils Philippe le Bel, Louis IX affermit son autorité sur le clergé du royaume, le soumet à des impositions qui font contribuer aux charges communes du royaume les fortunes foncières des évêchés et des monastères. Fortement influencé par les franciscains, saint Louis n'a guère de complaisance pour l'Église séculière. C'est encore d'un franciscain qu'à son tour il fait choix quand il veut, comme naguère le pape, savoir ce qu'est l'Asie. Ce nouvel explorateur est un Flamand, Guillaume de Rubrouck.

Vient la génération suivante. Nicolas IV, le premier pape franciscain, règne à Rome. C'est un franciscain qu'il charge en 1291 d'une mission bien différente des autres. Giovanni da Monte Corvino va évangéliser l'Asie.

On a beaucoup appris sur l'Orient, mais on ne sait guère ce qu'il convient de tenir pour sûr. Des marchands ont parlé, avant ce Marco Polo qui rentre en

1295 de son périple à travers l'Asie et qui met sur le marché de l'exotisme un récit où le merveilleux est clairement affiché. Le lecteur ne s'y trompera pas, qui donnera souvent à ce récit le nom de *Livre des merveilles.* Par ce livre, qu'il n'a d'ailleurs pas écrit lui-même, Polo est célèbre pour la suite des siècles. Mais ses contemporains savent qu'il n'est pas le seul à raconter des voyages. Sur le port de Gênes ou de Venise, il en est des dizaines, qui consacrent le temps que leur donne l'âge à des récits où s'emmêlent, comme dans le livre de Polo, le vécu et l'imaginaire, le vu et l'entrevu, le témoignage direct et l'on-dit.

Les marchands ne sont pas les seuls témoins. D'autres ont parlé à travers toute l'Europe, comme ce moine chinois, Rabban Çauma, un moine chrétien de rite nestorien. Car il est au cœur de l'Asie une Église chrétienne, ou plutôt des communautés chrétiennes généralement issues, entre le VIe et le VIIe siècle, de l'Église nestorienne organisée en Perse après la condamnation de l'hérésie de Nestorius — le Christ-homme entièrement distinct du Christ-Dieu — par le concile de Chalcédoine en 451. Le monachisme nestorien est au XIIIe siècle bien vivant en Arabie, en Inde, en Chine. Lui aussi se pose la question d'Innocent IV, mais en sens inverse : qu'en est-il de l'Occident ? Le moine Rabban Çauma vient donc en Europe. Il visite Rome et Paris. Il voit Nicolas IV, Philippe le Bel, Édouard Ier. Il s'entretient avec les maîtres des universités. Il écoute, et nous ne savons ce qu'il racontera plus tard en Asie. Mais il parle, et l'Occident entend des choses étonnantes.

A tous, le propos que tient Rabban Çauma paraît engageant, même pour qui ne sait pas bien si le moine se contente de prolonger en Europe un voyage dont l'objet premier était un pèlerinage à Jérusalem, ou s'il est vraiment chargé d'une mission diplomatique par le Khan. Comme Marco Polo quelques années plus tard, le portrait que brosse le moine nestorien du Grand Khan et de ses sujets mongols laisse espérer l'entente, voire l'alliance. Progrès de l'Europe et progrès de la chrétienté vont une nouvelle fois de pair, mais sans armée, cette fois. On se demande si la Chine du Khan n'est pas en quelque sorte l'Europe de l'Extrême-Orient.

Le témoignage de Çauma est une exception. Polo, lui, est un témoin d'occasion. C'est un homme d'affaires, et c'est un vantard. Nul ne lui a rien demandé. La rencontre qu'il fait du notaire Rusticello de Pise, compagnon de cellule dans une prison génoise où l'un et l'autre purgent une condamnation pour escroquerie, l'incite à mettre au net ce qu'il a pris l'habitude de raconter et d'enjoliver. Et le marchand de laisser broder l'écrivain professionnel qu'est le notaire. L'un et l'autre font l'intéressant. Ils grossissent les chiffres, ce qui est d'ailleurs en leur temps l'habitude de bien des chroniqueurs. Les lecteurs verront vite dans ces chiffres l'une des merveilles auxquelles ils ajoutent plus ou moins foi, et le récit de Polo sera souvent appelé *Le Million.* Quant aux historiens, ils auront quelque peine à dégager le vrai du faux.

Les franciscains, au contraire, ont une mission. Le pape les a choisis à cette fin, parce que l'ordre des frères mineurs dépend directement de lui, qu'il les juge désintéressés — ce n'est pas l'opinion des curés et des universitaires qui voient le succès de leurs quêtes — et qu'il leur attribue une capacité à regarder et à témoigner sans travestir la réalité par intérêt ou par gloriole. Pian Carpino est un homme qui a vécu. Sans doute issu de la petite noblesse italienne, il a voyagé, il a eu des responsabilités. La confiance de saint François d'Assise, qu'il a personnellement connu, a fait de lui le ministre de l'ordre en Saxe, puis peut-être en Espagne. Il a fréquenté les princes, mené des négociations. Le pape, en 1248, en fera un évêque d'Antivari, en Dalmatie.

Pian Carpino sait observer les hommes non moins que les usages. Ce quinquagénaire est homme d'expérience et de sagesse. Entré dans l'ordre de Saint-

François par humilité, il a gardé de ses origines aristocratiques une formation intellectuelle et politique, une habitude du monde, une largeur de vues qui en feront l'observateur lucide des terres et des peuples nouveaux. Il a très exactement le profil de ce qu'on appellera plus tard un diplomate. Il connaît d'ailleurs les façons diplomatiques : il emporte des cadeaux, en l'occurrence des fourrures achetées au passage en Pologne, où il s'informe des Mongols auprès du duc Vassili qui a déjà pris des contacts avec le Khan. Excellent organisateur, Pian Carpino est le contraire d'un naïf. Il ne part pas seul : un autre franciscain, Étienne de Bohême, l'accompagne, et ils prennent avec eux quelques serviteurs. Toutes les conditions sont réunies pour que l'expédition ne s'arrête pas en chemin. Parti de Lyon — où se trouve le pape — le 16 avril 1245, il regagne les bords du Rhône en novembre 1247 et rédige sur-le-champ, d'après les notes prises et ses souvenirs encore frais, le rapport de mission qu'attend de lui Innocent IV. C'est l'*Histoire des Mongols*. Trois ans seulement ont passé. Pian Carpino est un homme efficace.

Guillaume de Rubrouck est du même type, même si sa mission tient à d'autres racines. Familier des milieux dirigeants, habitué des cours et de leur faste, voire de leur bonne chère, ce Flamand cultivé, au regard malicieux et au jugement réaliste, est à Acre aux côtés de saint Louis lorsqu'au début de 1253 celui-ci lui enjoint d'aller plus à l'est au lieu d'attendre pour l'accompagner dans son retour en France. Revenu de son voyage asiatique en 1255, il fait, lui aussi, son rapport, baptisé *Itinéraire*. Bien plus, dans le futur quartier Latin qu'on appelle alors l'Université, sur cette rive gauche de la Seine qui est alors en plein bouillonnement intellectuel, Rubrouck alimente les conversations. Il raconte, il commente. On lit son récit. Il en rajoute. Paris s'intéresse aux Mongols.

Il est vrai qu'entre-temps l'empire mongol s'est tourné vers l'Occident. Pian Carpino est arrivé à

Karakorum alors que l'on songe à donner un successeur au khan Ögödeï, mort en 1241. Il a assisté à l'élection de Guyuk (24 août 1246). Il a remis au Khan le message d'Innocent IV. Il a rapporté une lettre pour le pape. Surtout, il a fâcheusement piqué au vif la curiosité de Guyuk. Les Mongols ne s'interdisent pas de rêver à une conquête de l'Europe. Il leur faut en savoir plus. Avec sagesse, Pian Carpino a évité de revenir avec l'ambassade que le Khan souhaite envoyer en Europe : il craint d'aiguiser l'esprit de conquête des Mongols en leur montrant les dissensions de l'Europe, et il ne se sent pas en état de protéger efficacement d'éventuels ambassadeurs du Khan : l'Occident pourrait bien les maltraiter pour leur faire payer les atrocités commises par les armées de Gengis et d'Ögödeï sur les frontières orientales de la chrétienté. Mais on ne saurait se faire des illusions : la lettre du khan Guyuk est très exactement un ultimatum.

> Ceci est un ordre...
> Toi qui es le grand pape, avec les rois, venez ensemble en personne pour nous rendre hommage. Nous vous ferons alors entendre nos ordres...
> Toutes les terres, depuis le soleil levant jusqu'au couchant, nous ont été octroyées par la volonté de Dieu...
> Venez nous offrir vos services et vos hommages. Nous connaîtrons alors votre soumission.

Le Khan a-t-il renoncé à son idée d'une ambassade en Occident ? Toujours est-il que deux dignitaires mongols venus en Arménie au camp du gouverneur mongol Baidju y rencontrent un étrange personnage, lui aussi mandaté par le pape. Mais le dominicain Ascelin de Crémone est aussi peu diplomate que possible : en inversant la hiérarchie du monde tel que le voient les Mongols, il a suscité l'irritation, puis la colère du gouverneur et de la foule. Ascelin n'a-t-il pas traité avec condescendance le puissant gouverneur, refusant de le saluer comme le veulent les usages, de trois génuflexions ? Il a parlé haut, évoqué la nécessaire conversion des Mongols, traité d'hérétiques les chrétiens nestoriens. Bref, le dominicain s'est cru en terre d'Inquisition. Il n'hésite pas, en revanche, un instant à prendre avec lui, sur le retour, les deux notables trouvés au camp de Baidju. L'un est un Turc nommé Ayberg, l'autre un nestorien nommé Sergis. C'est à eux que le gouverneur donne une lettre pour le pape. Sans s'être concertés, Baidju et le khan Guyuk ont trouvé le même ton. Le pape et la chrétienté sont sommés de manifester leur soumission.

Les Mongols, cependant, diffèrent dans leur approche de l'Occident. Baidju menace le pape. Son supérieur, le commandant en chef d'Asie mineure, de Syrie et de Géorgie, le Mongol Eldjigideï, s'adresse tout autrement à celui qui lui paraît le plus prestigieux parmi les souverains occidentaux, à saint Louis. Le Capétien est l'arbitre des conflits européens, et prend la tête de la croisade. Eldjigideï veut en savoir plus sur un roi dont l'intervention en Orient ne peut laisser indifférent le chef de l'armée mongole la plus proche de la Terre Sainte. Il lui envoie une ambassade, officielle celle-ci, puisque celle d'Ayberg et Sergis est pour le moins improvisée.

Les deux premiers, comme il est prévisible, ne font à Lyon que constater et laisser constater l'impossibilité d'un accord entre les deux prétentions à l'autorité universelle. Le 22 novembre 1248, le pape les renvoie avec une exhortation à la conversion. Les deux envoyés officiels d'Eldjigideï, deux chrétiens de Mossoul nommés David et Marc, font preuve d'une plus grande habileté, ce qui leur est aisé : la lettre qu'ils apportent à saint Louis est d'un tout autre ton que la lettre au pape. Tout ce que le roi de France, qui les reçoit à Chypre le 20 décembre de cette même année 1248, entend et lit du propos des Mongols est tissé de flatterie, de ruse et de mensonge.

Saint Louis apprend que le Khan espère sa confiance, qu'il a reçu le baptême, que l'empire mongol est en passe de devenir une puissance au service de la vraie Foi. Bref, l'ambassade fait tout pour ressusciter chez les Français, au moment même de la croisade, le vieux mythe du Prêtre Jean. L'alliance de revers est possible. Eldjigideï ne s'en cache pas : si les Français ouvrent un front en Égypte, le Mongol aura les mains libres pour attaquer Bagdad.

La ruse est énorme, et le khan Mongke désavouera bientôt l'ouverture vers l'Europe tentée par Eldjigideï. Pour l'instant, la manœuvre porte ses fruits dans l'esprit d'un saint Louis souvent porté à la naïveté dans sa vue politique du monde. Au général et à son maître le Khan, il envoie des présents, et deux morceaux de la Vraie Croix. Surtout, il dépêche au côté des envoyés mongols ses propres ambassadeurs : les trois dominicains André et Guillaume de Longjumeau et Jean de Carcassonne. André de Longjumeau connaît le Proche-Orient. Il a rapporté de Byzance la Couronne d'épines. Il parle l'arabe et le persan. Pour le compte du pape, il a vainement tenté, en 1245, de gagner lui-même la Chine. Au moins a-t-il parcouru la Perse mongole et rencontré des voyageurs revenus de l'Extrême-Orient.

Les ambassadeurs quittent Chypre le 27 décembre 1249. A l'été, ils sont à la cour du Khan, où les reçoit la veuve de Guyuk. En mars 1250, ils sont de retour en Terre Sainte. Saint Louis est alors en pleine déconfiture. A sa libération, une nouvelle désillusion l'attendra : Guillaume de Longjumeau n'a rapporté qu'un appel menaçant à la soumission.

A côté de tant d'échecs, la mission de Pian Carpino et celle de Rubrouck apparaissent comme des miracles de diplomatie. Au vrai, ni l'un ni l'autre n'ont attaqué de front la superbe des Mongols. Ils ont mené un voyage d'exploration. Ils se sont informés. Les deux franciscains rapportent donc de l'empire mongol une vue lucide et précise, qui rend leur témoignage précieux pour l'Occident. Pian Carpino et Rubrouck sont des gens sérieux, qui écrivent pour les souverains et parlent pour les savants. Ils ont des comptes à rendre, mais des comptes qui sont du domaine du possible. Loin de penser que l'on peut tout résoudre en un voyage, ils ont pour souci de conseiller les responsables de ces projets que l'on forme plus ou moins en Occident en direction de l'Asie. Un homme à l'esprit aigu comme le philosophe Roger Bacon, qui rencontre Rubrouck à son retour sur la rive gauche de la Seine, écrit lui-même qu'il a lu « attentivement » son écrit. Les franciscains savent qu'on les lira avec l'esprit critique de leurs semblables.

On connaît en Occident tous ces récits, comme on connaît en France le témoignage de Rabban Çauma, traduit du persan, lorsqu'en 1291 part Giovanni da Monte Corvino. Lui aussi est un savant. Peut-être est-il médecin. A coup sûr, il a déjà beaucoup voyagé. Il a vécu à Byzance, en Arménie, en Perse. Il parle le tartare. Il sait à peu près ce qui l'attend. Du moins le pense-t-il quand il accepte la mission dont le charge Nicolas IV : nouer avec le Khan de véritables relations diplomatiques, à la faveur de cette tolérance religieuse dont tout le monde loue les Mongols dans la mesure où elle profite au christianisme. Le pape fait-il la sourde oreille aux injonctions du Khan ? A-t-il oublié ou feint d'ignorer les exigences de soumission ? Ou bien les témoignages contradictoires — que troublera encore, quelques années plus tard, le récit de Marco Polo — n'ont-ils pas donné aux prétentions du Khan, dans les esprits occidentaux, un caractère relatif ?

Monte Corvino ne peut deviner qu'il ne reviendra pas, que l'Europe n'aura de lui que quelques lettres confiées à des voyageurs sur le retour, et qu'on le tiendra à Rome pour mort depuis longtemps quand on apprendra en 1307 qu'il gouverne la jeune Église catholique de Chine. Monte Corvino mourra en 1328 archevêque de Khambaluk, autrement dit de Pékin.

Dans une chrétienté occidentale où le livre de Marco Polo commence d'acclimater l'idée d'une véritable civilisation mongole, les lettres de Monte Corvino font l'effet d'une bombe. Le succès du franciscain laisse entrevoir l'alliance tant espérée, l'alliance de revers contre l'Islam dont ont rêvé un pape, un roi de France, un empereur.

Routes de la soie et routes de la foi

Les explorateurs occidentaux des routes de l'Asie ont emprunté, avec bien des variantes, deux grands itinéraires bien différents. Les premiers ont tout naturellement pris la route de la soie, celle dont on connaissait l'existence sur les marchés de la Méditerranée orientale et de la mer Noire. A Alexandrie comme à Antioche, à Byzance comme à Trébizonde, les marchands et les religieux savent fort bien qu'il est une route des plus fréquentées qui traverse la Perse et l'Asie centrale, qui côtoie à l'ouest la Caspienne et à l'est le désert de Gobi. Par la suite, les voyageurs s'aviseront des avantages procurés par la route maritime, celle qu'il faut aller prendre à Ormuz et qui, avec quelques traversées et beaucoup de cabotage, permet de gagner l'Inde, les îles de Sumatra et Bornéo, la Chine enfin.

Au milieu du XIIIe siècle, c'est encore la route de la soie qui paraît s'imposer. Pian Carpino et Rubrouck ont tous deux choisi de traverser l'Asie centrale. Le premier part de Lyon, gagne Kiev, puis le nord de la Caspienne. Le deuxième part d'Acre, gagne Constantinople et rejoint à Saraï la route de son prédécesseur. Mais c'est pour en diverger aussitôt. Pian Carpino fait un long détour au sud, vers Tachkent, puis il se dirige vers le nord. Enfin, il atteint Karakorum, la capitale de l'empire mongol jusqu'au transfert à Khambaluk (Pékin) réalisé par Kubilaï en 1267. De Kiev (3 février 1246) à Karakorum (22 juillet 1246), il a fallu à Pian Carpino cinq mois et demi. Rubrouck, au contraire, choisit la route la plus directe. De Saraï, il marche en ligne droite vers Karakorum. De Constantinople (7 mai 1253) à

Karakorum (27 septembre 1253), il a mis sept mois et demi.

Saisons différentes, chemin quotidien inégal, séjours inégaux dans les villes rencontrées, tout se combine sans doute. Et il est probable que, dans sa route de la Crimée — où il débarque le 21 mai — vers la Caspienne, Rubrouck a rencontré plus d'occasions de s'arrêter dans la boucle du Don et celle de la Volga que n'en trouvait Pian Carpino dans la plaine d'Ukraine. L'un et l'autre n'en ont pas moins fait la preuve — et les cours le savent à leur retour — qu'un voyage complet coûte en gros une année de route. A ce voyage, il convient d'ajouter le séjour à la cour du Khan : Pian Carpino repart au bout de quatre mois (13 novembre), Rubrouck au bout de six mois (26 juin). Là encore, Rubrouck est homme à s'attarder, plus que Pian Carpino.

Sur le retour, l'un et l'autre se souviennent de la route de l'aller. Mais Pian Carpino coupe, cette fois, vers Tachkent, cependant qu'à son tour Rubrouck s'écarte un peu de la voie directe et fait un détour par le sud du lac Balkach. Il finit son expédition en contournant l'Asie mineure par la route littorale. Pian Carpino retrouve Kiev le 9 juin 1247, seize mois après en être parti. Rubrouck atteint Chypre le 16 juin 1255, vingt-cinq mois après avoir quitté le Bosphore.

Des récits comme ceux que font à Venise dans les années 1260, à leur premier retour de Chine, les deux frères Polo — ceux-là mêmes qui décideront leur fils et neveu Marco à les accompagner dans le voyage suivant — ont certainement donné à penser : il est des routes moins dures au voyageur étranger que les pistes caravanières des hauts plateaux de l'Asie centrale. Aussi, quand il quitte Venise en 1289 pour gagner d'abord Byzance et la mer Noire, Giovanni da Monte Corvino sait-il sans doute qu'il empruntera une route en tout différente de celle qu'ont illustrée les deux franciscains de la génération précédente. A travers la Perse qu'il connaît déjà, il marche vers l'océan Indien. Il dédaigne Bagdad, où

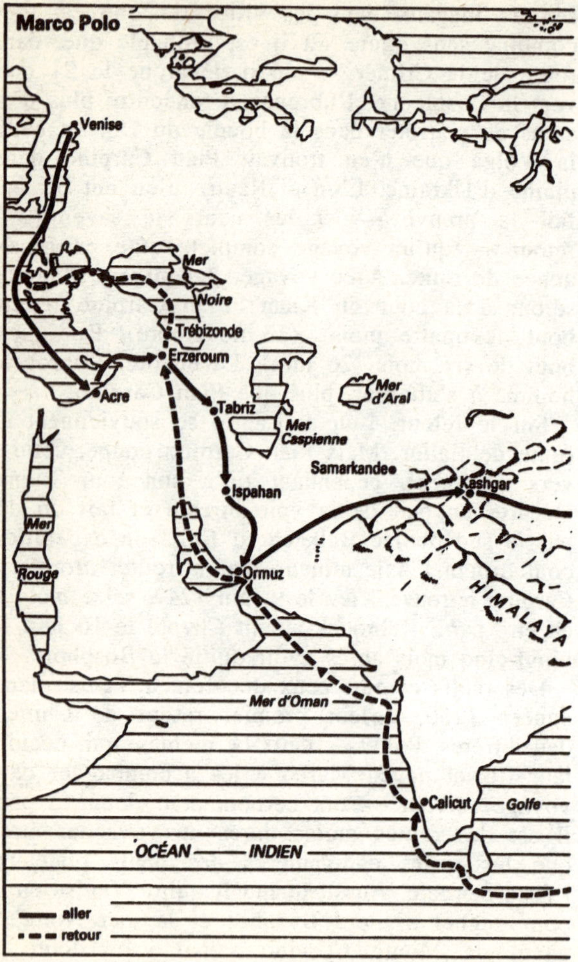
Marco Polo
Venise
Mer
Noire
Trébizonde
Erzeroum
Acre
Mer
d'Aral
Tabriz
Mer
Caspienne
Samarkande
Kashgar
Ispahan
Mer
Rouge
Ormuz
HIMALAYA
Mer d'Oman
Calicut
Golfe
OCÉAN
INDIEN
aller
retour

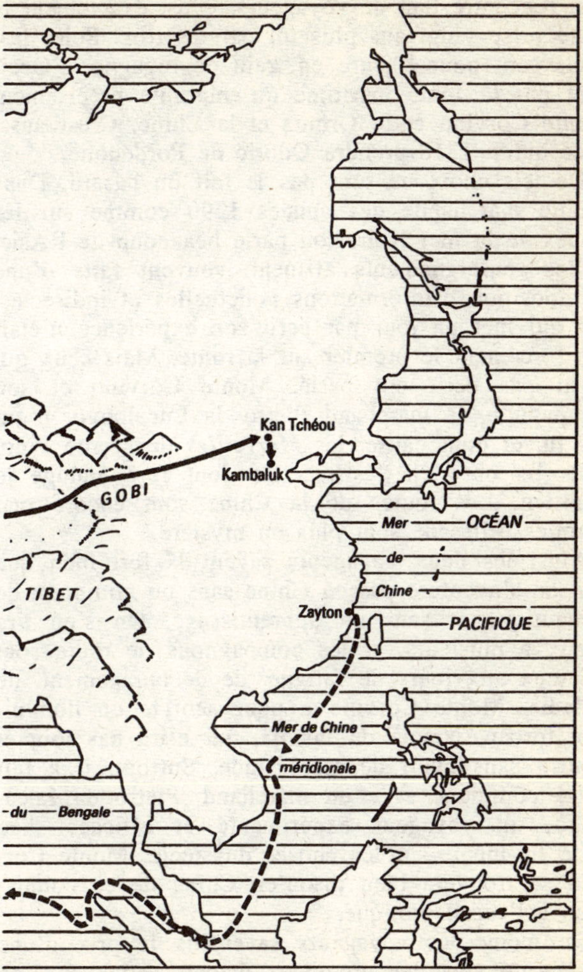
Kan Tchéou
Kambaluk
GOBI
TIBET
Mer
de
Chine
OCÉAN
PACIFIQUE
Zayton
Mer de Chine
méridionale
du Bengale

il n'a rien à attendre du khan Arghoun, chef de l'empire mongol des Ilkhans. C'est la route marchande qu'il prend, celle qui passe par Tabriz, où l'on rencontre tant de voyageurs. C'est exactement la route prise vingt ans plus tôt par les trois Polo, lesquels sont pour l'heure en train de regagner l'Occident par la route maritime qu'emprunte précisément Monte Corvino entre Ormuz et la Chine. C'est aussi celle qu'en 1318 prendra Odoric de Pordenone.

De tels choix ne sont pas le fait du hasard. Dans l'Italie marchande des années 1290 comme sur les places de la mer Noire, on parle beaucoup de l'Asie, et les renseignements affluent, souvent faits d'une juxtaposition d'informations ponctuelles et indirectes. Tel qui met un jour par écrit son expérience n'était pas forcément le premier sur la route. Mais ceux qui n'ont pas écrit ont parlé. Monte Corvino et son compagnon, le marchand Pietro da Lucalongo, n'ont pas lu, et pour cause, les *Merveilles* de Marco Polo. Mais ils ont déjà les recettes dont fera étalage le Vénitien. Les routes de la Chine sont encore mal connues. Elles ne sont plus un mystère.

Ainsi les deux voyageurs savent-ils fort bien que l'on ne s'aventure pas en Chine sans un minimum de précautions et sans un apprentissage. On s'en tire mieux à plusieurs, et les compagnons de route sont précieux aux jours de fatigue, de découragement, de maladie. Monte Corvino a pour acolyte un dominicain toscan, Nicolà da Pistoia, qui n'ira pas loin et mourra sans avoir dépassé l'Inde. Surtout, il a fait cause commune avec un marchand, Pietro da Lucalongo, un voyageur expérimenté et efficace. Peu porté lui-même sur les choses du siècle, Monte Corvino se trouvera bien jusqu'en Chine de ce compagnon à l'esprit pratique.

De même les voyageurs savent-ils le prix d'une familiarité avec les premières étapes, celles où l'on apprend ce qui court les marchés : l'état des pays et des routes, la sécurité, les opportunités. A Tabriz comme ensuite à Ormuz où il embarque, le franciscain trouve dans le cosmopolitisme des grandes étapes une première initiation aux usages de l'Orient, aux réalités du chemin, aux langues aussi.

Voici Monte Corvino sur l'océan Indien. Il y a alors quelque deux ans qu'il a quitté Trébizonde, au fond de la mer Noire. Il est en Inde en 1291. Il y demeure treize mois. Nous sommes loin des missions rapides des deux diplomates franciscains du milieu du siècle. Pour mener à bien sa mission, Monte Corvino adopte les méthodes des marchands, celles des frères Polo et de tant d'autres : il prend son temps. A son dire, il fait en Inde une centaine de conversions.

De port en port, il contourne l'Inde. Il relâche à Thana, qui sera Bombay, puis à Calicut, où abordera deux siècles plus tard Vasco de Gama. Il s'arrête sur la côte orientale pour vénérer le tombeau de saint Thomas. Toujours en équipe avec son marchand, il franchit le détroit de la future Singapour, entre Sumatra et la péninsule Malaise. A travers la mer de Chine, Monte Corvino et Lucalongo gagnent Zayton (auj. Ts'in Kiang), terme de leur navigation. Ils reprennent alors la route terrestre vers la nouvelle capitale du Khan, Khambaluk. C'est presque exactement la route du retour de Marco Polo, ce Vénitien dont le monde va, dans quelques années, découvrir la fabuleuse histoire.

Marco Polo

L'histoire commence alors que Marco n'est pas encore né. En 1252, les deux frères Niccolo et Maffeo Polo quittent Venise. Ils sont les cadets de la famille, et mieux vaut pour eux s'en aller fonder à l'étranger un comptoir profitable à la famille que de rester sur les rives du Rialto où leur frère aîné, Marco que l'on dira « l'Ancien » ou « l'Aîné », dirige fort bien tout seul les affaires des Polo. C'est alors l'apogée du système vénitien en mer Noire, alors que Venise n'a pas encore accepté l'idée que sa mainmise sur Constantinople, fruit étrange de la quatrième croisade, ne peut être que provisoire. Les Polo sont à Byzance. Ils y brassent des affaires jusqu'au moment où, vers 1260, l'occasion s'offre à eux d'aller plus loin, d'entrer directement en relations avec quelques-uns des rois mongols qui se partagent l'héritage de Gengis Khan.

Les voilà en Perse, puis en Asie centrale, où ils choisissent d'accompagner jusqu'à Khambaluk une ambassade envoyée au khan Kubilaï par son frère Hulegu. Kubilaï les a bien accueillis, a manifesté de l'intérêt pour cette curiosité que sont à ses yeux deux Vénitiens, et les a renvoyés en leur demandant de revenir avec cent docteurs savants dans les sept arts libéraux, de la grammaire à la musique en passant par la dialectique et l'astronomie. Repartis de Khambaluk en 1266, les Polo sont à Venise en 1269. Deux ans plus tard, ils repartent pour la Chine. Ils n'ont pas convaincu cent docteurs de les accompagner, mais leur neveu a obtenu de se joindre à eux. C'est Marco. Il a quinze ans.

La route qu'il emprunte, celle que choisissent ses oncles, ce n'est pas la route de la soie, la route continentale des hauts plateaux. C'est la route maritime qui s'ouvre à Ormuz, ce port où convergent les cabotages de l'océan Indien et les routes terrestres de la Perse. Partis d'Acre où les a déposés un bateau vénitien, les Polo contournent donc le pays turc par l'Asie mineure, gagnent Tabriz, frôlent la Caspienne, traversent Ispahan et atteignent enfin Ormuz. Ils pensent, à l'évidence, y trouver un navire en partance pour l'Inde. Les incertitudes politiques de la Chine les font changer d'avis. Ormuz est bruissante de nouvelles venues de l'Extrême-Orient, et l'on y parle de la guerre que mène le khan Kubilaï vers la Chine du Sud. Pour peu qu'ils abordent à Zayton ou en quelque autre port de cette même Chine du Sud, la route vers Khambaluk pourrait bien être fermée. Les Polo décident de revenir vers la voie continentale, celle qu'ils souhaitaient éviter.

Marchant vers le nord, ils contournent alors l'Himalaya, traversent l'Hindu Kuch, passent par

Kachgar et Khotan, puis marchent droit à l'est. Tout cela suppose des arrêts, des attentes, des incertitudes. Les Polo passent une année à Kan Tchéou sans savoir s'ils auront l'autorisation de poursuivre. Partout, ce sont de longs séjours, où il faut négocier, convaincre, mais où Marco enregistre dans sa mémoire ce qui servira plus tard à l'édification des lecteurs occidentaux.

En mai 1275, ils sont à Khambaluk. Ils ont mis quatre ans à venir. Ils mettront vingt ans à se décider au retour. L'occasion est fournie, au printemps de 1291, par la nécessité d'accompagner dignement une princesse mongole choisie pour épouser le khan de Perse. Par rapport à l'aller, les conditions ont bien changé. Les trois Polo sont introduits partout, bénéficient de toutes les recommandations, peuvent prétendre à toutes les facilités. Trouver un navire est alors chose aisée. De Zayton, ils gagnent par mer la péninsule indo-chinoise, passent entre la Malaisie et Sumatra, cabotent le long de la côte occidentale de l'Inde, vont débarquer à Ormuz. C'est, inversé, le voyage qu'ils n'ont pu accomplir à l'aller. C'est aussi, inversé, l'itinéraire de Monte Corvino.

Le futur archevêque de Pékin et les trois Vénitiens ont dû se croiser, quelque part dans l'océan Indien. Le franciscain n'a pu bénéficier de l'expérience des Polo, encore en Chine quand il quitte la mer Noire. Les Vénitiens n'ont rien su de Monte Corvino et de ses compagnons. Les uns et les autres ont pris une route coutumière. C'est une route longue, où les escales dans les ports se prolongent plus que les haltes dans les villes caravanières. Monte Corvino dit lui-même qu'il est resté treize mois en Inde. En multipliant les escales, Polo met trois mois à aller de Chine à Sumatra, passe cinq mois à Sumatra, quelques mois encore en Inde. Au total, les marchands vénitiens ont mis quatre ans pour aller en Chine, et quatre ans pour en revenir.

Le franciscain Odoric de Pordenone, chargé par le pape, en 1318, d'assurer une liaison avec l'archevêque de Khambaluk, choisit, lui aussi, de traverser la Perse et de naviguer ensuite jusqu'en Chine. Il part de Trébizonde et joint la mer Noire à l'océan Indien par la route de Tabriz et Sultaniyé. Il s'embarque à Ormuz, touche l'Inde à Thana, aperçoit Ceylan, s'arrête en pèlerinage au présumé tombeau de l'apôtre saint Thomas et relâche à Sumatra. Seule différence notable avec ses prédécesseurs qui ont débarqué à Zayton, il interrompt plus tôt sa navigation, débarque à Canton et gagne le nord par la route terrestre.

Au retour, Pordenone fait preuve d'originalité. Est-ce par curiosité, est-ce par crainte du mal de mer ou par quelque autre nécessité ? Toujours est-il qu'il prend la longue route de la soie, celle des Polo à leur venue. Il traverse les hauts plateaux de l'Asie centrale, visite le Tibet, rejoint enfin la route de Tabriz.

Connaissance de l'Orient

L'essentiel est, on le voit, connu vers 1300. L'Asie peut être traversée, la Chine abordée, l'Inde contournée. Du côté de l'Afrique, c'est-à-dire de l'Éthiopie, on se contente encore des ouï-dire des caboteurs et des marchands rencontrés par Polo à Ormuz, puis, dans les années 1310, par les deux dominicains français Guillaume Adam et Étienne Raymond, tous deux chargés de préparer une alliance éventuelle avec la Perse et l'Éthiopie par une exploration préalable de l'Afrique orientale. En fait, les dominicains ont contourné l'Éthiopie. Venant de Perse par la route maritime familière aux Arabes, ils atteignent la côte africaine en face d'Aden et poussent vers le sud. Étienne Raymond va-t-il au-delà de l'équateur, jusqu'au pays où l'étoile Polaire devient invisible, soit à quelque 24° de latitude sud, au niveau du tropique ? C'est possible. Ce qui est sûr, c'est qu'après un quart de siècle de pérégrinations africaines, les deux dominicains rentrent en France et rédigent, sous prétexte de conseils pratiques pour la réalisation d'une nouvelle croisade, deux descriptions précises et critiques de ce monde à peine entrevu.

Pour ce qui est du passage d'ouest en est, l'Occident n'est pas plus avancé. Comme on le verra bientôt pour la côte occidentale, on voit avec étonnement sinon avec désespoir la côte orientale de l'Afrique s'allonger vers le sud.

Au moins l'Occident chrétien a-t-il maintenant précisé sa connaissance d'un autre Orient que celui des Lieux Saints. Après le temps des Pian Carpino, des Rubrouck, des Polo et des Monte Corvino, la distance commence de s'établir entre le monde et la légende. Même si la crainte et la vantardise sèment dans les récits quelques relents de merveilleux, surtout faits d'animaux bien réels — le crocodile, le chameau — et de peuplades cruelles, et même si les voyageurs ne se privent pas de rapporter, sans en prendre la responsabilité, bien des fables où les propos entendus en Orient rejoignent curieusement les assertions de Pline et d'Isidore de Séville, le temps des monstres est passé. On commence de mettre des images réelles derrière les mots qui évoquaient jusque-là les peuples étranges du tympan de Vézelay.

Voyageurs, marins, marchands rencontrés sur les routes et dans les escales ont suggéré de nouvelles curiosités. A travers les récits des voyageurs du XIVe siècle, l'Occident découvre l'Himalaya, s'étonne du Tibet, tremble devant les sauvages de Bornéo, hume les épices de Sumatra. Bientôt, il dénombrera les îles de la côte africaine. Longtemps réduit à des routes et à des alignements de villes mis en ordre par les *Itinéraires,* à la fois frustré par les prudences de la sincérité — « Je l'ai entendu dire », « Je ne puis en parler, ne l'ayant pas vu » — et berné par les hâbleries des faux témoins qui jurent ce qu'on leur a rapporté, l'Occident commence de donner aux mondes lointains une véritable épaisseur. La *Description* l'emporte sur l'*Itinéraire.*

On gagne aussi de mieux connaître les difficultés du voyage. Malgré l'exagération dont chacun fait la part, les récits des premiers explorateurs de l'Asie sont un mode d'emploi, un vade-mecum du voyageur en pays lointain, voire en pays hostile. On sait maintenant ce que valent les routes. On sait que l'eau du lac Balkach est légèrement saumâtre mais qu'on peut quand même la boire. On sait que les chevaux mongols sont habitués à trouver leur herbe sous la neige, et que deux pelisses inversées sont la meilleure protection contre le vent. On sait de quel prix ou de quels cadeaux se paie le service du guide ou de l'interprète. On sait à quoi s'attendre pour la nourriture ou pour le coucher. On sait ce qu'il en coûte à la santé de braver le chaud et le froid, de consommer des viandes infectes et de boire l'eau polluée des villes caravanières.

A de telles lectures, des espoirs sont nés. Il y a la route des épices et de la soie, que le marchand occidental pourrait bien prendre lui-même au lieu d'attendre à Trébizonde ou à Alexandrie l'arrivée des caravanes et le bon vouloir des intermédiaires. C'est le vieux rêve de tout marchand : s'approvisionner lui-même, à meilleur prix et au meilleur choix. Il y a aussi l'Évangile, auquel l'aventure de Monte Corvino paraît ouvrir d'autres peuples. Dès les années 1320, la papauté d'Avignon envoie vers la Chine d'autres prédicateurs, de véritables missions au sens moderne du terme. Plusieurs rédigeront leur témoignage sur cette nouvelle terre chrétienne que paraît devoir être la Chine des Yuan.

Avec les nouveaux espoirs que portent en Occident la réputation et, déjà, la légende de Tamerlan, les voyages d'Asie reprennent de l'actualité. La route empruntée en 1404-1405 par l'ambassadeur castillan Ruy Gonzalez de Clavijo ne peut être que résolument continentale. Clavijo ne va pas à Pékin, mais à Samarkand. Son propos l'écarte aussi de la route septentrionale, celle qui passe au nord de la Caspienne. Parti de Trébizonde le 11 avril 1404, le Castillan traverse l'Arménie, est à Téhéran le 6 juillet, franchit l'Amou Daria vers le 20 août, atteint Samarkand le

8 septembre. Mis à part un détour par Boukhara, il reviendra à peu près par le même chemin. Le 17 septembre 1405, il sera à Trébizonde.

Tout au long de son voyage, Clavijo tient un journal. Mais on perçoit bien qu'il n'a pas l'illusion d'en faire le guide des autres voyageurs. C'est officiellement pour le roi de Castille qu'il écrit. En fait, c'est aussi pour lui-même. Il entend que « ceci ne tombe pas dans l'oubli ». Il décrit les pays et les gens, les usages et les productions. Il consigne les événements qui ponctuent sa mission. Ce qui ne l'empêche pas de noter quelques observations utiles, comme celle du coup de soleil que l'on prend en Iran et qui dépasse en intensité ce à quoi est habitué un Espagnol de poil brun.

> On dit que celui qui est frappé d'insolation éprouve un vertige mortel, car son cœur est touché en premier. On dit aussi que le soleil brûle le dos, et que l'homme qui en réchappe reste jaune pâle et ne retrouve plus sa couleur naturelle.

Une chose est sûre : Clavijo ne va pas sur des chemins inconnus. Sa mission diplomatique est hasardeuse. Son voyage ne l'est pas. Au début du XVe siècle, l'Europe n'en est plus à découvrir l'Asie. Mais l'insondable continent entretient toujours les rêves.

CHAPITRE VII

Le Prêtre Jean

Une chrétienté au-delà

La légende vient de loin. La Bible y concourt, avec sa reine de Saba venue offrir à Salomon son alliance et le mariage, avec ses rois ou ses mages venus de l'Orient offrir à l'Enfant Jésus l'or, l'encens et la myrrhe. Or l'échec des croisades fait rêver d'une revanche, que faciliterait grandement l'alliance de revers d'une chrétienté capable d'ouvrir un front à l'est ou au sud du monde arabo-turc. Le monde occidental connaît l'Église copte. C'est l'Église d'Alexandrie, celle qui se targue d'avoir été fondée par l'évangéliste saint Marc et au sein de laquelle se sont multipliés ces Pères du désert qui sont aussi les pères du monachisme chrétien. La *Légende dorée* de l'archevêque de Gênes Jacopo da Varazzo, dit en France Jacques de Voragine, assurera au XIIIe siècle en plusieurs langues la notoriété des Pères du désert dans une Europe toujours en quête d'exemples moraux et merveilleux, mais la prédication a depuis longtemps fait connaître des pays tempérés cette terre de rêve et de foi qu'est le Désert par excellence. Les esprits portés vers une relative austérité se régalent d'autant plus des descriptions de l'ascétisme oriental qu'ils écartent celui-ci de leur pratique, modelée par saint Benoît dans un équilibre ennemi des excès. Pour l'Europe, les Pères du désert sont, beaucoup plus qu'un véritable exemple, une vision exotique de la foi.

Portée dès le Ve siècle vers le monophysisme, cette doctrine simplificatrice qui ne reconnaît au Christ que la seule nature divine, écartant par là même toutes les ambiguïtés liées à sa nature humaine, l'Église copte fait très vite figure d'Église hérétique aux yeux de ceux qui, Grecs et Latins, ont adhéré aux condamnations portées contre cette doctrine en 451 par le concile de Chalcédoine. Car les sentences inspirées par Constantinople ont été bien reçues de la population grecque des villes du pourtour méditerranéen, et notamment des villes égyptiennes. L'adhésion du monachisme copte à la doctrine condamnée est en bonne partie l'expression d'un nationalisme antibyzantin organisé autour du patriarcat d'Alexandrie. Marquée depuis l'origine par une forte implantation monastique plus que par la hiérarchie ecclésiale que couronne un patriarcat sans réel pouvoir, l'Église copte survit à l'Islam qu'elle a d'abord accueilli avec faveur — par hostilité à Byzance — mais dont elle essuie très vite les brimades. Elle ressuscite même après les persécutions du calife Hakim (996-1021), mais elle n'est plus en Égypte qu'une Église en sommeil.

Les nestoriens sont le contraire des monophysites. Ceux-ci récusent la double nature du Christ et ramènent sa personne à l'unique nature divine. Les disciples du patriarche Nestor, qui règne sur l'Église de Constantinople de 428 à 431, nient l'unicité de la personne. Le Christ est deux. Dieu et l'homme ne cohabitent qu'en apparence. Comme toutes les doctrines qui procurent au mystère de la Sainte-Trinité une solution commodément accessible au commun des mortels, comme l'arianisme et le monophysisme, le nestorianisme rencontre immédiatement un grand succès à travers la chrétienté. Condamné en 431 par le concile d'Éphèse, il fleurit en Syrie, puis en Perse, où les Sassanides se font un plaisir de le protéger pour éviter une collusion entre leurs sujets chrétiens et l'ennemi byzantin. Appuyé sur un monachisme très vivant, le nestorianisme perse ne tarde pas à essaimer. Aux VIIe et VIIIe siècles, il touche l'Arabie, l'Inde du Malabar, la Chine même. Les moines nestoriens joueront un rôle essentiel dans la connaissance qu'auront au XIIIe siècle les Occidentaux d'une Chine où nul ne les prend pour des étrangers.

L'Inde est ainsi entrée très tôt dans la légende de l'expansion chrétienne. Peut-être des évêchés sont-ils fondés dès le IIIe siècle sur le littoral indien. Le fait qu'ils soient tous passés, au VIe siècle, aux hérétiques nestoriens ne change rien au fait que le christianisme est arrivé en Inde à peu près dans le temps où il s'établissait dans les villes gallo-romaines. Mais c'est dès les origines une Église passablement indépendante, qui dépend du *catholicos*, le patriarche de Bagdad.

C'est alors que l'Inde entre dans le légendaire de l'Occident chrétien. Dans les années 500, on traduit en latin une *Passion de saint Barthélemy* d'origine orientale, qui fait de l'apôtre le premier évangélisateur d'une Inde assez indéterminée dont le nom couvre, du Caucase et des rives de la mer Noire à l'Afrique orientale et à la côte de Coromandel sur le golfe du Bengale, des contrées aussi différentes — et aussi distinctes dans l'espace — que l'Éthiopie, la Médie ou l'Inde proprement dite.

On passe soudain d'un apôtre à un autre. Vers le milieu du VIe siècle, on traduit du grec une *Passion de saint Thomas* qui va convaincre les voyageurs, pendant plusieurs siècles, de l'historicité du tombeau de l'Incrédule, vénéré à Melaiapour (auj. un faubourg de Madras).

Tous les Apocryphes s'entendent désormais là-dessus. L'évêque Grégoire de Tours répète la chose à l'intention du peuple franc comme le moine Cosmas Indicopleustes l'a répétée pour l'édification des Égyptiens : la tombe de l'apôtre Thomas est en Inde, en une cité nommée Calaminia ou Calaminica. Isidore de Séville précise à son tour, au VIIe siècle, que Thomas a porté l'Évangile aux Parthes, aux Mèdes, aux Perses, aux Hircaniens et aux Bactriens.

Autant dire qu'aux yeux des chrétiens de l'Europe occidentale, franque ou wisigothique, il est dans tout l'Orient jadis soumis par Alexandre le Grand une chrétienté vivante, dont les origines ne le cèdent en rien à celles des Églises d'Occident où l'on se recommande volontiers dans chaque diocèse de la tradition apostolique pour prétendre à une fondation apostolique.

L'histoire apocryphe de l'apôtre des Indes fait beaucoup pour fixer le vocabulaire dans sa confusion. L'Européen des temps barbares comme encore celui de la première Renaissance nomme Inde tout ce qu'il situe tant bien que mal au-delà de l'Égypte et de la Mésopotamie. Quand la géographie se précisera, à partir du XIIIe siècle et grâce aux récits des voyageurs, on distinguera non sans maladresse l'Inde d'Asie et l'Inde d'Afrique. Les Indes deviendront plusieurs. Christophe Colomb n'abusera pas des mots en se trouvant « aux Indes ».

Quelques Occidentaux se vanteront d'être allés en pèlerinage sur la tombe de l'apôtre Thomas. Une seule chose est sûre : on en parle. Aucun voyageur ne manquera, sur les routes du cabotage indien, de visiter pieusement le corps de celui qui mit sa main dans la plaie au côté du Christ.

L'Inde trouve ainsi sa place dans l'univers des Européens. La chrétienté indienne est connue au XIIe siècle d'Hugues de Saint-Victor. Elle figure au XIIIe sur les mappemondes d'Ebstorf et de Hereford. Les Romains voient de temps à autre un Indien venu sur la tombe de l'apôtre Pierre : ainsi le nommé Jean, qui donne à causer dans l'Italie de 1122 et dont le pape accueille avec prudence le récit des miracles accomplis sur la tombe de l'Incrédule. Alors même que l'Orient latin est devenu familier aux Occidentaux, l'Inde nestorienne leur paraît moins étrangère.

Du fait de son isolement, l'Éthiopie est un cas à part. Le christianisme y est resté vivant, même s'il est touché au Xe siècle par un prosélytisme judaïque qui laisse des traces dans la liturgie comme dans les prescriptions rituelles. Mais l'Éthiopie chrétienne confond son organisation avec celle du royaume temporel dont le souverain se recommande d'une prestigieuse ascendance : n'est-il pas le fruit des amours du roi Salomon et de la reine de Saba ?

Les pèlerinages mettent quelque peu l'Occident en relation avec cette étrange chrétienté. Les Occidentaux rencontrent les Éthiopiens à Jérusalem, où ils ont un lieu de culte permanent. Tous les pèlerins connaissent les « moines noirs ». On sait mal d'où ils viennent, sinon qu'ils sont de cet au-delà qu'on appelle l'Inde sans bien savoir sur quel continent se situe cette Inde.

Quelques informations filtrent également à travers l'Islam occidental, qu'animent naturellement un intense mouvement de pèlerinage vers La Mecque et des courants commerciaux non moins intenses à l'intérieur même de l'Afrique. Parvenu sur le Niger, le juriste marocain Ibn Battuta, qui se croit sur le Nil supérieur, note qu'au-delà des Soudanais qu'il juge globalement hostiles aux Blancs — il parle des Arabes et des Berbères — il est un pays, celui des Nubiens, « qui sont de religion chrétienne ». Mais les ouï-dire rapportés des oasis sahariennes ne parviennent en Europe qu'à l'état de rumeurs confuses.

Des relations s'établissent cependant, qui enlèvent enfin au mythe éthiopien une part de son mystère. En 1306, une ambassade de trente Abyssins vient en Europe. On apprend enfin quelque chose de sûr au sujet de cette Église qui perdure au-delà du monde arabe. Maintenant, on la sait africaine. Tout le monde ne sera pas encore convaincu.

L'Occident sait donc qu'il est d'autres chrétientés. La subtilité des querelles théologiques qui ont animé au Ve siècle l'école d'Alexandrie et la cour de Constantinople n'échappe pas aux docteurs de l'Église romaine, mais le péril est passé depuis que la conquête franque a assuré en Occident, contre l'arianisme, le triomphe de la doctrine définie au concile de Nicée. L'Europe a connu les rudes assauts de déviations hérétiques inspirées de l'Orient mais développées sur son sol. La lutte contre les cathares ou les vaudois ne met à aucun moment en cause la nature du Christ, qui a été au Ve siècle la principale interrogation des théologiens.

L'émergence du pouvoir islamique sur la rive sud de la Méditerranée a mis en évidence une autre vérité : par-delà les divergences dogmatiques, il est une unité du monde chrétien. Cette découverte, faite au contact de l'Islam et lentement consolidée par la découverte intellectuelle du monde arabe à travers l'Espagne et le Maghreb, conduit l'Occident à voir des alliés potentiels en ces chrétiens qui professent au-delà du monde infidèle une foi si proche de celle que l'on défend en Terre Sainte.

Intervient ici la légende du Prêtre Jean. Elle paraît avoir sa source immédiate dans l'histoire d'une tribu de nomades mongols — les Kara Kitaï — qui sillonne aux XIe et XIIe siècles les steppes que traversent, entre la mer d'Aral et le lac Baïkal, les cours supérieurs de l'Irtych, de l'Ob et de l'Ienisseï. Ce qu'on sait d'eux en Occident se ramène à peu de chose, mais à l'essentiel : ils harcèlent l'Islam, ils talonnent les Turcs seldjoukides, ils empêchent l'Infidèle d'investir toute sa force dans les affaires de Terre Sainte. Le pas est aisément franchi, qui fait d'eux les alliés de la chrétienté, voire des chrétiens. On leur prête des exploits dignes des chansons de geste. Ils sont les paladins de l'Orient. Leur roi, le Prêtre Jean, descend des rois mages.

Pourquoi le « Prêtre Jean » ? Peut-être cette appellation est-elle le fruit d'une longue confusion de la fonction royale et de la fonction sacerdotale dans l'ancienne Égypte. Peut-être, aussi, l'Orient chrétien a-t-il mal entendu « Zan » qui signifie la « Majesté » dans la langue amharique qui se parle au nord du lac Tana et dans la langue guèze, l'ancienne langue du royaume d'Axoum devenue langue liturgique de la chrétienté monophysite d'Éthiopie. Quoi qu'il en soit, l'Occident place quelque part en Orient ce roi-prêtre, vaguement confondu avec les rois mages d'une tradition qui ajoute très tôt à l'Évangile, lequel parle simplement de « mages venus de l'Orient », sans définir pour autant leur fonction.

La légende est déjà solidement établie dans les années 1160, quand commence de circuler en Occident une *Lettre du Prêtre Jean* qui est au vrai un démarquage de la légende d'Alexandre le Grand fabriqué de toutes pièces par un chanoine de Mayence, avec la connivence de son archevêque, indigné par l'indifférence de la chrétienté devant les progrès de l'Islam. Le faussaire n'est pas un fabulateur. Il s'inscrit dans la meilleure tradition des faux documents que toute abbaye forge pour affirmer des droits dont elle est moralement assurée. Le Prêtre Jean devient le type même du héros oriental, une sorte de roi Arthur entouré des trésors de Golconde. Son palais est fait de porphyre, d'améthyste et de cristal. Les colonnes sur lesquelles repose sa table d'or et de pierreries sont d'ivoire. Il a sous lui les rois des Pygmées, des Cynocéphales et des Coclès. La reine des Amazones est sa vassale. Soixante-douze rois le reconnaissent pour leur maître. Sept rois servent à sa cour. C'est l'empire des merveilles, tel qu'il apparaît au portail de Vézelay, mais avec, en plus, le triomphalisme. On y joint l'eschatologie : il règne sur la Fontaine de Jouvence, voire sur le Paradis terrestre perdu par les autres. Il engendre des rêves de fortune : ne règne-t-il pas sur les serpents qui gardent le pays des épices ?

Tout l'Occident fait circuler, de bonne foi, la *Lettre du Prêtre Jean*, et nul ne met en doute l'identité de son auteur. On la traduit, on la recopie. Les encyclopédies en font grand cas. On retrouve en 1339 le fleuve de Paradis et les soixante-douze rois sur la mappemonde du Majorquin Angelino Dulcert. La *Lettre* circulera pendant deux bons siècles. Elle est le véhicule d'un rêve exotique. Il est, en une contrée lointaine, un monde meilleur.

Gengis Khan pourra bien, en 1203, écraser et soumettre les Kara Kitaï, le nouvel empire mongol qu'il étend en vingt ans jusqu'aux rives de la Caspienne prendra dans la géographie politique des Occidentaux la succession de leur éphémère royaume. Le mirage oriental résiste au temps comme aux faits. Gengis Khan sera le descendant du Prêtre Jean.

Dans le même temps, on s'efforce de comprendre plus sérieusement l'Islam, non pour l'accepter mais pour mieux fonder l'offensive intellectuelle dont certains veulent accompagner la Croisade. L'intérêt porté au Coran n'est jusque-là que simple curiosité. Cela pousse quand même l'abbé de Cluny Pierre le Vénérable à souhaiter une traduction latine, à laquelle travaillent à Tolède en 1141 un groupe de quatre savants : un Français, un Anglais, un Musulman et un Mozarabe. A la fin du siècle suivant, le philosophe majorquin Raymond Lull, qui n'a pas dédaigné d'apprendre l'arabe, préconise l'unité des chrétiens comme premier moyen d'une prédication efficace et d'une reprise réaliste de la Croisade. Le reste serait affaire de discussion, et Lull voit l'affaire comme une longue mais simple dispute universitaire.

> Si vous écriviez vous-même, suggère-t-il au pape, à certains rois des Sarrasins pour qu'ils vous envoient quelques-uns de leurs sujets particulièrement réputés pour leur sagesse et leur finesse, je crois qu'ils ne refuseraient pas de le faire. Nous pourrions alors, s'ils demeuraient quelques années chez nous, leur montrer la Vérité qui nous vient de notre foi, en discutant avec eux sans arrogance et en échangeant comme des amis. Ils admettraient ainsi notre foi, ou du moins s'en iraient très troublés au sujet de leur secte, et ils se mettraient à proclamer à leurs compatriotes ce que nous pressentons et croyons de Dieu et de ses œuvres.

Les mirages

Quoi qu'il en soit de quelques rêves, on en est toujours à des rapports de force. C'est alors que les Mongols de Gengis Khan et de ses successeurs — surtout de Kubilaï, l'hôte fastueux de Marco Polo — surviennent à point nommé : ils donnent à songer aux chrétiens d'Occident. Ils sont réellement une menace dans le dos des Turcs. Les voyageurs en portent témoignage, ils manifestent une tolérance religieuse qui se traduit d'abord par ces controverses théologiques auxquelles se complaît l'Occident et ensuite par la fondation, combien fragile, d'une Église de Chine. Le Prêtre Jean n'est-il pas le Grand Khan ?

Un siècle plus tard, on rêve de nouveau à propos de la nouvelle puissance qui s'établit en Asie, celle de Tamerlan. Comme jadis entre les khans mongols et les souverains européens, se succèdent les correspondances et les ambassades entre Byzance, Rome, Londres, Séville et Paris d'une part, Samarkand de l'autre. Des relations se nouent, dès les années 1395, lorsque l'empereur Manuel III Paléologue mande à Tamerlan un dominicain, sans doute un certain François de Tabriz. Dans le même temps, des marchands génois et vénitiens qui fréquentent les marchés de l'Asie centrale véhiculent dans les deux sens l'information politique et économique.

Un évêque arménien, un étonnant personnage nommé Jean, devenu archevêque de Sultaniyé en Iran, rend à Samarkand visite à Tamerlan, vient en 1398 à Rome où il rencontre le pape Boniface IX, regagne Samarkand, revient à Paris et à Londres en 1404, parcourt l'Italie de 1404 à 1408, se voit chargé en 1409 d'une mission à Constantinople par les cardinaux réunis au concile de Pise, revient enfin à Pise. Seule la vieillesse l'empêchera d'aller alors occuper le siège archiépiscopal de Pékin que lui confie sans grande illusion le pape Jean XXIII. L'infatigable évêque n'en mourra pas moins en 1412 au cours d'une mission diplomatique en Ukraine.

L'Occident a répondu aux avances de Tamerlan. Mais c'est un accord commercial qu'évoque l'ennemi du Turc. Parce qu'il entend organiser la prospérité de son empire, Tamerlan souhaite améliorer la circulation des hommes et des marchandises et intensifier ses relations économiques avec la chrétienté. Il pousse le réalisme jusqu'à dresser la liste des produits dont a besoin son empire. Bien au contraire, l'Occident retient surtout la nouvelle apportée par l'archevêque Jean : la victoire remportée par Tamerlan sur les Turcs au cœur de l'Anatolie, devant

Ankara — l'Ancyre des Grecs, la capitale de la Galatie romaine — le 28 juillet 1402.

Le conquérant de l'Asie centrale veut consolider son empire par un rayonnement économique. La chrétienté attend surtout l'alliance de revers contre la puissance ottomane. Sans voir vraiment en lui le Prêtre Jean, on entrevoit une nouvelle version, fort actuelle et fort opportune contre Bayazid, du vieux rêve d'une tenaille refermée sur l'Islam. Tamerlan n'offre-t-il pas le moyen d'une revanche, quelques années seulement après l'effondrement à Nicopolis de la dernière des croisades ? N'a-t-il pas, à Ankara, assuré pour un demi-siècle la survie de Constantinople ?

L'Occident s'entête. En 1402, c'est le roi de Castille Henri III qui dépêche en ambassade deux jeunes nobles, Payo Gomez de Sotomayor et Hernán Sanchez Palaçuelos. Ils arrivent à point nommé pour complimenter le vainqueur des Turcs. Lorsqu'ils reviennent, un ambassadeur de Tamerlan les accompagne, un certain Mohammed al-Kéchi, qui se trouve d'autant mieux accueilli en Castille qu'il ramène quelques chrétiens naguère captifs des Turcs et libérés par le « roi des Tartares ».

Les résultats de l'ambassade paraissent cependant minces, et Henri III reprend l'affaire dès 1404 : une mission est confiée à un chambellan du roi, Ruy Gonzalez de Clavijo. On sait que l'intérêt principal de cette nouvelle expédition sera le récit que fera de son voyage un Clavijo à la curiosité toujours en éveil. Mais la dernière forme du rêve d'une alliance asiatique s'effondre avec la mort de Tamerlan, le 18 février 1405.

A vrai dire, c'est là l'une des constatations les plus douloureuses que font, depuis le XIIIe siècle, au long des routes et des cabotages de l'Asie les diplomates, les marchands et les missionnaires : ils n'ont nulle part rencontré le Prêtre Jean. Pour tolérants qu'ils soient, les Mongols ne sont que des Mongols, et le tombeau de saint Thomas ne fait pas de la côte indienne un empire chrétien. Avec le réalisme brutal du marchand qui se pique de compter et qui submerge son lecteur sous des chiffres aussi précis que généralement gonflés, Marco Polo identifie avec beaucoup d'aplomb le Prêtre Jean avec un khan — Jean serait la traduction française de khan — dont une rébellion de ses vassaux mongols menés par Gengis Khan aurait ruiné la domination, naguère étendue sur la Chine du Nord. Pour inventée qu'elle soit en large part, et même si elle rappelle — en inversant la chronologie — celle des Kara Kitaï, l'histoire rapportée par Polo ramène le Prêtre Jean à de modestes dimensions. Il devient un roi barbare. Le Vénitien ne laisse plus ses lecteurs rêver d'un empire chrétien. Et Odoric de Pordenone exprime bien au début du XIVe siècle la déception des Occidentaux quand il conclut son récit par cette mise au point : « Il n'en est mie la centième partie de ce qu'on dit. »

Dans le temps même où Tamerlan se prête au jeu diplomatique, les esprits lucides ne peuvent avoir manqué de relever une confusion qui bouleverse les données de la quête du Prêtre Jean : Tamerlan est un musulman. C'est un musulman pieux, même s'il manifeste plus de tolérance à l'égard des religions professées dans son empire que de mansuétude envers les peuples vaincus. Pour peu que l'Europe entende l'écho lointain des conquêtes et des massacres qui jalonnent l'histoire de Tamerlan, nul n'a la fantaisie de penser qu'il puisse donner dans une complicité active avec la chrétienté pour la reconquête des Lieux Saints. Au vrai, on a peur pour Constantinople, peur pour les chrétientés danubiennes et balkaniques. Le combat pour la foi s'estompe derrière le réalisme du nouveau combat : c'est de la défense de l'Europe qu'il s'agit.

Confrontée aux témoignages de ceux qui y sont allés, l'Europe pourrait s'en tenir à cette disparition du mythe. Il n'en est rien. Une chose est sûre, le Prêtre Jean est en Inde. Mais dans quelle Inde ?

Le caractère mythique des îles qui environnent les terres émergées ne pouvait qu'aider à y situer cette terre de foi au-delà des contrées infidèles. Alors même que l'on cesse d'y loger le Paradis, c'est le royaume du Prêtre Jean qui s'établit dans l'une des « Indes », celle d'Asie, celle d'Afrique ou celle des îles parmi lesquelles on pourrait bien trouver le continent austral que laisse deviner la logique du globe et dont, au début du XIVe siècle, le Génois Pietro Vesconte ne craint pas de dessiner les contours sur une mappemonde.

Certains s'accrochent encore au mirage de l'Orient. Puisqu'il n'est pas en Asie, c'est qu'il est au-delà. Le mystère de la chrétienté oubliée se mêle à celui des antipodes. Au milieu du XIVe siècle encore, Jean de Mandeville fait du Prêtre Jean le maître de soixante-douze royaumes et d'innombrables îles qu'il situe quelque part au-delà des mers de Chine, « par-dessous la terre ».

Quelques années plus tôt, d'autres ont commencé de porter leur regard vers une Inde du Midi. Dès le début du XIVe siècle, la plupart des voyageurs savent et font savoir à l'Occident qu'il est une chrétienté au sud de l'Égypte, ce qui veut dire au-delà de l'Islam. Guillaume Adam en a beaucoup entendu parler au cours de son périple dans l'océan Indien. Pendant neuf mois, il a attendu dans l'île de Socotora qui est, en aval d'Aden, le deuxième et dernier verrou de la mer Rouge, une occasion de passer en Abyssinie qui n'est pas venue. Il pense que la prochaine croisade pourrait être autre chose qu'une attaque frontale de l'Islam sur l'interminable littoral méditerranéen. Entre la côte de Palestine et celle de Tunisie, les risques d'enlisement ont été trop démontrés pour qu'on aille de nouveau s'y perdre. Revenu de sa pérégrination, Adam propose en 1317 que les futurs croisés tournent l'Islam par l'Asie et fassent au sud le blocus de la mer Rouge. Ainsi, en contournant le barrage que réprésente depuis 1250 la puissance mamelouke, secourrait-on efficacement les chrétiens isolés de l'Abyssinie. Il suffirait que les Génois construisent à Ormuz quelques galères. On les établirait à Socotora.

Quant à Jourdain Cathala de Séverac, il évoque à la même époque le « voyage d'Éthiopie » comme une entreprise difficile mais réalisable à partir de l'Inde. Mêlant lui aussi l'Inde d'Asie et celle d'Afrique, Cathala ne manie ni plus ni moins que les autres voyageurs — et notamment que Marco Polo — l'exagération des chiffres qui concourt à la crédibilité du merveilleux : la chrétienté d'Éthiopie est égale à trois fois, en étendue, celles de l'Occident latin et de l'Orient grec réunies. Le brave religieux ne voit pas que cette triple étendue n'explique qu'assez mal pourquoi la chrétienté d'au-delà a besoin d'un secours.

L'Europe n'a pas encore transformé le rêve de la Croisade en un simple prétexte à fiscalité. Pour ceux qui gouvernent l'Église aussi bien que les royaumes temporels, la chute d'Acre en 1291 a été l'affaire de leurs pères. Une génération a passé. Il est temps. Mais l'inorganisation de l'Occident, qu'ont démontrée pendant deux siècles les départs successifs d'expéditions insuffisantes, continue de se traduire par le désordre des initiatives. Les uns tentent encore de négocier avec le Mamelouk, les autres lui laissent entrevoir ce péril sur deux fronts, ce qui ne l'incite pas à la concession.

C'est là le principal résultat de la mission envoyée en 1316 par le pape Jean XXII : huit dominicains s'en vont en Éthiopie, avec le propos ouvert d'y fonder des couvents à l'occidentale, autrement dit d'établir en terre copte un ordre mendiant relevant de l'autorité romaine. C'est en revanche au Caire que le roi de France Philippe VI dépêche en 1330 deux prélats, l'évêque de Mende Guillaume Durand le Jeune et le patriarche de Jérusalem Pierre de La Palu, afin de négocier avec le sultan mamelouk la restitution aux chrétiens des Lieux Saints de Jérusalem. Durand a été l'un des diplomates habituels de Clément V, et on le sait en demi-disgrâce auprès de Jean XXII. Sa mission est, entre autres choses, un moyen pour le roi de se mêler des affaires de l'Église. Quant à La

Palu, c'est un théologien de l'ordre de saint Dominique qui vient de recevoir ce titre — *in partibus infidelium* depuis la fin du royaume latin — de patriarche de Jérusalem dont resteront longtemps friands les prélats en attente du chapeau cardinalice. La Palu a déjà dans l'Église la réputation d'un « contestataire ». On le verra par la suite prendre, contre l'austère pape Benoît XII, de très fermes positions en faveur d'une réelle autonomie de l'ordre. Il sera l'auteur d'une consultation favorable au maintien de la fiction canonique qui permet aux dominicains de rester collectivement pauvres sans s'interdire personnellement un train de vie peu compatible avec l'idéal évangélique. Le pape, en 1338, le fera même arrêter. Plus qu'un fidèle du pape, La Palu est un fidèle du roi Philippe VI. Père, oncle ou neveu, un chevalier de sa famille, également nommé Pierre de La Palu, est dans le même temps (de 1338 à 1342) conseiller du roi, sénéchal de Toulouse et capitaine général en Languedoc.

Autant dire que l'on joue à provoquer le sultan. On lui envoie deux religieux qui sont en fait des agents d'un roi de France qui ne cesse de parler de la Croisade, et l'un d'eux porte un titre qui suffit à froisser les musulmans. Bien pis, ce qu'on lui propose signifie qu'on le prend pour un naïf. Durand et La Palu suggèrent tout simplement au sultan de cautionner le libre accès à Jérusalem en cédant aux Français un port qui pourrait être Césarée ou Ascalon. Bien que les plénipotentiaires offrent de payer tribut pour ce port et de respecter les mosquées de Terre Sainte, le Mamelouk voit immédiatement le danger : les « Francs » ne s'en tiendront pas là. S'ils remettent le pied en Terre Sainte, ils tenteront la reconquête de l'ancien royaume latin. Violemment rabroués, les deux prélats se tireront de justesse d'un tel mauvais pas.

Philippe VI ne se tient pas pour éconduit. En 1338, c'est une mission de trente dominicains qu'il envoie au Caire pour reprendre la négociation.

Le Mamelouk leur enjoint de quitter sur-le-champ leur habit religieux, puis, comme ils refusent, les fait chasser d'Égypte.

Les choses, au moins, sont claires pour l'Occident. La barrière égyptienne demeure infranchissable. On n'en continue pas moins à penser au Prêtre Jean, et l'on sait à peu près le situer. Dans son *Livre du pèlerinage* (1335), le voyageur Jacopo da Verona évoque un Prêtre Jean, seigneur de Nubie et d'Éthiopie. Angelino Dulcert figure sur son planisphère, en 1339, le royaume du Prêtre Jean dans les étendues incertaines de l'Afrique orientale, au sud de l'Égypte. Deux mystères se rejoignent ici, celui de la chrétienté lointaine et celui des sources du Nil que les cartographes du XVe siècle confondront encore avec le Niger.

La littérature imaginaire du Moyen Age ajoute à la confusion. L'une des dernières chansons de geste, celle d'Ogier le Danois, mise en vers au début du XIIIe siècle par Raimbert de Paris, remaniée à la fin du siècle par Adenet le Roi, adaptée en latin au XIVe et complétée au XVe dans une version danoise combinée avec le *Livre* de Jean de Mandeville, attribue à son héros la conquête et la conversion de l'Inde. Ogier aurait laissé, pour gouverner sa conquête, un guerrier frison renommé pour sa piété, Jean dit *Presbyter* ou le Prêtre. Fils d'un roi de Frise, passant plus ou moins pour prêtre, ce Jean ne pouvait que se confondre avec le Prêtre Jean.

Les Danois s'intéressèrent à ces compatriotes d'au-delà du monde infidèle. Au milieu du XVe siècle, deux expéditions furent organisées avec le concours du Portugal, pour renouer avec le royaume mythique. Christophe III de Bavière, roi de Danemark (1439), de Suède (1440) et de Norvège (1442), se sentait insuffisamment assuré de l'unité scandinave établie en 1397 à Kalmar, sérieusement entamée par les révoltes suédoises et tant bien que mal restaurée par sa triple élection. Il pensa redorer son blason « archiroyal » par une opération de prestige. Il envoya l'un de ses fidèles, un nommé Vallarte, au roi de Portugal Alphonse V en lui demandant de procurer l'aide nécessaire à une mission chargée de retrouver l'Inde du Prêtre Jean. Comme son oncle Henri le Navigateur, Alphonse V l'Africain s'intéressait surtout aux routes atlantiques. Vallarte s'embarqua donc en 1445 pour le « passage ». Inde d'Afrique ou Inde d'Asie, il pensait atteindre le Prêtre Jean par la voie maritime. Il se retrouva prisonnier en Guinée.

Le Danemark ne renonça pas. En 1458, un nommé Laaland tentait à nouveau de convaincre le roi de Portugal de l'associer à ses entreprises. Soixante ans plus tard, alors que la route de l'Atlantique était ouverte et qu'on savait à quoi s'en tenir quant au nouveau continent, c'est par le Groenland et l'océan Arctique que la flotte de Norby cherchait à gagner, pour le compte de Christian II de Danemark, les terres lointaines d'une chrétienté gouvernée par les descendants d'Ogier et d'un Prêtre Jean danois.

Les données politiques changent. A la menace turque sur l'Europe orientale correspond une accalmie relative des hostilités religieuses au Maghreb. Génois et Catalans y sont familiers des ports et des marchés. Et c'est alors que, pour la première fois, se manifeste au sein de la chrétienté une pensée plus ouverte que celle des croisés et des convertisseurs. Le néo-platonicien Nicolas de Cues propose en 1461 de reconnaître aux musulmans leur part dans la Révélation. Comme les prophètes, Mahomet est un témoin de Dieu. Le fossé qui sépare les religions n'est pas aussi profond qu'il apparaît au premier abord. A la fin des temps, tous les croyants seront réunis dans la gloire de Dieu.

> Pour celui qui interprète le Coran de manière bienveillante, il est clair que Mahomet n'a voulu révéler les mystères de Dieu qu'à des hommes sages. Il dit lui-même qu'il n'a rien voulu cacher de ces mystères, mais que le Coran n'est un livre facile que pour les sages, tandis qu'il est difficile pour les autres. Il ne fallait pas, en

effet, que les Arabes, qui sont incultes et, selon le Coran, les pires de tous les incrédules, soient clairement initiés dès le début à de tels mystères.

Pourtant, si Mahomet leur avait prêché simplement l'Évangile au lieu de leur donner sa loi propre, ils auraient accédé à la Loi du Christ qu'ils ont refusée pendant près de six cents ans.

Mahomet leur expliqua donc dans sa prédication qu'ils étaient ismaélites et de la race d'Abraham. Il leur dit encore que les Juifs et les Chrétiens vénéraient également cet homme comme un prophète.

Il ne s'agit pas de renoncer à la conversion, mais de la présenter comme autre chose qu'un acte de mépris et un refus d'entendre l'autre.

L'Église de Chine

L'histoire de la chrétienté chinoise alimente, pendant un siècle, l'illusion d'un rapprochement avec l'Asie profonde, au-delà de l'Islam. Certes, il y a longtemps que le christianisme a pénétré en Chine, et l'Église syrienne de la côte du Malabar, en Inde, s'enorgueillit tout à la fois, au XIIIe siècle, de sa fondation — parfaitement légendaire — par l'apôtre saint Thomas et d'une évangélisation de la Chine par ce même saint Thomas, autrement dit par l'Église de l'Inde. Ce qui est sûr, c'est que le christianisme nestorien s'établit sporadiquement en Chine, en même temps que le judaïsme et l'islam, entre le VIIe et le VIIIe siècle. Mais les nestoriens sont des hérétiques, et tout cela ne dit rien qui vaille à l'Occident. C'est cependant en sachant que l'empire mongol des Yuan s'ouvre volontiers aux monothéismes étrangers qu'à la fin du XIIIe siècle le pape choisit de ne plus s'en tenir aux missions de reconnaissance.

Monte Corvino est chargé d'établir des relations, non de prêcher aux foules. Mais il découvre en Asie des possibilités qu'il ne soupçonnait pas. En Inde, il a baptisé cent catéchumènes. En Chine, il en baptise six mille, sans compter les enfants qu'il achète pour les baptiser et dont il fait une sorte de maîtrise. Il combat l'hérésie des nestoriens. Il participe aux débats théologiques qui font la joie du Khan. On le laisse libre d'enseigner, de prêcher, de célébrer. L'appel à un renfort qu'il adresse à Clément V n'est pas un appel au secours. C'est la constatation d'un succès, auquel le seul Monte Corvino ne peut faire face.

Au moins autant que la conversion des païens, celle des nestoriens touche au point sensible la papauté. En ce XIIIe siècle où l'Église s'érige en puissance européenne, elle rêve naturellement de ces mondes christianisés qui lui échappent. Au concile de Lyon, en 1274, on a entrevu la réconciliation avec les Grecs orthodoxes. Au lendemain de la rupture de 1289, nul n'a oublié quinze années d'espoir. Entre-temps, le franciscain Ghirardo da Prato, qui a déjà été en 1264 l'ambassadeur d'Urbain IV à Constantinople, est reparti en 1278 pour une double mission en Perse et en Chine dont il n'accomplira que la première partie, nouant des relations cordiales mais sans conséquences réelles à la cour de l'ilkhan de Perse, Abagha. A la génération suivante, Clément V voit dans le succès de Monte Corvino l'amorce d'une union ecclésiale avec la Chine, qui tournerait Byzance — de même que les princes temporels croient voir la possibilité d'une alliance de revers contre l'Islam — et favoriserait le triomphe du catholicisme.

Clément V prend donc les grands moyens. Il dépêche vers Khambaluk sept franciscains italiens, tous sacrés évêques avant leur départ, en sorte que ceux qui parviendront en Chine pourront conférer à Giovanni da Monte Corvino l'onction épiscopale. Notons, ici, le réalisme du pape, qui sait à quel point il est essentiel de ne pas donner l'apparence d'un désaveu de celui qui a su s'imposer chez les Mongols par sa connaissance de l'Asie, de ses langues et de ses usages : plutôt que d'envoyer un évêque pour la Chine, il envoie des évêques capables de faire évêque celui qui est déjà en place.

Trois des envoyés meurent en Inde, comme est mort le compagnon de Monte Corvino, le dominicain Nicolà da Pistoia. Un autre regagne l'Occident et prévient le pape, qui fait partir sur-le-champ trois nouveaux évêques. Trois parviennent au but. En 1311, ils sacrent Giovanni. On mesure l'importance de la chose aux yeux du pape : dix franciscains sacrés et envoyés en Chine à seule fin de donner à celui qui est en train de réussir les moyens de fonder une véritable Église, assurée de la plénitude des sacrements, et de la perpétuer. Une chose est de savoir traduire l'Évangile en tartare, une autre de prendre la tête d'une Église dans la succession apostolique.

D'autres suivront Monte Corvino. Et d'abord les trois franciscains consécrateurs de 1311. L'un, Ghirardo Albuini, reçoit de l'archevêque qu'il a consacré un évêché créé à Zayton, le grand port du Sud, grâce aux libéralités d'une riche Arménienne qui finance à elle seule la construction d'une cathédrale.

A la mort de Ghirardo Albuini en 1313, c'est le deuxième franciscain, Peregrino da Castello, qui lui succède comme évêque après que le troisième, Andrea da Perugia, a refusé d'exercer un épiscopat dont il a cependant reçu l'ordination. Il lui faudra cependant s'exécuter lorsqu'à la mort de Peregrino, en 1322, Monte Corvino l'en pressera. Il est encore en fonction en 1326, date d'une lettre par laquelle il fait savoir au pape où l'on en est de la christianisation : en trente ans, se sont convertis quelque dix mille Tartares païens et de quinze à trente mille Alains du Caucase, jusque-là de rite grec. Quelques années plus tôt, Peregrino da Castello donnait dans une autre lettre la mesure de la tolérance qui accompagnait la prédication de l'Évangile :

> Nous pouvons prêcher librement parmi les infidèles. Nous avons souvent prêché dans la

mosquée des Sarrasins, en sorte qu'ils puissent se convertir.

Les trois consécrateurs de 1311 auront donc été, à leur tour, tous trois, évêques de Zayton. Mais Andrea da Perugia vieillit, et il le dit sans fard au pape :

> Je pourrai encore travailler quelques années à la moisson des âmes. J'ai cependant des cheveux tout blancs, par l'effet de la vieillesse et des fatigues de l'apostolat.

Il est temps de songer à la relève. La route de Khambaluk voit se succéder les envoyés du pape, presque tous choisis dans l'ordre franciscain. Certains sont destinés à demeurer en Chine, d'autres à assurer la liaison entre la jeune Église et le Siège apostolique. Ainsi en est-il du franciscain Odoric de Pordenone, un frère originaire du Frioul mais issu d'une famille de Bohême. Il connaît déjà la langue tartare lorsque, dans les années 1310, Clément V le charge d'une mission dans l'empire de la Horde d'Or, autrement dit dans les régions occidentales du monde mongol. Il accompagne alors un autre franciscain, Conrad de Pigau, nommé par le pape vicaire apostolique dans la Horde d'Or. Une nouvelle mission, en 1318, le voit accompagné de deux franciscains vénitiens et d'un Irlandais. Il s'agit, cette fois, d'une liaison avec l'archevêque Monte Corvino. Pordenone et ses compagnons passent trois ans à Khambaluk dans l'entourage de l'archevêque, rencontrent le Khan, se familiarisent avec les problèmes que pose chaque jour la chrétienté chinoise. A leur départ, ils sont chargés par Monte Corvino d'une mission bien précise : lui envoyer de nouveaux prêtres. Il est à l'évidence une difficulté qui peut être l'affaire d'une génération : l'Église de Chine ne donne pas encore ses propres prêtres.

On ignore la date exacte de la mort du premier archevêque de Khambaluk : entre 1328 et 1333. Toujours est-il qu'en 1334 Jean XXII lui donne un successeur, et que celui-ci viendra d'Europe: c'est encore un franciscain, un Parisien, théologien réputé. Il s'appelle le frère Nicolas. Il quitte Avignon lesté de cent florins. Nul ne saura jamais s'il atteignit la Chine. Clément V avait été plus prudent en envoyant dix frères pour qu'il en arrivât un.

La Chine était sans archevêque. La protestation d'une communauté chinoise parvint à Avignon, portée par un Mongol baptisé et par deux marchands génois. Chose stupéfiante, ils étaient aussi porteurs d'une lettre du Khan, lequel s'inquiétait qu'on n'envoyât pas un nouvel archevêque. Les trois voyageurs avaient mis deux ans à gagner l'Occident. On était en 1338. Benoît XII vit le danger d'une aussi longue vacance du siège: comme jadis Clément V, il envoya plusieurs évêques, en l'occurrence quatre franciscains. L'un d'eux, Giovanni Marignoli, allait régner sur l'Église de Chine de 1342 à 1346.

Deux ans pour prévenir le pape, quatre ans pour arriver à Khambaluk, et cela pour un pontificat de quatre ans. Marignoli n'avait pas l'intention de mourir en Chine. Il prit le chemin du retour en 1346. On voit la faiblesse qu'introduit dans la vie de l'Église chinoise la lenteur des communications. La seule solution eût été une décentralisation de l'autorité, qui eût donné aux Chinois la faculté d'élire leur évêque. Une telle politique, contraire à la réserve systématique des collations de bénéfices ecclésiastiques qui caractérise la papauté d'Avignon, dut paraître inconcevable à la Curie. L'archevêque Marignoli finit tranquillement ses jours à la cour d'Avignon. L'historien y gagne le récit très vivant qu'il rédigea alors de ce qu'il considérait comme une mission temporaire. Pendant ce temps, il n'y avait plus d'archevêque en Chine.

Malgré tant de difficulté et tant de fragilité, la naissance d'une Église catholique en Chine signifie de grands espoirs pour une chrétienté qui essaime sous le gouvernement tolérant du Khan. Mais l'Église qui découvre le monde se trouve confrontée à des religions dont, faute d'une réelle approche théologique, les missionnaires mesurent mal la profondeur. Du bouddhisme, les observateurs — de Pian Carpino à Marignoli — n'ont noté que les pratiques, les rites, les étrangetés. Rubrouck observe les bonzes au crâne rasé et voit les brûle-parfum et les offrandes devant un Bouddha dont il admire surtout la taille, mais il ne cherche pas à comprendre davantage. Monte Corvino s'attache un instant aux vaches sacrées de l'Inde. Pordenone et Marignoli regardent avec curiosité la crémation des morts. Au plus notent-ils la croyance en la métempsycose, donc dans la vie éternelle. Les uns et les autres sous-estiment les différences. Toutes les religions leur apparaissent comme voisines, à peu de chose près, du christianisme. C'est évidemment pour les Mongols que les voyageurs chrétiens, sensibles à leur monothéisme, se font les plus grandes illusions : les Mongols ne sont-ils pas très proches de la vraie foi ?

La tolérance de tous et la curiosité du Khan n'est pas moins génératrice d'illusions. Formés au jeu dialectique, franciscains et dominicains se prennent à celui des confrontations comme celles auxquelles se plaît le Khan. C'est ainsi que Rubrouck se trouve l'un des protagonistes d'une controverse théologique tenue à la cour de Karakorum. Les chrétiens occidentaux et orientaux — les nestoriens déjà très présents en Chine — y disputent de leur dogme avec les musulmans, avec les polythéistes, avec les bouddhistes. Chacun parle d'abondance, et notamment Rubrouck, dont l'insistance finit par agacer tout le monde. Heureusement, tout finit par des cantiques que l'on chante plus ou moins ensemble, et l'affaire s'achève dans un festin offert par le Khan.

Dès le temps de Monte Corvino, l'action des religieux venus d'Occident porte cependant des fruits. Heureux des nouvelles qu'il reçoit, Clément V dépêche à son missionnaire le renfort que celui-ci a demandé : les sept franciscains. Cela suffit pour que Monte Corvino, sacré archevêque, soit désormais en charge officielle de ce que le pape appelle « l'empire des Tartares ».

Non sans naïveté, l'archevêque baptise quelques dizaines de catéchumènes, leur enseigne le latin, traduit à leur intention en langue chinoise les Psaumes et l'Évangile. Laisse-t-il, à sa mort, les trente mille chrétiens dont le créditeront ses successeurs ? Le nombre est assurément excessif. Ce qui ne l'est peut-être pas — tous les pays de mission ont, un temps, confirmé ce phénomène — c'est la qualité de la foi que professent ces néophytes. « Dix fois meilleurs chrétiens que les nôtres », dira vers 1330 Cathala de Séverac.

A de telles nouvelles, l'Occident chrétien vit dans l'espérance. Après l'Europe centrale et la Russie, la Chine s'ouvre à l'Évangile. Pour des hommes de Dieu, cela vaut mieux qu'une croisade.

Tout s'effondre en 1368. Le nationalisme chinois l'emporte sur l'œcuménisme. La dynastie mongole des Yuan est renversée. De purs Chinois, les Ming, lui succèdent. Leur première préoccupation est de fermer la Chine aux influences extérieures.

C'est alors qu'en 1369 Urbain V se souvient du siège archiépiscopal de Khambaluk. Urbain V est un saint homme, mais il ne comprend visiblement rien aux exigences de l'évangélisation dans les pays lointains : il désigne le franciscain frère Cosma, un ancien évêque de Trébizonde, pour l'heure archevêque de Saraï (Tsarev), autrement dit d'Astrakhan, sur l'embouchure de la Volga. Quelques mois plus tard, Cosma est de nouveau à Saraï. Disons clairement qu'il n'a sans doute pas quitté sa résidence. Le 11 mars 1370, le pape désigne un nouvel archevêque de Khambaluk, un théologien parisien nommé Guillaume du Pré.

On fit bonne mesure : Du Pré partit avec cinquante franciscains. Nul n'eût jamais de leurs nouvelles. Il était trop tard. Des fantoches se succédèrent désormais sur un siège illusoire. Deux ou trois inconnus reçurent des bulles les nommant archevêques de

Khambaluk. Lorsqu'en 1426 Martin V s'avisa d'en nommer encore un, ce fut pour remplacer un prélat « dont le nom est ignoré, après lequel le siège a vaqué plusieurs années ». Il fit choix du frère Jacopo Camporea, un dominicain du couvent de Caffa, en Crimée. Jacopo ne quitta pas Caffa. Il en devint évêque en 1441.

Le souvenir d'une chrétienté perdue au-delà des terres et des mers ne fera que se superposer à celui du mythique Prêtre Jean.

CHAPITRE VIII

L'or

Des métaux pour une monnaie

Depuis qu'aux temps celtiques elle a accédé à l'économie monétaire qui introduit à la fois un étalon et un moyen de paiement plus subtil que le troc linéaire d'un bien contre un autre, l'Europe bute sur l'inégale répartition dans le monde des deux métaux retenus pour leur relative stabilité matérielle autant que pour leur rareté : l'or et l'argent. Riche en argent, l'Europe est pauvre en or. Celui qui circule est, pour l'essentiel, importé : il en résulte une rareté qu'exprime le rapport des valeurs de ces deux métaux précieux. On se trouvera bien, dans l'Occident chrétien, d'un rapport de un à douze qui met en œuvre un nombre sacré, celui des apôtres. Au vrai, c'était déjà celui des mois lunaires, et les mathématiciens lui reconnaissaient depuis longtemps la perfection d'un nombre divisible par deux, par trois, par quatre et par six. Mais le rapport douze est surtout au Moyen Age celui que constatent, en mesurant les marchés, les changeurs qui conseillent les gouvernants de Florence ou de Venise comme ceux qui avisent un saint Louis lors du rétablissement en France du bimétallisme. Et c'est celui que préconise, après Aristote, un Thomas d'Aquin soucieux de donner aux bases de l'ordre des choses un équilibre mathématique riche en symboles. En un mot, douze marcs ou douze livres d'argent valent un marc ou une livre d'or.

Dans les variations de la conjoncture monétaire, on le verra, douze ne sera plus une valeur stable et symbolique. Ce sera plutôt une moyenne sur le long terme. Pour la France, le rapport atteindra seize lors de la crise du renforcement de 1309, touchera dix-huit avec la création en 1337 du gros à la couronne qui manifeste le besoin d'argent d'un royaume qui va vers la guerre et se prépare à la croissance budgétaire, tombera à six lors de la crise du milieu du XIVe siècle. La stabilité monétaire qui suit la première consolidation du franc en 1360 ne rétablit que temporairement un rapport de douze. On retrouvera le rapport à six, et même à quatre, pendant la crise des années 1419-1422. Pour l'Angleterre, le rapport oscille autour de neuf au XIIe siècle et jusqu'en 1267, date à laquelle il passe brutalement à onze dans les premiers soubresauts d'un bimétallisme à peine esquissé. L'Angleterre atteint le rapport douze à la fin du XIIIe siècle, et ne s'en écarte plus guère. A Venise, le rapport oscille, de 1250 à 1290, autour de onze ou douze. Il dépasse treize peu avant 1300, quatorze en 1308, quinze en 1342. Même évolution dans les pays d'Empire, mais avec retard et avec un rapport constamment inférieur, dû à la disposition de ressources naturelles en argent supérieures à celles de la France ou de l'Angleterre. C'est au début du XIVe siècle qu'en Allemagne comme en Hongrie le rapport de l'or à l'argent passe rapidement de neuf ou dix à treize ou quatorze. Les places allemandes donnent des rapports de dix-neuf à vingt-cinq dans les crises politiques des années 1330, mais ces excès demeurent exceptionnels. Normalement, l'Allemagne s'en tient à dix ou douze.

Le développement des moyens de paiement scripturaires et fiduciaires, du contrat comme de la lettre de change, bouleverse alors le marché européen. Il n'est plus, dorénavant, concevable qu'une place ou un pays tienne durablement un rapport sensiblement différent de celui de ses voisins. Celui qui s'y aventurerait perdrait sa monnaie en même temps que son marché. La fin du Moyen Age connaît des rapports compris entre dix et douze, et les gouvernements rivalisent d'espionnage et de subtilité, en faisant varier le rapport d'un ou deux dixièmes, pour tenter de déclencher les mouvements de numéraire préjudiciables à leurs ennemis ou tout simplement à leurs voisins.

L'argent

L'argent semble être partout en Occident. Les Phéniciens s'en sont avisés parmi les premiers. L'antiquité grecque et romaine voit déjà l'exploitation systématique des mines de l'Espagne méridionale et de la Galice. S'il faut en croire Polybe, quarante mille mineurs travaillent, au IIe siècle av. J.-C., à l'exploitation du minerai dans les gisements de Carthagène. Certes, l'effectif ainsi chiffré est fortement sujet à caution. Ce qui ne l'est pas, c'est l'impression formidable que fait sur le géographe grec, comme plus tard sur Strabon, cette entreprise gigantesque qui intègre les opérations successives du ramassage, du criblage, de la fusion et de l'affinage. Entre le Guadagna et la côte méditerranéenne, six ou sept grands centres d'extraction rivalisent pour approvisionner les places exportatrices que sont Carthagène, Gadès et Málaga.

Notons enfin, comme occupant une position centrale en Méditerranée, les mines du Laurion, proches du cap Sounion. Les Phéniciens, déjà, en tirent parti. Elles contribuent, à l'époque classique, à la fortune d'Athènes. Les Romains n'en auront plus que le souvenir : le gisement était médiocre.

L'argent du Moyen Atlas à l'ouest, celui de l'Asie mineure à l'est, ajoutent à ces ressources propres de l'Europe. Les Romains vont le chercher sur la côte atlantique à Lixos (près de la ville actuelle de Larache, sur la côte atlantique du Maroc), dans le massif du Taurus à Heraclea Cybistra (auj. Eregli, au sud de la Turquie). Mais la conquête arabe tarit un apport africain qui n'a jamais été de réelle importance, et le gisement du Taurus tarit de lui-même, comme naguère le Laurion.

Au nord des Pyrénées, le principal gisement connu de l'Antiquité est celui du Bas-Poitou. Le centre en est Melle, qui produit une bonne part de l'argent nécessaire aux monnayages gaulois. C'est encore l'argent poitevin qui permet les émissions mérovingiennes. Quelques gisements secondaires, en Lyonnais et en Velay comme en Bretagne, équilibrent plus ou moins bien le marché. En Angleterre, en Écosse surtout, des filons encore mal exploités suffisent quand même aux frappes royales comme aux monnayages des seigneuries ecclésiastiques.

Les mines d'argent de l'Europe centrale prennent opportunément le relais d'une production européenne héritée de l'Antiquité et dont les sources ne cessent de s'appauvrir. L'Antiquité les a ignorées, et Tacite paraît d'une grande sagesse quand, notant qu'il n'y a ni or ni argent en Germanie, il se refuse à affirmer qu'on n'en trouvera jamais. On n'a pas cherché, observe-t-il. Neuf siècles plus tard, on prospecte. C'est en 968 que sont repérés les filons de plomb argentifère du Harz et notamment ceux des hauteurs du Rammelsberg, qui concourent au XIe siècle à la fortune de la Saxe. Plus riche encore est le gisement que l'on découvre en 1136 près de Freiberg. Dès le XIe siècle, on exploite tant bien que mal — avec un énorme déchet, qu'on ne saura réduire qu'au XVe — les riches filons de cuivre argentifère du nord de la Hongrie (auj. en Slovaquie), entre Nitra et Kosice. Les mineurs et les métallurgistes allemands y gagnent une expérience et une réputation qui feront d'eux, jusqu'à l'aube des temps modernes, les experts de l'Europe. On les trouve au XIIe siècle en Hongrie. Ils seront au XVe en France.

Dans le même temps, les filons argentifères de Carinthie et de Styrie donnent, avant même que s'ouvrent à la circulation régulière les grands cols centraux, un intérêt tout particulier aux vallées des Alpes autrichiennes. A la fin du Moyen Age, ils feront à la fois la fortune du Habsbourg et celle de Jacob Fugger.

L'exploitation bénéficie alors des progrès de la métallurgie et de la relative mécanisation que permet l'utilisation de la force naturelle des rivières par une multiplication des moulins : le rendement double en deux siècles. Encore reste-t-il bien faible, significatif d'une énorme déperdition d'énergie : on ne tire, à la fin du XIIe siècle, guère plus d'une livre d'argent fin pour mille livres de minerai traité, et une tonne d'argent coûte la combustion de cinq cents stères de bois. Le gisement qui ne se trouve pas dans une région riche en forêts et en eaux est encore voué à une relative stérilité.

L'Europe médiévale va donc camper sur ses réserves, des réserves dont l'ampleur permet une sélection des gisements exploitables. Au fil des siècles, à mesure que la circulation commerciale s'améliore, on voit fermer les exploitations les moins rentables. Tout cela paraît dénoter un marché monétaire en bonne santé.

L'argent de l'Occident procure au monde gréco-romain et à ses successeurs du Moyen Age l'essentiel de leurs moyens de paiement. Une telle situation durera jusqu'au XIIIe siècle environ. D'une part, c'est la valeur intrinsèque de l'argent — la valeur résultant de sa rareté ou de son abondance en un temps et en un lieu — qui correspond le mieux à la valeur au détail des biens de consommation et à celle des services. Bien sûr, l'argent ne suffirait pas s'il s'agissait d'acheter des grands domaines ou des exploitations industrielles, mais les grands domaines ne s'achètent pas plus que les mines ou les arsenaux. L'espèce d'argent est en revanche la monnaie la mieux adaptée à l'acquisition d'une pièce de drap ou d'un sac de blé comme à la rémunération d'un ferron, d'un médecin ou d'une servante. D'autre part, pour la masse de ses échanges internes, l'Occident se suffit du métal qu'il trouve entre l'Elbe et l'Atlantique.

Grande est la tentation d'user de ce métal précieux pour les échanges à longue distance, autrement dit pour procurer aux sociétés occidentales les articles de luxe qu'elles convoitent en Orient. Les épices, la soie, l'orfèvrerie, les ivoires, tout cela s'achète quelque part entre les ports de la mer Noire et ceux de l'Égypte ou de la Syrie. Et l'Orient manque d'argent.

Les anciennes civilisations du Proche et du Moyen-Orient ont trop sollicité leurs réserves naturelles.

Trop de parures et d'armes précieuses ont été englouties, avec ce qu'elles pesaient d'argent, dans les tombes des couches hautes et médianes de la société. Et la longue circulation des espèces d'argent fin — d'argent malléable — a fait la part belle à la perte et à l'usure matérielle. Malgré une forte reprise des exploitations minières dans l'empire perse des Sassanides, à l'époque où règnent en Occident les Mérovingiens, les Wisigoths et les Lombards, l'Orient ne peut se suffire de son métal pour répondre au besoin monétaire d'un monométallisme qui écarte l'or, presque exclusivement affecté à toutes les formes de la parure et de l'ornementation. Bijoux et vaisselle précieuse sont d'or. La monnaie est d'argent. Mais l'argent se fait rare.

L'essor même de l'économie sassanide porte les fruits que portera dans l'Occident médiéval la grande reprise des XIIe et XIIIe siècles : face à la croissance des échanges, l'insuffisance de la masse monétaire se traduit par une tendance inflationniste. Le rapport de l'or à l'argent était de quatorze dans le monde musulman vers l'an 800. Il tombe à dix vers 1200, ce qui signifie que l'on a moins d'argent pour un même poids d'or. L'argent devient un métal cher. On met de moins en moins de métal fin dans l'espèce-étalon. La drachme parthe du IIIe siècle n'est qu'un reflet noir de la drachme d'argent pur dont on usait à l'époque hellénistique. Le dirhem sassanide ne peut se sauver un temps qu'au prix d'une importation massive de métal monnayable. Trois siècles plus tard, les monnayages d'argent sont en péril à travers tout l'Orient. On ne frappe plus l'argent, au XIe siècle, en Asie mineure, en Iran, à Bagdad.

En rendant à l'or un rôle fondamental dans l'économie d'échanges, la conquête arabe n'a fait que modifier les conditions et les taux de la spéculation occidentale. A la même époque, l'Inde et la Chine — où le rapport dépasse rarement cinq — attirent à leur tour l'argent du Moyen-Orient arabe et à travers lui l'argent de l'Europe. Il fallait de l'argent pour acheter en Orient. Il devient maintenant avantageux, pour les Occidentaux d'Europe, de vendre en Orient de l'argent. Le courant va dans le même sens, mais il prend une autre signification. Et l'on vend de l'argent sur les marchés orientaux, quitte à se faire payer en or. L'argent qui fuit l'Europe n'est plus seulement le prix du luxe. Il est une denrée que l'Orient peut acheter à prix d'or.

Des temps romains à ceux des derniers trafics européens sur la place d'Alexandrie, l'Orient s'est prêté à bien des combinaisons pour se procurer l'argent nécessaire à la régulation de ses échanges internes. Il a facilité les acheminements sur les routes caravanières comme sur les routes maritimes de l'Inde et de l'Arabie. Il va maintenant jusqu'à donner une prime au cours de l'argent : sur le marché d'Alexandrie, au XIIe comme au XIVe siècle, on donne pour l'argent plus d'or qu'il n'est raisonnable. Les Occidentaux voient donc, longtemps, dans l'argent abondant la faculté d'importer comme celle de spéculer.

Enfin maître de son système monétaire sans être contraint, comme l'était l'empire romain, par la solidarité avec une Méditerranée orientale pauvre en argent, riche de son argent monnayé comme de ses réserves minières apparemment inépuisables, l'Occident carolingien choisit tout naturellement le monométallisme.

Il y a longtemps que, l'or se faisant rare en Europe, sa frappe monétaire se raréfie aussi. On voit encore circuler quelques sous d'or dans l'Europe du VIIIe siècle, mais ils sont plus souvent un étalon qu'un véritable moyen de paiement. On stipule le prix en sou, on paie en argent, ou en nature. Les quelques pièces d'or réellement mises en circulation sont destinées aux importations : il en faut pour trafiquer avec l'Espagne musulmane comme avec les pays de la Baltique. La frappe de l'or n'apparaît plus, au début du IXe siècle, que comme une prérogative, un symbole de souveraineté impériale, et c'est surtout pour affirmer l'identité de son pouvoir à celui des empereurs romains que le Carolingien Louis le Pieux, dans les années 820, frappe encore un tiers de sou d'or ; mais la pièce ne contient que le tiers du métal fin qu'elle eût contenu sous Constantin. Fidèle à la tradition de la Rome antique, l'Angleterre anglo-saxonne émet encore quelques pièces d'or jusqu'aux lendemains de l'an mil.

Pour l'essentiel, depuis le VIe siècle au moins, la véritable monnaie de l'Europe occidentale, si l'on excepte les places marginales en relations avec Byzance ou avec l'Islam, c'est l'argent. Une monnaie tend à se généraliser, avec toutes les différences de figure et de contenu qu'implique la diversité politique des frappes à travers les différents royaumes barbares : c'est une pièce relativement lourde et riche en métal fin, le denier. Dès le début du VIIIe siècle, on compte douze deniers pour un sou qui n'est plus vraiment le sou d'or et qui devient ce qu'il restera à travers tout le Moyen Age : une monnaie de compte, autrement dit un multiple. Un sou, cela veut dire douze deniers.

Les Carolingiens tirent les conséquences de cet état des choses. Pépin le Bref, vers 740, officialise la valeur du denier à un douzième de sou et fixe le poids de la pièce : 1,27 de nos grammes. Vers 780, Charlemagne organise le système : 240 deniers seront taillés dans une livre — unité de poids — d'argent fin. Il n'en faudra pas plus pour que le mot livre prenne, pour un millénaire, la signification en compte de 240 deniers, soit vingt sous. Dans l'immédiat, les premiers deniers émis sont plus lourds et meilleurs. C'est un renforcement, une réévaluation de la monnaie de compte.

Tant que subsiste dans l'Occident européen une économie relativement fermée, fondamentalement agricole et pastorale, organisée à l'échelle courte du domaine, puis de la seigneurie, l'équilibre se maintient entre les appétits des marchés et la masse monétaire disponible. Que viennent l'ouverture et l'expansion, que croissent les échanges à long et moyen terme, que se mettent en place des circuits commerciaux à pôles multiples, dépassant les échanges linéaires et conduisant à une immobilisation temporaire des espèces, et la masse métallique devient insuffisante. L'argent qui paie le vin du vigneron voisin se réinvestit le lendemain dans l'outil que paie le vigneron. L'argent qui permet en Angleterre l'achat de la laine nécessaire aux tissages flamands sort, lui, des circuits pour plusieurs semaines. L'argent qui paie à Antioche des soieries en est sorti pour six mois. A Bruges, à Londres, à Paris, à Barcelone, à Florence, l'argent se fait maintenant rare.

Le système de Charlemagne dure quelque cinq siècles, pendant lesquels l'inflation se traduit par une lente dévaluation des espèces. Elle est perceptible au fil des émissions, non dans la vie quotidienne. Le denier de Louis le Pieux comporte, au début du IXe siècle, 2,039 g d'argent fin. En France, le denier de l'an mil en comprend encore 1,53 g, mais celui de l'an 1100, s'il est aussi lourd, ne comprend plus que 1,53 g d'un alliage à 8/12 de fin : la monnaie de compte s'est amoindrie d'un tiers en cent ans. Le denier de Louis VII, au milieu du XIIe siècle, n'a plus que 0,815 g de fin. Le denier de 1250 ne pèse plus que 1,16 g, et il s'agit d'un alliage à 3,75/12 : dans le denier tournois de saint Louis, il n'y a que 0,351 g d'argent fin. Par rapport au denier des premiers Carolingiens, celui du jeune saint Louis a perdu 83 % de sa valeur intrinsèque.

Il est aisé de porter remède à l'incommodité. De la fin du XIIe siècle au milieu du XIIIe, les gouvernants rivalisent pour procurer des moyens de paiement qui ne contraignent plus à porter des sacs de plomb pour les 20 ou 25 % d'argent fin qu'on y trouverait à la fonte. Le premier, le doge Enrico Dandolo ordonne, à peine élu, la frappe d'une pièce lourde, valant 24 deniers : c'est le matapan, ainsi nommé parce que le nouveau maître de Venise rêve déjà d'une mainmise sur le monde grec qui le conduit dans l'immédiat à doubler le Péloponnèse au large du cap

Matapan et le portera, douze ans plus tard, à détourner vers la chrétienne Constantinople la quatrième croisade. Florence imite Venise en 1237, frappant alors des « gros » de douze deniers, autrement dit d'un sou de compte. D'autres villes, comme Lucques en 1242, font de même, contribuant à une circulation des nouvelles « grosses » espèces à travers l'Occident des places commerciales et des foires. Saint Louis imite l'Italie en 1266 avec l'émission d'un « gros » d'argent fin. Le roi d'Aragon suit en 1273, le comte de Flandre en 1275, le roi de Bohême en 1278, le roi d'Angleterre en 1279.

Nulle part, cependant, l'opération de prestige — ce sera en France pour un siècle la « bonne monnaie du roi saint Louis » — et de bon sens économique ne doit cacher la dévaluation. Le gros vaut douze deniers anciens, soit un sou. Pour la première fois depuis cinq siècles, le sou de compte a son correspondant en espèces réelles. Mais le sou romain était d'or et pesait 4,6 g sous Constantin. Celui de saint Louis est d'argent, et pèse 4,22 grammes. La chute est de treize à un. Et le gros d'un sou qui vaut douze deniers de son temps mais ne comporte que deux fois et demie ce qu'il y avait d'argent fin dans le denier de Charlemagne vaudra bientôt, pour le même poids d'argent, beaucoup plus qu'un sou.

L'or

Pour les paiements importants, force paraît être de revenir à l'or. C'est ce que font en 1252 avec le florin et le ducat les gouvernements de Florence et de Gênes, imités timidement par saint Louis avec un écu frappé vers 1266 et qui ne circule sans doute pas, et délibérément par Philippe le Hardi et Philippe le Bel dans les années 1285-1290. Après un essai sans lendemain en 1257, l'Angleterre vient définitivement à la monnaie d'or en 1344. L'Europe occidentale s'installe dans le bimétallisme, jusque-là connu des seules régions — la péninsule Ibérique, la Sicile — en contact avec le monde arabo-byzantin. Cette fois, l'Occident ne vivra pas de sa production.

Dès les origines, l'insuffisance est évidente. Il y a de l'or partout en Europe, mais si peu ! Seul, le sud de la péninsule Ibérique offre des ressources vraiment exploitables. Les paillettes d'or du Tage et du Guadalquivir ne sont pas négligeables. Celles du Pô, du Rhône, de l'Ariège et de la Garonne le sont. Elles nourrissent quelques laveurs de sables alluviaux. Elles ne supporteront pas un courant d'échanges économiques. Il y avait des gisements dans l'Orient hellénistique, en Thrace, en Macédoine. Le monde gréco-romain a su en tirer parti. Au temps de Strabon, ils sont épuisés. La conquête de la Transylvanie permet bien à l'empire de Trajan de mettre la main (107) sur les gisements aurifères des Carpates, sur l'or des Daces. Deux siècles plus tard, il n'en reste que le souvenir. Là encore, les ressources sont taries. L'Occident doit s'avouer qu'il manque d'or.

Pour l'Europe, le métal précieux qui peut constituer l'étalon et le moyen de paiement des grands trafics et des grandes affaires est donc au prix d'une exportation à grande échelle de produits naturels comme le blé ou de produits manufacturés comme au Moyen Age les draps de laine. Encore faut-il que ces courants d'exportation ne contrarient pas les importations payées à prix d'argent. Sinon, dans un bilan global, cela revient à échanger de l'or contre de l'argent, comme on le fait un peu trop à Tlemcen ou à Sijilmasa. Cela peut faire la fortune d'un spéculateur habile, non donner à l'Occident la masse monétaire qui lui manque.

L'or le plus proche, c'est celui de l'Afrique. Au-delà du désert, c'est l'or du Soudan : ainsi appelle-t-on globalement, faute d'en savoir plus, l'or du haut Sénégal, du haut Niger, de la Sierra Leone, voire de l'actuel Ghana. Et cet or donne à songer à l'Occident.

Les intermédiaires — ceux du Maghreb comme ceux du Sahara — s'entendent à tenir les Européens à l'écart des zones de production. Phéniciens et Carthaginois ont bien tenté de les tourner par la route maritime, la route qui longe le littoral mauritanien. Ils ont rarement dépassé Lixos, autrement dit l'aboutissement côtier des routes caravanières qui convergent à Sijilmasa. Ensuite, on renonce. Atteindre l'or du Soudan sur les lieux de son extraction relèvera jusqu'à la fin du Moyen Age du rêve et de l'aventure. L'or fait la richesse des marchands africains, non celle des États et des entrepreneurs européens qui doivent s'accommoder de quantités insuffisantes et de cours élevés : les produits d'échange se vendent à bas prix. Les champs où pousse l'or « comme les carottes » restent du domaine de la légende. L'Afrique a trop intérêt à entretenir l'incertitude des Européens. Antonio Malfante, qui atteint au XVe siècle le Touat, voit se dérober sans cesse le trésor espéré.

> Je suis resté quatorze ans chez les nègres. Jamais je n'ai rencontré quelqu'un qui pût me dire de science certaine : « Voilà ce dont j'ai été témoin, voilà comment on trouve et comment on recueille l'or. » Aussi est-il à penser qu'il vient de loin.

Ajoutons que le réchauffement général de l'hémisphère nord à partir des années 1350-1400 se marque durement au Sahara. Le désert gagne vers le nord. Il s'élargit. Les routes sont compromises. L'or se raréfie.

De l'autre côté du continent, l'or est encore présent comme une ressource à la fois naturelle et mystérieuse, et surtout inépuisable. Pour les contemporains des pharaons, la vallée du haut Nil et la région des grands lacs, c'est le « Pays de l'or », la Nubie. Du VIIe siècle av. J.-C. au IVe siècle ap. J.-C., la civilisation méroïtique doit sa prospérité aux fabuleux gisements de l'île de Méroé. Assouan est un marché de l'or, où se fait la régulation d'un trafic dirigé vers le delta comme vers les villes de la côte syrienne. L'Occident, bien évidemment, y accède à Alexandrie.

Mais les choses changent au IVe siècle, des changements politiques coupent la route du haut Nil, l'or parvient mal aux rives de la Méditerranée. Les grands ports de la Méditerranée orientale, d'Alexandrie à Tyr et Antioche, ont été les marchés d'approvisionnement du monde romain et de ses premiers héritiers en or de Nubie, d'Éthiopie, voire d'Arabie. A la veille de la conquête arabe, le flot d'or est à l'étiage.

Qu'on la prenne par l'est ou par l'ouest, l'Afrique apparaît donc longtemps comme le continent de l'or. Les fleuves africains sont les fleuves de l'or. Dans les ports de l'Afrique septentrionale, tout se vend contre de l'or : les lainages, la vaisselle de verre ou d'étain, les outils de fer, quand ce ne sont pas les pierres précieuses et les épices de l'Orient que les Catalans achètent à Alexandrie pour les revendre à Tunis. Sur les marchés de l'Afrique aurifère, à Tegdaoust, à Ghana, à Gao, l'or se paie en blé, en fruits, en cuivre, en produits textiles des industries de l'Égypte et du Maghreb. Tant que le système monétaire européen suffira à supporter la croissance, l'Europe rêvera de la soie de Chine et des épices de l'Inde. Lorsque viendra l'essoufflement, lorsqu'il sera évident que le plus grave problème n'est pas de se procurer le poivre et la girofle, mais d'entretenir des échanges internes malgré la pénurie de métal monnayable, c'est de l'or africain que l'on rêvera surtout, en confondant le Nil et le Niger qui charrient l'un et l'autre les précieuses paillettes.

L'Occident vit sur une illusion. Parce que l'or se trouve dans la nature en des pays aux agricultures pauvres et démunis de véritables productions industrielles, il paraît être à bon marché. Ce qui fait l'or à faible prix sur les places du Maghreb, c'est la conjonction de deux réalités économiques : l'Afrique a peu de chose à offrir au trafic international, et l'extraction ne coûte qu'une énorme main-d'œuvre mal rémunérée. Les premiers exploitants européens de l'or de Guinée ou de celui des Antilles ressentiront durement la désillusion : l'extraction fait le prix de l'or. Ils se rabattront largement sur le trafic des esclaves et sur celui des épices à bon marché.

Pour lointain qu'il soit, l'or d'Orient est moins mystérieux. Du Caucase à l'Arabie, nombreux sont les centres de production connus depuis des millénaires. Les gisements du Caucase et de l'Arménie subcaucasienne paraissent inépuisables, et l'on en tirera encore parti à l'époque contemporaine. On lave les sables aurifères tout au long des deux fleuves descendus de la montagne, l'Ingour et le Phase, aussi bien que dans le lit du Tchorok qui domine la côte en arrière de Trébizonde. On tamise aussi les alluvions des petits affluents du Cyrus et de l'Araxe, mais il y a surtout là de véritables mines de pépites qu'exploitent déjà les Perses et qu'Alexandre convoite à son tour. Les deux centres d'exploitation sont promis à un bel avenir urbain : ce sont Tiflis et Echmiadzin, futur siège du patriarcat arménien.

L'Occident accède à cet or dans les ports de la mer Noire orientale, de cette Colchide où — la coïncidence n'a rien de fortuit — les Grecs situaient la recherche de la Toison d'or. La lutte pour l'isthme d'Arménie comptera toujours, parmi ses nombreux motifs, la fascination de l'or. Mais la conquête sassanide met un terme à la facilité. L'or du Caucase n'est plus pour les négociants de la mer Noire et pour les économies méditerranéennes. L'or n'est pas tari, mais la route est fermée. Les Sassanides se réservent le métal précieux. Il alimente leur luxe. Parures et vaisselle sont autant de thésaurisations. Les Arabes retrouveront un jour cet or, et en irrigueront leur aire de relations économiques.

Les mêmes assèchements du courant vers l'Occident frappent dans les mêmes temps des apports asiatiques dans lesquels le monde gréco-romain n'avait jamais vu qu'un approvisionnement complémentaire. Les Grecs trouvent en mer Noire l'or de l'Oural et celui de l'Amou-Daria, voire celui de l'Altaï. Dans les ports de la mer Rouge, voire de l'océan Indien, ils se procurent l'or du Dekkan et celui du Tibet, en même temps que l'or, combien plus important pour l'économie méditerranéenne, de la Nubie et de l'Éthiopie. Là encore, les routes se ferment, les Sassanides gardent leur or, les Arabes l'accaparent.

Le drame vient en quatre temps. Les épicentres sont au IIIe siècle en Iran, au VIIe en Arabie, au IXe sur les rives de la mer du Nord, au XIVe en Bohême.

La première secousse procède de la constitution en Iran de l'empire sassanide. On y use d'une monnaie d'argent, mais on y thésaurise — en lingots comme en vaisselle ou en orfèvrerie — tout l'or que fait passer le réseau des routes commerciales unissant les mondes de l'Asie et de la Méditerranée. Continuant en cela l'œuvre des Parthes, dont le mobilier d'or était célèbre, les Sassanides fixent et stérilisent un métal qui va manquer — la crise est déjà grave au VIe siècle — aux monnayages d'Occident comme à ceux de Byzance.

La deuxième tient en partie à la conquête arabe, qui remet brutalement en circulation l'or ainsi thésaurisé. C'est d'abord l'or des palais sassanides. A partir des années 700, c'est aussi l'or des orfèvreries liturgiques, que font fondre les églises byzantines pour satisfaire aux exigences alourdies des nouveaux maîtres. L'or du luxe et l'or des trésors cultuels redevient un or de marchands. Dans le même temps, les mines d'or de l'Afrique orientale retrouvent une activité que justifie le retour à la monnaie d'or. Et l'Islam d'inonder de ses dinars le pourtour méditerranéen. En saisissant de même, sous couleur d'une lutte contre les images, c'est-à-dire contre un éventuel retour de l'idolâtrie, la plupart des pièces d'orfèvrerie des églises, les empereurs iconoclastes ne font, à partir de 726, que relayer vers le nord l'action de l'Islam vers le sud : les monnaies à l'effigie du basileus se retrouvent jusqu'en Sicile, en Calabre ou en Catalogne. Mais l'Occident chrétien n'a pas grand-chose à vendre à Byzance, non plus qu'à l'Orient arabe. L'or qui vient de l'est s'achète à prix d'argent. La tentation du bimétallisme, à laquelle voudra résister pendant cinq siècles le système monétaire imposé par les premiers Carolingiens, ne peut épargner à l'Europe un regain d'inflation.

Le bouleversement provoqué par une remise en cause de l'équilibre antique ne touche pas seulement l'aire économique des relations méditerranéennes. Dans l'Europe du Nord, les pillards normands remettent, à leur façon, des trésors métalliques en circulation. La thésaurisation que représentaient les reliquaires, les calices, les crosses et les croix d'orfèvrerie retourne à la masse d'une circulation du métal précieux qui, l'Occident ayant opté pour le monométallisme-argent, favorise le trafic du Nord avec l'Orient par les grandes voies commerciales que sont ou que dessinent les fleuves de l'Europe centrale et orientale. Un large mouvement de l'or entoure et contourne donc l'Europe occidentale, toujours fidèle à son denier d'argent : elle s'appauvrit d'un or qui lui manquera quand viendra le temps d'une nouvelle expansion. Pour l'essentiel, l'Occident n'avait d'or que le métal importé. Il en perd une notable partie, que ne compensent pas les espèces arabes et byzantines rencontrées dans les péninsules de la Méditerranée occidentale.

Vers l'est, tout espoir semble perdu avec l'aggravation de la barrière dressée par l'Islam : la progression de la puissance ottomane, l'échec des croisades du XIIe et du XIIIe siècle, la fin du rêve né de la tolérance religieuse des Mongols, tout concourt à ne laisser aux Européens qu'une médiocre chance de remettre un jour la main sur les trésors de l'Orient. Un déficit constant — en valeur, non en quantité — du commerce de l'Occident chrétien avec l'Orient ne permet pas de compenser l'exode de l'argent occidental par un afflux d'or. L'or vient mal et l'argent s'en va bien. A la fin du XIIIe siècle, Philippe le Bel devra prendre des mesures coercitives contre les exportations d'argent par les ports méditerranéens, et en tout premier lieu par Montpellier.

Pendant ce temps, la production d'argent se raréfie. Partout, les filons qui ont procuré au monde médiéval ses deniers s'épuisent comme jadis celui qui donnait à la Grèce ses drachmes. Même les mines de l'Europe centrale sont, à leur tour, en crise. C'est l'ultime secousse qui ébranle le marché monétaire d'une Europe touchée, au XIVe siècle, par des crises démographiques, par la stagnation des prix céréaliers, par l'essoufflement d'une croissance qui vient, au XIIIe siècle, de toucher à ses limites avec les derniers grands défrichements. L'économie monétaire est à bout de souffle.

Croissance économique et disette monétaire

C'est aux approches de l'an mil qu'une économie d'échanges a commencé de se reconstituer. Les villes retrouvent une fonction commerciale. Des ports se créent sur les fleuves. Les marchands sillonnent les routes. L'éclosion des bourgeoisies urbaines devient évidente au XIe siècle, en Italie comme dans les pays de la Meuse et de l'Escaut. Dès la fin du siècle, ces nouvelles puissances de la vie économique manifestent leur appétit de responsabilité politique. Aux générations suivantes, les villes allemandes conquièrent leur autonomie, les villes italiennes prennent des allures de principautés indépendantes, les villes françaises se rendent maîtresses de leurs propres affaires et se posent en interlocutrices de la royauté capétienne.

De l'an mil au début du XIVe siècle, époque à laquelle devient sensible l'essoufflement de la croissance, la population de l'Europe a peut-être quadruplé. Les grandes épidémies se sont raréfiées. La nutrition a connu de réels progrès. De nouvelles techniques sont entrées en jeu : le collier d'épaules, le cheval de labour, le soc ferré, tout cela concourt, avec la multiplication des moulins et une meilleure sélection des espèces céréalières, à la naissance d'une économie plus ouverte, liée à un dynamisme démographique que traduisent aussi bien les grands défrichements que la croissance des villes. La production industrielle croît avec la production agricole, en de moindres proportions cependant. Les infrastructures techniques et financières sont plus longues à créer, et les esprits vont moins vite pour inventer des productions que pour élargir les terroirs.

Le monde rural vit la grande aventure des défrichements, les premiers depuis les temps mérovingiens. Les terroirs s'élargissent, de nouveaux habitats s'organisent au cœur de ce qui va cesser d'être la lande ou la forêt. Essor démographique et développements technologiques se combinent en un mouvement qui se traduit par des surplus de production céréalière, ces surplus qui permettent de nourrir ces non-producteurs d'aliments que sont les marchands et les artisans des villes et des villages. L'économie de marché reparaît en Europe, avec son caractère essentiel : les échanges passent par l'usage normal de la monnaie. Elle est étalon, comme naguère, mais elle est aussi moyen de paiement. Et la dilatation du monde des affaires, dont témoigne l'essor des grandes foires au XIIe siècle et la naissance au XIIIe des grandes compagnies commerciales et bancaires, fait renaître la circulation à long rayon de ce numéraire qui solde les transactions.

Pour travailler comme pour vivre, il faut de l'argent. Il en faut au paysan qui doit acheter un soc comme au seigneur qui veut équiper un moulin. Il en faut au drapier qui doit se procurer la laine, l'alun, le pastel et la main-d'œuvre. Et il en faut au marchand, non seulement pour se procurer sa marchandise, mais aussi pour payer les innombrables droits que les maîtres de l'espace politique — du roi au dernier des seigneurs — prélèvent sur le passage, l'entrée, le pesage, l'exposition et la vente des denrées, afin de ne pas rester étrangers aux profits nouveaux qu'engendre l'économie commerciale. Le cens du tenancier se convertit en numéraire, car le seigneur qui vit à la ville ou qui sert à l'armée n'a que faire de consommer sur place le contenu de sa grange. C'est l'un des premiers conseils que donne aux futurs croisés un Urbain II soucieux de ne pas voir son entreprise de mobilisation de la chrétienté se transformer en une expédition de pillards : se croiser, c'est se procurer les moyens de payer en route ce que l'on mange. De 1020 à 1080, l'abbaye de Farfa, en Sabine, voit quadrupler la part de son revenu qu'elle perçoit en argent monnayé. Entre 1080 et 1155, l'abbaye de Cluny décuple dans ses domaines ses exigences en numéraire : de 200 à 2 000 livres.

On vend les affranchissements. On abonne — limitation, mais aussi conversion en argent compté — les corvées. Ne nous y trompons pas, dans un tel rachat du travail obligatoire, tout le monde est gagnant : le paysan préfère payer pour n'être pas appelé sur la réserve du seigneur au moment précis où le soin de la terre appelle sa présence sur sa propre tenure, alors que le seigneur préfère le bon argent payé par les paysans pour en payer à son tour des salariés dont le travail intéressé est toujours préférable à celui de corvéables tenus à un temps de travail mais plus soucieux de ce qu'on leur donne à manger que de la qualité du travail effectué.

Si l'on paie les salariés du monde rural, on n'en rémunère pas moins toutes ces fonctions que fait naître le monde nouveau et que nul ne songe plus à solder une fois pour toutes d'un lopin de terre. Le roi lui-même ne préfère-t-il pas, dès le XIIIe siècle, donner à ses fidèles des rentes que l'on peut cesser de servir à ceux qui déméritent, alors que son prédécesseur du siècle précédent avait grand-peine à récupérer un fief imprudemment concédé à un vassal incertain ? L'administrateur et le juge sont salariés. L'avocat et le procureur se font payer. Nul ne penserait à rémunérer autrement qu'en argent les sergents ou les comptables, les boulangers ou les maçons. Le temps n'est plus aux serfs ou aux ministériaux domestiques qui vivaient dans la maison du maître et aux « chasés » que l'on dotait d'une terre pour l'entretien de leur famille.

L'expansion multiplie à travers la société les dépenses de l'opulence que les temps antérieurs réservaient à quelques-uns. Il en coûtait peu pour construire le manoir de planches sur la motte féodale du Xe siècle ; il en coûte davantage quand l'architecte et le tailleur de pierres concourent à l'édification du grand donjon et de ses enceintes. Les enceintes dont les villes se dotent à plusieurs reprises en s'élargissant entre le XIIe et le XIVe siècle font naître une fiscalité proprement municipale qui ne connaît que les versements en numéraire. Palais municipaux et beffrois, grandes églises et halles couvertes appellent également des revenus en argent, tout comme les hôtels aristocratiques et les grandes résidences princières. Autant qu'une manifestation de foi, les cathédrales et les abbatiales des âges roman et gothique sont le produit d'une économie monétaire qui permet de traduire à l'horizon des villes et des campagnes la prospérité des communautés.

Le paraître est aussi dans le train de vie, dans la nourriture, dans le vêtement. Dès le XIIIe siècle, les ordonnances se succèdent pour limiter la course à la vaisselle d'or et aux fourrures précieuses. Chacun doit paraître ce qu'il est et cherche à paraître ce qu'il n'est pas encore. Du chaperon d'hermine à la ceinture cloutée d'or en passant par le manteau de drap violet et l'aiguière ciselée, tout cela échappe complètement aux échanges à court terme de l'économie domaniale. Chacun a son luxe, et le luxe se paie en argent.

De haut en bas de l'échelle des activités, s'organise un cheminement de l'argent qui laisse dans les marges du jeu économique le simple réinvestissement des profits dans un réapprovisionnement du commerce et de l'artisanat. L'expansion procure au forgeron des bénéfices qui excèdent ses achats de fer sans atteindre à la capacité de développement qui ne saurait être que le doublement par adjonction d'une seconde forge à la première. Les profits appellent des placements. Le forgeron finit par investir dans l'élevage des moutons pendant que le boucher achète des parts de moulin. De cette disponibilité d'un numéraire voué sans cela à la stérilité naîtra, entre le XIIIe et le XVe siècle, un capitalisme médiéval qui permet aux entrepreneurs de dilater leurs affaires au-delà de leurs propres ressources. A côté de l'emprunt du pauvre hère qui met ses hardes en gage chez l'usurier, voici toute la gamme des financements par appel à l'épargne. C'est le dépôt. C'est l'association. C'est la société. Nul n'y participe s'il n'a des espèces à mettre dans l'affaire d'autrui.

En même temps que s'élargit dans l'espace l'aire des relations commerciales et bientôt bancaires, les investisseurs voient s'allonger les temps. C'était une chose d'acheter un outil ou une pièce de tissu sur le marché où l'on venait de vendre quelques chapons. C'en est une tout autre que d'acheter en Angleterre une laine dont on vendra le drap six mois plus tard aux foires de Champagne. Les flottes qui acheminent jusqu'à Bergen ou Riga le sel des marais de Bourgneuf ou de Guérande sont un capital bloqué pour des mois, et les Génois qui financent l'achat en Asie mineure de l'alun destiné à l'industrie des villes drapantes de Flandre savent bien, quelle que soit leur capacité à trouver aux escales un fret de retour, quelle immobilisation de leur capital propre ou emprunté signifient le prix de la cargaison, le loyer du navire et le salaire de l'équipage.

Tout irait bien si la masse monétaire — ou la masse de métal monnayable — allait croissant avec le volume de numéraire nécessaire sur le marché. On l'a vu, il n'en est rien. L'expansion conduit à l'inflation. Du denier de Charlemagne à celui du jeune saint Louis, l'espèce a perdu 20 % de son poids d'argent fin par siècle. Un temps, le bimétallisme réinventé aux XIIe et XIIIe siècles — d'abord par la Sicile normande, le Portugal et la Castille, ensuite par Florence, Gênes et Venise, enfin par saint Louis — procure au marché monétaire un nouveau souffle : la masse d'argent disponible s'accroît de celle, douze fois plus efficace, de l'or désormais monnayé. Mais le répit ne dure pas un siècle, et les crises dues à un maladroit bimétallisme ne font qu'aggraver une disette de numéraire de nouveau perceptible dès les premières décennies du XIVe siècle. Sur le marché de Paris, le marc d'argent vaut au milieu du XIIIe siècle près de trois livres tournois. Il en vaut six à la fin du XIVe, dix à la fin du XVe. Dans le même temps, le marc d'or est passé de trente à cent vingt livres. De la lente inflation, on est passé à l'effondrement monétaire. En deux siècles et demi, et hors des crises, les prix ont quadruplé. On n'avait jamais vu cela.

Le développement de l'économie d'échanges est donc visible à l'œil nu. C'est l'époque des grandes routes, des grands marchés urbains, des foires au rayonnement européen. Il n'en est pas moins freiné par la quasi-stagnation de la masse monétaire. La vitesse de rotation pallie quelque peu l'insuffisance des moyens de paiement. Mais l'essor des XIIe et XIIIe siècles demeure fragile. Les bases sont en retard sur les phénomènes. Que l'invention des entrepreneurs vienne donner aux mouvements économiques une nouvelle accélération, et l'on risque la catastrophe. Le grand crédit du XIVe siècle, l'industrialisation de certaines campagnes, l'ambition méditerranéenne des villes italiennes, tout cela est en porte à faux. Quelques crises de confiance, quelques chocs démographiques, quelques ruptures dans le système de relations, et ce seront autant de larges crises qui feront des années 1330-1450, avec une chronologie qui change suivant les régions, une dépression complexe aux conséquences durables. Fondée ici sur le retour à la paix, là sur l'affaiblissement des épidémies, partout sur une réaction intellectuelle aux contraintes économiques, la reprise du XVe siècle a quelque chose de factice tant que la masse monétaire n'est abondée que par des jeux d'écritures. Tout le monde le sent, dans l'Europe des années 1450, il n'est pas sain que les moyens de paiement servent dans le même temps à plusieurs transactions.

Premiers remèdes

La vieille recette qu'est la remise en circulation du métal précieux thésaurisé ne suffit plus. Bien sûr, les princes font encore des ponctions sur l'or ou l'argent des vaisselles domestiques. Cela permet de lever l'impôt en poids de métal quand on risquerait de se voir opposer la disette monétaire. Cela n'alimente pas le marché économique. Quelques prises de guerre, comme les soixante mille marcs d'or — quinze tonnes — rapportés à Venise après le sac de Constantinople en 1204, ne font que ranimer pour un temps une place. Le temps des grands pillages est passé.

L'esprit inventif des hommes d'affaires — plus que celui des gouvernants — trouve un premier remède dans une pratique systématique du paiement à terme et des échéances groupées. Avant tout lieu de rencontre, de comparaison et de négociation, la foire devient au XIIIe siècle un centre de compensation où se règlent les opérations commerciales des mois précédents. Le numéraire n'y paie que les soldes, quand encore on ne les reporte pas. La grande foire internationale est un marché de créances et un vaste jeu d'écritures, qui deviendra naturellement une place de crédit et un marché bancaire. Ce n'est plus, comme l'est encore le marché régional, le lieu où l'on paie comptant ce qu'on emporte.

Dès lors que s'établit la confiance entre opérateurs qui se connaissent et savent le crédit de chacun, ou qu'intervient comme organisateur et garant un organisme tant soit peu cautionné par la puissance publique, l'écriture en vient donc à tenir l'une des fonctions de la monnaie : non celle d'un étalon mais celle d'un moyen. A Gênes, où chacun a sa « colonne » dans les livres de la *Casa di San Giorgio* qui groupe les créanciers de la Commune pour la gestion des revenus domaniaux affectés au remboursement de la dette publique, l'usage s'établit d'effectuer des paiements de tous niveaux par un simple jeu d'écriture : on fait passer les intérêts échus et à échoir d'un compte à l'autre. Nul n'a touché une pièce de métal monnayé.

C'est ce que font dès le XIIIe siècle le roi de France et le roi d'Angleterre, au XIVe le camérier du pape, quand ils assignent un paiement sur une recette lointaine, évitant ainsi de faire voyager à grand risque des chariots d'or et d'argent et épargnant par la même occasion l'immobilisation du numéraire pendant le temps d'un double voyage : le bailli de Caux paie sur ses revenus forestiers les travaux d'entretien d'un château royal ou la solde d'une compagnie, le collecteur pontifical de Lyon paie sur le produit des annates un achat de poisson de Saône et celui de Bretagne prend sur la recette d'un subside les frais de mission d'un nonce apostolique.

Le procédé permet même un recours inavoué au crédit, car l'argent n'est peut-être pas encore rentré dans les caisses de l'officier quand l'administration centrale se tient quitte de sa dette par l'émission d'un simple mandement : à l'officier de faire crédit à son maître s'il paie à réception du mandement, au créancier d'attendre les premières recettes si l'officier allègue sa caisse vide pour le faire attendre.

Pour le marché monétaire, l'effet des procédures de décharge et d'assignation est assuré : la rotation du numéraire s'en trouve accélérée. L'or et l'argent ne dorment pas longtemps dans des caisses. Avec un revenu annuel de cent cinquante à deux cent mille florins, Clément VII n'a jamais dans la caisse de sa Trésorerie que quelques centaines, voire quelques dizaines de florins.

Le marchand, ou plutôt le banquier, agit de même quand il prend des dépôts et en fait circuler la valeur au-delà du numéraire disponible. L'actif d'une société florentine ou siennoise est, dès les années 1300, constitué de plus de créances que de liquidités. Le virement remplace le paiement en espèces. Dans l'outillage de l'homme d'affaires, le grand livre l'emporte sur la caisse. Ce que l'on gagne contre l'asphyxie, on le paie en fragilité.

A la monnaie scripturaire, qui n'est qu'une écriture double, se joint donc la monnaie fiduciaire, qui est un crédit. C'est ce que l'homme d'affaires a inventé dès le XIIe siècle sous le nom de change. D'abord instrumenté par un contrat notarié, puis allégé par le recours à la simple lettre de change, c'est avant tout un ordre de payer sur une autre place une somme reçue en une monnaie — ou par sa contre-valeur en marchandises — et rendue en une autre à un terme résultant du temps d'acheminement augmenté d'un délai variable suivant la ville, l'usance. Que le génie des banquiers ait fait de la lettre de change, dès le XIVe siècle, un instrument très souple du crédit — avec un trafic des changes qui perd vite sa relation immédiate avec le commerce — ne doit pas faire oublier le moyen de paiement qu'il est à l'origine et qu'il reste pour qui en a besoin.

Avec ou sans le crédit pour objet premier, avec ou sans spéculation sur la différence des taux de change, le change « tiré » ne peut que soulager le marché monétaire. Pendant que le papier voyage, les espèces circulent sur chacune des deux places. La grande reprise de l'économie européenne à la fin du Moyen Age tire une partie de ses moyens de cet usage parcimonieux du moyen de paiement normal, et de ces substitutions qui bouleversent le rapport simple de la vitesse de circulation à la masse disponible.

Cela n'empêche nullement les dirigeants de se préoccuper de cette masse. De toutes parts, on s'avise que les filons insuffisamment productifs à l'époque de l'abondance pourraient bien, à celle de la disette, retrouver tout leur intérêt. Creuser et déblayer les galeries, drainer les mines inondées, extraire le minerai, le fondre au creuset, équiper les forges et les martinets qui battent le métal, tout cela coûte cher. Il y faut du combustible, du matériel, de la main-d'œuvre spécialisée, et il faut assurer l'acheminement du produit fini vers les places de monnayage et les marchés commerciaux. Mais l'inflation se corrige — pour une faible part — d'elle-même :

la valorisation du produit ramène le coût de la production d'argent à des taux désormais avantageux.

En Angleterre, l'intelligente politique d'Édouard Ier fait doubler, dans les dernières années du XIIIe siècle, la production des mines de plomb argentifère du Devon. L'affaire intéresse même un temps le capitalisme privé : les Frescobaldi prennent le bail des mines, à charge pour eux de payer la main-d'œuvre et d'exploiter le marché, cependant que le Trésor royal finance l'investissement qu'est l'achat des machines et outils pour le forage des puits et galeries. On en revient très vite à une exploitation directe par la Couronne. Ailleurs, les prospections sont hâtivement poussées. On fait venir des métallurgistes allemands. Le cuivre qu'ils trouvent en 1303 dans le pays de Galles ne contient aucun argent, mais c'est bien du plomb argentifère qu'on découvre en 1330 dans le Somerset.

En France, dès la fin du XIVe siècle, on redonne vie aux exploitations naguère délaissées. Des bourgeois de Lyon se mettent en société pour produire de l'argent. Le duc de Berry fait venir des métallurgistes allemands pour réveiller les mines de Graçay. En plein tumulte cabochien, une ordonnance (30 mai 1413) qui s'inscrit dans le mouvement de réforme bientôt compromis par sa concomitance avec l'émeute attire l'attention sur le nombre de mines argentifères que l'on pourrait ouvrir dans les montagnes du Lyonnais à côté de celles qu'il suffirait de ranimer. Quelques années plus tard, à l'amorce de la renaissance économique, Charles VII note qu'il faut intéresser à l'aventure les entrepreneurs disposés à prendre le risque des prospections et de l'exploitation, et Jacques Cœur se fait concéder pour douze ans, en 1444, les droits royaux sur les mines de Lyonnais et de Beaujolais, plus précisément sur les gisements de la Brévenne et de la Cosne, et avant tout celui de Pampailly. Il modernise les techniques d'exploitation. Son successeur Pierre Granier y fera travailler deux cent cinquante-sept mineurs et fondeurs. Le mouvement d'intérêt pour l'exploitation minière se généralise. Tous les propriétaires s'en mêlent, comme le duc de Bourgogne ou le duc de Bourbon. Les mines de charbon et les mines de cuivre argentifère se multiplient, de nouveaux engins de forage, de ventilation et de drainage — avec des roues mues par la force des cours d'eau quand ce n'est pas par des chevaux — permettent de toucher les gisements profonds jusque-là négligés, et Louis XI, en 1471, répond à un réel besoin de mise en ordre des initiatives quand il promulgue la première législation minière.

C'est cependant en Europe centrale que la reprise minière est le plus sensible. En Silésie et en Moravie, on se réjouit trop vite de quelques filons d'or, aussitôt taris qu'entrevus dans les années 1475. Mais les choses vont mieux pour l'argent. L'activité minière s'intensifie en Saxe. Elle reprend en Hongrie après 1475 grâce aux investissements décidés par les villes et à l'entrée en scène de deux hommes d'affaires, Johann Thurzo d'abord, Jacob Fugger ensuite.

L'essentiel n'est toutefois pas là. Il est dans les progrès techniques qui ouvrent en Europe centrale de nouvelles possibilités d'exploitation. Jusque-là, les métallurgistes savaient surtout tirer l'argent du plomb. On tirait fort mal l'argent du cuivre, en sorte qu'un filon de cuivre argentifère se révélait toujours peu rentable. Lorsqu'au milieu du XVe siècle les métallurgistes du Tyrol inventent un nouveau procédé qui permet de récupérer à moindres frais l'argent des filons de cuivre, ceux-ci prennent de la valeur. Or c'est l'époque où l'on découvre en Autriche, près de Schwaz sur l'Inn, puis en Bohême, à Kutna Hora et à Plzen, de très riches filons argentifères. La fortune vient donc ici d'une découverte purement technique : on extrait deux marcs et demi d'argent par quintal de cuivre au Tyrol, trois marcs en Bohême. On est loin du tiers de marc que produit le quintal de cuivre hongrois.

L'archiduc d'Autriche devient alors en Europe le « prince riche » par excellence. Celui que l'on appelait Frédéric à la Poche Vide, Frédéric IV de Habsbourg, ne tire, en 1424, de ses revenus miniers que 7 600 florins du Rhin. En 1479, son fils Sigismond le Riche perçoit de ses mines 79 400 florins. A la fin du siècle, leur cousin et successeur Maximilien laisse, en échange d'un crédit de quelques centaines de milliers de florins, l'homme d'affaires Jacob Fugger bâtir sa fortune en organisant son monopole de l'exploitation et du trafic transalpin du cuivre et de l'argent du Tyrol. De septembre 1487 à décembre 1489, Fugger avance au Habsbourg quelque 268 000 florins sur le revenu d'une production qui atteint de trente à cinquante tonnes d'argent fin par an.

Toute l'Europe bénéficie des progrès techniques de l'Europe centrale. Lorsqu'au milieu du XVe siècle Jacques Cœur redonne vie aux exploitations minières du Lyonnais, c'est avec le concours de métallurgistes qu'il fait venir des pays d'Empire.

Rien de tout cela ne permet cependant de faire face aux besoins d'une économie qui vient de surmonter un siècle et demi de crises et qui retrouve ses dynamismes d'antan. L'expansion dans l'insuffisance monétaire est bien vue comme aventureuse. Gouvernants et hommes d'affaires ne peuvent, chacun avec ses horizons propres, que se tourner vers les routes de l'or.

Rien de tout cela [illegible] cependant [illegible] aux [illegible] qui vont [illegible] un siècle [illegible] et qui [illegible] d'Italie. [illegible] dans l'immobilisme [illegible] ne pouvant [illegible] propres que se tourner vers les routes de l'or.

TROISIÈME PARTIE

Les moyens

CHAPITRE IX

Héritages et révisions

Un monde hérité

Toute la science du monde est dans les arts libéraux, ces sept disciplines entre lesquelles se partagent les deux grands domaines de l'intelligence et de la connaissance. Pour l'intelligence, c'est le *trivium*, les trois voies de l'analyse, du raisonnement et de l'expression : la grammaire, la rhétorique et la dialectique. L'essentiel de la philosophie est ici, si l'on écarte les problèmes métaphysiques qui sont aux marges de la théologie. Pour la connaissance, c'est le *quadrivium*, les quatre voies de la science : l'arithmétique, la géométrie, l'astronomie, la musique. La liste des sept arts libéraux est fixée depuis Rome, depuis que Varron au Ier siècle, Martianus Capella au Ve, Cassiodore et Boèce au VIe ont entendu mettre ainsi de l'ordre dans la vie intellectuelle et faciliter l'enseignement. On a, par la suite, peu ajouté. La complexité croissante de la vie juridique a fait du droit une discipline à part entière, avec ses autorités, ses gloses et ses synthèses. Le christianisme a développé la théologie, avec ses deux branches, le dogme et la morale.

Pour la connaissance du monde naturel, le Moyen Age n'a rien inventé. La médecine est l'art de disserter plus que d'observer, et collectionne les formules et les recettes plus que les diagnostics. L'astronomie reste le seul art de cette « histoire naturelle » qu'avaient commencé d'identifier les Latins comme Pline l'Ancien. Encore faut-il dire que l'astronome médiéval, même s'il lit encore Ptolémée que l'on imprimera à la fin du XVe siècle, mêle le plus souvent la science et la divination : l'astrologie l'emporte chez la plupart de ceux qui se disent astronomes. Dans le catalogue des sciences, il n'est aucune place spécifique pour la géographie, pour la connaissance des terres, des mers, des climats et des hommes.

Ce que l'on sait — ou ce que l'on peut apprendre — se rencontre donc, épars, dans les compilations encyclopédiques dont le Moyen Age a hérité l'exemple de la basse latinité. On sait que la terre est une sphère, même si un Adélard de Bath, dans les années 1150, s'interroge encore en ses *Questions naturelles difficiles* sur l'immobilité de ce globe qui ne tombe pas, quitte à résoudre le problème avec un robuste bon sens et une réelle capacité à inverser la relation de cause à effet.

> Il est évident que dans un lieu rond le centre est le lieu le plus bas.
>
> Les choses pesantes demeurent stables parce qu'elles ont trouvé l'endroit où elles cherchaient la stabilité.

Les merveilles de Pline

La première de ces grandes encyclopédies, celle dont on fait encore grand cas dans les écoles du XIIe siècle, c'est le *Physiologus* compilé au IIe siècle à Alexandrie : c'est avant tout un catalogue de significations symboliques et morales, qui nourrissent la prédication plus que la recherche sur le monde. Vient ensuite l'œuvre de Julianus Solinus, qui reprend au IIIe siècle les fables pieusement recueillies par Pline et, en s'attardant avec complaisance sur les prodiges de la nature et les monstres de l'Orient, invente un merveilleux qui fleurira jusqu'aux temps gothiques dans l'iconographie chrétienne.

Le monde arabe connaît à la même époque un semblable mélange de l'héritage grec et du merveilleux ajouté. Au XIIIe siècle, l'Iranien — d'origine arabe — Zakariyya al-Qazwini fait le bilan de ses lectures dans un traité *Des choses étonnantes de la création et surprenantes de l'existence*, où il cite à l'envi Ptolémée et Pythagore, et où il esquisse un système cosmologique dont le rationalisme modéré emprunte surtout à Aristote.

Ainsi s'approfondit le fossé qui, aux yeux de ceux qui se veulent curieux du monde, sépare l'univers à peu près « normal » du pourtour méditerranéen et les marges aberrantes qui bornent à l'est les terres habitées. Pour ces marges, on recopie froidement les autorités. César a-t-il noté que les habitants de la Bretagne insulaire se nourrissent différemment des Romains ? « Le lièvre, la poule et l'oie sont à leurs yeux nourriture interdite ». Le dominicain Vincent de Beauvais reprend l'affirmation au XIIIe siècle, et le chevalier Jean de Mandeville s'en saisit au XIVe : « Ils ne mangent ni chair de lièvre, ni de gelines, ni d'oies. » Mais c'est d'une île des confins asiatiques que parle Mandeville, non de l'Angleterre qu'il a toutes raisons de bien connaître. Ce qu'on ne sait pas d'une terre marginale, on l'emprunte à ce que l'on croit savoir ou à ce que d'autres ont dit d'une autre. La notion de terre marginale l'emporte sur celle d'une véritable localisation des phénomènes rapportés.

Les *Indika* de Ctésias multiplient ainsi ces personnages et ces animaux que les imagiers romans hausseront au rang d'allégories sans les situer dans l'espace : ainsi la manticore — lion à face humaine et queue de scorpion — qui est à la cathédrale de Cahors l'attribut du prophète Jérémie, ou les Pygmées gros comme le poing et les Sciapodes unijambistes du tympan de Vézelay, sans oublier les innombrables griffons, licornes, centaures, sphinx et sirènes dont les physiologies inventées ont de surcroît, pour le sculpteur ou le verrier, le grand avantage de s'inscrire commodément dans n'importe quel cadre ou médaillon, qu'il soit un cercle, un carré ou un quadrilobe.

La littérature, dans le même temps, donne à ces êtres fantastiques une substance, un environnement, une histoire même. Inspirés des textes les plus anciens — au VIIIe siècle av. J.-C., Hésiode mentionne déjà les cynocéphales — comme des vaticinations tardives de Pline et d'Isidore de Séville, ce sont les *Bestiaires* en vers et en prose dont le XIIIe siècle est friand, celui de Philippe de Thaon, celui de Gervaise, celui de Guillaume le Clerc — le *Bestiaire divin* — et celui de Pierre de Beauvais. Tous reprennent la matière transmise par le *Physiologus* et par les *Étymologies* d'Isidore de Séville. Leur univers est peuplé de Cyclopes à œil unique, de femmes à barbe et géants velus, d'Ichtyophages démesurés et de Pygmées nains, d'Hymantopodes marchant à quatre pattes et d'Hippopodes aux pieds pourvus de sabots.

Parfois, dans la tradition de Pline, le propos est d'informer. Et l'on se fonde sur saint Augustin pour affirmer que tout cela n'est rien. Quels que soient la couleur, le mouvement, la parole, la force, la « qualité naturelle », l'essence de l'homme est dans sa capacité à comprendre. La grandeur de la pensée augustinienne tourne à la pirouette chez ses successeurs : nul ne se soucie vraiment des limites de la fable. On rêve le monde comme on décrit le monde. Quelques esprits subtils évitent de faire le lien entre ces descriptions des pays étranges et des marges du monde — les « îles » — et la réalité observée : l'interprétation symbolique l'emporte sous la plume de Richard de Fournival et de ceux qui, comme lui, composent des *Bestiaires d'amour* où rien ne laisse plus penser que l'on songe à décrire la terre.

Naturellement, l'imaginaire de Pline se colore de morale chrétienne, quand ce n'est pas d'une théologie pour le moins hâtive. On souligne la chasteté des Amazones et leur sage gouvernement, on transfère aux saints et aux lieux saints les vertus merveilleuses qui deviennent miraculeuses, on prend les animaux fantastiques pour symboles des êtres et des comportements. La manticore, ce lion à face humaine et queue de scorpion qui vit dans les entrailles de la terre, devient l'attribut de Jérémie jeté dans la fosse à ordures. La femme à queue de poisson, la sirène qui entraînait dans l'abîme les navigateurs de l'Antiquité, se mue en symbole du Tentateur. La licorne est, au choix, symbole du Christ, du Diable ou de la pureté virginale. Quant au centaure, c'est en toute occasion Satan. Tout se ramène à une proposition : Dieu a fait les merveilles. Gossouin de Metz le dit avec sagesse :

> Il a fait en terre maintes merveilles dont on ne sait enquérir la raison.

Chemin faisant, les théologiens ont porté leur attention, non sans réalisme, sur l'évangélisation possible des êtres fantastiques. Longtemps, l'autorité des Pères de l'Église a tenu les monstres pour des sortes d'animaux. Il n'était pas plus étonnant d'avoir un œil unique que d'avoir quatre pattes ou des ailes. Le cyclope était exclu de la Rédemption, tout comme la licorne ou le sphinx. Se croyant confronté à la réalité, le moine de Corbie Ratramne raisonne différemment au milieu du IXe siècle en ce qui concerne les cynocéphales du Grand Nord. Alors qu'il part, comme archevêque de Brême, avec mission de porter l'Évangile aux populations du Nord, l'évêque Rimbert a interrogé le théologien de Corbie, surtout connu pour son hostilité à la transsubstantiation, donc à la doctrine officielle à propos de l'Eucharistie. Doit-on, demande l'archevêque, prêcher l'Évangile aux hommes à tête de chien ? On dit qu'ils ont une organisation sociale, et qu'ils cultivent la terre, toutes choses qui les mettent au-dessus de la gent animale. Ratramne conclut, jusqu'à plus ample informé, qu'il est parfaitement orthodoxe de les instruire de la religion.

Les voyageurs, on le verra, concourent plus ou moins à réduire la portée de ce merveilleux hérité mais guère rencontré au long des routes. Les plus lucides continuent de colporter les vieilles fables, mais sans y croire vraiment : cela distrait. Les missionnaires, les marchands et leurs lecteurs n'en sont que plus étonnés quand ils voient le légendaire s'inverser : le monstre, c'est toujours l'autre. Un homme qui a beaucoup voyagé en Asie, le prince arménien Hayton, rapporte ainsi d'étranges choses dans l'*Histoire d'Orient* qu'il rédige vers 1305 en langue française dans sa retraite chypriote, qu'il traduit ensuite lui-même en latin et qu'un abbé du monastère de Saint-Bertin à Saint-Omer, Jean le Long, remet à son tour en français.

> Les gens de Cathay [les Chinois] sont gens très sages, très subtils, pleins de toutes manières d'art et de science. Pour cela ont-ils en dépit [en mépris] toutes les autres nations du monde. Ils disent qu'ils sont ceux du monde qui, seuls, voient des deux yeux, que les Latins ne voient que d'un œil et que toutes les autres nations sont aveugles.

Au fantastique païen inspiré de Pline et de ses continuateurs le christianisme ajoute son propre merveilleux, très largement inspiré, lui aussi, des cosmogonies orientales auxquelles fait encore écho dans la première moitié du XIIIe siècle l'œuvre d'Al-Qazwini. Certes, les chrétiens ne cherchent plus le jardin d'Éden du côté des quatre fleuves dont parle l'Écclésiaste et que reprend l'*Apocalypse*. Même si l'on continue de les identifier avec le Tigre et l'Euphrate, le Nil et le Gange, on s'avise de deux choses : les quatre fleuves réels sont trop éloignés les uns des autres pour irriguer un même pays, et leurs rives sont trop habitées pour former ce jardin dont l'homme a été et reste banni. On sait bien, d'autre part, que Dieu n'a pas condamné l'Éden au dépérissement : l'homme y est interdit, mais le jardin merveilleux n'est pas détruit. Cela contraint les commentateurs à écarter les déserts. Force est donc de chercher ou d'imaginer le Paradis terrestre en un lieu inaccessible où puisse subsister un jardin aux fruits merveilleux que n'approche jamais l'homme.

En Occident, il n'est aucun espoir : les étendues froides du Nord et du Nord-Est, que l'on n'a pas fini d'explorer, n'ont vraiment rien d'un Éden. Qui dit délices et jardin dit soleil et chaleur. De là à penser qu'il peut se trouver, au-delà de régions torrides que l'homme ne franchit pas, un pays de soleil tempéré et de sources fraîches, il n'y a qu'un pas. Au VIIe siècle, Isidore de Séville pense au Bengale. Plus prudent, Thomas d'Aquin, au XIIIe, songe seulement à quelque contrée de l'Asie du Sud-Est. Le Paradis prend l'éclat des émeraudes et le parfum des précieuses épices.

D'autres renoncent à identifier le Paradis perdu, le Paradis terrestre, et portent plutôt leur interrogation sur le Paradis qui reste ouvert aux croyants, le séjour des bienheureux. Même si la plupart des théologiens et des littérateurs conçoivent un Paradis immatériel, un Ciel qu'ils ne confondent nullement avec la calotte étoilée du ciel physique, il en est pour imaginer un Séjour matériel, mais parfaitement distinct de la terre habitable. L'autre monde apparaît ainsi dans le vocabulaire, un monde inaccessible que l'on ne songe plus vraiment à localiser dans un Orient où l'homme occidental pénètre de plus en plus loin. Au milieu du XIIIe siècle, Joinville peut encore rêver qu'il est au bord de la mer qui touche à l'ancien Paradis. N'a-t-il pas vu les pêcheurs égyptiens ramener dans leurs filets des épaves qu'il identifie aux épices, aloès et cinnamome que le vent a fait tomber des arbres du jardin d'Éden ? Deux générations plus tard, vers 1340, Marignolli n'a-t-il pas entendu dire en Inde que le Paradis terrestre était en une île au sud, autant dire à Ceylan ? Mais au XIIIe siècle déjà, l'auteur de la mappemonde de Hereford hésite à localiser le Paradis ailleurs que hors du monde connu : les portes qu'il met à l'enceinte du monde circulaire sont les « portes du Paradis ». Au XIVe siècle, Jean de Mandeville va plus loin et situe le Paradis hors de tout accès : il touche au cercle céleste de la lune. Toutes les eaux du monde y ont leur source. Mais le passage en est interdit par des déserts, des montagnes, des cataractes, des bêtes féroces. « Nul homme mortel n'en peut approcher. »

L'Atlantide

C'est alors qu'on pense à l'Occident, à une autre terre habitable, étrangère aux trois continents des mappemondes et aux eaux navigables de l'hémisphère que l'on juge à peu près connu. Les Grecs, et Homère parmi tant d'autres, parlaient de ces « îles Fortunées » qui se dressent au cœur de l'océan et qui sont le fruit d'une imagination plaquée sur les récits des premiers Phéniciens aventurés dans l'Atlantique. Au VIe siècle, la légende irlandaise fait naviguer saint Brendan vers l'ouest jusqu'à des îles où commence un Paradis terrestre dont nul ne saurait dire s'il est le Paradis perdu d'Adam et Ève ou s'il est le Séjour des bienheureux en attente du Jugement dernier. A la place du Séjour, les navigateurs du XIVe siècle découvriront les Canaries, et un infant d'Espagne n'hésitera pas à se faire reconnaître par le pape comme « prince de la Fortune ». Les Pères de l'Église sont moins assurés qu'Homère, mais ils regardent parfois dans la même direction. Saint Jérôme au Ve siècle, Bède le Vénérable au VIIIe, penchent pour un Séjour des bienheureux en une terre « autre » et fort éloignée. Bref, on regarde au-delà de l'horizon atlantique.

On se souvient aussi du quatrième continent que laisse entrevoir Platon dans le *Timée*, un continent qui donnerait opportunément aux terres émergées un semblant de symétrie en latitude comme en longitude. Bien sûr, Platon n'a pas fait œuvre de géographe. Cohérent dans sa perception du monde comme un ensemble d'images immatérielles et de la réalité comme une fabrication de l'esprit, le philosophe ne cesse de donner à la fiction les couleurs de l'histoire et se garde bien de tracer lui-même la démarcation entre la fable signifiante et le réel signifié.

Le conte est aux couleurs de ces combats mythiques qui opposent hors des âges les hommes et les géants, les êtres de la terre et ceux de la mer, les forces du Bien et celles du Mal. C'est un vieux prêtre de la déesse Neith — la Grande Déesse de Saïs — qui, selon Critias qui rapporte la chose à Socrate, met en garde au VIe siècle le législateur d'Athènes, Solon. La Grèce, dit-il, ne connaît rien de sa propre histoire, sinon les temps récents que rapportent les récits des Grecs eux-mêmes. Tout commence, pour l'Athénien, avec Homère.

> Vous n'avez aucune opinion ancienne provenant d'une vieille tradition, ni aucune science blanchie par le temps.

En cela, l'Athénien se comporte comme un enfant pour qui le monde commence au jour de sa naissance. Mais l'Égypte des sages a la garde d'une tradition encore plus ancienne, et elle tient ainsi la clé de l'histoire ancienne d'Athènes.

Solon apprend donc que, neuf mille ans plus tôt, Athènes a été la cité par excellence — l'excellence aristocratique selon Platon — et qu'elle confondait alors ses rivages avec ceux du monde méditerranéen. Athéna lui avait « donné en partage cette organisation ». Mais il était une autre puissance, en tout opposée : une « puissance insolente ». Son monde était à l'ouest, son espace une île au-delà des Colonnes d'Hercule, plus grande que l'Asie et l'Afrique réunies : un continent, qu'environnait l'Océan.

> Au dehors, il y a cette mer véritable, et la terre qui l'entoure et que l'on peut véritablement appeler, au sens propre du terme, un continent. Or dans cette île Atlantide les rois avaient formé un grand et merveilleux empire.

La cité de Solon devait naissance et vie à la déesse Athéna. L'île de l'Ouest les devait au dieu des eaux profondes, à Poseidon. Les enfants de Poseidon ont envahi le monde d'Athéna. Les forces de la dévastation, les flottes de l'Océan ont franchi les bornes du monde athénien. Passant les Colonnes d'Hercule, elles sont venues en Méditerranée. « Par leur force d'âme et par l'art militaire », les forces de la sagesse — les Athéniens — les ont repoussées jusqu'à cet Océan même où le choc des éléments a tout englouti dans un tremblement de terre et dans d'effroyables cataclysmes. Le quatrième continent ainsi abîmé dans les eaux, c'était l'Atlantide. En sombrant, il a laissé un nom à l'Océan.

> Cet océan de là-bas est difficile et inexplorable par l'obstacle des fonds vaseux et très bas que l'île, en s'engloutissant, a déposés.

Platon y reviendra dans *Critias*, l'Atlantique présente aux navigateurs l'obstacle infranchissable d'un fond vaseux, vestige du continent submergé où Poseidon avait établi les enfants qu'il avait eus d'une mortelle. Et il inventera pour cet empire des eaux et pour ses maîtres une généalogie, une géographie et une histoire dont la précision suffit à dénoncer l'ironie. Notons que Platon ne s'embarrasse en revanche nullement de la contradiction qu'il crée avec une île qui entoure la mer. Le modèle méditerranéen s'impose ici à lui. L'île est une façon de parler. De même le philosophe n'explique-t-il pas comment des fonds vaseux empêchent de naviguer : sans doute veut-il parler de hauts-fonds. L'essentiel n'est pas dans l'anecdote.

Du récit fondamental, nul ne saura jamais ce qui tient à une tradition et ce qu'à conçu l'auteur du *Timée*. Il est toutefois évident que Platon construit, plus qu'une description des terres émergées, une philosophie des espaces politiques. L'Atlantide est une Asie de l'Ouest, une Asie des Eaux, une Asie du Mal. Elle balance à l'ouest par un péril vaincu — et un assaut puni — le péril oriental auquel on sait, sur l'Agora, depuis les guerres médiques, donner un nom : la Perse. Platon ne nous trompe pas, qui fait du récit de l'affrontement un écho d'un récit célèbre : celui qu'Eschyle, au siècle précédent, confie dans les *Perses* au messager d'Athènes. L'Atlantide, c'est la Perse de l'Ouest. Elle donne à la cité colonisatrice la bonne conscience idéologique d'une cité libératrice.

Tout cela pourrait n'être qu'un mythe ou une parabole. Mais l'Atlantide ne va cesser de tracasser les esprits, restant à l'arrière-plan de toutes les incompréhensions d'un monde entouré d'inconnu. L'esprit s'accommode mal du vide que paraît être pour le monde des hommes cet océan sans terres. On se demandera pendant deux millénaires s'il ne reste vraiment rien de l'Atlantide.

Dès l'Antiquité, on s'est interrogé. Athènes se divise. Aristote et Ératosthène récusent l'Atlantide et ne voient qu'une fable dans l'histoire narrée par Platon. S'il faut en croire Strabon, Posidonius est moins catégorique : « La tradition relative à cette île pourrait bien ne pas être une simple fiction. » A Alexandrie, on verra dans l'Atlantide une réalité prise pour allégorie.

Son héritage biblique conduit le Moyen Age à d'autres supputations. En inscrivant Platon dans la postérité spirituelle de Moïse, les premiers Pères de l'Église ont laissé la voie libre à toutes les interprétations. L'Atlantide victime du Déluge prend sa place dans l'Histoire Sainte. Le Déluge a-t-il fini de refluer ? Le Christ n'a-t-il pas « d'autres brebis, qui ne sont pas de cette bergerie » ? La terre perdue n'est-elle pas celle d'où viendra l'Antéchrist ? L'Atlantide n'est-elle pas, à l'ouest, le pendant de ce Paradis terrestre que l'on cherche encore à l'est du monde connu ? N'est-elle pas liée à ce royaume du Prêtre Jean qui paraît être la postérité d'un monde de longtemps détaché de celui qui a fini de faire son propre inventaire autour de la Méditerranée ?

L'Orient et l'Occident se mêlent à ce point dans l'investigation que le Grec Cosmas Indicopleustes récuse au VIe siècle, dans sa *Topographie chrétienne*, une Atlantide de l'ouest qui n'a pas sa place dans le Salut du monde, sans l'écarter pour autant d'un Orient où il l'intègre tant bien que mal dans l'héritage de Moïse.

La culture chrétienne

De telles supputations n'occupent guère les esprits. Pas plus qu'il ne s'inquiète de monstres qu'il sait normalement absents de son monde familier, l'homme du Moyen Age ne pense sérieusement qu'il pourrait gagner à la rame la nouvelle Terre promise. Les chimères sont l'objet d'une curiosité. Le Paradis sur terre est un objet de conversation. A l'opposé, le « paganisme », à quoi la Chrétienté médiévale ramène toute religion qu'elle connaît mal, suffit à mettre les contrées extrêmes hors du lot commun des terres émergées. L'étrangeté des épices et de la soie trouve un écho inattendu dans les hagiographies légendaires. Il n'y a rien de bon à attendre de pays où se rencontrent les monstres de la tradition antique.

Grégoire de Tours, qui n'est pas un grand voyageur, se donne ainsi sa part de merveilleux en rapportant l'histoire de saint Barthélemy, cet apôtre dont l'Évangile ne dit rigoureusement rien mais dont les récits apocryphes racontent à l'envi les missions en Arabie, en Mésopotamie, en Arménie, où il est écorché vif. Jeté à la mer, le sarcophage contenant le corps de l'apôtre flotte jusqu'aux îles Lipari. On sait que ce corps passera au IXe siècle à Bénévent et au Xe à Rome, dans l'île du Tibre où on le vénère encore. Mais le crédule Grégoire de Tours n'hésite pas un instant devant une navigation autrement douteuse que celle de la tradition romaine : c'est en Asie que Barthélemy a porté l'Évangile, et le sarcophage est venu sur les vagues depuis l'Inde. Autant dire qu'il s'est joué de l'isthme égyptien. Dès lors qu'on évoque l'Extrême-Orient, l'imaginaire est libre. Ne nous y trompons pas : l'archevêque de Tours confond les pays, ignore l'isthme et prend tout simplement l'Inde pour le meilleur exemple d'un pays de sauvages.

Le merveilleux n'est pas moindre en Atlantique, avec l'histoire de saint Brendan. Il est certain que l'abbé du grand monastère irlandais de Cluain-Ferta, mort vers 580, a fait au moins une traversée d'Irlande en Écosse. Mais il devient pour la légende un personnage d'exception, l'abbé navigateur qui sillonne l'océan avec ses dix-sept moines pendant six ans. Brendan aborde aux rivages les plus étonnants. Il rencontre à foison sirènes et cyclopes. Il restera surtout célèbre pour avoir, une année, célébré la messe de Pâques sur le dos d'une baleine qu'il prend pour une île. Avec plus ou moins d'invention, il est vingt exemples de ces navigations miraculeuses qui, telle l'aventure de saint Guirec traversant la Manche dans le creux d'un rocher flottant, sont souvent des imitations fantastiques du Christ marchant sur les flots.

Ne nous y trompons pas : la légende greffe peu à peu sur la vie de l'abbé irlandais tout un vieux fonds de fantastique marin, particulièrement vivace dans une Irlande toujours affrontée à l'océan et à ses horizons incertains. Mais le succès de ce récit à travers toute l'Europe, de la Norvège et de l'Allemagne à la Provence et à l'Italie, n'est pas l'effet d'un simple goût pour le pittoresque. Tout autant qu'elle est une facette du baroque médiéval, l'histoire de Brendan correspond bien à l'idée que se fait l'Europe de ses marges septentrionales et de sa limite atlantique. Ce n'est pas par hasard que tant de pieux ermites des temps mérovingiens font leur ermitage d'une île du littoral atlantique. Ils se succèdent à Ouessant comme à Groix, à Jersey comme au futur Mont-Saint-Michel. Par leur imprécision même, les marges océanes du monde connu donnent, comme ailleurs les profondeurs forestières, un cadre matériel au refus du monde.

Quant aux terriens, ils se font de l'océan et de ses périls une idée qui confine à celle de l'enfer. Ceux qui regardent les flots du haut des falaises ressentent le caractère implacable de leurs recommencements — les vagues, les marées — avec moins de réalisme que les marins habitués à la lutte. La mer est source de catastrophes.

> Elle vomit sur ses rivages les monstres qu'elle a nourris de ses poissons. Elle obéit sans doute

aux lois de la nature quand elle dévore des êtres vivants et les engloutit dans ses torrents impétueux.

Personne n'est vraiment dupe, et pas même le bon abbé de Saint-Riquier, en Picardie, qui fait surtout grief à la Manche de vomir des flots d'envahisseurs normands. Mais le merveilleux de la nature inventée correspond, dans une vue théologique du cosmos, à l'irrationnel du dogme. Dans l'espace comme dans les esprits, les marges de la connaissance sont par essence tissées d'incertitude. L'Anglais Gervais de Tilbury l'écrit vers 1215 dans ses *Délassements impériaux* encore nommés *Livre des merveilles du monde*, ce qui reste obscur dans le merveilleux n'est que la part encore inexpliquée de la Création. L'homme ne comprend pas tout. On peut croire et chercher dans le même temps à comprendre. Reprenant avec héroïsme la tentative d'Aristote, Thomas d'Aquin ne fera pas autre chose, à la génération suivante, que tenter d'effacer le caractère essentiel donné par la théologie traditionnelle et platonicienne à l'antagonisme de la Foi et de l'Intelligence.

Pour ce qui est du monde, on le regarde toujours dans le triple miroir une fois pour toutes esquissé par Vincent de Beauvais : le miroir naturel, le miroir historial, le miroir doctrinal. Une chose est de regarder, une autre d'entendre les autorités, une autre d'en tirer les leçons. Celles-ci concernent le destin de l'âme, non la route des marins. Le monde est le reflet de l'homme, en tant qu'il est l'œuvre de Dieu.

La précision revient quelque peu avec les grandes compilations à travers lesquelles le Moyen Age pourra garder une teinture de classicisme. Car on cite plus souvent Pline ou Aristote qu'on ne les lit, et les exemples que prennent les clercs qui écrivent et ceux qui prêchent sont souvent ceux que l'on trouve dans les encyclopédies et les manuels. Certains adoptent le genre littéraire du récit allégorique. Ainsi fait le rhéteur Martianus Capella quand il dresse au Ve siècle, dans ses *Noces de Mercure et de Philologie*, le bilan méthodique de la culture antique. D'autres, comme au début du VIIe siècle Isidore de Séville dans ses *Étymologies*, ordonnent un catalogue des connaissances nécessaires. Mais Isidore lui-même, dont l'œuvre sera au Moyen Age l'un des fondements de toute explication du monde, ne s'embarrasse ni de vérifier ses citations, ni d'écarter les invraisemblances.

Parce que la prudence du clerc donne le pas à l'autorité sur l'imagination, sa culture privilégie la citation, non l'observation. Dans son *Image du monde* ou *Mappemonde*, un contemporain de Thomas d'Aquin, le moine Gossuin de Metz, qui lègue sereinement à la postérité l'image d'une terre ronde « comme une pomme », reprend sans s'interroger autrement les descriptions d'êtres monstrueux trouvées dans Pline et Isidore, voire dans Honorius d'Autun et — pour une troisième version que met au point Gossuin après la croisade de saint Louis en Égypte — dans l'*Histoire de Jérusalem* de Jacques de Vitry. Les mêmes personnages et animaux fabuleux sont, en ce XIIIe siècle, figurés sur l'une des meilleures cartes que nous ait laissées ce temps de bouillonnement intellectuel, la mappemonde d'Ebstorf. Et le laïc qu'est Gervais de Tilbury, maréchal du royaume d'Arles et familier de la cour impériale, fait encore grand cas du pittoresque inventé quand il compose cette encyclopédie historique et géographique — depuis Noé et sur les trois continents — que sont les *Délassements impériaux*. Mais Gervais sait la différence qu'il convient de garder entre la fable et le témoignage documenté : il fonde sur les archives pontificales le tableau qu'il brosse de la géographie administrative de l'Église.

A la même époque, un maître franciscain venu d'Angleterre enseigner à Paris puis à Magdebourg, Barthélemy l'Anglais, dresse, sous la forme d'un recueil commode de citations à l'usage des prédicateurs, un bilan relativement lucide des connaissances scientifiques de son temps dans un traité *Des pro-*

priétés des choses où trouvent place des notations de géographie et d'astronomie aussi bien que des observations sur les usages des pays. Très vite, l'ouvrage de Barthélemy l'Anglais deviendra l'un des usuels de l'enseignement. Il sera traduit du latin en français à la demande de Charles V lui-même. On le trouvera, comme l'un des ouvrages indispensables à la bibliothèque de l'honnête homme au temps des premiers humanistes, parmi les premiers livres imprimés en France : on en connaît douze éditions incunables en latin et neuf en français, toutes antérieures à 1500.

Un siècle après Gervais, Gossuin et Barthélemy, Jean de Mandeville fait dans son *Livre* que la postérité baptisera *Voyages* un pêle-mêle de ses lectures, de ses souvenirs et de ceux d'autrui. A l'extrême fin du XIVe siècle, le théologien Pierre d'Ailly, recteur du collège de Navarre, puis chancelier de l'Université de Paris — il est l'un des protagonistes du Grand Schisme d'Occident — et futur cardinal, compile à son tour une *Image du monde* où il se montre, certes, moins crédule que le bon Gossuin mais qui ne procure rien de plus qu'une abondante moisson de citations empruntées aux autorités grecques et latines. Pierre d'Ailly juge que la terre ne saurait être partout habitable. A la suite de Ptolémée, il estime que la population ne peut être que groupée sur un quart de la pomme de Gossuin : la moitié connue de l'hémisphère connu.

> La terre habitable n'est pas ronde comme un cercle, ainsi que le veut Aristote. Elle est comme le quart de la superficie d'une sphère dont les deux parties extrêmes sont quelque peu rétrécies, à savoir celles qui sont inhabitées à cause de la chaleur et du froid. Mais ces conditions ne sauraient être illustrées convenablement sur une carte plane comme sur une sphère.

Cette dernière phrase montre bien la confusion qui se perpétue entre la notion de terre émergée — ce que les Grecs appelaient *l'oikumène* — et celle de terre habitable. Pierre d'Ailly raisonne sur les terres émergées en voulant représenter la terre habitable.

Pierre d'Ailly se contredit d'ailleurs, lorsqu'il formule ses six conclusions sur les effets du mouvement solaire. Avant de conclure justement que le soleil est au zénith sous le tropique le jour du solstice et qu'il n'est jamais au zénith en deçà du tropique, que la longueur des jours est fonction de la latitude, qu'il y a des jours sans nuit au-delà du cercle arctique et que les jours polaires sont de six mois, toutes « théories évidentes dans la sphère physique sans autres preuves », il énonce en premier cette étonnante conclusion :

> Ceux qui habiteraient sous l'équateur auraient des jours égaux aux nuits en tout temps. Le soleil passerait deux fois par an au-dessus de leur tête... Ces habitants auraient dans la même année deux hivers sans grand froid, l'un à l'époque de notre propre hiver et l'autre durant notre été. Semblablement, ils auraient deux étés, l'un en mars à l'époque de notre printemps, l'autre en septembre quand l'automne règne chez nous. Ces considérations pourraient fournir une raison de croire à la douceur supportable du climat de cette région.

Ainsi, l'esprit réellement aigu du théologien Pierre d'Ailly s'embrouille dans les problèmes d'insolation, et croit que deux étés et deux hivers — pour reprendre sa nomenclature — font un climat tempéré, sans comprendre que les deux étés voient le soleil au zénith et que les prétendus hivers le voient quand même à moins de vingt-quatre degrés du zénith. Et l'on saisit mal comment il peut concevoir que la variation de la durée des jours commence seulement au tropique.

Christophe Colomb, qui en possède un exemplaire et qui l'annote copieusement, puisera dans l'œuvre de Pierre d'Ailly sa connaissance superficielle de la physique aristotélicienne. Et il tirera de l'*Image du monde* l'étonnante table de la longueur des jours selon les latitudes dans laquelle, sans retenir les conséquences aberrantes tirées par Pierre d'Ailly du mouvement intertropical du soleil, il fait passer la journée la plus longue de 12 heures sous l'équateur à 13 h 30 au tropique et à 22 h 27 au 66e parallèle, pour la compter ensuite, subitement, en jours : 24 jours 15 h 18 mn au 67e parallèle, 182 jours 14 h 55 mn au pôle. Il est vrai que Colomb prend Dante pour une référence, et qu'il lui emprunte son propos sur la rotondité de la terre comme si le poète florentin était l'égal de Ptolémée.

De telles démonstrations n'empêchent évidemment pas l'enseignement scolastique de répéter, avec Isidore de Séville, que la terre est une roue. Savoir qu'elle est un globe et la représenter comme une roue ne gêne à l'évidence personne.

Auteur d'une *Conquête de Guinée*, le Portugais Gomes Eanes de Zurara, l'un des proches d'Henri le Navigateur, compile également tout ce qu'il trouve dans les riches bibliothèques de son pays, des philosophes grecs et de la Bible à Isidore de Séville et Thomas d'Aquin. Autant dire qu'il compose un florilège, non le récit d'une aventure personnelle. Encore Zurara fait-il preuve d'une certaine originalité en mêlant au produit de lectures passablement désordonnées le fruit d'une réelle curiosité qui le pousse à interroger les navigateurs revenus des côtes africaines. Ainsi constate-t-il, à l'occasion, que la réalité observée ne concorde pas avec les autorités. Au terme de cette tentative médiévale de synthèse, le Portugais Diogo Gomes insiste, chose nouvelle, sur l'importance première de l'observation :

> Le très illustre Ptolémée a dit d'autre part d'excellentes choses sur la division du monde. Mais il s'est trompé en disant que la partie équinoxiale du midi — l'équateur — était déserte en raison de la trop grande chaleur. Or nous avons trouvé le contraire. La ligne équinoxiale est

habitée par les Noirs, qui forment une multitude de peuples.

Révisions

« Je ne crois pas tout ce que dit Ptolémée. » Ainsi le cartographe vénitien Fra Mauro définit-il à la même époque, en 1459, l'attitude d'un monde confronté à de nouvelles observations, voire à de nouveaux calculs. Savants et voyageurs s'emploient en effet à réviser les données de la littérature héritée de l'Antiquité. A vrai dire, on les y pousse dans la mesure où les hommes d'action se contentent de moins en moins d'une connaissance du monde avec laquelle ne concordent pas leur expérience ou celle de leurs semblables. C'est à l'initiative du calife Al Mansour et de ses successeurs abbassides que se développe à Bagdad, à partir des années 750, une recherche astronomique faite à la fois de connaissance des textes grecs et sanscrits — que l'Occident sera heureux de retrouver ainsi aux Xe et XIe siècles à travers les traductions arabes — et d'observations nouvelles, que permet l'observatoire fondé à Bagdad même au IXe siècle. C'est grâce à l'Espagne arabe et à ses traducteurs juifs qu'à la fin du Xe siècle le futur pape Sylvestre II, l'écolâtre de Reims Gerbert d'Aurillac, découvre, avec la science mathématique des Arabes, leurs calculs astronomiques et la vision du globe qu'ils en déduisent.

On ne s'aventure donc pas à la légère, sans avoir exploré la littérature. Mais, sur la route, on y regarde de près. Un voyageur comme le franciscain Guillaume de Rubrouck, qui rédige après son retour en 1255 le récit de la mission que lui a confiée saint Louis, ne se prive pas de noter que, sur la route de Chine, il n'a guère trouvé les pays, les fleuves et les mers qu'on lui laissait attendre. Isidore lui avait appris à l'étude que la Caspienne était un golfe de l'océan. Rubrouck l'a trouvée « entourée de terres de tous les côtés ». Un siècle plus tard, Ibn Battuta explicite ainsi par le sous-titre de ses *Voyages* la nécessaire conjonction de la lecture et de l'observation :

> Cadeau fait aux observateurs, traitant des curiosités offertes par les villes et des merveilles rencontrées dans les voyages.

Christophe Colomb fera de même appel à l'observation de ses devanciers immédiats, lancera une flèche — d'ailleurs injustifiée — à Ptolémée pour la raison que celui-ci situait trop au nord, trop près de l'équateur, la côte sud de l'Afrique et ironisera sur le fait que ni lui ni aucun voyageur n'a jamais vu les monstres dont on lui a rebattu les oreilles. Cela ne l'empêche pas d'annoter fort sérieusement son exemplaire de l'*Image du monde* de Pierre d'Ailly, rubriquant en marge pour sa commodité personnelle des passages comme celui où le grand théologien évoque les femmes de l'Inde qui n'enfantent qu'une fois et dont les enfants, blancs à la naissance, deviennent noirs en vieillissant. Bref, la géographie du navigateur ne concorde pas avec les encyclopédies, non plus qu'avec les manuels d'astronomie légués par la philosophie grecque.

Ce souci de réalisme qui se défie des idées non vérifiées n'empêchera cependant pas Colomb de se forger des illusions quand, voyant briller quelques pierres dans un ruisseau de Cuba, il invoque un précédent qui ne correspond à rien, sinon à une allégation de Pierre d'Ailly.

> Il vit reluire quelques pierres pailletées de taches couleur d'or. Il se souvint alors qu'à l'embouchure du Tage, près de la mer, on trouva de l'or, et il lui parut certain qu'il devait y en avoir ici.

Il n'y avait pas d'or à l'embouchure du Tage, et Colomb fonde ici sur un dire de Pierre d'Ailly, qui n'a lui-même pas vérifié la chose, une comparaison qui l'incite à voir l'or là où il a tant envie d'en voir.

Dans le même sens, les exigences des gouvernants dépassent maintenant la simple représentation des routes terrestres et des profils littoraux. Des projets de croisade du XIIIe siècle aux armements royaux du Portugal et de l'Espagne du XVe, organiser des expéditions au long cours suppose une connaissance moins hasardeuse des chances de succès et des délais nécessaires. Le conquérant de l'Antiquité pouvait marcher droit devant lui et voir à chaque instant où il se trouvait. L'initiateur d'une expédition maritime ne peut aventurer ses navires sans leur donner le moyen de savoir où ils arrivent.

Le temps des savants

On a d'abord perfectionné les instruments de mesure, donc précisé les relevés astronomiques. L'astrolabe offre maintenant une plus grande lisibilité. Des lignes horaires apparaissent sur le revers de quelques instruments dès le début du XIIe siècle, et Raymond de Marseille, dans un traité des années 1130, signale déjà les avantages de cette indication nouvelle. On traduit alors bien des traités des deux siècles antérieurs, on en compose de nouveaux. Le maître parisien Jean Fusoris, mathématicien et médecin, mêle dans ses travaux, dans le premier tiers du XVe siècle, la construction des astrolabes et celle des horloges astronomiques. Inventeurs et fabricants d'astrolabes, les savants multiplient les méthodes de calcul pour la graduation de l'écliptique de l'araignée. Au XIIIe siècle Pierre de Maricourt et au XIVe Richard Wallingford apportent à l'instrument des perfectionnements mécaniques qui le rendent propre à une visée précise. Dans les années 1330, Jean de Mandeville pourra s'en servir pour mesurer avec une relative exactitude la hauteur de l'étoile Polaire en Brabant, en Bohême, en Libye, et pour en déduire la latitude de ces pays.

Dans les années 1210 déjà, Al-Qazwini refait tous les calculs des Anciens, quitte à se tromper lourdement dans ses estimations. Il voit le soleil cent soixante fois plus « gros » que la terre, alors que son diamètre — c'est à lui qu'il pense — n'est que cent fois supérieur, et il surestime quelque trois cents fois la vitesse des planètes.

A la même époque, les géographes arabes s'attaquent aux problèmes posés par la détermination de la longitude. Al Farghani a déjà fondé ses calculs sur la différence de visibilité des éclipses. Au XIIIe siècle, les Arabes donnent à la Méditerranée une étendue d'ouest en est de 42° — quelquefois de 52° — qui approche singulièrement la réalité (presque 41°) dont Ptolémée restait loin avec une estimation à 62°.

Ces Arabes, l'Occident chrétien les découvre surtout au XIIe siècle. A travers eux, il redécouvre la science grecque, ces œuvres d'Euclide et de Ptolémée que l'on traduisait déjà à Bagdad au IXe siècle. Il fait connaissance avec l'œuvre menée aux IXe et Xe siècles à l'observatoire des califes abbassides de Bagdad, puis dans l'entourage des Fatimides d'Égypte. Composé à Bagdad au milieu du IXe siècle, le traité de l'astronome Abou Maschar est traduit en Espagne en 1130. Il est vrai que l'on y trouve plus d'astrologie orientale que d'astronomie scientifique. Tel n'est heureusement pas le cas des traités que l'on traduit peu après, comme l'*Astronomie* d'Al Farghani dit en Europe Alfragan, la traduction arabe du *Planisphère* de Ptolémée par Al Majriti, l'*Astronomie* d'Al Battani dont les Latins font Albategnius. Fidèle aux bases du raisonnement pythagoricien, Al Farghani affirme la sphéricité du ciel et de la terre, ainsi que l'immobilité du globe terrestre au centre d'un univers englobé dans la calotte céleste. Observant et comparant, dans les années 900, la hauteur méridienne du soleil et la fréquence des éclipses, Al Battani tente d'établir la situation en latitude et en longitude de 273 villes, d'Axoum à Alexandrie. Est-il besoin de dire que les longitudes sont moins exactes que les latitudes ?

La science arabe commence de rayonner hors du monde islamique. Gerbert, déjà, s'y réfère à la fin du IXe siècle. C'est pour le roi normand de Sicile

Roger II que travaille vers 1150 le savant aristocrate qu'est Al Idrisi, descendant d'un gouverneur de Málaga. Né à Ceuta, élevé à Cordoue et établi à Palerme où tous les égards dus à sa naissance et à sa science lui sont prodigués, Al Idrisi peut offrir au roi, quelques semaines avant sa mort au début de 1154, un *Amusement pour les personnes qui désirent parcourir les diverses contrées du monde* qui sera pour beaucoup la meilleure et la plus facile introduction à l'astronomie et à la géographie arabes. A la fin du XIIe siècle déjà, Daniel de Morley peut s'inspirer des Arabes dans son *Livre de la nature des choses supérieures et inférieures.*

A travers les Arabes, on redécouvre Aristote : non l'Aristote mis en formules par les compilateurs de la basse latinité, mais l'Aristote plus authentique que permettent d'atteindre des traductions faites sur le grec. La chrétienté s'y trompera parfois, dans le domaine de la spéculation théologique en particulier, quand elle prendra ces traductions pour fidèles en sous-estimant la part d'interprétation introduite par un Avicenne et surtout un Averroès. Pour ce qui est des astres et du globe, l'interprétation est négligeable.

Avec plus de justesse encore, les mathématiciens juifs et chrétiens réunis à la cour de Tolède par le roi de Castille Alphonse X le Sage entreprennent vers 1250 une révision des positions astronomiques jadis données par Ptolémée. L'esprit scientifique l'emporte ici, et l'on ne songe guère à ce qu'en feront un jour les navigateurs. Mais l'effort portera ses fruits. De tous les côtés, on traduit alors les grandes œuvres de la science arabe. Une véritable école de traduction crée le mouvement — et engage la démarche scientifique — à Tolède dès le début du XIIe siècle. De même que l'on traduit les philosophes, Avicenne comme Averroès, on met en latin les traités d'astronomie et les tables de coordonnées astrales. A Tolède, à Bologne, à Crémone, on traduit la *Grande Introduction à l'astronomie* d'Abou Maschar, un traité du IXe siècle auquel se reporteront encore les mathématiciens du XVe siècle. Les astronomes parisiens vérifient et corrigent de leur côté en 1247 les tables d'étoiles à coordonnées écliptiques procurées au VIIIe siècle par le Juif Mascha Allah Ibn Athar : traduite en latin par Jean de Séville, l'œuvre de ce « Maschallah ou « Messahalla » connaît dans les années 1270 un succès dont témoignent les copies qui circulent dans tout l'Occident latin et y font figure de *Traité sur l'astrolabe*.

Cela n'interdit pas de continuer de croire à la rotation du soleil et de la voie lactée autour de la terre, non plus que de recopier indéfiniment les vieilles tables : plusieurs tables jointes à des traités du début du XIVe siècle ne sont que la transcription d'une table dressée à Tolède en 1181. Mais les astronomes de ce XIVe siècle si fécond pour le développement d'une véritable science expérimentale mettent au point de nouveaux instruments comme le grand « quadrant nouveau » — plus aisé à construire qu'à manier — et le « turquet » qui schématise la représentation plane de la sphère céleste.

On en vient alors à mesurer le globe. Au XIIIe siècle, tout le monde s'y risque. Après bien des voyages de l'Espagne à Aden ou à Marrakech, le Marocain Aboul Hassan Ali compare cent trente-cinq relevés de points astronomiques et ramène ainsi le monde méditerranéen à de plus justes proportions. De 51°, l'extension en longitude de la Méditerranée passe maintenant à 44°. L'Occident chrétien s'inscrit nécessairement dans l'une ou l'autre des deux traditions, celle de Ptolémée, que reprennent Honorius d'Autun, Vincent de Beauvais, Brunetto Latini et Gossuin de Metz, et qui donne à la terre une circonférence de 20 245 milles (à 8 stades le mille), et celle d'Ératosthène, reprise par John Holywood — *de Sacrobosco* — dans son traité *De la sphère* et par Vincent de Beauvais, puis par l'ultime compilateur qu'est au XIVe siècle Jean de Mandeville, et qui donne au méridien une longueur de 31 500 milles. Ces derniers ont raison : ils ont mesuré le degré, qu'ils trouvent valoir 700 stades, soit 87,5 milles. Autant dire que les hommes du XIVe siècle savent à peu de chose près ce qui sépare l'extrême Orient de l'extrême Occident. Pierre d'Ailly l'écrit en termes fort clairs dès 1410 dans son *Image du monde* et Colomb, qui le lira avant son voyage, n'aura qu'à résumer sa proposition.

> L'eau coule d'un pôle à l'autre dans le bassin de l'océan, et elle s'étend de l'extrémité de l'Espagne jusqu'au début de l'Inde sur une largeur qui n'est pas bien grande.

La seule chose qu'ils ne savent pas, c'est que l'espace inconnu n'est pas fait d'un océan mais de deux, et qu'il est entre les deux un continent. Le résultat pratique sera, dans les premiers portulans pisans, une estimation nouvelle de la Méditerranée allongée sur 41° de longitude. On est alors à quelques minutes de la réalité.

Au vrai, tout cet attirail est plus adapté aux besoins scolastiques du maître qu'à ceux du capitaine. Il en va de même pour les tables de positions astronomiques dressées à Paris vers 1327 et mises, pour leur conférer plus d'autorité, voire de crédibilité, sous le patronage d'Alphonse le Sage. Le roi est mort en 1284, mais quelques savants savent encore, à la génération suivante, qu'il a commandité un corpus de textes utiles aux astronomes et aux astrologues. Ces *Tables alphonsines* procurent d'abord les coordonnées de 1028 étoiles réparties en 46 constellations — au lieu des 48 que nommait Ptolémée — avec un écart constant de 17° 8' qui relève de l'application brutale d'une correction aux tables de Ptolémée. Elles présentent surtout des tables astronomiques inspirées des travaux de quelques astronomes parisiens des années 1320 comme Jean de Lignères et Jean de Murs : on y trouve les coordonnées des planètes à variation régulière, et plus généralement tout ce qui permet à un mathématicien averti de calculer à n'importe quel moment la longitude d'une planète.

Quand on sait à quel point, faute d'une heure constante, l'incertitude des longitudes empoisonne depuis l'Antiquité toute évaluation des espaces, émergés ou non, on voit quel parti pourraient tirer de tels travaux sur la longitude des planètes observables les géographes et les navigateurs. Or ces *Tables alphonsines*, non plus que les travaux connexes de l'astronome parisien Jean de Saxe, ne sont évidemment pour rien dans les audaces nouvelles des navigateurs italiens qui, depuis bientôt un demi-siècle, ont ouvert la route maritime de Gênes et Venise vers Londres et Bruges. En ces années 1320, les universitaires parisiens se soucient fort peu de naviguer. Leur propos est de pure spéculation, voire d'idéologie : ce n'est pas par hasard qu'ils font choix, après avoir effectué leurs calculs sur le méridien de Paris qui est celui de leur propre observation, d'un méridien de Tolède qui accrédite la supercherie d'une attribution au sage roi Alphonse, seul capable de christianiser une science à laquelle la référence perpétuelle à Ptolémée — le savant confondu avec un pharaon — donnait un relent de paganisme pas même romain.

Mais le marin est homme pratique, que la rudesse du métier rend modeste. Il sait bien qu'on n'a aucune précision quand on manie l'astrolabe sur un pont secoué par les vagues. Mieux vaut en user à terre. Christophe Colomb lui-même se trompera en visant la Polaire dans un ciel tropical où elle émerge mal de l'horizon nocturne, souvent brumeux quand la lune ne le rend pas illisible. Prenant une autre étoile pour repère, il se trompera sur la latitude de sa découverte. Et c'est pourtant cette disparition de la Polaire qui fait faire de nouveaux progrès à l'art de naviguer. Aux approches de l'équateur, dans les années 1470, on repère mal les constellations : prendre là une étoile pour une autre n'a rien d'exceptionnel. Passé l'équateur, il n'y a plus de Polaire.

C'est alors sur l'estimation de la hauteur méridienne du soleil que repose le calcul de la latitude. Une commission réunie par le roi de Portugal autour de ses médecins juifs Moïse et José Vizinho et de l'astronome de Nuremberg Martin Behaim élabore le nouvel art de faire le point. Dans la pratique, la chose est aisée sur terre : pour savoir qu'il est midi, il suffit d'un gnomon de fortune et d'une observation de quelques quarts d'heure. Un tracé sur le sol permettra de mesurer l'angle solaire, le lendemain, au point où l'ombre atteint sa plus courte extension. Sur mer, il en va différemment, et il y faut une excellente montre, ou une prise d'angle de minute en minute, seul moyen d'être assuré en même temps de l'heure de midi et de la hauteur solaire.

Le marin connaît aussi les limites de sa compétence mathématique. On a beau lui procurer des tables de déclinaison telles que celles de l'*Almanach perpétuel* élaboré à Salamanque vers 1475 par l'astronome Abraham Zacuto, la navigation continuera longtemps d'utiliser les étoiles avec approximation. Pensons aux erreurs que commet Christophe Colomb quand il élabore à son propre usage, en recopiant les tables qu'il a à sa disposition aussi bien que les chiffres donnés par Pierre d'Ailly pour caractériser les « climats », sa table des longueurs du jour le plus long pour chaque degré de latitude ainsi que celle de la course du soleil — en degrés d'arc — dans chacune des constellations zodiacales. Bien sûr, cela ne saurait satisfaire le savant, mais le marin ne demande le plus souvent qu'à garder le cap sans s'écarter longtemps des côtes et de leurs repères. On tient à peu près le cap au soleil et aux étoiles, et on rectifie à l'œil.

Plus utile est dans la pratique l'invention de la boussole sur pivot. Les Chinois, puis les Arabes, ont usé depuis longtemps de la boussole à eau, autrement dit du fétu de paille fourré d'une aiguille aimantée et flottant dans un bol d'eau. Les marins européens en usent déjà couramment au XIIe siècle. Le système indiquait le nord, mais avec combien d'imprécision ! Même si la surface de l'eau gardait l'horizontale pendant que tanguait le navire, rien n'empêchait la paille de céder à l'attraction et de se coller au bord du bol. Les Arabes avaient inventé de faire tourner le bol. L'imprécision subsistait. Mais voici qu'en Occident l'idée vient, dans les années 1260, de monter l'aiguille sur un pivot qui la maintient en la laissant tourner librement. La boussole gagne en précision. Au XIVe siècle, tout le monde adopte ce nouveau système, et l'on construit des boussoles plus stables, plus précises et plus lisibles.

Encore l'instrument n'indique-t-il que le nord magnétique. Très vite, les marins s'avisent de la dérive. Dès le début du XIVe siècle, les dessinateurs de portulans font déjà état d'une variation de la déclinaison magnétique observée par les navigateurs lancés sur l'océan. Ayant constaté que ses boussoles flamandes et génoises donnaient le nord avec des différences d'un « quart de vent », soit une dizaine de degrés, Colomb s'emploiera à préciser cette dérive qu'il peut encore croire stable.

> Au-delà d'une ligne nord-sud, à une centaine de lieues à l'ouest des Açores, l'aiguille de la boussole, qui déclinait auparavant au nord-est, décline au nord-ouest d'un quart entier.

Tout cela permet de préciser les mesures des hauteurs dans le ciel et celles des espaces sur terre et sur mer. Établi en Inde, puis en Chine où l'on a vu qu'il devait finir ses jours comme archevêque de Khambaluk (auj. Pékin), le franciscain Giovanni da Montecorvino refait pour son compte, à la fin du XIIIe siècle, les mesures de positions astrales. On découvre aussi le ciel sans la Polaire. Montecorvino observe, sur la côte méridionale du Deccan, qu'il ne voit plus celle-ci qu'à peine au-dessus de l'horizon. Revenant vers l'Occident par la route maritime, Marco Polo note la totale disparition de la Polaire quand, entre Java et Ceylan, il passe au sud de l'équateur. Mais le vantard qu'est Polo ne peut s'empêcher d'en dire plus qu'il n'en a vu, ce qui conduit Pierre d'Abano à décrire, sur la foi du grand voyageur, un ciel austral dominé par une étoile merveilleuse, tournant autour du pôle antarctique, « grande comme une bourse » et pourvue d'une queue comparable à celle d'une comète.

On est bien loin, avec de tels propos, de l'enseignement scolastique qui s'obstine toujours à distinguer les quatre éléments du ciel. L'aristotélicien Nicole Oresme, conseiller de Charles V et théoricien de la monnaie autant que logicien, garde dans son livre *Du ciel et du monde* la vieille distinction inspirée d'Aristote lui-même et jadis illustrée par Isidore de Séville. La terre n'est peut-être en théorie qu'une sphère enfermée dans les autres, dans le feu, l'air et l'eau, tout comme les terres émergées ne sont en théorie qu'un cercle dont Jérusalem est le centre et dont les mers divisent les trois continents. Lorsqu'il regarde le ciel, l'homme du XIVe siècle y voit bel et bien des repères, qui l'aident à savoir où il est.

Observations

Il n'est plus, après le XIIIe siècle, un voyageur qui ne prenne à son tour la mesure des routes terrestres et maritimes, affinant ainsi celle des espaces, toujours incertaine tant qu'aucune conservation précise de l'heure ne permet de calculer vraiment les longitudes. On vérifie les mesures, comme on corrobore les descriptions. La taille réelle de l'Asie laisse fort étonnés les premiers Européens qui s'aventurent au XIIIe siècle jusqu'à l'Extrême-Orient, un Pian Carpino comme un Guillaume de Rubrouck, qui croit en partant qu'il mesurera tout à l'aune qui lui paraît être une référence universelle, la distance de Paris à Orléans, et qui, au terme de son périple, compte pour peu de chose les quarante journées qui séparent Constantinople de Cologne.

De telles observations bouleversent l'idée que l'on se faisait de l'Asie quand, dans les années 1220 encore, Jacques de Vitry la décrivait en empruntant tout à Pline l'Ancien et à Isidore de Séville. Marco Polo reste ébahi de la mer de Chine et de ses 7 448 îles, et colporte avec enthousiasme les descriptions qu'on lui fait de Cipangu, autrement dit du Japon, où les échecs militaires de son maître Kubilaï lui interdisent d'aller en personne. Quoi qu'il en soit de Cipangu, cette seule découverte de la grande île par quelques Occidentaux fréquentant à Pékin suffit à repousser encore plus à l'est la limite des terres émergées. Cipangu hantera les rêves de Christophe Colomb : c'est pour aller à Cipangu par l'ouest qu'il demande, vers 1484, au roi de Portugal Jean II de financer une expédition que les conseillers scientifiques du roi font écarter comme une folie.

Le dominicain Étienne Raymond, qui dit avoir vu tout le possible et passé même le tropique du Capricorne, est donc bien fondé à conclure, vers 1330, que le monde est plus vaste qu'on ne le pensait : l'Asie est une immense étendue, et la chrétienté n'est, dans tout cela, qu'une petite chose, peut-être un vingtième du monde habitable.

A la même époque, Ibn Battuta s'émerveille de la grandeur du Sahara. Mais il ne se risque pas à le mesurer. Au milieu du XVe siècle, parvenu au Touat, le Génois Antonio Malfante s'informe à Tamentit des temps de route et les note : il est à trente jours de Tlemcen, à vingt-huit jours de Ghadamès, à vingt-cinq de Tunis, de Tripoli, de Fès, de Safi, d'Azemmour, de Tombouctou. Quoi qu'il en soit d'une unité aussi relative que la journée de marche, combien différente sur le sable de l'erg et sur la rocaille du reg, l'information de Malfante est inexacte : Gadamès est sur la route de Tripoli, et Tlemcen est plus proche que Tunis. Il y a lieu d'inverser les chiffres. Plus justes sont les distances vers le Maroc : Tamentit est en effet équidistant de Fès, d'Azemmour et de Safi.

A l'évidence, Malfante, qui vient de Sijilmasa, est personnellement au fait du Maghreb occidental, alors qu'il juxtapose pour l'oriental les dires des marchands rencontrés à l'étape sans se soucier de savoir si les journées de l'un valent celles de l'autre. Malgré ces erreurs, qui interdisent encore une cartographie de l'Afrique intérieure, les informations qu'adresse le Génois à son associé demeuré à Gênes sont fort propres à esquisser au moins un arrière-pays convenablement proportionné au sud et à l'est d'un Maghreb déjà bien connu.

Fort de ses lectures comme de ses observations personnelles, Jean de Mandeville voit plus large encore lorsqu'il se risque déjà, vers 1356, à une mesure des terres émergées, c'est-à-dire de l'univers connu : de 7° 10' Nord à 23° 16' Sud entre les rives septentrionales de l'Europe et les limites de la haute Libye, et quelque 245° 30' de longitude entre la pointe occidentale de la Grande-Bretagne et l'Insulinde. Dans un sens comme dans l'autre, Mandeville est encore loin de compte. Mais son estimation lui permet de risquer cette prévision au conditionnel : un globe, on en fait le tour. Ce n'est qu'une affaire de moyens, de finances, d'autorisations. Il y faut navires et « conduit », c'est-à-dire sauf-conduit.

> Je dis certainement qu'il pourrait environner toute la terre du monde, aussi bien par-dessous que par-dessus, et retourner arrière en son pays, celui qui aurait compagnie et conduit et navire. Et l'on trouverait toujours terres et pays et îles comme en ce pays.

C'est d'après la distance que la plupart des navigateurs occidentaux s'efforcent encore au milieu du XVe siècle de préciser la position des repères géographiques. Cà da Mosto ne situe les îles et les caps que par le nombre de milles parcourus. Madère est à 40 milles de Porto Santo, les Canaries sont séparées les unes des autres par 40 à 50 milles, le cap Blanc est à 860 milles des Canaries. Et Vasco de Gama de noter, en 1498, les dimensions de la position commerciale de Calicut, en Inde :

> Les marchandises viennent d'une île distante de là de 160 lieues, proche de la terre ferme du

> côté de la cité, où l'on peut aller par terre en vingt jours.

Naturellement, les voyageurs les plus avisés savent bien que cette méthode aboutit à accumuler les erreurs d'appréciation. Dans les années 1470, le navigateur portugais Diogo Gomes — si tant est que le passage ne soit pas dû à la plume de Martin Behaim, vingt ans plus tard — notera les avantages d'une localisation par calcul des latitudes, rendue possible par le perfectionnement du quadrant.

> J'avais un quadrant quand je parcourus tous ces pays, et j'ai noté sur la table de ce quadrant la hauteur du pôle arctique, et je l'ai trouvée meilleure que sur la carte. Il est certain que sur la carte on voit les routes à parcourir sur mer, mais beaucoup d'erreurs accumulées ne portent jamais au propos principal.

C'est encore en mêlant les distances et les degrés d'arc que Christophe Colomb note à son propre usage, vers 1490, les coordonnées des récentes découvertes faites en Afrique par les Portugais.

> Bartolomeu Dias fit rapport au roi qu'il avait navigué au-delà de Yan ayant parcouru 600 lieues, à savoir 450 vers l'auster [le sud] et 250 vers l'aquilon [le nord], et qu'il avait atteint un promontoire auquel il donna le nom de cap de Bonne-Espérance...
>
> En ce lieu, il découvrit par l'astrolabe qu'il s'était éloigné de 45 degrés de la ligne de l'équateur et que cet endroit est distant de Lisbonne de 3 100 lieues. Il a décrit son voyage et l'a raconté lieue par lieue sur une carte marine.

En fait, les cartes graduées en latitudes, déjà imaginées dans l'océan Indien par les Arabes, ne sont en usage chez les navigateurs portugais de l'Atlantique que dans les années 1485.

Mais tout le monde se trompe en croyant, comme la plupart des navigateurs, que le « passage » qui unit en un seul océan les eaux de l'ouest et celles de l'est se situe dans la zone équatoriale. Tous ceux qui y songent le disent clairement : ce qui dissuade d'entreprendre le passage vers l'est, ce n'est pas l'impossibilité théorique d'un cheminement parallèle à l'équateur, ce sont les obstacles, les longueurs, le risque de se perdre ou de tout perdre. C'est l'impossibilité d'emporter assez de vivres et d'eau potable.

> Un oiseau volant n'irait pas, et ne pourrait pas y aller en volant, pour la soif et pour la faim qu'il aurait, et pour les autres oiseaux qui le tueraient.

Mandeville le dit bien : ce serait trop long. Celui qui se lancerait en l'affaire ne trouverait pas le moyen de revenir en son pays. En bref, cela consisterait en un voyage au bout du monde, et même si la sphère n'a pas de bout...

L'héritage antique, en ce cas, s'impose sans grande révision. Au XIIe siècle, la mappemonde du *Liber floridus* de Saint-Lambert figure une mer équatoriale séparant deux hémisphères émergés parfaitement égaux et symétriques : l'un est fait des trois continents bien connus, l'Asie, l'Europe et l'Afrique séparées par l'inévitable mer en forme de T, l'autre laisse le parchemin vierge de tout dessin. On ne sait de quelle terre est fait l'hémisphère austral, mais on naviguerait par le sud de Thulé à Taprobane — disons d'Islande à Sumatra — sans franchir l'équateur.

La légende est tenace de ce navigateur anglais qui, parti de l'Inde pour explorer les mers de l'est, aurait un beau jour éprouvé la surprise d'aborder une terre dont il comprenait le langage : il entendit appeler les bœufs comme on le faisait en sa campagne. Il était revenu en Angleterre. N'osant y croire, il avait rebroussé chemin et regagné son pays par la route de l'aller. L'histoire est en soi cocasse, et nul n'y croit vraiment. Mais elle montre bien que l'on pense à la chose. Ce qui manque, au vrai, c'est l'argent, les vivres et le courage nécessaires pour mettre le cap dos à la terre connue. De cela, tout le monde est conscient.

Pour l'instant, nul ne pense sérieusement à affronter l'océan vers l'ouest. Le « passage », c'est la route de l'Occident par l'Orient. Et là, chacun suppute ce qu'il en serait de la route. Étienne Raymond, auteur d'un *Directoire pour faire le passage*, n'est guère entendu quand il expose que, s'il faut en croire les marchands arabes rencontrés par lui bien au-delà de l'équateur, la côte africaine s'étend encore fort loin après le tropique. En 1458 encore, l'auteur d'une mappemonde, le Vénitien Fra Mauro, invoquant l'expérience des navigateurs qu'il a interrogés, pousse fort au sud les limites de l'Éthiopie, ce qui est dire l'Afrique noire, et estime à 2 000 milles la distance nautique de l'Inde jusqu'en l'océan occidental. C'est en vain. L'Europe croit peu les témoignages venus de la côte éthiopienne, et n'en croit que les observations faites sur la côte occidentale.

L'erreur est ici particulièrement féconde : s'ils avaient su que l'Inde était aussi loin de Gibraltar, les explorateurs de l'Atlantique ne se seraient-ils pas découragés ? En s'obstinant sur une route occidentale et sur le « passage », les aventuriers de l'océan ne cherchent qu'une route plus rapide que celle, déjà bien connue, qui combine le coût des ruptures de charge entre la route maritime et la route terrestre, les lenteurs d'un trafic caravanier toujours occasionnel et les difficultés du cabotage indien sur des navires d'emprunt.

Le dessin de la côte occidentale porte ici la lourde responsabilité de l'illusion. A peine les navigateurs occidentaux ont-ils atteint les ports marocains qu'ils savent, par leurs collègues arabes, qu'au sud la côte s'infléchit. Lorsqu'ils sont enfin sur le rivage du golfe de Guinée, ils ont le sentiment d'être au « passage » et de contourner l'Afrique. De même rêvent-ils quelque temps dans les larges estuaires des fleuves africains, qu'il faut remonter pendant plusieurs jours avant de comprendre qu'au sud la terre est encore là. En 1455, Antonio de' Noli dit son amertume d'avoir pris un cul-de-sac, l'estuaire de la Gambie, pour un passage vers l'est. Diogo Cão, en 1483, aura la même fâcheuse surprise avec l'estuaire du Congo.

Enfin, la vue antique et quelque peu naïve des quatre vents autonomes, pratiquement ramenés au rôle de symboles des points cardinaux, cède la place à une vue plus expérimentale des zones de circulation de l'air, et à une intelligence plus synthétique de la mécanique des circuits climatiques. On s'avise de la réciprocité des courants de l'air comme des courants maritimes. Pour des navigateurs qui cherchent à avancer, mais aussi à revenir, cette connaissance des courants alternés est aussi précieuse que la boussole. C'est la compréhension des systèmes des grands vents d'ouest, des alizés et de la mousson qui favorise au XIVe siècle la découverte des îles de l'Atlantique et à la fin du XVe celle de l'Amérique. On sait que l'air pousse vers l'ouest à la latitude subtropicale des alizés, vers l'est à la latitude plus haute des côtes ibériques ou françaises. On sait aussi que la giration des vents s'inverse dans l'hémisphère sud, et qu'il faut transposer en conséquence l'orientation des courants. Entre les deux systèmes, on identifie les calmes paralysants, terreur des marins, menacés de voir fondre au fil des jours sans vent leurs provisions d'eau douce et de biscuit. Dans l'océan Indien, les Européens commencent de comprendre l'originalité de la mécanique des moussons. Au XIIIe siècle déjà, Marco Polo en fait la constatation. A la fin du siècle, Giovanni da Montecorvino, qui n'a pas l'expérience d'un navigateur mais a beaucoup interrogé les marins de la Perse, de l'Arabie et de l'Inde, décrit avec une réelle précision ce système de vents alternés dans un même espace :

> On ne peut naviguer qu'une fois par an. En effet, du début d'avril à la fin d'octobre, les vents sont d'ouest, alors qu'ils sont au contraire d'octobre à mars. Et, de mai à juillet, les vents

> sont si forts que l'on tient pour perdus les navires qui sont à ce moment hors des ports.

Vers le nord, l'héritage grec et romain apparaît léger. Pythéas a décrit Thulé, que Pline et Virgile prennent pour une sorte de bout du monde : c'est « l'ultime Thulé » des *Géorgiques*. Et Sénèque de prophétiser dans *Médée*, pour la fin des temps, la découverte d'un nouveau monde : Thulé « ne sera plus la fin des terres ». Après l'Espagnol Pomponius Mela, Pline fait allusion à un golfe plein d'îles qui pourrait bien être la Baltique, avec son île principale, Scandinavia, laquelle n'est autre que la grande presqu'île de Suède et de Norvège. Quelques informations circulent dans le monde romain, dont Tacite se fait l'écho dans la Germanie : les hommes du Nord ont des bateaux sans voile, dont la proue et la poupe sont symétriques et se prêtent également au débarquement. Les rames n'y sont pas attachées. Fidèle à son habitude de nommer les peuples, Ptolémée cite les Finnois et les Goths, ces Goths dont Cassiodore fait au VIe siècle les anciens maîtres de l'Europe orientale et centrale. Naturellement, Ptolémée n'a garde d'oublier l'île de Thulé, qu'il situe à peu près à l'emplacement des îles Féroé, donc à mi-chemin de l'Écosse et de l'Islande.

A partir de là, l'expérience que l'on a du Nord va s'enrichissant. Missions diplomatiques et audaces commerçantes se combinent pour donner des pays situés « au-delà de l'embouchure de la Vistule » des contours et des dimensions plus proches de la réalité. Racontant au VIe siècle l'histoire d'une ambassade envoyée chez leurs voisins du Nord par les Hérules, l'historien byzantin Procope serre au plus près la vérité sur la quasi légendaire Thulé. C'est, à l'évidence, notre Scandinavie.

> Thulé est plus de dix fois plus grande que la Grande-Bretagne. La plus grande partie est désertique. Dans les régions habitées, on compte treize peuples, chacun avec son roi.

> Il y arrive chaque année quelque chose d'étrange : c'est le soleil de minuit, qui ne se couche pas pendant quarante jours et reste visible sur l'horizon. Six mois plus tard, on ne voit plus le soleil : c'est la longue nuit, pénible pour les gens qui vivent là-haut.
>
> Malgré mes efforts, je n'ai pu atteindre cette île et la voir. Mais je me suis informé auprès de ceux qui en revenaient.

L'idée qu'on se fait de la Baltique et de ses contours s'affine au temps de Charlemagne, alors même que les premiers Normands ne menacent pas encore les côtes de l'empire. Eginhard en ignore la longueur, mais il sait qu'elle n'est jamais large de plus de cent lieues. Au nord, vivent les Danois et les Suédois : bref, les Normands. Au sud, ce sont les Slaves, les Estoniens, et quelques autres peuples.

A partir de ce IXe siècle, le Nord ne fait que se préciser. La christianisation signifie d'abord des missionnaires en mouvement, qui observent et rendent compte. Son succès fait voyager les clercs aussi bien que les pèlerins. Même si l'on prend encore la Scandinavie pour une île car on ignore la configuration du Grand Nord, on sait où conduit la Baltique, assez bien vue comme un golfe par lequel l'Océan s'insinue jusqu'au cœur de la Russie. C'est bien le sentiment qu'auront, à partir du XIIe siècle, les marchands et les navigateurs allemands. Au XIVe, les flottes du sel qui relient Bourgneuf ou Guérande à Lübeck ou Bergen traduisent cette perception géographique en une réalité économique. La Baltique est bien le golfe par lequel on va de Bruges à Novgorod.

Il n'y a pas grand-chose de vrai dans le récit qui circule au XVe siècle sous le nom d'*Invention fortunée*. Un religieux d'Oxford aurait rapporté aux pêcheurs des Féroé et des Shetland son voyage jusqu'à la barrière montagneuse qui fermerait, au-delà du cercle polaire, le monde accessible. Il n'aurait rencontré qu'un groupe d'hommes, de petite taille. Il aurait constaté que l'on accédait cependant à l'océan

Arctique par neuf détroits. Et les pêcheurs des îles auraient à leur tour rapporté ce récit au roi de Norvège. Nul ne sait qui invente le plus, de l'Anglais peut-être lui-même imaginaire ou des pêcheurs soucieux de se faire valoir en Norvège. On voit mal l'universitaire s'aventurant ainsi tout seul et sur de telles distances à travers le Grand Nord. Une chose est sûre, en tout cas : il y a du vrai dans l'observation de ce Nord désertique et de ces passages accessibles vers l'océan glacial. Sans doute interprète-t-on ici les propos de quelques Eskimos rencontrés par des marins scandinaves. C'est grâce à ceux-ci qu'à la fin du siècle l'Anglais John Day, un « aventurier marchand » de Bristol, pourra raccorder, dans une lettre à Christophe Colomb, les récits mythiques du Nord et l'île bien réelle — Terre-Neuve sans doute — que connaissent les pêcheurs de Bristol.

La révision de la géographie héritée porte aussi sur les hommes, les sociétés, les usages. Jusqu'au XIIe siècle, il paraît suffisant d'apporter quelque information nouvelle quant aux contours d'une mer ou au voisinage d'une île. Désormais, la vue doit s'enrichir. On s'intéresse aux choses. Le propos s'affermira au XIVe siècle quand la connaissance deviendra, en tous les domaines, plus ou moins expérimentale. Aucun voyageur ne manque à raconter, et parfois à écrire, ce qu'il a vu et entendu de notable en des domaines aussi différents que l'organisation politique, le vêtement, le gréement des navires ou la monnaie des transactions commerciales.

César, déjà, s'attachait aux mentalités et aux usages. Au milieu du VIe siècle, le compilateur goth Jordanès dénombre en Scandinavie trente tribus dont il compare les vertus, les genres de vie, les productions. Jordanès n'a fait que lire Cassiodore. A la même époque, le Byzantin Procope a tenté de s'approcher, et il a mené sa propre enquête.

> Après trente-cinq jours d'obscurité hivernale, quelques guetteurs s'établissent au sommet d'une

montagne et, dès qu'ils aperçoivent un rayon de soleil, ils font savoir à ceux d'en bas qu'ils verront le soleil cinq jours plus tard. C'est alors, dans l'obscurité, la plus grande fête de l'année.

Au XIIIe, Marco Polo s'étonne des navires qu'il voit sur les côtes de l'Inde, avec leurs six mâts, leur gouvernail d'étambot et leur calfatage au chanvre enduit de résine, non de poix comme en Occident. En Chine, il s'émerveille de la poste impériale comme de la monnaie-papier, déjà observées par Guillaume de Rubrouck. Partout, en marchand de Venise qu'il est, il jauge les marchés et les trafics, estime les marchandises, évalue les populations.

Quant au Marocain Ibn Battuta, il renonce en Russie à gagner le Nord sibérien devant la perspective d'utiliser des traîneaux à chiens, il n'oublie pas l'inquiétude que provoqua chez lui le son, bien étrange, des cloches de Caffa, il distingue la prostitution ouverte des villes turques et la prostitution reléguée dans les faubourgs de la Chine des Yuan.

A l'aune de son expérience personnelle, chacun s'étonne de quelque chose. Le dominicain rouergat Jourdain Cathala de Séverac hume les épices de Sumatra. Le franciscain italien Odoric de Pordenone évoque les flèches empoisonnées des cannibales de Bornéo. Cà da Mosto décrit avec un certain talent les deux sortes de perroquets que l'on rencontre sur la côte du Sénégal. L'archiviste Gomes Eanes de Zurara, qui compile au milieu du XVe siècle pour le roi de Portugal une *Chronique de Guinée* dans laquelle il mêle les dires des marins revenus au port et ce qu'on peut tirer des correspondances que rapporte tout navire, ne manque de décrire ni la vie et le cadre de vie d'une famille maure ni les navires guinéens que leur rapidité fait prendre, lui a-t-on dit, pour des oiseaux aquatiques.

Le souci d'une explication conduit parfois à l'enquête historique. Guillaume de Rubrouck apprend que les Tartares ont emprunté aux Ouïgours leur étonnante écriture verticale, ordonnée en colonnes successives depuis la droite.

Rien d'étonnant, dans ces conditions, à ce que le concile de Vienne se préoccupe, en 1311, de faire donner aux missionnaires envoyés au-delà de l'Islam un enseignement de langues vivantes propre à favoriser les entretiens verbaux qui garantissent une bonne connaissance des pays et, à terme, des conversions. Car, si l'on trafique en montrant les denrées et en comptant sur ses doigts, ce n'est pas ainsi qu'on enseigne les vérités de la foi.

Voilà donc un étrange amalgame d'un héritage antique passé au crible des encyclopédies et des recueils de citations, d'une révision des bases scientifiques passablement étrangère aux besoins réels de la découverte et d'une accumulation mal contrôlée des observations et des dires. Il engendre quelques graves incertitudes, et quelques illusions.

Vers le sud, on rêve donc d'un passage voisin de l'équateur, dont le golfe de Guinée entretient l'ambiguïté. Pour l'essentiel, on vit toujours avec les certitudes héritées de l'Antiquité, certitudes que résume fort bien au temps de Charles VI un Pierre d'Ailly qui perpétue la confusion entre terres habitées et terres émergées.

> Le territoire africain, de même que la population de cette contrée, est moins grand que le territoire européen parce qu'il a naturellement moins d'espace habitable et qu'en raison de l'inclémence du soleil il renferme plus de déserts.

La découverte qu'il fait de la fausseté d'une telle vue conduit Christophe Colomb à annoter ce passage d'Ailly en se référant plutôt à l'opinion exprimée dès le XIIIe siècle par Roger Bacon, qu'il prête à Avicenne : la zone équatoriale est tempérée.

> L'Afrique est comme une moitié de l'Europe et, bien qu'elle soit composée dans sa partie centrale de terres de sable, elle est néanmoins

> habitée en quelques parties. Elle est peuplée d'hommes innombrables dans ses parties australes et septentrionales, et cela en dépit de la chaleur excessive qui y règne. Sous la ligne équatoriale, où le jour se compose perpétuellement de douze heures, le roi sérénissime de Portugal possède un poste dans lequel je suis allé et où j'ai trouvé que la région est tempérée.

N'épiloguons pas sur le climat tempéré de l'équateur : Colomb constate qu'il n'a pas été rôti par le soleil. Quant au jour toujours égal sous l'équateur, il suffit à fausser toute la table que dresse le navigateur. L'erreur astronomique de Colomb est ici manifeste. Au moins sent-il la faiblesse du raisonnement qui donne à l'Afrique un terme méridional dû à la chaleur. Le passage serait-il lié à la chaleur que sa situation sous l'équateur ne serait pas aussi assurée que l'ont cru les Anciens.

Avec l'espoir de trouver des indices dans l'expérience des autres, on lit. Nous conservons 73 manuscrits du récit de Pordenone, 143 du livre de Marco Polo, 250 de la compilation de Mandeville. Christophe Colomb, nous le verrons, est un homme qui a beaucoup lu. Mais le livre n'est pas l'aventure. Si l'on parvient à cartographier à peu près correctement, dans la seconde moitié du XVe siècle, un océan Indien où l'on a enfin identifié et localisé Ceylan, on s'interroge toujours sur le Nil, en quoi bien des géographes voient la véritable séparation de l'Europe et de l'Asie, ce qui est dire l'espoir que l'on place parfois en une remontée du fleuve jusqu'aux régions torrides dont il ouvre peut-être l'accès. Au XIVe siècle encore, Ibn Battuta confondra le Nil et le Niger. Un siècle plus tard, Alvise da Cà da Mosto, le navigateur vénitien de l'infant de Portugal, ajoutera encore, « avec travail » , à la confusion :

> Ce fleuve [le Sénégal], comme plusieurs sont d'opinion, est une branche du Gion, qui prend son origine au Paradis terrestre et fut nommé

> Niger par les Anciens. Lequel Gion, arrosant toute l'Éthiopie et s'approchant près de la mer Océane devers le Ponant, là où il s'embouche, jette plusieurs autres branches et fleuves, outre celui-ci de Sénégal. L'autre bras qu'il jette encore est le Nil, qui passe par l'Égypte et se joint à notre mer Méditerranée.

Vers l'ouest, l'illusion vient d'un globe que tout le monde, depuis Aristote et Ptolémée, voit plus exigu qu'il n'est réellement. La route de l'Inde et de la Chine, voire la route de la fabuleuse île Cipangu, est à l'ouest, pour peu qu'on ait les moyens techniques et le courage d'affronter une navigation le dos à la terre connue. On n'a pas encore renié une vue du monde, exprimée à la fin du IVe siècle par le *Livre d'Esdras*, qui voulait que la septième partie, seulement, du globe fût couverte par les eaux. Aristote l'a dit, la côte de l'Espagne — même si le Philosophe entend par là l'Afrique occidentale — n'est séparée de la côte de l'Inde que par une mer étroite. Au livre V de la *Nature*, Sénèque écrit sans la moindre preuve que l'on peut, par bon vent, aller des Colonnes d'Hercule en Inde. Pline rapporte que l'on va rapidement du golfe Arabo-Persique jusqu'à ces mêmes Colonnes d'Hercule.

Tout cela n'est fait que d'hypothèses, mais l'idée chemine : la route de l'ouest est accessible. Au vrai, devant les périls annoncés d'un « passage » équatorial au sud de l'Afrique, on peut déjà rêver d'une route atlantique qui éviterait les chaleurs excessives de la zone intertropicale. Lisant l'*Image du monde* de Pierre d'Ailly, qui conclut sommairement que « l'étendue d'eau n'est pas si grande qu'elle puisse couvrir les trois quarts de la terre », Christophe Colomb note toutes les références érudites et disserte inutilement sur la caution donnée par saint Ambroise aux apocryphes d'Esdras, mais la phrase relative à l'exiguité de l'océan retient particulièrement son attention.

> Il ne faut pas croire que l'océan recouvre la moitié du globe qui est opposée à celle que nous habitons...
>
> L'extrémité orientale de la terre habitée et l'extrémité occidentale de la terre habitée sont assez rapprochées. La partie qui les unit est une petite mer.

Achevant la découverte de l'immensité du monde, le navigateur toscan Giovanni da Verrazzano, qui aura eu « compagnie et conduit et navire », fera rapport à son maître François Ier d'une révision en hausse de toutes les estimations héritées de Ptolémée.

> Le globe terrestre est beaucoup plus grand que ne l'ont cru les Anciens. N'en déplaise aux mathématiciens, qui voulaient qu'il y est moins de terres que d'eau, nous avons prouvé le contraire.

On a naturellement porté sur les cartes les pays imaginaires. Celui de Gog et Magog s'y trouve placé, comme parfois le Paradis terrestre. Toujours annotant Pierre d'Ailly, Colomb s'attarde à la citation de Pline, selon qui les pôles sont habités de gens heureux qui ne meurent que quand ils sont fatigués de la vie, et note en extrapolant quelque peu mais sans remédier à la confusion faite jadis par la légende de saint Brendan :

> Au-delà du tropique du Capricorne [dans l'hémisphère sud], se trouve la plus belle région habitée, parce qu'elle se trouve sur la partie la plus digne et la plus noble du monde, à savoir le Paradis terrestre.

Tout cela se mélange dans les esprits avec une notion apparemment simple et bien compliquée par le légendaire : celle d'antipodes. Au XIIe siècle, déjà, Gervais de Tilbury faisait état, dans ses *Délassements impériaux*, d'une caverne du Derbyshire qui conduisait à un long souterrain dont l'aboutissement se situait de l'autre côté de la terre, et dans un climat ensoleillé comme il se devait des antipodes du Derbyshire. D'autres récits vont à la même époque dans le même sens : aux antipodes, il y a du soleil, et de l'or. Et les hommes y sont de petite taille. Nous retrouvons là les étranges personnages du tympan de Vézelay. Rien d'étonnant, dans ces conditions, à ce que l'un des vassaux du roi Arthur, cité par Chrétien de Troyes dans *Érec et Énide*, soit le « roi d'Antipodès ». Le monde souterrain et le monde d'au-delà se confondent à l'évidence : sauf par les voies du miracle, les antipodes ne sauraient être atteints. Pour ces gens qui savent fort bien que la terre est une sphère, les antipodes sont du domaine du merveilleux.

Comme elles, les îles excitent l'imagination de ceux qui, faisant la part des réalités cosmologiques et de la légende, n'en pensent pas moins à prendre la sphère pour ce qu'elle est. Aux îles Fortunées et aux Paradis terrestres s'ajoutent les terres d'exil, qui peuvent être des chrétientés lointaines et rejoindre ainsi dans les aspirations religieuses et politiques cet Au-delà terrestre que symbolise le Prêtre Jean. Ainsi en va-t-il de l'île des Sept-Cités où se sont réfugiés, lors de l'invasion des Maures, sept évêques de Castille et de Portugal avec leurs fidèles. L'île porte un autre nom : Antilia. On croira la trouver. Son nom passera aux Antilles. Mais la légende s'enrichit de bouche à oreille, et l'île des Sept-Cités n'est pas seulement une terre où les chrétiens sont en paix. On y trouve aussi du sable « plein d'or ». C'est ce sable merveilleux que les Colomb et les Pinzón s'étonneront, en 1492, de ne trouver qu'en faible quantité.

L'Atlantide, elle, n'est jamais figurée. Elle appartient à un « autre monde ». Malgré tant de spéculations, et malgré le propos purement philosophique de ceux qui, comme Critias d'Athènes s'il faut en croire Platon, refusent de penser que le monde émergé est unique et que tous les hommes ont été concentrés sur la même terre, malgré, aussi, l'autre monde dont le merveilleux païen ou chrétien fait volontiers un Au-delà, la seule chose que nul n'a entrevu, c'est que l'océan ne soit pas un. Nul n'imagine une barrière entre les eaux qui baignent au Couchant l'Europe et celles qui font l'océan Indien ou la mer de Chine. Ce sera la grande surprise de Verrazzano.

C'est alors, et alors seulement, que les conquérants du Nouveau Monde reconstruiront l'histoire du monde connu pour fonder leurs droits. Tirant en 1527 les conclusions de la découverte faite par Christophe Colomb, Bartolomé de Las Casas constate que la partie non engloutie de l'Atlantide a bien été retrouvée, et qu'il s'agit en effet d'un autre monde. Charles Quint n'hésite pas à reconstituer, sans la moindre discontinuité, le continent submergé lorsqu'il affirme en 1533 que Dieu vient de permettre la réunification d'une Espagne si longtemps séparée des Caraïbes. La preuve historique est fournie avec une précision qui ne fait alors sourire personne.

> Depuis 3091 ans, ces terres appartiennent à l'apanage royal de l'Espagne.

Deux ans plus tard, s'inspirant librement d'Isidore de Séville et de quelques autres autorités, Gonzalo Fernandez de Oviedo dépassera, dans son *Historia general y natural de las Indias*, les prétentions mal fondées sur l'émigration des Sept Cités et fera des Antilles l'ancien Jardin des Hespérides, les terres découvertes 1658 ans avant Jésus-Christ par le douzième roi d'Espagne, Hesper. Les îles du Nouveau Monde seront une partie retrouvée de l'héritage espagnol.

CHAPITRE X

L'espace figuré

L'idée d'une figuration du monde, autrement dit d'un dessin de ce qu'on connaît plus ou moins, ne s'est pas perdue depuis les grandes constructions graphiques de la géographie antique, depuis le portique d'Agrippa ou la table dite de Peutinger, sans oublier les imitations tardives comme la carte murale qu'au VIIIe siècle le pape Zacharie fait peindre dans son palais du Latran ou celle dont l'évêque Théodulfe, le familier de Charlemagne, orne l'une des tables de son palais épiscopal. Le géographe de l'empire romain voulait donner une base claire à ses spéculations, mais les gouvernants et les chefs de guerre entendaient manifester l'étendue de leur pouvoir et connaître les distances. Les travaux de l'école aboutissaient sur la place publique.

De tout cela, il semble que l'on n'ait cure après la fragmentation de l'empire romain. La cartographie de prestige n'a plus d'objet. Elle reparaîtra au XVIe siècle. Quant à la cartographie utilitaire, elle sombre dans la mutation intellectuelle des classes gouvernantes. Charlemagne pourra faire de quelques prélats les agents d'une renaissance particulièrement féconde pour les siècles à venir. Mais il ne changera pas la mentalité de ses comtes. Bien plus tard, Alphonse X se plaira en la compagnie des savants, mais cela ne fera pas du royaume de Castille un royaume de savants. Aux derniers siècles du Moyen Age, ceux des grands qui tentent, à l'instar de César racontant la guerre des Gaules, de conter leurs exploits et de justifier leur politique — ainsi fait Geoffroy de Villehardouin au lendemain de la prise de Constantinople par la quatrième croisade — s'aventurent rarement à situer l'histoire dans l'espace autrement que par l'énoncé de quelques noms de villes ou de fleuves déjà bien connus. De géographie, peu de chose. De carte, point.

Des étapes au long des routes

Le capitaine ou l'administrateur médiéval travaille en un monde dont la seule définition spatiale est la route. On voit donc les receveurs d'une petite ville italienne, habitués à lever l'impôt en parcourant successivement les villages alignés au long des routes qui rayonnent autour du chef-lieu, oublier pendant un demi-siècle un village qui se trouve à mi-chemin entre deux routes. Les rôles établis par les collecteurs pontificaux pour la perception de l'annate et de la décime ne sont que des listes de paroisses, classées par archiprêtrés et ordonnées en chaque chapitre pour la plus grande commodité du parcours. Pour peu qu'il soit étranger au pays, comme l'Italien nommé collecteur en Pologne ou au Portugal, force lui est d'en passer, avec tous les risques ou toutes les concessions que cela signifie, par un guide pris sur place.

Les parcours terrestres sont à tous égards des usages, transmis et entendus. Aucun des grands fonds d'archives financières, si riches en listes de paroisses, de châteaux, de marchés ou de domaines, n'a livré avant l'extrême fin du Moyen Age le moindre croquis, le moindre itinéraire esquissé, le moindre espace figuré. On conserve à Paris les noms des serviteurs payés trois sous pour porter une lettre à Dijon ou Avignon, à Londres ceux des arbalétriers établis dans une forteresse normande ou gasconne, à Rome ceux des desservants d'une chapellenie scandinave ou d'un chapitre écossais. Pas un document ne dit que Blois est à l'ouest d'Orléans.

Quant à ces ancêtres de nos guides touristiques que sont les guides de pèlerinage, et notamment le célèbre *Guide du pèlerin à Saint-Jacques-de-Compostelle,* ils offrent surtout l'indication, combien précieuse pour le voyageur désargenté, des gîtes et des soins que l'on trouve à bon compte au long de telle ou telle route. Il en va de même pour les *Manuels* et les *Pratiques* qui soulagent la mémoire et élargissent l'expérience des marchands en faisant profiter chacun des constatations d'autrui. Ces ouvrages, œuvres de professionnels du négoce, énumèrent avec précision les marchandises que l'on trouve sur les marchés, les taxes portuaires qu'il faut acquitter, les procédures qu'il convient de suivre, la concordance des poids et mesures en usage pour les différents produits. On n'y trouve guère le souci de l'itinéraire. Pour gagner Bruges ou Southampton, le marchand compte sur l'expérience du marin, non sur son manuel. Il ne reprend sa responsabilité en l'affaire qu'en mettant le pied sur le ponton. Et le marin, pour aller à Bruges, suit une route familière.

L'essor commercial multiplie à partir du XIIIe siècle ces « routiers » qui ne sont que des itinéraires chiffrés mais que l'on recopie comme les outils nécessaires du voyageur. Fondé sur des routiers du XIVe siècle compilés un siècle plus tard par ordre d'un abbé de Saint-Bavon de Gand, bâtard du duc de Bourgogne Philippe le Bon, le recueil dit *Itinéraires de Bruges* procure à la fois les routes conseillées aux marchands et celles qui sont fréquentées par les pèlerins. A côté des chemins de Saint-Jacques et de Rocamadour, on y trouve ainsi la route de Bruges à Novgorod et à Moscou. Pour chaque étape, le routier indique une distance, généralement mesurée en lieues. Parfois, l'itinéraire est relativement grossier. C'est le cas lorsque s'impose la voie maritime, car le routier n'est pas fait pour le pilote mais pour le voyageur qui cherche un navire en partance : les *Itinéraires de Bruges* réduisent la route de Rhodes à Alexandrie aux quatre étapes qu'impose la navigation. A qui veut aller de Bruges à Babylone, on conseille simplement de passer par Damas ou Jérusalem.

Pour une route terrestre en Europe, en revanche, on va souvent jusqu'à une extrême précision dans le détail : il y a quatre étapes de Tours à Poitiers (par Sainte-Catherine-de-Fierbois, Sainte-Maure et Châtellerault) et cinq de Chartres à Tours (par Bonneval, Cloyes, Vendôme et Boulay).

Quelques années plus tard, la *Carte des itinéraires d'Europe* dessinée entre 1470 et 1511 par Martin Waldseemüller se présente déjà comme une carte routière à grande échelle de notre siècle : on y voit figurés les villes, les routes et les principaux accidents du terrain. Ainsi voit-on que des voyageurs peuvent, tels de modernes usagers de la route, éviter la traversée d'une grande ville comme Bordeaux et préférer un itinéraire un peu plus long qui, contournant la ville, permet sans doute d'éviter quelques encombrements.

De tels itinéraires ne sont pas seulement la traduction des réalités géographiques. Grandes et petites villes rivalisent pour attirer une circulation toujours profitable. Le voyageur n'est pas toujours un pauvre pèlerin aux pieds ensanglantés. Bien des pèlerins voyagent à cheval, logent à l'auberge, mangent et boivent convenablement. Les notables emmènent une suite. Un marchand fortuné comme Francesco di Marco Datini, visitant en 1399 quelques sanctuaires proches de Florence, s'interdit en route toute consommation de viande mais se régale de poisson et en régale ses compagnons de pèlerinage. Naturellement, le marchand est encore moins tenté par la frugalité. Du financier au colporteur, chacun vit selon ses moyens, mais chacun dépense en route. On loge, on mange, mais on fait aussi ferrer les bêtes et réparer les chariots. On rémunère le notaire ou l'écrivain public, on paie le service d'un charretier ou celui d'un guide. Et chacun paie les taxes à l'entrée des villes ou au passage des ponts. Les itinéraires qui se dégagent peu à peu de la pratique sont donc le résultat d'une incitation faite de profits spirituels mais aussi d'avantages matériels. Les *Vies de saints* qui valorisent le sanctuaire sont une forme de propagande. La notoriété de l'accueil — des soins comme du vivre et des services proposés aux voyageurs — tient une aussi large place dans ce choix coutumier qui fait les routes.

Une fois la route entrée dans les usages, ceux-ci — que figent les *Itinéraires* — concentrent durablement la circulation. Il y a la route que l'on prend, celle qu'indique le « guide » — homme ou livre — et sur laquelle naissent ou se développent les infrastructures du transport et de l'hébergement aussi bien que celles de la prière ou des affaires. Bien avant la route royale, et bien avant le chemin de fer, les courants de circulation se fixent.

Il faut vraiment sortir des chemins habituels pour qu'on éprouve, dans la « Marchandise », le besoin de consigner par écrit quelques notions de géographie. Ainsi fait au XIVe siècle, pour la route de Chine, dans sa *Pratica della mercatura,* l'un des directeurs de la grande compagnie florentine des Bardi, Francesco di Balduccio Pegolotti.

> De Tana à Astrakhan, il y a vingt-cinq jours en char à bœufs, et de dix à douze jours en voiture à chevaux. Le long de la route, vous rencontrez beaucoup de Mongols, c'est-à-dire de gens armés.
>
> D'Astrakhan à Saraï, il y a un jour en naviguant sur la rivière, et de Saraï à Saraitchik un jour en naviguant par la rivière. Vous pouvez voyager là d'une manière ou d'une autre, par la route ou par la rivière, mais la plupart préfèrent la voie fluviale afin de moins dépenser pour le transport des marchandises.
>
> De Saraitchik à Ourgentch, il y a vingt jours en voiture à chameau. Pour ceux qui transportent des marchandises, il est expédient de passer par Ourgentch, car il y a là un bon marché pour les marchandises. D'Ourgentch à Utrar, il y a ensuite de trente-cinq à quarante jours en voiture à chameau. En prenant la route directe de Saraitchik à Utrar, vous voyageriez cinquante jours. Pour celui qui n'a pas de marchandises, il peut donc être plus avantageux de prendre cette route directe que de passer par Ourjench.

La géographie du marchand est faite d'enchaînements d'étapes et d'escales. Non d'un espace. Il faut la volonté d'éblouir d'un marchand retiré comme Marco Polo — et le talent du notaire Rusticello de Pise à qui le Vénitien dicte ses souvenirs en les embellissant — pour laisser les descriptions colorées et chiffrées dont s'est émerveillé l'Occident.

C'est de même l'inspiration qui conduit l'artiste tenté d'illustrer l'un de ces textes en figurant sites et villes. Un *Itinéraire de Londres à Jérusalem* conservé à la British Library montre bien la double enceinte d'Antioche, à quelque distance de la côte, ainsi que la forte enceinte d'Acre, avec l'enceinte extérieure du quartier de l'Hôpital Saint-Jean. Un apparent souci de précision procure dans Jérusalem la localisation du temple de Salomon, dans Acre celle du temple, du château royal et de la rue des Pisans. A y bien réfléchir, on s'avise d'un souci autre que topographique : il s'agit de caractériser la ville par ses hauts lieux. Le château est dans la ville comme le bateau sur la mer : il est un symbole, et il fixe le souvenir.

L'essentiel demeure l'itinéraire de ville à ville. C'est lui qui juxtapose sur le bord de la Méditerranée, aussitôt après Antioche et sans la plus élémentaire proportion dans les distances, mais dans l'ordre réel du voyage, les villes de Sidon, Tyr, Acre, « Kaïffas » (Haifa), Châtel-Pèlerin, « Césaire » (Césarée), Jaffa, « Escaloine » (Ascalon), le « Darun » (Daron) et, subitement à côté, pris dans les deux bras du Nil, Damiette.

Nous retrouvons ici les préoccupations habituelles du voyageur : « l'eau où l'on se baigne » et l'eau douce « car la mer est loin ». La carte précise bien qu'il faut, pour gagner Jérusalem, quitter la route côtière à Jaffa. Mais rien ne dit qu'entre Sidon et Damiette la route est aussi longue qu'entre Sidon et Tripoli. Rien ne dit, non plus, qu'après Daron — qui n'est d'ailleurs pas sur la mer comme la carte le laisse croire — la côte tourne à angle droit. Il convient que le voyageur ne se trompe pas de chemin, et qu'il soit certain de se trouver toujours sur la bonne route. Mais le temps du pèlerin n'est pas le temps du marchand, et l'indulgence n'a pas les mêmes contraintes que la lettre de change. On est content quand on est assuré de l'étape suivante, et il est toujours possible d'en demander sur place la direction. Le voyageur qui quitte Césarée sait qu'il doit marcher sur Jaffa. Pour ce qui est de ne pas confondre les pistes à la sortie de Césarée, mieux vaut interroger les naturels.

Les XIe et XIIe siècles sont un temps de pèlerinages, de croisades, de voyages, de colonisation. La cartographie s'en ressent, qui multiplie les ouvrages pratiques, les nomenclatures, les itinéraires. A la fin du XIIe siècle déjà, Roger de Hoveden décrit les routes et les côtes depuis Marseille jusqu'à Acre.

La mappemonde des scolastiques

Bien des auteurs mêlent délibérément, et non par maladresse, des notations dont l'anachronisme n'échappe à personne. Ce n'est pas seulement parce qu'il s'inspire de modèles antiques que l'auteur de la mappemonde de Munich met en place aux extrêmes limites de l'Inde les Colonnes d'Alexandrie. Ce n'est pas par manque de discernement que le théologien parisien Hugues de Saint-Victor, l'un des maîtres de la scolastique du XIIe siècle, mentionne encore dans sa mappemonde et dans la *Description* rédigée dont il l'accompagne des noms de lieux aussi étrangers à la préoccupation de ses contemporains que Thèbes, Salamine ou Gog et Magog. Quand l'auteur emprunte au dernier des Antiques, à Paul Orose, des toponymes comme ceux du fleuve Octogorra en Asie et du mont Climax en Afrique, oubliés de tous depuis sept siècles, il ne cherche qu'à s'insérer dans une vision héritée, dans un univers défini une fois pour toutes. Le propos n'est pas de coïncidence avec la réalité. Il est de cohérence dans une vue cosmologique de l'histoire humaine, c'est-à-dire de la Rédemption. Et c'est dans son *Arche mystique* qu'Hugues de Saint-Victor parle de sa mappemonde comme de l'environnement symbolique de l'arche qui est la présence de Dieu.

Le cartographe du Moyen Age sait très bien que le globe n'est pas un complexe de terres parfaitement circulaire, inscrit dans un cercle à peine bordé par une mince frange, l'océan, où alternent les douze grandes îles et les douze vents de la rose. De même n'est-il pas dupe de cette division ternaire du monde habitable, avec ses trois continents à peu près égaux, séparés par les trois bras d'une mer intérieure ouvrant vers la mer Noire, le Nil et le futur détroit de Gibraltar. Mais les dessins du monde et les localisations dans ce monde n'ont de sens que par rapport au centre, c'est-à-dire à Jérusalem, symbole augustinien du règne de Dieu. Ce que représentent les mappemondes, ce n'est pas le monde que l'on parcourt, c'est la Création. Mais contempler l'œuvre de Dieu n'interdit pas de prétendre à la connaissance, dès lors que celle-ci est donnée par Dieu et qu'elle est un des chemins de la foi. La Bible s'ouvre sur l'inventaire du monde créé, et Mahomet fait écho, qui crie : « Dieu, montre-moi les choses comme elles sont ! »

La mappemonde de l'enseignement scolastique tient encore de près aux figurations antiques. Les contours généraux sont déjà fixés, comme les hauts lieux de référence, dans les modèles élaborés du IVe au VIe siècle par la christianisation des types gréco-romains. Tout le monde s'en tient à l'idée d'un océan périphérique, déjà énoncée par Hérodote, et à celle d'un monde tripartite — trois continents de part et d'autre d'une mer intérieure en forme de T — pour la simple raison que trois est un chiffre sacré, qu'il est une référence à la Trinité, donc à la perfection que l'on peut supposer à la Création. Les îles qui bornent les terres émergées sont souvent au nombre symbolique de douze, et les vingt-cinq îles que figurera au XIIe siècle le cartographe du *Liber floridus* de Saint-Lambert se succèdent autour d'un hémisphère nord qui reste seul connu comme les grains semblables d'un chapelet, à des intervalles étonnamment réguliers.

Au VIIIe siècle, le « Cosmographe de Ravenne » se contente de décrire une carte romaine. Mais l'Espagnol Beatus, moine à Liebana près de Santander, qui œuvre à la même époque, paraît bien faire preuve d'une certaine originalité quand, dans un commentaire de l'Apocalypse, il précise la forme des trois continents équilibrés autour de Jérusalem en quoi il voit l'héritage du monde partagé entre les trois fils de Noé (Genèse, IX, 19) — encore la conjugaison théologique de l'histoire et de la géographie — et quand il esquisse le contour de leurs péninsules et de leurs golfes. Et c'est encore Beatus qui souligne, non sans intention politique, les limites naturelles — fleuves ou montagnes — des provinces que menace l'hégémonie franque. Les illustrateurs qui orneront par la suite les exemplaires de son commentaire traduiront plus ou moins bien cette vision du monde. La renaissance carolingienne donne à son tour naissance à quelques copies d'après l'antique, le plus souvent d'après des modèles des Ve et VIe siècles. C'est dire que la Méditerranée et le Proche-Orient demeurent jusque-là privilégiés.

Pendant trois siècles, c'est le type défini par Beatus qui inspire les cartographes de l'Europe occidentale. Une dizaine de mappemondes en procèdent, avec le même propos. Dans son monastère gascon de Saint-Sever, l'auteur anonyme d'un commentaire de l'*Apocalypse* figure au XIe siècle une mappemonde (Bibl. nat., Paris) qui passera longtemps pour le chef-d'œuvre de la représentation matérielle de la Création et dont nul ne s'inquiète qu'elle corresponde mal à ce monde habité que les hommes du temps ont quand même sillonné de part en part. Au terme de cette évolution qui n'en est guère une, la carte espagnole dite de Salluste ramène, en ce même XIe siècle, le monde à trois continents tracés au cordeau, de part et d'autre de bras de mer ouverts à leurs extrémités sur l'immensité océane suggérée par la frange du cercle. Tout est ici symbole, et hors du temps. L'Europe, c'est Rome, avec les Alpes et les Pyrénées. Une légère mise à jour se laisse cependant entrevoir : la Normandie apparaît, entre la France et la Bretagne. L'Afrique, c'est un chapelet de villes antiques, avec Carthage et Leptis. Quant à l'Asie, elle est ordonnée autour de trois villes : la Troie des récits homériques, la Babylone de l'histoire sainte, et une ville sans nom, qui domine tout et dans laquelle il n'est besoin d'aucune rubrique pour reconnaître Jérusalem. Ce n'est pas une représentation du monde, c'est la quintessence du monde.

Avec l'ouverture des horizons politiques et économiques des XIIe et XIIIe siècles, la mappemonde cesse d'être le support d'un exercice d'école. C'est peu avant 1130 que le moine parisien Hugues de Saint-Victor ajoute aux données traditionnelles de la cartographie symbolique quelques toponymes purement occidentaux, plus liés aux nouveaux courants de circulation des personnes et des biens qu'à l'ordonnance du monde autour de la Jérusalem terrestre. Regensburg et Mayence font leur apparition sur le Danube et sur le Rhin. Encore Hugues de Saint-Victor intègre-t-il la mappemonde qu'il définit à la fin de son traité *De l'arche mystique de Noé* dans une vaste composition symbolique où le Christ en majesté tient le monde, assisté de deux séraphins. Et de mêler curieusement en haut de sa construction les notions d'Orient et de Paradis, en bas celles d'Occident — c'est l'océan inconnu — et d'Enfer. Le dessin soutient encore l'enseignement théologique et la prédication morale, non le voyage. La mappemonde est le « théâtre des royaumes du monde », c'est-à-dire la mise en place de la Jérusalem terrestre. De l'Orient vers l'Occident, elle situe les moments de l'histoire dans un déroulement eschatologique qui conduit de la Création au Jugement dernier. Elle est une « image » du monde, comme le Christ en majesté est une image du Fils de Dieu, non une représentation. Sur la mappemonde de Henri de Mayence, le chemin de l'humanité va d'est en ouest de Babel à Jérusalem, de Jérusalem à Délos, de

Délos à Rome et de Rome à Compostelle : l'historicité des civilisations successives par lesquelles s'exprime la Création l'emporte sur la réalité des localisations. L'espace n'est qu'une transposition du temps, lequel est d'essence divine.

A mêler les sources et les temps, on crée nécessairement la confusion. La cartographie médiévale ne s'embarrasse pas d'avoir un Caucase en Asie et un autre en Cappadoce, ou d'appeler l'Afrique Libye et réciproquement. Afrique, Éthiopie, Égypte, Libye, c'est tout un, et le cartographe du XIIe siècle en est conscient, même lorsqu'il se résigne. Celui du XVe ne sera pas plus dupe lorsqu'il mettra une première Inde en Asie, une deuxième Inde vers l'Éthiopie et une troisième Inde dans un continent austral. On comprend que Christophe Colomb n'ait pas hésité à baptiser Inde sa découverte : que la nouvelle terre fût ou non le sous-continent asiatique, elle était une Inde. Chacun a donc sa façon de nommer les pays et les fleuves. La seule chose qui ne change guère — sinon dans la graphie des noms — c'est le nom des îles et des villes. Mais on enjambe pour elles les millénaires.

Ni ce pêle-mêle chronologique ni ce propos plus eschatologique que topographique n'interdisent cependant de donner de la situation des pays, des fleuves et des villes une représentation assez précise pour être pédagogique. Au XIIIe siècle, alors que les audaces se multiplient sur terre et bientôt sur mer, on commence de songer sérieusement aux enseignements pratiques de la cartographie. Certes, les auteurs des mappemondes d'Ebstorf (peut-être l'œuvre de Gervais de Tilbury, 1213 ou 1239) et de Hereford (vers 1290) s'en tiennent pour l'essentiel au schéma hérité de Beatus et mettent involontairement la plus grande confusion dans la représentation des réseaux fluviaux, soulignant ainsi les limites de leur information. Leur vue du monde est avant tout un cheminement de la Rédemption, que manifestent aussi bien le visage du Christ au sommet de la composition que les deux mains du Créateur tenant le globe de part et d'autre, cependant qu'apparaissent encore des toponymes dont la seule justification est qu'ils jalonnent l'histoire sacrée : ainsi le mont Ararat, dont l'intérêt géographique est nul pour la chrétienté occidentale mais qui reste le premier reposoir de l'Arche d'alliance. Le géographe ne cache d'ailleurs pas la finalité de son propos quand il chante en quelques vers la joie de son lecteur : grâce à la carte, celui-ci tournera mieux le dos à l'enfer.

Mais ces mêmes cartographes, pour qui le tracé des côtes est un détail sans signification, font montre d'un souci nouveau de clarification quand ils suppriment enfin les toponymes hérités de l'Antiquité classique. Sur les soixante noms que cite au milieu du XIVe siècle Jean de Mandeville en décrivant la Chine, l'Inde et les îles, sept seulement — qu'il connaît à travers Isidore de Séville et Vincent de Beauvais — se trouvaient déjà dans la Bible ou dans Pline l'Ancien. Pour la plupart, les noms nouveaux étaient inconnus de l'Occident avant les grands voyages du XIIIe siècle.

Surtout, le propos pratique — et avec lui le scrupule réaliste — commence de percer sous le schéma théologique. La mappemonde d'Ebstorf mentionne pour l'Allemagne bien des toponymes qui ne sont pas hérités de la tradition gréco-romaine. On y compte soixante-seize noms de villes, châteaux et monastères situés dans l'empire germanique. De petites rivières de Basse-Saxe y figurent, comme les affluents de l'Elbe et de la Weser, qui n'y ont d'autre raison d'être que la commodité de la localisation. Quant à la mappemonde de Hereford, elle fait place aux villes traversées et aux sanctuaires desservis par les principaux chemins de Saint-Jacques. Lorsque le médecin de Boniface VIII, Galvano da Levanto, dresse vers 1300 une carte opérationnelle de la future croisade, il s'agit bien de guider les pas de l'armée chrétienne, non de figurer le monde de la Rédemption. Fidenzio da Padova fait de même lorsqu'il dessine la Méditerranée à l'appui de son projet de *Récupération de la Terre Sainte.* On trouve les mêmes fins pratiques quand l'auteur d'un *Livre des secrets des fidèles de la Croix,* Marino Sanudo, commande au cartographe génois Pietro Vesconte une mappemonde propre à faciliter la préparation des itinéraires et des manœuvres navales de la croisade.

Une vue plus réaliste se manifeste aussi pour les accidents topographiques qui conditionnent le choix des routes. La tradition grecque faisait plus de cas des îles que des montagnes. Il s'agissait d'aider les marins en difficulté, non de traverser de larges chaînes. L'Europe continentale des XIIe et XIIIe siècles sait maintenant le cas qu'il lui faut faire de ces barrières. Les nouvelles mappemondes montrent, barrant l'Asie de l'Inde à l'Arménie, l'arc du Caucase et de l'Himalaya, et donnent toute son importance, des abords du Bosphore à la pointe de l'Italie, à celui des Alpes et de l'Apennin. A vrai dire, cet intérêt nouveau pour les barrières tient en bonne partie à un désir de précision qui pousse à nommer les confins. L'ancien langage était successif: « Et puis après est... » Le nouveau est descriptif, et il situe les éléments de la carte les uns par rapport aux autres. C'est une ébauche de cadastre du monde que, vers 1356, propose Mandeville.

> Je vous parlerai du royaume de Perse. Il y a deux royaumes. Le premier commence du côté de l'orient vers le royaume du Turquestan et s'étend vers l'occident jusqu'à la rivière de Phison, et s'étend vers septentrion jusqu'à la mer de Caspille [Caspienne] et vers midi jusqu'aux déserts de l'Inde.

Ce qui fait toujours défaut, pour des contrées relativement proches aussi bien que pour le monde lointain, c'est un dessin même approché des espaces ainsi localisés. Pour le cartographe de la mappemonde de Munich, les trois péninsules méditerranéennes ont un contour quasi circulaire tout à fait étranger au tracé de la « botte » italienne ou à celui des trois caps du Péloponnèse. La Provence est pour lui une petite péninsule, que ne justifie pas le tracé légèrement convexe de la côte entre Marseille et Gênes. L'auteur voit bien que les Pyrénées séparent la France — ou plutôt l'Aquitaine — de l'Espagne, mais on peut s'étonner qu'il n'ait vu aucun fleuve à l'ouest du Rhin et du Rhône : la Moselle, la Meuse, l'Escaut, la Seine, la Loire, la Garonne, tout cela n'existe pas. On se demande en revanche ce que sont les trois doigts de l'Adriatique, et l'on peut rester étonné de trouver Chypre au large des Dardanelles et la Crète en « mer d'Égypte ». Et les déformations ne font que s'aggraver lorsqu'on s'éloigne : le delta du Nil prend les dimensions de l'Italie, l'océan Indien passe pour un élargissement de la mer Rouge, le Gange et l'Indus se tournent le dos...

Le portulan

Propre à soutenir l'attention pendant une réflexion sur le monde, la mappemonde d'école, la gigantesque carte murale — celle d'Ebstorf est haute comme deux hommes — a fait son temps lorsque les techniques de la navigation ouvrent à l'Européen de nouvelles possibilités. L'affaire n'est plus de spéculer sur les antipodes ou d'organiser la Création, elle est de savoir comment on contourne l'Afrique et quelles îles peuplent l'Atlantique sur le chemin de Cipangu. Elle est aussi de savoir où sont les passes hors des routes habituelles, et comment on évite les calmes plats où l'eau douce s'épuise pendant qu'on attend le bon vent.

Le temps est revenu d'une géographie utilitaire, et ce n'est pas par hasard que les encyclopédies elles-mêmes inversent au XIVe siècle l'ordre des priorités. Au XIIe siècle, Honorius d'Autun s'en tenait encore à la vue d'Isidore de Séville : l'essentiel est l'univers, et la terre est au centre de l'univers. Pour Honorius et ses successeurs du XIIIe siècle, le regard se porte d'abord sur le système astral. Au milieu du siècle suivant, le *Libro del Coñoscimiento de todos los reynos y tirras y señorias* et le *Livre* de Jean de Mandeville présentent une vue tout autre, où les sphères célestes ne sont que l'environnement d'une terre devenue l'objet principal d'une « image du monde ». Après dix siècles d'absence, le mot « géographie » reprend place dans le vocabulaire lorsqu'au XVe siècle on redécouvre l'ouvrage de Ptolémée. Encore le premier traducteur, Jacopo di Angelo, se sent-il tenu de définir le terme — « la géographie, c'est la description de la terre » — et de proposer un équivalent latin plus compréhensible : « cosmographie ». Observer l'espace au ras des terres et des flots est un propos qui passe mal dans l'esprit des intellectuels.

Un tel retour sur terre caractérise en revanche l'effort de ceux qui construisent une carte au lieu de s'en tenir aux descriptions. Mais on ne saurait ressusciter les cartes romaines faites pour des courriers à cheval et pour des légions de fantassins. Au temps des navigateurs qui s'aventurent, le besoin se ressent d'une carte marine, et d'une carte maniable.

Le portulan a donc sa place dans cette dynamique du perfectionnement par l'invention ou par l'adaptation, qui ouvre à la navigation de nouveaux horizons. Il n'est pas l'anti-mappemonde, parce que les auteurs de portulans se soucient peu de la mappemonde. Mais il est en réalité tout ce que n'est pas la mappemonde. Celle-ci figure la terre, et les terres émergées et habitables. Le portulan figure la mer. L'océan entoure la mappemonde, et les mers intérieures n'y sont que d'étroits chenaux. Le portulan met la mer au centre. Les côtes de la mappemonde sont des franges. Ptolémée, déjà, se souciait avant tout de fournir aux navigateurs des coordonnées précises pour les repères naturels du littoral. Ces franges, ce littoral, sont l'essentiel du portulan. Son nom l'indique, la carte-portulan est la carte des ports.

En bref, il ne s'agit pas de procurer au logicien ou au théologien le support d'une réflexion sur le monde ou sur la Création, mais bien de donner au navigateur un dessin précis des côtes, une localisation fine des écueils, un repérage et une identification des ports, une représentation exacte des points remarquables — les amers — qui procurent des alignements sûrs dans les passages difficiles. Malgré une hypertrophie fréquente — à des fins pratiques — des baies et des îles, le résultat correspond très vite à l'attente. Il y va du destin des marins, et de celui des affaires. On peut joindre une orientation des vents et des courants. La carte n'en est que meilleure.

Les premiers portulans sont italiens, ce qui n'a rien d'étonnant au moment où les nefs de Gênes et de Venise sillonnent toutes les mers. La présence d'une carte pratique sur un navire est attestée en 1270 : ce navire n'est autre que la nef génoise qui porte le roi de France dans son expédition vers Tunis. Le portulan le plus ancien que l'on connaisse est une carte dite pisane — elle est probablement génoise — des années 1290 (Bibl. nat., Paris). La Méditerranée est figurée avec une certaine exactitude, l'Atlantique reste dans le flou d'un vague tracé oblique entre Lisbonne et la mer du Nord. Dans ces limites, qui sont celles de l'information d'un Génois alors que les marins familiers de la route directe de Londres et de Bruges sont encore rares, il s'agit bien d'un portulan au sens le plus strict : le cartographe ne donne aucune indication sur l'intérieur des terres. Il y a le dessin des côtes, et le nom des ports.

Au XIVe siècle, le marin a à sa disposition des cartes plus précises et plus riches d'informations. Le candidat au voyage y trouve la Méditerranée et la mer Noire, mais aussi les côtes atlantiques au nord comme au sud de Gibraltar, avec une figuration de l'Afrique du Nord et des îles récemment découvertes.

Surtout, et c'est — avec le tracé des côtes — l'un des traits essentiels du portulan, ces cartes organisent leur représentation de l'espace non pour en donner des dimensions exactes en leur ensemble, mais pour indiquer avec le maximum de précision, en termes d'angles, les orientations et les caps. Désormais, toute carte marine s'impose sur un fond de tracés angulaires : sur un quadrillage, une étoile à seize branches dite « marteloire » dessine une sorte de rose des vents utilisables à l'échelle du monde navigable. La gamme des appellations modernes reflète cette division en seize « aires de vent » — N, NNO, NO, ONO, O, OSO, SO, SSO, S, etc. — dont le maintien en fond de carte facilite le dessin par triangulation, mais aussi et peut-être surtout la lecture des angles qui précise l'identification des vents et favorise le discernement dans le choix des caps.

Le système va se perfectionnant. La carte vénitienne de Giacomo Giraldi, en 1426, offre déjà un fond angulaire à plusieurs repères, chacun entouré de trente-deux aires de 11° 1/4. Contemporaine, celle du Génois Battista Beccario combine un quadrillage oblique sur le méridien et des repères à seize aires divisées chacune en deux, pris à diverses intersections du quadrillage. Dès lors, une triangulation systématique s'étend à la représentation du monde connu. C'est ce fond géométrique que reprend, en l'ornant de roses des vents, une carte de 1460 conservée à l'Ambrosienne de Milan.

Tous les cartographes, désormais, s'astreignent à la précision angulaire que facilite et justifie le marteloire. Et l'on en vient avant la fin du siècle à une relative orientation du marteloire, aligné sur les parallèles, faute de pouvoir l'être sur des méridiens déformés par la projection cylindrique. C'est l'époque où l'on commence de préférer la mesure des latitudes à l'estimation du chemin parcouru en mer. La carte reflète ce souci de précision et d'efficacité. Ainsi voit-on, sur la carte de l'atlas vénitien de 1489 conservé à la British Library, le 4e parallèle passer comme il se doit au large du cap des Palmes qui borne à l'ouest le golfe de Guinée, et l'équateur passer précisément à mi-chemin de l'embouchure de l'Ogoué et de l'île de São Tomé, sur cette côte du Gabon qui n'est pourtant découverte que depuis cinq ans. La même précision se retrouve sur la carte antérieure à 1492 qui passe pour avoir été inspirée par Christophe Colomb (Bibl. nat., Paris). Mais on notera que les méridiens et parallèles y sont tracés en traits fins, le marteloire angulaire en gros traits. Pour le navigateur, les angles horizontaux qui indiquent la route passent en importance avant les angles verticaux qui traduisent la hauteur sur l'équateur.

Car la carte-portulan est faite pour l'usage. Dès ses balbutiements, elle est pratique. Comme une moderne carte routière, elle recourt à un système cohérent de couleurs, à des symboles intelligibles (personnages, animaux, bateaux, châteaux), à des légendes explicatives. Dessinée comme une échelle de maçon, on y trouve une échelle, graduée en milles marins, si l'on excepte quelques échelles en lieues pour l'Atlantique.

Bien sûr, le recours à une projection parallèle des méridiens — ce sera au XVIe siècle celle de Mercator — rend vaines les comparaisons et estimations de distances à grande échelle, et fausse les proportions dans les hautes latitudes. Mais le portulan n'est pas conçu pour indiquer au navigateur le temps d'un voyage de Gênes à Bruges, ce qu'il sait fort bien sans devoir pour cela regarder sa carte. Il a pour objet l'orientation du jour, et les distorsions qui nuisent à une représentation du globe hors de propos sont sans grand inconvénient pour qui cherche à doubler un cap ou à couper un golfe.

Ce qui importe au marin, c'est l'angle de la route, que lui indique le portulan, et la distance à parcourir en une journée, que le défilement des repères visibles suffit à mesurer d'heure en heure. On n'use pas dans le même temps du même portulan pour aller de Bergen à Novgorod et de Palerme à Alexandrie. La carte marine se ressent ici de ses origines méditerranéennes et de la brièveté des traversées : la courbure du globe est en Méditerranée sans incidence perceptible à l'échelle d'une journée de vent, et le capitaine n'y perd jamais de vue les côtes plus de deux ou trois jours. Mais il lui faut ne pas confondre les approches des ports, ne pas prendre un amer pour un autre, ne pas se tromper d'île. Résumant l'expérience de quatre années de navigation dans l'étroite mer Égée, le Florentin Cristofano Buondelmonti rédige un *Livre des îles* qui met chaque île à sa place dans l'ensemble, précise les contours et situe les points remarquables. L'ouvrage semblera utile : il en existe soixante-quatre copies.

La carte est maintenant orientée. La convention s'établit très vite de placer en haut le nord. C'est l'Orient que mettaient généralement en haut les mappemondes : la direction par excellence était celle de Jérusalem, celle du chevet des églises. Le portulan abandonne tout symbolisme. Dès le XIVe siècle, ce qu'on met en haut, c'est la direction immédiatement vérifiable, celle qu'indiquent l'étoile Polaire et la boussole.

Mais le marin doit se contenter d'un nord approché, qu'il doit aux vagabondages du nord magnétique. Il y a les huit à dix degrés de la déclinaison magnétique, mais les usagers ont vite fait de s'en accommoder. Pour ce qui est du nord, on navigue suivant les coordonnées de la boussole, et c'est elles que l'on trouve sur le portulan. Les étoiles servent surtout à calculer les latitudes. Même ceux qui, au début du XVIe siècle, songeront qu'il serait raisonnable de revoir l'orientation des cartes ne seront sensibles à la discordance qu'en raison des distances à parcourir : c'est sur l'Atlantique qu'au XVe siècle les difficultés liées à la concurrence du pôle astronomique et du nord magnétique commencent d'embarrasser le navigateur. Là, on s'avise que la Polaire et le soleil sont plus sûrs que l'aiguille de la boussole. Dès 1460, les Portugais imaginent de noter les hauteurs successives — au long de leurs navigations — de l'étoile Polaire. Vingt ans plus tard, ils mesurent de même la hauteur du soleil à midi. Il n'est pas évident qu'on tienne ces relevés pour une réelle commodité. Peut-être les navigateurs n'usent-ils surtout de leur quadrant qu'à terre, pour contrôler le chemin parcouru et vérifier la carte. Au moins ces observations, si elles ne facilitent guère la tenue du cap, conduisent-elles à de sensibles améliorations de la cartographie. Les cartes des années 1500 en portent témoignage.

Longtemps, cette cartographie pratique reste liée à la suprématie navale des Italiens, eux-mêmes dominés par les milieux d'affaires et par le monde de la navigation commerciale. Les « Lombards » — plus souvent toscans que vraiment lombards — sont alors sur toutes les places économiques de l'Occident, et les quais de Gênes ou de Venise bruissent des souvenirs rapportés de tous les ports de l'Orient et de l'Occident. Malgré quelques défauts communs à toutes les figurations du littoral, comme l'hypertrophie — à des fins pratiques — des baies et des îles, les cartographes italiens réalisent alors de remarquables portulans, comme ceux du Génois Pietro Vesconte, qui dessine, pour ses compatriotes mais aussi pour des clients vénitiens, plusieurs cartes et atlas dans les années 1311-1327.

Même si la cartographie peut être de prestige et illustrer une prétention politique, comme c'est le cas pour les cartes murales que, tel Auguste, le doge Francesco Dandolo fait peindre vers 1330 sur les murs du palais des Doges, la préoccupation première des cartographes est alors pratique. Pietro Vesconte attache une importance évidente, à l'intérieur d'une même carte, aux orientations et aux proportions : il s'agit de ne pas fourvoyer le marin. En revanche, d'une carte à l'autre, les échelles changent, quand ce n'est pas l'orientation. Vesconte sait bien que l'on ne navigue pas sur deux mers à la fois. Les cartes sont et ne veulent être que régionales. Le portulan génois n'a rien à voir avec la mappemonde des écoliers et avec une figuration globale de la Création. L'échelle est celle qui permet de mettre en page une mer, ou une côte. Quant au choix des ports mentionnés, il dénote le besoin du marchand et de son compère le capitaine du navire marchand. Vesconte ne songe à indiquer ni le mont Ararat ni Mycènes. Mais il n'oublie pas la route vers la Tana, le grand comptoir commercial établi par les Génois au fond de la mer d'Azov. Il signale les criques où le navire surpris par la tempête peut trouver un abri provisoire. Il n'oublie ni les îles qui servent d'entrepôt, ni les cheminements recommandables dans les estuaires et les deltas.

Les Catalans ont toujours été de remarquables marins, et ils sont familiers de l'univers génois. L'ouverture des horizons économiques à la fin du XIIIe siècle les incite à concurrencer les Italiens chaque fois que la chose est possible, ce qui exclut en pratique les mers du Nord mais laisse une belle part du marché aux Majorquins et aux Barcelonais dans tous les ports de la Méditerranée et du littoral ibérique. On ne s'étonne donc pas de trouver très vite des portulans d'origine catalane. L'activité cartographique — elle est principalement le fait de la communauté juive de Barcelone — est d'ailleurs soutenue par les pouvoirs publics : en 1354, le grand voyageur et l'homme de culture qu'est le roi d'Aragon Pierre IV le Cérémonieux impose à tout capitaine de disposer à bord d'au moins deux cartes marines. Les inventaires après décès en font foi, les patrons catalans laissent souvent à leur mort plusieurs cartes *de navegar*.

C'est en 1339 que le Majorquin Angelino Dulcert dessine la première carte (Bibl. nat., Paris) qui procure un tracé convenable des îles Britanniques aussi bien que des îles Canaries. Non content du littoral, il s'aventure dans les terres pour autant que la chose lui paraisse utile au marchand : aux portes du désert il figure un aboutissement caravanier comme Sijilmasa, au cœur de l'Europe il ne néglige ni les villes du Rhin, ni celles du Danube, ni celles de la Vistule. Dulcert est informé fort convenablement de la Norvège, de la Caspienne, du Mali, et il se rend doublement utile en donnant, à côté d'un tracé des côtes, des commentaires illustrés sur les usages locaux et les ressources qu'en peut attendre un négociant. La

Guinée est la « terre des Noirs ». En Égypte « il y a des éléphants ».

Un autre atlas catalan, composé peu avant son entrée dans la bibliothèque de Charles V en 1375, et probablement issu de l'école cartographique qu'anime à Barcelone la famille juive des Cresques, fait vraiment le point des connaissances de son temps, qu'il tente, avec un certain bonheur, d'accrocher aux données de l'héritage antique : c'est ainsi qu'ayant figuré les Açores — encore mal reconnues — sans en être autrement informé, il suggère que ces îles ne sont peut-être rien d'autre que les légendaires îles Fortunées citées par Isidore de Séville d'après Pline. Un infant de Castille tenté par la couronne des Canaries ne s'est-il pas, en 1344, fait titrer par le pape « prince de la Fortune » ? Quelques années plus tard, le Majorquin Guillem Soleri tente, plus maladroitement, une synthèse entre des genres dont il ne voit pas qu'ils sont incompatibles et donne, en 1385, une carte du monde qui revient à la vue tripartite de la Création, la met à jour de quelques emprunts à l'Islam et y intègre les données des modernes portulans.

L'acquisition d'une telle carte par Charles V est significative de l'intérêt suscité par ces nouvelles tentatives d'une restitution figurée de l'espace utile. Un homme d'affaires florentin comme Baldassare Ubriachi juge la chose suffisamment importante pour passer commande à son correspondant à Barcelone, Simone di Andrea Bellandi, le facteur de Francesco di Marco Datini, de quatre « mappemondes » qu'il entend vendre aux rois d'Aragon, de Navarre et d'Angleterre. C'est à ces cartes que travaille, en 1400, le cartographe génois Francesco Becca, sans doute venu à Barcelone pour approfondir ses connaissances. L'affaire n'a rien d'exceptionnel. Nous ne la connaîtrions pas s'il ne s'agissait d'une commande de luxe et si Becca, désireux de tirer le meilleur profit de son client, n'avait forcé la note en multipliant sur ses cartes à 80 florins toutes sortes de dessins inutiles : l'une des cartes, et non la plus grande, s'ornait de 25 nefs et galées, 140 arbres, 100 poissons, 165 personnages et 340 bannières des cités et châteaux du monde entier. Le travail n'en finissait pas, la facture montait, le Florentin se fâcha. Un procès s'ensuivit. Les cartographes qui ne tiraient pas à la ligne se contentaient de fournir en cartes à deux livres les marchands, les patrons et les capitaines. Plusieurs ateliers rivalisent, celui du Juif Abraham Cresques et de son fils Jafuda, connu après sa conversion au christianisme sous le nom de Jacme Riba, celui du Catalan Gabriel de Vallseca, celui de Becca. Les cartes catalanes se vendent à Gênes comme à Palerme, à Bruges comme à Alexandrie. Leur réputation n'est plus à faire.

Des cartes utiles

Et pourtant, c'est au siècle suivant que les portulans atteignent à une réelle précision. Il en éclôt de toutes parts, à Majorque comme à Gênes, mais aussi à Venise, où l'on perfectionne la représentation des détails en cartons à échelle distincte de l'échelle générale. Ainsi l'atlas allie-t-il la qualité des anciens portulans sur grands vélins et le format maniable qu'apprécient les navigateurs. Le planisphère de Giacomo Giroldi intègre déjà en 1426 une représentation détaillée et relativement précise — avec des indications angulaires à peu près exactes — des îles récemment inventoriées par les navigateurs : les Açores, Porto Santo et Madère, les Canaries. La situation en arc de l'archipel des Canaries est bien rendue, tout comme la configuration de Lanzarote, de Fuerto Ventura ou de Santa Cruz de Tenerife. Le triangle de La Palma est exact. Seule, la Grande Canarie est mal vue, avec une côte à anfractuosités qui ne correspond pas à son contour réel, presque circulaire. La même année, le Génois Battista Beccario figure avec la même fidélité la Méditerranée et les côtes atlantiques du Maghreb. Les angles, ici, se combinent avec le quadrillage.

La mappemonde du Vénitien Fra Mauro (1460) est l'une des cartes les plus précises qu'ait réalisées le Moyen Age dans une tentative, cette fois couronnée de succès, d'appliquer le réalisme du portulan à une vue d'ensemble du monde connu, et non plus seulement à un système de routes maritimes. Fra Mauro, camaldule du monastère vénitien de Murano, s'informe de toutes les découvertes récemment procurées par les navigateurs italiens et portugais, collectionne les croquis esquissés par les religieux qui reviennent d'Éthiopie, parvient ainsi à donner figure aux terres naguère ignorées. Il ose juxtaposer en un même dessin les frontières politiques et les bassins hydrographiques avec leurs lignes montagneuses de partage des eaux. Il prend même le risque de figurer le Nil Bleu. Et il procure dans ses légendes le commentaire historique, politique et économique qu'appellent les contrées et les villes.

Certes, il manque encore toute l'Afrique australe. L'équateur est absent de ce planisphère circulaire dont la partie méridionale donne pour limites aux terres émergées le golfe de Guinée et la côte d'Éthiopie. Mais Fra Mauro refuse délibérément le schéma des anciennes mappemondes. Le centre d'un monde qui va de Gibraltar à la mer de Chine n'est ni Rome ni Jérusalem, mais quelque part en Perse. La carte est géographique. Elle n'a plus rien d'un symbole. La seule chose qui y ressemble serait peut-être le fait que le haut de la carte, c'est le sud.

En ce XVe siècle où tout le monde regarde vers le grand large, l'infant Henri le Navigateur juge utile de dépêcher des expéditions scientifiques avec les explorateurs du golfe de Guinée. A la fin du siècle, le roi Jean II envoie son médecin et astrologue mesurer en Guinée la hauteur du soleil : il en résultera une meilleure appréciation des latitudes, donc une figuration plus exacte de la côte africaine. Pour leur part, les navigateurs se prennent — un siècle après les hommes d'affaires italiens et les premiers manuels de marchandise — d'une furieuse envie de raconter leurs aventures et de décrire les pays, beaucoup plus pour en tirer avantage, obtenir des récompenses ou tout simplement justifier le financement du voyage suivant, que pour contribuer à l'instruction d'autrui. Il n'empêche que le géographe dispose maintenant de listes d'îles, de caps et de fleuves établies sur place, et qu'il peut se servir, pour son dessin, de quelques relevés de distances, d'abord données en milles parcourus, puis en angles de latitude. De Porto Santo de Madère à São Tomé au large du golfe de Guinée, Vasco de Gama pourra se fonder sur plus de trente latitudes précises au quart de degré.

La cartographie utilitaire retrouve à travers toute l'Europe la tradition de la cartographie scolastique. Les premiers, Espagnols et Portugais rivalisent avec les Italiens. Henri le Navigateur crée à Lisbonne une école de cartographie. Son frère don Pedro parcourt l'Italie à la recherche des cartes anciennes et modernes. La cour de Castille n'est pas en reste, et l'on y cultive aussi bien l'astronomie et la géographie que leur application pratique, la cartographie. Le monde porte de nouveau intérêt à des spéculations graphiques quelque peu oubliées, comme cette mappemonde trouvée à Venise par don Pedro et qui suggère, sur la base des calculs de Ptolémée, une Asie plus étendue vers l'est et un océan moins large vers l'ouest que ne le disent la plupart des auteurs. La découverte conforte l'idée, qui chemine dans bien des esprits, d'une expédition vers l'ouest, et non plus vers l'est en passant par le sud. Une île qui pourrait être Terre-Neuve apparaît en 1436 sur l'atlas de Bianco, sous le nom de *Stockfixa,* l'île de la Morue. La même, sans doute, est en 1444 sur la mappemonde de Yale, sous le nom d'île du Vinland. L'Atlantique a cessé d'être le bord du monde connu.

Les cours ibériques rivalisent pour la mise en œuvre d'un programme scientifique dont les conséquences sont évidentes pour la découverte du monde encore inexploré. Il fait partie des missions imparties par les souverains aux navigateurs qu'ils autorisent à prendre le large. La navigation astronomique qui développe ses techniques après 1450 conduit ainsi à de nombreux relevés de hauteurs astrales, destinés à préciser les latitudes. La longitude, on le sait, demeure incertaine, faute de montres transportables : les « ampoulettes » — le sablier — que l'on retourne toutes les heures ne sont pas assez précises pour qu'au bout de cent retournements l'erreur ne soit pas considérable. Tout au long de la côte d'Afrique, les Portugais multiplient les observations. Nul ne naviguerait plus sans un calendrier perpétuel, un astrolabe et un quadrant.

La principale difficulté tient à l'instabilité des navires : on peut mesurer la hauteur du soleil à midi — ou la nuit celle de la Polaire — avec quelque précision dès lors que l'on est à terre, mais l'horizon n'est pas toujours dégagé dans la bonne direction. En mer, l'horizon est fort net à midi, moins la nuit, mais c'est surtout le mouvement du bateau qui contrarie la visée. Sur un château qui roule ou qui tangue, on se trompe facilement de cinq degrés. Colomb lui-même s'y perdra, et son journal de bord foisonne de contradictions. On n'en poursuit pas moins ce relevé du monde exploré qui permet d'améliorer les cartes.

La *Casa de India* et la *Casa de contratación de las Indias* sont créées pour centraliser l'information et en organiser la synthèse. Centres de documentation et ateliers de cartographie appliquée, l'une et l'autre annoncent une politique où la carte sera essentielle. Bien plus, les souverains tiennent à coordonner les initiatives privées des navigateurs : plus question de laisser chacun perdre son temps et son argent. La *Casa* de Séville donne même une estampille de conformité aux copies prises d'après l'exemplaire officiel.

Quelque temps plus tard, on s'avisera de l'imprudence qu'est la divulgation trop rapide d'informations utiles aux concurrents. Par tradition, les navigateurs portugais gardent pour eux la connaissance qu'ils acquièrent des côtes et des vents, donc des routes. Le 13 novembre 1504, le roi Manuel de Portugal interdira la publication de toute information précise et chiffrée sur les terres découvertes au-delà de l'équateur. Dans le même temps, Christophe Colomb est très discret sur les cartes qu'il tient de la famille de sa femme. La mesure ne servira de rien. Tout le monde lira les cartes portugaises, et les émules de Colomb se presseront à sa suite. Ce qui protégera les découvertes du Portugal, c'est que le monde regardera désormais ailleurs.

Revenu dans sa ville natale de Nuremberg après avoir travaillé à Lisbonne sur l'invitation du roi Jean II et accompagné João d'Aveiro jusqu'au sud du Congo, l'Allemand Martin Behaim se risque en 1492, pendant que Christophe Colomb fait route vers le Nouveau Monde, à fabriquer enfin un globe terrestre, le plus ancien, semble-t-il, que l'on ait imaginé en Europe depuis la sphère de bois qu'utilisait peu avant l'an mil l'écolâtre Gerbert — le futur pape Sylvestre II — pour expliquer à ses élèves la configuration du monde connu et inconnu. Mais Behaim a perdu, à Nuremberg, le contact avec les navigateurs portugais qui continuent l'exploration de l'Atlantique sud. L'Afrique qu'il représente ne dépasse pas le cap Ledo (auj. cap Frio) qu'il a lui-même atteint en 1486 à 18° 23' de latitude sud, alors que son prédécesseur Diogo Ção est parvenu jusqu'au cap Padrão, à 21° 48', et qu'en 1487 Bartolomeu Dias a doublé le cap de Bonne-Espérance. Et il ignore qu'au moment même où il figure son globe, Colomb a touché l'autre côté de l'Atlantique. Par une lettre du 14 juillet 1493, un compatriote de Behaim, Hieronymus Müntzer, proposera au roi de Portugal d'organiser une expédition vers l'Inde par la route de l'ouest. Quand il recevra la lettre, Jean II aura déjà vu le retour de Colomb.

Pour incomplet qu'il soit déjà dans le temps de sa réalisation, le globe de Martin Behaim signifie une autre représentation du monde. Les astronomes du

Caire s'en étaient bien avisés dès le XIe siècle, le choix d'une figuration sphérique écarte tous les inconvénients que présente chacun des systèmes de projection de la terre sur une carte plane. Ce qui cesse en Europe avec le globe de Behaim, c'est le temps des visions partielles. Les vieilles mappemondes du XIIIe siècle n'auraient pas suffi à figurer le monde qu'imagine Colomb. Avec l'évident défaut d'un étirement de l'Afrique en longitude pour compenser l'ignorance du continent américain, Behaim peut renoncer à ce choix qui a gêné toutes les constructions cartographiques du Moyen Age : il n'y a plus de centre de la carte, et l'on ne se demande plus s'il faut mettre en ce centre la terre ou la mer, Rome ou Jérusalem. On est loin, maintenant, des spéculations de l'école.

La carte nouvelle traduit l'expérience, et la prépare. Lorsqu'en 1505 un nouveau chef sera nommé à la tête de la *Casa de contratación,* il aura préalablement parcouru les mers, parfois dans le sillage de Colomb. Ce Florentin passé de la banque à l'aventure et revenu de la caravelle à la table à dessin s'appellera Amerigo Vespucci.

CHAPITRE XI

Les navires

Le monde méditerranéen semble avoir toujours connu la galère. Léger, rapide, maniable, le navire effilé est à la fois l'engin de combat de l'hégémonie grecque et le transporteur rapide de la colonisation marchande. Mue à la rame dans les manœuvres et les affrontements, la galère antique avance normalement au gré de sa voile normalement carrée — en fait, toutes les voiles « carrées » sont trapézoïdales — mais déjà montée en biais sur une grande vergue dissymétrique. Déjà connue dans l'Antiquité mais passablement délaissée dès le temps de l'empire romain, la voile triangulaire — la voile « latine » — montée sur une double flèche que Villehardouin, au début du XIIIe siècle, appelle une « antenne », l'emporte au Moyen Age, donnant toute son efficacité à la coque longue. C'est la voile latine, qui pousse les galères de la flotte génoise qui conduit en Tunisie la croisade de saint Louis. On y joindra parfois, sur un mât d'avant, une deuxième voile triangulaire, voire carrée.

Le navire marchand, le bateau des caboteurs et des marchands intéressés par la capacité des coques plus que par la rapidité des manœuvres, c'est au contraire le navire ventru, à la haute poupe et à l'étrave affinée, que montrent tant de mosaïques dans les ports de commerce. C'est le bateau de la carte antique connue comme le « bouclier » de Doura Europos. On y compte quinze ou vingt marins, un mât bien haubané, une voile fixée à la vergue. Le gouvernail est une rame latérale, à l'arrière. Le navire porte ou traîne une barge, indispensable pour atterrir dans les anses où nul ponton ne permet d'aborder.

La galère

La galère — les Français et les Italiens disent aussi la galée — a un long avenir devant elle. En Méditerranée comme aussi sur des mers moins commodes, son étrave incisive et son profil allongé — elle est longue de sept à huit fois sa largeur — l'imposent comme navire de guerre. Elle comporte à la proue un éperon. On aménage en son centre un échafaudage d'abord mobile, puis permanent, le « château », d'où les arbalétriers peuvent ajuster leur tir comme ils font à terre depuis une tour de siège.

La galère et sa double propulsion à voile et à rames s'imposent donc pour les entreprises maritimes des princes et des États. A Séville comme à Gênes ou à Venise, les arsenaux construisent et arment pour le compte de l'État des « galères fines », ou « galères subtiles ». En France, soucieux de tenir ses côtes de l'Atlantique et de la Manche, Philippe le Bel donne le branle à la construction d'une flotte de guerre et crée pour cela, à Rouen, un arsenal, le « Clos des galées », dont l'activité permettra aux premiers Valois de disposer d'une flotte de guerre faite d'autre chose que de navires marchands plus ou moins convertis. Réaménagé par Charles V dans le temps où celui-ci organise, avec l'Amirauté, une police de la mer, le Clos des galées parvient alors, en dix ans, à lancer une cinquantaine de navires neufs ou rénovés, galées ou simples barges et flambards, qui procurent au roi de France, à partir des années 1375, une flotte capable de mettre l'Aquitaine reconquise à l'abri de nouvelles interventions anglaises.

Pour peu que le besoin s'en présente à l'improviste, on construit, on achète, on loue, pour une saison ou pour une campagne. En 1372, alors que l'activité du Clos des galées n'a pas encore porté tous ses fruits, l'escadre de Charles V devant La Rochelle est constituée des huit galères de l'amiral génois Rainier Grimaldi, venues de la Manche, et des vingt galères de l'autre Génois, Ambrogio Boccanegra. En 1384, l'escadre qu'arme Louis Ier d'Anjou pour la conquête de son illusoire royaume de Naples est faite de dix-sept galées et deux galiotes nolisées sur le bas Rhône, en Catalogne, à Majorque et à Gênes. A la veille d'une campagne, le doge de Gênes ordonne en 1454 de construire et d'armer en guerre huit galères subtiles et deux grosses galères. Cinq ans plus tard, constatant qu'on ne dispose guère que de trois galères, le Conseil de Gênes en fait immédiatement armer dix autres.

Génois, Pisans et Vénitiens en usent aussi bien, en plein XVe siècle, pour leurs expéditions militaires que pour l'escorte de leurs navires marchands. La galère n'est plus reine, mais elle est encore présente. Elle demeure l'instrument de la puissance maritime de Venise : on les rencontre à Alexandrie comme à Chypre, dans les ports de la mer Noire comme dans ceux du Maghreb. Elles sont l'image de la Sérénissime. Transporteur rapide — à la rame, elle file normalement quatre à cinq nœuds — des denrées de luxe, des épices comme des tissus, la galère est aussi le véhicule de l'information : chacune porte sa cargaison de lettres et d'effets commerciaux. Fine et rapide à la manœuvre, elle échappe aux pirates barbaresques. Elle force les blocus.

Tous ces navires sont montés de combattants, d'arbalétriers en particulier, et parfois armés, comme déjà ceux de Boccanegra, d'une artillerie à poudre faite de couleuvrines fort propres à briser les mâtures et à ébrécher les coques. Mais leur propulsion à bras d'hommes en fait un investissement mal équilibré : pour peu que la campagne dépasse la « journée », c'est-à-dire une bataille rangée, l'essentiel de la cargaison est fait des vivres nécessaires aux rameurs.

Rameurs ou matelots, l'équipage est convenablement nourri. Sinon, le patron ne trouverait plus d'hommes à embarquer. Le navire emporte du biscuit, de la viande salée et du poisson séché, des fèves et des pois, du vin, de l'eau douce. Il y faut de la variété : certains jours du porc, d'autres du mouton. On veille aux équilibres diététiques : l'ail et l'oignon y ont leur place, même si l'on ignore l'existence des vitamines. La quantité n'est pas moins nécessaire : pas moins de deux litres de vin par homme et par jour. Ceux qui ne boivent que de l'eau, les rôles d'Oleron le précisent bien, ont droit à un supplément de nourriture. Bien sûr, il y a les ports d'escale, mais il serait fort imprudent de trop compter sur eux pour renouveler l'avitaillement. Le patron ne peut se mettre à la merci d'une déficience locale, et il ne saurait imposer à ses marins et rameurs une nourriture dont ils n'ont pas l'habitude. Une nef qui part de Barcelone pour Alexandrie emporte donc des provisions pour deux mois. En sens inverse, elle en charge pour trois mois.

Autant dire que ce déséquilibre de la charge nécessaire à la navigation et de la charge disponible pour le fret, tolérable s'il s'agit d'investir un port ou de défaire une escadre ennemie, ne saurait s'accommoder avec les considérations de rentabilité qui président à la marchandise. Le transporteur ne peut avoir pour charge principale son avitaillement.

Plus que le combattant, c'est le rameur qui est, dans la galère de guerre, l'homme important, celui que l'on s'arrache à prix d'or. Faut-il rappeler que le rameur du Moyen Age est un technicien payé — et bien payé — pour sa vigueur et son efficacité ? Même s'il se plaint d'une vie dure et d'une paillasse partagée avec un camarade, le rameur ne dort pas à son banc : il a sa couche à l'avant, sous le tillac, ce pont qui, même sur les navires incomplètement pontés, protège la marchandise de l'eau projetée par l'étrave. Il est nourri à suffisance. Nul patron ne s'aviserait de le battre. Passé le temps de la campagne, il rentre chez lui, et revient l'année suivante. Ce qui fera le bagne des galériens de Louis XIV, et les érigera pour la postérité en figures du malheur, c'est la chiourme, la cadence, les sévices. Ce n'est pas la rame.

Mais le rameur est encombrant. La galère est un investissement ruineux. Au détriment de sa cargaison d'épices et de soie, la galère marchande porte du biscuit, de la viande, de l'eau douce. Passe encore pour les épices et la soie, mais porter du blé, du vin ou du bois dans ces conditions ! Quant à la galère de guerre, elle porte parfois plus de rameurs que de combattants. Au XIIIe siècle déjà, la grande galère que l'on surnomme parfois « chat » compte trois rameurs par aviron. Les grandes galées de Philippe VI de Valois portent de cent à deux cents hommes, mais l'armement ne comprend que dix ou quinze arbalètes et une vingtaine d'armes d'assaut, lances, houes et cognées. C'est dire la place qu'occupent les rameurs. A la même époque, les galères militaires de Gênes exigent en moyenne cent cinquante rameurs.

Un demi-siècle plus tard, une grande galée de l'escadre angevine porte cent vingt arbalétriers et deux bombardes, mais on y trouve vingt-neuf rangs à trois rameurs, soit quatre-vingt-sept rameurs et autant de rames, car on va volontiers jusqu'à cinq rames par banc, les bancs étant alors en biais. Encore ce nombre ne tient-il pas compte des officiers et des marins du service de bord. Deux galées plus modestes portent ensemble soixante-quinze arbalétriers pour cent soixante-quatorze rameurs. De plus petites embarcations ont vingt-trois rangs de deux rameurs, ce qui fait encore quarante-six rameurs pour quinze arbalétriers. Pour le tout, l'escadre de Louis Ier, avec ses dix-neuf navires, porte six cents arbalétriers sur deux mille quatre cents hommes embarqués : les rameurs y sont près de seize cents. La galiote vénitienne à dix-neuf rangs que loue en mars 1404 l'ambassadeur castillan Clavijo pour traverser la mer Noire signifie pour le moins trente-huit rameurs, sans compter les officiers et les arbalétriers, pour conduire quatre personnes. Et Clavijo de noter qu'elle lui coûte fort cher, mais qu'il est pressé.

Passons au milieu du XVe siècle. Malgré le recours de plus en plus fréquent à la voile, la plus légère des galères « subtiles » armées à Gênes exige cent soixante-six rameurs ordonnés en vingt-huit bancs. Si l'on pense que les grandes galères construites en 1454 mesurent 41,25 mètres de long et 4,5 de large en leur centre, ce qui fait au total moins de 180 mètres carrés, avec une hauteur totale de 2,50 mètres de la quille au sommet de la couverte, c'est-à-dire du pont, on voit ce qu'il reste d'espace pour les combattants. Peut-être la galère vénitienne, qui offre une cale plus large et se contente en général de cent cinquante rameurs en vingt-cinq bancs, donne-t-elle un peu plus d'espace disponible. Elle est en revanche — et pour cela — moins rapide.

La rapidité de la galère signifie donc que tout est sacrifié à la propulsion : la marge disponible pour les soldats paraît être sur la galère subtile de vingt à trente pour cent. Faute de bien savoir comment est arrimé le fret, nul ne saurait préciser ce qui reste pour les marchandises sous le pont de la grosse galée. Quant à la souplesse en navigation, elle est synonyme de fragilité, et l'on ne compte pas les galères détruites par le gros temps. Précieuse malgré son prix dans la concurrence ou dans l'hostilité, la galère « fine » ou « subtile » l'est moins pour les expéditions ordinaires où le risque ne vient pas des semblables mais des éléments.

Le premier bateau nordique est, comme la galère « fine », un navire marchand fort adaptable à la guerre. Même si elle rapporte du butin, l'embarcation des Scandinaves riverains de la Baltique et de la mer du Nord est construite pour l'aventure, et convient à l'offensive. Ce n'est pas, comme la trirème grecque, un navire de combat. C'est un transporteur de marchandises efficace sur les rivages où l'on doit échouer faute de ports, et un éventuel transporteur de troupes capable de mettre à pied d'œuvre une troupe de fantassins. Les plus anciens de ces navires, qu'évoque Tacite, sont des bateaux à rames, dont l'étrave en forme d'arc permet l'abordage rapide et l'échouage sur une grève. La pointe, parfois, se recourbe vers le haut du bateau, qui trahit une coque plus arquée, dont la relative profondeur garantit l'équilibre à la mer. Le navire n'en reste pas moins effilé, et son faible tirant d'eau permet la remontée des fleuves, donc l'exploration des espaces continentaux. Long d'une vingtaine de mètres, il porte une douzaine d'hommes avec leurs armes et leur butin. Plus qu'à la grande galée méditerranéenne, c'est à la « barge » provençale, à la « barque » de l'Adriatique ou au « bateau » breton qu'il correspond. Le navire est maniable parce qu'il est portable.

La voile et le gouvernail

La voile vient plus tard, vers le VIIe siècle. Donnant une autre force aux navires de guerre, elle ouvre d'autres horizons aux pillards. Ils vont devenir la terreur de l'Occident. Mais les guerriers ne peuvent se mettre à la merci du vent, et les Vikings inventent l'astucieux système qui concilie les vertus d'un navire de guerre manœuvrier et celles d'un bateau capable de longues traversées dans le vent : leurs mâts à vergue s'abaissent lorsque les besoins de la manœuvre veulent que l'on se rende indépendant des éléments. Il suffit pour cela d'un support pivotant et d'un coin, cette targette qu'on appelle le « poisson du mât » : elle cale le mât en position verticale quand on souhaite utiliser la force du vent, et elle s'enlève en un instant quand il faut revenir aux seules rames pour la manœuvre d'approche ou d'assaut. Les grands bateaux de guerre des Vikings sont alors capables de porter une cinquantaine d'hommes, voire une centaine : beaucoup plus que la petite barque du marchand, dont la coque d'une douzaine de mètres avance au gré de sa petite voile carrée et ne saurait porter, dans un équipage de dix à douze hommes, que quelques rameurs épisodiques. La réplique des marchands scandinaves, bien empêchés de remplacer leur cargaison — quelque huit à dix tonnes de fret — par des rameurs en nombre suffisant, sera de constituer des flottes pour n'être pas à la merci des pirates venus de la côte voisine.

La voile, c'est alors en Méditerranée la voile « latine », triangulaire et montée sur une antenne oblique. C'était déjà celle des felouques égyptiennes. C'est toujours celle des galères fines de Venise. Ce sera, jusqu'à la veille des expéditions de Colomb et de Gama, la voile des caravelles « fines », des caravelles pures. Les marins des mers du Nord, eux, préfèrent la voile rectangulaire, une grande voile qui se manœuvre en tout sens et qui profite de tout vent. Les Scandinaves en usent fort accessoirement, au VIIe siècle, quand Bède le Vénérable note que, malgré leurs avirons, leurs bateaux naviguent toujours vent arrière. Ils l'adoptent définitivement vers le XIIe. Les Frisons et les Polonais en font autant au XIIIe les Italiens au XIVe. La voile carrée est déjà au petit mât — le triquet, à l'avant — de la grosse galée italienne à deux mâts, et aux deux mâts d'avant de la galée marchande. Elle devient la voile normale de la misaine, à l'avant. Au XVe siècle, elle triomphe à Venise avec la « coque », en Espagne avec la caravelle « ronde ».

Marine à rames et marine à voile connaissent au XIIIe siècle une véritable révolution, dont il faut souligner l'étonnante concomitance avec le perfectionnement apporté à la boussole par l'introduction du pivot : c'est le gouvernail axial, encore dit gouvernail d'étambot, l'étambot étant la forte pièce de bois qui forme l'arrière de la quille.

De tout temps, on est parvenu à infléchir la course du navire à l'aide d'une rame fermement tenue à l'arrière de l'un des bords. Ce gouvernail latéral était pratiquement sans effet sur les navires à voile, et il n'était sur les galères que complémentaire du jeu des rames. Très tôt, vers le IIe siècle de notre ère, les Chinois avaient fait l'essai d'un gouvernail axial, mais cette large rame montée sur un pivot horizontal aménagé au niveau du pont ne pouvait être que décevante : l'effort exigé était considérable, le mouvement procuré minime. C'est seulement vers la fin du XIIe siècle que l'on imagine, sur les chantiers navals de la

Baltique et de la mer du Nord, un engin bien différent : un gouvernail d'axe sur pivot vertical.

Le gouvernail d'étambot comporte deux dispositifs essentiels. L'un est le pivot, l'autre la « barre », ce long levier que le pivot horizontal des Chinois ne permettait pas de mettre en place et encore moins d'actionner. Sur un plan horizontal, la barre multiplie la force du barreur, facilitant la manœuvre d'un large gouvernail, capable de contrarier les courants et les sillages. Avec un gouvernail de plus grande surface que l'antique rame, on peut ainsi donner au navire une réelle maniabilité.

L'invention vient du Nord, de ces mers difficiles sur lesquelles des marins astucieux affrontent chaque jour des courants violents et des passes dangereuses. La Flandre et l'Angleterre connaissent le gouvernail d'étambot dès les années 1180. Il apparaît en 1242 à la poupe du navire qui figure sur le sceau de la ville hanséatique d'Elbing, près de Gdansk. Le Portugal et la Castille y viennent au XIIIe siècle, peut-être après les constructeurs bayonnais. L'Italie et l'Aragon n'en useront qu'au XIVe siècle.

Le gouvernail permet la manœuvre. Mais c'est le gréement qui connaît à la fin du Moyen Age les modifications décisives qui permettront les grandes traversées. Dans la recherche d'une plus grande maniabilité par des constructeurs navals soucieux de mieux utiliser la force du vent sans faire dépendre trop étroitement la route de l'orientation de ce vent, les variations dans l'agencement des voiles de diverses formes tiennent la place essentielle. De même qu'on fait l'expérience de nouveaux types d'assemblage des bois d'œuvre et de nouvelles formes de coques, on met à l'essai de nouvelles combinaisons des toiles et de leurs supports. Tenir la route, remonter les vents contraires, se faire un allié du vent faible aussi bien que du fort, tout cela suppose à partir du XIVe siècle un art de la construction navale qui ouvre au navigateur une gamme de possibilités.

On le voit bien lorsqu'on réussit à moduler la surface des voiles. En bas de la grande voile carrée, on fixe avec des aiguillettes une ou deux bandes de toile supplémentaires : ce sont les « bonnettes », les petites voiles que l'on met en action par « bon » temps, quand le vent ne tourne pas à la tempête. En sens inverse, on imagine de laisser pendre au long des vergues les « garcettes », des cordelettes ainsi nommées d'après les mèches et les tresses de cheveux que la mode fait tomber, à la fin du XIIIe siècle, de part et d'autre du front des femmes élégantes. Ces cordelettes normalement pendantes permettent au capitaine de garder en action toute sa voile carrée, montée sur une vergue, ou d'en soustraire une ou plusieurs bandes marginales, les ris, que l'on roule et que l'on attache : il prend un ou deux « ris » de plus ou de moins. Les « garcettes de ris » font ainsi de la voile carrée une voile adaptable. Autant dire que l'on sait maintenant — ce qui était impossible avec la seule voilure triangulaire du gréement latin, jouer avec le vent et en tirer le meilleur parti quelles que soient sa force et sa direction. On comprend que les navigateurs de la fin du XVe siècle aient souhaité, même sur des caravelles initialement gréées à la latine avec des voiles triangulaires, disposer d'au moins une voile carrée.

A partir du XIIIe siècle, on sait aussi, grâce à la voile carrée, jouer de la multiplication des voiles, donc de leur diversité. L'idée d'un deuxième mât s'est fait jour, comme le complément naturel de la voilure variable, puis de la voilure mixte. Ce deuxième mât est dès le début du XVe siècle sur tous les grands navires atlantiques. La voile triangulaire est normalement montée sur le mât d'arrière. Elle lui donne alors son nom de mât d'artimon, que portait jusque-là le petit mât en avant du grand : l'appellation d'artimon, notons-le pour éviter bien des confusions, vient de la voile, non de l'emplacement du mât. Le troisième mât apparaît vers 1430. Il y a alors un artimon latin à l'arrière, et la misaine, au gréement carré, à l'avant. Le grand mât est naturellement porteur d'une ou plusieurs voiles carrées. On verra très vite quatre ou cinq mâts. Au XVe siècle, la caraque génoise et la caravelle des ports ibériques — Lisbonne et Séville avant tout — répartissent sur leurs mâts un gréement très complexe, avec des voiles carrées au grand mât et à la misaine d'avant, et avec une voile triangulaire à l'artimon d'arrière : un système qui démontre son efficacité lorsqu'il s'agit de faire face à l'imprévu des vents contraires ou des calmes plats.

Tonnages

Dès lors que l'on fait appel au vent, et que l'on peut élargir les voiles sans trouver là les inconvénients que présentait un renforcement des effectifs de rameurs, on peut alourdir le navire. C'est dire que la « grosse galée » — la *galeazza* — vénitienne à deux mâts et surtout la « galée marchande » à trois mâts sont en tout bien différentes de la « fine ». Elles ont leurs rameurs, mais pour la manœuvre seulement, et donc en nombre inférieur à ce que nous avons vu sur la galère de guerre. En temps de paix, il arrive même que l'on néglige d'embaucher des rameurs et que les rames soient tout bonnement laissées au port. Mais la galée perd alors une partie de son principal avantage, la rapidité. Ce qu'elle en garde tient à sa finesse, non à sa propulsion. Tout au long de la navigation, cette propulsion est assurée par les voiles que portent dès la fin du XIIIe siècle les deux forts mâts de la grosse galée vénitienne ou barcelonaise, voire les trois mâts de la galée marchande dont Venise fait grand cas quand il s'agit de relier les ports italiens à ceux de la mer du Nord.

La panse s'enfle. La poupe s'alourdit. La galée reste un navire rapide, et onéreux. Longue de quelque quarante mètres, large de cinq ou six, la galée marchande porte de cent à trois cents tonnes de fret, et couvre en cinq semaines, s'il le faut, la distance de Venise à Southampton. On en connaît, à la fin du XVe siècle, qui portent plus de trois cents tonnes. De la galère militaire, elle ne conserve que l'étrave effilée et le parti général allongé. C'est à la fois un navire marchand et un navire rapide. Elle n'est ni aussi rapide que la galère fine, ni aussi marchande que les énormes coques dont, à la même époque, se dotent les marines septentrionales. Quand il s'agit de lutter contre la concurrence ou de maîtriser rapidement une crise d'approvisionnement, elle est irremplaçable. Les marins du Nord en connaissent les avantages, qui continueront, tels les Bretons, à construire des navires de petit tonnage, mus par quinze ou vingt rameurs et par une ou deux voiles : leur principal avantage sera d'être vite chargés et vite repartis, donc d'un amortissement aisé sur des mers où nul ne gagne rien à attendre le mauvais temps. Le gros navire est, il est vrai, d'exploitation plus difficile sur les routes maritimes où les gros trafics ne sont pas assurés.

Les armateurs sont les premiers à souhaiter une augmentation des tonnages qui limite le coût des équipages, particulièrement lourd lorsque la crise démographique du XIVe siècle provoque une hausse accélérée des salaires. Un gros navire coûte moins cher que deux petits. On compte à Venise qu'il faut un marin vers 1230 pour cinq tonnes de chargement, un marin vers 1400 pour dix-sept tonnes. Le gouvernail d'étambot, le gréement carré à surface variable et les larges flancs de la coque ont là combiné leurs effets pour une rentabilité multipliée par 3,5 en moins de deux siècles. Ajoutons que le gros navire peut avoir, à l'occasion, une fonction militaire qui procure de nouvelles rémunérations du capital investi. A Venise comme à Lübeck, on est sensible à l'argument.

Quant à Gênes, la construction de navires à fort tonnage y répond de surcroît au besoin technique d'un trafic de pondéreux à long rayon : celui de l'alun d'Asie mineure, dont Gênes assure, depuis l'entrepôt de Chio, la redistribution jusqu'à l'étape de

Flandre ou d'Angleterre qui dessert les centres industriels de la draperie. Un tel trafic, s'ajoutant au commerce d'approvisionnement qui compense l'insuffisance de l'arrière-pays agricole, conduit Gênes à précéder Venise dans une véritable politique des gros tonnages. Dans les années 1400, alors que les navires supérieurs à 700 bottes représentent 22 % des unités qui naviguent en Méditerranée occidentale, ces navires forment 47 % de la flotte génoise. Ils ne font que 10 % de la flotte catalane.

La mutation fait l'affaire des milieux marchands qui mesurent la rentabilité de la vitesse et savent bien qu'il est des cas où l'on gagne tout en précédant le concurrent et d'autres où le marché est assez indifférent aux échéances et aux arrivées. Le premier a gagné, qui parvient à Lübeck avec le sel qu'attendent les pêcheurs pour prendre le large. Et le Barcelonais sait ce qu'il fait quand, pour acheminer du poivre, du gingembre, de la cannelle, du sucre, de la laque et de l'encens achetés à Beyrouth, il préfère la galée qui fait le voyage en quatre ou cinq semaines à la nef qui prend deux bons mois. Au prix des épices, la nef immobilise le capital investi deux fois plus longtemps que la galée. Mais on ne gagne pas toujours grand-chose en arrivant plus vite à Venise avec du blé, ou à Bruges avec de l'alun.

Même sur les routes maritimes de la Méditerranée, on doit compter avec le temps perdu par l'effet du climat. Nous avons à cet égard le précieux témoignage de l'ambassadeur Clavijo, qui consigne scrupuleusement les temps et les incidents. Parti de Cadix sur une grosse caraque le 23 mai 1403, il passe le 25 juin entre la Corse et la Sardaigne, franchit le détroit de Messine le 21 juillet, atteint Rhodes le 5 août, relâche à Chio du 18 au 30 septembre, entre le 19 octobre dans les Dardanelles, débarque à Galata, le port de Constantinople, le 24 octobre. Il lui aura fallu cinq mois pour joindre Gibraltar au Bosphore. Les calmes plats et les vents faibles alternent avec les tempêtes qui obligent à chercher un abri.

A l'aube du samedi 2 juin, nous arrivâmes devant l'île de Formentera, qui est inhabitée, à proximité de l'île l'Ibiza. Pendant quatre jours, nous tentâmes d'entrer dans le port d'Ibiza, en tirant des bordées pour lutter contre un violent vent contraire. Mardi 5 juin, dans la soirée, la caraque put enfin entrer dans le port, où le patron fit décharger une partie de la cargaison et charger du sel.

Il nous fallut attendre sept jours pour repartir, à cause du vent contraire qui persistait. Mercredi 13 juin, nous pûmes reprendre notre route, le temps étant redevenu calme. Cependant, la caraque n'avança que bien peu pendant les trois jours qui suivirent, car le vent était tombé.

La caraque de Clavijo essuie une tempête au large du Stromboli, doit louvoyer quatre jours sur quelques milles entre Rhodes et Kos, reste deux jours à Leros pour cause de vent contraire, mouille une journée au large du Bosphore avant que l'on prenne le parti de débarquer en chaloupe, le temps interdisant l'accostage à Galata. Ayant passé Mytilène le 1er octobre, la caraque y revient le 2 pour réparer pendant quatre jours les effets d'un gros temps. Une tempête a fait sauter le gouvernail, une autre a déchiré les voiles.

Lorsque, pour franchir la mer Noire, Clavijo affrète une galiote, les choses ne vont pas mieux. Parti de Constantinople le 13 novembre, l'ambassadeur du roi de Castille y est de retour le 22, la galiote ayant fait naufrage. Encore est-il heureux d'avoir pu gagner la côte à la nage. Pour qui sombre au large, le voyage est terminé. Pour les passagers de la galiote fracassée contre les rochers, ce n'est qu'un retard de... quatre mois. Il est en effet trop tard dans la saison.

Revenus à Péra, nous cherchâmes un moyen qui nous permettrait de reprendre notre voyage. Comme nous étions au début de l'hiver, nous n'arrivâmes pas à trouver un navire dont le patron acceptât de naviguer en mer Noire. Les navires affrétés à destination de Trébizonde ne se risquaient plus à partir, et restaient au port. Ceux qui avaient appareillé dernièrement étaient revenus ici pour passer l'hiver et attendre le mois de mars.

C'est en effet le 20 mars que Clavijo, ayant loué une autre galiote, peut enfin reprendre la route de Trébizonde, où il arrive le 11 avril. Après quatre mois d'attente, il aura fallu trois semaines pour traverser la mer Noire. Notons que ceci est un moindre mal, et que Clavijo ne songe pas un instant à gagner Trébizonde par la route terrestre. Les risques y sont pires.

On voit ce que peuvent être les temps pour le navire qui n'est pas loué par un ambassadeur mais nolisé par un marchand soucieux, à chaque escale, de profiter des marchés et de négocier son fret. Au temps perdu par la faute des vents et de la mer s'ajoute alors celui que l'on passe à attendre l'occasion d'un fret de retour ou à chercher aux escales du fret complémentaire. Ces délais suffisent à allonger la rotation des navires à un point tel que la différence des vitesses paraît bien secondaire : la plupart des voyages entre la Catalogne et la Syrie ne prennent pas les trois ou quatre mois requis par la navigation, mais une bonne année, surtout faite d'escales à Candie, à Rhodes, à Tunis, à Majorque. Il faut charger et décharger. Il faut aussi s'enquérir des caravanes attendues ou des cours du jour et de ceux que l'on attend pour le lendemain. Et le navire doit parfois relâcher loin du marché, au large des estuaires et des deltas impraticables pour les navires de haute mer. C'est le triomphe des avant-ports, de l'Écluse en Flandre devant Bruges comme des Alfachs en Aragon devant Tortosa. Quant on fait le compte de la rentabilité, on voit que les navires naviguent souvent moins qu'ils ne restent au port : il est des navires génois qui ne sont à la mer que huit mois en quatre ans.

Il est vrai que des patrons sont assez habiles pour tenir leurs bateaux en mer de manière continue, combinant les navigations vers l'Orient et les voyages vers Bruges ou Southampton. Là encore, l'avantage est au gros transporteur, au navire capable de prendre n'importe quel fret et de revenir avec n'importe quel autre. Ainsi la grosse galée barcelonaise *Sent Menat,* qui fait le voyage d'Égypte dans l'hiver 1435-1436, celui de Flandre et d'Angleterre dans l'hiver suivant, celui de Syrie dans l'été 1437. La rentabilité du navire est assurée, la vitesse n'y est pour rien. On comprend qu'en 1397 un débat entre les marchands de Barcelone conduise à la conclusion qu'un recours systématique à la galée est inutilement onéreux et que mieux vaut s'en tenir à la nef.

Abondance ou monopole rendent d'ailleurs assez vain le gain de temps, trop coûteux en hommes et en espace utile. La Sérénissime interdit donc, en temps normal, à ses patrons de galées d'embarquer du sel : on a mieux à faire des galées vénitiennes que de les encombrer avec un produit dont le marché est soumis à régulation officielle. Gênes n'use pas de la contrainte officielle, mais le résultat est le même : pour le trafic commercial, dès le XIVe siècle, elle ignore pratiquement la galère. Sur 2669 navires ayant chargé du sel à Cagliari, en Sardaigne, entre 1359 et 1413, on ne compte que cinq galères génoises et aucune galère vénitienne.

Quant aux Catalans, qui organisent des convois protégés vers Rhodes, Beyrouth ou Alexandrie, ils n'usent de la galère qu'en des circonstances particulières. Ainsi font-ils en 1397 pour un convoi vers la Syrie, au reçu de nouvelles inquiétantes pour la navigation : les Catalans de Damas font savoir au Conseil de Barcelone que les Génois sont en train d'armer une flotte pour faire la course aux Catalans. Même en ce cas, on discute trois jours pour savoir s'il est vraiment nécessaire d'envoyer des galères plutôt que des nefs, autrement dit de gros navires marchands. Autant dire que, dans les trafics normaux, le grand commerce va, pour les pondéreux, préférer les larges coques et s'en remettre au vent, quitte à laisser les capitaines jouer avec lui.

Au regard de la réserve manifestée par les villes maritimes, il y a la préférence donnée par Florence. La métropole toscane affrète délibérément des galées, et toujours des galées. Un tel choix ne tient pas à une moindre expérience des choses maritimes, mais à un trafic très marqué par la géographie italienne : Florence est une ville de l'intérieur, et qui s'embarrasse peu de trafiquer des pondéreux — blé, vin, sel ou bois — qu'il ne peut être question de débarquer à Gênes ou à Pise pour les acheminer vers Florence par la route en attendant de les réexporter par la route vers toute l'Europe. Le commerce de Florence est fait des denrées de prix qui alimentent le marché européen ou l'industrie florentine. Les galées affrétées par les compagnies florentines portent de la laine ou de la soie, des draps de Flandre ou des lamés de Lucques, des épices de l'Inde et de l'Insulinde, voire des tableaux et des retables des ateliers toscans. L'investissement est, en ces cas, suffisamment élevé pour justifier le transport rapide. Florence aime la galée.

Sans doute est-ce l'exemple toscan qui sollicite l'attention d'un Jacques Cœur créant dans l'intérêt de Charles VII et dans son intérêt propre une flotte des « galées de France » dont l'objectif avoué est de supprimer du commerce de la France avec l'Orient le recours à l'intermédiaire italien. Ce que vise Cœur, ce n'est pas l'approvisionnement du monde méditerranéen en blé ou en sel, non plus que l'acheminement des bois du Proche-Orient. C'est bel et bien ce qui fait la fortune du trafic florentin : le luxe. Gros trafiquant, lui-même, du sel de ses propres salines, Cœur ne construit pas les galères de France pour exporter le sel de Languedoc vers Gênes, mais pour aller chercher au débouché des routes caravanières l'or, la soie et les épices.

L'Antiquité, déjà, connaissait le bateau rond, le transporteur. On le trouve figuré sur les mosaïques des ports romains comme sur le « bouclier » de Doura Europos. Et les Scandinaves en usent tout autant que les Méditerranéens. Le premier type de navire nordique à l'usage des marchands, celui qui apparaît dès que le commerce cesse, sur les mers du Nord, d'être une simple distribution de butin, c'est la « knorr ». La coque en est faite de treize « côtes » de bois. Pourvue d'une voile et montée par huit à dix hommes, elle porte déjà huit à dix tonnes de fret. D'usage commode, elle restera précieuse pour les petits transports locaux et les cabotages, même lorsqu'aux XIe et XIIe siècles se généraliseront dans les grands ports les quais ou les pontons, toutes installations adaptées aux lourds tonnages. Les marins seront encore heureux au XIVe siècle de pouvoir faire glisser sur la grève des petits centres commerciaux des navires légers comparables à la vieille knorr.

Pour les trafics plus lourds et plus lointains, le tonnage léger de la knorr ne permet pas d'amortir les frais d'une navigation. Dès le Xe siècle — et peut-être bien avant — les charpentiers navals des ports frisons mettent au point dans ses grands traits un nouveau type de navire gros porteur. Deux siècles plus tard, tout le monde nordique l'a emprunté aux Frisons : c'est la « kogge ». Ce navire à un mât et à voile carrée se caractérise surtout par une coque renflée — vingt-cinq à trente mètres de long, cinq à sept mètres de large — avec un fond plat qui libère de la recherche des abordages. On s'arrête où l'on veut.

Il ne s'agit certes pas de tirer le navire sur la grève, comme on le faisait avec la knorr et comme on le fait encore avec sa postérité. Il s'agit, tout simplement, de ne pas heurter les hauts-fonds mal repérés, de ne pas hésiter à remonter un estuaire ou à relâcher dans le petit port d'un havre opportunément aperçu à l'heure où monte la tempête. Tout cela est d'importance pour des marins appelés à relâcher sur des rivages mal connus dans le détail. Toutes les marines atlantiques y sont sensibles, et adoptent des types de navires inspirés de la kogge ou proches de celle-ci. La « cogue », « coque » ou « coche » est un gros transporteur à voile carrée, de forme massive, haut sur l'eau, ponté à deux ou trois « couvertes », ce qui donne autant de niveaux pour arrimer le fret. Par rapport à certains navires postérieurs, la coque fait figure de moyen tonnage.

Navire nordique et atlantique au XIIIe siècle encore, la coque des marins de Bayonne séduit au XIVe les marines méditerranéennes. Elle est par excellence le transporteur du vin, du blé, du sel. Ce navire qui porte quelque cinquante tonnes à Barcelone et atteint cent à deux cents tonnes à Venise s'insère dans l'équipement maritime entre les caboteurs et la nef. Sous des noms différents, nous trouvons dans tous les ports de la Méditerranée occidentale ces bateaux d'abord gréés d'un mât unique portant une voile carrée. La manœuvre en est simple, et elle n'exige qu'un équipage peu nombreux. C'est le véhicule des gros cabotages et des navigations à faible risque. A force d'augmenter les tonnages — on atteint quatre cents tonnes à Venise au début du XVe siècle — et de renforcer en conséquence les gréements — elle a souvent deux mâts — et les équipages, la grosse coque en vient, dès le milieu du XIVe siècle, à concurrencer sérieusement la nef. Elle vogue lentement mais sûrement. Sur les routes reconnues et bien policées, elle apparaît comme le transporteur le plus économique pour les pondéreux. C'est ce bateau que l'on trouve dès le XIIIe siècle sur le sceau de bien des villes portuaires, de Damme comme de Douvres ou de La Rochelle : il y résume à lui seul l'idée que les bourgeois entendent donner de leur identité collective.

La lourdeur du navire — et avec elle sa capacité — ne cesse de croître. On charge maintenant dans la cale, beaucoup plus que sur le pont. Le bateau n'en est que mieux équilibré, et par là capable d'accepter une plus large voilure. La coque qui conduit en Terre Sainte, en 1188, les croisés de Cologne porte déjà cent soixante tonnes. Au XIe siècle, la coque moyenne porte deux cents tonnes. Le mouvement s'accentue lorsqu'apparaît en mer du Nord, au milieu du XIVe siècle, une forte coque ventrue, à fond relativement plat, difficile à manier mais capable de porter deux ou trois cents tonnes métriques d'un fret indifférencié : la « hourque ». Un siècle plus tard, elle n'étonne plus dans la Gironde. C'est désormais le transporteur par excellence des lourdes cargaisons, du sel, du poisson, du vin, du blé, du bois. C'est aussi, à l'occasion, un fort navire de guerre.

Les bateaux de pêche s'alourdissent dans le même temps. Dans tous les ports de Bretagne et de Normandie, on se vante, au XVe siècle, de n'avoir jamais vu d'aussi gros bateaux. Après 1450, le petit bateau est ouvertement méprisé. Le patron, le charpentier et l'armateur se prennent à rêver des caravelles portugaises. Leur idéal, c'est le fort tonnage. La capacité va de pair avec la tenue en mer.

La Méditerranée fait une large place au bateau rond, à la coque plus ou moins ventrue, dont la faible maniabilité est largement compensée, pour les transports commerciaux, par une forte capacité et donc une meilleure rentabilité. Il en est de tous tonnages, et pour tous les usages. On connaît sur les rivages vénitiens de grosses barques pontées d'une cinquantaine de tonnes : le « panfile » si utile aux marchands qui organisent le trafic du sel en Méditerranée occidentale, le « maran » à un mât et une voile triangulaire, qui est une sorte de péniche pour cabotage par temps calme, et la « marciliane » à deux mâts et voiles carrées, qui doit à son fond plat d'être à l'aise dans le delta du Pô. Les uns et les autres suivent la règle commune de tous les bateaux : leur tonnage ne cesse d'augmenter, et l'on verra à la fin du Moyen Age des marans à trois mâts portant une centaine de tonnes et au XVIe siècle des marcilianes à château arrière. L'usage en est toujours limité au trafic à court rayon : le maran sert surtout à transporter les pierres que l'on fait venir d'Istrie pour colmater les brèches des digues. Quant à la marciliane, qui connaîtra un succès durable — jusqu'au XVIIe siècle — sur les lignes de l'Adriatique, c'est un navire de petit, puis de moyen tonnage, pansu et de faible tirant d'eau. Elle est parfaitement adaptée à des navigations d'estuaire, grosse barque de mer capable de missions aux horizons courts, comme la surveillance des côtes ou le cabotage dans les bases vallées navigables.

La nef

Au sommet de l'échelle des tonnages, il y a la « nef ». C'est le navire par excellence, comme l'indique son nom latin, *navis.* Elle descend du gros navire marchand de l'Antiquité, avec sa voile carrée. C'est la *nave* des Génois et des Vénitiens, chez lesquels elle remplace au XVe siècle la coque. C'est la *nau* des Castillans, des Bayonnais et des Catalans, puis celle des Portugais. Elle est déjà, à la fin du XIIIe siècle, un énorme navire, long de trente-cinq à quarante mètres, large de douze à quinze mètres, avec des flancs arrondis et deux ou trois ponts qui offrent une vaste cale où l'on peut arrimer la cargaison et d'où l'on peut extraire tout ou partie de celle-ci selon les chances offertes aux escales. Elle manœuvre lentement mais elle tient bien la grosse mer, alors que l'eau vient presque au bord de la galée, plus faite pour le beau temps en Méditerranée — et sensible aux tempêtes pourtant célèbres de la mer romaine — que pour les tempêtes et les hautes vagues de l'Atlantique.

La nef a un mât au XIIe siècle, souvent deux mâts au XIIIe. Le gréement est encore, bien souvent, fait d'une voilure triangulaire. On voit déjà à la nef deux châteaux qui facilitent la navigation et assurent la défense. La capacité marchande est privilégiée : la coque est divisée en deux par un pont intermédiaire. Une variété plus légère apparaît à Venise au XIIIe siècle : la taride, moins haute sur l'eau et pourvue d'un seul pont. Elle sera fort appréciée, au XVe siècle, sur les lignes à moyen rayon.

Naturellement, la nef porte dans ses cales, que soulignent de hauts bordages, deux à trois fois ce que porte une grosse galée : au moins six ou sept cents tonnes à Venise dès les années 1300. On en verra, à Gênes après 1460, porter mille tonnes, alors même que, de manière paradoxale, le tonnage des nefs vénitiennes traditionnelles va diminuant. Venise organise ses flottes à l'aide de deux types de navire, tout à fait complémentaires : une nouvelle nef qui n'est autre chose que la lourde coque et la plus légère marciliane. La nef est au contraire, pour les Génois, le transporteur par excellence du sel et du blé, de la laine et de l'alun. La « belle grosse nef nommée Christophe » que prennent en 1338 les Français est propriété du roi d'Angleterre, mais elle est à ce point chargée de laines qu'on parlera longtemps en France du pillage de la cargaison.

La nef procure de même un espace accru aux marchands qui accompagnent les marchandises, voire aux marins eux-mêmes. L'espace, c'est le confort. On peut prendre des passagers, que l'on loge à l'arrière, dans les petites chambres du château, et non dans la promiscuité du tillac avant où les matelots se relaient sur de médiocres couches. Dès 1227, les statuts du doge Pietro Ziani autorisent l'aménagement de cabines sur les nefs vénitiennes lorsque les voyageurs, qui sont en fait des pèlerins, paient à eux tous les deux tiers du voyage. Il arrive même qu'un certain confort soit assuré : la *Santa Maria* du Génois Leonardo Grimaldi offre, en 1459, aux marchands embarqués six chambres, et des chambres chauffées !

Autre avantage, et non des moindres : la nef est une forteresse. Le château central, qui encadre la base du mât principal, devient vite, dans la vie maritime, l'équivalent de la moderne passerelle, et Robert de Clari, rapportant un moment difficile de la navigation des pèlerins de la quatrième croisade, précise qu'on fit « monter aux châteaux des nefs » tous les prêtres et les clercs, qui chantèrent le *Veni Creator*.

Ce type de construction ne disparaîtra vraiment qu'au XIVe siècle, lorsque l'artillerie à feu embarquée la rendra vaine pour le tir et en fera un dangereux objectif. Il est vrai qu'on aura alors, sur tous les types de navires, sur les galères comme sur les nefs, développé des châteaux d'avant et surtout d'arrière. Le château d'avant, qui offre souvent un logement à l'équipage, garde la fonction militaire de l'ancien château central. Il domine l'éperon. Il est « garni pour défense et offense ». Avec son bec avancé, il est aussi le poste de manœuvre de la sonde dans les passes difficiles et de l'ancre dans les mouillages exigus. Le château arrière, que les temps suivants développeront encore sur la caraque et sur la caravelle, est un lieu de commandement et de résidence privilégiée. Le patron, le pilote, le timonier, les marchands, les passagers y ont leur chambre. Il porte à son sommet une dunette pour l'observation. On y garde la boussole. On y entrepose la précieuse poudre qui fera tonner les couleuvrines. La vie sociale y a son siège. C'est déjà le « château gaillard ».

Sans devoir encombrer le navire des arbalétriers que portaient au XIVe siècle les galères du duc d'Anjou, la nef du XVe accepte sans peine les nouveaux armements qui substituent la puissance de feu au nombre des tirs. Mettant à profit les bordages élevés qui rappellent en la circonstance les hautes courtines des châteaux forts, les artilleurs jouissent avec la nef d'une position dominante soulignée par tous les chroniqueurs témoins d'un combat naval. Une puissance maritime comme Gênes ne tient pas pour négligeable de pouvoir, au milieu du siècle, par le seul envoi de quatre nefs, secourir devant Constantinople le faubourg de Péra assiégé, et forcer avec deux nefs seulement le Bosphore déjà contrôlé par les Ottomans.

Le troisième mât n'est déjà pas rare au XIIIe siècle sur la nef, même si les marins savent à quel point la manœuvre d'une voilure de cette importance est complexe et suppose un équipage nombreux d'hommes expérimentés. Au XVe siècle, héritières des gréements carrés de la coque atlantique et de la mâture multiple de la nef méditerranéenne, les grosses nefs de Gênes et de Venise auront jusqu'à cinq mâts, et leurs dix ou quinze voiles carrées offriront la possibilité d'un jeu subtil où se combinent les grandes voiles de route et les petites voiles de manœuvre.

Certes, la nef ne saurait rivaliser de rapidité avec la galée. Sa voilure interdit cependant d'imaginer un vaisseau poussif. Avec la puissance de son gréement et les variations possibles de celui-ci, elle réalise parfois d'étonnantes performances. Au début du XVe siècle, la nef de Jean de Béthencourt met sept jours à relier Séville aux Canaries, et il ne faut au même Béthencourt, par beau temps, que quatre mois et demi, pour aller des Canaries en Normandie, passer quelque temps dans son pays natal et regagner les îles. Les retards de Ruy Gonzalez de Clavijo sont, on l'a vu, à la même époque, dus aux incidents, aux intempéries, aux escales, non à la lenteur du navire en mer.

On le voit, la nef répond de manière durable à un besoin, celui d'un gros-porteur moyennement rapide et relativement maniable. A la fin du XIIIe siècle, au départ des ports siciliens, la nef représente déjà plus du quart des flottes marchandes. Au milieu du XVe, elle en forme la moitié. Sur les routes du Levant, elle constitue au XVe siècle les deux tiers des convois. Alors que vient le temps des grandes explorations, elle cède quelque peu la place à un navire plus maniable, la caravelle. Mais elle retrouve sa place dans les escadres de l'exploitation des routes ouvertes par ces explorations mêmes. Avec de légères modifications dans le gréement, qui en augmenteront la maniabilité, la nef sera le navire par excellence des convois des deux Indes.

La caravelle

Un grand progrès est réalisé au milieu du XVe siècle grâce à une initiative des charpentiers qui, sur tous les chantiers navals de l'Atlantique, cherchent à alléger le navire sans nuire à sa stabilité. Alors que la nef et la coque traditionnelles sont construites « à clin», c'est-à-dire avec des planches qui se recouvrent pour une meilleure étanchéité, on se risque, dans les années 1450-1460, à assembler des bois bord à bord. La chose est au prix d'un assemblage plus étudié, et d'un calfatage particulièrement soigneux. Mais cette construction «à carvel» — qu'il ne faut pas confondre avec la caravelle ibérique, qui est tout autre chose — permet d'alléger la coque et d'améliorer ses performances. Le navire manœuvre plus facilement, glisse mieux dans les flots, porte davantage. Les chantiers navals de Bretagne se spécialisent à ce point dans la coque à carvel — ou «carvelle» — que les autres, ceux de Normandie, d'Angleterre ou de Hollande, se réfèrent au modèle breton. Bientôt, tous les navires d'Occident seront construits à carvel, y compris les caravelles. Bien des gens s'y tromperont.

La course aux tonnages continue. Favorisée par les progrès du gréement et de la charpenterie, elle donne, au XVe siècle, ces géants des mers qui vont permettre les grandes navigations atlantiques. C'est d'une part un fort navire à la coque ronde et à la voilure importante, issu d'un type de bateau effilé et de faible tonnage en vogue au Portugal depuis le XIIIe siècle: la caravelle. On reconnaît surtout la «caravelle ronde» à ses mâts porteurs de voiles triangulaires. Elle apparaît déjà en Méditerranée au début du XIIIe siècle: en Sicile, on en voit passer deux entre 1400 et 1420, cinquante-quatre entre 1420 et 1440, cinquante-six entre 1440 et 1460. Les Portugais et les Espagnols l'emprunteront sur le tard. Ils l'affineront et lui ajouteront en force deux ou trois mâts et, avec subtilité, quelques voiles carrées dont la force motrice se combinera fort heureusement avec la souplesse en manœuvre procurée par les voiles triangulaires. Ainsi verra-t-on Colomb modifier aux Canaries le gréement de la *Niña,* dont la voilure latine n'assurait ni une rapidité ni une tenue en mer suffisantes pour affronter l'océan. De même les Espagnols changent quelque peu le dessin des superstructures, ajoutant à la caravelle les hauts châteaux de la nef.

Navire rapide et de manœuvre aisée, la longue caravelle — sa longueur vaut trois fois et demie sa largeur — est moins fine que la galère, mais mieux adaptée à la haute mer. Elle est plus manœuvrière que la nef. Ce sera le navire des grandes audaces, des expéditions lointaines, des routes incertaines et des estuaires inconnus. Les Portugais associeront dans leurs escadres de découverte les caravelles d'une centaine de tonneaux propres à l'exploration et les nefs de deux à trois cents tonneaux, porteuses du ravitaillement.

C'est d'autre part cette étonnante synthèse que réalisent au XVe siècle les armateurs vénitiens et surtout génois en empruntant à la nef du XIIIe siècle et à la coque du XIVe : la caraque. Malgré son nom, la caraque n'a rien de commun avec le bateau léger que les Sarrasins appellent ainsi au XIIIe siècle et qui n'est autre chose qu'une barcasse, non plus qu'avec les caraques à un mât qu'évoque au milieu de la guerre de Cent Ans Le chroniqueur Froissart. La caraque génoise du XVe siècle est un grand trois-mâts qui porte sans peine un millier de tonnes. Elle combine la voilure carrée — à l'avant et au grand mât — et la voilure triangulaire — sur les mâts de l'arrière — pour offrir des possibilités de navigation qui allient la vitesse et la maniabilité. Une forte quille assure la stabilité, mais interdit les eaux basses et les havres de fortune : portant un millier de tonnes, la caraque est le navire des grands ports et des hauts pontons. Un profil pansu et un haut bordage correspondent à la capacité. L'observation et la manœuvre sont facilitées par d'importants châteaux de proue et de poupe. Navire de guerre quand il le faut, la caraque sera surtout le vaisseau des grandes navigations à longue distance sur des routes assurées.

Avec la caraque et la caravelle, les horizons de la découverte s'élargissent. Bientôt, tirant les leçons des navigations australes, et en particulier de l'expédition de Bartolomeu Dias, on osera combiner la coque de la nef et la voilure mixte des caravelles « rondes » de la seconde génération. Ce seront les « navires » de Gama et de Magellan.

CHAPITRE XII

La mer et les marins

Les hommes

C'est le port qui fait le marin. La côte fait au mieux le pêcheur journalier. Le port, avec ses navires à l'abri et ses marchandises embarquées et débarquées, incite au voyage lointain et à la longue aventure. Il est le théâtre d'un récit aux cent formes, et de mille illusions. Il suggère à l'un de faire naviguer, à l'autre de partir. Tout au long de leurs périples, c'est dans les ports que les voyageurs du XIIe et du XIVe siècle ont recueilli les informations qui ont fait connaître à l'Europe ce que l'on pouvait atteindre des terres émergées. Le monde antique a vu les audaces des marins de Tyr, de Sidon, d'Athènes, de Carthage. L'Orient médiéval se fait découvrir à Trébizonde, à Alexandrie, à Ormuz, relais des nouvelles autant que des trafics. Les mers du Nord voient naviguer les marins de Bergen. A l'ouest et au sud, c'est encore dans les ports que s'organise une société des gens de la mer : à Lübeck et à Hambourg comme à Londres, à Bristol et à Southampton, à Rouen comme à Nantes, à Lisbonne comme à Lagos, à Barcelone comme à Majorque et à Valence, à Montpellier comme à Marseille, à Gênes comme à Pise, à Venise enfin, où l'alliance de l'homme et de la mer supportera tout l'édifice social et politique.

Quelques exceptions doivent être dès l'abord notées. Il est des ports où la fortune vient sur les bateaux d'autrui. C'est le cas des villes-entrepôts établies à la rupture de charge des trafics terrestres et maritimes. Trébizonde, Alexandrie, Novgorod sont des villes où les navigations commandent la vie, mais les marins y sont d'ailleurs. Bruges construira son destin à cette image, organisant dans un arrière-pays qui va de la Champagne à la Saxe la distribution et la collecte des produits du grand commerce maritime avec tous les ports occidentaux. Mais on ne comptera pas sur mer avec les marins de Bruges.

La Bretagne offre une exception en l'autre sens. Aucun port ne parvient ici à l'hégémonie régionale dont bénéficient ailleurs Dieppe, Rouen, La Rochelle, Bordeaux et Bayonne. La médiocrité des relations terrestres suffit à limiter les concentrations. Mais la richesse du littoral en ports aussi excellents qu'indispensables donne en définitive une vocation maritime affirmée à des villes comme Dinan, Brest, Audierne, Penmarc'h, Vannes ou Guérande. A la fin du XIVe siècle, les marins de Saint-Malo, du Goello et du Léon au nord aussi bien que ceux du Marais au sud sont présents dans les ports anglais. La même observation peut être faite un siècle plus tard. En vingt ans, il vient vingt-quatre navires de Molène et d'Ouessant, trente-deux de Penmarc'h, quatre-vingt-un de Saint-Malo. Et dans la seule année 1482-1483, on voit relâcher à Bordeaux dix bateaux du Conquet, quinze de Loctudy, vingt-quatre du pays Goello, vingt-neuf de Penmarc'h.

Ailleurs, l'impulsion vient de quelques grands ports, à la fois centres de financement, de recrutement et d'organisation. On y construit, on y arme, on y affrète. C'est là que se rencontrent les trois personnages sans lesquels il n'y aurait aucune « aventure » sur mer et aucune découverte au-delà des mers : l'armateur, le capitaine, le marin.

L'armateur

Le premier, c'est celui qui décide de l'existence d'un navire et qui le finance en tout ou partie. L'armateur est un capitaliste et un chef d'entreprise, patricien de Venise ou de Lübeck, grand marchand de Gênes ou de Rouen. Un homme seul peut tenir ce rôle de « bourgeois du navire », comme on dit à Rouen, avec ses capitaux propres ou avec de l'argent emprunté. Bien souvent, l'armateur est fait de plusieurs associés ou « parsonniers », associés permanents au sein d'une compagnie ou associés épisodiques pour un voyage, pour un navire, pour un « risque de mer ». De petites gens font ainsi de la possession d'un navire ou de parts de navires une spéculation comme les autres. Le navire permet de « faire travailler » un argent dont on ne peut espérer légitimement un profit s'il n'est justifié par un risque et un travail. Le Génois achète des « carats » de navire. Un simple curé rural, le curé d'Envermeu dans le pays de Caux, se fait remarquer, au milieu du XIIIe siècle, parce que, comme un laïc, il « a des navires sur la mer » : traduisons qu'il est propriétaire, en tout ou en partie, de quelques bateaux de pêche.

Dans certains cas, la puissance publique s'en mêle. A Barcelone, où la propriété privée l'emporte largement dans l'ensemble, la cité et la généralité arment dès le XIVe siècle des galées — uniquement des galées — que les marchands peuvent louer pour un voyage. Sans doute s'agit-il là d'une réticence du capital privé, et notamment de celui des marchands, à investir sur le long terme dans l'armement de navires à la rentabilité incertaine parce que liée aux occasions de fret à haute valeur. Les pouvoirs publics passent outre à cet inconvénient, obligés qu'ils sont de tenir prêtes en tout temps les galées qui se transformeront en cas de besoin en autant de navires de guerre. L'usage marchand n'est ici qu'un profit accessoire. Les hommes d'affaires ne pourraient le tenir pour tel. Venise va plus loin, qui tient pour politiquement essentielle l'existence d'une flotte publique, faite de tous les types de navires et même de ceux que ne guette aucun usage militaire. C'est à cette flotte que pourvoit l'Arsenal créé par la République en 1104. Certes, les marchands peuvent faire construire à leurs frais, pourvu qu'ils respectent les normes fixées par le Grand Conseil et le Sénat, mais c'est d'un financement public que vient une plus large part de l'armement vénitien. Plus qu'en aucune autre ville, la politique est ici marchande, et l'empire vénitien est avant tout une aire commerciale. L'enjeu que représente la disposition d'une flotte n'a rien ici de commun avec ce qu'il pourrait être à Barcelone ou à Rouen. Quant à Gênes, les structures individualistes et capitalistes de la société marchande y privilégient naturellement l'initiative privée. Gênes est une ville d'armateurs.

Le temps des grandes caravelles fait apparaître, avec des princes comme le roi de Castille, le roi d'Aragon ou l'infant de Portugal Henri le Navigateur, un nouveau type d'armateurs, dont le gain commercial immédiat n'est pas le premier mobile et qui mobilisent des fonds pris sur le Trésor royal dans une perspective politique autant qu'économique à long terme.

Le capitaine

Le deuxième homme, c'est le capitaine, celui qui va porter sur mer et aux escales la responsabilité du navire, qui prendra les décisions de route et de navigation. Responsable de son navire, il l'est aussi de la réputation collective d'une marine : le capitaine vénitien jure qu'il veillera « sur l'honneur de la Commune et de saint Marc ».

Le capitaine, souvent qualifié de patron, est un professionnel du voyage maritime, parfois un marin d'expérience, souvent un aventurier. Propriétaire ou non, il est le chef de l'entreprise. Au port, il recrute l'équipage, veille au gréement et à l'avitaillement, négocie les contrats — les « nolis » — avec les marchands. En mer, il surveille la route, tient les comptes, décide des escales non prévues par le contrat.

Un « écrivain de bord » le seconde pour la tenue des comptes. En fait, l'écrivain est une sorte de gestionnaire et de régulateur de ce stock flottant et mouvant qu'est la cale : l'écrivain veille en particulier à la surcharge, ce qui en fait un technicien de la balance autant que de la plume. Pendant que l'on charge, c'est l'écrivain qui se penche régulièrement par-dessus le bord pour mesurer à la jauge ce qu'il reste de hauteur au-dessus de la flottaison. Certains statuts, comme à Venise, lui font obligation de dresser procès-verbal des surcharges éventuellement imposées par le marchand ou le capitaine.

En mer, le capitaine peut tenir la barre, mais ce n'est pas essentiel. L'homme de barre est, plus normalement, l'un des marins. Mais on attend du capitaine qu'il sache mesurer les risques, et qu'il soit en tout soigneux de son navire. Les armateurs des villes hanséatiques ne s'y trompent pas, qui exigent du capitaine qu'il prenne à son compte une part du capital engagé sur mer : dans les navigations côtières où l'on s'échoue plus qu'on ne coule en haute mer, on se méfie du capitaine qui risque peu sa vie et ne risque pas son patrimoine dans un bateau qui n'est pas le sien. L'usage normand rejoint ici l'usage hanséatique : le « maître et conducteur du navire » est souvent propriétaire d'une partie de son instrument de travail : ainsi apparaît-il comme plus responsable aux yeux des « bourgeois » qui lui confient leur bien par lettres de commission passées devant notaire, et tire-t-il un profit supplémentaire de son propre labeur.

Car les risques sont nombreux. Il y a ceux qui prennent le visage des marins concurrents ou ennemis. Le navire marchand ou le bateau de pêche n'est pas ménagé en temps d'hostilité : la guerre est aussi un conflit économique, un navire marchand se transforme vite en unité de guerre, et les haines nées des rivalités pour les bancs de pêche ou pour le tour d'affrètement se traduisent aisément en un plaisir de destruction. Il y a, bien sûr, les périls de la mer elle-même, avec ses tempêtes en haute mer — chacun sait qu'elles sont l'effet de la malédiction divine et qu'elles sanctionnent normalement le péché du capitaine — et ses reflux imprévisibles à l'entrée des ports. Le pilote doit avoir le sens de la mer, et l'on se souviendra de celui qui, comme le capitaine qui gouverne en 1178 le navire de Pierre de Blois à travers la Manche, renonce à tenir la barre quand les événements lui échappent. Il sait observer le halo de la lune, qui annonce le gros temps, les mouettes qui font entrevoir la terre proche, l'herbe flottant dans l'eau de mer qui laisse deviner au large l'embouchure d'un grand fleuve : ainsi Diogo Cão fait-il voile, en 1483, vers l'embouchure du Congo.

Il y a, enfin et peut-être surtout, les dangers des passes entre les écueils, des approches de port ou d'embouchure, des hauts-fonds mouvants et des courants déviés. Couler en mer, c'est souvent se fracasser contre un rocher. Pendant le seul mois de mars 1426, trois navires se brisent à la pointe du Raz.

C'est ici qu'intervient le pilote. Plus que le capitaine, qui est avant tout un gestionnaire, le pilote est un technicien de la navigation. Longtemps, la fonction incombe à l'un des membres de l'équipage, au plus expérimenté ou à plusieurs qui se relaient à la barre. Le pilote spécialisé qui se distingue à partir du XIVe siècle sur les navires de fort tonnage n'a rien d'un chef d'équipage : c'est le capitaine qui commande. Le pilote n'est responsable que de trouver et de tenir la route choisie par le capitaine. Il est parfois l'homme de tout un voyage, voire le compagnon habituel d'un capitaine. Bien souvent, il est au capitaine ce qu'est le courtier au marchand : un homme du cru, fort d'une expérience locale. On l'embarque pour un trajet, non pour un voyage. Il ne connaît qu'un secteur, mais il sait par cœur la position des rochers affleurants et les alignements de rochers ou de clochers qui indiquent la passe.

Indispensable dans la Baltique et la mer du Nord, également tenu pour tel depuis l'Antiquité en Méditerranée, le pilote semble moins nécessaire sur l'Atlantique, où l'usage et la prudence veulent que l'on navigue assez loin des côtes. Les Bretons, les Normands et les Anglais connaissent suffisamment leurs propres écueils : ils sont l'affaire du capitaine. Et l'on n'a nul besoin d'un pilote pour couper au large entre Southampton ou Penmarc'h et Bayonne ou Saint-Sébastien. Le pilote soulage au contraire fort utilement le capitaine qui ne peut avoir en tête toutes les approches qu'il convient de prendre entre Bruges et Bergen, ou tous les récifs que l'on sait rencontrer entre le détroit de Messine et le Bosphore. Mais on y regarde à deux fois avant de se confier à un inconnu, et l'on examine la réputation du pilote. Le diable n'a-t-il pas, pour perdre le navire dont parle la *Vie de saint Adrien,* pris les apparences d'un honnête pilote ?

Dans la pratique, le partage des rôles tient aux capacités personnelles de chacun. Le pilote est normalement un homme qui sait observer le soleil et les étoiles, mais un capitaine comme Christophe Colomb sera à son bord le maître des calculs astronomiques.

L'armateur cherche donc un bon capitaine. Il est en revanche des capitaines qui cherchent un armateur audacieux. Les grands découvreurs du XIVe et du XVe siècles sont le plus souvent des capitaines qui ont trouvé la confiance d'un armateur prêt au risque.

Le marin

Le troisième homme, enfin, c'est le marin, l'homme qui manœuvre les voiles ou qui souque aux rames. Il est à bord ce qu'est à terre l'ouvrier tisserand ou le compagnon boulanger : un salarié dont on rémunère ensemble, au temps passé, le labeur et la compétence. Pour certains, il ne s'agit que d'exercer en mer leur métier de terrien : chaque navire compte son barbier et son écrivain, son ou ses cuisiniers, charpentiers et calfats. Pour la plupart, les marins sont bien, au moins pour une partie de l'année, des professionnels de la mer.

Lorsque, par l'effet conjoint d'une meilleure tenue des navires à la mer et d'une recherche de rentabilité accentuée par l'importance des capitaux investis, les marines méditerranéennes et atlantiques renoncent progressivement à l'hivernage, les marins en viennent à exercer un métier à plein temps. Sur les routes à long rayon de la navigation catalane, l'amplitude des variations saisonnières n'est guère, dans la première moitié du XVe siècle, que du simple au double. Encore faut-il observer que des facteurs très divers contribuent à de telles variations : c'est la pause du marché financier qui provoque un ralentissement en septembre, et c'est l'abondance des grains sur le marché commercial qui favorise l'accroissement des trafics d'été.

Même si l'on ne peut — comme l'éprouve Clavijo au début du XVe siècle en mer Noire et comme on le constate plus généralement dans les navigations de la Baltique et de la mer du Nord — éviter sur toutes les routes et en toute année la paralysie de l'hivernage, le marin trouve souvent à s'employer au port sans devoir reprendre une activité étrangère à la mer. On a besoin de bras sur les chantiers d'entretien aussi bien que pour les manutentions commerciales qui préparent et suivent les voyages. On vit donc, en toute saison, du métier de marin.

Rameur ou matelot de manœuvre, le marin n'a donc rien de commun avec ce que seront les galériens de Louis XIV. A Venise, ville où les esclaves sont nombreux, les règlements publics prescrivent de n'embaucher comme marin qu'un homme libre. Il est vrai que l'expédition maritime serait une trop belle occasion de fuite pour l'esclave : les patrons catalans qui relâchent à Tunis ne se font là-dessus aucune illusion, et s'abstiennent d'embaucher des rameurs ou des marins qui se retrouveraient trop aisément en pays connu.

La première responsabilité du capitaine, c'est de réunir un équipage à peu près homogène. On recrute sur le port, naturellement, mais aussi dans les villages voisins, où la tradition s'est établie de ces deux activités que le même homme exerce difficilement — la saison de la plus grande activité maritime est à peu près celle des travaux agricoles — mais qu'une même famille se répartit sans peine : les uns aux champs, les autres à bord. Il incombe ensuite au capitaine de tenir en main cet équipage : bien des aventures tourneront court parce que les marins auront trop tôt le mal du pays. Rares sur les lignes régulières où les temps de route sont à peu près connus et où l'on sait à l'avance ce que vaut le prochain port, les mutineries sont plus fréquentes sur les voies de la découverte. Aux Canaries comme dans le golfe de Guinée, ce qui pousse à la mutinerie est plus souvent un fruit de la lassitude et du climat qu'une quelconque envie de s'emparer de la cargaison. Parfois vaincu par la mer, l'équipage l'est en général par la dysenterie.

Le marin le sait, il met en jeu sa vie. On meurt de la tempête, mais on meurt du bateau. Le mal de mer n'épargne pas plus les populations maritimes que les terriens embarqués. Le « bondissement d'estomac » dont parle Montaigne n'est pas un risque secondaire. Deux mois de navigation viennent à bout des constitutions les plus robustes, et le marchand ne s'y trompe pas, qui emporte parfois un cercueil pour lui ou sa femme, ce à quoi ne saurait prétendre le matelot, tout juste promis à un sac et à la mer. Mais, quand le bateau coule, il n'est plus besoin de cercueil. Bref, le marin est un homme courageux qui a peur. La peur, parfois, l'emporte, même chez les professionnels de la mer, et une chanson normande le dit crûment :

Compagnon marinier,
N'allons plus sur la mer,
Car je crains le naufrage.

Si assuré qu'il soit de ses calculs et de sa route, Colomb lui-même aura peur. Ne parlons pas de ses hommes, pour lesquels il mentira chaque jour quant à la distance parcourue, pour ne pas leur avouer qu'ils sont déjà si loin alors qu'on ne trouve pas la moindre terre. On prie ardemment pendant les tempêtes. On fait des vœux de pèlerinage. Tout voyage qui s'achève bien conduit les marins dans un sanctuaire choisi par eux dans les moments d'angoisse. Sur le retour, bien des compagnons de Magellan préféreront les incertitudes d'une installation aussi lointaine qu'inconfortable, voire les perspectives de prison dans une place tenue par les Portugais, aux risques prévisibles d'une navigation compromise par les vers qui rongent le navire et les vagues qui disloquent la coque. A l'origine de la plupart des mutineries, il y a, plus que l'appétit du gain, la peur.

Tout cela se monnaie : à condition de bien mesurer l'ensemble de sa rémunération et non son seul salaire, le marin est un travailleur bien rémunéré. Si le métier est rude et dangereux, si le matelot est soumis à une discipline stricte — dont les manquements sont sanctionnés de prison ou de fouet — et s'il couche à la dure sur le pont, il est convenablement nourri, sa ration d'eau douce et de vin constitue un droit, sa rémunération ne peut être remise en cause. La plupart des contrats d'embauche garantissent au marin chaque jour une à deux livres de biscuit, une demi-livre à une livre de viande salée ou de poisson. Le vin est abondant, l'eau douce est à volonté. Quand le vivre et le boire manquent, comme ce sera très tôt le cas pour les compagnons de Magellan, c'est le drame. La révolte gronde.

Le capitaine négocie son contrat avec l'armateur : un salaire à la journée ou au mois et une part du fret en sont normalement les conditions. Ce seront encore celles des découvreurs de l'Afrique, partageant le profit commercial des expéditions avec leur commanditaire l'infant Henri le Navigateur.

Les matelots et les rameurs, eux, se contentent d'un salaire couramment égal à celui d'un compagnon qualifié de l'artisanat. Mais, tout comme les soldats de métier et comme les voituriers des transports terrestres, les gens de mer discutent âprement les termes de leur contrat. L'augmentation des tonnages et des équipages en fait, dès le XIVe siècle dans les grands ports, un groupe de pression que les armateurs et les marchands ne peuvent ignorer. La même augmentation des effectifs fait croître à bord le risque d'insubordination. La mutinerie sera longtemps la grande crainte des capitaines qui peuvent laisser leur vie en l'affaire et des armateurs qui peuvent y perdre leur capital. Contre le mal de mer et le mal du pays, il y a peu de remèdes. Pour les salaires, en revanche, le patron doit se montrer compréhensif. Sur les navires de la Hanse, où ils ne sont au début que des paies de manœuvres, les salaires doublent — en monnaie constante — entre le XIIIe et le XVe siècle.

Comme les soldats, les marins obtiennent aussi une avance sur leurs gages, versée lors de l'embarquement. Le matelot hanséate qui monte à Hambourg sur un navire à destination de la Flandre a déjà perçu le salaire de sept semaines ; s'il va en Norvège, on lui paie d'avance douze semaines. La suite est payée semaine par semaine, et le solde à la fin. On voit même à Lübeck ce solde varier parfois en fonction des bénéfices réalisés : le marin participe au risque, mais aussi au profit des marchands.

Quelques gains annexes arrondissent à l'occasion la paie. On donne une pièce au marin qui ne dédaigne pas, aux escales, de participer aux chargements et aux déchargements. Le capitaine préfère voir dans sa cale les hommes qu'il connaît plutôt que les déchargeurs du cru. Quand les règlements le permettent, c'est autant de plus pour les marins. Et le capitaine se trouve bien d'un équipage satisfait, qu'il retrouvera sans peine pour un autre voyage.

Et puis, il y a la « pacotille », c'est-à-dire le transport gratuit d'une marchandise qui appartient au marin, lequel la vendra où et comme il voudra. A ce droit, l'usage met quelques bornes. Il n'est pas question que le matelot encombre abusivement la cale, au détriment de qui paie le voyage. Les armateurs et les marchands s'entendent pour limiter la pacotille en importance comme en nature. A Barcelone, elle ne peut être supérieure en valeur à la moitié du salaire prévu pour le voyage entier. De même le matelot de la Hanse n'est-il pas toujours libre de ses choix : bien des marchands veillent à ce que le petit négoce du marin ne porte pas d'ombre sur leur propre trafic.

Qu'il emporte une marchandise de son choix ou celle qu'on lui impose d'acquérir, le marin en a cependant tout le profit, et l'on connaît des cas où il ne lui en coûte pas le moindre investissement : il cède à bon prix son droit de pacotille à de petits marchands. Autant dire qu'il trafique pour son compte de la marchandise des autres. Le gain n'est jamais considérable. Il ajoute au salaire.

On comprend que dans ces conditions le métier de la mer tente bien des paysans des villages proches du littoral, comme ces gens du pays de Caux embauchés par Béthencourt pour son expédition aux Canaries : les profits possibles l'emportent largement sur ceux d'un paysan en temps de récession. Avant le mal de mer, il y a la paie. Mais le matelot de manœuvre ou le rameur de galère est devenu un professionnel, qui rompt vite ses attaches terriennes. Quand il ne navigue pas, il reste désormais un homme des ports. C'est là qu'il trouvera l'embauche.

Des marchands et des patrons

Il y aurait naturellement quelque gageure à faire entrer tous ceux qui interviennent dans l'aventure en ces trois catégories bien définies. La réalité est plus complexe. En premier lieu, n'oublions pas l'affréteur, le marchand. Il peut être l'armateur lui-même, ou n'être que son partenaire fortuit. Hors des temps difficiles, l'affréteur s'embarrasse peu de l'origine du bateau. La compétence du capitaine et l'état du bateau sont plus importants que les considérations nationales. Surtout, on va voir sur le port ce qu'il y a comme cales disponibles. Le temps du marchand l'emporte sur l'amour-propre du marin. C'est parce qu'on manque de gros tonnages sur la Lagune que, malgré leur habituel patriotisme économique, les marchands vénitiens des années 1280-1340 confient leurs cargaisons de sel aux navires des villes « sujettes » de Raguse et Zara. C'est parce qu'on prend le premier navire en partance que les Anglais affrètent tout au long des XIVe et XVe siècles des bateaux bretons pour conduire leur vin de Bordeaux à Southampton.

Malgré l'éternelle rivalité des Bretons et des Bayonnais, on voit dans les années 1460 un marchand de Bayonne affréter régulièrement à Plymouth des navires bretons. Les Espagnols qui organisent à La Rochelle et à Nantes l'importation du fer, des cuirs et des laines de la Péninsule se montrent indifférents à l'origine des navires et des capitaines. Le même cosmopolitisme s'observe dans un grand port comme Bordeaux et dans un port moyen comme Dieppe. Le même jour, 27 décembre 1471, pendant qu'un bateau anglais décharge à Dieppe un cheval, du hareng, et du plomb appartenant à un autre Anglais, le navire d'un Normand décharge à côté les saumons, les harengs, les morues et les draps d'un marchand écossais. Dans le même temps, à Bordeaux, un navire de Saint-Malo charge pour la Zélande le vin d'un Bordelais et celui d'un Brestois, et une caravelle de Bayonne charge le froment et l'étain qu'un marchand de Toulouse envoie à Saint-Sébastien et Fontarabie.

L'efficacité conduit à partager les cales. Lorsque dans l'été de 1310 un corsaire catalan, le comte d'Ampurias, s'empare en haute mer d'une coque vénitienne chargée de sel, la *Santa Maria Caloritissa,* c'est tout le patriciat vénitien qui pousse la Sérénissime à protester auprès du roi d'Aragon — Venise obtiendra une indemnité de 27 860 florins ! — contre un brigandage qui affecte les meilleures familles du Grand Conseil, les Loredan, les Venier, les Bondulmier, les Trevisan. Le corsaire a spolié, en attaquant la coque du patron Belletto Vido, rien de moins que vingt-deux marchands.

Financier de l'opération, l'armateur s'entend à trouver des crédits et des affaires. Le marchand qui confie sa marchandise engage par là même son avoir et manifeste son intérêt. Les marchands ne sont pas rares qui accompagnent la cargaison ou la font accompagner par un associé ou un facteur. Tenu à l'écart de la navigation, le marchand qui voyage ainsi retrouve tout son poids aux escales, quand il s'agit du fret. S'il ne s'en est complètement remis au capitaine, le marchand choisit ce qu'on vend et ce qu'on garde pour de meilleures occasions, ce dont on profite et ce qu'on laisse à quai.

Le bailleur de fonds prend évidemment tous les risques financiers, ou presque. Mais, parce qu'il risque beaucoup — malgré le fractionnement des placements maritimes — et qu'il entend comprendre son risque, il se fait aux choses de la mer. Marchand, il voyage, il accompagne ses marchandises dans ses bateaux et dans ceux des autres. Très vite, s'ébauche une équation du marchand et du navigateur. Elle donnera à Venise un Cà da Mosto, à Gênes un Usodimare ou un Colomb. L'origine marchande de certains navigateurs nuancera toujours leur portrait d'une touche d'intellectualisme et d'une teinte de réalisme économique. Le marin est homme d'expérience, de savoir-faire, d'empirisme. Même pourvu de cartes et de manuels, il est porteur d'une tradition orale. Il connaît les courants déjà fréquentés, les passes déjà reconnues, les amers déjà identifiés. Le marchand, lui, ne prend pas la mer sans une vision globale du monde et des affaires. Il a lu. Il organise. Quand il s'agira d'inventer des routes en profitant d'un système de vents à l'échelle de l'océan, l'intelligence des phénomènes sera l'apport précieux du marchand à la réflexion des savants mis sur le chantier par un Henri le Navigateur ou une Isabelle la Catholique.

Ainsi naîtra, conjonction heureuse des trois filiations professionnelles, le marin complet des navigations lointaines, à la fois cosmographe, analyste des vents et manœuvrier des bordées. Colomb ouvre la voie. Au terme, le marchand s'efface devant l'entrepreneur maritime, navigateur autant que gestionnaire de la conquête. Étrangers à la marchandise, ce seront les Dias, les Gama, les Magellan.

Ne négligeons pas le petit patron, à la fois armateur et capitaine de son navire. C'est un artisan, propriétaire — au moins pour partie — de son outil de travail. On le rencontre à la barre de la petite galée ou de la galiote plus souvent qu'à celle des caravelles. Le patron d'un bateau est le maître du cabotage et de la petite aventure. En Méditerranée comme en mer du Nord, c'est la croissance des tonnages qui conduit à la distinction de l'armateur et du capitaine. Jusqu'au XIIIe siècle, c'est généralement le même homme qui fait construire et qui prend à bord la responsabilité du navire.

La fortune peut venir au patron. On en connaît, à Majorque comme à Marseille, à Dieppe comme à Bayonne, qui sont les heureux propriétaires de plusieurs barques et qui, cherchant des contrats pour les unes et les autres — du fret aussi bien qu'une campagne de guerre — non sans commander parfois leurs deux ou trois bateaux depuis la barre du principal, se prennent à la longue pour des amiraux au petit pied.

Car il y a de véritables amiraux. La guerre fait surgir, à Gênes comme en Castille, ces professionnels de l'organisation navale, qui négocient avec les princes leur embauche comme font à terre les capitaines des compagnies de routiers, et qui mettent en œuvre des tactiques du combat naval qui touchent parfois à de véritables stratégies. La découverte, elle, révèle ces capitaines qui, établis sur la principale caravelle d'une expédition, ont autorité sur les autres capitaines pour ce qui est de la marche générale, du choix des routes comme des comportements en face des populations rencontrées.

Vents et courants

La terre est ronde. Les hommes du XVe siècle le savent fort bien : elle est ronde comme une pomme, non comme un disque. Mais elle tourne, et ils l'ignorent, ce qui les condamne à ne rien comprendre au mouvement de l'air et de l'eau. Les vents sont une donnée de l'observation, non de l'analyse. On les

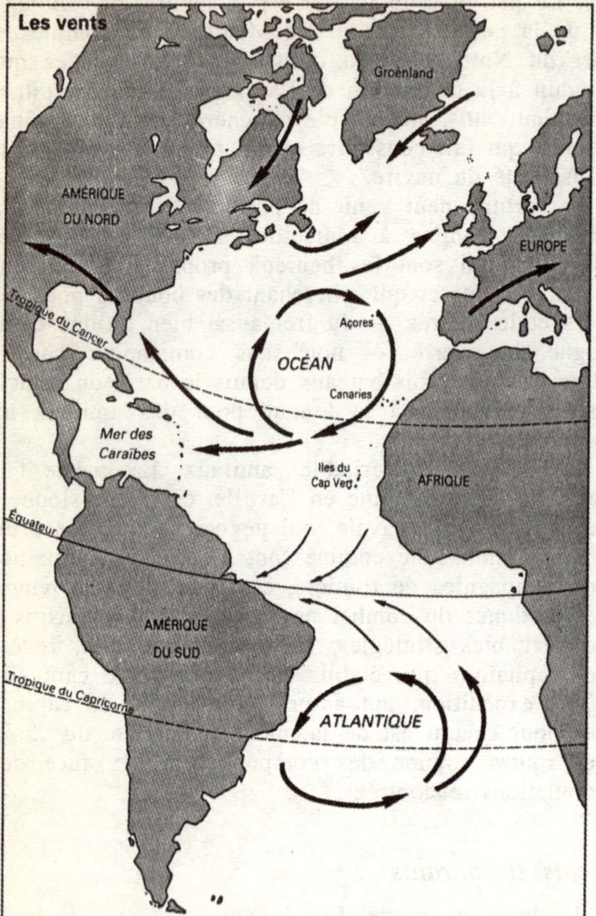
Les vents
Groenland
AMÉRIQUE
DU NORD
EUROPE
Tropique du Cancer
Açores
OCÉAN
Canaries
Mer des
Caraïbes
Iles du
Cap Vert
AFRIQUE
Équateur
AMÉRIQUE
DU SUD
Tropique du Capricorne
ATLANTIQUE

constate, on les répertorie, on les nomme. Il y a le zéphyr, qui souffle de l'ouest, et il y a l'aquilon, qui vient du nord. On les enregistre. Faute de les comprendre, on ne les prévoit pas. Et l'on est encore plus démuni devant les courants marins, plus souvent observés près des côtes qu'au large. Pour une navigation qui s'écarte rarement des repères visibles, les écueils et leurs tourbillons sont plus aisément perceptibles et plus exactement cartographiés que les grands déplacements d'eau à l'échelle du globe. Le tourbillon de Charybde et l'écueil de Scylla sont depuis l'Antiquité sur toutes les cartes nautiques, mais on ignore le Gulf Stream. On se méfie des courants locaux, comme des passes riches en tempêtes. On joue de la marée pour aborder. On ne joue pas des courants de fond pour s'en aider dans le choix des routes.

La marée est à peu près maîtrisée : depuis que les Grecs l'ont vraiment rencontrée — c'est à Gadès (Cadix) que Posidonius l'observe, à peine franchi le détroit de Gibraltar, non en Méditerranée — ils ont noté l'action conjuguée des phases de la lune et du mouvement apparent du soleil. Il n'est pas besoin d'être un grand savant pour voir venir les marées d'équinoxe. Il en va de même pour les brises de terre et de mer qui résultent des variations de la relation thermique entre terre et mer du jour à la nuit et de la nuit au jour. De tout temps, les marins ont su qu'il est des heures pour prendre la mer et d'autres pour revenir. A l'échelle de l'océan, les réalités sont plus obscures. On ne les a encore que fort mal observées. On ignore les bases physiques des mouvements de l'air et de l'eau. Lorsque les navigateurs commencent de s'aventurer dans une exploration de l'océan, ils savent qu'il leur va falloir compter avec un espace mouvant dont ils ne connaissent pas le mode d'emploi.

Tout est affaire de densité, les mouvements de compensation engendrés par les différences de densité étant de surcroît affectés par le mouvement de la terre, que suit mal une masse fluide, atmosphérique ou océanique, incomplètement solidaire du globe solide. Vents et courants subissent les effets de la force de Coriolis, c'est-à-dire d'une déviation due à la rotation de la terre d'ouest en est : ils tournent vers la droite dans l'hémisphère nord, vers la gauche dans l'hémisphère sud. De manière plus complexe (loi de Buys-Ballot), il en résulte que les circulations d'air et d'eau tournent en spirale autour des zones de haute pression (anticyclones) ou de haute densité qu'elles laissent, dans l'hémisphère nord, sur leur droite. Elles tournent en sens inverse autour des zones de faible densité marine, des brefs cyclones et des vastes dépressions atmosphériques comme celle qui gouverne les vents au large du Labrador ou à la pointe nord-est de la Sibérie.

La densité de l'eau tient à la température, mais aussi, surtout en surface, à l'importance des apports, celui des pluies et celui de la fonte des glaces polaires comme celui des eaux fluviales qui s'écoulent dans les mers et les océans. A l'équateur, les pluies et l'ensoleillement donnent à l'Atlantique une salinité relativement faible (3,5 %). L'eau est plus froide et plus salée (3,7 %) dans la zone tropicale (entre les 20e et 30e parallèles) où les pluies ne compensent pas l'évaporation. Elle y est donc sensiblement plus dense, et un mouvement de translation la porte vers l'équateur. Le courant ainsi déterminé et infléchi vers l'ouest par la force de Coriolis se heurte à la côte américaine, qui le renvoie partie vers le sud-ouest, partie vers le nord-ouest où il alimente le vaste tourbillon qui entoure la mer des Sargasses, cependant que les plus grandes masses se dirigent vers l'Europe. L'eau venue du golfe de Guinée se mêle alors à l'eau de l'Atlantique nord pour constituer ce courant chaud qui va effleurer l'Europe, le Gulf Stream.

En sens inverse, des eaux polaires peu salées — la fonte des glaces y contribue — glissent en surface le long de la côte américaine. Dans l'hémisphère sud, où un grand courant fait d'ouest en est le tour du globe au large du continent arctique, elles forment

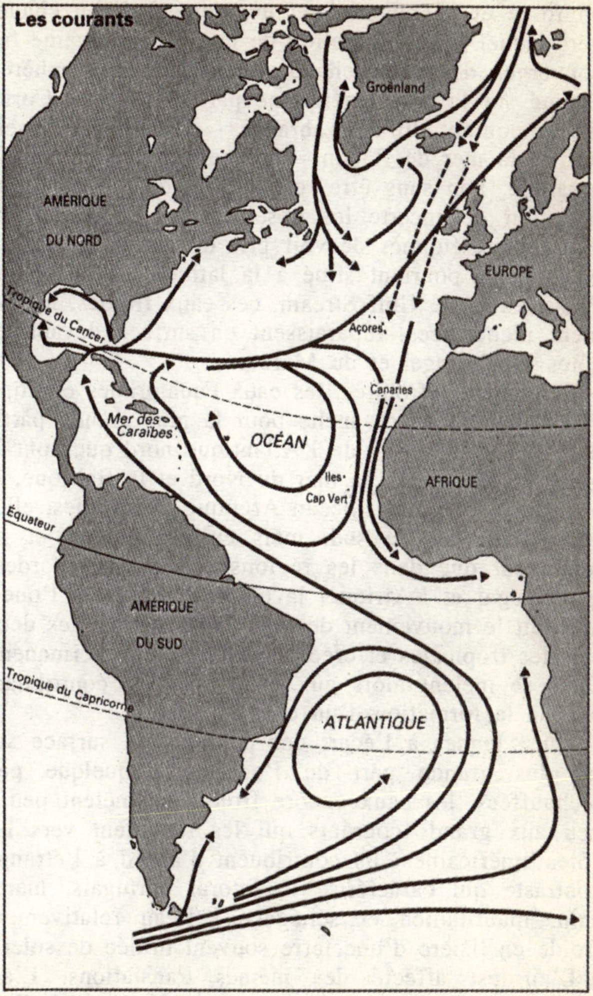
Les courants
Groënland
AMÉRIQUE
DU NORD
EUROPE
Tropique du Cancer
Açores
Canaries
Mer des
Caraïbes
OCÉAN
Iles
Cap Vert
AFRIQUE
Équateur
AMÉRIQUE
DU SUD
Tropique du Capricorne
ATLANTIQUE

une masse suffisante pour empêcher la diffusion des eaux chaudes au-delà de la région subtropicale. Dans l'hémisphère nord, au contraire, elles sont inférieures en force et en quantité au mouvement d'eau chaude vers lequel la configuration de la côte américaine fait converger des eaux chaudes des deux hémisphères. Plaqué sur la côte américaine par la force de Coriolis, le courant dit du Labrador — issu pour l'essentiel de la mer de Baffin — se perd donc vers le 40e parallèle, non sans être responsable du climat rigoureux qui déconcerte les observateurs superficiels de tout temps, étonnés de voir pris de glaces le port de New York, pourtant situé à la latitude de Lisbonne. Passant sous le Gulf Stream, ces eaux froides, légèrement réchauffées, reparaissent en surface devant les côtes du Portugal et du Maroc.

Lentement refroidies, les eaux équatoriales et tropicales affluent en revanche pour la plus grande partie dans ces culs-de-sac de l'Atlantique nord que sont le golfe de Gascogne, la mer du Nord et la Baltique, la mer de Norvège et l'océan Arctique. Refroidies, elles reviennent vers le sud, mais en profondeur, et ne remontent que dans les régions côtières qui bordent le Portugal et l'Afrique, là où la dérive vers l'ouest affaiblit le mouvement des eaux animées par les deux spirales tropicales et crée un déficit d'eau permanent. Elles se mêlent alors aux eaux polaires, contribuant ainsi à la formation d'un climat tempéré.

Ainsi tenues à l'écart des courants de surface sur la plus grande part de l'océan, et quelque peu réchauffées, les eaux encore froides se mêlent peu à peu aux grands courants qui les renvoient vers les côtes américaines. Ils contribuent d'abord à l'étrange contraste qui caractérise le littoral portugais, marocain, mauritanien et sénégalais : l'eau relativement froide en lisière d'une terre souvent brûlée de soleil.

L'air est affecté des mêmes translations. L'air chaud monte, créant une dépression qui attire l'air poussé par la surpression résultant du tassement de l'air froid en d'autres régions. C'est ainsi qu'aux latitudes moyennes (entre 30° et 35° N) s'établissent des anticyclones dus à l'ensoleillement et affectés sur le méridien d'un mouvement saisonnier lié au mouvement apparent du soleil. L'été, l'anticyclone de l'Atlantique nord remonte quelque peu vers le nord. L'hiver, il redescend en se rapprochant des côtes marocaines : c'est alors, et alors seulement, qu'il justifie son nom d'anticyclone des Açores. Une dépression arctique, au large du Labrador, attire de son côté l'air polaire. Une ceinture de dépressions d'origine purement thermique accompagne naturellement l'équateur.

C'est autour de ces zones de mouvement ascendant ou descendant que s'organise une translation de l'air à l'échelle de l'hémisphère, toujours affectée de l'infléchissement causé par la rotation de la terre. La rotation de l'anticyclone des Açores dirige vers les côtes de l'Europe de grands vents d'ouest venus du golfe du Mexique. Soufflant du sud-ouest ou du nord-ouest selon la latitude de l'anticyclone, ils vont mourir sur les versants occidentaux des Alpes, des Vosges ou des Ardennes. Les courants les plus proches du cœur de l'anticyclone poursuivent leur rotation et portent vers le sud, où ils touchent la côte marocaine. La suite de la spirale, aux effets renforcés par la latitude — faut-il rappeler qu'à l'équateur le mouvement réel de la terre est de 3 000 km/h ? — est faite de grands vents qui effleurent la côte d'Afrique et portent tout droit vers les Caraïbes et le nord du continent sud-américain, avant d'alimenter dans cette rotation sans fin les grands vents d'ouest déjà cités.

A de plus basses latitudes encore, autour de l'équateur, se conjoignent des vents de nord-est (hémisphère nord) et de sud-est (hémisphère sud) qui soufflent des anticyclones subtropicaux vers la dépression équatoriale. Ce sont les alizés. Vers l'équateur et vers l'ouest, ils prolongent à courte distance les effets de l'anticyclone des Açores. Au voisinage de l'équateur, ils soufflent pratiquement en sens inverse de la rotation de la terre.

Naviguer

Pour le navigateur, quelle est donc la perspective ? Aux latitudes moyennes, des vents constants soufflent vers l'Europe et l'Afrique du Nord. Aller vers l'ouest dans ces conditions serait déraisonnable. Mais il y a là une voie de retour. C'est sur ce vent que comptera Colomb, et c'est lui qu'il sera bien aise de rencontrer, au moment le plus dramatique de sa première expédition, malgré les inconvénients qui résulteront de ce courant d'air infléchi vers le nord pour une navigation encore orientée vers l'ouest : la boucle qui contourne l'anticyclone calme les appréhensions de l'équipage qui se voyait mal indéfiniment poussé vers l'ouest par les alizés.

Louvoyer au large des côtes occidentales de l'Afrique est en revanche chose possible jusqu'à l'équateur. Aisées à l'aller, difficiles au retour, la route des Canaries et celle du cap Vert ne sont pas pour effrayer le navigateur expérimenté. La seule difficulté réelle est auprès du cap Bojador. On la tournera en gagnant le large. Au sud du 23e parallèle — en gros, au sud de la zone comprise entre le 20e et le 30e — les vents alizés et les courants marins portent en revanche vers l'ouest. Dès le début du XVe siècle, les navigateurs portugais qui sont allés sur la côte africaine ont parfaitement compris qu'en frôlant l'alizé on peut gagner le large, et que l'on trouve là les grands vents d'ouest, les vents du retour qui portent sans peine vers les Açores et vers Lisbonne. C'est la « boucle », la *volta* qui permet les voyages réguliers jusqu'au golfe de Guinée. La *volta* assure le retour par le grand large.

L'intelligence de Bartolomeu Dias et après lui celle de Vasco de Gama feront retourner la manœuvre dans l'hémisphère austral. Le problème sera là de trouver des vents d'ouest à la latitude du cap de Bonne-Espérance, alors que les alizés contrarient, au sud de l'équateur et surtout au sud du tropique, toute tentative de navigation côtière vers le sud-est. L'alizé austral souffle vers le nord-ouest près de la côte, vers l'ouest au large. Le savoir-faire de Dias sera de se laisser porter vers l'ouest, en sens opposé à son objectif, le « passage » vers l'est. Ainsi, profitant de la spirale anticyclonique dans une deuxième *volta,* gagnera-t-il le sud très au large de l'Afrique, et trouvera-t-il vers le 40e parallèle les vents d'ouest qui le pousseront enfin dans l'océan Indien.

Contournant à partir des Canaries l'anticyclone des Açores par le sud, et profitant en conséquence des vents qui portent le plus directement vers l'ouest, puis revenant par une route tangente à l'anticyclone, mais au nord, afin d'aboutir aux Açores, l'itinéraire de Christophe Colomb paraît donc empreint de la connaissance la plus précise du système atlantique. Il offre les meilleurs vents et les meilleurs courants. Le Génois le sait bien, qui a lu Homère, ou du moins les deux vers que cite Strabon.

Une fois le vaisseau sorti du fleuve Océan
Pour entrer au sein de la vaste mer.

Et Strabon d'expliquer (I, 7) qu'il est un courant fluvial au sein de l'océan, formant une sorte de golfe partant du tropique en direction du pôle. Au Moyen Age, plusieurs auteurs ont évoqué après lui ce courant, qui ressemble à tant d'égards au Gulf Stream. Constatant en route l'existence des courants tropicaux, Colomb saura fort bien les relier au mouvement apparent du ciel, donc à une rotation de la terre qu'il ne soupçonne pas. Incapable de l'expliquer, il analyse le système.

> Les eaux se meuvent comme la voûte du ciel : de l'est à l'ouest.

Cela dit, que sait-il à son premier départ ? Sans doute ce que lui ont dit ceux qui l'ont précédé au large : ce que sont, pour les navigations côtières de l'Europe et de l'Afrique, les aboutissements orientaux du système atlantique. On sait avec quelle minutie il a préparé son voyage, annotant les géographes et dressant pour son compte des tables astronomiques

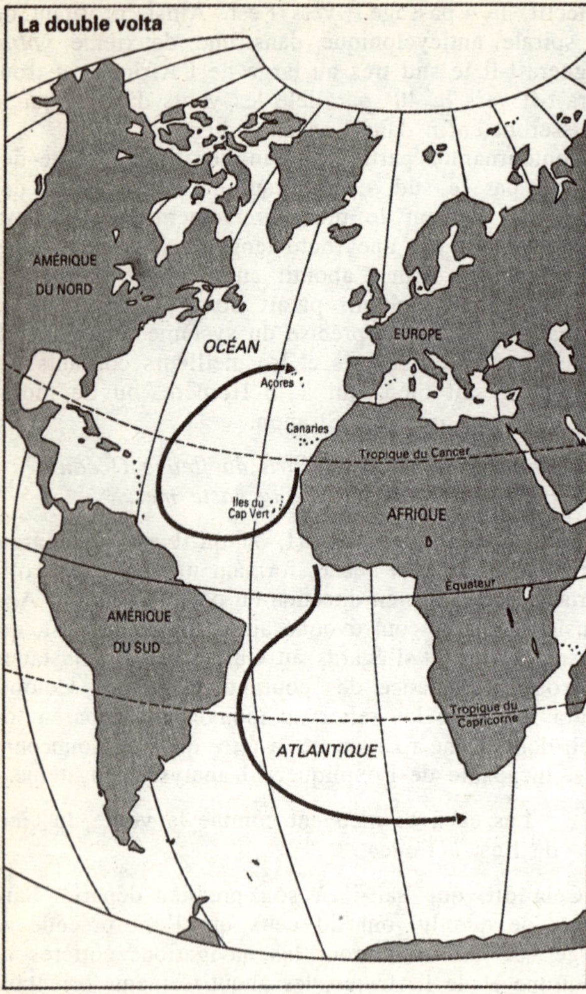
La double volta
AMÉRIQUE
DU NORD
EUROPE
OCÉAN
Açores
Canaries
Tropique du Cancer
Iles du
Cap Vert
AFRIQUE
Équateur
AMÉRIQUE
DU SUD
Tropique du
Capricorne
ATLANTIQUE

adaptées à son besoin. S'il choisit vite la meilleure des routes, ce n'est pas par hasard. Mais sa connaissance des courants est encore mal localisée. Au premier voyage, il naviguera en deçà du tropique, passant fâcheusement quelques degrés trop au nord des meilleurs vents. Pour les voyages suivants, il passera au sud du tropique, empruntant à l'automne 1493, entre les Canaries et les Petites Antilles, une route en arc qui correspond exactement au courant le plus utile de l'alizé. Quant au retour, Colomb comprend dès le premier voyage que rebrousser chemin conduit à la mort, et que la route de l'Espagne est sur la tangente septentrionale de l'anticyclone. A peine quitte-t-il les îles qu'il monte en latitude : vers l'ouest, le salut est au nord.

Encore faut-il savoir où l'on est. Même pourvu d'une certaine précision après l'invention de l'aiguille sur pivot, la boussole a ses faiblesses et ses limites. Certes le pivot bouleverse au début du XIVe siècle le vieil instrument hérité des Chinois et des Arabes deux siècles plut tôt, et qui n'était qu'une aiguille flottant sur un roseau. Stable sur son plan d'eau et sensible sur son pivot, la boussole offre désormais une réelle précision. Mais elle tient compte d'une donnée que nul ne maîtrise encore : la dérive magnétique, ce nord incertain dès lors que le nord des boussoles et celui de la Polaire ne coïncident plus. Les Européens s'en sont avisés dès le XIIIe siècle. Auteur d'un traité *Du Magnétisme* (1269), Pierre de Maricourt souligne déjà cet écart, sans en imaginer encore la variation. La déclinaison réduit sérieusement les services que l'on pourrait attendre de la boussole. Tant que la navigation se fonde sur les angles estimés, elle suppose une précision réelle dans le maintien du cap par rapport aux angles mesurés — les trente-deux « rumbs » de l'étoile des vents — qui sont la principale information procurée par les portulans. Si le nord est mal assuré, les rumbs ne servent à rien. Christophe Colomb en fera la dure expérience.

On tire en revanche un profit appréciable des tables de « martelage » dressées dès le XIVe siècle dans les grands ports méditerranéens, à Gênes comme à Barcelone. Ces tables procurent les valeurs trigonométriques grâce auxquelles le marin passe des coordonnées rectangulaires des cartes inspirées de Ptolémée — donc sur une projection analogue à celle que généralisera Mercator — aux coordonnées sphériques qui sont les repères de la navigation à longue distance.

La navigation se fonde donc, pour l'essentiel, sur la mesure des hauteurs astrales. Mais il ne faut pas sous-estimer la navigation à vue. Les marins sont des observateurs attentifs du moindre indice. Un changement dans la couleur de la mer signifie un courant, à moins qu'il ne soit le reflet d'un haut-fond. De l'herbe qui flotte indique l'embouchure d'un fleuve, seul capable d'avoir arraché, par temps de crue, de l'herbe à sa rive. Si peu travaillé qu'il soit, un bois d'œuvre indique la direction d'une terre habitée : il n'est que de remonter le courant en sens inverse. Encore faut-il noter qu'un courant se suit plus aisément qu'il ne se remonte. Mais la direction est connue : il n'est que de contourner. Quant aux oiseaux, ils sont signes de la proximité d'une terre.

Pour les passes entre les écueils comme aux approches du port, on se fie aux amers et à leurs alignements. Rochers caractéristiques et clochers allongés à cette fin sont de bons amers pour qui en a la nomenclature en tête. La tradition en transmet l'expérience. On connaît le profil des caps et la succession des îles littorales.

Pour la mesure des astres, il en va différemment. On l'a vu, celle-ci supposerait un sol stable et un horizon dégagé vers le nord ou le sud, et parfaitement visible à l'heure où l'astre visé est apparent. La brume et le tangage ruinent le relevé. Les découvreurs de la côte d'Afrique surmontent cette difficulté en effectuant leurs observations à terre, quand le terrain n'est pas boisé et que l'horizon n'est pas fait de montagnes. Pour établir la latitude de l'estuaire de la Gambie, Cà da Mosto recourt en juin 1455 à la technique de la lance fichée dans le sol à l'heure de midi. C'est le vieux gnomon de César. Cinq ans plus tard, Diogo Gomes use au contraire du quadrant pour mesurer la latitude et s'y tenir. L'instrument sera précieux pour ceux qui traverseront l'Atlantique sur l'alizé. Dans les années 1485, c'est avec de grands astrolabes de bois — moins fins mais plus précis, grâce à leur taille, que les petits instruments de bronze utilisés depuis le XIe siècle — que Diogo Cão relève la latitude des points atteints jusqu'à l'embouchure du Zaïre.

La côte africaine est ainsi correctement estimée en latitude. Jean II de Portugal fait de tels relevés l'un des propos essentiels des navigations qu'il organise. Ses conseillers sont un médecin, un évêque et un astronome juif. Pour ces gens-là, l'établissement de la carte est plus important que les cargaisons d'or, d'esclaves ou de malaguette.

Reste le problème des longitudes. Il n'a pas grande importance tant que l'on cherche sur le méridien la route du sud. Il ne trouble guère l'estimation de la profondeur de cet infléchissement vers l'est de la côte africaine que l'on appellera le golfe de Guinée. Il devient dramatique quand le cap est à l'ouest. Tant que l'on se contente de retourner et d'additionner les « ampoulettes » de sable ou d'eau, la longitude ne saurait être qu'approximative. Il y faudra la montre transportable. Pour le moment, on en est encore à se tenir pour content d'avoir l'heure précise dans les villes, grâce à ces horloges publiques dont le premier emploi est de limiter les conflits entre patrons et salariés quant aux horaires de travail : c'est à cette fin que l'on établit en 1370 une horloge à Paris, à l'angle du Palais de la Cité, et que Charles VII, en 1457, en offre une nouvelle pour remplacer l'ancien instrument, probablement usé. Les horlogers sont encore loin de réaliser des montres transportables.

Colomb, donc, qui mesure en degrés les latitudes, compte encore en lieues les distances sur le parallèle.

Comme les cosmographes et les navigateurs n'ont jamais pu se mettre d'accord, l'un comptant la lieue au 1/15 de degré et l'autre au 1/20, la tradition orale provoque bien des mécomptes. Ajoutons que les meilleurs navigateurs du XVe siècle, les pilotes de Colomb ou ceux de Magellan, ne paraissent pas se rendre bien compte des corrections qu'il faudrait apporter parce que le degré d'arc est de longueur différente selon la latitude. Le moindre écart par rapport au cap général du voyage conduit à de nouvelles erreurs sur les localisations fondées sur des distances en lieues. Aggravant ainsi l'erreur fondamentale qui tient à la surestimation de l'étendue des terres connues, donc à une estimation trop faible de la largeur de l'océan, Colomb, se croyant au Japon, ne sera qu'à Haïti.

Malgré cette préoccupation constante du relevé cosmographique, les navigateurs du XVe siècle ne sont donc que des empiriques. Tant que la rotation de la terre leur échappe, ils ne peuvent raisonner autrement que par observation, confrontation et extrapolation. On tâtonne. On regarde la mer, les algues, les poissons. Colomb passera son temps à noter au jour le jour les vols d'oiseaux. Le succès est pour qui comprend le plus vite et réagit le plus astucieusement. Pour un Dias, un Colomb, un Gama, la route est au prix de l'intelligence.

CHAPITRE XIII

Les capitaux

Maître à bord après Dieu : la formule peint assez bien le « patron » quand il lui faut choisir un cap ou manœuvrer dans la tempête. Elle correspond à la réalité dès l'instant de l'appareillage, beaucoup moins avant celui-ci.

Bien sûr, il reste et il restera toujours des patrons dont le bateau est la chose : ils l'ont payé, ils prennent à bord qui ils veulent et ce qu'ils veulent, ils vont où ils veulent. Le caboteur des côtes atlantiques ou languedociennes, tout comme le batelier parisien ou tourangeau, même s'il ne se mêle pas de « marchandise », traite avec le marchand qui loue — il « nolise » — dans le même temps le navire et le travail du marin. Propriétaire de son outil, le patron passe marché, à forfait, pour mener à bon port la cargaison qu'on lui confie.

Ils sont des milliers à vivre ainsi du cabotage, avec des bateaux de trente à cent tonneaux, montés par dix ou vingt marins. Le 17 mars 1396, le correspondant à Valence du marchand de Prato Francesco di Marco Datini, Andreu Lopiz, confie 27 grands sacs de laine au patron génois Luigi Frassineto qui rentre à Gênes. Le patron Yvon Alain, de Saint-Pol-de-Léon, passe contrat le 23 novembre 1468 devant un notaire bordelais pour conduire avec sa caravelle *Sainte-Julienne* 91 tonneaux, une pipe et cinq tonneaux en barillets de vin gascon : il les transportera de Bordeaux à Londres pour le compte du marchand londonien John Desford. Le 8 mars 1473, le patron vénitien ser Zuan de Belli s'engage de même à conduire de Venise à Lecce et Otrante pour le marchand ser Alvise di Francesco Bassegio une cargaison de fer en barres : il quittera Venise le 15 mars, limitera ses escales de Lecce et Otrante à huit jours chacune, pendant lesquelles il chargera tout ce que lui confiera le commis de Bassegio, puis regagnera Venise par la voie directe.

Tenons-nous à ces exemples. Un tel trafic amortit à peine les investissements. Le patron est payé au prorata de ce qu'il porte : Luigi Frassineto aura 11 sous 6 deniers génois par quintal, Zuan de Belli 25 grains par botte. Il partage avec ses marins cette maigre rémunération, à laquelle il ajoute parfois le profit tiré de quelques marchandises transportées pour son propre compte. Ce ne sont pas les patrons de Concarneau, de Deventer, de Majorque ou d'Antibes qui lanceront des navires à travers l'Atlantique.

Le marchand, il est vrai, ne gagne pas beaucoup plus : le Breton Yvon Tanguy, qui envoie chaque année à Southampton du vin de La Rochelle, paie 149 livres en 1441 pour le fret et les taxes du vin qu'il vend 270 livres. Que ce soit pour du drap, pour du sel, pour des toiles, le transport d'Aunis ou de Bretagne jusqu'à Londres ou Southampton revient au tiers de la valeur des cargaisons. Les denrées de luxe prennent plus souvent la route terrestre que la voie maritime, et ce ne sont pas l'ambre, la soie, l'albâtre ou les armes qui vont compléter un embarquement à Bordeaux ou à Guérande. Malgré quelques brillantes exceptions dans les affrètements de Trébizonde ou d'Alexandrie, le lot du marin, c'est le pondéreux. La paix, heureusement, ramènera les coûts et les taux à de plus raisonnables proportions, et l'amélioration technique des navires permettra une meilleure rentabilité de l'investissement. Passé la guerre de Cent Ans, on amortira parfois en France, grâce à une cargaison de prix, le coût du navire en un voyage. Mais combien de voyages fait un bateau ? Sur 218 navires de Dartmouth entrés entre 1382 et 1423 dans le port d'Exeter, 175 n'apparaissent qu'une seule fois. Huit seulement relâchent plus de cinq fois en quarante ans. En moyenne, les bateaux bretons semblent vivre dix ans. S'il n'y avait qu'à acheter le bateau, l'affaire serait cependant bénéficiaire en des temps assez brefs.

Coûts

Mais les coûts ne cessent de croître. Le bois est cher. Il en faut pour les coques, bien sûr. On y emploie tous les bois possibles, et même du pin, du tremble ou du peuplier. Mais les charpentes, les quilles et les membrures des navires, les chevilles, les mâts et les avirons appellent un bois dur — du chêne, de l'orme, du hêtre, du noyer, du sapin — qu'il faut parfois faire venir de loin. Heureux sont les chantiers navals de la Basse-Seine qui peuvent utiliser le bois des forêts normandes. Le hêtre des forêts royales de Roumare, de Rouvray, de Brotonne, voire de Touques, suffit presque aux besoins du Clos des galées de Rouen. Mais les armateurs et les constructeurs privés n'ont pas la disposition des forêts royales, et les ventes du roi ou celles des seigneurs fonciers ne fournissent pas tout le bois nécessaire aux charpentiers de navires. On importe donc des ais d'Angleterre, d'Irlande, de Norvège.

Rouen est au cœur d'une région forestière. D'autres chantiers n'ont pas cette chance. Venise fait venir son bois des Dolomites par flottage sur l'Adige. Barcelone achète des bois du Montseny et du Montnegre, et fait flotter par l'Èbre du bois des Pyrénées centrales, mais on commande aussi des mâts en Croatie, et l'on apprécie le chêne de France pour les rames. Bordeaux fait appel aux forêts de l'arrière-pays, de l'Agenais comme du Périgord, mais importe aussi des bois pyrénéens. Marseille et Gênes utilisent le bois des Alpes, ce qui signifie que les ateliers génois doivent supporter non seulement le coût du flottage sur le Rhône mais aussi celui d'un transport maritime depuis Arles. Flottage et routage s'ajoutent lourdement au prix du bois sur pied.

Il ne suffit pas de faire venir les billes de bois, encore faut-il sélectionner. Bien piètre serait le navire construit avec des planches qui se fendent. Le rejet des bois incertains ne fait qu'augmenter le prix des fûts retenus.

La poix, le brai, le goudron, la résine se trouvent rarement à proximité des cales et des chantiers. La résine du pays de Buch est à bon marché pour les charpentiers et les calfats de Bordeaux, plus chère pour ceux d'Anvers ou de Southampton. La poix vient d'Orient, de Catalogne, de Provence. Rendue à Dieppe ou à Lübeck, c'est un produit de luxe.

Voiles et cordages ne sont pas moins onéreux. Qu'elles soient de chanvre ou de coton, les voiles sont périssables. La mer les pourrit, le vent les déchire. On les remplace souvent. Et malheur à qui prend le large sans un rechange. Les chantiers de la Seine s'approvisionnent en Bretagne. Barcelone fabrique sa toile, à trame de coton et à chaîne de chanvre et lin mêlés. Les cordages sont de chanvre pur, tordu en fils minces et serrés. On est exigeant sur la qualité. Celle-ci se paie, notamment en salaires d'ouvriers qualifiés. Et la corde gâtée par l'eau et par les tensions est implacablement éliminée : il y va de la sécurité des manœuvres.

Quant aux ancres, même les Normands qui ont du fer pour leurs clous et leurs chevilles les font venir de Bilbao. Mais on ne saurait passer sous silence le poids financier de la clouterie, tant la construction navale exige de sortes différentes qu'il faut bien avoir en réserve. Dans les comptes du Clos des galées, apparaissent plus de dix modèles de clous, qui ne sont pas interchangeables : clous de banquette, clous de marchepied, clous pour clouer les plonmades aux avirons, clous pour les chapons, clous pour les « soubtes vhangues », clous de coursière, clous faitis, clous à paille, clous de tillac, clous de tonlac, clous de bataille, clous estouperols... Est-il besoin de dire que l'historien serait bien en peine de deviner la longueur et le diamètre de chacun, non plus que la forme de la tête ? Mais on mesure, devant une telle liste, l'investissement que représente, au prix du fer, une réserve de clous adéquate à la construction d'une nef.

La recherche de rentabilité qui pousse à construire des navires plus gros et plus rapides, maniables par un moindre équipage, met dans le même temps cette construction hors de portée des patrons propriétaires. Au milieu du XVe siècle, un petit bateau breton de cinquante tonneaux vaut une vingtaine de livres, mais une baleinière de Marseille vaut déjà mille florins et une forte nef de Gênes en vaut de cinq à dix mille. A Brest, un navire de 1 200 tonneaux vaut en 1482 quelque neuf mille livres, et la *Maréchale* de mille tonneaux construite à Morlaix en 1496-1498 revient à 27 418 livres.

Construire n'est pas tout. Le navire est en péril s'il n'embarque, pour un long voyage, suffisamment de bois, de poix, d'étoupe et de filasse pour réparer et calfater. Les rames cassent souvent, et il est raisonnable d'emporter du rechange : pour cent rameurs, on prend deux cents rames. Une grande taride vénitienne emporte au milieu du XIIIe siècle six ancres de rechange, avec les flotteurs et cordages appropriés. On y joint des cordages de rechange : on ne perd pas une ancre parce qu'on s'est accommodé d'une corde pourrie. Dès le début du XIIIe siècle, les navires vénitiens emportent, pour un port de quatre cents milliaires et un équipage de quarante hommes, rien de moins qu'un rechange de douze ancres, un mât d'artimon, une grande voile et une petite voile d'artimon. Les statuts publiés en 1255 par le doge Rainieri Zeno prévoient même un rapport entre le rechange et le tonnage : six ancres jusqu'à deux cents milliaires, une ancre par cinquante milliaires supplémentaires.

Ajoutons ce que veut la prudence : même sur le navire marchand, on embarque quelques armes propres à écarter les importuns. Dix ou quinze arbalètes ne sont pas de trop si l'on rencontre des rivaux. Dès le milieu du XIIIe siècle, une taride vénitienne porte obligatoirement des épées, des javelots et des arbalètes de corne, ce qui signifie bien que l'on doit s'y tenir prêt au tir comme à l'abordage.

A mesure que les armes de tir gagnent en puissance, c'est la défense à distance que privilégient les navires marchands. On se soucie peu de repousser à l'épée un abordage. La « grosse galée de monseigneur l'Argentier », la *Notre-Dame-Sainte-Madeleine* de Jacques Cœur, porte vers 1450 cent cuirasses, soixante-dix boucliers, six arbalètes de bois, une arbalète d'acier, quinze caisses de carreaux d'arbalète, deux tourniquets à tendre l'arbalète, trois bombardes et leur fourniment. A la fin du siècle, on verra les Colomb et les Gama faire usage de leur artillerie, à la fois pour impressionner des indigènes déjà portés à s'ébahir et pour repousser des assauts navals dus à la concurrence des Européens sur les nouvelles routes du monde. En bref, nul ne ferait l'économie d'un armement au moins dissuasif, mais il faut bien reconnaître que, pour un navire marchand, c'est une charge non productive qui paraît lourde tant que l'on n'est pas en danger.

Reste qu'on ne navigue pas pour naviguer. Les découvreurs de l'Atlantique ne dérogent pas à cette règle d'élémentaire économie : la raison du voyage, c'est le fret. Ce qu'on emporte ou ce qu'on rapporte — la laine anglaise vers Gênes, l'alun de Chio vers Bruges, le sucre des Canaries vers Séville — tout se paie. Affréter un navire, c'est aussi le garnir.

Naturellement, le bateau porte d'abord les vivres et l'eau potable en rapport avec l'importance de l'équipage et la durée du voyage. La dépense d'eau, de viande, de biscuit, s'accompagne ici d'un manque à gagner, car c'est autant de place prise dans la cale au détriment de ce qui financera l'expédition : le fret. Pour aller de Gênes à Bruges en 1466, Bartolomeo Italiano embarque pour 386 livres sept tonnes et demie de biscuit. Tout compris, son navire est estimé à vingt mille livres.

Lorsqu'on part vers l'inconnu, la prudence conseille de surestimer le besoin. On ne trouve rien sur l'océan, et les découvreurs des côtes africaines n'entendent pas s'accommoder de nourritures incertaines. Lors de son premier départ vers l'ouest, en 1492, Christophe Colomb emporte quinze mois de vivres et six mois d'eau potable. Visant plus loin encore, Vasco de Gama porte la provision à trois années de vivres. Cela signifie deux tonnes et demie par homme. On comprend, dans ces conditions, la composition des flottes partant pour le lointain : une ou plusieurs nefs de ravitaillement ralentissent les caravelles mais procurent la subsistance au-delà des relais connus. Autrement dit, le fret de la navigation commerciale est au prix des escales de ravitaillement. La découverte, elle, est au prix des gros tonnages et d'une quasi-renonciation au fret de départ. On emportera de la verroterie. On pourra, en revanche, prendre au retour des esclaves : les cales auront été à demi vidées. Le premier trafic des esclaves par des Européens — celui qui est une conséquence du voyage, non encore son objet — s'inscrit malheureusement dans une évidente logique financière.

Le vivre du marin s'accompagne de la « pacotille », ces marchandises que l'équipage a le droit — cessible à son profit — de transporter pour les vendre à son propre compte. Un navire prussien qui charge à La Rochelle, en 1455, du vin d'Aunis destiné à Sandwich ne porte pas moins de cent tonneaux achetés par les marins qui s'en feront à l'arrivée un profit complémentaire de leur salaire. Pour l'armateur, la pacotille signifie, dans la cale, des espaces occupés qui ne concourent pas à l'amortissement du navire.

Surtout, il y a le salaire de cet équipage. Le métier de marin est dur, mais il est bien payé : nul patron ne prendrait le risque de confier le maniement de son capital à des matelots inexpérimentés. Or il faut au XVe siècle dix à vingt marins sur un navire de cent tonneaux, on en compte de trente à soixante sur un navire de trois cents tonneaux, et cent ou cent vingt hommes pour la manœuvre sont un effectif normal sur une grosse nef marchande de Gênes. On en connaît qui, comme la *Santa Maria San Giacomo,* exigent un équipage de cent cinquante hommes. Les grandes galées de Jacques Cœur, au milieu du XVe siècle, comptent cinquante à soixante-dix hommes pour la manœuvre des voiles et de cent à cent quatre-vingts rameurs pour la « nage ». De semblables effectifs se rencontrent à Venise comme à Gênes. Peu avant sa mort en 1423, le vieux doge Tommaso Mocenigo dresse dans un discours célèbre le tableau de la marine vénitienne : trois mille navires moyens portent 17 000 marins, trois cents nefs portent 8 000 marins, quarante-cinq galères, tant subtiles que grosses, portent 11 000 marins, ce qui signifie une moyenne de 245 hommes par galère.

L'un dans l'autre, il en coûte pour un seul voyage l'équivalent du prix d'achat ou de construction du bateau. Pour un navire estimé 4 500 livres, le Génois Leonardo Giustiniani doit compter 5 850 livres de salaires, non compris son profit personnel. Pour les dix-neuf navires — 17 galées, 2 galiotes — qui composent en 1384 l'escadre de son expédition vers Naples, il en coûte à Louis d'Anjou 25 784 florins par mois.

Dans ces conditions, le temps du voyage se mesure aussi en livres et en florins. Même si le patron traite à forfait avec ses clients les marchands, on paie à la journée ses marins, et la journée est due à l'escale comme en mer. On comprend que Bassegio stipule une limitation en nombre et en durée des escales de Zuan de Belli. Il ne fait preuve en l'occurrence d'aucune originalité : l'usage est à peu près général d'une extrême précision des routes à suivre.

La seule différence entre les usages d'escale tient à la capacité qu'ont les marins d'exiger un temps de repos avant de s'en retourner et à l'incertitude de l'affréteur quant au fret de retour disponible sur des places un peu lointaines. A trop bousculer le marin, on risque de le voir charger n'importe quoi. Pour un voyage en Angleterre ou aux Pays-Bas, les Rouennais n'obtiennent comme crédit global d'escale que de trois à quinze jours, mais ils se font accorder jusqu'à quarante jours s'ils vont en Espagne ou au Portugal. Chaque escale peut apporter de nouvelles opportunités commerciales, mais la seule chose certaine est qu'elle coûte des journées de salaire. Que le gros temps immobilise le navire au port, que le calme plat le retienne en route, que la rareté du fret ou le retard d'un approvisionnement — c'est le cas dans les ports orientaux quand on attend les caravanes — prolonge l'escale au-delà des temps de chargement, et le risque financier qui tient aux délais de route n'est pas moindre que celui de la perte en mer.

Car le marin a toujours à l'esprit ce qui donne au trafic maritime son nom de « grosse aventure ». Tempêtes et écueils y suffiraient s'il n'y avait la piraterie, celle des barbaresques en Méditerranée, celle des navires ennemis partout. De Bayonne à la pointe Saint-Mathieu, la guerre de Cent Ans s'ouvre par une série de navires coulés, Bretons et Français, Gascons et Anglais rivalisant en l'occurrence pour se ruiner mutuellement.

Là encore, l'armateur laisse peu d'initiatives à son partenaire le marin. L'improvisation peut être la cause de quelques jours perdus ; elle peut être aussi celle d'un sinistre. En 1379, un procès oppose un marchand de Marseille au patron d'une barque qui, au lieu de mettre directement à la voile de Berre à Gênes, s'est rapproché de Marseille où les officiers du comte de Provence l'ont arraisonné. Un autre procès, en 1396, voit un marchand demander des dommages-intérêts — 80 florins pour la valeur des marchandises perdues, 15 florins pour le manque à gagner — à un patron marseillais qui, pour gagner Barcelone, est allé chercher un vent favorable en haute mer où les pirates barbaresques lui ont pris sa marchandise, en l'occurrence du vin : le contrat stipulait qu'il devait, en raison du risque de piraterie, s'en tenir à longer les côtes. Irresponsable en cas de malheur sur mer, le patron ne l'est que s'il a suivi sa route de la manière la plus stricte.

Associations

Le patron propriétaire et maître de son navire restera toujours sur sa barge ou sa gabarre. Mais le large ne s'ouvre qu'à ceux qui se montrent capables d'organiser un financement et, par là même, un partage des risques. Dès le XIVe siècle, il n'est plus un navire de quelque taille qui ne soit peu ou prou l'objet d'une association de capitaux.

Emprunter n'est qu'un pis-aller. Il faut rembourser. Tous les armateurs recourent un jour ou l'autre à ces participations financières limitées dans le temps qui permettent surtout de constituer un fret et de payer un équipage. Le prêt « à risque maritime », le prêt « à la grosse aventure », le « change maritime », le « prêt pour l'expédition et l'armement » sont autant de formes d'un capitalisme purement marchand : l'armateur partage ainsi les risques d'un voyage tout en se déchargeant du financement de l'opération commerciale. On cite le cas d'un navire hanséatique qui, au XVe siècle, emporte dans sa cale un capital réuni par soixante-deux hommes d'affaires. Le financement par l'emprunt s'étend éventuellement à tel ou tel investissement particulier, soigneusement précisé : on voit des Catalans emprunter pour payer un nouveau gréement. Mais le procédé tient beaucoup plus au besoin d'assurance qu'à celui de financement. On le voit bien lorsque ces mêmes Catalans limitent leurs emprunts au paiement des parties les plus périssables du navire. Des sociétés se constituent, pour un seul voyage le plus souvent. C'est ce qu'à Marseille on appelle une « couronne ». Ainsi quatorze marchands s'associent-ils en 1387 pour faire naviguer la galère *Saint-Georges* du patron Jacques Martin : pour un total de 2 000 florins, chacun met en l'affaire de 30 à 200 florins, versés en argent ou fournis en nature pour l'avitaillement du navire. Ainsi finance-t-on une expédition marchande ou militaire, une cargaison ou une conquête, non une construction navale.

Les premiers qui ont l'idée de diviser le navire en parts sont les Anglais. Au XIIe siècle déjà, des marchands s'associent pour faire construire à frais partagés. Au XIIIe siècle, tout le monde fait de même. Les Hanséates aussi bien que les Marseillais trouvent normal de financer à deux un navire ; au XIVe, on connaît des propriétés à quatre. Au XVe siècle, selon l'importance du navire, le capital est divisé en seize, trente-deux, voire soixante-quatre parts. Les partages successoraux ne manquent pas de fractionner ce que n'a pas, dès la construction, divisé la prudence des financiers. A ce degré de partage, on peut moduler : un navire hanséate qui charge du sel à Bourgneuf en 1449 appartient pour un seizième chacun à cinq armateurs, pour un seizième et un quart à un autre, pour un huitième à un troisième et ainsi de suite. Le capitaine possède le quart du navire.

Les Génois font de même. Comme l'or fin est à 24 carats, la nef génoise est, au XIVe siècle, faite de 24 « carats ». Ceux-ci sont négociables : l'argent n'est immobilisé qu'autant qu'on y consent. Le patron se réserve autant de carats qu'il peut investir, ou autant qu'il veut, car il est expédient de ne pas mettre tout son capital à la merci du même naufrage. Bien des armateurs préfèrent six carats de quatre navires à vingt-quatre d'un seul. Certes, au milieu du XVe siècle, l'intrépide Paride Cattaneo possède 23 carats du navire que lui enlève le corsaire de Mytilène, le trop célèbre Giuliano Gattilusio. La prudence conseille de ne pas l'imiter. Quand ils n'entendent pas s'assurer de la disposition du navire pour leurs affaires, la plupart des investisseurs se contentent d'un ou deux carats : c'est un placement. On divise même les carats. On achète un cinquième ou un tiers de carat. Membre de l'une des principales et plus riches familles de Gênes, Gregorio Fieschi possède neuf carats et trois cinquièmes d'un navire dont trois de ses compatriotes moins fortunés ont acheté à frais communs un malheureux quart de carat. Autant dire que chacun possède 1/288e du navire. A Venise, dans le même temps, le seizième de carat n'est pas un investissement rare.

On va généralement moins loin, et le partage en seize constitue souvent — comme à Rouen — la limite de fait d'une division du capital dont chacun mesure qu'elle conduit à des gestions financières relativement lourdes. Qui dit copropriété dit comptabilité analytique des coûts et des bénéfices. De trop faibles apports en capital peuvent se révéler encombrants, sinon onéreux. Marseille se méfie des partages excessifs : au XIVe siècle, on s'en tient le plus souvent à trois ou quatre parts, au XVe à vingt-quatre « cayrats » imités de l'usage génois. A Venise, les capitalistes sérieux achètent six ou huit carats. Mais la nef *Saint-Victor* construite à Marseille en 1407 appartient à quatorze armateurs, qui sont propriétaires de « onzièmes », de demi-onzièmes et même de quarts de onzièmes.

A Barcelone, où les participations financières s'assortissent encore d'un véritable partage des responsabilités et des profits, les associés, que l'on appelle des « parsonniers », achètent en même temps qu'un ou plusieurs « seizains » un droit de regard sur la construction — s'il en est encore temps — et sur l'utilisation du navire.

Là comme à Gênes, la nécessité conduit vite à subdiviser les seize parts, soit pour les mettre à la portée d'investisseurs incapables d'acheter un seizième d'un très gros navire, soit parce qu'il faut partager une succession où le seizain ne peut entrer en totalité dans le lot d'un héritier, soit parce que l'acquéreur d'un seizain souhaite simplement alléger sa position pour faire face à cette augmentation de capital qu'est la dépense imprévue : tel qui a pu acquérir un seizain n'est pas toujours prêt à prendre sa part d'un surcoût de construction, d'un radoub ou d'un nouveau gréement. Il se tire du mauvais pas en cédant une part de son seizain. Ainsi fait en février 1427 le marchand Anthoni Salavert, qui s'offre pour 115 livres la moitié d'un seizain de la nef toute neuve de Johan Sorrell et qui, deux semaines plus tard, alors qu'on met en place les équipements et que de nouvelles dépenses s'imposent pour cela avant que le navire ait procuré le moindre profit, se trouve bien aise de pouvoir céder la moitié de sa moitié à l'un des fournisseurs, le marchand Guillem Guerau, qui se trouve de la sorte payé par une part du navire.

Le système n'a pas seulement pour effet de limiter les risques et de procurer les capitaux. Il met à la disposition de l'armement maritime de l'argent disponible dans d'autres circuits économiques, de l'argent qui, sans cela, ne viendrait jamais alimenter l'entreprise de la mer. Le petit commerçant ou l'artisan fait ainsi valoir son épargne, celle-là même qu'il ne peut réinvestir — le boulanger ne construit pas un deuxième four parce qu'il a fait une bonne année — ou qu'il souhaite « placer » en diversifiant ses risques. Le marché des carats met l'armement naval à la portée de toutes les bourses. Toute la ville de Gênes participe de la sorte à la prospection des marchés lointains, de celui de Londres comme de celui de Madère. Dans les villes de la Hanse, les anciens marins, partageant de la sorte leurs économies, placent volontiers leur avoir dans plusieurs navires : le riche Hermann Mesman, de Lübeck, possède ainsi en 1494 trois navires entiers et un huitième, un quart ou trois huitièmes de cinq autres navires, plus la moitié d'un navire à l'ancre. L'ordre Teutonique investit de même en parts de navires qui ne sont pas les siens. Tout le monde trouve son compte à de telles combinaisons : les marins, les anciens marins et ceux qui ne le seront jamais.

Dans la majorité des cas, le maître ou patron possède une part du navire qu'il commande à la mer. Pour lui, l'avantage est évident : il est d'autant plus à l'aise face aux autres propriétaires. De même s'arrange-t-il pour prendre à son compte quelques marchandises, ajoutant ainsi un profit commercial à la rémunération de son travail. Les hommes d'affaires qui ne font que participer au financement n'y perdent rien, puisque le navire est de toute façon partagé, et ils y gagnent d'intéresser le patron à la qualité technique de la construction, à la bonne tenue du bateau et à son entretien. Le *Guidon des marchands qui mettent à la mer* le dit en propres termes : les « bourgeois de la nef » y établissent un maître « qu'ils accueillent ordinairement à quelque portion de la nef afin qu'il soit plus soigneux ».

L'avènement des grandes compagnies commerciales et bancaires ne fait que diluer la copropriété du navire dans celle de la société. Au vrai, Siennois, Florentins et Lucquois ne sont pas gens de mer, et ils font naviguer les autres. Il y a quelques galères florentines, mais les Médicis eux-mêmes trouvent expédient d'armer des navires vénitiens ou napolitains, et d'utiliser en mer du Nord les bateaux bourguignons. L'affaire des grandes compagnies, c'est le commerce, non l'armement. Celui-ci n'intervient dans leurs investissements que de manière indirecte. Lorsqu'à la fin du XVe siècle les Médicis afferment l'exportation de l'alun pontifical de Tolfa, ce sont des navires de Venise, de Raguse, de Pise, voire de Gênes, qui chargent à Civitavecchia.

Sur bien des places, la croissance des tonnages et des coûts, l'allongement des voyages et l'élargissement des horizons conduit aux limites de l'investissement. La copropriété draine les capitaux mais alourdit les gestions. Au moment où se manifestent de nouvelles ambitions à l'échelle du monde imaginable, d'autres types de financement deviennent nécessaires. Le Prince et la République y tiennent leur partie.

Le Prince et la République

Dans un contexte politique tout autre que celui de l'individualisme génois, celui d'un encadrement des activités économiques par l'autorité publique et d'une entrave délibérée à tout ce qui peut ressembler à une concurrence mutuelle, Venise a déjà esquissé l'organisation d'une puissance navale. A vrai dire, Venise n'est rien sans la mer, et sans la mer libre : la flotte privée est marchande, mais elle se transforme à l'occasion en une flotte de guerre de l'État. Celui-ci ne peut s'en remettre, pour sa sécurité et celle de son empire économique, à l'initiative des armateurs. Alors même qu'au XIVe siècle l'armement privé fleurit encore et pour longtemps, aux frais et sous la direction technique des armateurs, il y a déjà deux siècles que le Grand Conseil et le Sénat définissent les types de navires que construit — pour les hommes d'affaires qui les financent — l'arsenal de la République. Il faut une délibération pour ajouter un pont ou élargir la coque. Dans la seconde moitié du XIVe siècle, les guerres avec Gênes ne cessent d'embarrasser les trafics, et le gouvernement de Venise se voit obligé de ranimer la construction navale en favorisant les gros tonnages.

Au XIIIe siècle déjà, l'Arsenal de Venise est une institution d'État. Dante se risque à comparer la foule des ouvriers à celle des pèlerins du Jubilé de 1300 ou à une armée rangée en bataille. L'Arsenal est alors la plus grande entreprise industrielle du monde occidental. Les cales peuvent accueillir en même temps douze galères. Les magasins rassemblent ce que le monde entier produit de mieux pour l'armement maritime. Le Nouvel Arsenal, aménagé au début du XIVe siècle, multiplie par quatre la capacité de production. A l'Arsenal comme sur les chantiers privés, qui fleurissent autour de la lagune et dans les îles, s'imposent les normes techniques édictées par le gouvernement de la République.

Mais voici qu'après le bref âge d'or des années 1420, Venise connaît de nouveau la crise, qui est pour l'essentiel une pénurie des frets. Ce n'est plus le temps où le doge Tommaso Mocenigo pouvait se flatter en 1423 d'entretenir dix-sept mille ouvriers à l'Arsenal — il devait y en avoir deux mille en permanence, et c'était déjà beaucoup — et où le Grand Canal voyait passer toutes les richesses de l'Orient et de l'Occident. Dès les années 1430, Venise s'essouffle. Le financement s'inscrit dans l'essoufflement. Dès 1422, deux grosses nefs sont construites aux frais de la République. Dix ans plus tard, on en construit deux autres. C'est l'armement d'État, qui remédie mal aux réticences des investisseurs privés, mal assurés de la rentabilité de leurs entreprises. Venise a du mal à assurer sa défense maritime, tout comme son approvisionnement. Vers 1450, Venise parle encore de ses trois cents navires, mais on n'en voit guère qu'une vingtaine en état de naviguer sur les lignes régulières et réglementées, une cinquantaine au total en comptant les trafics libres et hasardeux. On manque de gros tonnages dès les années 1430, de moyens et petits tonnages après 1435.

Venise avait déjà une construction navale d'État. Un Arsenal *Nuovissimo* est créé en 1473. La capacité totale des cales et chantiers de construction et d'entretien est portée de vingt-cinq à cinquante galères. L'armement d'État l'emporte. Ce sont les finances de la République qui permettent de mettre en chantier deux grandes nefs que l'on voit encore, en 1456, dans la cale où elles pourrissent faute de crédits pour les achever. Ce sont encore les caisses de l'État qui financent en 1494 la construction de deux énormes nefs à deux ponts.

Dans le même temps, et malgré la crise financière qui affecte durement la Sérénissime, l'État subventionne la construction privée : des dons et des prêts encouragent les armateurs qui mettent du leur pour accroître les tonnages disponibles. Gênes et Barcelone font de même : la sécurité des lignes de navigation et la survie de la métropole sont au prix d'une flotte lourde, capable de former aussi bien des convois de grains que de constituer une escadre de guerre. La chasse aux corsaires et aux pirates entre dans une même politique d'armement naval que l'approvisionnement des grands centres urbains. Financer la construction de gros navires n'est pas une aide au profit, c'est une nécessité vitale. L'État paie des navires comme il paie des armées et des garnisons.

Nul ne voit bien que la réponse est inadéquate à la crise, tout comme est étonnante la disproportion entre la capacité de production et la production réelle. La République paie à long terme la prospérité fabriquée du XIIIe siècle, de ce temps où les Vénitiens tiraient profit de cette conquête de Constantinople qu'ils avaient conduite. L'empire latin écroulé, Venise est importune sur les bords de la mer Noire, alors même que l'avance turque menace l'une après l'autre les positions vénitiennes en Méditerranée orientale. L'empire de Venise s'étrécit, comme l'ambition de Venise. A son tour chassée de la mer Noire, Gênes s'ouvre d'autres horizons sur l'Atlantique. Venise, non. Le Grand Canal regarde vers le passé. Pendant que d'autres s'en vont au large de l'Afrique à la recherche de l'or et du sucre, Venise, aux prises avec la puissance ottomane, réorganise son trafic du sel, réquisitionne les navires de fort tonnage, gémit sur le manque de grandes nefs.

Le Sénat tente vainement de convaincre les hommes d'affaires qu'il leur appartient de financer la construction de navires que la République entend affecter ensuite à la défense militaire des intérêts vénitiens en Méditerranée. Prêts à investir dans des bateaux de moyen tonnage bien adaptés à leur trafic commercial, les hommes d'affaires font la sourde oreille pour ce qui est des gros tonnages. Quelques grands chantiers, à la fin du siècle, montrent bien que les familles patriciennes ont encore quelque capacité financière. Si l'on construit peu, c'est parce que le gros tonnage est d'une rentabilité incertaine. De grands entrepreneurs s'y risquent encore. Encore préfèrent-ils faire construire leurs navires hors de Venise. Pour une participation aux nouvelles entreprises maritimes du XVe siècle, ce qui manque le plus n'est donc ni le financement ni l'initiative. Ces insuffisances ne sont que des conséquences. Aux yeux de Vénitiens trop orgueilleux pour l'avouer, la crise qui affecte l'investissement naval cache la carence essentielle : celle d'une politique.

La Hanse est allée moins loin. Elle organise et réglemente la navigation, mais laisse à chacun le soin du financement. Même si les flottes de la Hanse, dont les convois deviennent obligatoires au milieu du XIVe siècle, donnent aux Occidentaux et aux Méditerranéens le sentiment d'une entreprise collective, rien n'y ressortit à un financement public. Même la sécurité est à frais partagés : les navires de guerre qui encadrent les convois marchands sont montés de soldats fournis et payés par les armateurs des navires marchands ainsi protégés de la piraterie. Au vrai, c'est surtout la volonté d'établir un trafic sans concurrences internes qui préside à cette organisation et à cet encadrement : le marchand affréteur ne saurait faire cavalier seul. Le navire est un élément d'une flotte commune. Mais chacun paie pour soi. Et c'est l'armateur qui confie son navire au capitaine de son choix.

L'avenir du gros armement, de celui qui permettra l'exploration de nouvelles routes maritimes, vient en définitive des princes. Eux seuls se révèlent capables d'investir de telles sommes pour un résultat aléatoire et avec un amortissement incertain. Pour les rois occidentaux, l'aventure maritime peut s'inscrire parmi les objectifs politiques, auxquels ne sont étrangers ni le prestige et le mécénat, ni l'affirmation de la présence sur les terres lointaines. Dès lors que l'on cesse de compter les coûts comme des éléments d'une balance économique, la dépense de l'armement n'est plus un frein.

Dès la fin du XIIIe siècle, un Philippe le Bel entend disposer pour ses entreprises militaires d'un armement naval, c'est-à-dire des moyens de construire une flotte et de l'entretenir. Alors que se succèdent les guerres avec la Flandre et avec l'Angleterre, deux puissances maritimes, le roi de France ne peut se contenter de galées qu'on loue quand on en trouve à louer. Aux portes de Rouen, sur la rive gauche de la Seine, le « Clos des galées » commence dans les années 1290 à fournir au roi les navires qu'a souhaités l'expert naturellement pris à Gênes, l'homme d'affaires Benedetto Zaccaria : quarante-huit navires, dont quatre grandes galées, assureront l'indépendance navale du Capétien. Travaillant en priorité pour le roi, mais acceptant aussi les commandes privées lorsqu'elles permettent de maintenir l'activité, rénové en 1374 par un Charles V en pleine reconquête de l'Aquitaine, le Clos des galées produit ainsi, jusqu'à sa destruction en 1418, plusieurs milliers de navires de tous tonnages. A la fois chantier de construction et de radoub, manufacture d'armes et abri hivernal, le Clos concourt à ces tentatives de flotte permanente qui scandent les temps de guerre et de paix et que ne prolonge jamais une politique encore incapable de financer sur le long terme. Tant que le roi doit négocier, année après année, les moyens fiscaux de sa politique, il n'y a ni armée ni flotte du temps de paix. D'autres bases de négociation fiscale, à partir de 1435, permettront à Charles VII de ne plus devoir attendre l'invasion pour financer la riposte.

A cette date, le Clos a vécu. Jusqu'à sa suppression officielle à la fin du XVIe siècle, le chantier vaguement restauré après la destruction de 1418 n'est plus le fondement d'une grande politique. Au vrai, les frontières maritimes de la France sont trop étendues pour que le roi puisse songer à fabriquer lui-même et à entretenir en permanence sur le produit de l'impôt — toujours justifié par la guerre — une flotte tenue en permanence pour prévoir les rares nécessités d'une future guerre navale. De petits navires suffisent au besoin de tous les jours, à la surveillance des côtes comme aux petites opérations de police. Ce sont ces bateaux de médiocre tonnage que livre encore le Clos des galées de Charles VII. Pour ses grandes entreprises maritimes, le Valois du XIVe et du XVe siècles, comme l'Angevin Louis Ier partant à la conquête de son royaume napolitain, s'en tient à l'effort financier limité dans le temps : il cherche dans tous ses ports et jusqu'à Gênes des navires disponibles et des patrons en quête d'une embauche, il les loue, il les nolise. Par là même, il se procure de bons marins, qui vivent le reste du temps d'autre chose que du service royal. Tant que le roi de France n'a pas de véritables ambitions maritimes, et que son besoin est celui d'une flotte de guerre pour les quelques mois d'une campagne tous les dix ou vingt ans, l'investissement royal ne vient guère vivifier l'armement naval.

Un homme tente, au milieu du XVe siècle, de changer cette attitude. C'est Jacques Cœur, plus sensible que la plupart de ses compatriotes — et des rois de France — aux choses de la mer et désireux d'affranchir le commerce français de l'intermédiaire italien qui s'impose depuis trois siècles sur les routes du Levant. Voulant « donner bruit au navigage de France », Jacques Cœur met sur pied dans les années 1440 toute une infrastructure portuaire et navale. Il fait de Montpellier le nœud de ses affaires maritimes et aménage pour cela les accès du port à la mer libre. Il réveille Aigues-Mortes. Il intègre dans son dispositif le port de Marseille, jusque-là tenu à l'écart comme étranger au royaume. A tous les chantiers navals de la France méditerranéenne — à Agde comme à Collioure — il commande des bateaux neufs, ce qui ne l'empêche ni d'acheter ni de louer des unités déjà disponibles.

C'est à Collioure qu'il fait construire, en 1446, avec ses capitaux propres et ceux d'associés trouvés à Perpignan, la forte galée *Santa Maria e Sant Jacme,* un navire de quelque 400 tonneaux qu'il confie à un patron catalan mais qu'il voue au trafic français entre Méditerranée et mer du Nord. Même s'il s'en tient aux routes traditionnelles du commerce italien — Génois et Vénitiens font depuis bientôt deux siècles la liaison entre l'Italie et la Flandre ou l'Angleterre — et s'il demeure aveugle devant les nouvelles opportunités offertes par l'Atlantique, Jacques Cœur n'en voit pas moins, dès ce moment, que l'avenir d'un pays se joue pour une bonne part avec des navires de fort tonnage.

Ainsi s'amorce ce que l'année suivante Jacques Cœur tente de constituer comme une flotte marchande de haute mer. Avec les quatre « galées de France », la *Notre-Dame-Sainte-Madeleine* (peut-être une ancienne galée de Rhodes), la *Notre-Dame-Saint-Jacques,* la *Notre-Dame-Saint-Michel,* la *Notre-Dame-Saint-Denis,* quatre navires à trois mâts, portant de deux à trois cents tonnes, confiés à des capitaines français, l'Argentier de Charles VII entend prendre en main le commerce du royaume avec les ports italiens, avec le Maghreb, avec l'Espagne, avec l'Angleterre. En fait, sur soixante voyages effectués avant la dislocation de l'empire économique trop rapidement édifié par Cœur, la moitié sont des liaisons avec l'Orient, et sept seulement passent Gibraltar pour prendre la route du nord. L'Argentier veut remplacer les Italiens, ou pour le moins se passer d'eux. Il ne songe pas à explorer de nouveaux marchés.

C'est au contraire à cela que pense Henri le Navigateur. Le quatrième fils du roi Jean Ier, le frère du roi Duarte, cherche d'abord à faire progresser la connaissance de l'Atlantique et de l'Afrique. Mettant en œuvre la science des astronomes et des géographes, exigeant des comptes rendus de mission, précisant ses instructions pour une mainmise portugaise sur les terres découvertes, organisant le monopole de la navigation portugaise, l'Infant n'est pas étranger pour autant aux considérations financières. Il sait que l'armement ne peut plus se passer des finances princières, autrement dit de l'argent public. Et il se fait financier, sinon marchand. Les conditions qu'il propose au Vénitien Cà da Mosto sont révélatrices d'un état d'esprit : la découverte coûte, elle doit rapporter.

Le roi de Portugal — en fait, l'Infant — autorise donc volontiers les entrepreneurs d'un voyage aux îles. Lorsque le navigateur possède son navire, il lui en coûtera au retour le quart de sa cargaison. Si le navire est armé aux frais de l'Infant, le navigateur et ses marchands devront au retour partager par moitié. Dans le premier cas, Henri ne prend aucun risque, sinon celui de perdre l'argent qu'il a peut-être investi sous forme de subvention. Dans le deuxième, il prend sur lui tous les risques. C'est à ces conditions que partiront, tout au long de la seconde moitié du XVe siècle, les caravelles qui voguent vers le sud avec l'espoir de trouver un jour le passage vers l'Inde, et qui donnent, ce faisant, au Portugal son empire colonial.

L'État en vient donc à contrôler l'aventure. Avec Henri le Navigateur, on est aux limites de l'investissement public : l'Infant intègre dans sa principauté cette Afrique dont il finance pour une bonne part la découverte. Jean II et Manuel Ier font explicitement de l'exploitation des terres nouvelles une affaire d'État. Ils prennent leur bénéfice sur toutes les opérations commerciales, ils assurent de surcroît leur monopole sur une aire géographique : la côte africaine au sud du cap Bojador. Les Rois Catholiques n'agiront pas autrement avec Colomb et avec Magellan.

Des organismes publics sont à cette fin mis en place. Chez les Portugais, c'est d'abord la *Casa da Guiné* qui siège à Lagos en Algarve, puis la *Casa da Guiné e Mina* qui dirige, de Lisbonne, l'exploitation de cette part désormais essentielle du domaine de la Couronne, l'Afrique. La *Casa de India* leur succédera après le voyage de Vasco de Gama. Les Rois Catholiques ne sont pas en reste, avec la *Casa de contratación* créée en 1493 pour la gestion des îles récemment découvertes à l'ouest grâce à la caution politique et financière qu'ils ont donnée à l'entreprise de Christophe Colomb.

Le temps n'est plus où les hommes d'affaires de Gênes, de Venise ou de Florence pouvaient, seuls, gouverner à la fois l'exploration et l'exploitation. Le long voyage, le voyage incertain, n'est plus à la portée des financements privés. Les armateurs de Rouen, de Londres ou de Barcelone — en attendant ceux de Séville — continueront de financer la « grosse aventure » qu'est le trafic sur les routes maritimes déjà explorées. Désormais, l'État finance, l'État garantit, l'État profite. Et l'inconnu appartient aux princes.

QUATRIÈME PARTIE

La découverte du monde

CHAPITRE XIV

Les routes de l'or

Le cœur de l'Afrique, c'est le monde des caravanes que l'on voit arriver au Maghreb comme sur les bords du Nil, mais dont nul, en Europe, ne sait bien d'où elles emportent leurs précieux fardeaux. Depuis qu'au temps des Sévères on a vu apparaître sur les pistes africaines le dromadaire venu d'Éthiopie et surtout d'Arabie, l'animal a fait ses preuves. Il porte au IIIe siècle les armées de la Tripolitaine romaine comme au temps des Vandales les marchandises de tous les trafics berbères entre le Maghreb et les pays du Niger. Au XIVe siècle, le voyageur marocain Ibn Battuta prépare son expédition vers le Soudan en achetant à Sijilmasa des chameaux qu'il gave de fourrage pendant quatre mois. Le voyage est une longue patience : sans chameaux engraissés, on ne prend pas une route où l'on rencontre plus de sable que de pâturages.

Les routes du Soudan

Entre le Maghreb et le Niger, le choix s'offre, depuis l'Antiquité, entre cinq routes au moins. Au centre, une route passe par l'Aïr, une autre par le Hoggar, une troisième par l'Adrar des Iforas. A l'ouest, deux routes traversent la Mauritanie, l'une par l'intérieur, l'autre en longeant d'assez loin le littoral atlantique. Laissant pratiquement à l'écart les déserts inhospitaliers du Soudan, du Tibesti et du Ténéré, une aire de rayonnement berbère se dessine sur un Sahara où les chameliers ont vite identifié et catalogué les points d'eau, les rares pâturages et les pistes à peu près solides sous le pas des animaux lourdement chargés.

Avec des charges de quelque cent kilos par bête — charges marchandes ou vivres et eau des chameliers — le dromadaire n'est un vaisseau du désert que si l'on constitue des caravanes. A la fin du Moyen Age, la caravane de Tombouctou à Tunis comprendra normalement sept cents bêtes. Celle du Caire serait allée, au XIVe siècle, jusqu'à douze mille dromadaires. De tels chiffres disent l'absolue nécessité d'un strict respect des routes reconnues, qui sont des alignements de points d'eau: parvenu au puits, un dromadaire boit jusqu'à cent litres d'eau. Les routes sont donc fréquentées, et hors des routes il n'y a personne. Ibn Battuta saura, en 1352, ce qu'il en coûte de vouloir se passer de la caravane: un de ses compagnons mourra dans le désert pour s'être écarté du groupe dans le Djouf. Il ne songera plus à devancer la caravane pour profiter en premier des maigres pâturages.

Même à qui s'accommode de la caravane, la route est dure. L'approche de Walata, telle que la rapportera Ibn Battuta après son voyage africain, en est l'illustration. L'usage est en effet que l'on prenne en traversant le pays des Massufa un messager, un « taksif », dont la mission est de devancer à marche forcée la caravane jusqu'à Walata (ou Oualata). Ainsi peut-on préparer l'hébergement des voyageurs et, surtout, envoyer à leur rencontre, jusqu'à quatre jours de marche, des porteurs d'outres chargés d'approvisionner ceux qui ont encore à traverser le pire des déserts et sont normalement au bout de leur provision d'eau. Mais le taksif, dit Ibn Battuta, n'est qu'une assurance fragile contre la mort.

> Il arrive que le taksif périsse dans le désert. Dans ce cas, les habitants de Walata ne savent rien de la caravane, qui périt entièrement ou en partie.

Viennent les Arabes. A la fin du VIIe siècle, ils sont maîtres du Maghreb. Ils contrôlent le trafic avec l'Afrique noire, avec le Ghana au VIIIe siècle, avec Gao au XIe, avec Tombouctou et Djenné au XIIe. Les itinéraires de l'or se précisent de nouveau à travers l'espace africain.

A l'ouest, deux routes parallèles se font concurrence, qui unissent toutes deux la région du Sénégal

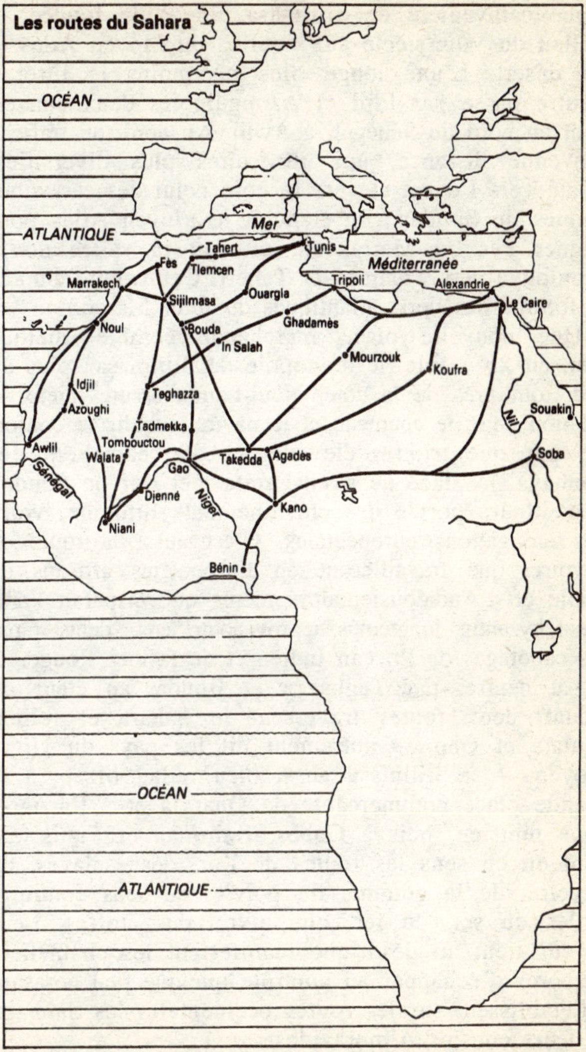
Les routes du Sahara
OCÉAN
ATLANTIQUE
Mer
Méditerranée
Tunis
Tahert
Fès
Tlemcen
Marrakech
Sijilmasa
Ouargla
Tripoli
Alexandrie
Le Caire
Noul
Bouda
Ghadamès
In Salah
Mourzouk
Koufra
Idjil
Teghazza
Azoughi
Tadmekka
Tombouctou
Walata
Awlil
Sénégal
Gao
Takedda
Agadès
Djenné
Niger
Kano
Niani
Bénin
Nil
Souakin
Soba
OCÉAN
ATLANTIQUE

inférieur et du haut Niger — avec l'une des deux régions aurifères du Soudan, le Bambouk — à la grande place caravanière de Sijilmasa, une ville fondée au milieu du VIIIe siècle aux confins du Moyen Atlas et du désert. L'une longe plus ou moins le littoral, l'autre passe par Idjil et Azougui ; les deux convergent au nord du Sénégal, à Awlil. Au nord, un trafic à moyenne distance, aux itinéraires plus diversifiés, relaie vers l'ouest et vers le nord celui des caravanes venues du Soudan : on franchit le Moyen Atlas pour gagner Fès ou Marrakech, on suit la vallée de la Moulouya vers Tlemcen et Tahert. Cette route amorce la fortune des ports atlantiques du futur Maroc.

Une nouvelle place marchande ébranle quelque peu, au XIe siècle, le monopole de Sijilmasa : plus au sud, tout près de la côte, Noul-Lamta assure mieux la relation entre le chameau et le navire. Établie et confortée par une tribu d'éleveurs et de chameliers, les Sanhaga, la place de Noul-Lamta met l'or du Soudan à meilleure portée des cheminements littoraux, voire des navigations européennes. C'est aussi la route de l'ivoire, que travailleront en Europe les artisans de Sicile et d'Andalousie, alors même que disparaît l'artisanat byzantin, longtemps approvisionné en « dents » par les cabotages de l'océan Indien et de la mer Rouge.

Au centre, par Teghazza et Bouda, au cœur du Touat, deux routes traversent le Sahara et relient Walata et Gao — autrement dit les pays du Niger moyen — à Sijilmasa aussi bien qu'au Mzab, à la grande place commerçante de Ouargla et à l'arrière-pays tunisien, puis à Gabès, Kairouan et Tunis. Ce sont en un sens les routes de l'or, des esclaves, de l'ivoire, de la gomme, du poivre, en sens contraire celles du sel, du fer, du cuivre, des étoffes. Leur faveur tient au désir que manifestent les chameliers berbères d'échapper au contrôle quelque peu écrasant qu'établissent sur les routes occidentales les Sanhaga et leurs cousins Almoravides.

A l'est, enfin, par Tadmekka, l'Adrar des Iforas et In Salah, par Takedda, Mourzouk et le Fezzan, et par

Agadès, le Tibesti et Koufra, trois routes vont de Koukya sur le Niger à la Cyrénaïque et à l'Égypte. Ajoutons une route méridionale, celle qui traverse l'Afrique de part en part et qui, touchant au nord du lac Tchad et traversant le Darfour, atteint l'Égypte en joignant le haut Nil, généralement à Soba, au confluent du Nil Blanc et du Nil Bleu. Elle croise à Kano la route qui joint Agadès et Takedda à la région de Bénin, sur le bas Niger.

Selon l'itinéraire et la destination, à la moyenne d'une trentaine de kilomètres par jour, le pays de l'or est à six ou douze semaines des ports où l'Occident rencontre le trafic des caravanes.

Encore cette rencontre est-elle à éclipses. Entre les royaumes africains, les guerres se succèdent, qui interrompent peu ou prou le trafic. Les conflits et les rivalités entre l'Islam oriental du Caire et l'Islam occidental de Cordoue n'introduisent pas moins de perturbations, auxquelles l'Occident ne comprend pas toujours grand-chose. Au Xe siècle, l'entrée en scène des Fatimides du Caire, puis l'invasion hilalienne, bouleversent et coupent parfois les routes orientales. Tout au long du XIe siècle, l'expansion des Almoravides, qui se fait les armes à la main, fait régner l'insécurité sur les routes occidentales. L'installation des Normands en Sicile et Italie méridionale, au même XIe siècle, met à bas l'équilibre fragile des relations maritimes et littorales. Le coup d'état mamelouk, au XIIIe siècle, ébranle à son tour la route d'Égypte.

Ceci fait comprendre le prix qu'attachent les voyageurs à la relative sécurité que font régner du VIIIe au XIVe siècle sur les routes occidentales les deux empires successifs du Ghana et du Mali. Mais la carte de la sécurité varie sans cesse, et la vogue de telle ou telle route tient le plus souvent à l'idée que l'on se fait du risque encouru sur les autres. Le glissement de bien des trafics vers les voies centrales — avec toutes leurs variantes — au cours du XIVe siècle n'est rien d'autre que l'effet des pillages auxquels, sur les routes les plus occidentales, se livrent quelques tribus berbères.

Notons tout de suite qu'il est un autre pays de l'or, à l'est de l'Afrique. Les Européens en soupçonnent à peine l'existence jusqu'à ce que Vasco de Gama en ouvre la route par le sud. Mais il est dès le Moyen Age une autre route de l'or, maritime celle-là, qu'anime la navigation arabo-africaine avec les ports voisins du Zambèze, d'abord Sufala, ensuite Kuelimane. L'or en poudre vient du Zimbabwe, au sud du tropique du Capricorne. Ces trafics de l'or sont attestés dès le Moyen Age par les observateurs arabes — Idrisi, Ibn Saïd, Qazwini — comme ils le sont au XVIe siècle par les Portugais, par Barros ou par Pedro Vaz Soares.

Dans les rêves qu'alimente l'or du Soudan, L'Europe devra donc, longtemps, s'accommoder de l'intermédiaire arabe. Le philosophe majorquin Raymond Lull peut bien imaginer, vers 1285, dans son roman *Blanquerna,* les pays étranges qui s'étendent au sud du Sahara, avec leurs Noirs « idolâtres » — en fait, l'Islam est en train de l'emporter sur l'animisme — et leurs caravanes du sel, chacun sait que Lull, familier des littératures hébraïque et arabe, ne fait que reproduire ce qu'il a lu dans les récits arabes.

Les caravanes d'Ibn Battuta

En cette fin du XIIIe siècle, les Arabes n'en sont plus à ignorer les réalités du continent africain. Par le livre en forme de mémoires, le *Rihla,* qu'il a inspiré et plus ou moins dicté sur le tard dans sa retraite de Grenade, nous connaissons les voyages d'un juriste de Tanger, homme riche et fin lettré, qui prend en 1325 la route de La Mecque pour y prier, pour y compléter son bagage juridique, pour voir du monde aussi. Ibn Battuta n'a pas le réalisme du marchand. Il n'est pas, comme Marco Polo, amateur de chiffres, vrais ou faux. Le résultat est que, trente ans après, le récit qu'il fait de son voyage est aussi

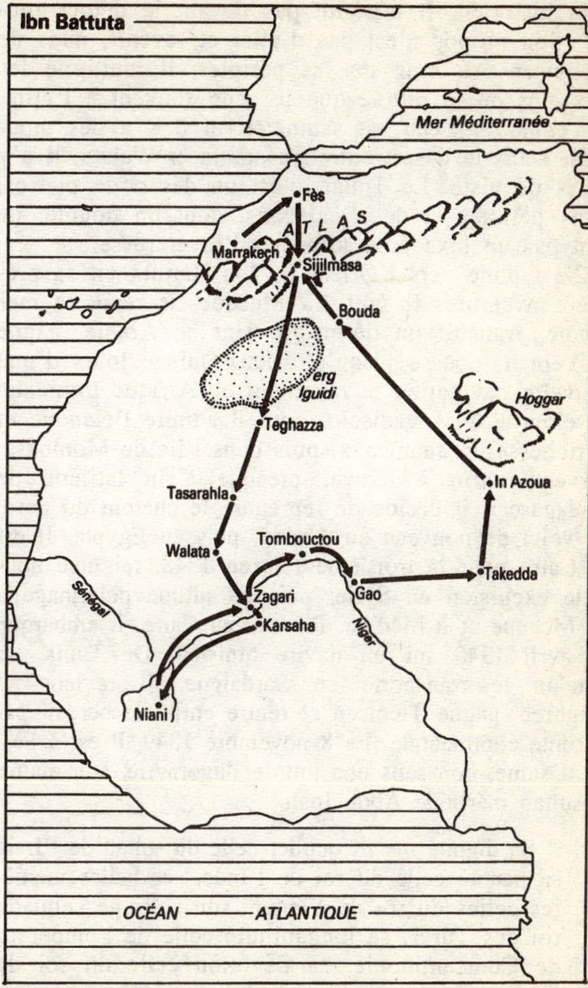
Ibn Battuta
Mer Méditerranée
Fès
ATLAS
Marrakech
Sijilmasa
Bouda
erg Iguidi
Hoggar
Teghazza
Tasarahla
In Azoua
Tombouctou
Walata
Takedda
Gao
Zagari
Karsaha
Sénégal
Niger
Niani
OCÉAN
ATLANTIQUE

confus dans sa chronologie que dans son itinéraire. Les souvenirs sont exacts, l'ordre ne l'est guère. Géographe sans l'avoir cherché, Ibn Battuta n'a rien d'un historien. Il n'hésite pas devant le détour inutile. Son propos n'est pas d'aller et revenir, mais de découvrir. Au long de ses périples, il multiplie les notations où le pittoresque le cède souvent à l'utile. A Teghazza, l'eau est saumâtre, et il y a des mouches. Dans le désert entre Tasarahla et Walata, il n'y a pas de piste. Le Touat, c'est un désert de pierres. Trois pelisses et deux caleçons, dont un doublé, ne sont pas un luxe pour affronter l'hiver russe.

C'est donc vers l'Orient qu'Ibn Battuta vit sa première aventure. Il voit La Mecque, traverse la mer Rouge, franchit un désert, revient en Arabie, gagne le Yémen, pousse jusqu'à Aden. Quinze jours d'une nouvelle navigation le ramènent en Afrique tropicale. Il séjourne à Mogadiscio, dont il admire l'étendue et la richesse en chameaux, puis dans l'île de Mombasa. Parvenu enfin à Kilwa, presque à la latitude de Madagascar, il décide de reprendre le chemin du nord. Le voici de nouveau en Arabie, puis en Égypte. Il est au Caire pour la troisième fois en 1348, fait une nouvelle excursion en Syrie, puis un ultime pèlerinage à La Mecque et à Médine. Revenu au Caire, il embarque en avril 1349 sur un navire tunisien. De Tunis, un Catalan le transporte en Sardaigne. Il revient au Maghreb, gagne Tlemcen et rentre enfin au bercail par la route continentale. Le 8 novembre 1349, il est à Fès, où il salue, non sans une lourde flagornerie, son maître le sultan mérinide Abou Inan.

> Sa dignité me fit oublier celle du sultan de l'Irak, sa beauté celle du roi de l'Inde, ses belles manières celles du roi de Yémen, son courage celui du roi des Turcs, sa longanimité celle de l'empereur de Constantinople, sa dévotion celle du roi du Turkestan et son savoir celui du roi de Sumatra.

Le jugement qu'il porte sur le Maroc se veut objectif : les fruits sont abondants, il y a partout de l'eau, le prix des denrées demeure raisonnable. Il y a du beurre et l'on n'a pas à faire cuire des lentilles dans de l'huile de sésame. La viande de mouton vaut trois fois moins qu'en Égypte. Le Marocain n'en est pas réduit à mélanger la courge bouillie ou le pourpier dans du lait caillé, voire à assaisonner de lait aigre une salade de bourgeons d'amandier.

Notable heureux et adroit courtisan, Ibn Battuta espère la quiétude dans une fonction honorable. Pèlerin de La Mecque, il est assuré du respect de tous. Il y a place au Maroc ou en Andalousie pour un juriste qui a parcouru le monde. Mais il ne peut manquer d'être désormais pris pour un expert ès choses du Sud. Et c'est vers l'Afrique noire qu'en février 1352 le dépêche comme ambassadeur le sultan Abou Inan. Celui-ci songe à poursuivre l'ambition de son père Abou el Hasan et s'efforce de reconstituer, de Fès à Gabès, un empire maghrébin. Abou el Hasan est allé, en 1337, jusqu'à notifier aux autres princes africains, de l'Égypte au Soudan, les progrès de cette hégémonie marocaine qu'il tentait d'assurer en prenant, après Sijilmasa et Marrakech, les places de Bougie, Constantine, Bône et, un temps, Tunis. Après s'être proclamé sultan en 1348 alors qu'il croyait son père mort à Tunis, Abou Inan prend de nouvelles initiatives lorsqu'en 1351 la mort d'Abou el Hasan lui laisse vraiment le champ libre. La mission d'Ibn Battuta s'inscrit dans cette volonté de rayonnement politique.

Qu'il soit pèlerin ou diplomate, Ibn Battuta reste un insatiable curieux et un hardi voyageur. Quinquagénaire, il se lance dans une exploration du Sahara qui eût fait reculer bien des jeunes gens, mais dont on peut penser qu'elle ne le conduit pas vraiment en terre inconnue. Voyageur, oui. Découvreur, non. Le mérite de Battuta — comme celui de Marco Polo — est d'avoir, en parcourant le monde, donné matière à un livre.

Prenant à Fès congé de son maître Abou Inan, qu'il a accompagné depuis Marrakech, Ibn Battuta emprunte vers le Soudan, au-delà du Moyen Atlas, la route des caravanes de l'or, du sel, des esclaves. Elle s'ouvre aux portes du Tafilalet, au grand marché de Sijilmasa bien connu des marchands occidentaux qui y vont à la rencontre des marchands africains. C'est « une belle ville, où les dattes sont bonnes et abondantes ». L'envoyé du sultan quitte Sijilmasa vers le 20 février 1352.

Vingt-cinq jours de désert, droit au sud à travers le Tafilalet, et l'erg Iguidi, et le voici à la mi-mars à Teghazza (auj. Thraza), la cité du sel. Le sel y est aussi bien monnaie que matériau de construction, et les archéologues de notre siècle retrouveront les vestiges de ces mosquées et maisons faites en « pierres de sel » qui ne laissent pas d'étonner un Ibn Battuta qui observe aussi l'intense trafic lié à l'exploitation des gisements : le Soudan manque de sel, le sel marin d'Awlil y parvient mal, les succédanés plus ou moins formés de potasse laissent la clientèle insatisfaite et l'on paie le sel de Teghazza en poudre d'or. Ville du sel, Teghazza est aussi la ville de l'or.

Le désert qui suit est pire que le précédent : habituellement, il signifie dix jours de marche sans un point d'eau. C'est le Djouf. Par chance, il vient tout juste de pleuvoir quand Ibn Battuta le franchit, et l'on trouve quelques flaques d'eau douce. Mais le désert est cruel : à s'écarter de la piste, on risque la mort.

Dix jours de désert, et voici les voyageurs au point d'eau de Tasarahla, au cœur de l'erg Atouila. On y répare les outres, on les remplit. Tasarahla est un simple campement, mais les hommes, les chevaux et les chameaux s'y reposent trois jours. On n'est encore qu'au milieu du Djouf. Vers le sud, la chaleur augmente. Pour limiter l'échauffement, on double les outres de vieux morceaux de tapis. Et l'on repart dans la fournaise, vers Walata. On prend un taksif pour s'assurer de quelques nouvelles outres d'eau douce aux deux tiers de la route. On choisit pour cela un bon guide, un homme « qui y est allé et en est revenu plusieurs fois, et qui est doué d'une tête très intelligente ». Car on comprend le désert, ou on meurt.

Il en coûte cent pièces d'or, mais au soir du septième jour Ibn Battuta voit les feux d'un campement :

ce sont les porteurs d'eau envoyés de Walata par le taksif. Battuta ne regrette pas ses cent pièces d'or.

La chaleur augmente encore. On marche la nuit, on dort le jour. Et il y a des serpents.

Voici la caravane à Walata. Fondée en 1224 pour être la dernière place du royaume du Mali avant le désert, la ville est en un sens ce qu'est Sijilmasa en l'autre : le point de jonction des trafics transsahariens et du commerce local. Après le désert, la savane brûlée par le soleil s'apparente au paradis. Ibn Battuta reste sept semaines à Walata, de la mi-avril au début de juin, malgré un accueil décevant pour qui n'a pas encore compris que le pays est désespérément pauvre. Le « grand repas d'hospitalité » qu'on offre au voyageur est fait de mil pilé dans du lait caillé, servi dans « une moitié de courge apprêtée comme une sorte de grande écuelle ». Aux yeux du bourgeois de Tanger, la calebasse et le maigre festin sont signes d'un grave manque de façons. Il en est convaincu, on le méprise. Il lui faudra quelques jours pour trouver quand même plaisir à l'eau fraîche, aux dattes, aux melons, à la viande de brebis.

> C'est alors que je regrettai de m'être rendu dans le pays des nègres, à cause de leur mauvaise éducation et du peu d'égards qu'ils ont pour les hommes blancs.

Il s'accommode mal de mœurs qui lui paraissent éloignées des prescriptions du Prophète. Les femmes jouissent à Walata d'une liberté qui le choque et de droits qui le bouleversent. Non seulement l'héritage passe par les femmes, ce qu'Ibn Battuta n'a vu nulle part, sinon sur la côte du Malabar, mais les femmes ignorent le voile et conversent avec les hommes. Que le mari ne s'inquiète pas de trouver en rentrant sa femme seule avec un homme, voire avec un étranger, voilà qui laisse éberlué l'ancien pèlerin de La Mecque. Il juge les femmes « sans pudeur », les hommes veules ». Bref, il rend aux Noirs leur mépris.

Mais le plus dur est fait. Maintenant, c'est la forêt. Les baobabs donnent de l'ombre. Les pistes sont visibles. On trouve de l'eau de pluie dans les arbres creux. La caravane n'est plus obligatoire : Ibn Battuta prend la route avec trois compagnons. En dix jours, il est à Zagari (auj. Diagheri ou Dia), en pays peuhl. Zagari est une ville commerçante, que fréquentent les colporteurs soudanais et où résident des marchands étrangers, des « hommes blancs qui appartiennent à la secte des schismatiques ou hérétiques ibadhites, appelés ici Saganaghou ».

Ibn Battuta ne reste guère à Zagari. En quelques jours, il est à Karsaha, sur la rive droite du Niger, qu'il prend naturellement pour le Nil. La vue d'un crocodile « qui ressemble à une petite barque » le conforte dans cette confusion. Vers l'est, le Niger permettrait d'atteindre Tombouctou et Gao. Mais le Marocain a une mission diplomatique à accomplir. Il longe le Niger vers l'ouest, traverse en pirogue la Sansarah (sans doute le Sankarani, au sud-ouest de Bamako) et atteint enfin le but de son expédition : « Mali », capitale du Soudan (auj. le village de Niani), sur le Sankarani. Il y est le 28 juillet 1352. Le voyage a duré quatre mois.

Pour entrer dans cette ville dont le nom se confond avec celui du royaume alors à sa plus grande extension, il faut une autorisation. Bien informé, Ibn Battuta a écrit à la « communauté des hommes blancs ». Celle-ci lui a procuré l'autorisation et une maison. Le chef de la communauté est un juriste. Ils ont tout pour s'entendre, et le voyageur se trouve immédiatement introduit auprès des intellectuels de la ville, et notamment du juge, qui est un Noir, un ancien pèlerin de La Mecque, un homme de bien qui sait son monde et offre à son confrère de Tanger, pour cadeau d'hospitalité, une vache.

Au long de son voyage, Ibn Battuta n'a cessé et ne cessera de rencontrer ceux qu'il qualifie tout simplement d'hommes blancs. A Walata, à Zagari, à Niani, ce sont pour la plupart des marchands arabes ou berbères. La tradition est déjà longue de ces immigrations temporaires ou définitives, qui acclimatent sur les bords du Niger toutes sortes de Maghrébins. Mais le roi Mansa Souleymane vient d'y ajouter en favorisant, à force de relations diplomatiques et de gestes de prestige, la venue au Mali de savants et de jurisconsultes qui constituent à Niani une véritable communauté de rite malékite.

Ibn Battuta parvient à Niani au moment où l'empire du Mali touche à son apogée. Le roi Mansa Kanko Moussa (1312-1332) n'a-t-il pas étendu son autorité sur Gao, construit à Tombouctou une mosquée qui fait l'admiration de tous les voyageurs, multiplié les missions diplomatiques pour faire entendre au Maghreb qu'il était le maître incontestable du Soudan ? N'a-t-il pas fait de son pèlerinage à La Mecque une démonstration de sa fortune, emportant ostensiblement jusqu'au Caire, pour soutenir en voyage son train de maison, quelque deux tonnes d'or en barres ? C'est l'époque où le Catalan Angelino Dulcert fait figurer sur sa carte le « roi de Mali ». Quelques années plus tard, Abraham Cresques mentionnera sur celle qu'il dessine à l'intention de Charles V la « cité de Mali ». Niani est bien l'un des pôles de la vie politique et de la civilisation africaines. A travers les relations que noue Ibn Battuta après les avoir méticuleusement organisées, nous voyons donc tout un mouvement d'hommes que double une intense correspondance. Prévenir de son arrivée est à l'évidence chose aisée. Et l'étranger se sent très vite chez lui.

Le chef des Blancs de Niani, Muhammad ibn el Fakih al Gazuli, est l'époux d'une cousine germaine du roi Mansa Souleymane, celui-là même à qui Ibn Battuta doit délivrer le message de son maître Abou Inan. La mission sera cependant retardée par un fâcheux potage, dont l'un des voyageurs meurt rapidement et qui laisse Battuta, sauvé de justesse par un « remède évacuant », malade pendant deux mois.

Une fois guéri, le voici face au protocole, qui se révèle tout autre que ce qu'espérait l'envoyé du maître du Maghreb. La mort d'Abou el Hasan, que l'on vient d'apprendre à Niani, procure l'occasion d'un « banquet de condoléances » au cours duquel Ibn Battuta est enfin présenté au sultan Mansa Soleiman. Mais l'entretien se limite à une invocation pieuse :

— Remercions Dieu !
— Louons Dieu et rendons-lui grâces dans toutes les circonstances !

On s'en tient là. Ibn Battuta se retire, et attend chez lui les présents d'hospitalité qu'impose l'usage. Le cadeau arrive. L'envoyé de Fès s'attendait à quelque vêtement de prix et à de l'or. Il voit trois pains ronds, un morceau de bœuf frit et une gourde de lait caillé. Être venu au pays de l'or pour recevoir une telle hospitalité le laisse passablement abasourdi.

Il faudra deux mois pour lever l'équivoque. Sans doute les interprètes n'ont-ils pas été à la hauteur de la situation. Bref, Mansa Souleymane n'a pratiquement pas prêté attention à la présence de l'envoyé spécial du sultan marocain. Lorsqu'ils mettront les choses au clair, le roi du Mali jurera même n'avoir jamais vu le noble étranger, lequel en sera par-devers lui quelque peu mortifié.

L'erreur est enfin réparée. Ibn Battuta reçoit un peu d'or et une maison. Il n'en retiendra pas moins, dans son récit, que le maître du Soudan est un avare.

Au moment du bilan, le voyageur mettra au crédit des Noirs leur sens de la justice, leur capacité à assurer la sécurité publique, leur profonde honnêteté, leur propreté corporelle, leur exacte observation des rites coraniques en ce qui concerne la prière. Au passif, il mettra l'impudeur des femmes qui montrent non seulement leur visage mais aussi leurs seins, la curieuse manifestation de respect qu'est l'aspersion de cendres, et la consommation de viandes impures telles que chien, âne et charognes.

Ibn Battuta juge enfin que le temps est venu de repartir, sinon de rentrer. Le 27 février 1353, il quitte Niani pour découvrir encore du pays. Le cheval étant trop onéreux, il achète un dromadaire, qui mourra en route et que mangeront les indigènes, « suivant leur coutume qui est de manger les charognes ». Suivant le Niger par la rive gauche, il est en août à Tombouctou, où il embarque sur une pirogue. Ainsi atteint-il Gao, où il s'accorde un mois de répit avant la traversée du désert. Gao n'est pas encore la capitale de l'empire songhaï qui succédera un siècle plus tard à celui de Mali. C'est déjà, avec Djenné, l'un des grands ports sur le Niger. C'est l'un des plus grands marchés de l'Afrique centrale.

Cette fois, il lui faut de nouveau s'intégrer à une caravane. Il en trouve une à sa convenance, faite de Tripolitains qui regagnent Ghadamès. Il monte un chameau, ses bagages sont sur le dos d'une chamelle. Celle-ci étant morte dès la première étape, toute la caravane offrira ses services et chacun prendra sa part du fardeau.

Ce faisant, Ibn Battuta s'enfonce toujours plus à l'intérieur du continent. Ce n'est plus sa mission qui le conduit, c'est le désir de voir. Descendant le Niger, il peut avoir cru qu'il se rapprochait de la mer. A Gao, il laisse le fleuve et marche à l'est, à travers le pays Haoussa. C'est là qu'il rencontre les nomades Bardamah qui font la police du désert. Et de s'émerveiller des femmes.

> Elles sont les plus belles du monde, et les plus jolies de figure. Elles sont d'un blanc pur, et ont de l'embonpoint. Je n'ai vu dans aucun pays de l'univers de femmes aussi grasses que celles-ci.

En septembre, Ibn Battuta est près d'Agadès, à Takedda (auj. Azelik, à l'est des salines de Teguidda). C'est une ville de briques rouges, peuplée de marchands, d'esclaves et de scorpions. Il visite la mine de cuivre, manque de peu d'acheter une « esclave instruite ». C'est encore l'époque où l'esclave est souvent, dans la famille du notable noir déjà riche d'enfants, une sorte de fils en surnombre, au point que l'on précise, pour qualifier le véritable fils, qu'il est « fils de ventre ». L'esclave jouit de droits. L'esclave aisé possède même, parfois, ses propres esclaves. Un esclave instruit est un membre normal d'une famille aristocratique. Le céder n'a rien pour étonner, alors même que le mariage des filles est une transaction comme une autre. L'affaire n'achoppe que sur le prix demandé.

Le voyage ne paraît pas devoir finir. Ibn Battuta n'est-il pas resté en Orient un quart de siècle ? A l'évidence, il se soucie peu de ce qui se passe en son absence au Maghreb. Mais c'est le Maghreb qui, soudain, se rappelle à lui. Un message du sultan Abou Inan lui parvient, qui lui intime l'ordre de rentrer. Notons qu'au cœur du Sahara, son maître a fort bien su le retrouver. Et c'est ainsi que, le 12 septembre 1353, Ibn Battuta se joint à une grosse caravane de marchands où il remarque la présence d'un juriste de Takedda et, aussi, celle de six cents « filles esclaves », bien évidemment promises à un destin moins doux que celui de l'esclave instruit.

Cette fois, la route est celle des montagnes, et l'on prend des provisions pour soixante-dix nuits. On traverse l'Aïr jusqu'au point d'eau ferrugineuse d'In-Azaoua, on laisse à droite la route d'Égypte et on prend vers le nord la route du Hoggar. C'est là qu'Ibn Battuta fait connaissance avec les Touaregs.

> C'est une tribu de Berbères qui portent un voile sur la figure. Il y a peu de bien à en dire. Ce sont des vauriens.

La chance des voyageurs est que l'on soit au mois de Ramadan, où la rapine est interdite. Les voleurs ne ramassent même pas les objets trouvés. On peut passer tranquille.

Le Hoggar est inhospitalier. « Peu de plantes, beaucoup de pierres, et la route est difficile. » Sans prendre comme à l'aller le temps d'observer les gens et les choses, Ibn Battuta suit la caravane qui force les étapes. Ils franchissent le Mouidit, traversent le désert du Tidikelt, atteignent le Touat, où l'oasis de Bouda (au nord-ouest d'Adrar) leur offre un festin de mauvaises dattes et de sauterelles. Quelques jours de repos, et voici le Marocain avec une autre caravane, sur la route qui, laissant à droite le Grand Erg occidental, passe le dernier désert, la hamada du Guir. A la fin de décembre, il est à Sijilmasa. En janvier 1354, il se prosterne à Fès devant son maître Abou Inan. Les deux années qui viennent seront en partie occupées par la rédaction du *Cadeau fait aux observateurs*, où il met en forme ses souvenirs, ceux du Sahara et du Soudan étant à l'évidence plus frais que ceux de l'Inde et de la Chine.

Ces deux périples appellent quelques remarques. La première concerne le temps qui passe : il compte peu. Ibn Battuta traite sa randonnée vers le sud de « très long voyage ». Celui-ci n'a pourtant pas duré deux ans : fort peu, à côté du quart de siècle qu'il a passé en Orient. Autant dire que, même sans compter les périls, le voyageur a moins de chances de revenir au pays natal que de mourir en chemin. Beaucoup ont pris la route, qui n'ont jamais eu le loisir de raconter leurs aventures. Plus que par des récits aussi complets que celui d'Ibn Battuta, les pays lointains sont connus par les bribes et les allusions que chaque voyageur doit à ceux qu'il rencontre sur les pistes et aux étapes. L'information est abondante. Elle est rarement cohérente. Elle explique l'inégale valeur des données chiffrées : l'un a mis vingt jours, l'autre en a mis trente.

La deuxième remarque touche aux moyens d'existence du voyageur. Bien que chargé d'une mission officielle, Ibn Battuta est parti sans finances. Ce que lui a donné le sultan pouvait à la rigueur payer les premières étapes. Au vrai, à chaque étape, c'est de l'hospitalité qu'il attend tout. On lui donne — on doit lui donner — le gîte, les vivres et l'argent. Le numéraire emporté n'assure que les premières journées, les premières montures, les premiers vivres. Ensuite, le voyage nourrit le voyage. Le marchand Polo vit de son négoce, le notable Ibn Battuta de sa dignité, et de la solidarité du groupe social. Le voyage continental peut n'être ainsi que l'affaire d'un individu. Il n'y a pas d'investissement préalable. Sur mer, il en va déjà autrement, et les grandes expéditions qui viennent supposent une mise de fonds qu'organisent en un temps les compagnies marchandes de Gênes et d'ailleurs, en un autre les souverains qui convoitent de nouveaux espaces pour une expansion de prestige, voire pour une colonisation de rapport.

L'Occident ignorera longtemps l'histoire et le récit d'Ibn Battuta. Mais celui-ci n'a fait en définitive que suivre des routes fréquentées, des pistes souvent pénibles mais toujours connues. Le monde arabe n'ignore pas l'Afrique. A travers les propos des marchands, l'Europe l'entrevoit. Les chrétiens fréquentent les places commerciales de l'Afrique du Nord et y rencontrent les marchands du Maghreb aussi bien que ceux de l'Afrique noire. Génois, Marseillais et Catalans apprennent bien des choses à Sijilmasa, à Tunis, à Bône ou à Tripoli. Ceux qui se risquent à l'intérieur du continent en savent parfois plus qu'ils ne disent. Mais, dans le fatras de souvenirs réels et de on-dit, dans la confusion délibérée du récit véridique et de la forfanterie qu'entretiennent les voyageurs et qu'aggrave la transmission orale de l'information, comment l'Européen ferait-il le tri ? Dans ce qu'on lui dit, tout est contradictoire. La moindre des contradictions n'est pas celle qui oppose la rumeur des marchands et l'encyclopédisme hétéroclite des compilateurs universitaires.

L'Europe va donc chercher fortune ailleurs. Un siècle passera entre les pérégrinations assurées d'Ibn Battuta et les premières audaces mal assurées des voyageurs européens sur les routes de l'Afrique. Le Génois Antonio Malfante, de la société Centurione, atteint en 1447 le Touat et en rapporte une moisson d'informations dont feront leur profit géographes et cartographes. Dans l'immédiat, son voyage ne sert à rien. Il ne rapporte pas d'or. La route de l'or est plus à l'ouest. Son expédition suscitera peu d'émules, et découragera l'investissement.

Les caravanes approvisionnent aussi l'Europe en « graines de paradis », en « malaguette », cette épice infiniment moins chère que le poivre, la girofle ou la cannelle de l'Inde et des Moluques. On en use déjà dans les villes italiennes au XIIIe siècle. Se procurer la malaguette en évitant, là encore, l'intermédiaire du Maghreb ou de la Tripolitaine sera l'une des motivations secondaires de l'établissement, au XVe siècle, d'une relation commerciale directe entre l'Europe et la région productrice, qui est à peu près celle de l'or. La malaguette est un produit de faible valeur. La route maritime lui conviendra mieux que les pistes caravanières.

Sur les routes sahariennes, on verra encore quelques aventuriers, comme le Florentin Benedetto Dei, qui se vante, sans en fournir la moindre preuve, d'avoir atteint Tombouctou en 1470 et d'y avoir vu vendre sur le marché des draps de laine, des serges et des étoffes à côtes semblables à celles que l'on fabrique en Lombardie. Les Génois se contentent désormais de tenir leur place traditionnelle sur les marchés où aboutissent les trafics du monde africain, à Tlemcen comme à Málaga. Ils le savent bien, la véritable route de l'Afrique noire passe maintenant par l'Océan. Et c'est sur l'Océan que se joue l'histoire du monde.

L'espoir en mer Rouge

Vers l'est, la mer Rouge prend aux yeux des Occidentaux une double signification. Elle est une route encore inexplorée vers l'Inde et la Chine. Elle paraît être, avec le Nil, un accès vers le mystérieux Prêtre Jean. Mais le Nil reste incertain, né près de l'Atlantique si l'on en croit Pline, près de l'océan Indien si l'on suit Ptolémée, pourtant égyptien. Les Arabes n'ont rien simplifié en le faisant surgir des « Monts de la Lune ». C'est ce qu'apprennent les croisés, et ce que répètent encore bien des Italiens en plein XVe siècle. D'autres font venir le Nil du Paradis terrestre, sans bien savoir où situer celui-ci. C'est ce qu'on saura en fréquentant la côte atlantique. De longue date, les sources du Nil sont tenues pour le séjour possible du Prêtre Jean : c'est du moins ce que raconte en 1432 un Napolitain qui revient d'Orient. Et de confondre, en sa vue merveilleuse des choses, le Prêtre Jean avec Dieu lui-même.

> S'il plaisait au Prêtre Jean, il ferait bien aller la rivière autre part.

Le propos prend toute sa saveur quand on sait que, dans les années 1320, le Roi des rois — le Prêtre Jean des Occidentaux — Amde Tsion avait froidement menacé le sultan de détourner le cours du Nil si les églises coptes détruites en Égypte lors des récentes persécutions n'étaient pas restaurées au plus vite.

La mer Rouge, elle, n'a pas tant de mystères. Depuis que les Européens envoyés en Chine ont fréquenté Ormuz et les ports de l'Inde occidentale, alors que les Chinois multiplient les voyages vers les rives occidentales de l'océan Indien, on sait que la mer Rouge est, entre l'Arabie et l'Égypte, soumise au contrôle arabe, et l'on en connaît à peu près les contours. Elle est la clé de l'océan Indien, donc de l'Afrique orientale. Ce qui embarrasse ceux qui rêvent d'un « passage » d'est en ouest n'est pas l'incertitude géographique. C'est le péril qu'il y a à s'enfoncer dans le pays arabe, loin des tolérances auxquelles on est accoutumé dans les ports marchands.

On sait cependant bien peu de chose sur ce qui s'étend en arrière des côtes, sur cette Éthiopie qu'en 1339 le Majorquin Angelino Dulcert situe sur sa carte quelque part au sud de l'Égypte. Comme le haut Nil que l'on continuera longtemps de confondre avec le Niger, l'Éthiopie reste mystérieuse. On sait au moins qu'il est, au sud de l'Égypte des Mamelouks, une terre chrétienne dont les croisés et les pèlerins connaissent une émanation, le monastère éthiopien de Jérusalem. Mais les « moines noirs » — entendons moines africains, et non moines bénédictins — de Jérusalem ne laissent pas ignorer aux Européens qu'ils n'ont avec leur pays natal que de très rares relations, et que la route de l'Éthiopie est de celles où l'on risque sa vie. Les voyageurs qui empruntent au XIIIe siècle les voies maritimes de l'océan Indien confirment d'ailleurs qu'ils ont préféré les relatives sécurités de la route terrestre pour relier Ormuz à la Méditerranée. L'Occident est paradoxalement plus familier du lointain golfe Arabo-Persique que de la proche mer Rouge.

Le légendaire de l'âge roman a naturellement placé de ce côté-là du monde une bonne partie de ses êtres monstrueux. Les siècles suivants ne s'affranchissent que lentement d'une telle vision, qui fait des rives africaines l'approche incertaine d'une zone équatoriale réputée inabordable puisque brûlante. Ce que rapportent les voyageurs occidentaux, un Marco Polo, un Jourdain Cathala de Séverac, n'est que l'écho passablement travesti de ce qu'on leur a raconté de l'Afrique dans les ports de la Perse ou de l'Inde. L'Éthiopie de Polo dans les années 1295, celle de Cathala de Séverac vers 1330, c'est ce qu'on en dit à Ormuz.

Guillaume Adam vers 1315 et peut-être Étienne Raymond vers 1330 sont les premiers à approcher l'Éthiopie de près. Chacun à son tour, les deux dominicains français ont rencontré des Éthiopiens — et non seulement des Arabes, comme Cathala — dans les ports d'un littoral africain qu'ils ont atteint, en contournant l'Islam, en face d'Aden. Leur récit n'a guère trouvé de résonance. Leur propos est lié au projet d'une nouvelle croisade, et la croisade reste un propos, quand elle ne tourne pas au prétexte fiscal.

Tout cela ne fait guère avancer la découverte de l'Éthiopie. Il faudra, à la fin du XIVe siècle, la déception devant l'Asie pour que les princes européens prennent en Afrique orientale le relais de marchands convaincus de longue date qu'il n'y a là ni l'or du Soudan, ni les épices de l'Inde, ni la soie de la Chine, et qu'on y perd son temps et son argent. On entend peu parler de l'or en poudre du Zimbabwe qu'évoquent cependant les observateurs arabes mais dont, à l'évidence, les caboteurs arabes de l'océan Indien ne se vantent pas sur la côte d'Asie. Il faudra Vasco de Gama pour que l'Europe sache que tout l'or d'Afrique n'est pas du côté du Niger.

Approches de l'Éthiopie

La curiosité qui se porte vers l'Afrique orientale paraît donc désintéressée. C'est bien le cas d'un prince étrange, piètre politique mais collectionneur avisé : Jean de France, duc de Berry. Au gouvernement de son neveu Charles VI comme en son propre gouvernement du Languedoc, le troisième fils de Jean II le Bon et de Bonne de Luxembourg s'est montré maladroit, gaspilleur, hésitant. Mais le duc de Berry est curieux de tout, du monde comme des arts, de ce qui se raconte comme de ce qui se montre. Amateur de joyaux aussi bien que de raretés exotiques, il est fasciné par ce pays de mystères et de merveilles » que demeure l'Éthiopie alors même que l'Afrique occidentale voit se succéder les entreprises européennes. Il envoie en ambassade un Français, un Espagnol et un Napolitain. Ce dernier reparaîtra à Byzance, chargé par le Roi des rois de recruter des charpentiers navals pour la marine éthiopienne. Les autres demeureront outre-mer, et y mourront, premiers d'une longue série de voyageurs capables d'aller chez le Prêtre Jean, mais non d'en revenir. Au moins la rencontre fortuite du Napolitain avec un envoyé du duc de Bourgogne fera-t-elle savoir que les sujets du Prêtre Jean ne sont ni blancs ni noirs mais « de couleur fauve ».

A la même époque, Venise noue avec l'Éthiopie des relations qui s'inscrivent naturellement dans la ligne des relations traditionnelles de la Sérénissime avec l'Égypte. Une ambassade éthiopienne parvient dans la cité des doges en juillet 1402. Elle apporte en présent des léopards et des parfums. La Bibliothèque de Florence conserve un *Itinéraire de Venise en*

Inde qui conduit bel et bien, par Rhodes et Chypre, aux « Indes d'Afrique » : précisément à Axoum. Après une remontée du Nil jusqu'à la première cataracte, la route conseillée gagne la rive occidentale de la mer Rouge, qu'elle quitte au sud de Souakin pour traverser l'Érythrée et pénétrer en pays abyssin. L'entrée en Éthiopie est d'ailleurs soulignée :

> Du Caire à Riffin [Quft], on arrive en quinze jours par l'eau du fleuve. A droite et à gauche, on peut voir beaucoup de forteresses des Sarrasins. De Riffi à Aïdhab, il faut marcher assidûment dans le désert pendant quinze jours. Il convient de porter avec soi des vivres pour toute la route, que l'on fait à dos de chameau parce qu'il y a du sable. D'Aïdhab à Souakin, la route est de dix-huit jours par une contrée déserte : il faut de même emporter à manger. De Souakin à Adam [Adoua], douze jours, toujours par le désert. D'Adam au Mont Marie [Debré Mariam] par le désert, dix jours.
>
> Sache que tu es parvenu en Éthiopie. De Mont Marie à Giangari [Gondar], la route est de deux jours. On y trouve des hospices. Tu peux, à ton choix, aller à pied ou à cheval.

La fin de l'itinéraire est significative de relations que l'on entend bien poursuivre et intensifier : l'auteur procure des « interprétations » de latin en éthiopien et en indien, ce qui est dire un petit lexique à l'usage du voyageur.

Alphonse V d'Aragon a d'autres ambitions. Son grand-père Jean Ier a déjà, en 1391, fait venir à sa cour un franciscain qui revenait de chez le Prêtre Jean et l'avait écouté avec attention. Alphonse « le Magnanime », lui, prétend à la maîtrise politique de la Méditerranée occidentale. Il ne peut se désintéresser de ce qui apparaît à certains égards comme un prolongement du monde méditerranéen. Mécène, humaniste, il se passionne aussi pour une découverte du monde à laquelle il n'a, pour l'heure, pas les moyens de participer en envoyant des caravelles vers le golfe de Guinée. Vers l'est, l'affaire est plus délicate, mais moins onéreuse. Or c'est l'Éthiopien qui prend, comme avec Venise, l'initiative des relations.

Pour un souverain chrétien comme le « Roi des rois », il peut être bon de s'entendre avec l'Aragonais. Dans les années 1420, le Prêtre Jean envoie à Alphonse V deux ambassadeurs, un chrétien et un infidèle. Aucun Occidental n'a jamais vu le Prêtre Jean, mais il sort de son mystère. Il ne cache pas son nom : il s'appelle Ysach [Isaac] fils de David. On sait maintenant que son royaume n'a rien d'imaginaire. Bien plus, il propose une alliance contre l'Islam.

Depuis 1270, la dynastie qui revendique pour ancêtre Salomon lui-même a repris le pouvoir dans une Éthiopie faite pour l'essentiel de hauts plateaux dont le lac Tana forme le centre, mais qu'une étroite frontière maritime ouvre assez sur la mer Rouge pour favoriser contacts et échanges. La première moitié du XIVe siècle a vu les Éthiopiens réagir très fermement contre l'expansion islamique sur la mer Rouge et sur le Nil. La Chrétienté monophysite manifeste alors un dynamisme que l'Europe perçoit mal mais qui rend crédible, aux yeux des gouvernants du Caire, une alliance de tous les chrétiens contre les fidèles du Prophète. Au début du XVe siècle, l'Égypte doit composer et, renonçant pour un temps à persécuter les coptes au risque d'une semblable persécution des musulmans établis en Éthiopie, noue des relations diplomatiques avec le Roi des rois David Ier (1382-1411). Celui-ci en profite pour renforcer la présence éthiopienne à Jérusalem. De tout cela, l'Occident est mal informé, mais on sait en Italie comme en Espagne qu'il se passe quelque chose chez le Prêtre Jean.

Isaac (1414-1429) va plus loin. Il cherche à moderniser son pays, et fait appel pour cela à l'étranger. Pour réorganiser son armée, il débauche un gouverneur égyptien. C'est encore un Égyptien, mais un copte cette fois, qui se voit confier le soin de mettre en place une administration financière. Et le Roi des rois trouve en Égypte les métallurgistes caucasiens qui vont créer en Éthiopie un artisanat développé pour la fabrication des armes, aussi bien que — ceci sera lourd de conséquences politiques — les bâtisseurs florentins qui vont renouveler sur les hauts plateaux l'architecture monastique.

Le roi d'Aragon est à Valence lorsque parviennent les étonnants messagers du roi Isaac. Il les reçoit en présence d'un cardinal-légat, lequel s'en va aussitôt rapporter l'affaire au pape Martin V. Le 15 mai 1428, Alphonse V répond à « Isaac fils de David, par la grâce de Dieu Prêtre Jean, maître des Indes, détenteur des Tables du Sinaï et du Trône de David, Roi des rois d'Éthiopie ». Il propose sa fille en mariage, demande pour son fils l'infant don Pedro la main d'une princesse éthiopienne, se dit prêt à financer la flotte de la guerre contre les Infidèles, annonce l'envoi d'artistes à la cour d'Axoum. Par précaution, Alphonse V charge une mission composée de son confesseur et d'un bourgeois parlant l'arabe d'aller préparer la suite et, surtout, de faire rapport sur les défenses égyptiennes et sur l'armée éthiopienne. L'Aragonais n'entend pas se trouver seul en guerre contre les Mamelouks.

Alphonse V enverra par la suite treize artisans chargés d'enseigner aux Éthiopiens les techniques occidentales. Tous mourront en chemin, ce qui confortera l'Europe dans l'idée que, s'il ne lui est pas hostile, le royaume du Prêtre Jean lui est en pratique inaccessible.

Les contacts, cependant, se multiplient. Convoquant le concile de Florence pour tenter d'y réaliser l'unité des chrétiens, Eugène IV adresse en 1439 une invitation à toutes les Églises orientales, notamment aux coptes et aux jacobites de Palestine, d'Égypte et d'Abyssinie. L'intermédiaire est le monastère copte de Jérusalem, lequel en réfère au Roi des rois, nommé « Thomas ».

En fait, c'est alors le grand Zera Yacob (1434-1468) qui règne sur l'Éthiopie. Et Zera Yacob est le contraire d'un prince tolérant. Absolutiste en religion comme en politique, il fait régner une sorte d'inquisition qui n'hésite pas à couper les têtes. Soucieux d'ordre, il ordonne la codification du dogme, des prescriptions morales et des rites liturgiques, mettant lui-même la main à la rédaction d'un catéchisme, le *Livre de la Lumière*.

A Jérusalem, on regarde avec autant d'inquiétude que d'espoir cette activité où la volonté unificatrice rivalise avec le prosélytisme. Les « moines noirs » ne manquent pas de mettre alors en garde l'envoyé du pape, le franciscain Alberto da Sarteano : on lui déconseille vivement d'aller lui-même en Éthiopie, où les Latins risquent la mort. Les bonnes dispositions des années 1420 paraissent oubliées, le roi Isaac n'ayant, après tout, tiré des princes européens que de bonnes paroles sans le moindre secours militaire.

Le franciscain tente quand même le voyage, tombe malade, laisse son compagnon Tommaso da Firenze poursuivre. Il lui en coûtera trois ans de prison, mais en Égypte.

La réponse arrive en 1441. Les pères conciliaires, dont les travaux ont déjà abouti à l'acte d'union avec l'Église grecque (bulle *Laetentur Caeli*, 6 juillet 1439), sont en train de conclure, après un accord avec l'Église d'Arménie, une entente avec les jacobites de Mésopotamie. L'accord, on le sait, s'effondrera après la chute de Constantinople, les négociateurs byzantins n'ayant pas eu le temps de convaincre leurs fidèles. C'est alors qu'arrivent à Florence des chrétiens qui étonnent les pères, et aussi le Toscan moyen. Dûment pourvus de lettres de créance, ce sont des sortes de bédouins à demi nègres. Quelques-uns sont barbus. Des draperies les enveloppent de la tête aux pieds. Le chef de la délégation est un vieillard qui tient à la main un crucifix sans ambiguïté.

Quatre ans plus tard, à la porte de la basilique Saint-Pierre, le sculpteur florentin Antonio di Pietro Averlino, plus connu sous le nom de Filarète, aura représenté, ciselé dans le bronze, ce qui lui paraît l'un des événements marquants de son temps et l'un des titres de gloire de l'Église romaine. Assez bien informé pour graver après le mot *Florentie* l'appellation *Ethiopiani* en caractères arabes, l'artiste n'est pas moins attentif au protocole de la cérémonie. Les Éthiopiens se présentent debout devant le pape — les coptes n'ont pas, comme les latins, l'usage de l'agenouillement et de la génuflexion — et c'est un document à deux sceaux superposés sur le même lacet qu'ils remettent au pontife assis sur son trône. Ces envoyés d'une chrétienté lointaine apparaissent comme des ambassadeurs, non comme des fidèles. La chrétienté occidentale s'avise qu'en dehors des schismatiques d'Orient, bien identifiés depuis quatre siècles, il est en Éthiopie une Église qui vit dans l'indépendance, étrangère à Rome par l'effet de l'éloignement, non par les conséquences d'une rupture. A l'heure où l'on croit aller vers la réconciliation avec Byzance, voilà que les Éthiopiens se disent prêts à s'intégrer dans l'Église romaine. Comme les négociateurs de Byzance, ceux du Roi des rois seront désavoués à leur retour. Mais leur venue, en compliquant le jeu, suscite des espérances. Le royaume du Prêtre Jean n'a rien de mythique.

C'est peu après, en 1450, que le dominicain Pietro Ranzano rencontre à Naples un étrange ambassadeur, dépêché par l'Éthiopie au roi d'Aragon. Cet homme est un Sicilien, Pietro Rambulo. Il raconte une curieuse histoire.

Cet homme à l'esprit aventureux est né en Sicile vers 1385. Pour ses affaires, il a parcouru la France, l'Espagne, l'Italie, la Tunisie, l'Égypte. Ayant rencontré en Égypte un ambassadeur du Roi des rois, il l'a suivi, s'est fait à l'Éthiopie, s'y est marié. Catholique il était, catholique il est resté. Son propos suffit à démontrer, contrairement à tout ce que l'on a dit jusque-là pour dissuader les candidats au voyage, la tolérance religieuse des Abyssins. Apprécié pour sa connaissance du monde et son sens de la diplomatie, il s'est vu charger de missions en Inde, à Ceylan, en Chine. Le voici en route pour l'Aragon.

L'étonnant envoyé de Zera Yacob, que flanque un religieux éthiopien nommé le frère Michel, met les choses au point. Son pays d'adoption n'a rien à voir avec l'Inde ou la Chine. Le royaume du Prêtre Jean n'est pas en Asie. L'Inde d'Afrique n'a d'Inde que le nom dans les esprits confus des Occidentaux. Rambulo évoque les ressemblances de la chrétienté lointaine avec celle de Rome : par-delà les pays où l'on circoncit, l'Éthiopie est un pays où l'on baptise avec l'eau. Mais d'autres pratiques font des Abyssins des barbares : pour se distinguer des Arabes qui portent, par la circoncision, une marque indélébile de leur appartenance religieuse, les fidèles du Prêtre Jean marquent les baptisés au fer rouge.

Le Roi des rois

La légende ne cesse de troubler les esprits. Le Prêtre Jean est en Afrique, il descend de la reine de Saba, il est le successeur de l'apôtre Thomas, bien connu pour son évangélisation de l'Inde. L'évocation par Rambulo d'une armée forte de six mille éléphants rappelle à qui a lu Tite-Live les armées d'Hannibal. Celle des richesses de l'Afrique fait rêver les marchands qui contourneraient volontiers la barrière arabe pour leurs trafics avec l'Orient, et les gouvernants qui cherchent d'autres alliances de revers que celle des médiocres chrétientés nestoriennes.

De ce pays riche de mirages, Rambulo fournit la clé. Il n'est que de gagner Alexandrie et d'aller descendre vers le sud au long de la mer Rouge, cette mer que les chrétiens hésitent à fréquenter, tant leur paraît grand le risque de n'y trouver d'autre issue que les terres des Infidèles. Alexandrie leur est familière, et les marchands italiens — non les Catalans, dont se méfie le sultan — obtiennent sans peine les sauf-conduits qui permettent d'y mener leurs négoces. Au sud, il n'est pas de sauf-conduits chez les bédouins. Faute de pouvoir faire passer en mer Rouge les navires de Gênes ou de Venise, l'aventure reste entière. Les dires de Rambulo ouvrent de nouvelles perspectives. A côté de la route d'Alexandrie, il en est d'autres qui, par Ormuz ou par ailleurs, permettraient de cingler vers l'Afrique du Prêtre Jean. Vers le sud, on en est maintenant assuré, l'Islam a ses limites.

Nombreux sont ceux qui, dans les années 1460, se risquent vers l'Afrique orientale. Pour les géographes et les cartographes, celle-ci prend une substance, voire des contours. Des Italiens atteignent l'Éthiopie, des Éthiopiens viennent en Italie. Les ambassades aragonaises se succèdent en Éthiopie. Un Éthiopien parvient à Lisbonne, offrant l'amitié de son maître. Les progrès des Ottomans, qui viennent de prendre Byzance et assurent leur mainmise sur la mer Noire, rendent plus nécessaire que jamais une entente entre chrétiens. Des religieux qui reviennent d'Abyssinie — via la Perse et le détroit d'Ormuz — et passent par Venise esquissent les contours de l'Afrique chrétienne à l'intention du camaldule Fra Mauro qui peut ainsi donner à l'Éthiopie sa place sur la mappemonde qu'il élabore pour Alphonse V de Portugal. En 1474, Sixte IV fonde au chevet de Saint-Pierre un Collège éthiopien où l'on instruira les prêtres abyssins d'une théologie moins autonome.

Comme naguère les Florentins, les Vénitiens se risquent à traverser l'Égypte. En 1476, l'un d'eux peut se vanter d'avoir visité le palais du Roi des rois Baïda Mariam (1468-1478).

> Le trône, tout entier en or avec des incrustations de pierres précieuses, repose sur sept degrés, dont le premier est d'or, le deuxième d'ivoire, le troisième de cristal, et ainsi de suite jusqu'au dernier, qui est de rubis.
>
> Le lit royal est en saphirs, parce que cette pierre procure un bon sommeil.

Un autre Vénitien, en 1483, Paolo Trevisan, compose à son retour une description du pays et des mœurs des Abyssins. Trois ans plus tard, la Sérénissime obtient officiellement du sultan le droit de passage pour ses marchands. En 1482 et en 1484, Battista da Imola fait deux fois le voyage au pays du Prêtre Jean. Par le Nil et par les pistes chamelières, suivant l'itinéraire vénitien du siècle précédent, il gagne la mer Rouge, embarque à Qoseïr, navigue trente-cinq jours jusqu'à Souakin, se joint à une caravane, franchit le désert et les montagnes. Au terme d'un voyage de trois mois, il atteint Arari, dans l'Amhara, en plein pays chrétien.

On trouve alors établis à la cour du Prêtre Jean une dizaine d'Italiens et un Bourguignon, tous plus ou moins incapables de regagner l'Europe. Contrainte ? Fatigue ? Simple dissuasion ? Rambulo n'est-il pas devenu, après dix ans de séjour, un serviteur fidèle du Roi des rois ? La preuve est maintenant faite que l'on va avec peine mais assurément au pays du Prêtre Jean, mais qu'on en revient plus difficilement. Voilà qui prêche encore pour la voie maritime par l'ouest.

Le Portugal se lance à son tour sur la route de l'Afrique orientale. C'est Pero da Covilham, un homme qui a voyagé en Europe et au Maghreb. Il se voit chargé d'une mission d'exploration, presque d'une ambassade. Il est flanqué d'Afonso de Païva, un homme dont la famille a des attaches aux Canaries. Parti de Lisbonne le 7 mai 1487, il gagne Rhodes, puis Alexandrie, se mue en marchand, embarque sur la mer Rouge à Souakim, atteint Aden. Laissant là Païva qui, malade, revient mourir au Caire, Covilham fait un tour en Inde, visite Calicut et Goa, revient en cabotant jusqu'à Ormuz, prend la route d'Alep, se retrouve finalement à Alexandrie. D'un « passage » vers l'ouest, il n'aura que le récit indirect des voyageurs rencontrés dans les ports de l'océan Indien. Tous concordent : la route est bouchée.

A jouer sur les deux routes, le roi de Portugal perd du temps. Celle de l'Afrique occidentale paraît autrement rentable. Mais on devine la longueur de la route des Indes ouverte par les navigateurs de l'Atlantique : la route des Indes par le cap de Bonne-Espérance est à l'évidence égale au double du chemin déjà parcouru par Bartolomeu Dias quand, en cette même année 1487 qui voit partir Covilham, il double ce qu'il appelle le cap des Tempêtes et voit enfin la côte s'étendre vers le nord. Entre la route désespérément longue et la route connue pour ses difficultés, les Portugais marquent un temps d'hésitation. Jean II de Portugal attend de savoir ce qu'a trouvé Covilham, et Covilham ne revient pas. Les seules nouvelles que l'on a sont ce que rapportent deux Juifs envoyés à sa rencontre et qui l'ont trouvé à Alexandrie : ils confirment ce qu'on savait de la mer Rouge. Aucune information ne vient quant à l'attitude des Éthiopiens devant une éventuelle installation des Portugais.

Or Jean II tient sur la côte occidentale quelques certitudes. Dès lors que l'on n'a plus l'espoir d'un « passage » équatorial, et que l'or ne pousse nulle part « comme des carottes » sur les bords du Niger, le partage idéal semble être de garder l'Occident et d'atteindre l'Orient par la route orientale. L'Afrique occidentale peut rester une fin en soi. Au reste, nul ne sait comment se joignent les côtes du Cap et celles que l'on connaît indirectement entre la mer Rouge et l'équateur.

Pendant que le roi de Portugal marque le pas devant l'entreprise onéreuse que promet d'être une expédition au-delà du cap de Bonne-Espérance, les choses ont changé dans le royaume voisin. Longtemps tenue à l'écart des dynamismes colonisateurs par l'interminable « Reconquête » du sol ibérique, l'Espagne rentre à son tour sur la scène atlantique.

L'Éthiopie ne perdra son mystère qu'au siècle suivant, quand l'avantage acquis par l'Espagne grâce à Christophe Colomb et la reconnaissance définitive de la route du Cap feront de la route orientale par la mer Rouge l'objet d'un véritable défi. Le Roi des rois, cette fois, se montre avec insistance demandeur de relations avec l'Europe. Mais on ne connaîtra qu'en 1520 la raison pour laquelle, après tant de tentatives faites en direction de l'Aragon, le Roi des rois choisit cette fois le Portugal. Covilham, qui a si longtemps laissé sans nouvelles ses compatriotes, a fait comme tant d'autres : fatigué du voyage, dissuadé de s'en retourner, il s'est fixé chez les Éthiopiens. Comme jadis Marco Polo chez le khan des Mongols, Covilham est devenu un personnage. Il a de l'influence à la cour du jeune roi Lebna Denguel (1508-1540). Et c'est son pays d'origine qu'il propose quand en 1508 la reine mère et régente Hélène ressent à son tour le besoin d'une alliance de revers contre l'Islam égyptien qu'elle combat, étant née musulmane, avec l'ardeur des néophytes. Navigateur et chef de guerre, Afonso de Albuquerque vient d'établir solidement la présence portugaise dans l'Inde. Il tient Ormuz. Il occupe Goa. Il est en train de soumettre la côte du Malabar, Ceylan, les îles de la Sonde. Hélène lui dépêche un messager, un Arménien, qui propose l'alliance.

La réponse portugaise vient, en 1520, avec l'envoi d'une ambassade. Francisco Alvares et ses compagnons sillonnent le pays pendant six mois. Ils visitent les campements et les monastères. Ils parviennent enfin auprès du jeune Roi des rois, David II. La régente est là, qui les reçoit. La veuve a un vieil amant. C'est Pero da Covilham.

Pour la première fois, des Européens pourront dire qu'ils ont vu le Prêtre Jean, dans un appareil où se mêlent les splendeurs d'une cour byzantine et celles d'une liturgie orientale.

> On ouvrit les rideaux. Nous vîmes brusquement le Prêtre Jean sur une estrade de six marches, très richement ornée. Il portait sur la tête une haute couronne d'or et d'argent. A la main, il tenait une croix d'argent...
>
> Il portait une robe de brocart très riche, et une chemise de soie à larges manches. Un riche

> vêtement, comme une chasuble d'évêque, allait de ses genoux jusqu'à terre.

Pour l'Éthiopie, malheureusement, il est trop tard. La splendeur de la cour du Roi des rois ne peut masquer la catastrophe politique. La pression des Turcs ne cesse de s'alourdir. Les Ottomans sont maintenant en Égypte comme en Arabie. Ils dominent la mer Rouge. La chrétienté d'Au-delà se sent bien seule. De l'Europe, elle n'a reçu, en un siècle de relations certes épisodiques, ni véritable aide diplomatique, ni aide militaire. Et le périple de Vasco de Gama met l'Inde d'Asie à portée des navigations européennes. Certes, la route est longue, mais elle s'accomplit avec de gros navires, et sans rupture de charge. La route du Cap l'emporte en avantages sur l'enfilade de portages et de cabotages que signifiait la route de la mer Rouge. Lebna Denguel pourra bien céder aux Portugais une base commerciale dans le port de Massawa, les uns et les autres ne pourront être que déçus. Pour plusieurs siècles, l'Éthiopie est isolée, les grandes routes passeront au large, et la Réforme reléguera le Prêtre Jean à l'arrière-plan des préoccupations de la Chrétienté.

CHAPITRE XV

La côte d'Afrique

La côte atlantique de l'Afrique apparaît tout d'abord comme le prolongement des cabotages méditerranéens. Elle s'inscrit sur les cartes comme la projection naturelle des navigations de Gênes ou de Barcelone, et très vite de Lisbonne, aussi bien que comme la continuation d'une exploitation économique du littoral maghrébin, déjà familier aux marins européens. Ajoutons, à l'arrière-plan, le sentiment confus d'une Europe qui a touché les limites de l'expansion interne et dont l'espace exploitable n'a crû, depuis le XIIIe siècle, ni en fonction de la population ni en raison de la demande. Car on s'accoutume, des milieux dirigeants aux couches les plus modestes de la société, à un mieux-vivre qui supposerait d'autres espaces. Le pain blanc n'est plus réservé à la seule aristocratie, le bœuf et le mouton sont sur la table du citadin, le vin et la bière passent aux yeux de tous pour denrées nécessaires. Et la viande à bon marché, dont la qualité laisse à désirer, appelle des épices à bon marché.

Quoi qu'il en soit de la qualité, une telle élévation du niveau de vie est incompatible avec le monde clos qu'est au XVe siècle l'Occident chrétien. Au XIIe siècle, il y avait un espace de croissance à l'horizon du village. Au XVe, passé le temps des reconstructions agraires qui rendent vie aux zones éprouvées par les crises démographiques et par la guerre, il n'y a plus d'expansion en deçà des côtes atlantiques de l'Europe. Rien d'étonnant à ce que nous trouvions sur les routes de l'Atlantique sud, dans un premier temps, des Génois, et que, dans une concurrence constante avec les Castillans, les Portugais les y supplantent enfin.

Le temps des Génois

Il s'en faut de peu, en effet, que cette route occidentale soit définitivement la voie des Génois. Plus que quiconque, et plus que les Vénitiens même, ils ont l'expérience de l'Atlantique comme celle de l'Afrique. Maroc et Andalousie sont pour eux un même marché, où ils vont chercher le blé, l'huile, la cire, le poisson. Alors que, place après place, se réduit leur aire d'action commerciale de la mer Noire et de l'Asie mineure, ils cherchent et trouvent en Méditerranée occidentale et à l'ouest de Gibraltar la compensation qui leur permet de rester l'une des puissances économiques de ces deux derniers siècles du Moyen Age. Comme ils ont jadis fondé en Orient un empire colonial, fait de bases assurées et de chasses gardées, ils tentent d'en créer un en Occident, sur les côtes où ne s'aventurent guère les navires nordiques et où ne se hasardent pas des Vénitiens trop occupés à défendre leurs positions traditionnelles, insulaires et continentales, en Méditerranée orientale, à Alexandrie comme à Chypre. Venise monopolise les épices. Gênes va chercher l'or du Soudan.

De longue date, les Génois sont à Tunis, à Sfax, à Bougie, à Bône, à Constantine. Malgré les risques — pirates en mer, prison sur terre — qu'atténue la protection intéressée des autorités locales, conscientes de ce que gagne le pays à une telle fréquentation, les Génois font des ports maghrébins les escales normales de leurs navigations vers l'Europe occidentale. Ils y apportent des draps de laine achetés à Londres ou à Southampton, ils emportent des cuirs, des laines, de l'huile. Ils financent la pêche du corail, et celle du thon que l'on conserve dans l'huile de Djerba. Bien plus, les navires de Gênes compensent la carence maritime des marchands arabes: entre Alexandrie et le Maroc, ceux-ci contribuent pour une large part au fret des nefs génoises. Les hommes d'affaires génois comptent donc des associés et des facteurs dans chaque port du Maghreb, comme ils en ont à Málaga et à Londres.

Ils sont à Grenade, aussi. On y préfère les Génois, qui favorisent la prospérité du petit État maure, aux Castillans qui ne pensent qu'à achever la Reconquête. A Grenade comme à Málaga, tout le monde regarde vers l'Afrique. Le mouvement maritime ne cesse pas, qui approvisionne en blé marocain les villes ibériques, qu'elles soient chrétiennes ou musulmanes. Affluent ainsi à Málaga les informations sur les ressources de l'Afrique aussi bien que les occasions de trafics avec cette Afrique. De Málaga et de Grenade comme de Constantine et de Tlemcen, les Génois entreprenants ne peuvent que regarder vers le sud. Ils lorgnent vers ces routes, sur terre et sur mer, qui conduisent aux pays de l'or et des esclaves. En 1291, nous trouvons un Génois à Sijilmasa, au débouché de la route caravanière qui relie le Tafilalet au Soudan.

C'est en cette même année 1291 que les premiers aventuriers occidentaux dont l'histoire ait retenu le nom se risquent au-delà de Gibraltar vers le sud, et non vers le nord comme on en a déjà pris l'habitude. La galère de Nicolozzo Spinola est arrivée en Flandre en 1277. D'autres ont suivi. La ligne de Gênes vers la Flandre et l'Angleterre sera régulière à partir de 1298. Mais en 1291, c'est un autre propos qu'ont les Génois Tedisio Doria, Ugolino et Vadino Vivaldi : ils entendent faire le tour de l'Afrique. Tedisio Doria est un personnage important. Il appartient à l'une des deux familles — Doria et Spinola — qui gouvernent Gênes depuis vingt ans. Son père, Oberto Doria, a remporté contre Pise la victoire décisive devant l'île de Melora (6 août 1284). Il est l'organisateur de l'expédition, mais il n'est pas homme à s'éloigner longuement de Gênes. Empruntant de tous côtés, il trouve des capitaux et finance ainsi l'armement de deux galères, avec leur premier fret. Il est entendu que l'entreprise durera dix ans, et que l'on ne cessera, pendant ce temps, de faire fructifier la mise initiale. Le terme du voyage est déjà fixé : l'Inde. On contournera l'Afrique.

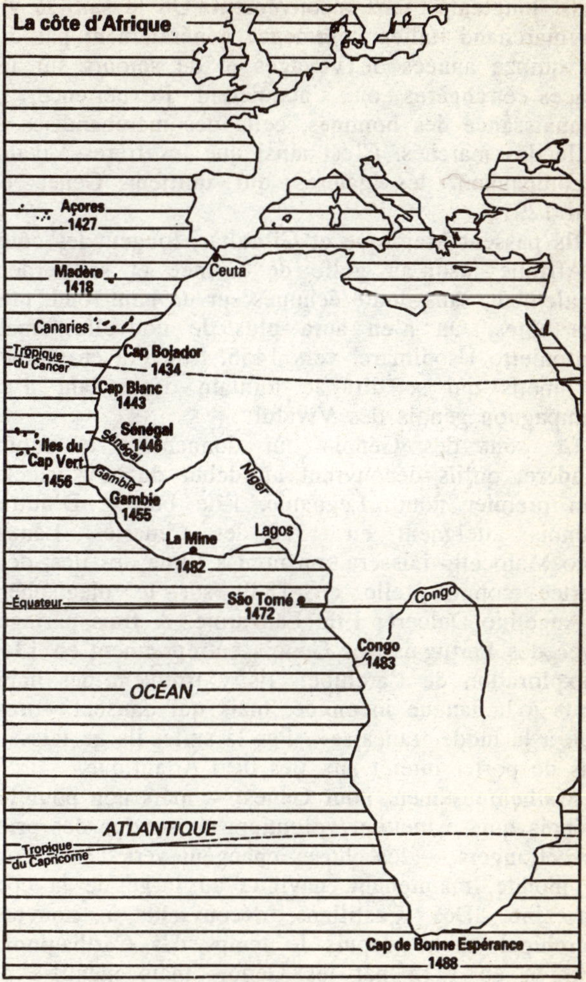
La côte d'Afrique
Açores
1427
Madère
1418
Ceuta
Canaries
Tropique
du Cancer
Cap Bojador
1434
Cap Blanc
1443
Sénégal
1446
Sénégal
Iles du
Cap Vert
1456
Gambie
Gambie
1455
Niger
La Mine
1482
Lagos
Équateur
São Tomé
1472
Congo
Congo
1483
OCÉAN
ATLANTIQUE
Tropique
du Capricorne
Cap de Bonne Espérance
1488

Doria ne quitte pas Gênes. Sur les galères, il y aura de moindres personnages, des marchands auxquels l'usage de leur métier permet de s'absenter aussi longtemps sans inconvénient. On le sait, la vie du marchand italien commence généralement par dix ou quinze années de voyages et de séjours sur les places étrangères où s'acquièrent l'expérience, la connaissance des hommes, celle des marchandises et celle des marchés. C'est ainsi que les frères Vivaldi accompagnent les galères qui quittent Gênes en mai 1291.

Ils passent Majorque et Gibraltar, longent les côtes d'Afrique jusqu'au golfe de Guinée et se perdent finalement, sans doute échoués sur un haut-fond, près des côtes. On n'en aura plus de nouvelles, mais Antonietto Usodimare, vers 1455, trouvera en Guinée un métis qui se dira le lointain descendant d'un compagnon génois des Vivaldi.

Ce sont des Génois qui donnent à la future Madère, qu'ils découvrent au début du XIVe siècle, son premier nom : Legname, l'île boisée. D'autres Génois atteignent en 1312 les Canaries. Lanzaroto Malocello laissera son nom à l'une des îles, déjà portée comme telle en 1339 sur le planisphère d'Angelino Dulcert : l'île Lanzarote. A frais partagés avec des Portugais, les Génois entreprennent en 1341 l'exploration de l'archipel. Ils y trouvent des habitants à la langue inconnue, mais qui dansent « presque à la mode française ». Par la suite, ils ne laissent pas de porter intérêt aux îles de l'Atlantique.

Malheureusement pour Gênes — mais non pour les Génois qui se mettent volontiers au service des princes étrangers — les choses changent vers 1330. Tout le monde, maintenant, navigue au large de la côte africaine. Des Castillans découvrent à nouveau l'archipel oublié depuis le temps des Carthaginois, entrevu en 1312 par les Génois mais identifié en 1334 par des marins français qu'une tempête a poussés dans ces parages et en 1341 par trois caravelles portugaises montées par des Italiens : les Canaries.

Un infant de Castille, Luis de la Cerda, se fait concéder en 1344 par le pape Clément VI la couronne des Canaries, à charge de se reconnaître vassal du Saint-Siège et de payer pour son royaume un cens annuel de quatre cents florins. A vrai dire, le pape ne connaît que fort mal ce qu'il donne, et la bulle mêle en un même archipel onze îles passablement légendaires par leurs noms, empruntés à toutes les époques de la description géographique. Cela n'empêche pas Clément VI de notifier la chose aux souverains occidentaux, ce qui provoque une réaction du roi de Portugal : celui-ci rappelle qu'il a fait explorer les Canaries et qu'il se réserve le droit de les conquérir. Quant au roi de Castille, il ne se presse pas d'aider une expédition qui doit créer un royaume étranger à la Castille, sinon à sa dynastie. Ainsi maître d'îles baptisées Atlantica, Pluviaria ou Hesperida, dûment fourni par le pape d'un sceptre et d'une couronne d'or enrichie de pierres précieuses, l'infant, qui s'intitule maintenant « prince de la Fortune », n'aura pas le temps d'embarquer : son alliance avec Philippe VI de Valois l'appellera à d'autres combats, en France.

Un Majorquin, Jaume Ferrer, pousse en 1346 son exploration sur les côtes d'Afrique. On ne le reverra pas. Certains penseront qu'il a atteint le Sénégal. Mais deux navires catalans atteignent à leur tour en 1360 la Grande Canarie, et repartent dès que les premiers marins débarqués se font faire prisonniers par les Canariens... Certains, parmi les précédents « découvreurs », avaient cru l'île déserte. Les légendes du peuple guanche font aux prisonniers catalans l'honneur d'avoir importé dans l'archipel l'art de construire des maisons. Mais les marins ont le sang chaud. Ils s'intéressent aux femmes guanches. On les met à mort. Il en viendra d'autres, qui connaîtront des sorts divers et parfois aussi dramatiques. Il y aura des missionnaires. Il y aura des pilleurs.

Des Normands suivent les Espagnols sur la route de l'Atlantique. En 1365, des marchands de Dieppe et de Rouen s'associent pour des trafics sur les côtes africaines. Peut-être certains dépassent-ils le cap Vert et atteignent-ils les côtes de la Sierra Leone. Ils rapportent de l'ivoire en quantité, mais moins d'or que prévu.

La fin du XIVe siècle voit les navires espagnols et normands se succéder aux Canaries et en Afrique. Le mouvement maritime est tel qu'il devient intéressant d'aller pirater dans les parages. Des marins de Biscaye équipent ainsi, en 1385, cinq caravelles pour faire la chasse aux navires marchands entre le Maroc et les Canaries. Voyant le volcan de Ténérife en éruption, ils baptisent l'île « l'Enfer ». D'autres sont accueillis par des flèches. La plupart font du butin, et ramènent des prisonniers.

Les Français aux Canaries

Le moins que l'on puisse dire, c'est que, dans les années 1400, les Canaries sont bien connues de l'Europe. Nul n'a toutefois songé à s'y établir. Tel est en revanche le propos de deux Français, Jean de Béthencourt et Gadifer de la Salle, deux chevaliers aux personnalités bien différentes mais également pleins d'illusions qui tentent, en 1402, de coloniser l'archipel. Jean de Béthencourt est un riche seigneur du pays de Caux, propriétaire de l'important château de Grainville-la-Teinturière, non loin d'Yvetot. Mais c'est aussi un aventurier, qui ne dédaigne pas de se livrer à la piraterie : cela lui vaut d'être en 1401 poursuivi en justice pour avoir saisi en mer, malgré les trêves, soixante-douze tonneaux de vin gascon qui naviguaient vers l'Angleterre. Gadifer de la Salle, lui, est un officier royal. Il a le titre honorifique de chambellan du roi. Il a été sénéchal de Bigorre. Venant trop tard dans un monde où les compagnies soldées de la guerre de Cent Ans ont pris la place de la chevalerie des romans de la Table ronde, il raffole des prouesses que narrent les méchants romans où se prolonge péniblement la veine épique des chansons de geste, curieusement mêlée de figures empruntées aux *Décades* de Tite Live. Porté par un enthousiasme nourri de ces lectures qui annoncent celles de Don Quichotte, il vit un rêve. Il a nommé son bâtard Hannibal. Il nommera Rubicon le château qu'il fera construire dans l'île de Lanzarote. Ces traits suffiraient à qualifier l'homme.

Les deux seigneurs ont été associés en Méditerranée pour lutter contre les Sarrasins. On les a vus côte à côte en 1390 dans l'armée menée contre Tunis par le duc Louis II de Bourbon. Une brève rencontre, à La Rochelle, suffit à les associer pour une autre aventure, sur l'Atlantique.

Pour financer l'expédition, on vide les coffres. Pour sept mille livres tournois, Béthencourt donne sa seigneurie de Grainville-la-Teinturière en gage à son oncle Robert de Braquemont, le futur maréchal de Charles VI. Il vend sa terre de Saint-Martin-le-Gaillard. Il vend aussi une maison à Paris. La Salle fait de même. Les capitaux ainsi réunis permettent d'armer trois bons navires, qui quittent La Rochelle le 1er mai 1402. Ils font escale à Cadix, où ils perdent du temps à se disculper d'une accusation de piraterie portée contre eux par des marins génois, italiens et anglais. Le 22 juillet, ils sont à Lanzarote, la première des îles Canaries pour qui vient du nord. Ils ont tôt fait de reconnaître les abords et de proclamer leur seigneurie sur l'île paisible où nul ne songe à leur résister.

Car, même si les motifs du voyage demeurent en partie incertains, si Béthencourt a quelque intérêt à se faire oublier de la justice et s'il peut songer à exercer dans l'Atlantique son talent de pirate, c'est bien de conquête et de colonisation qu'il s'agit avant tout. Les plénipotentiaires français qui traitent en 1402, aux conférences de Leulinghem, de l'indemnisation des victimes de la piraterie ne savent dire qu'une chose :

> Béthencourt et messire Gadifer de la Salle vendirent piéça [jadis] tout ce qu'ils avaient au

royaume, et disaient qu'ils allaient conquérir les îles de Canarre et d'Enfer.

Quant à Gadifer de la Salle, ce qu'il a dit à son futur associé lors de l'entrevue de La Rochelle est sans ambiguïté : il va « à son aventure ». Dans le récit qu'ils rédigeront plus tard, *Le Canarien, livre de la conquête et conversion des Canaries,* deux clercs de l'entourage de Béthencourt affirmeront que l'expédition avait pour unique fin de convertir à la foi chrétienne « des gens mécréants de diverses lois et de divers langages ». Mais ils n'en font pas moins allusion à une véritable campagne menée par leur maître, à son premier retour au pays de Caux, pour recruter des colons. Très clair est le manifeste par lequel Béthencourt allèche des paysans normalement étrangers aux choses de la mer.

> Je y veux mener des gens de tous métiers que l'on puisse dire et diviser [énumérer]. Quand ils y seront, il ne faut point douter qu'ils seront en bon pays pour vivre bien aisés et sans grand peine de corps. A ceux qui viendront, je donnerai assez de terre pour labourer s'ils veulent prendre cette peine. Il y a beaucoup de gens mécaniques en ce pays [d'artisans en Normandie] qui n'ont pièce de terre et vivent à grand peine : s'ils veulent venir par là [aux Canaries], je leur promets que je leur ferai tout le mieux que je pourrai.

Il est vrai qu'à cette époque la situation des campagnes normandes n'est pas brillante, et que les paysans rêvent quand on leur parle d'une île fertile où l'on peut travailler en paix. Peut-être faut-il joindre à ce propos purement économique le désir politique, chez les deux chefs de l'expédition, d'une seigneurie indépendante telle que l'on s'en taillait en Orient au temps des croisades. Béthencourt se vantera beaucoup de son « royaume », et La Salle regrettera l'hommage fait à la Castille.

Tout est compromis par l'attitude des braves Normands embarqués dans une affaire dont ils n'ont pas mesuré l'ampleur. En bref, les marins et les colons ont le mal du pays. On leur a fait miroiter la fortune, et celle-ci n'a rien d'immédiat. Le climat, lui, indispose dès le premier jour des paysans qui soupçonnaient mal ce que pouvait être un tel changement de latitude. Certains se sont débandés dès l'escale de Cadix, disant qu'on les menait à la mort : les navires avaient embarqué peu de vivres. Il est resté cinquante-trois hommes sur quatre-vingts. Aux Canaries, on frôle l'insurrection. En fait d'île fertile, force est de se contenter des vivres apportés, dont la provision va diminuant. On se bat pour la nourriture. Parvenu dans l'île de Forte Aventure (Fuerteventura), l'un des capitaines de La Salle, Robin Le Brument, refuse de laisser Gadifer monter à bord pour regagner Lanzarote, puis ne l'accepte que comme otage. L'un des chefs de l'expédition, Bertin de Berneval, multiplie les complots, puis trahit ouvertement et s'entend avec des Espagnols survenus par hasard, auxquels il livre de l'artillerie et des femmes. Le viol de ces Normandes par les marins espagnols rendra tout accommodement impossible.

Certains vont tenter seuls une autre aventure, comme ce Toulousain, Anselme d'Isalguier, qui s'en va vers 1405 à travers le continent africain. Il atteint le Niger, descend le fleuve jusqu'à Gao, au cœur de l'empire songhaï alors proche de son apogée. Isalguier reviendra en Europe en 1413, avec la femme qu'il a épousée chez les Songhaïs, et avec leur fille. Comme bien l'on pense, ils feront sensation à Toulouse.

Laissant son associé pour garder la conquête, Béthencourt s'en est retourné en Normandie dès l'automne 1402, autant pour ramener les mécontents que pour recruter des hommes mieux préparés à la colonisation.

Il a promis de revenir pour Noël, mais il a surestimé sa capacité financière. La Normandie est exsangue. Déchiré entre les princes et leurs factions, le

Conseil du pauvre Charles VI a autre chose à faire que de commanditer la colonisation des Canaries. Béthencourt fait escale à Séville, où il a des relations : son oncle a épousé la fille du grand-maître de la maison du roi, et sa nièce est mariée à l'alcade de Séville. C'est Henri III de Castille qui avance les fonds, mais contre un hommage. Les Canaries sont désormais un fief tenu du roi de Castille. Béthencourt ne parviendra pas à faire admettre par Gadifer de la Salle qu'il n'a pu faire autrement.

Lorsqu'il regagne les Canaries en 1405 avec « aucuns rafraîchissements de gens et de vivres », autrement dit avec cent soixante hommes — nobles, paysans et artisans — et vingt-trois femmes, Béthencourt trouve un Gadifer de la Salle qui s'est fort bien fait à l'idée de ne partager ni le pouvoir ni les profits, mais qui ne maîtrise plus la situation. La Salle a poursuivi seul la tournée des îles. Il n'a cependant pas oublié le propos d'une croisade, et parle d'aller maintenant en Afrique, « jusqu'au royaume du Prêtre Jean ». Les autres ne l'entendent pas ainsi, et le brave chevalier ne voit pas qu'il se trompe de siècle. Ses rêves de soldat de la foi font mauvais ménage avec le réalisme des colons.

Les deux maîtres des Canaries s'entendent désormais fort mal. Gadifer de la Salle cède le premier, et rentre en France. On le retrouvera devant Gênes, dans l'armée du maréchal Boucicaut. Après s'être proclamé roi et avoir plus ou moins bien installé ses Normands dans tout l'archipel, jusqu'à Hierro et à La Palma, Béthencourt repart, le 15 décembre 1405, pour la Normandie, laissant le gouvernement à son neveu Maciot. Mais, cette fois, nul ne l'aide plus à financer une aventure dont l'intérêt n'est pas évident. Les années passent, il s'agite encore. Il retourne en Espagne. Lorsqu'il voit la Normandie soumise à la domination anglaise, le réaliste Béthencourt s'empresse, en 1419, de jurer à Henri V de Lancastre une fidélité qu'il monnaie contre un sauf-conduit d'un an pour deux navires. Une tempête contrarie fâcheusement l'entreprise, et le naufrage des deux navires sonne la fin de l'histoire. Désemparé et ruiné, Béthencourt n'échappe au pire qu'en vendant au roi de Castille son éphémère « royaume » des Canaries.

Enfin, il se lasse. Il a soixante ans. Ce n'est plus l'âge des aventures. Il vieillit désormais dans l'amertume. Il a épousé une très jeune femme, et craint que celle-ci ne soit la maîtresse de son frère : il met l'une en prison et l'autre à la porte. Il vit dans la solitude, rêvant de son royaume perdu. Il mourra en 1422. Malgré quelques légendes soigneusement cultivées du côté de Dieppe, les Normands oublieront rapidement la route ouverte sur l'Atlantique par leurs compatriotes. Mais la carte du Vénitien Giacomo Ziroldi figure, dès 1426, les trois archipels des Açores, de Madère et des Canaries. Et le pape vénitien Eugène IV, en 1431, reconnaît les droits de la Castille sur les Canaries, se fondant moins sur la cession consentie à son corps défendant par Béthencourt que sur de prétendus droits historiques hérités des Goths, maîtres au VIe siècle de la Maurétanie de Tanger, donc des îles qui en sont le prolongement en mer. Vainement invoque-t-on pour le Portugal une cession tardive de ses droits par le fils de Jean, Maciot de Béthencourt.

Le temps des Portugais

L'aventure, désormais, n'est plus dans les archipels. Et c'est alors qu'entrent véritablement en scène les Portugais. Fort de sa façade atlantique et surtout de l'enthousiasme personnel de l'infant Henri le Navigateur, le Portugal va faire, en quelques années, de la côte africaine une chasse gardée. Troisième fils survivant du roi Jean Ier qui, vainqueur de la Castille à la bataille d'Aljubarrota (14 août 1385), a définitivement assuré l'indépendance du Portugal et l'autorité de sa dynastie, l'infant don Enrique — Henri le Navigateur — est bien, pour cette exploration et cette conquête des côtes africaines, un initiateur et un protecteur, voire un financier. N'en faisons ni un savant ni un mécène désintéressé. Henri est un prince curieux, soucieux de laisser un nom alors qu'il a peu de chances d'accéder un jour à la Couronne, avide de ces profits qui sous-tendent le prestige. Mal placé pour gouverner le Portugal, l'infant est en position de tourner vers une aventure glorieuse une partie du dynamisme et des ressources du royaume. Il devient ainsi la figure représentative de ce Portugal qui, soudain, ayant achevé de se définir dans la péninsule Ibérique, se découvre une vocation outre-mer. La politique de cet infant qui ne sera jamais roi est finalement celle qu'attendait le Portugal parce que c'était celle à laquelle conduisaient quatre siècles d'histoire portugaise.

Dès le début, c'est bien d'une entreprise officielle qu'il s'agit, et c'est une conquête. On parle de nouveau de la Croisade. L'idée d'en découdre militairement avec les puissances maghrébines n'est pas pour déplaire à des gens qui viennent d'en finir avec une trop longue occupation arabe. Infliger une défaite aux Infidèles après avoir remis à sa place la Castille serait un bon moyen de consolider la jeune indépendance du Portugal. Ce serait aussi devancer les Castillans, qui ne s'en tiendront évidemment pas là quand ils auront à leur tour évincé l'Islam de l'Espagne. C'est à qui arrivera le premier. La Castille vise à l'est la Tunisie dont on fait, comme jadis saint Louis, la clé d'une future croisade. En 1399, Henri III de Castille prend Tétouan. Éphémère victoire, qui irrite les Maghrébins mais excite les Portugais. Ceux-ci vont profiter à l'ouest de l'anarchie qui règne pendant ces dernières années de la dynastie mérinide. On parle de la Croisade. On pense davantage au débouché des routes de l'or, et aux ressources céréalières qui permettraient de mieux résoudre l'éternel problème de l'approvisionnement des villes, de Lisbonne en premier lieu. Mais on ne néglige pas de parer l'entreprise d'une couleur de croisade : investi par son père le roi et par le pape d'une véritable mission contre les Infidèles, Henri le Navigateur se posera bel et bien, avec son ordre du Christ, comme le champion de la foi chrétienne. En août 1415, une troupe portugaise débarque en Afrique par une surprise habilement menée après trois ans de préparation navale et, grâce à une manœuvre rapide, prend Ceuta.

A l'incitation de deux fils du roi Jean Ier, l'infant don Enrique et son frère don Pedro, voici maintenant les Portugais sur la route de la Guinée. C'est à la fois celle du Prêtre Jean, celle de l'or et celle des esclaves. C'est aussi celle des marchés agricoles et surtout céréaliers du Maroc atlantique.

Nul n'est dupe : les produits des terres nouvelles sont et resteront chers. Quoi qu'on y fasse croître, les agricultures et les élevages lointains ne fourniront jamais à l'Europe le vivre à bon marché. Mais, après trois siècles d'expansion (du XIe au XIIIe, en gros), cette même Europe s'est habituée à des prix élevés. Le fer au XIe siècle, les beaux draps de laine flamands au XIIIe, tout cela a fait admettre à un monde sorti de son économie fermée des siècles antérieurs que la qualité et la rareté avaient leur prix. Malgré une stagnation qui participe de la première crise, celle des années 1280-1350, l'Europe prend après 1350 son parti des répercussions de l'effondrement démographique sur les salaires et sur les prix industriels. Après 1400, dans une Europe en plein redressement — même si la chronologie de ce redressement varie d'une région à l'autre — mais en constante insuffisance monétaire, les hauts prix de revient ne sont pas pour dissuader les entrepreneurs. L'aventure économique mérite qu'on s'y attache, fût-elle, parce que les horizons sont bouchés en Europe, au prix de l'Outre-mer.

Le premier coup est porté dans les îles déjà reconnues. En 1418, le navigateur portugais João Gonçalves Zarco parvient à Legname qu'il trouve inoccupée. Il baptise immédiatement les deux îles dans sa langue : la petite est nommée Porto Santo, la grande, toute boisée, devient Madère. Les Portugais garderont Madère, mais ils perdent ensuite leur temps et leur argent en vaines tentatives contre les Canaries : quatre expéditions y échouent, de 1420 à 1434. Le seul profit est en 1427 l'occupation de plusieurs îles des Açores.

La suite de l'aventure se joue sur la côte d'Afrique, et c'est là que le Portugal va l'emporter sur une Castille encore aux prises avec le royaume maure de Grenade, donc incapable de mobiliser ses forces et ses finances pour une entreprise de longue haleine, ou plutôt pour des entreprises sans cesse répétées. Depuis le traité du 31 octobre 1411, le Portugal est assuré de la neutralité castillane sur mer. De surcroît, les Portugais peuvent maintenant limiter le risque que faisaient courir à tous les navires européens les corsaires marocains dont Ceuta était la base de prédilection. Sans perdre leur temps au Maroc où il leur suffit de contrôler le commerce maritime et où une pénétration armée serait vouée à l'échec, ils piquent sur le sud.

A peine Ceuta est-il portugais qu'en 1416 Gonçalho Velho ose longer la côte jusqu'à cette latitude subtropicale — le 26e parallèle — où les légendes se mêlent pour annoncer des bouillonnements de l'océan : les marins y sont engloutis et précipités en enfer. L'eau y bout ((comme dans un pot », dira quelques années plus tard le Génois Usodimare. Au vrai, le terrible cap Bojador — le cap de la Peur — n'est que la limite des courants qui portaient jusque-là sans trop de difficultés les navires venus du nord tout au long de la côte africaine. Le cabotage était aisé, la découverte n'était qu'affaire de temps. Plus on allait loin, plus on trouvait de terres et d'îles. En se heurtant, au cap Bojador, à un courant contraire, les navires européens ont à faire un choix difficile : rebrousser chemin ou aller au large chercher de meilleures conditions de navigation vers le sud. Jaume Ferrer, en 1346, est passé outre. On ne l'a jamais revu.

Henri le Navigateur veut en savoir davantage. Abandonnant Lisbonne où les jeux politiques ne l'intéressent guère, il s'établit à côté de Lagos, le grand port de l'Algarve qui fait face à la côte africaine et va être, pour près d'un demi-siècle, la capitale des entreprises maritimes du Portugal. Les ambitions économiques de l'Infant ne se satisfont pas de la culture sucrière qui commence de faire la fortune de ceux qui ont tout misé sur les îles. Mais le sucre n'est pas l'or.

Avec Ceuta, le Portugal a désormais une tête de pont en Afrique. Le problème posé par l'éloignement s'allège dès lors que l'on peut relâcher chez soi à Ceuta. Henri envoie une nouvelle expédition. C'est en vain. Nul n'ose contourner le Bojador par le grand large. Il faut attendre août 1434 — l'infant Henri vient de mourir — pour qu'avec un bateau très léger et à quelque trente milles au large l'écuyer Gil Eanes passe enfin le cap Bojador et débarque plus au sud deux voltigeurs qui découvrent l'existence d'une population indigène. Ce qui est nouveau, notons-le bien, ce n'est pas qu'un navigateur ait passé la « mer Ténébreuse » et le « cap de la Peur », c'est qu'il en revienne. D'autres sont allés au-delà. Il est le premier à trouver, plus au large encore, les vents de retour. Deux ans plus tard, Afonso Gonçalves Baldaia découvre une crique que, trop pressé de trouver le métal précieux, il appelle un peu vite Rio de Oro. Bientôt, on passe le tropique. C'est par là, les navigateurs en sont assurés sur la foi des cosmographes, qu'on trouvera le « passage » qui contourne l'Afrique et conduit vers l'est à l'océan des Indes.

Maintenant, les navigateurs portugais maîtrisent le système complexe des vents et des courants, constants ou saisonniers, qui permettent d'aller et de revenir. Contourner le cap Bojador pour retrouver au sud les courants qui permettent d'aller outre, remonter en marge de l'alizé pour aller chercher au nord-ouest les vents et les courants d'ouest qui, si le navigateur est assez courageux pour gagner au cœur de l'Atlantique la latitude de Lisbonne, voire celle de Porto, poussent directement vers la côte portugaise, voilà ce que les marins apprennent dans les années 1440 qui voient, avec l'apparition des grandes caravelles fortement gréées, la consolidation du progrès réalisé dans les années 1430. Le large ne fait plus peur, et c'est lui qui va ouvrir la route du sud. On sait jouer de la grande « boucle », la *volta* qui utilise au mieux les vents et courants littoraux à l'aller et ceux du large au retour. On sait aussi jouer des saisons, en profitant vers le sud des vents d'automne et d'hiver, vers le nord des vents de printemps et d'été.

De toute cette technique, d'ailleurs, les Portugais gardent le secret. Ils font à leurs découvertes une large publicité : il s'agit d'attirer les capitaux. Ils sont en revanche discrets sur les moyens : il n'est pas utile d'aider la concurrence. On fait savoir que le Portugal a désormais un empire économique en Afrique. On n'en indique pas la route.

La côte ne cesse de s'allonger vers le sud-ouest. Le passage s'éloigne. Mais le Portugal peut maintenant aligner des caravelles de 120 à 150 tonneaux, capables de naviguer à la voile sans le recours aux rameurs qui obérait la galère en encombrant sa cale : devoir emporter le ravitaillement et en particulier l'eau potable limitait étroitement les navigations, donc les voyages d'exploration sur des mers inconnues au large de côtes aux ressources incertaines. On comprend ce qu'était cette préoccupation du ravitaillement chez les capitaines qui marchaient au long des côtes sahariennes. S'aventurer vers le sud en ignorant s'il y avait des points d'eau, c'était prendre un risque mortel. Tout change quand on peut emporter une réserve d'eau pour l'aller et le retour. Après 1440, les voyages se succèdent.

C'est ainsi qu'en 1443 Nuño Tristam reconnaît le cap Blanc (auj. Nouadhibou) et découvre l'embouchure du Sénégal avec une caravelle armée par l'infant Henri. Les Portugais s'installent alors dans l'île d'Arguim, un site avantageux au sud du cap Blanc : celui-ci protège des tempêtes, et il y a une source d'eau douce. Gil Eanes et Lanzarote Peçanha occupent deux ans plus tard l'île de Tyder (auj. Tidra, au nord du cap Timris). En 1446, Diniz Dias atteint à son tour l'embouchure du Sénégal et y fait quelques prisonniers ouolofs. Ces Africains, avec lesquels le dialogue se réduit à des gesticulations plus ou moins significatives, renseignent sommairement les navigateurs sur les réalités du continent, sur ses ressources et sur ses trafics internes que, dans les mêmes années, découvre par la voie terrestre un Antonio Malfante. En 1446 encore, Nuño Tristam et Alvaro Fernandes amorcent l'exploration de l'embouchure du Sénégal et atteignent la Casamance.

Les Italiens de l'Infant

Des Italiens à la solde de l'Infant se joignent aux Portugais, comme le Vénitien Alvise da Cà da Mosto, dit Luis Cadamosto, ou le Génois Antonio Usodimare. L'un et l'autre sont des hommes d'affaires, des notables, des entrepreneurs. Ils n'ont rien de l'aventurier. Ils rêvent peu du Prêtre Jean. La mainmise sur le monde, c'est pour eux une affaire.

Usodimare au nom prédestiné — Usage de Mer — appartient à ces grandes familles qui ont à Gênes une tour sur leur palais, et qui regardent vers l'ouest autant que vers l'est : Malfante atteint le Touat en 1447, Usodimare la Gambie en 1455. La mère d'Antonio est une Spinola. Sa femme est une Gentile. Un Luca Usodimare est patron de la plus grosse galère génoise. Anfrone Usodimare est un riche négociant. Né en 1416, son fils Antonio, dit Antoniotto, dirige la Monnaie de la République. Il a quelques « colonnes » — un compte à son nom — dans les livres où la *Casa di San Giorgio* inscrit les créanciers de l'État. Sauf accident, il est promis à une belle carrière politique et financière, à un siège dans les Conseils de la République. Mais l'accident survient, et voici Antonio Usodimare incapable de payer les arrérages de la Monnaie. Des créanciers le poursuivent. Il risque la prison. En 1451, il s'éclipse.

Il va retrouver les voies de la fortune si souvent explorées depuis deux siècles par ses compatriotes. Il va se refaire sur l'Atlantique. Nous le trouvons à Séville, où ses créanciers le poursuivent. Il doit chercher fortune ailleurs. De toute façon, le temps n'est pas encore venu où le Génois Christophe Colomb prendra le commandement d'une flotte castillane. Le Maure est encore en Espagne, et la Castille réserve ses capacités financières à l'achèvement de la Reconquête. Or Usodimare le sait bien, l'aventure maritime aux dimensions du monde entrevu passe désormais par les finances des princes. Il quitte les bords du Guadalquivir pour ceux du Tage. C'est là, au Portugal, qu'en 1451 on joue le plus efficacement la carte de l'Atlantique. Henri le Navigateur est accueillant à qui lui parle des côtes d'Afrique. Et le roi Alphonse V est prêt, chose nouvelle, à financer l'aventure. Fort des conseils de l'Infant et de quelques subsides, Usodimare arme un navire.

Quatre ans plus tard, il est de retour. Il a atteint la Guinée, ce qui veut dire l'Afrique noire. Il n'a pas gagné grand-chose, et la lettre qu'il adresse le 12 décembre 1455 à ses créanciers génois est un aveu : ce n'est pas cette fois qu'il les désintéressera. Il lui faut donc repartir. En 1456, le voici de nouveau sur la côte de Guinée, où les occasions s'offrent à lui de quelques trafics qui rétabliront enfin sa situation financière.

Son parcours africain croise alors celui du Vénitien Cà da Mosto, un ancien associé du grand marchand Andrea Barbarigo. Cà da Mosto connaît les marchés de l'Égypte et ceux de la Flandre. D'Alexandrie à Bruges, son horizon est celui des affaires vénitiennes. Comme à Gênes Usodimare, Alvise da Cà da Mosto est promis aux responsabilités politiques dans les Conseils de la Sérénissime où ses ancêtres lui ont marqué une place. Son père, Giovanni da Mosto, a été pour Venise « provéditeur » à Vérone. Sa mère appartient à une famille de gros armateurs, les Querini. Il a fait très jeune l'apprentissage du monde. Il connaît Bruges et Lisbonne. Il est de ces patriciens que la « Fermeture » du Grand Conseil — la *Serrata del Consiglio* qui arrête définitivement en 1297 la liste des familles admises au Grand Conseil — protège à jamais contre l'émergence d'hommes nouveaux. Mais la « Fermeture » ne protège pas des mauvaises affaires. Ruiné si ce n'est banni à l'âge de vingt-deux ans, Alvise da Cà da Mosto pense d'abord qu'il refera fortune à Bruges, où il compte des relations et entrevoit des affaires.

Des vents contraires rencontrés à l'extrême pointe sud du Portugal, au large du cap Saint-Vincent, en décident autrement. La nef est immobilisée. En attendant de meilleures conditions, on se réfugie dans le port voisin de Lagos, qui est alors la tête de toutes les entreprises maritimes dirigées vers le sud. L'infant Henri a là sa résidence, face à l'Afrique. Pour l'heure, il s'y repose. Son entourage prend contact avec les Vénitiens. L'Infant vient voir Cà da Mosto et lui parle de ces îles où la fortune est à cueillir : ce qu'on rapporte vaut six ou sept fois ce qu'on emporte. On lui montre des merveilles.

> Des sucres de l'île de Madère, du sang de dragon, d'autres choses tirées des lieux qui étaient sous la puissance d'icelui seigneur.

L'Infant « fait naviguer ». Il autorise le voyage, il le commandite s'il le faut, il prend sa part du profit, ce qui signifie, dès cette date, sa part des esclaves : un sur cinq. Dès lors que les navigateurs respectent la souveraineté portugaise établie sur les îles, il se montre ravi de voir les excellents marins que sont les Vénitiens animer un trafic auquel il trouve un intérêt financier autant que politique. Peut-être le prince n'est-il pas mécontent de balancer avec des Vénitiens une mainmise génoise déjà trop affirmée sur les affaires du Portugal.

Henri le Navigateur sait que Cà da Mosto n'a pas les moyens d'une expédition aussi lointaine. Il lui propose de financer l'entreprise. Il fait armer une caravelle de quatre-vingt-dix tonneaux, que commandera un patron portugais. Le 22 mars 1455, la caravelle de Cà da Mosto quitte Lagos. Elle touche Porto Santo le 27. Le lendemain, elle est à Madère.

C'est ce que voulait l'Infant, mais cela ne satisfait que médiocrement le Vénitien. Car la place est prise. Les positions commerciales sont occupées. Les hommes d'affaires portugais exploitent le bois, le miel, la cire, le sucre, la vigne. Autant aller ailleurs. Cà da Mosto gagne les Canaries, que tiennent les Espagnols. Il faut poursuivre. Suivant la « route de l'Éthiopie », le Vénitien et sa caravelle portugaise approchent la côte d'Afrique. Ils atteignent le cap Blanc, qu'il ne faut pas manquer car, on le sait alors fort bien, la côte s'infléchit ensuite à gauche vers le sud : celui qui continuerait tout droit se perdrait dans l'immensité océane. Cà da Mosto n'a pas les ambitions que nourrira un jour Colomb.

Il relâcha à Arguim, cette île dont les Portugais ont fait, depuis 1443, l'entrepôt de leurs trafics avec l'Afrique noire. On n'est là qu'à six journées de marche du grand marché de Hoden, où parviennent les caravanes de Tombouctou ou de Teghazza. Des marchands arabes font la liaison entre Arguim et Hoden. Les Européens dûment autorisés par le roi de Portugal offrent à Arguim ce qu'ils ont acheté au Maroc : des draps de laine, des tapis, des toiles, des chevaux berbères, du blé surtout. Ils y joignent des soieries de Grenade. On leur propose en échange de la poudre d'or et des esclaves : quinze « têtes » d'homme noir pour un cheval.

Cà da Mosto se renseigne, car l'information afflue avec les marchandises. Sur les salines de Teghazza comme sur l'empire de Mali, il apprend beaucoup. Mais il se veut navigateur. Ce qu'il cherche maintenant, ce n'est pas à pénétrer dans le pays caravanier, c'est la route de l'Éthiopie.

Sa caravelle reprend la navigation côtière. Neuf ans après Diniz Dias, Cà da Mosto découvre à son tour le Sénégal, « le plus grand ruisseau de toute la terre des Noirs ». Comme jadis Ibn Battuta, le Portugais et le Vénitien n'ont pu démêler l'écheveau apparent des fleuves africains. On ne connaît que les embouchures et les noms prêtent à confusion. Pour le Vénitien, le Sénégal et le Nil sont semblablement issus du Paradis terrestre.

Ayant observé les hommes et les animaux, fréquenté foires et marchés, estimé ce qu'on peut tirer des pays du Sénégal et du Cayor, Alvise da Cà da Mosto repart. La côte, maintenant, s'infléchit au sud-ouest. Le navigateur s'en trouve conforté. C'est là, peu avant le cap Vert, qu'il aperçoit un matin deux voiles sur l'horizon. L'un des navires est portugais, l'autre est la nef d'Antoniotto Usodimare.

Dès le premier entretien, les deux hommes se trouvent « semblablement de même vouloir ». Plutôt que de rivaliser alors qu'ils ont le même maître, ils choisissent de s'associer. Le lendemain, ils découvrent le cap Vert (auj. Dakar). Ils poursuivent vers le sud. De leur vie, ils n'ont vu côte si belle. Ils s'émerveillent de l'embouchure de la Gambie. Les affaires vont aussi bien que l'exploration : Usodimare achète en une seule fois quarante esclaves.

Bas sur l'horizon, ils voient maintenant la « Tramontane », la Croix du Sud. Le 2 juillet, ils mesurent la longueur du jour : douze heures et demie. L'équateur est proche. Ils sont encore, à vrai dire, entre le onzième et le douzième parallèle.

Mais les marins refusent d'aller plus avant. Après Béthencourt et avant Colomb, les deux Italiens de l'Infant apprennent qu'il faut compter avec le mal du pays. Force est de rentrer. Les cales pleines, ils regagnent le Portugal. Dès lors, la découverte de l'Afrique sera portugaise, non génoise comme l'un ou vénitienne comme l'autre. Henri le Navigateur les attend, lui qui n'a jamais dépassé le Maroc. Il s'offre tout de suite à financer un nouveau voyage.

Cà da Mosto et Usodimare savent maintenant qu'on peut faire fortune en Afrique, plus encore qu'aux îles. Le temps n'est plus où, comme en 1442, on razziait quelques esclaves dans le Rio de Oro. Le blé marocain et les étoffes importées d'Europe ou du Maroc, voire le sel portugais — qui parvient ainsi au Soudan à frais moindres que le sel des caravanes sahariennes, le sel des oasis du Taoudeni, au nord de Tombouctou, et du Kaouar, au nord du lac Tchad — sont échangés par le Génois et le Vénitien contre l'or, l'ivoire et les esclaves que l'on trouve à vendre sur toute la côte d'Afrique.

Et puis, le pays de l'or est aussi celui de la malaguette, et l'on sait que le marché européen est largement ouvert à cette épice de deuxième qualité, dès lors qu'elle parvient à prix raisonnable. C'est en 1454 que la malaguette commence d'atteindre l'Europe sans passer par les revendeurs de Tunis et de Tripoli.

Au début de mai 1456, Cà da Mosto et Usodimare mettent de nouveau cap au sud. Une caravelle portugaise les accompagne, tout au moins au début. Sachant d'expérience qu'un tel voyage ne saurait trop durer sans quelque désagrément, ils profitent d'un bon vent de nord-ouest pour doubler les Canaries sans s'y arrêter. Mais au large du cap Blanc le vent tourne. Il pousse au large. Trois jours plus tard, les matelots crient « Terre ! », ce qui bouleverse toutes les prévisions, car les deux navigateurs se savent le dos au continent. En fait, ce sont des îles. L'une s'appellera Bona Vista, une autre São Tiago, car on est le 25 juillet, jour de la Saint-Jacques. Leur patriotisme portugais encore tout frais incite les deux Italiens à remercier la Providence de ce que ces « îles du Cap-Vert » aient été ignorées des Espagnols.

On imagine des lendemains fructueux. Les deux Italiens ne confondent pas, comme jadis Ibn Battuta, le Nil et le Niger. Cà da Mosto élabore un programme commercial fondé sur la complémentarité des routes maritimes et fluviales : on pourrait porter le sel des îles du Cap-Vert jusqu'au Soudan, rapporter aux îles de l'or et des esclaves, vendre ceux-ci aux Indes orientales. Cà da Mosto ne dit malheureusement pas comment il entend aller des îles du Cap-Vert aux Indes orientales.

Cà da Mosto et Usodimare retrouvent le continent au sud du Sénégal, passent de nouveau le cap Vert, remontent la Gambie jusqu'à Mansa (sans doute Mansa Konko) où ils séjournent quelque temps, apprenant à connaître la vie d'un village africain et faisant de merveilleuses affaires en échangeant leur pacotille contre de l'or et des esclaves. Revenus à la côte, ils atteignent la Casamance, doublent le cap Rouge (Cabo Roxo), donnent des noms de saints à tous les fleuves côtiers dont ils aperçoivent l'embouchure (Sainte-Anne, Saint-Dominique), s'étonnent des fortes marées du golfe de Bissau, découvrent enfin de nouvelles îles, les Bissagos.

Là s'arrête la deuxième navigation de Cà da Mosto et d'Usodimare. C'est là, tout au moins, que s'arrête le récit de Cà da Mosto. L'un et l'autre regagneront le Portugal, puis suivront leur destin de notables italiens. Leur fortune est faite. Réintégrant la société des gens qui paient leurs dettes, Antonio Usodimare trouve la place qui l'attendait dans l'aire traditionnelle du rayonnement économique de Gênes. C'est à Caffa, nœud des trafics de la mer Noire et position ultime — jusqu'en 1475 — des Génois en Orient depuis la prise de Byzance par les Turcs en 1453, qu'il traitera ses dernières affaires comme correspondant de la firme florentine des Marchioni. Il mourra peu avant 1462.

Cà da Mosto, lui, s'attarde au Portugal. Il entendra ensuite, comme toujours les Vénitiens, profiter de la considération que procure la fortune. En février 1463, il rentre à Venise. Homme de confiance du doge Cristoforo Moro, il est à la fois le négociant qui anime un réseau commercial étendu de Londres à Alexandrie et le patricien dont la Sérénissime met à contribution les compétences et l'entregent. Il est ambassadeur auprès du sultan ottoman, gouverneur de Morée, amiral des galères génoises sur la route d'Égypte. Il épouse une Venier, une fille de cette famille qui donnera un doge à Venise en 1554. Il rédige une *Relation* de ses voyages. Le temps des audaces est passé. Antonio da Cà da Mosto laisse à son ancien commanditaire la gloire et les profits de l'Afrique.

Un empire colonial

C'est aux Portugais qu'il appartient de poursuivre l'œuvre des Italiens de l'Infant. Le premier s'appelle Pero de Sintra. Ce gentilhomme de la cour d'Alphonse V atteint le sixième parallèle. Le deuxième est l'écuyer Diogo Gomes. Lui, n'est pas marchand. Marin par métier, il est découvreur par vocation. Le titre le dit bien, avec sa *Première découverte de la Guinée,* nous sommes loin du marchand Polo avec ses *Merveilles* ou son *Million.*

Gomes est aussi un forban. Les marchands comme Cà da Mosto paient en pacotille les esclaves qu'ils vendront à bon prix au Maghreb ou en Europe. Il est vrai que, du Sénégal à la Côte d'Ivoire, l'économie du littoral est plus riche d'esclaves à vendre que d'un or si proche sur la carte mais si lointain quand on considère les relations terrestres : l'or du Soudan suit le Niger jusqu'aux places caravanières où s'amorcent les routes du Sahara et jusqu'à la côte — ce sera la Côte de l'Or — où les Portugais le trouveront vraiment. Sur la côte occidentale, le déséquilibre de la balance commerciale se paie en hommes plus qu'en or. Comme jadis Ibn Battuta, les notables de passage achètent quelques esclaves pour leur usage personnel ou se les font offrir. Les marchands achètent des lots. D'autres préfèrent organiser des razzias, et Diogo Gomes se targuera d'avoir pris part, en 1443, à l'expédition de Lanzarote contre les Azénègues de Tyder.

> Ils trouvèrent l'île de Tyder pleine d'hommes et de femmes. Moi, Diogo Gomes, almoxarife de Sintra, je pris à moi seul vingt-deux personnes qui se tenaient couchées, je les poussai comme

> des bestiaux devant moi, toujours tout seul, pendant une demi-lieue jusqu'aux navires. Chacun de nous fit de même, et nous capturâmes en ce jour, de ces Cénèges [Azénègues], près de six cent cinquante personnes. Nous revînmes avec eux au Portugal, à Lagos en Algarve, où était le seigneur Infant, qui se réjouit beaucoup avec nous.

Il est vrai qu'en 1444 Henri le Navigateur s'adjuge quarante-six esclaves sur une cargaison de deux cent trente. Le Portugal a besoin de bras. C'est cependant l'Infant qui met un terme à de tels comportements. Ce qu'il souhaite, c'est coloniser, et il a compris que le Portugal ne s'établira durablement en Afrique qu'avec le consentement des indigènes, autrement dit des chefs et des marchands d'esclaves.

> Le seigneur Infant dit à son conseil que l'on ne devait plus combattre les populations de ces pays, mais qu'on devait rechercher des alliances, trafiquer des marchandises et faire la paix, parce que son intention était de les amener à devenir chrétiens. Et il ordonna aux caravelles d'aller armées pour la paix et pour la guerre.

La paix, naturellement, n'interdit pas d'acheter aux marchands d'esclaves cette main-d'œuvre dont on manque à Lisbonne comme à Madère. Elle signifie simplement la condamnation des razzias. Les bonnes âmes se justifient en affirmant que l'on baptisera les esclaves. Christophe Colomb, quelques années plus tard, ne raisonnera pas autrement.

Rentre alors en scène une puissance qui, depuis l'étonnante aventure du « prince de la Fortune » au siècle précédent, s'était tenue à l'écart des entreprises de découverte menées vers le Ponant. Soucieux de la Chine comme de l'Éthiopie, le pape ne semblait pas l'être des îles atlantiques et de la côte de Guinée. C'est une demande du roi Alphonse V qui attire en 1453 son attention. Il s'agit tout simplement d'obtenir la sanction pontificale au monopole établi de fait par les Portugais au sud des Canaries. Le 8 janvier 1455, une bulle de Nicolas V — le premier constructeur du nouveau Saint-Pierre — interdit toute navigation en Afrique sans l'autorisation du roi de Portugal.

En 1456, Diogo Gomes se voit placé par l'infant Henri à la tête d'une escadre de trois caravelles — il commande lui-même la *Picanso* — qu'il conduit jusqu'au rio Grande. Ayant trouvé un guide qui connaît l'arrière-pays, il remonte la Gambie, voit des antilopes et des éléphants, échange sa pacotille contre 180 livres d'or en poudre, atteint Uli Mansa et Ani Mansa, à la hauteur de Maka, puis Cantor. Il est alors à quelque 400 kilomètres de la côte. Là plus qu'ailleurs résonne le bruit de l'or. On leur parle d'une ville d'or, Quioquia (Koukia, sur le haut Niger), où vingt hommes ne sauraient soulever la pierre d'or qui forme le seuil du palais du roi de Mali. Notons que de nombreux voyageurs arabes ont, à travers les siècles, parlé de cette pierre. Gomes le sent bien, l'or est tout proche, mais il reste hors de portée des caravelles.

L'année suivante, Gomes ne peut trouver l'argent d'une nouvelle expédition. La prise d'Alcaçer Seguer (Ksar es-Seghir), sur la côte nord du Maroc, accapare en 1458 les finances portugaises. Gomes ne reprend donc la route de l'Afrique qu'après la mort (13 novembre 1460) de l'infant Henri le Navigateur. Mais Alphonse V tient les promesses de son oncle. Diogo Gomes est placé à la tête de toutes les forces portugaises naviguant sur la côte de Guinée. Avec une caravelle et dix chevaux, il rejoint le Sénégal. Il relâche à Joal, où il retrouve la caravelle du Portugais Gonçalo Ferreira et celle du Génois Antonio de' Noli, un navigateur expérimenté dont le frère est à Gênes fabricant de boussoles et de cartes marines.

On dépêche Ferreira au cap Vert pour capturer un trafiquant non autorisé, sans doute un Espagnol, un certain de Prado qui finira ses jours en prison à Porto. Puis on reprend la route du nord, non sans une escale aux îles du Cap-Vert que, quatre ans après Cà da Mosto, Diogo Gomes et Antonio de' Noli découvrent à leur tour, et une autre aux Canaries, où les deux hommes se séparent. Gomes passe par les Açores, Noli par Madère. Arrivé le premier au Portugal, Noli se fera nommer, le 19 septembre 1462, capitaine de l'île São Tiago et de quatre autres îles du Cap-Vert, que Gomes estimera avoir découvertes lui-même. Nul ne saura jamais qui, de Cà da Mosto, d'Usodimare, de Noli ou de Gomes, a le premier touché les îles du Cap-Vert.

Avec de la malaguette et du poivre que l'Europe juge inférieur en qualité à celui de l'Inde, Gomes rapporte les 180 livres d'or en poudre acquis sur la Gambie, ainsi que l'or de l'interlope Prado : une fortune propre à convaincre les incrédules. On a trouvé le pays de l'or. Reste à l'atteindre vraiment. Au moins Gomes a-t-il rapporté deux certitudes : le Sénégal et le Niger sont deux fleuves distincts, l'or se trouve en lavant du sable.

Pour pallier la carence monétaire de l'Europe occidentale, on rêvait de cet « or du Soudan ». Il n'apportera finalement sur le marché européen qu'une légère amélioration. En évitant l'intermédiaire maghrébin, les entrepreneurs du trafic maritime achètent à bon compte, mais ces achats tarissent l'approvisionnement traditionnel par les routes caravanières du Sahara. L'or que l'on rassemble à Arguim et à La Mine, c'est celui que l'on aurait acheté plus cher à Sijilmasa ou à Tlemcen. On a trouvé l'or fabuleux du Soudan, mais ce n'est qu'une illusion. Il fait la fortune de quelques marchands, et celle du roi de Portugal. Pour l'économie européenne, cela ne fait ni plus ni moins de métal précieux. Le pactole rapporté par Gomes signifie quelque trente ou quarante mille pièces d'or d'un monnayage ordinaire. Pour un homme d'affaires, c'est beaucoup. C'est le prix d'une dizaine de navires. Autant dire que cette opération, mémorable parce qu'exceptionnelle, se révèle d'une haute rentabilité. Ce n'est quand même à ce moment-là que trois fois la fortune du principal homme d'affaires de la place de Genève. C'est le dixième de l'amende infligée à Jacques Cœur. Dans le mouvement économique à l'échelle du continent, ce n'est rien.

L'Afrique est devenue la chasse gardée du Portugal. Comme au XIIIe siècle les Vénitiens à Constantinople, comme au XVe les Génois à Caffa, les Portugais se posent en intermédiaires obligatoires pour les trafics — présents et surtout à venir — de cette Afrique occidentale que la plupart appellent alors Guinée et où l'on persiste à voir la route de l'Éthiopie. Transformant les établissements d'escale en positions fortes et quelques bases en un véritable empire colonial, ils commencent d'organiser la conquête. Le premier entrepôt a été l'île d'Arguim. En 1444, la première compagnie coloniale des temps modernes est créée à Lagos (auj. au Nigéria), la nouvelle place africaine ainsi nommée en souvenir du port de l'Algarve d'où est partie l'aventure.

Quelques Génois tentent encore de répliquer à l'empire qui s'organise entre Arguim et Lagos. Ils se heurtent aux caravelles portugaises et à leurs canons. Leurs navires pris ou coulés, leurs cargaisons saisies, ils se lassent. L'un d'eux, en 1454, se voit couper la main droite comme un vulgaire larron. Le dernier, Antonio de' Noli, navigue en 1460 sur la côte du Sénégal où il achète des esclaves. Il finira par se placer sous l'autorité de Diogo Gomes, puis se fera le fidèle serviteur du roi de Portugal.

Alphonse V, pendant ce temps, n'a cessé de talonner ses explorateurs. Lorsqu'il autorise en 1469 Fernão Gomes à exploiter les richesses de la Guinée, c'est à la condition qu'il ira chaque année cent lieues plus loin que la fois précédente. C'est alors que l'espoir revient d'un passage vers l'est. Au-delà du cap des Palmes, Soeiro da Costa voit s'allonger une côte parallèle à l'équateur tout proche. Vers le quatrième parallèle, on est enfin au passage vers l'Éthiopie.

Le roi de Portugal passe maintenant de l'implantation marchande à l'occupation politique. Il commence par le Maghreb. Le 24 août 1471, avec une forte flotte et une véritable armée, il occupe Arzila. Cinq jours plus tard, il est maître de Tanger. Le sultan wattaside Mohammed ech Cheikh, le vainqueur des derniers Mérinides, ne peut que s'incliner devant la démonstration de force. Il accepte une trêve. Le roi de Portugal se dira désormais « roi de Portugal et des Algarves en deçà et au-delà de la mer en Afrique ». Pendant ce temps, dans le golfe de Guinée, la guerre du Portugal et de l'Espagne porte ses fruits : les flottes européennes ne cessent d'en découdre. La découverte marque le pas.

Pendant qu'on explore le pays entrevu et qu'on organise l'exploitation économique — le trafic de l'or, celui des esclaves — de la côte africaine, on n'oublie ni l'Inde ni le Prêtre Jean. Après la consolidation des années 1445-1455, la recherche du passage l'emporte à nouveau, qui pousse les navigateurs à aller de l'avant plus qu'à s'installer.

La côte de Guinée est longtemps restée la route de l'espoir. Le passage vers l'est paraît ouvert. Il n'est que de poursuivre jusqu'à l'océan des Indes. Les bases portugaises ne sont pas seulement le moyen d'une consolidation, elles sont les escales du futur périple équatorial autour de l'Afrique. Progressant lentement, explorant tour à tour les fleuves côtiers comme le Cameroun, les Portugais se rapprochent de l'Inde.

Pero de Sintra atteint en 1460 et dépasse en 1461 le Serra Leão (la future Sierra Leone). Diogo Afonso achève pendant ce temps l'exploration des îles septentrionales de l'archipel du Cap-Vert. Dix ans plus tard, Soeiro da Costa progresse de 600 milles sur la côte de la Malaguette et la Côte d'Ivoire. En 1472, João de Santarem et Pero Escobar découvrent le delta du Niger et poussent au large jusqu'à l'île de São Tomé. L'équateur est atteint.

D'autres prétendent à nouveau se mêler des affaires d'Afrique. Les concurrents les plus redoutables restent les Castillans, toujours insatisfaits du partage qui leur interdit de dépasser le cap Bojador. En août 1475, la nouvelle reine Isabelle la Catholique incite ouvertement les navigateurs castillans à prendre leur part de l'exploration du golfe de Guinée. La flotte considérable — même si elle ne compte pas les trente navires dont se targuent les Castillans — que conduit en 1476 Carlos de Valera lance un véritable défi au monopole portugais. Naturellement, les Portugais répondent au canon. De part et d'autre, pendant trois ans, on envoie des renforts, on coule des bateaux, on fait des prisonniers. Le résultat sera de consolider l'avance portugaise. Alphonse V renforce ses positions. La Castille a d'autres préoccupations, et finit par s'incliner. Le traité d'Alcobaça (4 septembre 1479) est une nouvelle reconnaissance du monopole économique et des droits politiques du Portugal sur la côte d'Afrique au sud du cap Bojador. La Castille devra chercher ailleurs les voies de sa fortune.

Désormais libre de son action, le Portugal s'établit solidement sur le littoral marocain. Il est à Ceuta depuis 1415. Alphonse V met la main sans coup férir en 1458 sur la petite place de Ksar es-Seghir, entre Ceuta et Tanger. Après plusieurs échecs, une forte armée enlève le 24 août 1471 le port d'Arzila, sur la façade atlantique. Cinq jours plus tard, les Portugais enlèvent Tanger. Seule l'installation des Espagnols à Melilla en 1497 viendra troubler cette mainmise portugaise sur les ports marocains, qui s'étend vers le sud jusqu'à Massat en 1488, à Agadir en 1505 et à Safi en 1508.

Moins dangereuses pour le Portugal sont les entreprises venues d'au-delà des Pyrénées. Jacques Cœur imaginait que les Français pourraient bien traiter directement avec l'Orient. A la génération suivante, quelques esprits plus originaux portent leurs ambitions vers le nouvel empire portugais. Ainsi fait Eustache de la Fosse, un marchand de Tournai qui tente sa chance en 1479, avec une caravelle espagnole, sur les côtes de Guinée. Parvenu à La Mine, il se fera canonner, confisquer son bateau et ramener aux fers à fond de cale jusqu'au Portugal où, condamné à mort, il s'évadera de justesse avant d'être conduit à la potence.

A peine rentré en France, Eustache de la Fosse tente de valoriser son activité. Il a découvert une île où l'on guérit de la lèpre : c'est, dans l'archipel des îles du Cap-Vert, l'île São Tiago. Le remède y est fait de tortues de sept ans.

> Le ladre se guérit en les mangeant, en s'oignant de leur sang et en sauçant toutes leurs viandes avec leur graisse. Ainsi se trouve-t-il, au bout de deux ans, bien purgé et guéri de sa lèpre.

Or il est à ce moment-là en France un homme crédule à l'extrême dès lors qu'on lui propose un remède contre les maux dont il souffre et contre ceux dont il pourrait souffrir : c'est Louis XI. En juillet 1483, alors qu'il sent décliner ses forces, voilà que lui vient la crainte de la lèpre. Il expédie d'urgence une mission aux îles du Cap-Vert. Deux nefs et une véritable armée — trois cents hommes — mettent le cap sur le remède merveilleux. Quand elles reviendront, le roi sera mort (30 août 1483).

Pour les découvreurs de la côte africaine, tout paraissait possible depuis qu'on avait doublé le cap Bojador et mis en place les relais capables de soutenir des expéditions lointaines. La désillusion n'en est que plus grande quand, entre 1472 et 1474, se manifeste la dure réalité. Lopo Gonçalves en fait la constatation dans le temps même où il passe l'équateur : le Gabon n'est qu'un fleuve. La côte s'infléchit vers le sud. Le passage s'éloigne. La découverte de São Tomé, rapidement peuplée de Portugais condamnés à mort (1485), puis de Juifs bannis (1492), n'est qu'une maigre consolation.

Les Portugais ne se découragent pas. Après tout, l'Afrique suffit à leur fortune, et les deux ports de Lisbonne et de Lagos font figure de portes de l'Europe vers ce monde atlantique dont Gênes et Venise n'ont pas su voir l'intérêt. Pendant que

Venise s'installe dans l'admiration de son propre destin, pendant que Gênes exploite, en Méditerranée comme en mer du Nord, les voies traditionnelles de son opulence, le Portugal fait sa chose de l'Afrique sans renoncer à la route des Indes. L'or de Guinée finance l'aventure.

Roi le 28 août 1481, Jean II entend d'abord se prémunir contre de nouveaux assauts. Dès 1482, les Portugais construisent dans ce qu'ils appellent la « Côte de l'Or » (auj. le Ghana) cette forteresse, nommée São Jorge da Mina, qui deviendra le centre d'une véritable colonisation. Onze ans plus tard, ils en font le support d'un nouvel entrepôt permanent. La Mine (auj. Elmina, au sud-ouest d'Accra), est alors la plaque tournante de tous les trafics avec l'empire du Bénin que laissent espérer la découverte de la Volta, puis celle du delta du Niger. Le Portugal consolide son monopole en faisant croiser dans le golfe de Guinée quelques navires de guerre chargés de canonner les contrebandiers. On agrandit la forteresse de La Mine. On la renforce. Il faut tenir à la fois la mer et le pays. Les nouveaux maîtres du golfe de Guinée retrouvent les gestes des Francs dans la Terre Sainte du XIIe siècle : La Mine, c'est le Krak des nouveaux temps. Avec des relais comme Ceuta, Arguim et La Mine, les audaces ne commencent guère qu'aux approches de l'équateur.

Et, comme il faut marquer son territoire au fil des jours et au long des côtes, Jean II imagine de faire dresser sur les lieux significatifs que sont les caps et les estuaires de hautes bornes de pierre — les *padrões* — à ses armes, portant son nom et la date de la découverte. Les navigateurs ne manqueront pas, avec quelques formules bien frappées, d'inscrire aussi dans la pierre leur propre rôle.

Tous les trafics vont maintenant croissant. L'augmentation des tonnages que nécessite l'exploration des côtes lointaines — pour laquelle on ne saurait partir sans un lourd avitaillement d'eau potable, de vin, de viande et de biscuit — laisse sur le retour des cales à remplir. L'or occupe peu de place. Avec les esclaves, le fret est fait de tous les produits dont raffole alors une Europe en proie à la vogue de l'exotisme. Il y a, surtout, la malaguette de Guinée et le poivre du Bénin, celui que l'Europe qualifie de « faux poivre » : les épices du pauvre, dont s'accommodent les consommateurs modestes qui mangent de plus en plus souvent une viande dont le condiment masque la douteuse fraîcheur. Les importations de malaguette ne cessent d'augmenter. A la fin du siècle, elles passeront les cent tonnes par an.

Diogo Cão — Diègue le Chien, le vainqueur de l'impudent La Fosse — est en 1483 sur le Congo (le Zaïre), dont il soupçonne l'importance en voyant combien la mer, au large de l'estuaire, charrie d'herbe et de terre. Très vite, il comprend qu'il n'aborde, dans cette région côtière, que quelques royaumes vassaux de l'empire de Congo, dont les naturels lui font comprendre par gestes la puissance lointaine. Il envoie donc vers l'intérieur des plénipotentiaires, puis, ne les voyant pas revenir, emmène par rétorsion quelques otages pris parmi les Congolais montés à bord de sa caravelle. Prudemment traités en invités et bien étonnés d'être, quelques mois plus tard, à Lisbonne, pourvus de vêtements européens, ces otages seront l'année suivante solennellement — et joyeusement — échangés contre les Portugais. L'incident fera beaucoup pour la popularité du Portugal au Congo. Le roi Nzinga Nkouyou se tiendra pour l'ami du roi Jean II, avec lequel il échangera des ambassades. L'affaire sera finalement fâcheuse pour le Congo, où les clans s'affronteront au nom des religions rivales, christianisme et fétichisme. Lorsque le Chrétien l'emportera, en 1506, ce ne sera pas pour jouer l'allié fidèle du Portugal.

Vers le « passage »

Cão revient deux ou trois ans plus tard, avec des missionnaires pour évangéliser le pays. Ses otages congolais lui servent maintenant d'interprètes. Un instant, il croit avoir trouvé le « passage » : ce n'est toujours que la large et longue embouchure du Congo. Il s'en convainc en remontant le fleuve sur 90 milles, jusqu'à Matadi, sans rencontrer de véritable résistance, tant la force de l'empire du Congo est alors tournée vers l'intérieur et contre le Sud, qui représentent les menaces sérieuses contre la puissance du royaume établi au début du XIVe siècle autour de la ville de Congo.

Cão a repris sa route le long de la côte. Il atteint le voisinage du tropique du Capricorne. Il ne voit toujours pas le passage vers l'est. Il trouve la mort au-delà du cap Negro, près du cap de Padrão. Il a atteint la latitude de 21° 48'.

Une véritable expédition scientifique survient alors, portée par deux caravelles armées à cette fin par le roi de Portugal Jean II, le petit-neveu du Navigateur. Conduite par João Afonso d'Aveiro, elle comprend cet étonnant personnage qu'est l'astronome et cartographe de Nuremberg Martin Behaim. Sa tâche est de relever les latitudes exactes et de dresser une carte complète du monde connu. On sait qu'il mettra au point, en 1492, le premier globe terrestre. En vingt-six mois, la mission fait l'inventaire de l'empire portugais. Elle atteint presque les dernières découvertes de Diogo Cão. Décimée par la maladie, elle rebrousse chemin vers le 18e parallèle. Le globe de Martin Behaim s'arrêtera là, marquant — après le cap Frio, à 18° 23' — d'une mer hypothétique le terme méridional d'une Afrique encore tronquée d'une quinzaine de degrés.

A Lisbonne, devenue le siège des initiatives et des financements, trop lourds pour le petit milieu économique de Lagos et de l'Algarve, on ne voit qu'une chose : cette Afrique qui s'allonge, c'est une Afrique portugaise infiniment plus vaste que ne croyaient les découvreurs du golfe de Guinée. L'inventaire en est une raison suffisante de persévérer. Mais le roi Jean II lance maintenant ses explorateurs sur les deux routes, celle de l'est avec Pero da Covilham et Afonso de Païva, celle de l'ouest avec Bartolomeu Dias, que le roi laisse, en 1487, tenter plus au sud que jamais ce contournement de l'Afrique qui ferait du continent une terre portugaise et mettrait enfin l'Europe occidentale en relations directes — sans cette terrible barrière qu'est, du Maghreb à la mer Rouge, le monde arabe et turc — avec les deux Indes, celle des épices et celle du Prêtre Jean.

Dias est un homme d'expérience. C'est un marin de profession, non un marchand. Il appartient à la marine du roi. Il était quinze ans plus tôt de l'expédition qui devait fonder La Mine. Il a comme pilote un certain Pero d'Alemquer, lui aussi excellent marin, que retiendra pour son voyage de 1498 Vasco de Gama. Vers le 1er août 1487, Dias quitte Lisbonne avec deux caravelles de 50 tonneaux — la *São Cristovão* qu'il commande lui-même et la *São Pantaleão* — et une nef de transport chargée de pallier les effets de l'éloignement sur le ravitaillement. Et il met directement le cap sur l'Atlantique sud. A la fin de novembre, il atteint le point extrême de l'avancée de Diogo Cão.

Maintenant, les vents sont contraires : l'alizé, qui soufflait de l'est par bâbord à l'équateur et permettait une bonne marche au prix de brèves bordées, souffle du sud-est à mesure que l'on s'éloigne du tropique. Les caravelles louvoient difficilement. A l'embouchure de l'Orange, après le 28e parallèle, il allège l'expédition en laissant là sa nef, lourde et lente. Il lui faut avancer plus vite s'il veut ne pas devoir rebrousser chemin avant d'avoir trouvé le passage. Cela ne suffit pas : l'alizé interdit de marcher au sud-est. Mais Dias est un remarquable navigateur, et il allie une bonne connaissance du système des vents à une étonnante intuition. Il inverse les calculs de route devenus habituels dans l'hémisphère nord, ceux de la grande boucle, de la *volta* qui fait chercher très au nord et au large, depuis les années 1430, le vent d'ouest favorable au retour vers Lisbonne.

Le dos à la côte, Dias gagne donc au sud la latitude moyenne où souffleront enfin les vents d'ouest. Il les trouve vers le 40e parallèle, qui correspond à peu près, au sud, à la latitude de Lisbonne au nord. C'est donc en venant paradoxalement du sud que, le 16 août 1488, dans une effrayante tempête, il double sans le voir un cap qu'il nommera pour cela, au retour, le cap des Tempêtes.

Notons que le vent d'ouest enfin trouvé sera pour le retour un lourd handicap. Dans les années 1420, les marins chinois s'y sont risqués. Ils ont échoué. Passer le cap vers l'ouest annonce les difficultés que connaîtront les découvreurs de l'Amérique du Sud quand ils voudront passer vers le Pacifique.

La côte s'est infléchie à l'est. Deux jours plus tard, il double le cap Agulas qui est, à la latitude de 34o 52' — soit 28' plus au sud que le cap de Bonne-Espérance — la pointe véritable de l'Afrique. Il n'est pas question de s'arrêter, alors que l'on tient peut-être la réponse à la question posée depuis l'Antiquité. La côte s'allonge vers l'est. Dias décide d'aller voir plus loin. Au début de mars, c'est une certitude : la côte s'infléchit au nord-est. Le « passage » est trouvé. Bartolomeu Dias a rempli sa mission. Il rentre. En décembre 1488, il est à Lisbonne. La route des Indes est ouverte. Il n'est que de poursuivre vers l'équateur. Ensuite, on sait à quoi s'en tenir. L'océan Indien est bien connu, et l'on connaît déjà le terme du voyage, ces ports d'Ormuz et de Calicut que l'Occident considère comme les clés de l'Orient. Chemin faisant, on aura bien trouvé le Prêtre Jean. Lui aussi, maintenant, on sait où le trouver. La route ne comporte plus aucune incertitude. Le roi Jean II rebaptise le cap des Tempêtes : c'est désormais le cap de Bonne-Espérance.

Le marin qu'est Dias tirera de l'expérience une autre conséquence : les mers du sud sont difficiles, et les légères caravelles, si favorables à l'exploration des estuaires africains et à la manœuvre dans des systèmes de vents mal connus, ne sont plus l'instrument des navigations australes. Il y faut de plus robustes coques, et de plus forts gréements. Les navires de ses successeurs seront mieux adaptés au cap des Tempêtes. Compromis de la caravelle et de la nef, les navires de Gama et de Magellan combineront la coque de la nef et le gréement mixte de voiles latines et de voiles triangulaires qui permettra de faire face à toutes les épreuves de la navigation lointaine.

L'année suivante, alors que les cartographes commencent de dessiner une Afrique aux dimensions nouvelles et que l'Europe reste abasourdie par l'ampleur du monde entrevu, le Génois Cristoforo Colombo — Christophe Colomb — annote en conséquence son exemplaire de l'*Image du monde* de Pierre d'Ailly.

Le Portugal est maître de la route ouverte par Dias, cette route que les navigateurs de l'infant Henri ont jalonnée d'escales incontournables. A quoi bon se tracasser pour une route combien plus hasardeuse ? Pourquoi prendre de nouveaux risques pour une route le dos à la côte ? Quand Colomb lui offre ses services pour une traversée transatlantique, Jean II choisit la prudence. Il ne peut tout financer, et l'aventure du passage n'est pas achevée : encore faut-il gagner l'Inde. L'Afrique et le monde sont au Portugal, mais l'Afrique mesure, du nord au sud, deux fois ce qu'on croyait, et la conquête reste à exploiter. Jean II éconduit l'audacieux Génois.

CHAPITRE XVI

Christophe Colomb

Un Génois

C'est un Génois, c'est le fils d'un tisserand. Lorsqu'en 1498 il prendra ses premières dispositions pour sa succession, il se dira lui-même natif de Gênes, et c'est à sa ville d'origine qu'il réservera une notable partie des bonnes œuvres que lui permettra sa fortune. Sa famille est-elle originaire de Galice, de Corse ? S'agit-il de Juifs émigrés de Catalogne ? Aucune preuve sérieuse n'en a jamais été apportée.

Lorsqu'il sera établi dans la péninsule Ibérique, il parlera couramment le castillan, et c'est en cette langue qu'il écrira. Même dans les lettres à ses frères, même dans sa correspondance avec la *Casa di San Giorgio* qui gère à Gênes les intérêts des créanciers de la Commune, et même dans les notes rédigées à son propre usage, il n'utilisera pas la langue italienne, ou plutôt le dialecte génois qui est certainement la langue normale de son milieu professionnel d'artisans, puis de marchands, jusqu'au moment où, à vingt-huit ou trente ans, il quitte l'Italie. A partir de 1481, on a de lui une centaine de textes authentiques. Deux brefs passages mis à part, tous sont en castillan. Mais le castillan qu'il parle est rudimentaire. C'est celui, mêlé d'expressions portugaises, que l'on emploie dans les milieux d'affaires de Lisbonne et qui — avec les mêmes raisons d'être — annonce le « portugnol » si commode aujourd'hui en Amérique latine.

Au reste, si le castillan était sa langue maternelle, on pourrait s'étonner en sens inverse que toute une enfance vécue à Gênes ne lui ait pas laissé assez de pratique de l'italien pour correspondre avec les Italiens en cette langue. Si Colomb parle et écrit le castillan, c'est par une adoption délibérée. Sans aucun doute, à partir de 1485, il se veut espagnol. Il n'a pas oublié qu'il était génois, mais le dialecte génois se parle peu dans la vie courante à Lisbonne ou à Cadix, encore moins à Grenade ou à Séville. A tant faire que d'apprendre une nouvelle langue, Colomb a sans doute jugé plus expédient de se familiariser avec la langue du pays dans lequel les circonstances l'ont amené à vivre que d'apprendre sur le tard l'italien de Toscane qui ne lui servirait de rien.

Ajoutons que Colomb lit et écrit le latin, plus vraisemblablement appris dans l'âge mûr que dans l'enfance, et certes pas à l'université de Padoue comme voudra le faire croire son fils Fernando lorsqu'il écrira une biographie de l'amiral passablement arrangée. Homme d'action dans ses jeunes années, quand il n'est rien d'autre que marchand, Christophe Colomb l'est encore dans le temps des voyages de découverte. Mais celui que ses futurs commanditaires ont si longtemps pris pour un rêveur est aussi, très profondément, un intellectuel. Mais ce n'est pas « un savant ». Il le reconnaît, et il en souffrira. Il a reçu la bonne et solide instruction que reçoit dans une grande ville comme Gênes le fils d'un maître artisan. Il a contracté dans ces années de formation un goût de la lecture qui explique toute son aventure, et un goût de l'écriture qui le portera à annoter ses livres, à consigner au jour le jour ses observations, à multiplier les correspondances, les rapports et les mémoires de justification. Autodidacte plus qu'universitaire, faisant dans ses lectures des choix qui mêlent étonnamment l'encyclopédisme le plus sclérosé et la pensée scientifique la plus neuve, Colomb s'est certainement frotté de près à la culture de ces hommes d'affaires génois qui ne pratiquent pas l'humanisme de leurs collègues florentins mais qui ne s'accommodent plus, comme au siècle précédent, de la seule fréquentation des manuels de marchandise. L'intelligence du monde et le degré de culture que l'on trouvera chez Colomb peuvent étonner. Ils dérouteraient chez un tisserand qui resterait tisserand, non chez le fils d'un artisan qui se glisse très tôt dans les rangs des jeunes ambitieux qui sillonnent les routes commerciales pour le compte des grandes compagnies génoises

Le débat reste donc ouvert, et aucun document ne permet d'éclairer sûrement les origines lointaines d'une famille de tisserands que le destin d'un homme rendra peut-être abusivement mystérieuses. Ne lui trouvera-t-on pas une identité avec un corsaire catalan, voire avec un marin scandinave ? Et que n'écrira-t-on à propos de sa grande taille, de son teint clair, de ses yeux gris-bleu et de sa chevelure d'un blond roux ? Pour ses origines immédiates, les choses sont cependant bien claires. Peut-on vraiment trouver une origine juive à une famille qui, si elle était partie de Catalogne pour échapper aux ordonnances de 1391 sans devoir se convertir au Christianisme, aurait si rapidement, dans une nouvelle patrie, adopté la foi chrétienne ? Et pourquoi ce descendant de Catalans aurait-il parlé le castillan plutôt que le catalan, si familier à tous ceux qui fréquentent les ports de la Méditerranée ? Le plus sûr est probablement de s'en tenir à cette simple certitude : le fils du tisserand génois Domenico Colombo, le petit-fils du tisserand génois Giovanni Colombo, est un Génois. Et c'est en hommage à son père qu'il donnera le nom de saint Dominique à l'une de ses fondations, Santo Domingo, que nous appelons Saint-Domingue.

Il est né entre le 25 août et le 31 octobre 1451, aîné des quatre enfants d'une famille d'artisans aisés. Domenico est maître dans son métier. C'est un tisserand, mais ce n'est pas un pauvre. Sa femme a du bien. Cristoforo apprend le métier de son père. Lorsqu'en 1472 il signe à Savone — où son père s'est un temps établi pour y cumuler les métiers de tisserand et de tavernier — comme témoin d'un acte notarié, il se dit lui-même « lainier de Gênes ». Mais l'horizon professionnel lui paraît étroit. Il a de peu dépassé les vingt ans quand il abandonne définitivement le métier de la laine pour s'engager dans la voie qui fait rêver d'or et de soie tous les Génois que tracasse l'esprit d'aventure : celle des affaires lointaines. Depuis quelques années, il a déjà navigué en Méditerranée. Et il s'est pris de goût pour la lecture. Sans doute est-ce à cette époque qu'il a commencé de porter son intérêt vers la géographie, la cosmographie, la cartographie. Peut-être, dans cette ville où l'on dresse des cartes marines fameuses à travers toute l'Europe, apprend-il déjà à dessiner le monde connu.

Le fils de l'artisan n'a pas de capitaux à investir. Cristoforo Colombo entre dans une société, celle des Centurioni, qui sont alors, à la tête de plusieurs compagnies commerciales et bancaires, l'une des deux ou trois familles qui dominent la vie économique de Gênes. Filippo et Federigo Centurione sont les plus gros banquiers de la ville. Ils entretiennent d'étroites relations avec les Florentins et particulièrement avec les Médicis, qui n'ont pas de filiale à Gênes et les prennent pour associés et intermédiaires dans bien des trafics. Les Centurioni commercent avec l'Orient et l'Occident.

La société a des facteurs sur toutes les places de l'empire économique génois. Mais en ce moment où Gênes perd ses dernières positions en mer Noire et où l'Orient paraît se fermer, elle porte une attention particulière à ce marché qui se développe depuis les derniers reculs de l'Islam, celui de la péninsule Ibérique. C'est un Génois qui gouverne la flotte portugaise. Pendant que Venise s'épuise dans la défense de son empire méditerranéen, s'empêtre dans les affaires de Chypre et mobilise toute sa flotte contre les Turcs, les Génois animent les courants commerciaux qui se nouent dans les ports ibériques. Les Centurioni sont à Lisbonne comme ils sont à Séville ou à Barcelone. Ils seront parmi les principaux banquiers de l'Espagne nouvelle, et Charles Quint lui-même s'adressera à eux. Leur implantation très forte dans la Castille de la fin du XVe siècle ne sera pas étrangère aux orientations futures de Christophe Colomb.

Par-delà Gibraltar, les Centurioni sont sur l'Atlantique. Ils tiennent de solides positions en Angleterre aussi bien que sur la côte de Guinée. Leurs sociétés ne craignent pas l'audace : c'est la société des Centurioni qui, à la génération précédente, envoyait Antonio Malfante sur les routes intérieures de l'Afrique.

Colomb apprend vite le monde. Il varie ses horizons. Les Centurioni étant en affaires avec la société des Spinola et Di Negro, une autre puissance du commerce génois, il travaille aussi pour ces derniers. On les retrouvera jusqu'à la fin, associés à ses entreprises, commanditaires avisés mais prudents de ce qui leur paraît une affaire génoise autant qu'une expansion espagnole.

Le jeune homme sillonne d'abord la Méditerranée. On le voit marchand à Chio, cette île d'Asie mineure qui demeure, même après la perte du marché de l'alun, l'un des grands entrepôts de ce qui subsiste du trafic génois en Orient. On le trouve corsaire pour le compte du roi René d'Anjou, allant en 1472 dans les eaux de Tunis pour y arraisonner une galère aragonaise. En 1476, le voici sur l'Atlantique. Convoyant des draps de luxe, il est à bord de l'une — la *Bachalla* — des nefs flamandes que la flotte française de l'amiral Coullon le Vieux tente d'arrêter le 13 août 1476 au large du cap Saint-Vincent, à l'extrême pointe sud-ouest du Portugal. Son navire incendié, il gagne la côte à la nage, se rend à Lisbonne et reprend du service chez les Spinola et Di Negro. Il atteint quand même l'Angleterre, gagne l'Irlande, navigue quelque peu sur la Baltique, pousse jusqu'en Islande. C'est là qu'il entend parler de cette île, à l'ouest, que connaissent les pêcheurs islandais et qui doit être Terre-Neuve. Il se targuera d'avoir, en février 1477, à la faveur d'un hiver particulièrement clément, navigué jusqu'à cent lieues « oltre Thile ».

> Cette île est à 73° de latitude nord, et non à 63 comme certains le prétendent. Elle n'est pas non plus située sur le méridien que lui assigne Ptolémée et qui inclut notre Occident, mais plus

à l'ouest. Cette île est grande comme l'Angleterre. Des marchands anglais s'y rendent, notamment ceux de Bristol.

La grande île qu'il décrit est évidemment l'Islande. La position qu'il donne à 73° est en revanche celle de la petite île Jan Mayen, au nord-est de l'Islande, alors que Ptolémée situe en effet Thulé à l'emplacement réel des Féroé, à 63°, entre l'Écosse et l'Islande. La lieue de Colomb valant un quinzième de degré, cent lieues font 6° 40', soit exactement ce qui sépare Jan Mayen de la côte septentrionale de l'Islande. Sauf à admettre que cet excellent navigateur se trompe de dix degrés en latitude — en longitude, c'est autre chose — et qu'il invente une distance pourtant réelle, et sauf à penser qu'il voit des Anglais sur une île perdue, il faut sans doute entendre qu'il parle d'abord d'une navigation, non « au-delà de Thulé », mais vers une « autre Thulé » qui serait Jan Mayen si ce n'est le Groenland auquel conviendrait assez l'observation « plus à l'ouest » mais dont on pourrait s'étonner qu'il le prenne pour une île en l'ayant simplement touché et qu'il en puisse donner les dimensions, alors inconnues. Le narrateur — ici son fils Fernando, qui recopie plus ou moins fidèlement les papiers de son père — reviendrait ensuite à l'Islande pour la décrire et évoquer les « aventuriers marchands » anglais dont nous savons qu'ils y fréquentent en effet.

Pour Colomb, le temps du Nord est fini. En 1477, comme tant de Génois ambitieux, il est à Lisbonne. En 1478, nous le trouvons à Madère, où il achète une cargaison de sucre pour le compte de Luigi Centurione, l'un des gros commanditaires de l'armement naval et du commerce génois.

L'année suivante, il se fixe à Lisbonne, la grande ville dont le marché financier a détrôné depuis vingt ans les petites places du Sud, celles de l'Algarve, qui étaient encore au milieu du siècle, autour de Lagos, les centres d'impulsion de l'aventure maritime. Les sociétés de commerce ont transféré leurs sièges. Le choix que fait Colomb est bon. C'est de Lisbonne, maintenant, que l'on regarde le monde. Et c'est là que l'on trouve les moyens du voyage, l'argent comme les navires.

A Lisbonne, Colomb retrouve son frère Bartolomeo, déjà établi dans la colonie génoise comme cartographe. Christophe a appris le métier ; il se reprend à dessiner et à annoter. Comme tous les Génois, il cherche, sans oublier Gênes, à s'intégrer dans la société locale : il prend pour femme une jeune Portugaise, élève au célèbre couvent de Santos, Felipa Moniz Perestrello. Les ancêtres de Felipa ont déjà montré du goût pour l'aventure maritime et coloniale. L'un d'eux était en 1425 des premiers colonisateurs de Madère. Le propre père de Felipa, Bartolomé Perestrello, a été le capitaine de l'île de Porto Santo, au nord-est de Madère. La mère de Felipa est apparentée à la famille royale.

Pour l'heure, Colomb apparaît encore comme un homme d'affaires, et c'est comme tel qu'il navigue, vers l'Angleterre comme vers les îles de l'Atlantique subtropical. Il réside un temps à Porto Santo chez sa belle-mère et son beau-frère, qui lui remettent les papiers et les cartes du défunt capitaine. Tout cela lui sera fort utile. Dans le même temps, il apprend bien des choses sur l'océan, et sur ce que charrient les courants d'ouest. C'est à Porto Santo, enfin, que naît vers 1480 un premier enfant, Diego, qui sera un jour l'héritier de ses rêves.

Un voyage au long cours le conduit à La Mine, sur la côte de Guinée. Il fréquente les Açores, et même les îles du Cap-Vert. Une certaine pratique des trafics africains lui vient ainsi à fréquenter ces routes d'un commerce portugais déjà bien organisé. L'idée lui viendra, de là, que l'on peut transformer en esclaves des indigènes paisibles. Encore faut-il nuancer l'analyse des comportements de Colomb envers les naturels des « Indes » : s'y mêlent le réalisme et la naïveté, et c'est avec la même bonne foi qu'il se proposera dès la première expédition d'instruire et d'évangéliser les Indiens, de les faire servir à la gloire de l'Espagne et de les tenir à ces fins captifs, en attendant d'en ramener à fond de cale, lors du troisième voyage, comme de simples esclaves à vendre.

> Je les ramènerai plus tard en Espagne pour leur apprendre notre langue, note-t-il en octobre 1492. D'ailleurs, Leurs Altesses pourraient tous les emmener ou les tenir tous captifs, car il suffirait de cinquante hommes pour leur faire faire tout ce que l'on voudrait.

Naissance d'une certitude

Alors que son destin est encore devant lui, l'homme a vieilli. Son long visage paraît maintenant émacié. Ses cheveux sont tout blancs. Entre ses voyages, il lit. Il fait même quelque temps métier de dessiner et de vendre des cartes marines. Peut-être même fabrique-t-il des globes terrestres. Pour gagner de l'argent, il s'établit libraire avec son frère Bartolomeo, qui passe pour expert en cartographie. Les frères Colomb sont ici débiteurs de leur cité d'origine : on sait que la cartographie moderne est née à Gênes. La vente des livres, des almanachs et des cartes lui permettra de vivre, dans les années difficiles de 1487-1489, jusqu'au moment où le duc de Medina Celi se fera, sur ordre des Rois catholiques cependant mal convaincus du projet qu'on leur présente, son protecteur et son hôte.

Un autre Colomb est en train de naître. A vrai dire, il y a longtemps que la passion de l'aventure l'a conduit à tenter pour lui-même un bilan de ce qu'on sait du monde. Curieux de tout, il a feuilleté, sans grand discernement, quelques œuvres d'Aristote, de Sénèque, d'Averroès. Ne négligeant pas plus la théologie que la philosophie, il a pratiqué saint Augustin, saint Ambroise, saint Thomas. Il a surtout lu l'*Histoire naturelle* de Pline l'Ancien, les *Étymologies* d'Isidore de Séville, *l'Histoire des choses* de l'humaniste siennois Enea Silvio Piccolomini, qui sera en 1503 le pape Pie II, et l'*Image du monde* de Pierre d'Ailly. Sans doute a-t-il plus ou moins regardé la *Géographie* de Ptolémée et celle de Strabon. Parmi les « modernes », il s'est familiarisé avec le merveilleux presque historique des récits de Marco Polo et avec la compilation que sont les *Voyages* de Jean de Mandeville. Non seulement il lit, mais il annote, le plus souvent en latin. Son exemplaire de l'*Image du monde,* un incunable publié à Louvain en 1483 par le libraire Jean de Westphalie, porte dans les marges quelques centaines de notes de la main de Colomb, tantôt résumés, tantôt observations personnelles de complément ou de contradiction : « Ceci concorde avec... Ceci établit que... » Il compile aussi, dressant une table astronomique et tentant une cartographie originale des récentes découvertes. Et il revoit les calculs.

> L'Orient est à l'extrémité de l'Inde ultérieure, l'Occident à l'extrémité de l'Espagne...
>
> Les tables de Tolède placent l'Occident plus au couchant que ne fait Ptolémée, à savoir sur le cap Saint-Vincent.

Même si les biographes immédiats de Colomb, et parmi eux son fils Fernando, ont insisté à l'excès sur cette préparation intellectuelle, voire érudite, afin de réduire la part de hasard qui diminuait à leurs yeux les mérites du découvreur, il n'en demeure pas moins que, dans les douze ou quinze ans qui précèdent son expédition, Colomb se donne les bases solides d'une réflexion sur les routes du monde. Le Colomb des années 1470 est encore un marchand qui suit les voies ouvertes par d'autres. Celui des années 1480 est un navigateur à l'expérience courte mais qui sait ce que l'on peut savoir en son temps de la géographie et de la cosmographie.

Les années passent. Colomb commence de former son projet. Par ses lectures, il sait que la terre est un globe, et que l'eau ne recouvre que la moitié de sa surface. Il rejoint ceux qui pensent que le chemin entre la péninsule Ibérique et l'extrême Orient de l'Asie ne doit pas être bien long, et qu'il suffirait d'un peu d'audace à qui, tournant le dos aux côtes au lieu de les longer sans cesse comme font à la même heure les découvreurs de l'Afrique, voudrait mettre le cap au large pour s'affranchir à la fois de l'intermédiaire arabe et d'un « passage » encore incertain au sud de l'Afrique. Dans le milieu scientifique de Lisbonne, où s'est tant développé au temps de l'infant Henri le Navigateur le goût de la géographie et de la cosmographie, il a rapidement trouvé des interlocuteurs, comme ce chanoine Fernam Martins qui lui aurait donné vers 1482 une copie de la lettre par laquelle, en 1474, le grand médecin et astronome florentin Paolo Toscanelli faisait part au roi Alphonse V de Portugal de ses vues sur la route à prendre pour aller par l'ouest jusqu'à l'or et aux épices de l'Inde et pour joindre ainsi les deux chrétientés, celle de l'Occident et celle, incertaine, de l'Orient.

Ces lectures, Colomb les complète en écoutant la rumeur sur le port de Lisbonne. Les marins parlent d'abondance, et l'on dit volontiers, alors que les découvertes se sont multipliées depuis moins d'un siècle, qu'il est encore des terres émergées dans le monde atlantique. Nul ne pense vraiment à un continent. Le réalisme des marins a oublié l'Atlantide. Mais il est des îles, comme cette « Antilia » que l'imagination d'un cartographe a portée dès 1424 sur une carte de l'Atlantique et que l'on appelle le plus souvent l'île « des Sept-Cités », ou comme cette Cipangu — le Japon — dont Marco Polo fait, au-delà de Cathay, de la Chine, le terme oriental du monde entrevu. Tout le monde, sur le port, parle des îles. Colomb commence d'y croire, et de le dire. Ceux qui l'ont connu dans ce moment l'affirmeront plus tard, il se montre à ce point sûr de lui que la légende s'ancrera d'une révélation qu'un vieux navigateur lui aurait faite. Fils d'un compagnon de Colomb établi comme planteur à Saint-Domingue, le premier biographe de Colomb, le dominicain Bartolomé de Las Casas, futur évêque de Chiapa au Mexique, le rapportera sans ambages vers 1540 :

> Quand Colomb se décida, il était aussi certain de découvrir ce qu'il a découvert et de trouver ce qu'il a trouvé que s'il avait eu cela sous clé dans sa chambre.

Les Rois catholiques eux-mêmes conviendront de la justesse des prévisions faites par le futur découvreur devant le Conseil réuni à Santa Fé. Ils témoigneront par là de l'assurance de Colomb.

> Ce que vous nous aviez annoncé s'est réalisé comme si vous l'aviez vu avant de nous en avoir parlé.

Il est vrai que Christophe Colomb ne manque pas d'aplomb. Dans l'acte du 17 avril 1492 — les « Capitulations de Santa Fé » — qui règle avec les Rois catholiques les conditions de son expédition, le navigateur ne craint pas de parler, avant de partir, de ce qu'il « a découvert ».

La réalité est moins assurée. Dans les années 1485, Colomb n'a aucune certitude. Il sait que la terre est une sphère, et il n'est pas le seul. A la même époque, Martin Behaim construit à Nuremberg son globe terrestre, et l'on sait que Behaim a longtemps séjourné au Portugal. Il est assuré qu'au-delà de l'océan il est des terres. En gros, il y a l'Inde et la Chine, avec Cipangu, que Behaim met à peu près à la place de la Floride, sur le parallèle des Canaries. C'est déjà beaucoup. Adepte résolu — contre les 180° de Ptolémée — d'une estimation large du monde connu, pour lequel Pierre d'Ailly et Toscanelli, après Aristote et Marin de Tyr, proposent en s'appuyant sur les dires de Marco Polo une étendue en longitude de 225°, il est de bonne foi quand il se propose de joindre l'Inde à travers un océan nécessairement étroit, d'autant plus étroit qu'il retient pour la mesure du méridien et de l'équateur la plus basse des estimations du degré : 45 milles nautiques, alors que le degré en vaut réellement 60. Pour Colomb, Cipangu est à 2 400 milles des Canaries. La distance réelle est de 200 degrés, soit 12 000 milles. Cette accumulation d'erreurs — 4 400 km au lieu de 22 200 — vaudra à l'amiral de se croire un peu trop tôt arrivé aux rives du Japon et de la Chine.

C'est d'ailleurs de cela que l'on parlera le plus au moment de son départ, quand — confondant délibérément les deux objectifs — il annoncera qu'il part pour « les Indes » et se munira d'une lettre de créance pour le Khan. Notons qu'ici l'information des souverains espagnols et celle du navigateur confondent un peu les temps : il y a alors plus d'un siècle qu'en Chine les empereurs Ming ont succédé aux khans de la dynastie mongole (1368).

En fait, Colomb croit à l'existence de terres plus proches, autrement dit d'îles nouvelles. Et c'est d'elles qu'il se fera, avant de partir, nommer à l'avance gouverneur. On ne s'y trompe pas, en Espagne, même si l'on confond Inde et Chine : celui que l'on continue d'appeler le Grand Khan n'est pas prince à s'incliner devant la souveraineté d'un navigateur fort de trois caravelles, et il ne suffirait pas de se présenter pour que l'or du Khan devienne l'or de l'Espagne. L'objectif véritable de l'expédition, celui dont Colomb va tenter de persuader les souverains qui, seuls, peuvent en être les commanditaires, ce sont ces terres que tant de cosmographes placent, à l'instar des poètes, au cœur de l'Atlantique. D'Homère à Pline l'Ancien et de Strabon à Pierre d'Ailly, bien des auteurs que pratique Colomb récusent l'idée d'un océan sans terres. La découverte aux XIVe et XVe siècles des archipels égrenés au long de la côte africaine ne peut qu'encourager les audacieux : pourquoi les îles déjà trouvées seraient-elles les dernières ?

Lorsqu'en mer il pensera avoir manqué les îles, Colomb marchera droit sur l'Inde pour ne pas manifester devant des équipages angoissés l'incertitude dans laquelle il se trouve. Face au risque de mutinerie, la pire attitude serait de tirer des bordées en attendant de trouver par hasard une île. Plus tard, Colomb se bercera de la satisfaction d'avoir trouvé la route des Indes. Ce sera plus glorieux que d'avoir rencontré quelques îles au grand large. Il sera le premier à avoir joint les Indes par une navigation directe. Mais ce qui compte pour lui alors qu'il forme son projet, ce sont les terres nouvelles. A joindre les Indes, on gagne la célébrité, et une fortune de marchand. De nouvelles terres peuvent faire d'un marchand un roi. Colomb tentera de conjoindre les deux ambitions, celle de la fortune et celle du pouvoir.

C'est bien à des terres nouvelles qu'il pense aussi en embarquant, quand il affirme qu'on les trouvera à 750 lieues — fidèle à son système, il compte la lieue à 1/15 de mille — soit à 50° à l'ouest sur le 28e parallèle : autant dire à l'emplacement réel de la Floride. C'est toujours ces terres nouvelles qu'il s'étonnera, le 25 septembre 1492, de ne pas apercevoir. Mais il sera stupéfait lorsqu'il trouvera les îles peuplées de sauvages en qui il ne reconnaîtra pas les Chinois civilisés décrits par Marco Polo.

Dans ces années où il prépare son aventure, Colomb collectionne les témoignages. Et le fait même que tant de marins viennent à lui montre bien que l'on prend au sérieux, au moins à partir de 1489, son propos d'une expédition aux îles inconnues. Au large du cap Saint-Vincent, au sud du Portugal, le navigateur Martin Vincente a trouvé en mer une pièce de bois sculpté qui flottait dans un courant venant de l'ouest. A Porto Santo, la petite île au nord-est de Madère, le beau-frère de Colomb, Pedro Correa, a vu semblablement portés par les grands courants d'ouest des bambous et des bois ouvrés. Aux Açores, les courants d'ouest font parfois échouer des troncs de pin d'une variété inconnue. A Madère, les Portugais sont à ce point familiers de ces découvertes que quelques marins s'en sont allés vers l'ouest, sur la route qu'emprunteront les Colomb et les Verrazzano, afin d'y prendre possession de ces îles dont tout le monde parle et où nul n'a réellement débarqué. L'un d'eux, Antonio Leme, raconte lui-même à Colomb qu'il a vu trois de ces îles dans le lointain. Un autre, Pero de Velasco, lui rapporte qu'il a naguère, avec son collègue Diogo de Teive, trouvé une île qu'il a nommée Flores. La famille de sa femme communique à Colomb des papiers qui prouvent, eux aussi, que l'on n'a pas fini de faire l'inventaire des terres émergées.

N'oublions pas le pilote Alonso Sanchez. Ce personnage de mélodrame aurait, poussé par le vent, trouvé Haïti en revenant des Canaries. Mourant peu après son retour à Madère dans les bras de Colomb, il lui aurait légué son secret. Même si, comme il est vraisemblable, Sanchez n'a existé que dans l'imagination de ceux qui voulaient dès le XVIe siècle diminuer le rôle de Colomb, la fabulation elle-même suppose un minimum de vraisemblance : à Lisbonne et ailleurs, dans les années 1480, tout le monde parle des prochaines îles. Il n'y a là aucun secret. Quant à la route, ce sont les vents qui l'imposent.

L'imagination ne se porte pas seulement sur l'Atlantique subtropical. Dans l'Atlantique nord, aussi, on a vu des terres. A l'ouest de l'Irlande, un pilote borgne a entrevu la Tartarie. Un autre s'est contenté de voir une terre qui lui paraît à conquérir, et il en fait part à Colomb. La seule chose dont personne ne doute est que l'on n'a pas fini de découvrir le monde.

Rebuffades

Le roi de Portugal encourage toute initiative propre à lui procurer un empire. Jean II, qui monte sur le trône en 1481, sait fort bien qu'il est encore des terres à occuper, et les informations qu'on lui procure laissent à penser qu'elles ne sont pas médiocres. Dans le temps où il pousse à l'exploration du golfe de Guinée, il promet des terres nouvelles à qui les trouvera. Diogo de Teive, puis Fernão Telles, ont ainsi la promesse des îles entrevues par eux à l'ouest de Madère. A Colomb lui-même, en 1485, Jean II dit plus ou moins clairement qu'il est, au-delà de l'Atlantique, une « grande terre ». L'année suivante, le capitaine portugais de l'île de Terceira, aux Açores, le Brugeois Fernand Van Olm, obtient le don de ce qu'il trouvera au large :

> Une grande île, ou des îles, ou une terre ferme, par-delà nos côtes, que l'on présume être l'île des Sept-Cités.

Il est temps de se presser. Iles ou Indes, la fortune sera au premier arrivé. Christophe Colomb le Génois fait ce que tant de Génois ont fait avant lui pour s'assurer des positions sur la côte d'Afrique : il offre ses services au roi de Portugal.

A-t-il proposé de découvrir de nouvelles terres dès 1484, date que ses premiers biographes ont avancée, sans doute pour bien montrer qu'il ne devait rien aux idées d'autrui ? A-t-il, cette même année où Diogo Cão explore l'estuaire du Congo, parlé d'ouvrir une route occidentale vers Cipangu ? Une chose est sûre : en 1485, le roi Jean II refuse de financer l'expédition. Financièrement, le Portugal ne peut investir à la fois sur les routes du sud et sur celles de l'ouest. Pour l'aventure maritime, Colomb arrive trop tard. Il y a place, dans la découverte de l'Afrique, pour des navigateurs obstinés à mener plus loin l'entreprise de leurs prédécesseurs. Il n'y a plus place, au Portugal, pour une entreprise nouvelle. Les capacités financières du royaume sont entièrement tournées vers la côte africaine, où les découvertes s'accélèrent et où Jean II sait bien qu'il n'a pas les moyens de s'attarder. Si la Castille s'est inclinée en 1479 devant les prétentions portugaises, limitant pour l'heure son domaine colonial aux seules Canaries, de longtemps acquises, c'est qu'elle avait fort à faire et à financer contre les Maures de Grenade. Bien sûr, la fin de la Reconquête dure plus que ne l'auraient souhaité les Rois catholiques, mais on entrevoit l'épuisement du royaume maure. Le Portugal ne dispose que de quelques années pour asseoir tranquillement son empire africain. Grenade prise, Jean II sait qu'il lui faudra compter avec l'Espagne.

En 1485, les Portugais forcent l'avancée. Il y a trois ans que l'on a découvert le Congo ; dans deux ans, Dias sera au cap de Bonne-Espérance. Pour aller vers l'ouest à travers l'Atlantique, la dépense s'annonce importante, et nul ne peut garantir la rentabilité immédiate de l'expédition. Les trafics avec la côte africaine, eux, financent déjà en partie l'aventure vers le « passage ».

Jean II est pourtant à la cour l'un des moins rétifs devant le projet de Colomb. Il sait que l'on ne peut tout faire la même année, mais il ne prend pas à la légère la proposition du Génois. Un conseil est spécialement constitué pour l'étudier. Les maîtres jugent irréalisable le rêve de l'autodidacte. Un amateur — Colomb n'est pas universitaire — qui récuse les estimations de Ptolémée ne peut être un homme sérieux, surtout s'il fait de surcroît un cas excessif des affirmations de Marco Polo sur Cipangu. Bref, Colomb est un vaniteux, un présomptueux. Méprisant les calculs de Ptolémée, il sous-estime la route jusqu'à Cipangu, surestimant par là même la capacité d'une flotte à gagner l'Asie sans escale, donc sans ravitaillement. Que l'Inde soit de l'autre côté de l'océan ne fait aucun doute. Qu'on puisse l'atteindre est une autre affaire. Peut-être, aussi, le futur amiral a-t-il commencé d'agacer les puissants et leurs conseillers par ses prétentions. Les conditions exorbitantes de l'accord de 1492 laissent à penser qu'en 1485, déjà, il pourrait avoir eu les dents longues. Bref, les maîtres ne manquent pas l'occasion de rabattre sa superbe.

Tout porte ainsi le roi de Portugal à mettre pour l'instant l'affaire de côté. Colomb gardera une grande amertume d'avoir été traité de la sorte par les savants, lui qui a tant lu. L'affrontement, en tout cas, le pousse à approfondir ses connaissances. Il entend pouvoir argumenter. Le navigateur est au chômage, non le géographe. Pour vivre, on le sait, il se fait libraire.

Jean II, d'ailleurs, est incertain. En cette même année 1485, il écoute favorablement le navigateur Dulmo qui veut aller à la découverte d'Antilia, l'île des Sept-Cités. Dulmo propose d'armer à ses frais deux caravelles. Il n'en coûtera au roi que son autorisation. Dulmo fera une brève expédition vers l'ouest, ne trouvera rien. L'échec confortera les adversaires de Colomb. Tout cela est chimérique.

Le refus de 1485 rompt brutalement pour Colomb l'alliance quasi traditionnelle des entreprises économiques du milieu d'affaires génois et des ambitions politiques de la Couronne de Portugal. On ne veut pas l'écouter, mais on en écoute d'autres. Bientôt, il en a la certitude, il sera trop tard pour lui. Alors, il va voir ailleurs. Peut-être songe-t-il à Gênes, où la Commune est en peine d'une nouvelle aire économique. Il pense aussi à la France et à l'Angleterre. Dans l'immédiat, il gagne l'Espagne. Il vit quelque temps chez sa belle-mère à Palos, un petit port près de Huelva qui va jouer un grand rôle dans sa propre histoire et dans celle du monde. Peut-être fréquente-t-il dès ce moment le monastère voisin, la Rabida, où un prieur passionné de cosmographie, Antonio de Marchena, lui prête une oreille attentive et compatissante. Colomb gardera le souvenir de cet accueil chaleureux en un moment de découragement. C'est sans doute lors de ce premier passage que le veuf — Felipa est morte en 1485 — laisse à la garde des religieux le jeune Diego, un enfant de cinq ans. Pour ce qu'il a toujours en tête, la charge d'un petit garçon lui paraît bien lourde.

Libre de ses mouvements, mais fort désargenté car il a laissé des dettes à Lisbonne et n'a pas trouvé de revenu en Castille, Colomb gagne le grand port où l'on peut rêver du large. Le voici à Séville. Il y renoue avec les milieux d'affaires italiens qui ont fait de la ville le nœud de trafics largement déportés vers l'ouest au cours des dernières décennies. Au risque d'exciter la jalousie des financiers espagnols, les Génois dominent la place et y développent des réseaux de solidarité dont la manifestation la plus étonnante a été, en 1473, la vaine démarche faite auprès de leur compatriote Francesco della Rovere — il est de Savone — devenu le pape Sixte IV pour obtenir de lui la nomination d'un Génois au siège archiépiscopal de Séville. Les Génois de Séville prêtent attention au propos de l'ancien marchand Colomb. Mais il est aussi à Séville des Florentins, comme ce Juanoto Berardi qui paraît intéressé par l'aventure vers l'ouest et, bientôt, ne ménagera pas ses maravédis pour aider Colomb. C'est probablement chez Berardi que Colomb rencontrera bientôt un autre Florentin qui deviendra de ses amis, lui restera longtemps fidèle et, non sans usurper en partie sa gloire, poursuivra son œuvre : le directeur de la filiale des Médicis à Séville, Amerigo Vespucci. Les Italiens introduisent aussi leur compatriote auprès d'un grand de Castille, le duc de Medina Celi, qui ne dédaigne pas d'investir dans l'armement maritime. La rencontre sera riche de conséquences.

Encore faut-il que l'entreprise soit cautionnée, et que les Rois acceptent d'y consacrer quelque argent. Colomb trouve la cour à Cordoue. Il la suit. Le 20 janvier 1486, à Alcalá de Henares, les Rois le reçoivent.

L'entrevue tourne à la catastrophe. Bien sûr, Isabelle de Castille paraît intéressée, tandis que Ferdinand d'Aragon fait bonne figure et alloue quelques subsides. Mais Ferdinand a d'autres préoccupations, et il le montre clairement. Colomb ne s'y méprend pas et le dira plus tard à ses proches : on s'est alors moqué de lui. On lui donne un peu d'argent pour vivre, une pension de 12 000 maravédis, mais il n'est pas question de financer une expédition sur l'Atlantique pour laquelle il demandera finalement deux millions de maravédis. En finir avec le Maure passe avant la découverte de terres nouvelles.

On ne lui a cependant pas fermé la porte au nez, et le Génois passera toujours pour tenace. Dès lors, il n'a qu'une stratégie : ne pas se laisser oublier. Il s'accroche à la cour, s'établit avec elle à Cordoue, la suit dans son transfert à Salamanque. Il s'appuie sur le duc de Medina Celi, momentanément impuissant mais sincèrement converti au projet. Le moment venu, le duc se révélera efficace.

Colomb se fait de nouvelles relations. C'est ainsi qu'il se prend d'amitié avec un théologien de l'université de Salamanque, le dominicain Diego Deza, qui sera bientôt l'un de ses meilleurs avocats auprès des Rois. Une autre relation se rangera plus tard sous la bannière du découvreur : c'est un capitaine de Biscaye nommé Pedro Arana. Pour l'instant, Arana se contente de faire connaître sa sœur à son nouvel ami. Beatriz Enriquez Arana devient vite la maîtresse de Colomb. Elle lui donnera en 1488 un fils, Fernando, qui sera le confident de son père — il aura dix-huit ans à la mort de celui-ci — et se fera grâce à de telles confidences son premier historiographe.

L'affaire de Grenade traîne. Les Rois profitent de leur séjour à Salamanque, où les savants sont nombreux à la cour comme dans l'université, pour soumettre les idées de Colomb à une commission, que préside Hernando de Talavera. Comme naguère au Portugal, l'avis des sages sera, à la fin de 1490, carrément défavorable. Le projet n'est pas réalisable. L'océan est plus large que ne croit Colomb, et la plus grande partie n'est pas navigable. Il faudrait au moins trois ans pour atteindre l'Asie, et l'on aurait peu de chances de revoir le navire. Une telle entreprise signifierait de l'argent perdu. Alors que le Maure tient bon, l'heure n'est pas au gaspillage.

Pendant la longue attente de la sentence, Colomb se dit qu'il n'a pas partie liée avec l'Espagne. Il est à Séville quand, au printemps de 1488, lui parvient une lettre du roi de Portugal. Bartolomeu Dias vient de passer le cap de Bonne-Espérance. Jean II ne le sait pas encore, mais les conditions mêmes de cette expédition directement envoyée vers l'Afrique australe montrent bien que l'on croit être au terme de la recherche. Autrement dit, on saura bientôt si Dias a trouvé le « passage » ou s'il n'y a pas de passage. Le roi de Portugal ne parle toujours pas de financer l'expédition du Génois, mais il entend ne pas rompre avec celui qui pourrait être l'artisan d'un deuxième terme de l'alternative. S'il n'y a pas de route africaine des Indes, il sera peut-être raisonnable de songer à cette route occidentale que prône le Génois.

Colomb, lui, trompe l'ennui avec Beatriz, mais il voit passer le temps sur l'Atlantique. En d'autres termes, il pourrait bien se trouver devancé aux Indes comme aux îles. Jean II veut le voir. Il ira à Lisbonne.

Le moment est mal choisi : c'est alors que l'on apprend l'heureuse nouvelle du succès de Dias. Le « passage » est trouvé. Autant dire que le Portugal a la maîtrise de la route libre vers l'Inde. Le propos de Colomb ne présente plus le moindre intérêt.

Christophe a retrouvé à Lisbonne son frère Bartolomeo. Les deux frères Colomb se prennent à désespérer des souverains ibériques, du Portugais comme des Espagnols. Après tout, il est d'autres rois en Europe, qui ont dans le passé trouvé à Gênes un certain nombre de leurs amiraux. En janvier 1489, Bartolomeo part pour la France et l'Angleterre. A Henri VII, il montre une carte, datée du 21 février 1488, sur laquelle les deux frères ont déjà figuré les terres à découvrir ! On l'éconduit sans aménité. Christophe songe à se rendre pendant ce temps à Paris, où le gouvernement des Beaujeu pourrait s'intéresser à l'Atlantique après avoir établi sur la France l'autorité du jeune Charles VIII. Le calcul n'a rien de stupide, et l'on peut raisonnablement escompter les dynamismes d'un royaume dont les ambitions croissent avec la reprise de l'économie : six ans plus tard, Charles VIII partira pour l'aventure italienne. A tout hasard, en attendant le retour de Bartolomeo, Christophe regagne l'Espagne. Peut-être pense-t-il que ses démarches auprès des souverains français et anglais vont inciter les Rois catholiques à se décider.

Naviguer pour la Foi

Les choses ont changé. Alors que l'affaire de Grenade touche à son terme et que l'on classera bientôt huit siècles de présence musulmane sur le sol ibérique parmi les souvenirs historiques, l'Inquisition prend du poids dans la vie politique espagnole. Montrer l'ardeur de sa foi ailleurs que sur le front de Grenade va devenir nécessaire. Venant dans cette atmosphère d'excitation religieuse, une menace du sultan égyptien, qui parle de raser Jérusalem si l'on touche à Grenade, remet soudain en mémoire aux Rois catholiques les applications à l'Orient de l'esprit de Croisade. Depuis quatre siècles, Espagnols et Portugais se sont tenus à l'écart des grands mouvements militaires vers l'Orient musulman. La Reconquête a largement servi de croisade à la péninsule Ibérique, mais on n'y est pas indifférent aux Lieux Saints, et Compostelle ne fait pas oublier Jérusalem. Colomb est sans doute un chrétien sincère, voire un homme pieux. Dans l'infortune, il touchera au mysticisme. Mais c'est aussi un opportuniste : son expédition sera celle de la Foi !

La nouvelle orientation du projet se précise sur-le-champ. On évangélisera les Indes. En atteignant l'Islam sur son front oriental, on dégagera Jérusalem, substituant ainsi les Rois catholiques au légendaire Prêtre Jean que l'on n'a finalement pas trouvé en Asie. Et l'on affectera au financement du combat pour la Croix et pour le Tombeau du Christ les profits attendus des terres nouvelles de l'Inde et de la Chine, et de leur or.

Fidèle à son image de cosmographe autodidacte et de cartographe professionnel, Colomb renforce son dossier et fourbit ses arguments. Il lit, il dessine. Il réfléchit aussi, et réfute les thèses généralement admises sur les antipodes : Dieu aurait-il créé la sphère pour en laisser vides les trois quarts ? Penser que Dieu ne favorisera pas le projet de Colomb, c'est penser que le plan divin aurait délibérément sacrifié les îles de l'Atlantique. Cette conjonction d'une preuve ontologique de l'existence des terres à découvrir et d'une preuve eschatologique des succès à venir montre surtout un Colomb à l'esprit bouillonnant. Alors qu'on en finit avec les Maures d'Espagne et qu'on parle à nouveau de Jérusalem, le Génois ne craint pas de s'inscrire dans le plan de Dieu. Il flattera plus tard Isabelle la Catholique qui l'aura enfin soutenu : le Saint-Esprit l'a inspirée.

Observons qu'avant d'embarquer, en 1492, Colomb pensera bien à prendre à bord un notaire pour dresser les actes de souveraineté et de propriété, un interprète pour l'arabe, le grec et l'hébreu, un autre pour les langues africaines, ce qui laisse des doutes sur l'idée qu'il se fait des populations à convertir aux îles ou aux Indes, mais qu'il ne s'encombrera pas d'un prêtre. Les négociations qui s'annoncent aux Indes n'auront rien de théologique, et l'on attendra pour baptiser les Infidèles. Quant aux marins, il leur suffira d'une confession avant le départ. L'expédition n'entendra pas une seule messe pendant six mois. Colomb n'en poursuivra pas moins aux Indes la mission évangélisatrice dont il s'investit lui-même. Il dressera de grandes croix de bois sur les rivages de Cuba et de Saint-Domingue. Il jugera que les Indiens sont de bonnes gens parce qu'ils font le signe de croix, qui n'est probablement qu'un attouchement du front, signe de respect ou de crainte. Il notera que mieux vaudrait n'envoyer ensuite dans ces parages que de bons chrétiens, ce qui pourrait bien être une allusion perfide aux juifs convertis dont la sincérité paraît sujette à caution.

> Le but initial de l'entreprise a toujours été l'accroissement et la gloire de la religion chrétienne.

Dans la multiplicité de ses motivations, le Génois est sans doute sincère. Ses entretiens à la Rabida l'ont marqué, alors même que son propos quasi prophétique incite les religieux à lui procurer une aide dont l'essentiel tient à leurs relations. Ce que

Colomb doit à frère Juan Perez et aux autres religieux, il le rendra à Dieu. A ses propres yeux, il forge déjà l'image du « Porte-Christ » qu'il valorisera plus tard dans la détresse en accordant à son nom de baptême le sens d'une prédestination.

Préparant le siège de Grenade, le roi est à Cordoue. Là, Colomb trouve un accueil singulièrement attentif, qui contraste avec les atermoiements du précédent séjour. La Reconquête n'est plus qu'une affaire de quelques mois. Les Rois peuvent maintenant, sinon financer déjà une grande entreprise sur l'Atlantique, du moins en engager sérieusement le projet. Pas plus que Colomb, ils ne sont indifférents à la course engagée sur l'océan. Le Portugal a pris les devants. Pour l'Espagne, le Génois qui se présente pourrait signifier une chance. Isabelle la Catholique s'intéresse de plus en plus ouvertement au projet du Génois. Le 12 mai 1489, ordre est donné à tous les officiers royaux d'assurer son hébergement dans toutes les villes où le service des Rois catholiques exige sa présence. Le duc de Medina Celi le prend sous sa protection, lui offre l'hospitalité et se charge de préparer l'expédition. A vrai dire, Medina Celi est fasciné par ce que furent le destin et la fortune de l'infant Henri le Navigateur. Le domaine acquis en son temps en Afrique par l'Infant portugais peut faire rêver un grand propriétaire andalou auquel on parle de terres nouvelles et de nouveaux marchés à conquérir. Colomb suit la cour au camp où la reine fait édifier, sous les murs mêmes de Grenade, une véritable ville dont le nom est à lui seul un symbole : Santa Fé, la Foi. C'est là qu'il met au net une carte (auj. à la Bibliothèque nationale de Paris) qu'il légende en empruntant ses citations à ses chères lectures, principalement à l'*Image* de Pierre d'Ailly.

Le siège de Grenade s'éternise. La commission Talavera rend l'arrêt que l'on sait. Une nouvelle fois, le Génois prend ses distances. A Santa Fé, on ne s'intéresse plus guère à lui. Il touche au fond du désespoir. On est aimable, mais d'argent point. Ni la

France ni l'Angleterre n'ont répondu à ses avances. Le Portugal se passe de lui. Pour 12000 maravédis par an, l'Espagne lui assure la subsistance, non les moyens d'action. Peut-être en proie à une crise mystique, Colomb retourne à Palos. Pour revoir son fils plus que pour trouver un appui efficace, il va frapper une deuxième fois à la porte de la Rabida.

C'est cependant là que l'attend la Providence, en la personne d'un franciscain, le frère Juan Perez. Plus encore qu'Antonio de Marchena, lequel se borne à conforter le pauvre visiteur, Juan Perez va déclencher la décision. Théologien et cosmographe estimé à la cour, frère Juan Perez a été le confesseur de la reine. Il a gardé quelque influence. Il écrit à Isabelle la Catholique.

Dans le même temps, Colomb fréquente à Palos les compatriotes de Beatriz. C'est alors qu'il se lie avec un armateur nommé Martin Alonso Pinzon. Bientôt, il en tirera profit.

Au reçu de la lettre du frère Juan Perez, Isabelle la Catholique décide de reprendre toute l'affaire. Ne s'agit-il pas d'aller aux Indes porter l'Évangile chez le Grand Khan ? La reine convoque Perez, puis Colomb. Composé de conseillers du roi, de mathématiciens, de théologiens, de géographes et de cosmographes, un nouveau Conseil est convoqué en 1491 devant Grenade. Colomb comparaît, ne convainc guère les savants, intéresse cependant les Rois, impressionnés par la mappemonde que leur présente le futur découvreur.

Quelques proches du roi se font alors les défenseurs du Génois : le duc de Medina Celi, la marquise de Moya, confidente de la reine Isabelle, le chancelier d'Aragon Luis de Santangel, le chambellan du roi Juan Cabrero, le légat pontifical Antonio Geraldini, le dominicain Diego Deza, encore professeur de théologie à l'université de Salamanque mais futur archevêque de Séville. L'archevêque régnant, celui que l'on appelle couramment le cardinal d'Espagne, Diego de Mendosa, commence de porter attention à ce fougueux partisan d'une nouvelle croisade. De plus modestes personnages s'en mêlent, qui ne sont pas nécessairement les moins ardents pour seconder les vues de Colomb : ainsi Juana de la Torre, la nourrice de l'infant don Juan, cet unique enfant mâle des Rois catholiques, qui mourra d'une chute de cheval, laissant ainsi sa sœur Jeanne la Folle porter au Habsbourg la Couronne d'Espagne. Lorsqu'aux Indes Colomb se verra contraint de faire exécuter le rebelle Adrian de Mogica, c'est à la nourrice de l'Infant qu'il fera part, dans une lettre très personnelle, de ses états d'âme. N'oublions pas Pedro Arana, le frère de Beatriz. Nous le retrouverons au commandement d'une caravelle dans le voyage de 1498. Quant au trésorier royal Quintanilla, il juge favorablement le rapport entre le risque, en définitive limité, et le profit possible. Ferdinand et Isabelle se demandent si, malgré l'incertitude, une telle extension de l'Espagne jusque-là mal dotée outre-mer ne vaut pas qu'on prenne un risque financier.

Les Capitulations de Santa Fé

Pour la première fois depuis que les navigateurs rapportent de chaque voyage une moisson de nouvelles embouchures, de nouveaux caps et de nouvelles îles, un intrépide qui n'est plus vraiment homme d'affaires, qui n'a jamais été vraiment navigateur et qui ne peut se prétendre mathématicien, se dit assuré de ce qu'il va découvrir. Sur les voies déjà ouvertes et selon les modes habituels de l'exploration, l'Espagne est forclose. Disponible plus tôt, le Portugal et ses Génois ont une avance que nul ne saurait rattraper. Ce qu'un Génois qui fait maintenant figure d'apatride propose aux Rois catholiques coûtera finalement moins cher qu'une vaine concurrence avec le Portugal sur les routes de l'Atlantique africain. Même si Colomb n'en a pas encore la certitude, les Rois sont maintenant décidés.

Le 2 janvier 1492, les Rois catholiques font leur entrée dans Grenade. Les Maures ont cessé de fouler le sol ibérique. Ainsi disparaît ce qui a été la principale préoccupation des Rois et leur plus grosse dépense. Le 30 mars, au terme d'un siècle de mouvements antisémites et dix ans après la création du tribunal de l'Inquisition, les Juifs sont à leur tour expulsés du royaume d'Espagne : quelque trente mille familles prennent le chemin de l'exil. Leur départ satisfait certainement les inquisiteurs mais il fait aussi le bonheur des milieux d'affaires castillans qui, plus ou moins sincères, exagèrent le nombre et le rôle de leurs concurrents juifs. C'est la fin de l'Espagne « des trois religions » qui a tant apporté à la civilisation de l'Occident. Les Rois ont le sentiment d'avoir bien œuvré pour la défense de la Foi. Encore reste-t-il à mettre en œuvre le troisième volet de ce triptyque : évangéliser le monde.

Une troisième réunion est organisée en mars 1492 à Santa Fé. Colomb y paraît sincère dans son effarante conviction : la puissance d'une Espagne enfin délivrée de la présence islamique est au large, à l'ouest. Le futur découvreur a élevé ses prétentions. Il agace. On tergiverse encore. Colomb fait une fausse sortie. Santangel et Deza forcent la décision. La reine Isabelle fait prévaloir ses vues sur celles de son époux Ferdinand. On rattrape Colomb. Les conditions posées par le Génois sont acceptées. Il aura trois caravelles.

Ces conditions sont mises en forme en avril. Le contrat consenti à Colomb rappelle ceux que le roi de Portugal a passés avec les découvreurs de l'Afrique. Les Rois entendent faire, eux aussi, la fortune de leur royaume enfin unifié et délivré. Mais les conditions que pose Colomb eussent été inconcevables deux ans plus tôt, quand il quémandait vainement l'armement de ses caravelles. Sans doute a-t-il persuadé les Rois, ou à tout le moins Isabelle. Peut-être, aussi, les souverains sont-ils à ce point incertains qu'ils marchandent moins des avantages douteux qu'ils n'ont hésité à financer réellement l'expédition. Bien des découvreurs ont, dans le passé, joué avec les titres et les seigneuries. De l'infant de la Cerda qui était prince à Jean de Béthencourt qui n'était qu'un hobereau et un aventurier, on a connu ces hommes qui ne savaient ce qu'ils allaient découvrir mais prétendaient à l'avance à une couronne. Les Rois acceptent donc. Ordre est donné aux autorités municipales de Palos de trouver trois caravelles. Ies 17 et 30 avril, deux « Capitulations » sont conclues à Santa Fé. Le mot ne doit pas tromper : il n'y a ici nulle défaite. Comme un capitulaire à l'époque carolingienne, une capitulation est tout simplement un acte comportant une énumération de clauses, autrement dit des *capitula,* des chapitres. Le premier acte de Santa Fé est un contrat, le deuxième une liste et une confirmation des droits et privilèges conférés à Colomb.

Il s'agit en effet de définir ce que seront les droits de Colomb quand la découverte sera assurée pour les autres comme elle l'est déjà pour lui. Point n'était besoin de tant d'années de négociations pour en arriver à mettre à flot une escadre financée par des gens déjà convaincus et pour traverser l'Atlantique. Colomb pouvait fort bien partir sans l'autorisation des Rois. Mais partir sans l'aval d'un souverain, c'était partir sans protection, sans sauf-conduit pour le cas de rencontres, sans titre juridique pour le cas de découvertes. Un marin qui touche une île n'en est pas nécessairement propriétaire, et d'avoir trouvé des terres nouvelles ne suffirait pas à faire un prince. Les îles ne sont pas au particulier qui les aborde, et l'Asie — c'est d'elle qu'il s'agit, au-delà des îles — n'a jamais appartenu aux innombrables religieux ou marchands européens qui l'ont sillonnée. Le marchand génois qu'est encore, pour quelques jours, Cristoforo Colombo n'entend pas être plus tard celui qui racontera ses voyages comme l'ont fait depuis le XIIIe siècle tant de découvreurs des routes asiatiques. Ce que poursuit Colomb depuis ses premiers pourparlers avec le roi de Portugal, c'est un destin de conquérant. Il lui faut l'autorité d'un représentant de la Couronne.

Dans l'immédiat, celle-ci cautionne les bailleurs de fonds. A moyen terme, elle assure à l'entrepreneur des droits sur sa découverte. Colomb se pose en champion de la foi, mais il ne souhaite pas apparaître en l'affaire comme un simple navigateur. L'effarante prétention du Génois paraît dans les Capitulations de Santa Fé, et fait comprendre les longues réticences qui lui ont répondu : celui qui n'est aux yeux de tous qu'un cartographe et un ancien marchand organise son avenir et sa fortune comme jadis un infant de Castille reconnu par le pape pour prince de la Fortune, comme un Béthencourt qui était quand même un baron, comme un Henri le Navigateur qui était fils de roi. Colomb est anobli. Il devient don Cristobal. Notons l'anomalie que représente cette récompense anticipée. A l'ordinaire, c'est après la prouesse que l'on anoblit. Colomb a, visiblement, su convaincre. Il est de surcroît nommé « grand amiral de la mer Océane » , ce qui ne veut pas dire grand-chose au premier abord : dans la langue courante, un amiral est tout simplement celui qui commande plusieurs navires. Mais l'oncle du roi, don Alonso Enriquez, est grand amiral de Castille, et le grand amiral de la mer Océane peut se croire son égal. Les Capitulations le disent explicitement : il aura les mêmes droits et privilèges. En fait, la « juridiction » du grand amiral de Castille consiste en la perception d'une énorme exaction fiscale : 30 % de la valeur des cargaisons rapportées des Canaries par les navires castillans. Autant dire que l'oncle du roi touche 30 % du prix du sucre. Pour Colomb, le taux sera de 10 %. Mais il s'agit de « toutes les îles et terres fermes » qui seront ainsi découvertes. Cela veut dire un profit, héréditaire et perpétuel, sur tous les trafics qui s'établiront entre l'Asie et l'Espagne. Les perspectives dépassent largement ce que l'on peut attendre de la mise en valeur des « terres nouvelles », de ces îles qui pourraient être à l'ouest ce que sont au sud les Canaries. On ne parle pas ici de sucre, mais des trésors de l'Asie et de ceux des îles fabuleuses

> Toute marchandise, quelle qu'elle soit, à savoir perles, pierres précieuses, or, argent, épices et autres choses et marchandises de quelque espèce, nom et description, qui puisse être, par achat, échange ou découverte, acquise et obtenue à l'intérieur des limites de l'Amirauté.

Colomb aura pour lui le dixième des trésors qu'il rapportera et le huitième des bénéfices globaux. Quand on sait que l'Asie n'a rien de mythique et que le commerce avec l'Inde ou la Chine a fait la fortune d'Alexandrie en Égypte comme celle de Trébizonde sur la mer Noire ou celle de Byzance, on mesure ce que concèdent les Rois à un inconnu.

Pour faire bonne mesure, Colomb est reconnu comme le « vice-roi et gouverneur de toutes les terres fermes et îles qu'il découvrira et acquerra dans lesdites mers », avec droit de nommer les officiers royaux, et tout cela à titre héréditaire. Les Rois lui délivrent à ce titre des lettres de créance pour divers princes d'Asie dont on laisse prudemment le nom en blanc, et pour le Grand Khan. L'ancien facteur des Centurioni n'a qu'à trouver un îlot, et le voilà vice-roi. Même si un vice-roi n'a rien d'un roi, et si l'appellation est au juste une redondance pour celle de gouverneur, le Génois a quand même bien manœuvré. Trop bien, même : il paiera cher, plus tard, la trop grande fortune qui devrait être la conséquence d'une trop grande découverte.

En attendant la vice-royauté d'un nouveau royaume, Colomb reçoit un blason. Par lettres patentes du 20 mai, les Rois confèrent à l'ancien tisserand les armes qui manifestent son anoblissement. Il partira pour l'aventure avec à son côté l'épée qui convient à don Cristobal, une épée que l'on retrouvera au XIXe siècle dans les réserves du musée de

Salzbourg. Il se fera plus tard forger une armure damasquinée.

Trois navires

Dès lors que Ferdinand et Isabelle ont donné leur accord, et pratiquement leur caution, l'argent vient sans peine. Le Trésor royal étant exsangue, Santangel avance aux Rois l'un des deux millions de maravédis nécessaires. Ce sera leur part du financement. L'autre million est rapidement procuré par les relations d'affaires que Colomb n'a cessé d'entretenir. Ce sont d'abord des Génois : Jacopo di Negro, qui est l'un des principaux hommes d'affaires de la place de Séville, Luigi Doria, qui pratique le grand négoce à Cadix, et un nommé Capatel, établi à Xérès. Le Florentin Juanoto Berardi se joint à eux.

Martin Alonso Pinzon intervient alors, quand Colomb s'en vient à Palos, vers la mi-mai, pour y chercher, avec l'appui de la Couronne d'Espagne, deux ou trois caravelles à affréter. Le choix du petit port de la Niebla — cette Algarve espagnole — tient sans doute pour une part à l'histoire même de Colomb, qui y compte des amis chez les religieux comme chez les armateurs, et qui y retrouve sa maîtresse. Les bonnes gens de Palos connaissent bien le Génois, même s'ils le prennent pour un risque-tout. Mais le choix fait par les Rois, qui enjoignent à la ville de Palos de trouver les caravelles nécessaires, est surtout dicté par la capacité qu'ils ont de faire valoir contre les habitants de Palos une créance : pour piraterie, les marins de Palos ont été condamnés à une forte amende, et ce peut être pour eux le moyen de s'acquitter. Palos n'est pas Séville, mais les Rois ne risquent pas d'y affronter les grands armateurs de la cité du Guadalquivir, capables d'opposer aux désirs du roi les impératifs d'un capitalisme qui ne laisse pas nécessairement à quai des caravelles disponibles en permanence. A Palos, on est prié d'obtempérer. On le fera en traînant les pieds.

Heureusement, il y a Pinzon, qui a tant rêvé avec Colomb, et qui entrevoit une fortune à partager. Colomb ne lui dit-il pas qu'ils pourraient aller ensemble à l'aventure, comme deux frères ? Pinzon est un bon marin : son expérience de l'océan peut être précieuse. Chacun trouve donc son avantage à l'association. Pinzon s'avisera plus tard que l'avantage de Colomb l'emporte sur le sien, et Colomb verra à son tour les limites de la loyauté de Pinzon. Pour le moment, en cette fin de printemps 1492, Martin Alonso Pinzon se déclare prêt.

Il peut disposer de deux caravelles de 70 tonneaux, du type qui a fait ses preuves dans la reconnaissance des côtes africaines par les marins portugais : la *Pinta* — la Maquillée, ce qui est un nom de fille de joie — du patron Cristobal Quintero, et la *Niña,* la Petite, ce qui peut être aussi un nom de fille, mais qui tient peut-être son nom de son propriétaire, le patron Juan Niño, un marin du petit port de Moguer, voisin de Palos. Il les armera volontiers, sans mettre plus avant son capital en l'affaire. Il sera lui-même sur la *Pinta* avec Quintero, et avec 26 hommes.

Au vrai, si les deux navires ont la coque fine et les trois mâts de la caravelle, leur gréement est incertain. Peut-être la *Pinta* a-t-elle déjà un gréement mixte, le mât principal portant une voile rectangulaire. En tout cas, Colomb fera modifier, pendant son escale aux Canaries, le gréement de la *Niña* afin de la rendre plus rapide : on montera alors une voile carrée au grand mât, qui est sur la *Niña* comme sur toutes les caravelles le mât de l'avant. Ainsi les deux caravelles, dont la coque reste celle d'une caravelle pure, ont-elles, pour franchir l'Atlantique, un gréement de caravelle « ronde ». On voit ce qu'elles gagnent en rapidité à cette combinaison de la finesse et de la force.

Le frère de Martin Alonso, Vicente Yañez Pinzon, sera le capitaine de la *Niña.* Il aura 22 hommes. Deux autres Pinzon sont encore de l'expédition : à l'évidence, les Pinzon prennent celle-ci pour une affaire de famille. Ils auront quelque peine à comprendre, de l'autre côté de l'océan, que Colomb n'entend pas être seulement l'homme qui a brassé des idées.

On ne peut trouver une troisième caravelle disponible dans l'armement de Palos. Plus tard, Colomb mettra en cause les gens de Palos, imputant à leur mauvaise volonté le caractère hétéroclite de son escadre. Lorsque le gouvernail de la *Pinta* se rompra, il suspectera même Quintero d'avoir voulu retourner ainsi à Palos.

Pour tout dire, Colomb jugera, lorsque se révéleront les faiblesses de son armement maritime, que les Rois auraient pu mettre d'autres moyens à sa disposition, lui ouvrir un plus grand crédit et user de leur autorité pour lui procurer vraiment trois caravelles.

Il faut quand même un troisième navire. Pinzon et Colomb saisissent une occasion : un armateur de Biscaye, Juan de la Cosa, est au port avec une grosse nef de Galice, la *Gallega.* Celle-ci est pourvue d'un pont intermédiaire. Elle porte des voiles carrées aux deux mâts d'avant, la misaine et le grand mât, et une voile triangulaire à l'arrière, à l'artimon. Une petite voile rectangulaire, au beaupré, complète à la proue un gréement dont la première caractéristique est la force. Engager sa nef dans l'aventure n'est pas pour déplaire à Juan de la Cosa. Parce qu'elle est la plus grosse, Colomb en fait le navire amiral et lui donne sur-le-champ un nouveau nom. C'est la *Maria Galante,* encore un nom égrillard. Plus tard, l'amiral sera gêné d'un tel nom, ne parlera jamais que de la « nef amirale », et lui donnera finalement un nom mieux adapté à la mission qu'il entend mener : ce sera la *Santa Maria.* On y embarquera 39 hommes. Elle aura pour pilote Peralonso Niño. On le voit, les Pinzon et les Niño rivalisent pour faire du voyage une affaire de famille. Colomb n'est pas en reste, qui emmène son frère, le fidèle Bartolomeo.

Admirable navigateur grâce à sa connaissance livresque du globe et de sa physique, Colomb n'est pas encore, au départ, le marin au jugement sûr qu'il deviendra rapidement en observant la mer et en jouant de ses caravelles. En choisissant son navire amiral, qu'en Génois il n'appellera jamais autrement que « la nef » , il s'est mépris : la *Santa Maria* est un bâtiment lourd. Malgré un gréement en caravelle — on parlera couramment des trois caravelles — ses 100 tonneaux la rendent difficilement manœuvrable. Sur les routes connues du trafic de Biscaye, elle était un transporteur sûr. Dans les navigations africaines, la nef porte le ravitaillement, mais c'est avec les caravelles que les Cão, les Dias et les Gama explorent les estuaires et reconnaissent les caps. Dans les récifs des Caraïbes, la nef amirale de Colomb montrera son insuffisance. La meilleure unité de la petite escadre est la *Pinta.* Fine et rapide, elle répond bien à la manœuvre. Martin Alonso Pinzon se l'est réservée. Au retour, il en jouera contre Colomb.

Surtout, les Pinzon se chargent de recruter les équipages. La tâche est délicate, et il leur faut évoquer l'or qui pousse et que l'on cueille, l'or que l'on trouvera à la pelle. Sur les terres nouvelles, les maisons ont des tuiles d'or. Pinzon, du moins, l'affirme. On croyait peu le rêveur Colomb. On croit, sur le port de Palos, les hommes d'affaires que sont les frères Pinzon. A la fin de juillet, les effectifs sont complets : quatre-vingt-sept hommes sont à bord des trois caravelles. On peut partir. Colomb éprouvera quelques difficultés en mer, avec un équipage recruté n'importe comment, incapable de comprendre le système des vents et malhabile à la barre pour tenir le cap. Il en connaîtra d'autres aux îles, avec des hommes qui attendaient des maisons aux tuiles d'or.

Don Cristobal

L'amiral doit bien une chose aux Rois : il se fait désormais appeler Cristobal Colon, et non plus Cristoforo Colombo. Son frère lui-même devient, à l'espagnole, Bartolomé. Pour dire le vrai, le futur amiral espagnol s'était, un temps, vu amiral portugais, et il avait commencé de se nommer Cristovão Colomo. Le changement est d'ailleurs dans l'usage de ces notables italiens, hommes d'affaires ou diplomates, qui se fondent par opportunité dans un milieu étranger. La France a vu au XIVe siècle les Guidi se faire Guy, les Rapondi Raponde, les Burlamacchi Bourlamet, les Cenami Cename. Le cardinal Napoleone Orsini était dit en France Napoléon des Ursins, ce qui autorisera au siècle suivant les Jouvenel, acquéreurs d'un petit fief des Ursins, à se dire parents des Orsini de Rome. Au XVIIe siècle, le prélat Giulio Mazarini se fera de Mazarin, et le musicien Gianbattista Lulli sera Monsieur de Lully.

La modestie n'est pas le fort de Cristobal Colon. Parlant toujours de lui, dans son journal de bord, à la troisième personne, il se nomme lui-même El Almirante, l'Amiral. L'habitude sera prise avant la découverte. Elle se gardera, et Colomb n'usera de son titre de vice-roi qu'au moment où on le lui contestera.

N'allons pas croire que ces gens sont moins patriotes parce qu'ils naturalisent leur nom au gré des circonstances. Ils tiennent très serrés les liens qui les unissent sur la place étrangère. Et tous pensent en premier à leur ville d'origine quand, au moment de rédiger leur testament, ils organisent leurs libéralités. Don Cristobal Colon aura pour exécuteur testamentaire l'ambassadeur génois à Séville, Niccolo Oderigo. Et, par lettre du 2 avril 1502, il léguera à la *Casa di San Giorgio*, autrement dit à la première maison financière de Gênes, le dixième de tous les revenus qu'il tire des Indes, et ce pour servir au paiement de l'impôt, autrement dit pour alléger les charges de la Commune.

> Bien que mon corps soit ici, mon cœur est bien continuellement là-bas.
>
> Comme je suis mortel, je laisse pour instructions à mon fils Diego que, sur tout le profit

> que l'on tirera des Indes, il vous envoie le dixième tous les ans et à perpétuité, pour servir au paiement de l'impôt sur le blé et le vin et les autres victuailles. Si ce dixième est grand, acceptez-le. S'il ne l'est pas, agréez ma bonne intention.

Don Cristobal n'a pas oublié qu'il était génois. Il l'est quand il cherche de l'argent. Il l'est aussi quand il en donne. Mais l'amiral qui, le 3 août 1492, donne l'ordre d'appareiller à l'escadre des Rois catholiques se sent bien, en puissance, un vice-roi espagnol.

CHAPITRE XVII

1492

Les trois caravelles, la *Santa Maria,* la *Pinta* et la *Niña,* quittent Palos au petit matin du vendredi 3 août 1492. Sur leurs voiles, on a peint de grandes croix. Visiblement inspiré par ce qu'il sait des courants et des vents, Colomb commence par descendre en latitude. Il gagne les Canaries. C'est là seulement que, atteignant l'île de Hierro, la dernière des Canaries, juste au sud du 28e parallèle, il mettra le cap à l'ouest en profitant de l'alizé qui pousse alors par tribord arrière.

Les Canaries

La navigation est sans histoire. Colomb tient son journal. Le vent est bon. On navigue jour et nuit. Les caravelles font de quinze à quarante lieues par jour : de 80 à 220 kilomètres. Le 6 août, le gouvernail de la *Pinta* se rompt, peut-être saboté par son propriétaire Cristobal Quintero, assez mécontent qu'on ait réquisitionné son navire pour une aventure passablement incertaine. Colomb le pense tout haut : Quintero espérait revenir à Palos. Martin Pinzon fait à deux reprises une réparation de fortune, avec des cordes. Il fera réparer aux Canaries. Rien là que de très ordinaire, mais la suspicion, déjà, trouble l'atmosphère. Et Colomb se propose de laisser la *Pinta* aux Canaries s'il y trouve un navire en état de prendre la mer.

Le 12 août, la *Santa Maria* et la *Niña* sont aux Canaries, à la petite île de Gomera, où les rejoint quelques jours plus tard une *Pinta* aux allures ralenties par l'avarie. On profite du temps perdu à chercher une autre caravelle, puis à réparer la *Pinta,* pour réaménager comme on l'a déjà dit le gréement de la *Niña,* jusque-là dotée d'une voilure triangulaire de

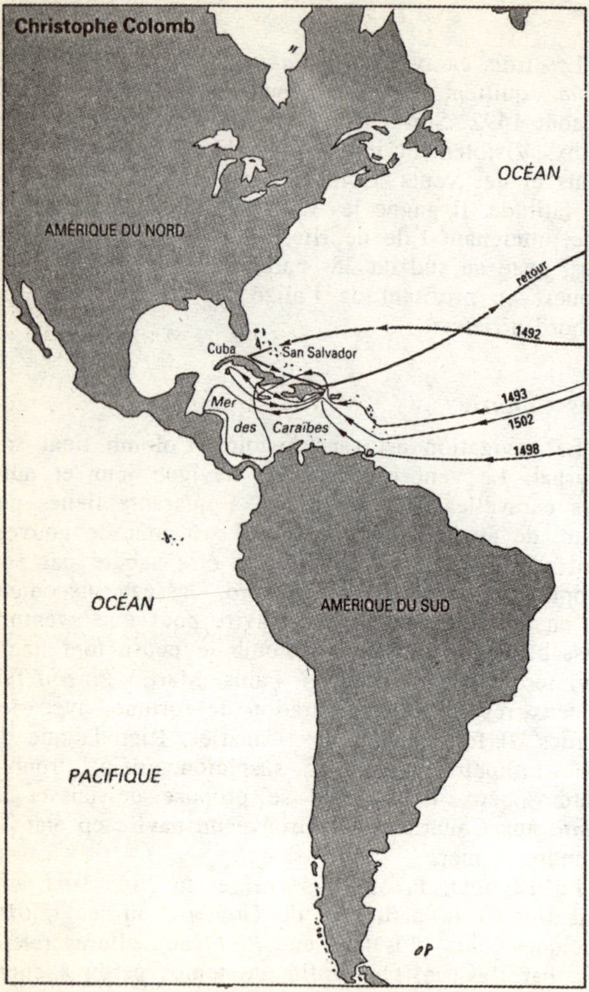
Christophe Colomb
OCÉAN
AMÉRIQUE DU NORD
retour
1492
Cuba
San Salvador
1493
1502
1498
Mer
des Caraïbes
OCÉAN
AMÉRIQUE DU SUD
PACIFIQUE

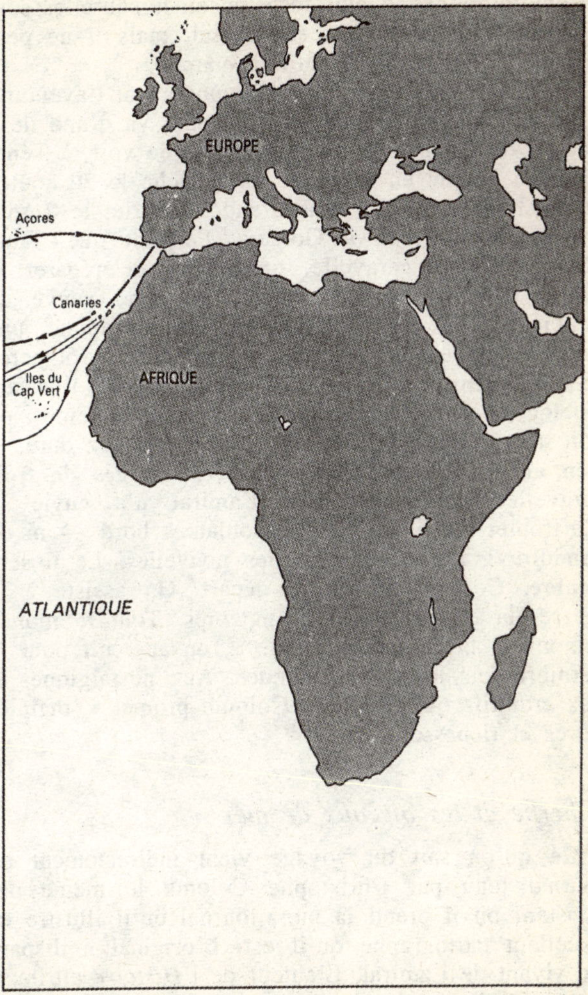
EUROPE
Açores
Canaries
Iles du
Cap Vert
AFRIQUE
ATLANTIQUE

caravelle pure qui la ralentissait et contraignait les autres à réduire la toile. Colomb sait que la patience des équipages reste le point faible de toutes les expéditions lointaines, à plus forte raison lorsqu'elles sont incertaines. L'amiral est sûr de lui, mais il ne peut prendre le risque de ralentir la marche.

Les Canaries sont le dernier repos avant l'aventure. Cherchant toujours un navire, Colomb va d'une île à l'autre, ce qui permet aux équipages de voir, à Ténériffe, un volcan en éruption. On relâche le 20 août à San Sebastian, le 25 à la Grande Canarie, le 2 septembre de nouveau à Gomera. Pendant que, faute d'une nouvelle caravelle, on achève de réparer la *Pinta,* Colomb fait la cour à la jeune veuve de l'ancien gouverneur, Inès Peraza, qui donne une superbe fête en son honneur. Déjà, le vice-roi perce sous l'aventurier. On le traite en amiral de l'Océan. Quelques racontars le confortent : par beau temps, on voit une île à l'ouest. Mais le repos a assez duré, et l'on annonce la présence dans les parages de trois caravelles portugaises que l'amiral n'a envie ni d'affronter — il n'a pas de soldats à bord — ni de conduire gratuitement aux îles nouvelles. Le 6 septembre, Colomb décide le départ. On assiste à la messe, la dernière avant longtemps. Tout le monde remonte à bord. Le dimanche 9, on aperçoit pour la dernière fois les terres connues. Aux nostalgiques et aux craintifs qui reniflent, Colomb promet « maintes terres et richesses ».

L'herbe et les oiseaux de mer

Ce qu'on sait du voyage vient indirectement du journal tenu par Christophe Colomb lui-même dès l'instant où il prend la mer, journal qu'il illustre en excellent cartographe qu'il est. L'original a disparu du vivant de l'amiral. L'auteur de l'*Histoire* attribuée à son fils Fernando s'en est servi et l'a abondamment cité. Le fils d'un compagnon, le futur évêque Bartolomeo de Las Casas, l'a également exploité pour son

Histoire des Indes. Ce journal, d'une extrême précision, ne pèche que sur un point : dès le 9 septembre, Colomb choisit de sous-estimer délibérément la route faite chaque jour. Quand il fait vingt lieues, il en annonce seize. L'amiral sait que son équipage sera, tôt ou tard, impatient et qu'il lui faudra, comme tous les entrepreneurs d'expéditions lointaines, faire face au découragement. Or il est une donnée dont Colomb est à l'évidence moins sûr que des autres : la distance. Il est assuré de la latitude à laquelle il doit trouver Cipangu, non d'une longitude qui tient à la circonférence de la terre, sur laquelle il se sait en désaccord avec la moitié des cosmographes. En notant chaque jour un peu moins que la route réellement parcourue, il garde une réplique pour ceux qui lui diraient trop vite qu'on ne trouve rien. Seuls, les pilotes, qui font le point, connaissent la route réelle. Aux équipages, on dit ce qu'on note dans le journal de bord.

Comme prévu, le vent est bon. Les caravelles filent dix nœuds. Le 11 septembre, on voit flotter un morceau de bois que les marins identifient : c'est un fragment de bois de hune. Le navire naufragé devait jauger cent vingt tonnes. D'autres sont donc passés par là, et sont allés plus à l'ouest. Le 13, alors que l'on rencontre un courant contraire, on s'avise de la dérive magnétique : la boussole est passée de quelques degrés du nord-ouest au nord-est. Colomb commence à se méfier de l'instrument. Il le vérifiera jusqu'au bout, multipliant les mesures en faisant viser la Polaire par ses trois pilotes chaque fois que faire se pourra.

Le 14, joie sur la *Niña :* on voit passer une hirondelle de mer et un paille-en-queue, une sorte d'oiseau blanc dont les marins savent qu'il ne s'éloigne guère de la terre que de vingt-cinq lieues. Chacun conclut que l'on approche du but. Un nouveau présage heureux survient le 15 : « un merveilleux rameau de feu », une étoile filante. Le vent est régulier, et souffle toujours vers le sud-ouest. On garde sans mal le cap. Décidément, tout va bien. Le 16, Colomb note que l'air est « tempéré ». Les matinées sont un charme. Il n'y manque, note Colomb, que d'ouïr le rossignol. On se croirait en avril en Andalousie.

Quelques poignées d'herbe très verte flottent sur l'océan. Une terre n'est pas loin. La joie règne à bord. Mais Colomb est sûr de ses calculs : ce peut être une île, non la terre ferme. Celle-ci est plus loin

A partir du 17, les touffes d'herbe se font plus nombreuses. C'est la mer des Sargasses. Ces herbes, ces algues en réalité, rendent l'espoir à l'équipage qui commençait de s'impatienter. L'eau paraît moins salée, et un crabe vivant flotte dans l'herbe. On voit un banc de thons. On en pêche un. De nouveau, un paille-en-queue survole l'océan. L'oiseau, observe l'amiral, n'a pas coutume de dormir en mer. La terre est proche. Le 18 septembre, le ciel devient obscur vers le nord. D'aucuns pensent, avec Colomb, que la terre est proche. Nul ne dit en quoi la terre peut assombrir le ciel.

Jusque-là, Martin Alonso Pinzon s'est comporté en fidèle lieutenant. Alors que la terre paraît proche puisqu'on voit de plus en plus d'oiseaux voler vers le couchant, Pinzon entend prendre l'avantage sur Colomb. Il fait passer la rapide *Pinta* avant la lourde *Santa Maria.* Il tient à voir le premier la terre qui s'annonce, et ne s'en cache pas.

Le 19, deux fous croisent les caravelles. Colomb sait bien que ces grands palmipèdes nichent dans les rochers ; le fou ne s'éloigne jamais de la terre de plus de vingt lieues. La brume s'étend sur la mer. Il pleut, sans vent : c'est signe de terre. Tout est signe de terre, pour ces marins habitués à interpréter le ciel et la mer.

Ce jour-là, l'amiral fait procéder à des calculs. Le pilote de la *Santa Maria* estime qu'il a parcouru 400 lieues. Celui de la *Pinta* en trouve 420, celui de la *Niña* 440 : entre 2 200 et 2 500 kilomètres. Autant dire que Colomb et ses lieutenants pensent avoir fait la moitié de la route. On doit être « aux îles » , ou en approcher. Mais il serait dangereux de laisser croire que l'on ne sait plus très bien où l'on en est. Colomb et ses trois caravelles pourraient sillonner les alentours jusqu'à ce qu'ils trouvent une île. L'équipage ne s'y tromperait pas : l'indécision serait flagrante. Colomb feint d'être absolument sûr de lui, ce qu'il n'est plus : il continue sa route tout droit. On va d'abord aux Indes. On verra les îles au retour.

La déclinaison magnétique est maintenant telle que la boussole n'est plus que d'un maigre secours. Elle n'indique plus le nord. Les marins s'inquiètent. Depuis qu'on a appris à donner une réelle précision à l'aiguille aimantée, on lui a fait confiance. Avec la déclinaison, qui distingue un nord magnétique du nord géographique qu'est le pôle et dont la Polaire indique immuablement la direction, c'est une certitude qui chavire. Colomb prend la hauteur de la Polaire, montre, quadrant en main, que les choses sont en ordre.

Les signes se multiplient. Le 20 septembre, on voit trois fous et beaucoup d'herbe. Une sorte d'hirondelle de mer vient se poser sur la *Santa Maria.* Elle se laisse prendre à la main : c'est « un oiseau de fleuve ». On entend siffler des oiseaux de terre. Un fou passe tout droit, venant de l'ouest-nord-ouest.

Une nouvelle difficulté surgit le 21. L'herbe est à ce point abondante en mer qu'elle donne à l'élément liquide l'apparence d'un solide. L'eau « semble caillée », note l'amiral. On est au cœur de la mer des Sargasses, qui paraît « prise comme elle l'eût été par la glace ». Colomb a été prévenu par Vasquez de la Frontera. Une nouvelle fois, il s'évertue à convaincre ses hommes que tout est normal. Mais il est lui-même inquiet.

On voit encore un fou. On croise une baleine. N'est-ce pas, une nouvelle fois, signe de terre ? Les baleines ne nagent-elles pas près des côtes ? Tout est bon à dire qui peut rassurer l'équipage, et Colomb consolide son raisonnement : les caravelles passent certainement entre les îles tant imaginées, mais ce n'est pas là le but principal de l'expédition. On va aux Indes. Les îles seront pour plus tard, pour le retour.

Le 22 septembre, c'est toujours la mer des Sargasses. Quelques oiseaux survolent les caravelles : des damiers, ou pétrels. Le lendemain, les oiseaux se font nombreux. Un fou, une tourterelle, un moineau, des mouettes. Les crabes peuplent les herbes flottantes. Les curiosités se succèdent, mais voilà longtemps que l'on voit des signes sans voir la terre. Colomb est de moins en moins crédible quand il annonce qu'on arrive au but.

Au moins trouve-t-il avantage à une grosse mer et à un vent contraire qui ralentissent la marche à mesure que l'on atteint la zone où les grands vents jusque-là parallèles à l'alizé commencent à s'orienter au nord-ouest : les caravelles vont moins vite, mais les équipages ont enfin la preuve qu'on pourra rentrer. Depuis les Canaries, certains posaient la question à voix haute, et Colomb, pour assuré qu'il fût du système des vents, n'avait aucune preuve à donner de sa conviction. Anticipant sur le messianisme qui s'emparera bientôt de lui, l'amiral fait une déclaration où Moïse et la mer Rouge lui servent de référence paradoxale et où la marche du peuple d'Israël vers la Terre promise fait figure de préfiguration de la navigation vers un Nouveau Monde.

> Ainsi, très nécessaire me fut la grosse mer, et jamais ne l'apparut autant, sauf à l'âge des Juifs, quand ils sortirent d'Égypte avec Moïse qui les tirait de captivité.

Le 25 septembre, l'air est doux. On note un banc de daurades. Cela ne fait pas le compte. Les équipages trouvent que l'on voit beaucoup d'indices favorables, mais pas beaucoup de terres. Venus bord à bord, Colomb et Pinzon tiennent conférence. Pendant ce temps, la nervosité ne fait que croître dans l'équipage. Les marins murmurent contre un amiral qui n'est pas des leurs. La confiance chancelle.

> L'amiral étant un étranger, ne jouissant d'aucune faveur, ayant toujours été désapprouvé, et son opinion ayant été contredite par tant d'hommes doctes et savants, nul ne l'approuverait et ne le défendrait maintenant. On croirait plus volontiers ce qu'ils [les marins] en diraient, et on lui attribuerait à ignorance et à mauvais gouvernement tout ce qu'il pourrait leur reprocher pour se justifier.
>
> Il n'en manquait pas non plus pour dire que mieux valait cesser la discussion : si l'amiral ne voulait pas renoncer à son projet, on pouvait le jeter à la mer et déclarer ensuite qu'il était tombé par mégarde en voulant observer les étoiles.

Ce récit, naturellement, n'est pas de Colomb mais de son fils Fernando, qui le tient des marins eux-mêmes. Mais l'amiral, s'il ignore les conciliabules, mesure la mauvaise volonté. Autour de lui, il n'est qu'un propos pour faire l'unanimité : revenir en Castille.

Colomb ne cesse de haranguer ses hommes. Tout le monde est au bastingage. Il semble que chaque heure soit une année. L'amiral, qui falsifie depuis les Canaries ses estimations de distance, minimise encore plus les chiffres réels : l'escadre devrait être aux îles, et on n'aperçoit rien. Sans doute les a-t-on dépassées. C'est ce qu'il explique à Martin Pinzon, qui lui renvoie par une corde, depuis la *Pinta,* la carte sur laquelle, naguère, Colomb n'a pas craint de peindre « certaines îles de cette mer ».

La fatigue fait ses ravages. Le 25 au soir, Pinzon voit un mirage à l'avant sur tribord : une île. Il crie la nouvelle à l'amiral, demandant sans plus attendre le don promis à qui verrait le premier la terre. On chante le *Gloria* sur la *Pinta,* puis sur la *Niña* et sur la *Santa Maria.* Les marins grimpent aux mâts. Tout le monde voit la terre, ou plutôt le mirage. Colomb fait mettre le cap vers l'île. Au petit matin, on n'aura rien trouvé, sinon des bancs de daurades. Pinzon doit se convaincre de sa vanité. Il a un peu vite rendu grâces à Dieu. Il est vexé. Les marins éprouvent le besoin de se rafraîchir la tête : à la faveur du calme plat, l'incident se termine par un bain nocturne dans l'océan sans îles.

La monotonie devient lancinante. Le 27, on pêche une daurade, le 28 deux. Le 29, on voit voler une « frégate » : c'est un oiseau qui fait « rejeter aux fous ce qu'ils ont mangé, pour se nourrir à son tour ». Et les journées se succèdent. Le 30, passent quatre pailles-en-queue, puis deux fois quatre fous. Un oiseau isolé peut être perdu en mer. Douze, c'est la terre proche. Du moins Colomb le répète-t-il, notant à chaque vol de fou ou de paille-en-queue la distance que peut tenir l'oiseau au large de son nid. Le 3 octobre, on observe le mélange d'herbes fraîches et d'herbes pourries que franchissent les navires. Colomb juge une nouvelle fois qu'il a dû dépasser les îles. Ce qui s'annonce, ce sont les Indes. On ne va pas s'arrêter pour bourlinguer.

D'ailleurs, l'air est doux, et il ne manque que le rossignol. Les caravelles filent dix ou onze nœuds. Colomb note périodiquement qu'il convient de rendre grâces à Dieu pour la mer qui est belle et pour l'air qui est tempéré. Les marins y sont moins sensibles que leur amiral. Pour s'occuper l'esprit, celui-ci mesure la longueur de la nuit d'après l'arc parcouru par les étoiles de l'arrière de la Petite Ourse. Se trompant dans sa visée trop bas sur l'horizon, il trouve au matin le nord magnétique dans l'axe de la Polaire.

Comptes et angoisses

Le 1er octobre, on fait à nouveau les comptes. Le pilote de la *Santa Maria* affirme avoir parcouru 578 lieues vers l'ouest : 3 200 kilomètres. Colomb, qui a avoué 524 lieues, estime que l'on en a fait 707 depuis les Canaries. Le surlendemain, le pilote de la *Pinta* annonce 634 lieues ; celui de la *Niña* en trouve

540. La confusion est totale. On ne sait plus où l'on est.

Le 6 octobre, l'angoisse s'installe, même si l'amiral affecte de tenir pour négligeable la question que pose Pinzon. Et si l'on était allé trop loin ? En une semaine, ils ont avancé de plus de 250 lieues. Et si l'on avait déjà dépassé Cipangu ? Refusant de louvoyer pour trouver les îles, Colomb a imposé la route droite, mais où conduit-elle ? Martin Alonso Pinzon se voit mal manquant le rendez-vous avec l'Inde. On pourrait bien toucher tout bonnement la côte d'Afrique, et se trouver nez à nez avec les Portugais ! Pinzon fait observer à Colomb que l'on a fait plus que les 750 lieues annoncées. De fait, depuis les Canaries, ils sont assurés d'avoir maintenant parcouru plus de 800 lieues. La belle solidarité du départ s'effrite devant la probabilité de l'échec. Pinzon suggère d'infléchir la route à l'ouest. Colomb réserve sa décision.

Les esprits sont de plus en plus tendus. On voit encore un mirage. Chacun veut voir la terre le premier : il y a dix mille maravédis de rente pour qui criera la nouvelle. Colomb est obligé de calmer le jeu : celui qui aura crié en vain sera privé trois jours de son droit à la rente, même s'il est réellement le premier à voir la terre pendant ces trois jours. Il faut garder ses nerfs. La *Niña* n'en tire pas moins un coup de bombarde au matin du dimanche 7 octobre. Au vrai, on a vu venir du sud-ouest des oiseaux migrateurs ? Colomb cède. Une heure avant le coucher du soleil, il fait mettre le cap à l'ouest-sud-ouest.

On peut s'étonner de cette décision : elle signifie que, si l'on a dépassé Cipangu, les trois caravelles vont s'enfoncer dans l'océan Indien au lieu de gagner Cathay. Pour dire vrai, le cosmographe n'en est plus à calculer son point d'atterrissage. Les marins s'impatientent. Celui qui doit en être le vice-roi n'en est plus à chercher une terre précise. N'importe quelle terre sera la bonne. Le temps n'est plus où Colomb et Pinzon rivalisaient à qui verrait le premier la terre. L'amiral fait maintenant naviguer ses trois caravelles groupées matin et soir, afin d'unir les observations. Peut-être aussi cherche-t-il à limiter ainsi l'impression d'isolement. A l'évidence, il tremble devant le risque de mutinerie.

Le 8 octobre, heureusement, les signes s'intensifient. La mer est calme comme le « fleuve de Séville », le Guadalquivir. La température est douce. L'air est parfumé. Ostensiblement, Colomb remercie Dieu. On voit un fou, mais aussi des canards et des corneilles. Celles-ci n'ont pas coutume de se poser en mer.

La mutinerie gronde maintenant. Les marins sont indifférents à l'air parfumé. Le 10, la tension s'aggrave. Juan de la Cosa et ses Basques manifestent leur colère sur la *Santa Maria.* Martin Pinzon, depuis la *Pinta* où les choses sont moins graves, suggère de faire exécuter les meneurs : « Qu'on en jette une demi-douzaine à la mer ! » Colomb juge la réplique excessive, préfère négocier. La menace a quand même été entendue, et Pinzon jugera, non sans raison, qu'il a sauvé la situation. Nul ne saura jamais ce qu'est en cette journée dramatique la part de Pinzon et celle de Colomb. Personne ne voudra, plus tard, avoir pensé qu'il vaudrait mieux rentrer chez soi. Réconforté ou réconfortant, Colomb formule en tout cas une gageure : il demande à ses marins trois jours de patience. Dans son journal, il note que les hommes n'en peuvent plus mais qu'il est vain de se plaindre : n'est-on pas venu pour « atteindre les Indes » ? Des terres nouvelles, des îles nouvelles, nul ne parle plus.

Un jour passe. Le jeudi 11, la mer est grosse, et il flotte toutes sortes de choses autour des caravelles : des bâtons, un jonc vert, un épineux avec ses fruits. On voit passer une planche qui n'a rien d'un bois naturel. On attrape un bâton travaillé au couteau. La terre est habitée.

Terre !

A dix heures du soir, Colomb croit voir une lumière, un feu. Il prend deux témoins. L'un voit la lueur, l'autre ne voit rien. L'amiral décide de se taire. Après les sanctions qu'il a édictées contre les annonces prématurées, il ne peut se ridiculiser. Si c'était une illusion d'optique...

Comme tous les soirs, on chante le *Salve Regina.* Colomb prescrit un guet de nuit particulièrement attentif à la proue. La terre ne peut être qu'à quelques heures, et les caravelles filent douze nœuds, toujours ouest-sud-ouest. La rapide *Pinta* est en tête. Pinzon pense à son argent. A la rente de dix mille maravédis promise par le roi. Colomb ajoute un pourpoint de soie qu'il offrira sur-le-champ au premier qui verra la terre. C'est à qui la verra, et à qui ne l'annoncera pas à tort. Personne ne dort.

Une heure plus tard, un matelot de la *Pinta,* Rodrigo de Triana, crie soudain : « Terre ! » Il est sûr de voir une plage de sable blanc. Pinzon fait les signaux convenus, puis fait souquer vers la *Santa Maria.* Le page de Colomb révèle ce que son maître a déjà vu. Mais Colomb reste prudent. S'il fallait se dédire après avoir festoyé, ce serait l'insurrection.

A deux heures du matin, tout le monde voit la plage, deux lieues devant l'escadre. Cette fois, l'amiral fait tirer la bombarde. Il promet de l'or à Martin Pinzon. Les marins s'embrassent. On réduit les voiles. On met en panne : il n'est pas question d'aborder de nuit. Au petit jour, les trois caravelles mouillent devant une grève déjà peuplée de sauvages entièrement nus. Colomb et les deux Pinzon descendent à terre. On est le vendredi 12 octobre 1492. La traversée a duré trente-quatre jours. Heureux du nombre sacré des années de vie du Christ, Colomb comptera trente-trois jours, comme s'il avait débarqué le 11 au soir.

A ce que l'on comprend d'un flot de mots inconnus assortis de gestes à peu près explicatifs, l'île s'appelle Guanahani. En l'honneur du Sauveur, « de la Divine Majesté qui m'a donné tout cela par miracle », écrira-t-il aux Rois, Colomb la baptise immédiatement San Salvador, prenant à son compte l'usage des Portugais qui n'ont pas manqué, tout au long du siècle, de donner des noms, et presque toujours des noms chrétiens, aux îles, aux caps et aux fleuves d'Afrique. Malgré bien des incertitudes qui ont permis aux historiens de proposer l'identification de San Salvador avec l'une ou l'autre des Bahamas méridionales (autrefois dites Lucayes), on peut retenir qu'il s'agit sans doute de Watling, l'une des dernières Bahamas, au nord de la pointe orientale de Cuba.

L'amiral ne perd pas de temps. Devant les indigènes ébahis, il plante en terre trois bannières : la bannière royale d'Espagne et les deux étendards à croix verte frappés du chiffre personnel de Ferdinand et d'Isabelle. Le voilà vice-roi. Le notaire Rodrigo de Escovedo est appelé, de même que l'officier royal Rodrigo Sanchez de Segovia, chargé de représenter dans l'expédition les intérêts des Rois. Séance tenante, le notaire dresse l'acte par lequel Colomb a pris possession de l'île au nom des Rois. Les compagnons de Colomb lui font obédience. Derechef, on s'embrasse.

Les « Indiens »

Commencent alors les affaires. Les « Indiens » viennent jusqu'aux caravelles, et les Espagnols d'admirer les pirogues faites d'un tronc d'arbre. Les unes sont taillées pour un seul homme, d'autres sont assez grandes pour contenir jusqu'à une quarantaine de personnes. Ils rament avec une sorte de pelle de boulanger. Ils sont équipés de calebasses pour écoper, et redressent sans peine leur pirogue quand elle a chaviré. On leur offre des colliers de verroterie, des grelots pour les oreilles, des bonnets tricotés de laine rouge.

Ils donnent en échange des sagaies, des perroquets, du fil de coton. Celui-ci se paie trois piécettes d'argent les seize pelotes. Parfois, on se moque des Indiens, et Colomb doit faire la police, sans doute par respect pour les indigènes et par intérêt, mais aussi pour ne pas encombrer ses cales avec des pelotes de coton. On n'est pas venu pour cela.

> Je défendis qu'on leur donnât des objets aussi misérables que des tessons d'écuelles cassées, des morceaux de verre ou des pointes d'aiguillettes, quoique, lorsqu'ils pouvaient obtenir de telles choses, il leur semblât qu'ils possédaient les plus précieux joyaux du monde. Il est arrivé que pour une aiguillette un marin obtienne le poids de deux castillans et demi d'or...
>
> Cela me sembla mal, et je l'interdis. Je leur donnais mille gracieuses et bonnes choses, de celles que j'apportais, afin qu'ils en prissent amour de nous. D'autant qu'ils se feront chrétiens, qu'ils inclinent déjà à aimer et à servir Leurs Altesses ainsi que toute la nation castillane.

Ces gens sont pacifiques : ils se coupent les doigts dès qu'ils veulent prendre à pleine main les épées qu'on leur montre. Ils sont pauvres, vivant nus « tels que leur mère les a mis au monde » mais peints de couleurs diverses auxquelles Colomb ne parvient pas à donner une signification.

> Ils sont tous très bien faits, très beaux de corps et très avenants de visage, avec des cheveux presque aussi gros que le crin de la queue des chevaux. Ils les portent courts, tombant jusqu'aux sourcils, sauf par-derrière, où ils laissent quelques mèches longues, qu'ils ne coupent jamais.
>
> Certains se peignent le corps en brun. Ils sont tous comme les Canariens, ni nègres ni blancs. D'autres se peignent en blanc, ou en rouge vif,

> ou de la couleur qu'ils trouvent. Certains se peignent le visage, d'autres tout le corps. Certains se peignent seulement le tour des yeux, d'autres seulement le nez.

Leur seul trésor paraît être l'anneau d'or que portent certains en travers du nez. Ce détail est d'importance : l'or est là. C'est la première question que pose Colomb : où pousse l'or ? Par gestes, on se comprend : le précieux métal est vers le sud, là où l'on trouvera un « roi » considérable qui possède des vases d'or.

Toujours par gestes, comme d'autres l'ont si souvent fait en Afrique, les Européens et les indigènes haussent le niveau de leurs entretiens. Ces Arawaks sont en effet de paisibles pêcheurs, mais ils sont en proie à l'hostilité des farouches Caraïbes, dont Colomb et ses hommes feront bientôt la connaissance.

> J'en avisai quelques-uns qui portaient sur le corps des traces de blessures, et je leur demandai par signes quelle en était l'explication. Ils me firent alors comprendre qu'il y avait des hommes qui venaient jusque chez eux de certaines îles voisines afin de leur faire la guerre.

Le langage des gestes ne suffit pas. Comme en Afrique, on va former des interprètes. On prend sept Indiens, qu'on emmènera en Espagne. Le propos de Colomb mêle ici les deux motivations qu'il ne cesse d'invoquer depuis la Rabida : la colonisation et l'évangélisation. Les interprètes feront de bons agents du christianisme, et ce d'autant plus qu'ils n'ont « aucune religion » : entendons qu'ils ne sont pas d'une religion connue et capable d'opposer une résistance à l'Évangile. Fétichistes ou animistes, les gens « sans religion » sont en Afrique ceux qui ne sont pas musulmans. L'amiral notera en novembre à Cuba que les indigènes « ne sont d'aucune secte ni idolâtres ». On en fera sans peine de bons chrétiens.

Il n'a pas mené une telle entreprise pour trouver une si petite île. Et les habitants n'ont ni les manières ni les apparences des gens raffinés rencontrés jadis par Marco Polo. Trouver une île n'a étonné personne. Polo a bien écrit que Cipangu — le Japon — était entouré d'îles innombrables, et les Indiens montrent l'horizon en citant une centaine de noms. Le tout est donc de trouver d'abord Cipangu. Alors, et alors seulement, on pourra gagner Cathay et l'Inde, que l'on confond quelque peu. Quoi qu'il en soit, Colomb se dit déjà « aux Indes », et il l'écrit. Comptant cette fois son temps depuis le départ de Palos, il mandera six mois plus tard de Lisbonne aux Rois catholiques :

> En soixante et onze jours, je suis arrivé aux Indes.

Deux jours suffisent donc à cette première prise de contact. Le 14 octobre, Colomb quitte pour toujours Guanahani, emmenant les sept Arawaks voués à un destin d'interprètes. Naturellement, on ne leur dit pas qu'ils ne reviendront jamais. A vrai dire, l'amiral, à ce moment-là, n'en sait rien.

Cuba

On reprend la route vers le sud-ouest. Allant d'île en île à travers les Bahamas, Colomb touche plusieurs petites terres, qu'il baptise incontinent en faisant de bonnes manières à la Vierge, au roi et à la reine : Santa Maria de la Concepcion (auj. Rum Cay), Fernandina (auj. Long Island). C'est à Fernandina qu'il voit enfin des Indiens qui savent construire des cases avec des cheminées, et qui tissent le coton. Les hommes et les filles sont toujours nus, mais les femmes mariées ont des braies. On approche de la civilisation. Le 19 octobre, les trois caravelles mouillent devant une île que Colomb baptise Isabella en l'honneur de la reine (auj. Crooked). Un temps, on croit trouver là le roi qui a les vases d'or. Il n'y est pas.

On attend vainement au mouillage que quelqu'un apporte de l'or ; on voit arriver du coton et des sagaies. Les marins continuent de se défaire de leurs écuelles brisées, mais on n'est pas venu pour cela. L'enchantement continue cependant : on se croirait toujours en avril en Andalousie, et les bandes de perroquets obscurcissent le soleil. Les marins trouvent du bois d'aloès et de la cannelle : on approche de l'Inde. Colomb sera désappointé quand il s'avisera que ce n'est ni de l'aloès ni de la cannelle. Au mieux trouve-t-on de la gomme de lentisque, laquelle est, dit-on, excellente contre les maux d'estomac.

Voici enfin, le 28 octobre, l'escadre devant une très grande île. Les indigènes des petites terres lui ont déjà indiqué par gestes qu'il s'agissait là d'une très grande terre.

> D'après ce que j'entendis des Indiens, l'île est très étendue, de grand commerce, bien pourvue d'or et d'épices, visitée de grandes nefs et de marchands...
>
> S'il en va comme le disent les Indiens, ceux des îles et ceux que j'emmène sur mes navires, car je ne comprends pas leur langage, c'est bien là l'île de Cipangu dont on conte des choses si merveilleuses et qui, sur les sphères que j'ai vues et sur les peintures des mappemondes, est située dans ces parages.

Il a cru toucher enfin le Japon. Quand il apprend qu'il est à « Colba », il en fait hommage à l'Infant dont la nourrice l'a naguère aidé : ce sera Juana (auj. Cuba). Il admire les arbres, l'herbe, les fleurs, les oiseaux. Il découvre les patates et les haricots. Les Indiens du bord font comprendre qu'il y a là des mines d'or et qu'on trouve aussi des perles. Pinzon opine qu'on est sur la terre ferme. On parle d'aller maintenant à Cathay, en Chine, pour y trouver le Grand Khan. Colomb n'oublie pas sa mission.

Colomb fait le point. Il se juge à 26° de latitude nord. On s'est écarté d'un ou deux degrés vers le sud. L'amiral estime la distance parcourue : 1 142 lieues depuis Hierro aux Canaries. En réalité, Colomb a franchi quelque 1 105 lieues. Mais il a besoin de se croire à Cipangu.

Comme les premiers découvreurs des archipels de l'Atlantique africain, Colomb poursuit, vers l'ouest, puis vers l'est, la découverte de ce qu'il voit être un archipel aux cent îles et qu'il prend périodiquement pour la terre ferme, c'est-à-dire l'Asie. Le 1er novembre, il atteint à l'ouest le cap des Palmiers. Des interprètes sont dépêchés à terre, à la recherche d'un roi et d'une capitale. Les deux hommes, qu'assiste un Indien de Guanahani, savent l'un le grec, l'hébreu et l'arabe, l'autre quelques parlers de la côte africaine. Ils feront cinq jours plus tard le compte rendu de ce qu'ils ont vu, à défaut d'avoir compris grand-chose aux déclarations des pêcheurs. Ils se sont enfoncés dans l'île pendant deux jours, n'ont trouvé qu'un village et des paysans, n'ont pu se procurer un interlocuteur parlant l'hébreu, le grec ou l'africain. La déception est vive. Marco Polo a trouvé plus aisément.

Colomb revient alors vers l'est. Le 14 novembre, il baptise Mer Notre-Dame et Port du Prince une vaste baie et un mouillage capables d'accueillir une caraque. Ce sera Port-au-Prince. On y plante une croix. Voyant les indigènes qui pêchent des huîtres, Colomb fait plonger quelques marins : hélas, les huîtres n'ont point de perles. Qu'à cela ne tienne : ce n'est sans doute pas la saison !

Les 19 et 20 novembre, l'escadre fait une vaine tentative au large, pour voir s'il est une île au nord-est. Trouvant la tempête, elle revient au Port du Prince. Le 21 novembre, l'amiral fait à nouveau le point, se trompe de 20°, corrige à vue de nez sa lecture, envoie les instruments à tous les diables. A défaut de mesurer exactement le ciel, il sent la mer.

Pendant ce temps, Martin Alonso Pinzon décide de travailler pour son propre compte. Sans prévenir, il fausse compagnie à Colomb avec la *Pinta,* c'est-à-dire avec la meilleure des trois caravelles.

Reprenant vers le sud-est son exploration de la côte cubaine, l'amiral atteint la région où les Caraïbes font régner la terreur. Autant dire que les Européens déchantent, habitués qu'ils étaient à des populations paisibles et facilement apprivoisées. Le temps est venu des dérobades, voire des volées de flèches. Les villages de Juana sont déserts, même si les cheminées fument encore. Il n'y a personne sur les « ports », même si l'on trouve une pirogue bien abritée dans une sorte de hangar. Les terres sont travaillées, une pirogue de vingt mètres est tirée sur la berge, tout cela signifie que la région est fortement habitée, et l'on ne voit personne. Les interprètes le confirment, les naturels sont des poltrons.

> Avec dix hommes on en ferait fuir dix mille, tant ils sont poltrons et lâches, et parce qu'ils n'ont comme armes que des bâtons au bout desquels en sont ajustés d'autres, petits, aigus et durcis au feu.

A ce qu'on comprend de quelques dires, les « cannibales » dont ces braves gens ont peur ont un seul œil et une face de chien. Colomb, d'ailleurs, n'en croit rien, sinon que ses interlocuteurs indiens sont des couards, même s'ils ont « des panaches sur la tête, et des plumes ». Mais la peur n'est pas imaginaire, et l'amiral relie tant bien que mal ce qu'on lui rapporte — les enlèvements dans les villages — et ce qu'il sait depuis longtemps : les razzias sont le fait des hommes du Grand Khan. Les Caraïbes sont preuve que l'on est au plus près de la Chine.

Ce qu'on voit donne d'autres espoirs. Ainsi, le 25 novembre, dans cette embouchure de la côte cubaine que l'amiral appelle Santa Catalina parce que c'est la veille de la Sainte-Catherine.

> Il vit couler un gros ruisseau d'eau très limpide, qui se précipitait à grand fracas du haut d'une montagne. Il alla à ce ruisseau et y vit reluire quelques pierres pailletées de taches cou-

leur d'or. Et il lui parut certain qu'il devait y avoir de l'or par ici...

Il vit sur la plage beaucoup de pierres couleur de fer, et d'autres que certains disaient provenir de mines d'argent...

Comme on cherche le trésor, on le voit partout, même si les pierres pailletées de Juana ne le sont que de mica. Colomb s'émerveille aussi de la hauteur des pins. On taille sur-le-champ un nouveau mât pour remplacer celui qui est endommagé sur la *Niña,* et l'on rêve de fournir planches et mâts à tous les chantiers navals d'Espagne. A condition d'apporter « les accessoires » , on pourrait même construire sur place. Il y a du bois, il y a de la poix, et la rade abriterait cent nefs, « sans aucune amarre ni ancre ».

Saint-Domingue

Après quelques jours de vents contraires et de fortes pluies, le temps se calme. Le 4 décembre, la *Santa Maria* et la *Niña* appareillent pour une nouvelle exploration, plus à l'est. C'est ainsi que, le 6, Colomb touche la pointe occidentale d'une nouvelle île visiblement très habitée. On voit des fumées le jour et des feux la nuit. On laisse à bâbord une île que l'amiral appelle l'île de la Tortue : elle sera le quartier général des flibustiers. L'important, c'est la très longue côte que les deux caravelles vont longer par tribord pendant plus d'un mois. Mais on va cette fois à l'aveuglette : les Indiens embarqués aux Bahamas et ceux qu'on a pris à Juana ne savent plus où ils sont. Encore quelque peu interprètes, ils ont cessé d'être des guides. Ils se contentent de répéter que l'on a ici toutes raisons de craindre les Caraïbes.

Le paysage et le climat font penser à l'Espagne. On entend même le rossignol, que Colomb élève vraiment à la hauteur d'un symbole. Colomb affecte de reconnaître l'île nouvelle comme l'Hispaniola des cartes imaginaires : ce sera Saint-Domingue, ou Haïti. L'accueil est convenable, les « Indiens » sont des

« poltrons » mais on les apprivoise, et l'on voit un peu d'or aux nez et aux oreilles. La bonne réputation des chrétiens qui donnent des bagues de laiton et des colliers de verroterie se répand de village en village. Colomb commence à rencontrer les chefs, qu'il qualifie immédiatement de « rois » , non sans se demander par-devers lui s'il s'agit de rois ou de gouverneurs. On palabre d'abondance. On dresse des croix.

D'île en île, Colomb et ses compagnons vivent un enchantement. Tout ce qu'il a lu conduisait le découvreur à rencontrer ces « merveilles » vantées par un Polo et par un Mandeville. Et voilà que les merveilles sont sous ses yeux. Il y a le climat, les oiseaux, les fruits exotiques.

> La forêt est une merveille. Les herbes sont comme au mois d'avril en Andalousie. Le chant des oiseaux vous fait désirer de ne plus partir. Des bandes de perroquets obscurcissent le ciel. Il y a des arbres de mille sortes, chacun avec son fruit propre, et tous sentent si bon que c'est merveille...
>
> Il ne peut exister sous le soleil meilleures terres, plus fertiles, d'un climat plus régulier entre le froid et la chaleur, mieux pourvues d'eaux bonnes et saines, et non comme celles de Guinée, qui sont toutes pestilentielles. En effet, grâce à Notre Seigneur, personne parmi mes gens n'a éprouvé jusqu'à présent le moindre mal de tête, et personne n'a dû se mettre au lit pour quelque maladie que ce soit, à l'exception d'un vieux qui souffrait de la pierre et en avait souffert toute sa vie, et qui s'est trouvé guéri au bout de deux jours.

L'étonnement n'est pas moindre quand on découvre l'usage du tabac. A San Salvador, déjà, Colomb s'était étonné qu'on lui offrît comme chose précieuse quelques feuilles séchées. Mais c'est à Cuba que les Européens s'avisent que l'on peut humer l'herbe incandescente. Les deux interprètes mandés à l'intérieur de l'île en ont été frappés.

> Beaucoup de gens, hommes et femmes, se rendaient à leur village avec à la main un tison d'herbes dont ils aspiraient la fumée.

Les hommes de Colomb prennent goût à ce qui sera l'herbe de Nicot. Ils font également leurs délices des naturelles qui s'abandonnent sans rechigner. Le malheur est que les Européens ne sont nullement accoutumés à une maladie que l'autovaccination rend bénigne chez les « Indiens » et qui va faire dans la colonie et très vite en Europe de terribles ravages : la syphilis.

A vrai dire, on se berce mal d'illusions. Chacun voit bien que l'on n'a pas trouvé l'Inde des trésors, des pierres précieuses et des épices, non plus que la Chine des soieries. On peut bien échanger de l'or contre des grelots, on est loin de ce qu'annonçaient les voyageurs, les marchands comme les franciscains. Quand il se dit émerveillé, Colomb force la note. Il donne à une vallée d'Hispaniola le nom de Paradis, à une rivière celui de Guadalquivir. Sans commentaire, la vérité ferait mal à ses compagnons comme plus tard aux Rois catholiques : des sauvages nus et bariolés, et quelques anneaux d'or.

On ne voit nulle part affleurer l'or, l'or qui pousse, l'or qu'on cueille. Partout, Colomb et ses compagnons croient entendre qu'il est ailleurs, dans l'île suivante. A Juana, l'or était à Hispaniola. A Hispaniola, on les assure qu'il y a de l'or en bien plus grande quantité sur l'île de la Tortue. A moins qu'il ne soit à Banèque (la Jamaïque ou la Grande Inague). Ce que ne disent pas les naturels, on l'imagine. Comme les Indiens échangent volontiers du fretin d'or contre une verroterie dont les Européens savent bien qu'elle coûte fort peu, on en déduit un peu vite que l'or est abondant, qu'il est à portée de main. Un Indien montre-t-il avec des gestes grandiloquents l'ornement qu'il porte au nez, on comprend que l'or se cueille la nuit dans l'île voisine. Moins on trouve l'or et les pierres précieuses, plus les imaginations s'enfièvrent.

> Il sut d'un vieillard qu'il y avait à cent lieues et plus, selon ce qu'il put comprendre, beaucoup d'îles rapprochées dans lesquelles naît énormément d'or. Ce vieillard allait jusqu'à dire que parmi d'autres îles il en était une tout en or.

Colomb fait cependant une remarque d'une étonnante lucidité. Si l'on trouve peu d'or, c'est que ces gens-là n'ont rien à vendre. La mine est encore à trouver.

> L'amiral dit qu'il ne croyait pas qu'il y eût des mines d'or, ni dans l'île d'Hispaniola, ni dans celle de la Tortue. L'or y était probablement apporté de Banèque, et en petite quantité parce que ces Indiens n'ont rien à donner en échange.

Le dimanche 16 décembre, à Hispaniola, Colomb prend une décision qui engage l'avenir. Il choisit d'établir à demeure une colonisation fondée sur un établissement permanent. Les Indiens poltrons sont gens vigoureux, « propres à être commandés et à ce qu'on les fasse travailler ». On pourrait même les acclimater à la vie citadine et au vêtement. La colonisation se dessine, avec son exploitation d'une main-d'œuvre plus ou moins consentante.

En attendant, le temps passe. Les caravelles sont rongées par le sel et par les vers. Il faudrait bien les réparer. Les rivalités entre les chefs s'affichent au grand jour. L'expédition se débande. Le 22 novembre, Martin Alonso Pinzon s'en est allé avec le navire le plus manœuvrier chercher le trésor pour son propre compte. Il reviendra le 6 janvier, n'ayant rien trouvé. L'amiral ne se méprendra pas sur ses excuses. Pinzon a bel et bien trahi, mais Colomb ne peut transformer une rivalité en une guerre, et il a besoin de la *Pinta*. Il accepte les excuses. En bref, il est temps de rentrer. Au reste, le vice-roi n'oublie pas qu'il lui faut rendre compte, et pense qu'il convient d'aller en Espagne officialiser sa fortune.

Il rapporte des échantillons des merveilles que procurent les îles. Il ferait beau voir qu'on le taxât de vantardise. Il ramène aussi des Indiens absolument inconscients de ce qui les attend. Comment devineraient-ils qu'ils s'en vont si loin ? Nul ne pense encore à en faire des esclaves : on les catéchisera, on en fera des interprètes pour les prochains voyages. A vrai dire, les paisibles indigènes qui ne se font pas prier pour monter à bord des caravelles sont proprement stupéfaits de ce qu'ils voient et de ce qui leur arrive. Les canons tonnent en l'honneur d'un « roi » que l'on reçoit en grande pompe sur la *Santa Maria* le 18 décembre. Au plus pense-t-on qu'il va falloir leur apprendre à porter quelque vêtement et à respecter certains usages. On en fera des Européens. L'apprentissage commence dans la fête.

> J'envoyai chercher un excellent d'or où sont gravées les effigies de Vos Altesses, le lui montrai et lui expliquai que Vos Altesses sont maîtresses de la meilleure partie du monde. Je lui montrai les bannières royales et celle qui portait la Croix, et il en eut grande admiration.

Le brave roi et ses hommes tout nus ignorent comment ces choses finissent déjà en Afrique. Le chef ébloui emporte dans sa case la somptueuse courtepointe qui ornait le lit de l'amiral, des brodequins de cuir rouge, un collier d'ambre, un flacon d'eau de fleur d'oranger. Ces navires sont certainement venus du Ciel.

C'est l'idylle. Dans les derniers jours, un autre roi, nommé Guacanagari, offre à Colomb des ornements d'or, une ceinture, un masque. Les Indiens qui se pressent pour visiter les caravelles ne manquent pas d'apporter de petits objets d'or. Pour le repas qu'il offre à ses hôtes, Guacanagari n'oublie pas de porter la chemise et les gants qu'on lui a offerts. Quand il reçoit à son tour, Colomb met son masque d'or.

On en use de même avec tous les rois. L'un d'eux reçoit, en échange d'une couronne d'or, un manteau d'écarlate et un anneau d'argent, sans parler de l'inévitable verroterie. Tout le monde s'amuse follement. On s'entraide, aussi, et Colomb fera rapport aux Rois catholiques sur l'efficacité des Indiens qui, après l'échouage de la *Santa Maria,* se sont pressés pour transborder les vivres et les marchandises sans même, note-t-il, voler une aiguillette.

Bien sûr, l'expédition revient avec l'or offert, mais elle n'a pas trouvé la mine. L'or est à l'évidence abondant, mais on n'est pas venu aux îles pour rapporter des ceintures et des anneaux. Et voilà que, la veille de Noël, une piste se laisse entrevoir, avec une certitude. Les Indiens font comprendre que l'or vient d'une grande île, Cibao. Colomb a cru entendre Cipango. Il a gagné tous ses paris : l'or et le Japon. Ce sera l'affaire du prochain voyage.

Déjà, il forme aussi le projet qui entachera sa mémoire. Colomb ne pense pas un instant que les braves Indiens auxquels il donne de la verroterie pour de l'or puissent être traités comme des prisonniers de guerre, mais il raisonne comme s'il le pensait.

> Ils devraient faire de bons serviteurs. Ils ont l'esprit éveillé, car je crois qu'ils répètent tout de suite ce que je leur dis.

Conjoint avec le souci de former des interprètes propres à accélérer l'évangélisation, le propos conduira à la déportation et à l'esclavage.

Natividad

Différer le retour serait dangereux. Il faut trouver Cibao, mais ce sera pour plus tard. La situation n'est pas bonne, et le moral non plus. Dans la nuit du 25 au 26 décembre, alors que l'homme de barre s'est fait remplacer par un mousse pour dormir tranquille, la *Santa Maria* heurte les coraux d'un haut-fond.

Colomb envoie le patron Juan de la Cosa avec quelques hommes dans la barcasse pour haler l'ancre et la jeter à la poupe : il s'agit d'arrêter le mouvement du navire. Au lieu de cela, Juan de la Cosa et ses compagnons de hasard prennent peur et souquent jusqu'à la *Niña.* Au petit matin, tout le monde est regroupé sur la petite caravelle, mais la nef amirale fait eau de partout. Pour l'alléger et gagner quelque chance de la dégager, Colomb a même fait abattre le grand mât. Rien n'y a fait : la marée baissait, et le navire s'est brisé en s'échouant.

L'accident est lourd de conséquences. D'abord, la *Santa Maria* est perdue, et tous les propos de l'amiral sur la possibilité de construire des navires aux îles ne peuvent faire qu'on construise une autre caravelle sans chantier et avec l'outillage de bord. L'amiral se trouve donc, alors que Pinzon n'est pas encore revenu de son escapade, obligé de faire tenir tout son monde sur la seule *Niña.* Enfin, le fait que Juan de la Cosa se soit ainsi pris de panique, alors qu'il s'agissait de son bateau, montre bien que les nerfs sont durement sollicités. Et Colomb, qui ne tient pas à se retrouver seul, est bien incapable de sévir, comme il le fera au retour de Pinzon. L'amiral le voit bien, chacun rêve maintenant de l'Espagne.

Même après les retrouvailles avec la *Pinta le* 6 janvier, Colomb ne disposera plus que de deux caravelles. Il est à l'évidence impossible d'entasser tout le monde à leur bord, avec en supplément les Indiens et l'échantillonnage que l'on sait. Colomb se laisse aller à quelque amertume : tout cela ne serait pas arrivé s'il avait disposé de trois vraies caravelles comme la *Pinta.* Pressentant les reproches qui lui seront faits au retour, il note dans son journal les défauts de la lourde *Santa Maria.* Il en veut aux gens de Palos, peut-être un peu aussi aux Rois. Naturellement, il rumine sa fureur contre l'insubordination de Pinzon.

Le réalisme commande : il faut alléger. L'amiral trouve quelques volontaires pour demeurer à Hispaniola afin d'y poursuivre l'exploration. On est certain de les trouver, au retour, à la tête d'un « tonneau d'or » et d'une fortune en épices. Ils auront assurément découvert la mine d'or. De quelques conciliabules entre les Indiens, vaguement surpris et interprétés, Colomb tire la conviction que l'or est proche.

> L'amiral avait cru saisir que le roi manœuvrait pour qu'il ne sût pas où naissait et se recueillait l'or, afin qu'il n'allât pas l'échanger ou l'acheter ailleurs.

C'est alors que Colomb commence de développer les arguments qui justifieront son retour aux îles, autrement dit un nouvel investissement. Avec l'or que l'on trouvera, on financera en trois ans — pourquoi trois ans ? — la croisade qui délivrera Jérusalem. Le naufrage du 25 décembre n'a fait aucun mort, mais il a sonné le glas des ambitions immédiates. Il a visiblement ramené l'amiral à une vue plus humble des choses de ce monde. A l'heure des incertitudes et des risques de mutinerie, il parlait de l'or. Alors que l'isolement devient sévère et que l'or est encore à trouver, sinon les quelques morceaux offerts par les Indiens, c'est de Jérusalem qu'il parle. Le mystique qui va s'exalter dans les prochaines expéditions est en train de naître. Colomb suivait un projet. Il va maintenant poursuivre un rêve. Il se vêt d'une ample robe de drap grossier, comme un franciscain. Il se laisse pousser la barbe. Bientôt, Christophe sera le « Porte-Christ ».

A défaut du navire qui leur aurait permis de continuer la navigation d'île en île, on construit pour les trente-neuf hommes qui restent une forteresse de rondins, avec une tour et un grand fossé. Dans la lettre qu'il rédigera pendant la traversée de retour à l'intention de son protecteur Santangel, il donnera à sa fondation d'imposantes proportions.

> J'ai pris spéciale possession d'une grande ville, que j'ai nommée ville de la Nativité.

C'est en effet le temps de Noël. La place s'appellera Natividad. Mais la grande ville n'est qu'un village, et la prise de possession ne veut rien dire. En revanche, Natividad sera le premier point fort du programme formulé le 16 décembre. Un capitaine est nommé : Colomb choisit le cousin de sa maîtresse, Diego Arana. Le notaire Rodrigo de Escovedo l'assistera, ainsi que l'alguazil royal Pedro Gutierrez. Afin de faciliter les achats d'or, on leur laisse la verroterie, les grelots et les bonnets. Ils gardent aussi une année de vivres, biscuit et vin. Pour leurs transports, ils auront la barcasse de la défunte *Santa Maria.* Quelques démonstrations de force, purement spectaculaires, feront sur les Indiens une impression assez forte pour écarter d'eux toute tentation mauvaise : on fait entendre l'artillerie. Bref, la garnison ne court aucun danger

> Les seuls hommes que j'ai laissés là-bas suffiraient à ravager tout le pays, et, s'ils savent se conduire, c'est une île sans danger pour leurs personnes.

Colomb et ses compagnons se sont mépris. Ils ont apprécié l'hospitalité de paisibles villages de pêcheurs. Ils ont quand même entrevu les guerriers de l'intérieur, ces terribles Caraïbes — ce sont en réalité des Ciguayos — que les autres paraissent craindre, et qu'on accuse de manger leurs prisonniers. Les guerriers ont montré leurs arcs. On les a mis en fuite. Les caravelles parties, ils reviendront vers Natividad.

Le temps est venu. Le 4 janvier 1493, Colomb quitte Natividad avec la seule *Niña.* Cap à l'est, il longe la côte d'Hispaniola. Le dimanche 6, on aperçoit une caravelle : c'est la *Pinta.* Par les Indiens, on la savait dans les parages. Après une courte mais brutale explication, on se réconcilie. Nul n'a les moyens d'un retour en solitaire.

> L'amiral voulut bien dissimuler, afin de ne pas donner prise aux maléfices de Satan, qui désirait

empêcher le voyage ainsi qu'il l'avait fait jusqu'ici.

On cabote d'abord un peu, on trouve une rivière qui charrie des pépites. La mine est proche, mais il n'est plus temps. On calfate la *Pinta* qui fait eau de toutes parts. Bientôt, on ne pourra plus rentrer. Colomb ne s'attarde pas. D'ailleurs, il fatigue : le 9 janvier, il voit de ses yeux trois sirènes, « pas aussi belles qu'on les dépeint ». Au vrai, il a vu des vaches marines.

L'amiral se veut en tout assuré de la concordance entre la réalité et ses lectures, et cela d'autant plus qu'il vient de faire un nouveau calcul et qu'il se juge à moins de quatre cents lieues de l'Inde. Qu'il ait ou non trouvé Cipangu, au moins a-t-il trouvé ces îles qui bordent l'Asie et dont les voyageurs n'ont cessé, depuis plus de deux siècles, de fournir des nomenclatures. Marco Polo et après lui Pierre d'Ailly ne citent-ils pas ces deux îles de l'océan Indien dont l'une est peuplée d'hommes et l'autre de femmes ? Il nomme l'une Masculina, l'autre Feminea. Or le vice-roi comprend, à la veille de quitter Hispaniola, qu'une île, Martinino, à quelques heures de voile vers le sud, est l'île des Femmes. Ce qu'on lui indique ainsi, c'est probablement la Martinique. Sans doute des Haïtiens sont-ils allés y chercher des épouses, à moins que ce ne soit le droit exclusif des habitants de l'île de Carib, l'île des Hommes, qui peut être Porto Rico ou la Guadeloupe. Ses lectures reviennent à l'esprit de l'amiral, qui mêle à ce que lui disent les Indiens son propre souvenir des Amazones. Les femmes de Martinino sont des guerrières à l'armure de cuivre. Elles tirent des flèches qu'elles fabriquent elles-mêmes. C'est d'ailleurs leur seule occupation. Colomb établit des rapprochements entre l'île des Hommes et l'île des guerriers Caraïbes, entre les femmes à l'arc et les terribles anthropophages. Il se propose d'aller y voir, puis y renonce après quelques heures, les vents n'étant pas favorables. Il note d'y aller au prochain voyage. Il y a encore des merveilles à découvrir.

Le 16 janvier, on tourne le dos à la terre. Colomb est sur la *Niña,* flanqué du frère de Martin Alonso, Vicente Yañez Pinzon, qui est un bon pilote, et du patron Pedro Alonso Niño. Martin Alonso est naturellement sur sa *Pinta.* Le vent est bon, et l'amiral s'en sert habilement. Mettant d'abord le cap au nord-est, il gagne ainsi la latitude — celle des Bermudes, vers le 32e parallèle — où l'on prend les grands vents d'ouest qui portent vers l'Europe. Il n'y a cette fois ni incertitude ni inquiétude. L'itinéraire choisi n'est autre que celui de la grande boucle, de la *volta* qui permet aux navires rentrant d'Afrique de trouver au large les vents d'ouest. Colomb ne fait qu'extrapoler ce qu'on sait, prenant la *volta* sur l'extrême tangente de l'anticyclone. Les Açores sont à l'est. On n'en est plus à guetter les signes sur les vagues. Les marins savent où ils vont : en Espagne. Tranquille, l'amiral rédige son rapport.

Il a visé les Açores. Le 3 février, il juge la Polaire aussi haute sur l'horizon qu'au cap Saint-Vincent : il va donc sur les Açores et le Portugal. Le 4, le temps devient froid et pluvieux. Colomb comprend qu'il sort de l'anticyclone par le nord. Il corrige le cap, de l'est-nord-est à l'est. Trois jours plus tard, sur la *Niña,* l'amiral et ses proches sont en désaccord. Colomb maintient le cap à l'est pour gagner les Açores. Les autres pensent qu'à l'est on trouvera Madère. Les Açores sont au nord, disent Vicente Yañez Pinzon et Francisco Roldan. Le patron Pedro Alonso Niño opine dans leur sens. La vérité est que nul ne sait plus où sont les deux bateaux. Le 10, les pilotes font à nouveau le point avec l'amiral. Ils sont en désaccord : les pilotes se croient près de Madère, ayant largement dépassé les Açores. Pour eux, la Castille est proche. L'amiral se voit plus en arrière, pas encore aux Açores.

C'est alors que, le mardi 12 février, la tempête surprend la flottille. Pendant une semaine, les deux navires sont en danger. On cargue les voiles, en gardant parfois une, tenue très bas sur le grand mât. Pour donner aux navires un peu plus de stabilité, on leste en remplissant d'eau de mer les barils de vin déjà vides. On chante le *Salve Regina.* On promet des pèlerinages. Un tirage au sort à bord de la *Niña* désigne ceux qui iront rendre grâces à la Vierge dans différents sanctuaires : quand on choisit celui qui se rendra au célèbre monastère des hiéronymites de Guadalupe, en Estrémadure, avec un cierge de cinq livres, c'est l'amiral qui sort du bonnet le pois chiche marqué d'une croix à la pointe de son propre couteau. Il ira en pèlerinage. Mais le sort désigne aussi des pèlerins pour Notre-Dame de Lorette et pour Santa Clara de Moguer. Décidément tenace, le sort envoie encore l'amiral à Moguer, qui est proche de Palos. A Lorette, qui est en Italie, les pois chiches désignent un matelot, auquel Colomb promet sur-le-champ de prendre à sa charge les frais du voyage. L'heure n'est plus aux économies. De surcroît, tout le monde se rendra, dès l'arrivée, en chemise, à la première église vouée à la Vierge. Et chacun d'ajouter aux vœux collectifs ses vœux propres.

Dans l'épreuve, Colomb s'interroge. Dieu a permis la découverte. Il ne peut soudain refuser sa miséricorde en empêchant qu'on en parle. L'amiral s'est inséré dans le plan divin : ce ne peut être pour que la chrétienté ignore les nouvelles terres ouvertes à la Foi. Mais Colomb est homme de précaution : il confie aux vagues, enveloppé dans une toile cirée et glissé dans un grand baril, un parchemin sur lequel il consigne en hâte l'essentiel de son message. Il promet même, aux frais des Rois catholiques, mille ducats à qui leur remettra le parchemin. Un deuxième exemplaire est attaché à la coque de la *Niña.* Colomb parviendra à bon port, non le tonneau.

La tempête a donné à Pinzon l'occasion qu'il attendait : le 14 février, les deux caravelles se trouvent séparées. A peine sortie des trombes, la *Pinta* fait une nouvelle fois cavalier seul. Ignorant la *Niña* de l'amiral, Pinzon cingle vers l'Europe. Il a toujours rêvé d'arriver le premier à Séville et d'annoncer aux Rois la nouvelle qui fera sa fortune.

Le 15 février, on aperçoit une terre. Certains y voient Madère, d'autres sont sûrs de reconnaître le rocher de Sintra. Une autre île se laisse voir le lendemain. Le 17 au matin, on touche terre. C'est encore une fois Colomb qui a raison : la *Niña* est à Santa Maria, l'une des Açores.

L'Espagne et le Portugal

Il convient d'abord de s'acquitter de l'un des vœux faits au fort de la tempête. On aperçoit une chapelle. Avec la barque, la moitié de l'équipage s'y rend en chemise et pieds nus. L'autre moitié ira ensuite, avec Colomb. Celui-ci voudrait une messe : il envoie chercher un prêtre à la ville. A bord de la caravelle, l'amiral attend le retour de Ia barque. Quand il la voit revenir, elle est chargée de Portugais en armes.

Le capitaine portugais João de Castanhida s'est mis en travers des dévotions : il en est sûr, ces gens-là reviennent de la côte de Guinée. Avec ses hommes, il a capturé tous les pèlerins. Maintenant, il fait des sommations à l'amiral : que la caravelle se rende au port, et que tout le monde se rende. Non sans se demander si la guerre n'aurait pas éclaté de nouveau entre les deux royaumes pendant son absence, Colomb montre de loin les lettres des Rois catholiques. Castanhida déclare ne connaître aux Açores ni roi ni reine de Castille. Le ton monte. Colomb menace de dépeupler l'île, ce dont il n'a d'ailleurs pas les moyens. En attendant, il va mouiller dans une autre île, à São Miguel, où il fait réparer la *Niña*. Prévoyant d'autres tempêtes, on leste à grand renfort d'eau de mer dans les barils naguère pleins de vin et d'eau douce. Et l'on revient voir ce qui se passe à Santa Maria.

Le Portugais est têtu. L'or et les indigènes montrent assez que la *Niña* ne vient pas d'Espagne. D'où viendrait-elle, sinon de cette Afrique où le roi de Portugal ne tolère aucune concurrence ? Il en coûtera trois jours à l'amiral pour faire entendre raison au Portugais : les Indiens ne sont pas des Africains, et ses hommes viennent de terres nouvelles, au-delà de l'Atlantique. Deux prêtres et un notaire viennent à bord de la caravelle pour vérifier les lettres des Rois. Les prisonniers sont élargis. Le 24 février, on peut repartir.

Les ennuis continuent. La *Niña* est à la latitude de Gibraltar quand, le 27, une autre tempête la déroute vers le nord. On promet encore des pèlerinages. Le 3 mars, le vent emporte les voiles. La caravelle va à mâts nus. On remonte une basse voile sur le grand mât. Et l'on évoque le climat tempéré des îles. Une nouvelle fois, l'amiral évoque cette « fin de l'Orient » qu'ils viennent de découvrir, et où tous les théologiens situent le Paradis terrestre. Il est dur de reprendre contact avec l'Occident.

Colomb avait bien des fois imaginé son entrée triomphale dans l'estuaire du Guadalquivir. Au matin du lundi 4 mars, il aperçoit l'Europe sous la forme peu rassurante du rocher de Sintra : ce n'est pas le fleuve de Séville, c'est le Tage qu'il remonte, et non sans inquiétude. La tempête lui interdit de faire demi-tour. Il lui va falloir, une nouvelle fois, déclarer qu'il ne revient pas de Guinée. Et il craint pour son or.

Étonnant hasard, celui qui monte à bord devant la tour de Belem pour exiger des explications n'est autre que Bartolomeu Dias. Colomb refuse de rendre compte, mais accepte de montrer ses lettres. Au moins, ici, le croit-on au premier mot : sur le port de Lisbonne, nul n'ignore qu'il est parti vers les îles nouvelles. D'apprendre que l'hiver a été fertile en tempêtes le console quelque peu : on compte vingt-cinq navires perdus sur la route de Flandre. Les revenants de la haute mer font figure de héros. La ville leur fait fête. Le roi convoque Colomb et le reçoit le 9 mars. Certes, Jean II fait bonne figure à l'amiral castillan. Il ne peut décemment pas lui reprocher de ne l'avoir pas servi...

Au vrai, le roi de Portugal écume de rage. Il a manqué l'occasion. Il tente de rattraper les choses : le monopole de l'Afrique, que lui reconnaît le traité avec la Castille, ne s'étend-il pas à tout l'océan ? Ou à tout le moins à tout l'océan au sud et à l'ouest des Canaries ? Plutôt qu'une annexe des Canaries, les îles nouvelles ne sont-elles pas un prolongement de la Guinée ? La manœuvre est trop grossière, et les Rois ne s'en inquiéteront guère. Il est seulement évident qu'il va falloir négocier un partage. Colomb, en revanche, s'inquiète sérieusement pour lui-même : le roi pourrait bien le faire assassiner. Il semble que la suggestion en soit faite à Jean II par certains de ses conseillers. Toujours est-il que l'amiral refuse la proposition que vient lui faire un écuyer du roi : des chevaux, pour gagner la Castille par la route. Colomb se sent plus en sûreté à bord de sa caravelle.

L'amertume du roi sera bientôt ravivée par la proposition que lui fait, par lettre du 14 juillet de cette même année 1493, le géographe Hieronymus Müntzer, de Nuremberg : fort au courant des travaux de son compatriote Martin Behaim, mais ignorant le voyage de Colomb, Müntzer se fait fort d'aller en Inde par la route atlantique...

Le mercredi 13 mars, la *Niña* quitte Lisbonne. Déjà, Colomb a fait partir par un courrier deux lettres. L'une est adressée aux Rois, l'autre à son bienfaiteur Santangel. Il leur annonce que la Couronne d'Espagne a maintenant un empire et de nouveaux sujets. Et de brosser un tableau enchanteur de ces Indiens honnêtes et craintifs, de belle prestance et de sérieuse moralité, qui n'ont pour dieu que le Ciel — les Noirs d'Afrique sont globalement réputés idolâtres quand ils ne sont pas musulmans — et qui se contentent — les chefs exceptés — d'une seule et unique femme. Colomb n'oublie rien, ni la chaleureuse hospitalité qu'on lui a réservée, ni le fait que les femmes travaillent plus que les hommes. Surtout, il détaille ce qu'il rapporte, et ce qu'on rapportera des prochains voyages.

Le vendredi 15 mars 1493, vers l'heure de midi, il est à Palos. Sa joie est grande de voir, quelques heures plus tard, arriver la *Pinta* de Martin Pinzon, que la tempête a poussée encore plus au nord, jusqu'en Galice. Celui qui voulait le devancer parvient à Palos au moment où la ville en liesse fait un triomphe au vice-roi des Indes. Le compagnon déloyal est bien puni. Il était déjà souffrant. Son état s'aggrave de sa déception. Il en mourra quelques semaines plus tard. Colomb ne le pleurera pas.

La deuxième joie vient avec des lettres du 30 mars : les Rois lui donnent son nouveau titre d'amiral, vice-roi et gouverneur. Colomb ne s'en contente pas. Il commence à jouer de son prénom : il signe désormais « le Porte-Christ ». Les fêtes qu'on lui fait, à Séville d'abord, puis à Cordoue où il retrouve Beatriz et ses enfants, à Barcelone enfin, où l'attend la cour, se révèlent à la hauteur de ses ambitions. Quand les Rois et les grands d'Espagne se lèvent à son entrée, il sait qu'il n'a pas rêvé. Mais le plus grand plaisir est sans doute celui qu'il ressent quand les Rois rendent, par lettre, hommage à la « science » de l'autodidacte qui s'est si souvent senti méprisé par les maîtres patentés.

Conclusions

Les Rois, cette fois, précipitent les choses. Les îles découvertes seront espagnoles, mais le Portugal pourrait bien s'intéresser maintenant à la route occidentale des Indes. Colomb le dit sans ambages : toute la chrétienté trouvera « grand négoce » à ses découvertes, « et spécialement l'Espagne, à qui tout doit être soumis ». Ferdinand et Isabelle ne se font pas prier.

L'affaire est rondement menée. Immédiatement traduite en latin, la lettre de Lisbonne est envoyée au pape, lequel est fort heureusement un Espagnol.

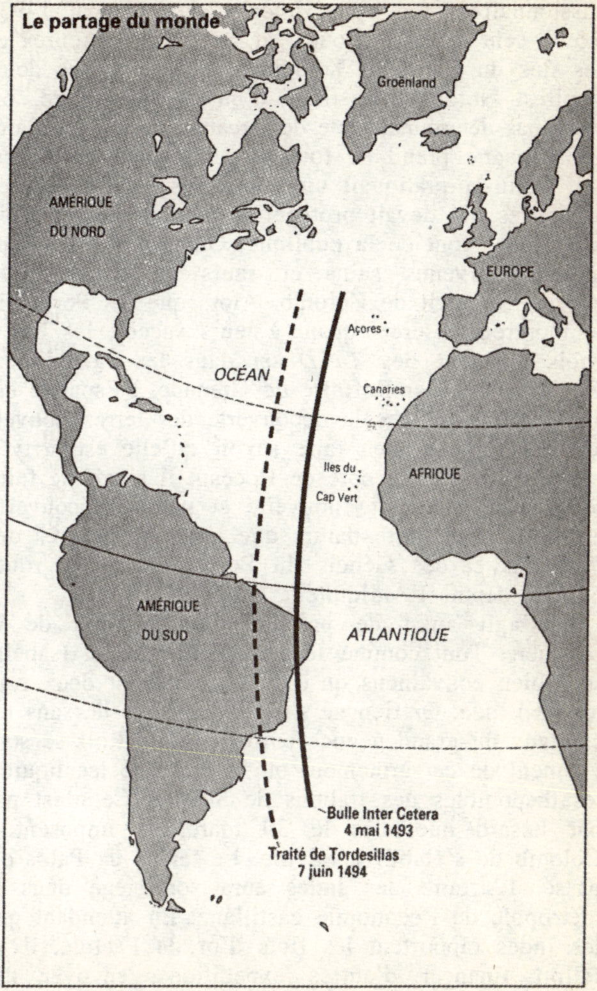
Le partage du monde
Groënland
AMÉRIQUE
DU NORD
EUROPE
Açores
OCÉAN
Canaries
Iles du
Cap Vert
AFRIQUE
AMÉRIQUE
DU SUD
ATLANTIQUE
Bulle Inter Cetera
4 mai 1493
Traité de Tordesillas
7 juin 1494

Alexandre VI Borgia confirme sans hésiter la souveraineté des Rois sur les îles découvertes « vers les Indes », à la condition qu'on y envoie rapidement des missionnaires. La bulle *Inter cetera* (4 mai 1493) fixe à cent lieues à l'ouest et au sud des Açores et des îles du Cap-Vert la démarcation entre les deux empires. Notons que, faute d'un méridien zéro, on n'ose pas déterminer cette démarcation en degrés d'arc.

L'Espagne prend en tout le contre-pied du Portugal. Celui-ci pratiquait un secret des affaires et des itinéraires qui devait protéger le monopole. Les Rois catholiques font de la publicité. On promène les sept Indiens parvenus sains et saufs en Europe. On imprime le récit de Colomb. Alors que les Portugais se montrent discrets quant à leurs succès, les Espagnols chantent des *Te Deum* dans les cathédrales. Trop occupée par l'affaire de Grenade, l'Espagne est partie dernière dans la découverte des terres nouvelles. Elle entend bien faire savoir qu'elle est arrivée première de l'autre côté de l'océan. Il s'agit de faire reconnaître que cette nouvelle et unique découverte est d'une tout autre nature que les lents progrès des Portugais et des Génois du Portugal sur une route ouverte depuis l'Antiquité.

Il s'agit aussi de préparer l'exploitation de la conquête. Tout comme Jean II, Ferdinand et Isabelle sont bien convaincus qu'il y a maintenant deux routes de l'Inde. Or rien ne s'est fait, jusque-là, sans les capitaux du grand négoce européen. Les Rois se souviennent de cet armement qui a mobilisé les liquidités disponibles des Italiens de Séville. Ce n'est pas par hasard que, dès le 30 mars, ils imposent à Colomb de s'établir à Séville. Le temps de Palos est passé. L'affaire des Indes aura son siège dans la métropole de l'économie castillane. En attendant que les Indes rapportent les flots d'or du Pactole, il va falloir financer d'autres expéditions, envoyer des navires, des soldats, des colons. En faisant savoir qu'ils ont gagné, les Rois se donnent les moyens de la victoire.

Une négociation entre les souverains s'ensuit, qui permet au Portugal de faire reconnaître par son rival, au traité de Tordesillas (7 juin 1494), une frontière plus occidentale — une ligne méridienne à 370 lieues des îles du Cap-Vert — qui paraît mieux assurer la division en deux de l'Atlantique. Nul ne peut alors deviner que cette frontière mettra bientôt le Brésil dans l'orbite du Portugais.

CHAPITRE XVIII

L'introuvable Amérique

Une chose est de se partager le monde. Une autre est de savoir au juste ce qu'on a découvert et d'assurer la mainmise espagnole sur les nouvelles terres. La deuxième expédition, annoncée par Colomb dès le temps de son premier séjour aux Indes, est rapidement sur pied.

Les Indes de l'Espagne

On trouve d'autres financiers, qui sont une nouvelle fois des Génois implantés en Castille : Francesco Doria, Francesco Rivarol, Francesco Cattaneo et Gaspare Spinola. Ces noms sont les plus grands des affaires génoises. S'il n'est plus retourné à Gênes depuis 1476, Colomb n'a jamais rompu avec sa ville d'origine, non plus qu'avec le milieu d'affaires génois de Séville et de Cadix, et celui-ci ne fait qu'un avec le milieu de Gênes. Les commanditaires de Colomb sont encore très présents à Gênes, où Cattaneo et Doria sont comptés parmi les gros financiers de la ville et où, cette même année 1493, Gaspare Spinola vend à un Fieschi des revenus fonciers. Mais ces gens-là ne s'engagent que modérément, suivant en cela l'usage de cette ville où l'on divise à l'envi la propriété des navires et des cargaisons. Le même Francesco Cattaneo ne finance-t-il pas, à Gênes même, la navigation de deux patrons de son entourage par de simples prêts en argent, sans s'aventurer à prendre une part de leurs navires ? Les Génois participent à l'affaire des îles dans les limites qu'impose la prudence traditionnelle d'un milieu économique où ne joue pas, comme à Venise, la sécurité d'État.

La première expédition était empreinte de prudence. La deuxième est imposante : dix-sept navires, plus de douze cents hommes. II y a des nobles et des paysans, tous en mal de terres. Il y a des religieux et un médecin. On emporte des chevaux et du bétail, des plants et des semences. Il s'agit bien, cette fois, de coloniser. Les Espagnols entendent bien rattraper là aussi le temps perdu sur les Portugais. Ceux-ci ont fait se succéder sur la côte africaine les expéditions légères, chargées d'aller sans cesse plus loin dans leur découverte des terres et leur recherche du « passage » vers l'Asie. Les Espagnols vont mener de front les deux entreprises : la recherche d'un passage de ce qu'ils prennent pour une Asie encore inconnue vers l'Asie connue, celle de Marco Polo, et la mise en valeur immédiate des îles déjà inventoriées l'année précédente. A cette fin, les Rois amorcent la création d'une administration centrale, distincte du gouvernement local dont Colomb demeure investi. Plus entrepreneur qu'homme d'Église, Juan Rodriguez de Fonseca est mis à la tête de cet organisme.

Fonseca est un homme important D'abord page du roi comme il est normal pour le fils d'une famille aristocratique, il étudie à Salamanque, puis reçoit des bénéfices ecclésiastiques. Il est archidiacre d'Avila, proviseur de Grenade, archidiacre de Séville. Depuis 1495, il est évêque de Badajoz. Il sera évêque de Cordoue, de Palencia et enfin de Burgos. En réalité, il reste au service des Rois. Pendant que Colomb voguait vers les îles, Fonseca négociait la restitution par la France à l'Aragon du Roussillon et de la Cerdagne. C'est un homme difficile et volontiers brutal, mais un administrateur réaliste et un financier avisé. Le 20 mai 1493, les Rois le chargent d'organiser la flotte et d'accélérer les préparatifs. Dix ans plus tard, il sera le principal créateur de la *Casa de contratacion,* l'organisme central de gestion administrative du Nouveau Monde.

Voulue par les Rois catholiques, une dyarchie s'établit donc à la tête des Indes. Dès le début, elle met en concurrence un Colomb auquel les Rois s'avisent un peu tard qu'ils lui ont trop accordé quand

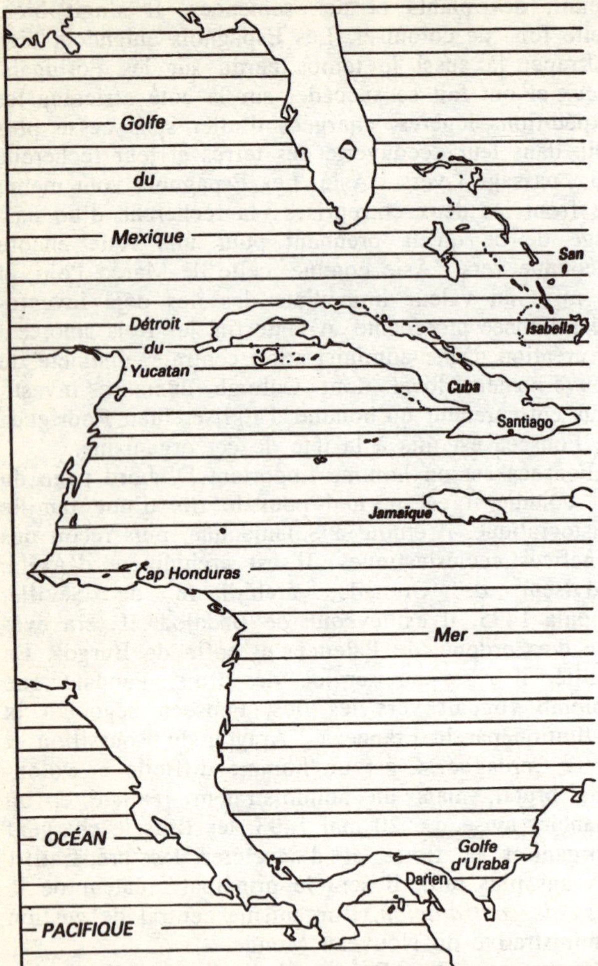
Golfe
du
Mexique
San
Isabella
Détroit
du
Yucatan
Cuba
Santiago
Jamaïque
Cap Honduras
Mer
OCÉAN
PACIFIQUE
Golfe
d'Uraba
Darien

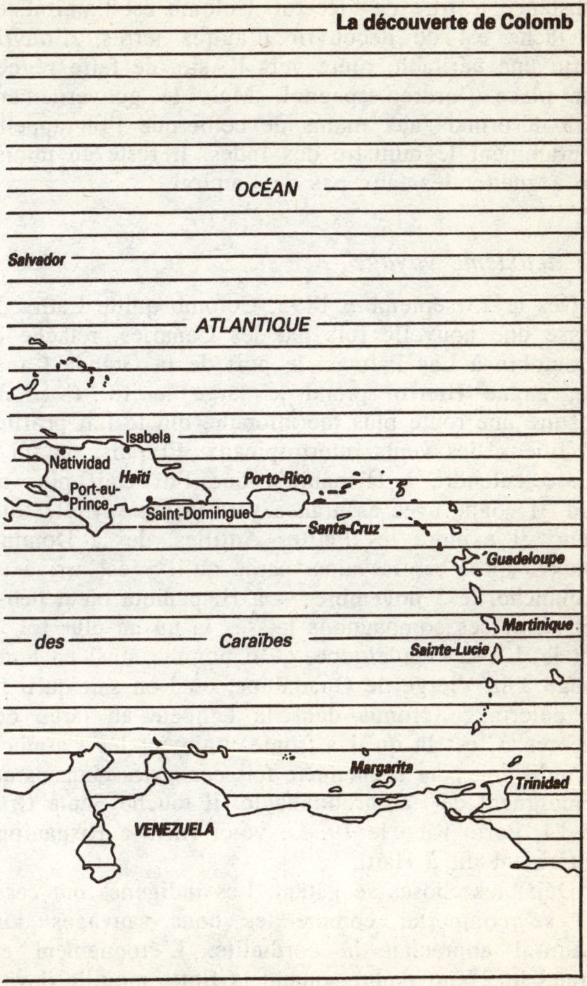
La découverte de Colomb
OCÉAN
Salvador
ATLANTIQUE
Isabela
Natividad
Haïti
Porto-Rico
Port-au-Prince
Saint-Domingue
Santa-Cruz
Guadeloupe
Martinique
des
Caraïbes
Sainte-Lucie
Margarita
Trinidad
VENEZUELA

tout était incertain et un Fonseca qui a toute leur confiance et qui s'embarrasse peu de ménager l'amiral. Autant dire que l'acte du 20 mai vide de sa substance le titre de vice-roi. Colomb est l'amiral, et sa tâche est de découvrir d'autres terres, d'ouvrir enfin une véritable route vers l'Asie, de faire régner sur place l'ordre espagnol. Mais le gouvernement sera désormais aux mains de celui que l'on appelle couramment le ministre des Indes. Il reste au ministre à guetter les faux pas de l'amiral.

Le deuxième voyage

Dès le 25 septembre 1493, Colomb quitte Cadix. Il passe une nouvelle fois par les Canaries, relâche le 2 octobre à Las Palmas, le port de la Grande Canarie, gagne Hierro, prend le large le 13. Il prend ensuite une route plus méridionale, qui le fait profiter au mieux des vents intertropicaux. Et puis, on lui a laissé entendre à Hispaniola que l'or était plus au sud. Il vogue avec assurance vers la mine. Cette fois, donc, il explore les Petites Antilles, de la Dominique — qu'il baptise ainsi parce qu'il y est arrivé un dimanche, le 3 novembre — à Hispaniola où il pense retrouver ses compagnons laissés là un an plus tôt. Il est le 4 à la Guadeloupe, qu'il nomme ainsi en hommage à la Vierge de Guadalupe, où l'on sait qu'il fit le pèlerinage promis dans la tempête au large des Açores. C'est là qu'il affronte vraiment les Caraïbes, et qu'il voit pour la première fois des restes humains qui témoignent de l'anthropophagie. Il touche Santa Cruz le 14, Porto Rico le 19. Le voici enfin à Hispaniola, autrement dit à Haïti.

Déjà, les choses se gâtent. Les indigènes ont cessé de se comporter comme les bons sauvages dont l'amiral appréciait la cordialité. L'étonnement est grand le 27 novembre, quand la flotte mouille devant Natividad. On tire en l'air deux coups de bombarde. Rien ne répond, ni personne. Lorsqu'on descend à terre, force est de constater le drame : il n'y a plus personne. Le fortin est incendié. Les hommes qui l'occupaient en janvier se sont débandés. Certains sont morts de maladie, d'autres pour avoir voulu enlever des femmes dans les villages voisins. Il en est qui sont partis seuls à la recherche de l'or et que l'on n'a jamais revus. L'ami Guacanagari se fait discret. Il est malade, il envoie son cousin, qui tente d'éluder l'histoire. On envoie au « roi » une délégation, qu'il reçoit au lit, « faisant le dolent blessé » comme l'écrira le médecin Diego Alvarez Chanca, qui n'est pas dupe un instant.

> Il dit à l'amiral que sa blessure avait été faite avec une *ciba,* ce qui veut dire avec une pierre. Quand elle a été découverte, nous l'avons examinée. Il est certain qu'il n'avait pas plus mal à cette jambe qu'à l'autre, quoiqu'il ait fait le renard et feint de beaucoup souffrir.

Guacanagari a beau protester de ses bons sentiments, il convainc mal Colomb de sa bonne foi : les caravelles parties, a-t-il vraiment défendu les Européens de leurs ennemis, comme il le dit ? Les compagnons de Colomb se sont-ils réellement battus entre eux pour l'or et pour les femmes ? Colomb laisse au « roi » le bénéfice du doute, mais il décide d'aller ailleurs. Il s'agit d'établir en force la colonisation, et ce ne peut plus être en une région où les indigènes ont constaté que les conquérants étaient mortels. Plus à l'est, le vice-roi fonde une ville, aux dimensions de la troupe qu'il a conduite sur ses dix-sept navires. Elle s'appellera Isabela, en l'honneur de la reine. Une église s'élève, où l'on chante le 6 janvier 1494 la messe de l'Épiphanie.

On explore le pays. Mais, dès lors qu'il s'écarte du littoral, Colomb a désormais affaire aux Caraïbes. Il faut se battre, installer des garnisons. A la Guadeloupe, on libère de force des prisonniers promis à la marmite. L'anthropophagie n'est pas un mythe, et les Espagnols surmontent mal leur dégoût quand ils trouvent de la viande humaine parmi les restes d'un repas surpris dans un village. A leur tour, ils font des prisonniers. Comme les Portugais sur la côte du Congo, les conquérants embarquent des esclaves.

Sous prétexte de protéger des redoutables Caraïbes les populations pacifiques, le vice-roi mêle à son rêve ce qui lui sera bientôt reproché par ceux qui n'ont pas oublié ses propos d'évangélisation.

> Il ne peut être que bon de les envoyer en Castille, afin qu'ils abandonnent cette coutume inhumaine qu'ils ont de manger des hommes, qu'ils apprennent la langue et soient ainsi mieux disposés à recevoir le baptême. Nous gagnerons en outre un grand prestige parmi les populations d'ici, qui nous verront capturer ceux qui leur causent un si grand dommage.

On entassera vite à fond de cale, sans la moindre distinction, les féroces Caraïbes et les craintifs Arawaks.

L'exploration continue. Avec la *Niña* et deux autres caravelles, Colomb revient à Cuba dans les derniers jours d'avril 1494. Le 5 mai, il atteint la Jamaïque, où il passe une semaine et où il reviendra en juillet. Il lui faut de nouveau livrer combat. Faisant l'inventaire de son royaume, le vice-roi dénombre plus de cent îles. Il rencontre enfin des indigènes portant vêtement.

Il n'est pas exclu que Colomb ait alors poussé vers le sud, vers cette grande terre qui est le continent sud-américain, et qu'il ait trouvé dès ce moment la région de l'Orénoque et de Cubagua où l'on pêche des perles. Une telle exploration, pour limitée qu'elle soit, expliquerait la certitude qui paraîtra habiter l'amiral pendant son troisième voyage, quand il voguera tout droit vers cette côte sud-américaine.

Surtout, surestimant encore en longitude la distance parcourue depuis l'Espagne et trompé par la longueur de Cuba, qui dépasse ce qu'on a accoutumé de concevoir comme île aux Canaries ou aux Açores, il se croit aux portes de la Chine. Vespucci, encore, s'y croira quand il sera en 1499 sur les rivages de l'Amérique du sud.

C'est alors que, le 12 juin 1494, il fait consigner par son notaire Fernando Perez de Luna sa certitude d'avoir trouvé le continent, autrement dit l'Asie.

> Afin qu'une fois le voyage terminé personne n'ait sujet de le contester par malice ou par médisance, ou de diminuer les choses qui méritent mainte louange, le seigneur amiral m'a requis, moi notaire, au nom de Leurs Altesses, de me rendre personnellement avec de bons témoins à bord de chacune des trois caravelles, et de requérir le maître et sa compagnie, ainsi que toute autre personne qui notoirement s'y trouvât, de manifester s'ils avaient le moindre doute que cette terre fût la terre ferme du commencement des Indes et la fin pour ceux qui voudraient venir en ces régions d'Espagne par terre.
>
> Je les ai requis, ainsi que le seigneur amiral m'en avait prié, à peine de dix mille maravédis pour quiconque dirait par la suite le contraire de ce qu'il dit à présent, et à chaque fois et en quelque temps que ce fût, et à peine aussi d'avoir la langue coupée, et que pour les mousses et gens de cette sorte il leur soit donné cent coups de garcette et qu'on leur coupe la langue.

En bref, Colomb exige que tous soient convaincus et le disent. Pilote en tête, on le jure : nul ne mettra en doute l'affirmation de l'amiral.

> Francisco Niño, de Moguer, pilote de la caravelle *Niña*, dit par le serment qu'il prête qu'il n'a jamais entendu parler ni vu d'île qui pût avoir trois cent trente-cinq lieues en une seule de ses côtes, du ponant au levant (et encore n'a-t-on pas fini de la parcourir). Il voit maintenant que la côte tourne au sud-sud-ouest et au sud-ouest, et qu'il n'y a aucun doute que ce soit là la terre ferme.

> Il affirme et soutient en revanche que c'est la terre ferme et non une île, et qu'il n'y a pas beaucoup de lieues à naviguer sur la côte avant de trouver un pays habité de gens policés et connaissant le monde.

Que ne dirait-on pour éviter une amende de dix mille maravédis... Au bout de la côte, se trouve le monde civilisé des Polo et des Rubrouck. Que Colomb le pense n'est pas pour nous étonner. Qu'il le fasse consigner et jurer par-devant notaire relève d'une autre vue des choses. Le rêve du Génois tourne à la folie. Don Cristobal se voit vice-roi de l'Asie.

Le temps des déceptions

Le 30 janvier 1494, il remet à Antonio de Torres, alcade d'Isabela et capitaine de la nouvelle *Marie Galante* qui va rentrer en Espagne pour une première liaison, un rapport détaillé sur la situation et les besoins de l'île. Cette fois, il ne parle plus de la suavité du climat et du chant des rossignols. Maintenant, tout le monde est malade, et l'on ne trouverait pas assez d'hommes valides pour partir à la recherche de la mine d'or. Les médicaments s'épuisent. On va manquer de blé, de riz, de sucre et de miel, et les tonneaux fabriqués à Séville laissent maintenant fuir le vin. Des bêtes de labour seraient nécessaires, de même que des animaux de boucherie.

Les Rois annoteront le mémoire de l'amiral. Tout ce qu'il a fait est bien fait. On punira les tonneliers de Séville. On enverra des bêtes, des vivres et des semences.

Naturellement, l'esclavage pourrait être développé. Chacun y gagnerait, en main-d'œuvre comme en tranquillité. Et les cannibales — tous les Indiens sont maintenant assimilés aux anthropophages — seraient un excellent fret de retour. Colomb développe là tout un plan, sur lequel les Rois suspendront toute décision.

> Leurs Altesses pourront donner licence à un certain nombre de caravelles d'amener chaque année des troupeaux, approvisionnements et autres choses nécessaires pour cultiver la terre, cela à des prix raisonnables et pour le compte des convoyeurs qui pourraient être payés en esclaves cannibales, gens féroces mais gaillards bien faits et de très bon entendement. Arrachés à leur inhumanité, ceux-ci seront les meilleurs esclaves qui soient, et ils perdront leur mauvaise habitude dès qu'ils auront quitté leur terre.

Reparaît alors un personnage qui deviendra vite encombrant. Colomb avait envoyé son frère Bartolomé en Angleterre et en France, et Bartolomé n'avait su le succès de l'entreprise que fort tard, en France. Revenu en Espagne, il a manqué le départ de la nouvelle expédition et a finalement pris place sur l'un des navires de la première flotte de liaison et de ravitaillement. A la fin de juin 1494, il est à Hispaniola. Le 5 août, il fonde sur la côte sud une place et un point fort destinés à remplacer comme capitale de l'île la place mal située d'Isabela, improvisée sur la côte nord après le désastre de Natividad. Cette nouvelle capitale donnera vite son nom à l'île entière : Santo Domingo, Saint-Domingue.

Revenu le 29 septembre 1494 à Isabela, encore chef-lieu provisoire d'Hispaniola, Christophe Colomb retrouve son frère, dont il fera son lieutenant. Ce sera là un mauvais choix. Dans l'immédiat, l'amiral organise sa conquête. Il crée des villes, Concepcion de la Vega, Santiago de Bonao. La belle côte sud, bien protégée des ouragans et riche de bons mouillages, l'emporte donc dès ce moment sur la côte nord, aux profils trop découpés pour une réelle commodité. Mais la véritable raison de cette nouvelle suprématie du littoral sud, c'est que l'on s'accroche encore à l'idée qu'Hispaniola n'est qu'une base pour une future expédition vers la terre ferme. Le nord de l'île s'ouvre sur un océan en qui l'on ne voit qu'une route. Le sud est une large façade sur ce qui va faire figure de Méditerranée espagnole.

Mais la situation est loin de ce qu'on espérait deux ans plus tôt. Colomb a beau multiplier les rapports euphoriques à l'intention des Rois catholiques, l'économie n'a rien de florissant. En Espagne, on ne s'y trompe pas : la première flotte de liaison que conduit en février 1494 Antonio de Torres apporte pour 30 000 ducats d'or, ce qui serait beaucoup pour un particulier mais paraît peu pour un empire. Aux îles, on s'y trompe encore moins : la colonisation frôle l'échec. On manque vite de semences, et on manque d'or pour payer les salaires promis au départ. Les Indiens doivent payer un tribut, en or, et on instaure le travail forcé — le lavage des sables aurifères — pour assurer le paiement de ce tribut.

Rien de tout cela ne ressemble à ce qu'attendaient les Espagnols. Les nobles, en particulier, que Colomb accuse formellement de tromperie : ils ont montré de bons soldats et de beaux chevaux lors de la montre, à Séville, mais ils ont immédiatement remplacé les hommes par de moins chers et ont vendu les chevaux pour en embarquer de mauvais. Entre l'amiral et les nobles, on se jette tout à la tête. Ces hidalgos qu'attirait la perspective d'une rapide fortune renâclent devant l'autorité d'un parvenu que plusieurs ont connu quand il était un marchand sans marchandise et qui leur dit maintenant sans ménagements que l'heure n'est plus à vivre de leurs revenus. L'hidalgo qui se retrouve paysan ou charpentier est, bien entendu, parfaitement furieux : il rêvait de domaines ou de principautés, à l'instar de ces croisés partis quatre siècles plus tôt pour libérer les Lieux Saints et fixés en Orient, qui comme prince d'Antioche, qui comme comte d'Édesse, qui comme roi de Jérusalem, ou de ces croisés de 1204 qui s'étaient partagé l'empire byzantin.

Quant aux Espagnols venus pour travailler, ils pensaient au moins cueillir des masses d'or. La réalité est moins brillante, et les rancœurs s'accumulent. Les tensions étaient prévisibles entre tant d'hommes recrutés pour leur vigueur, non pour leur sociabilité. Les Castillans et les Aragonais ne font pas meilleur ménage depuis que leurs rois respectifs sont mari et femme. Les Catalans accoutumés à une longue rivalité maritime et coloniale avec les Génois retrouvent contre le petit groupe familial qui les gouverne — Colomb, son frère, son fils — les haines recuites pendant plusieurs siècles en Sardaigne comme en Tunisie.

Le naufrage de plusieurs caravelles sur un mauvais mouillage n'arrange rien. Le moral devient franchement mauvais. Beaucoup parlent de rentrer. Ceux qui rentrent ne font aucune réclame pour l'entreprise de l'amiral.

Quant aux Indiens, ils sont revenus de leur premier enthousiasme. Contraints au travail forcé ou pourchassés par les soldats espagnols, les paysans doivent délaisser la petite agriculture qui, dans un pays naturellement fertile, assurait leur subsistance sans exiger de gros efforts. Bien des tribus connaissent la famine. Bref, l'exploitation économique de l'île détruit l'équilibre qui assurait la bonne humeur dont les Européens s'étaient émerveillés en 1492. Même les Arawaks, naturellement paisibles, se prennent à renâcler. Que les Européens, partis sans une femme, trouvent normal d'aller prélever des compagnes dans les villages n'est pas pour améliorer les relations. Dans le temps du premier voyage, les chefs indiens étaient tout prêts à offrir à l'amiral quelques jeunes vierges, que Colomb, d'ailleurs, ne touchait pas. Mais une chose est d'offrir une fille à l'amiral, une autre de voir un millier d'Espagnols emmener femmes et filles sans s'inquiéter des ménages ainsi brisés.

Le temps des grands sourires est passé. Les Espagnols doivent sans cesse se battre contre les Indiens. Colomb multiplie les fortins ; les expéditions punitives se succèdent, et l'on n'a rien d'autre à faire des prisonniers que de les envoyer en Espagne par les navettes. Quand Antonio de Torres en convoie cinq cents, au début de 1495, la reine Isabelle manifeste son mécontentement. Les Indiens habitués à vivre nus sous le climat des Antilles supportent mal le transport. Beaucoup meurent en route, quand les grands vents de l'Atlantique moyen font tomber la température. A l'arrivée, cela se sait.

L'envoi, dans l'été de 1496, d'un enquêteur royal, Juan Aguado, n'arrange rien : Colomb comprend qu'on s'est plaint de lui et sent que les Rois n'ont plus en lui une confiance totale. A vrai dire, les Rois étaient prêts à tout lui concéder quand on avait l'impression qu'il rêvait. Maintenant que la réalité se montre dure, on se demande en Espagne si l'amiral est bien l'homme de la situation. Nul ne met en doute ses qualités de navigateur. On s'interroge sur ses vertus de gouverneur. Et ses compagnons, qui voient arriver Aguado et comprennent vite ce qu'il en est, commencent à tirer à hue et à dia. Bref, l'enquêteur royal ne peut que constater une chose : tout le monde se plaint. Disons tout de suite qu'Aguado rentrera en Europe sans conclure.

La fermeté de l'amiral envers les Indiens étonne jusque dans son entourage. L'un des religieux emmenés pour évangéliser les Infidèles, le hiéronymite Ramon Pane, en fait à mi-voix la confidence : les Indiens croyaient qu'un jour viendraient des hommes vêtus, qui les domineraient et les mettraient à mort.

> Ils crurent d'abord que cet oracle concernait les cannibales. Maintenant, ils pensent qu'il s'agissait de l'amiral et de ses compagnons.

Colomb traverse alors une crise de mysticisme. Depuis la perte de la *Santa Maria,* il s'habille en franciscain, porte la barbe, passe des heures à méditer. Tout cela plaide pour sa sincérité. Ses compagnons n'ont pas le sentiment qu'une sorte de moine — Colomb est tertiaire de saint François et le dit maintenant bien haut — soit le chef le plus adéquat pour cette entreprise qu'est la colonisation. On est loin, alors, de la première navigation, où les problèmes étaient ceux du navigateur et du cosmographe.

Heureusement, on trouve enfin l'or. La mine est bien celle de Cibao dont ont tant parlé les indigènes. L'espoir revient. Colomb tire de la découverte une conclusion : Saint-Domingue, c'est Cipangu. Il a gagné son pari. Les « nouvelles terres » se confondent avec les Indes. Mission remplie, il regagne l'Espagne. Laissant à son frère Bartolomé le gouvernement des Indes et au frère hiéronymite Ramon Pane le soin de l'évangélisation, il part le 10 mars 1496. Le 11 juin, il est à Cadix.

C'est pour constater que l'opinion a en effet changé. Bien sûr, l'entrée dans Séville est un triomphe. Et Colomb détourne les accusations de superbe par son costume de tertiaire de saint François. La pompe qu'accompagnent les Indiens en grande tenue de masques et de colliers ne dissuade cependant pas les Rois et leur entourage d'une certaine déception.

Passé le moment de l'étonnement, Colomb a déçu parce qu'il avait trop promis. Et son propos demeure tissé de promesses. Il a beau invoquer les exemples historiques de ceux qui ont accru leur renommée par des entreprises sans intérêt immédiat, comme Salomon, Alexandre ou Néron, auxquels il ne craint pas de faire référence, sinon de se comparer, il ne peut empêcher qu'on se souvienne de ses rodomontades. Il est vice-roi, mais de quoi ? D'un archipel peuplé d'Indiens nus. On n'a pas vu les montagnes d'or qu'il annonçait. L'Espagne s'est enrichie de quelques îles, mais que produisent-elles ? Le sucre des Canaries, au moins, est visible sur les quais de Séville ou de Cadix. On attend encore la rencontre avec le Grand Khan. Peut-être est-on déjà en Inde, mais on voit surtout des sauvages, non les ambassadeurs et les fonctionnaires d'un pays décrit par Marco Polo comme l'un des plus civilisés du monde. Et l'arrivée des captifs a produit le plus mauvais effet : les Rois constituent une commission de théologiens pour s'interroger sur ce singulier moyen d'évangélisation. Peut-on vraiment vendre les Indiens comme esclaves ?

Les événements se précipitent. A défaut d'être immédiatement rentable, la découverte paraît plus vaste qu'on ne croyait trois ans plus tôt. Il convient d'élargir la mainmise espagnole sur ce qui commence de ressembler à un Nouveau Monde. D'autres sont déjà, sinon sur les traces de Colomb, du moins sur la voie d'un projet analogue. Dès 1497, Giovanni Caboto met à la voile pour les terres de l'Ouest. Étonnant personnage que ce Génois à peu près contemporain de Colomb, naturalisé Vénitien en 1476 et établi en Angleterre vers 1484. Devenu John Cabot, il se fait commanditer par Henri VII pour ne pas laisser aux seuls Espagnols les perspectives de l'Atlantique occidental. Le 24 juin, Cabot aborde une terre que nul n'a jusqu'ici identifiée : Labrador, île du Cap-Breton ou Terre-Neuve ? L'année suivante, il reprend la route du nouveau continent. Il est assurément au Labrador en 1498. On le suivra peu. La route est malaisée, les vents sont contraires. Les Italiens de Bristol ne bénéficient pas, comme les Portugais en Afrique et les Espagnols aux Antilles, d'une boucle de vents et de courants permettant l'aller et le retour. Le temps de l'Atlantique nord ne viendra que plus tard, avec d'autres navires, d'autres gréements surtout.

Le troisième voyage

Deux ans après l'expédition de Cabot au Labrador, Colomb repart. Malgré l'urgence, il lui a fallu essuyer de nouveau les rebuffades de ceux qui ne partagent pas son enthousiasme. Il y a d'autres choses à faire en Espagne, pense-t-on, que de multiplier les découvertes d'îles où l'on ne fait qu'échanger de la verroterie contre des masques d'or, et le rendement de la mine est incertain. Éprouvée par la mort de son fils unique l'infant don Juan, la reine Isabelle laisse passer les mois. Colomb s'impatiente. Il n'est plus le cosmographe amateur, le visionnaire sans preuves, le quémandeur qui devait bien se faire humble. Il est amiral et vice-roi. Il a découvert des terres nouvelles. Sûr de lui, il parle haut et malmène ses adversaires. Il rosse même l'un de ceux qui le dénigrent. Bref, il se fait des ennemis, qui lui feront bientôt payer très cher son arrogance.

Les Rois finissent par se décider. Ils financent l'armement de six caravelles, et promettent à l'amiral de payer les salaires des marins et des colons. Malheureusement, le Trésor ne parviendra qu'à verser une faible partie des sommes promises, et la colonisation n'en est pas au point où elle se financera d'elle-même. Une nouvelle fois, Colomb devra faire appel à ses compatriotes, les financiers italiens.

Colomb emmène cette fois, outre soixante marins, quelque deux cent soixante-dix colons destinés à demeurer aux îles et à y faire souche. Il y a, à bord des six caravelles, cinquante laboureurs et vingt artisans, mais aussi quarante hidalgos et cent soldats : on sait que l'affaire n'est pas sans risques, et qu'il faudra en découdre. Colomb montre un certain bon sens en emmenant trente femmes, afin de ne pas exacerber les résistances par d'intempestifs enlèvements d'Indiennes. Mais il est évident, avec une femme pour dix hommes, que les conflits seront au sein de la colonie européenne.

Le 30 mai 1498, la flotte quitte San Lucar. Elle gagne Madère, puis les Canaries. Ensuite, trois caravelles vont directement vers Hispaniola, pendant que les autres, sous le commandement personnel de l'amiral, vont chercher plus loin, au-delà des îles du Cap-Vert, une route encore plus méridionale, vers le 8e parallèle. Colomb entend vérifier ainsi ce que lui a jadis confié le roi Jean II de Portugal et que celui-ci tenait des observations faites par des navigateurs : il y aurait une « très grande terre ferme » vers le sud-ouest. Et puis, l'or que l'on trouve à cette latitude en Afrique pourrait bien se rencontrer aux îles sous la même latitude. Les Indiens n'ont-ils pas constamment montré le sud pour indiquer le pays de l'or ? Colomb est ici victime du mirage des tropiques.

Or sa troisième route le conduit à la découverte qu'il espérait et dont il ne mesure pas l'importance. Le 31 juillet, il touche terre à Trinidad, ainsi nommée en l'honneur de la Sainte Trinité parce qu'on y voit trois montagnes. Puis il reconnaît l'embouchure d'un fleuve : l'Orénoque. Il est en Amérique du sud. Mais il passe à côté de la découverte. Il a trouvé le pays de l'or et des perles, ces perles dont l'abondance dans la parure des Indiens ne laisse pas d'impressionner les Européens qui rêvent toujours des trésors de l'Asie. Mais l'importance du fleuve conduit l'amiral à une conclusion qui étonne de la part d'un homme aussi réaliste et qu'il développe longuement, auteurs sacrés et profanes à l'appui, dans une lettre que porte aux Rois la première liaison : cette eau douce sort du Paradis terrestre.

> Sinon, il proviendrait d'un pays immense, au sud, dont personne n'a jamais eu connaissance : d'un nouvel hémisphère, inconnu des Anciens...
>
> Je n'ai jamais lu ni ouï dire qu'une telle quantité d'eau douce fût ainsi à l'intérieur de l'eau salée et voisinant avec celle-ci. De même vient à l'appui de cela la très douce température. Si ce n'est pas du Paradis que cette eau descend, ce me paraît une plus grande merveille encore, parce que je ne crois pas qu'on connaisse au monde fleuve si grand et si profond...
>
> C'est une chose admirable, et ce le sera pour tous les savants, que le fleuve qui aboutit là soit à ce point grand qu'il rende la mer douce jusqu'à quarante-huit lieues...
>
> J'ai la conviction que le Paradis terrestre se trouve là. Dès que possible, j'y enverrai mon frère.

Alors même que l'on explore l'Afrique jusqu'au cap de Bonne-Espérance, Colomb répugne à imaginer qu'il est un autre continent dans l'hémisphère austral.

Cette eau qui ne peut venir que de la région équatoriale lui paraît chose douteuse. Le poids de l'héritage antique pèse lourdement sur les raisonnements de celui qui est en train de découvrir le Nouveau Monde sans le savoir : des îles nouvelles, certes, et l'Inde, bien sûr. La « très grande terre ferme » devrait être une grande île. Mais pas un nouveau continent.

Colomb imagine déjà l'Asie nouvelle. Il a atteint les terres inconnues des Anciens, ces terres qui, au-delà de ce qu'ont décrit Marco Polo et les autres, constituent un hémisphère émergé qui trouble la vision du monde héritée de Ptolémée et figurée par les anciennes mappemondes. Ce qu'il a trouvé, ce n'est pas seulement Cipangu au large de l'Asie orientale. C'est une terre en plein océan Indien, et ce pourrait être ce Paradis terrestre que l'on a longtemps placé en Orient et que l'on trouve miraculeusement, par la route d'Occident, à l'orient de l'Orient.

> Il commence après que les Indes tombent dans l'océan, et son extrémité se situe sous l'équateur...
>
> Si ce grand fleuve ne vient pas du Paradis, c'est qu'il vient d'un pays immense, au sud, dont personne n'a jusqu'à présent eu connaissance.

Passant entre Margarita et la côte du futur Venezuela, Colomb est remonté en latitude. Renvoyant à plus tard l'exploration de la côte aux perles, voire celle du Paradis perdu auquel il pense que nul ne saurait parvenir, il rejoint par le sud cette Hispaniola qui reste décidément sa découverte préférée et où il sait que manquent gravement l'argent de la paie et les quelques vivres européens qu'il apporte.

Le 31 août, il est à Hispaniola. Mais la situation qu'il trouve en débarquant à Saint-Domingue est plus alarmante qu'il ne croyait. La fortune n'est pas venue aux colons anciens et ne vient guère aux nouveaux. Comme jadis aux Canaries les hommes de Béthencourt, ceux de Christophe Colomb trouvent que le résultat ne vaut pas les moyens. Certains s'éloignent de la colonie, espérant faire fortune ailleurs. D'autres, ou les mêmes, s'insurgent contre l'autorité des Génois, celle de Christophe comme celle de son frère : dans le mécontentement, on se souvient qu'ils sont des étrangers en Espagne, et qu'ils doivent être tenus pour tels à Hispaniola. Ajoutons la maladie, qui n'améliore pas le moral des colons : la syphilis commence de frapper.

Pour répondre à cette déception, l'amiral tergiverse longtemps, manifeste une étonnante patience. Il ne tient plus ses troupes. Celui qu'il avait chargé de l'ordre public et de la justice, avec le titre d'*alcalde mayor,* Francisco Roldan, entre en rébellion ouverte. Soudain, l'amiral change d'attitude, recourt à des méthodes pour le moins brutales. Des contestataires sont pendus. En l'absence de l'amiral, son frère Bartolomé a manifesté une autorité sans nuances. Christophe revenu, les choses ne vont pas mieux. Tout le monde se plaint d'une administration désordonnée. Au vrai, Colomb était préparé au voyage, non au gouvernement des territoires. A plusieurs reprises, il doit faire face à l'insurrection. En 1499, la guerre entre Espagnols ensanglante l'île. L'amiral achète des fidélités et des ralliements par une première répartition des terres et des indigènes. Les Indiens deviennent propriété privée des colons établis. Ceux-ci ne se lassent pas moins d'une exploitation qui leur procure plus de soucis que de fortune. Une deuxième guerre civile éclate en 1500 entre les hommes de l'amiral et ceux d'Adrian de Muxica. Celui-ci est pris, condamné à mort. Comme il tarde à se confesser pour reculer l'heure de la potence, il est jeté sans sacrement du haut des murs de la toute neuve forteresse.

Non seulement Colomb ne maîtrise plus Saint-Domingue, mais l'insécurité lui interdit de s'absenter. Autant dire que le domaine de la Couronne et sa propre vice-royauté se réduisent à l'île. De Cuba au

Venezuela, le reste de la découverte est perdu. Tout le profit des Antilles et de cette terre ferme que Colomb n'a pas reconnue comme telle se ramène au souvenir de reconnaissances rapides, de trocs hâtifs et de razzias inconsidérées.

Concurrences: de Cabral à Vespucci

En Espagne, on s'avise que l'arbitrage du pape et le traité de Tordesillas garantiraient mal la souveraineté espagnole sur des îles à peine touchées. Le Génois n'y suffit plus. Et ceux de ses compagnons qui regagnent l'Espagne s'emploient vite à ruiner le crédit de l'amiral auprès des Rois: en bref, on l'accuse d'avoir fait sa chose de la conquête, d'oublier qu'il n'en est pas le maître, de songer à s'allier à des souverains rivaux si cela pouvait l'aider à consolider son pouvoir. A la cour, les ragots vont bon train.

Pendant ce temps, les Portugais sont toujours sur les routes de l'Atlantique sud. Pero Alvares Cabral quitte Lisbonne avec son escadre le 8 mars 1500, empruntant naturellement la route indiquée par Vasco de Gama. Elle doit le conduire en Inde. Il conduit trois caravelles et douze nefs de transport: ce n'est plus une flotte de découverte mais une flotte d'exploitation. Mais Cabral est entouré de navigateurs habiles, bien au fait du système des vents dans l'hémisphère austral. Il y a là Bartolomeu Dias et son frère Diogo. Nicolau Coelho est aussi du voyage.

Avant de gagner l'Inde, Cabral doit s'acquitter d'une mission stratégique: trouver une escale plus occidentale que les îles du Cap-Vert — les Canaries sont à l'Espagne — pour les navires qui, revenant du cap de Bonne-Espérance, effectuent vers Lisbonne la grande *volta,* le large détour vers l'ouest qui permet d'atteindre dans l'hémisphère nord les vents favorables au retour. A Tordesillas, le Portugal s'est fait reconnaître la souveraineté des terres jusqu'à 370 lieues des îles du Cap-Vert. Encore faut-il en trouver.

L'Atlantique se révèle finalement riche en îles. Nul ne doute qu'on trouve à l'ouest, dans l'océan et pour le Portugal, ce qu'a trouvé Colomb au-delà de l'Atlantique et pour l'Espagne. Ainsi les marins portugais auront-ils un relais de retour comparable à ce que sont à l'aller les archipels des Açores et du Cap-Vert.

Cabral a rencontré dans le golfe de Guinée un calme qui paralyse la marche des navires. Il lui a donc fallu échapper aux alizés. Ayant ainsi un double objectif, immédiat et à long terme, il a ouvert sa route vers l'ouest, dans la limite des 370 lieues. C'est ainsi que, le 22 avril 1500, les Portugais font la découverte que n'a pas vue Colomb, qui croit toujours être aux Indes. Cabral touche une terre qu'il appelle d'abord Vera Cruz, puis Santa Cruz. On y trouve du bois rouge comme la braise, du bois « brésil ». En cherchant une terre, Colomb a trouvé des îles. En cherchant des îles, Cabral a trouvé le Brésil. Le 28 août 1500, le roi Manuel de Portugal notifiera sa fortune à ses rivaux les Rois catholiques. A Tordesillas, nul n'avait prévu la chose. Le Portugal exploitera très vite sa chance.

Sur les routes ouvertes par Colomb, d'autres s'enhardissent. Le rapport qu'il a envoyé après sa découverte de la « Côte des Perles » encourage des navigateurs prompts à suivre ses traces maintenant qu'ils sont assurés de trouver quelque chose. Avant même le triste retour du troisième voyage, les concurrents se manifestent A l'arrière-plan, une exigence, une rancœur et une ambition. L'exigence, c'est celle de Juan Rodriguez de Fonseca, qui cherche à mettre Colomb en tutelle et n'y parviendra qu'en brisant le monopole de l'amiral. La rancœur, c'est celle du duc de Medina Celi, qui a tant fait pour Colomb quand celui-ci cherchait des protecteurs, et qui a si peu reçu. Les profits des terres nouvelles vont aux Rois, quand Colomb ne les garde pas pour lui. Ceux qui ont porté le projet n'ont pas vu venir une once d'or. Alors qu'à Saint-Domingue les affaires vont mal, Medina Celi pousse les feux d'une autre expédition.

Quant à l'ambition, c'est celle d'Alonso de Hojeda, l'un des compagnons du deuxième voyage de Colomb, cet officier de la maison de Medina Celi dont l'amiral écrivait, dans son mémoire aux Rois, qu'il était un « garçon très avisé et réservé ». Hojeda s'est déjà signalé à Saint-Domingue par sa propension à voir de l'or dans toutes les rivières, et par une mainmise brutale sur les villages de l'intérieur. Il se contente mal d'être un second. Revenu en Espagne par la navette, il joue maintenant pour son compte.

A l'automne de 1498, Fonseca autorise Alonso de Hojeda à partir avec une flotte pour découvrir la terre — île ou terre ferme, on ne sait — où l'on trouve les perles. Colomb aura beau protester que cette terre, déjà découverte par lui, relève de sa juridiction, rien n'y fera.

Hojeda trouve sans peine des collaborations, notamment celle de l'ancien maître de la malheureuse *Santa Maria*, Juan de la Cosa. Se joint à eux un Florentin promis à une belle renommée, Amerigo Vespucci. Homme de cabinet plus que de grand large, Vespucci est des fidèles de Fonseca. Sept ans plus tard, celui-ci lui confiera la direction de la *Casa de contratacion*. En attendant, il va jouer un rôle essentiel dans l'entreprise de Hojeda : donner la réplique aux fanfaronnades de Christophe Colomb. Autant dire que Fonseca, qui n'est point allé aux Indes, attend de Vespucci qu'il lui dise la vérité.

Avec quatre caravelles, Hojeda et ses compagnons quittent Cadix en mai 1499. Dans l'été, ils parcourent les dernières découvertes de Colomb, la Trinidad, le Venezuela : du Surinam à l'est au golfe de Maracaibo à l'ouest, en passant par les bouches de l'Orénoque, toute la côte septentrionale de l'Amérique du sud. Ils vérifient, ce faisant, les premières constatations de Colomb. Ils trouvent même les pêcheurs de perles. Mais ils ajoutent aux conclusions de l'amiral : la longueur de cette côte les en assure, ce qu'ils ont vu n'est pas une simple île. Hojeda et Vespucci comprennent qu'ils sont sur une terre qui échappe à l'ancien inventaire du monde. Dans une lettre à la nourrice de feu l'infant don Juan, Colomb reprendra sa démonstration.

> J'ai entrepris un nouveau voyage au nouveau Ciel et au Nouveau Monde jusqu'alors inconnus. S'ils ne sont pas tenus en estime, en Espagne, comme le reste des Indes, ce n'est pas merveille puisque c'est à mon industrie qu'on les doit.

Hojeda et Vespucci touchent enfin Saint-Domingue, où ils trouvent Colomb dans les difficultés que l'on sait. Dans la même lettre à la nourrice, l'amiral opinera que Hojeda « a tenté de couronner le désordre ». Mais on s'en tient là. Hojeda et Vespucci rentrent, rapportant un petit trésor et laissant au Venezuela le souvenir de quelques brutalités.

L'expédition sera lourde de conséquences. En premier lieu, le monopole de Colomb est brisé. L'inimitié officielle de Fonseca, les cargaisons rapportées par Hojeda, en attendant l'intervention sans nuances du commandeur Bobadilla, tout cela rend désormais risible la référence aux Capitulations de Santa Fé.

En second lieu, la route est ouverte aux entrepreneurs de tout genre, prêts à monter, avec la bénédiction de Fonseca, une expédition pour prendre leur part de richesses déjà assurées mais que Colomb est incapable d'exploiter lui-même. Fonseca a bien compris que les profits de la Couronne étaient proportionnels aux cargaisons. L'intérêt des Rois et le sien justifient la multiplication des voyages. Dès la fin de 1499, une caravelle conduite par Peralonso Niño est dans la « région des perles ». Les Niño, eux aussi, se sont mal contentés de n'être que des lieutenants. A partir de 1500, on compte au moins deux expéditions par an. Et Hojeda est nommé, en 1502, gouverneur de la place commerciale déjà ouverte sur la côte vénézuélienne, Coquibacoa.

Il est une conséquence lointaine que l'on n'attendait pas. Le Florentin de l'affaire est plus à l'aise avec une plume qu'à la barre. En 1506, il fait publier à Florence — loin des témoins — une *Lettre d'Amerigo Vespucci des îles récemment retrouvées dans ses voyages*. Il s'y crédite d'un voyage prétendument effectué en 1497, donc anticipé de deux ans, et d'un rôle qui n'a jamais été le sien. En bref, c'est lui qui a trouvé la Côte des Perles, et cette côte est celle d'une terre ferme, non d'une île. C'est un continent.

La supercherie réussit. La *Lettre* de Vespucci, traduite en latin, est publiée à Saint-Dié dès 1507. Dans l'introduction qu'il y ajoute, le cosmographe allemand Martin Hylacomylus Waldseemüller donne au nouveau continent le nom de son prétendu découvreur. Colomb a parcouru les îles. Vespucci a trouvé l'Amérique. Le monde y croira pendant plus de trois siècles. Toute l'Europe imprime une version retouchée du récit de Vespucci, le *Mundus novus*. Le Nouveau Monde est baptisé.

La chute de Colomb

L'Espagne constate d'autre part que le vice-roi n'a pas oublié les trafics du golfe de Guinée. Il envoie maintenant des cargaisons d'Indiens destinés au marché d'esclaves de Séville. Cela ne correspond pas au projet d'évangélisation dont on a quand même parlé au départ. On s'accommodait de réduire en esclavage des Noirs rebelles, tenus pour prisonniers, mais on comprend mal comment les bons Indiens dont Colomb a tant fait l'éloge se trouvent transformés en cheptel vendu sur le marché. Bien sûr, il se trouve des acheteurs. Isabelle la Catholique, elle, s'étonne quand Colomb ramène tout à des considérations de prix et de rendement :

> Il est d'usage d'employer beaucoup d'esclaves noirs en Castille, en Aragon, au Portugal, en Italie, en Sicile et dans les îles Canaries, et je

> crois qu'il n'en vient plus autant de Guinée. Or un seul de ces Indiens vaut bien trois Noirs.
>
> Je me suis trouvé aux îles du Cap-Vert, où l'on a une grande traite d'esclaves, et j'ai vu qu'on les payait huit mille maravédis...
>
> On pourrait tirer quarante millions si l'on ne manque pas de navires pour venir ici.

L'amiral déclare une nouvelle fois que ce trafic permettra d'instruire et de baptiser les Indiens. On pourra renvoyer ensuite les esclaves dans leur pays : ils évangéliseront les autres. Nul n'y croit vraiment. L'exploitation de la colonie passe par le travail forcé des Indiens, plus que par leur baptême. Et la reine Isabelle de protester que les Indiens sont des sujets et qu'elle n'a jamais autorisé quiconque à en faire une marchandise. Passe encore pour les sujets d'un roi africain, non pour ceux de la Couronne.

En défendant sa cause, Colomb s'enferre. Les Rois catholiques s'inquiètent quand il prétend orienter leur politique et se permet de suggérer les priorités qui font ses affaires :

> Que Vos Altesses y prennent garde : l'affaire des Indes compte plus, à mon avis, que les affaires de France et d'Italie.

C'est en effet le moment où, la Reconquête étant achevée, l'Espagne inaugure une marche vers l'hégémonie qui trouvera sa conclusion avec Charles Quint. L'infante Jeanne — qui sera Jeanne la Folle — vient d'épouser l'archiduc d'Autriche, le Habsbourg Philippe le Beau, héritier par sa mère Marie de Bourgogne d'une partie essentielle de l'État du Téméraire, les Pays-Bas. L'infante Isabelle vient d'épouser le nouveau roi Manuel de Portugal, qui sera Manuel le Grand et qui rêve ouvertement d'une unification politique de la péninsule Ibérique. Tout cela, les Rois le savent bien, ne peut que conduire à un affrontement avec la France, bien amorcé en Italie par les expéditions de Charles VIII et de Louis XII qui reprennent, contre le roi aragonais Ferdinand Ier de Naples, les vieilles prétentions que la Couronne de France tient de l'héritage angevin. Guerre en Italie, mariages à l'échelle européenne, voilà qui coûte fort cher, et qui laisse peu de place aux Indes dans les préoccupations des Rois. Colomb passe de nouveau pour l'homme qui agace.

Isabelle la Catholique pense qu'il est temps de reprendre les choses en main. Les choses se gâtent donc pour l'amiral quand arrive d'Espagne un enquêteur royal. Il avait demandé qu'on lui envoyât un bon juge pour l'aider à rendre la justice et à maintenir l'ordre. Il ne s'attendait pas à ce qu'on le jugeât lui-même. Colomb comprendra un peu tard qu'il est en disgrâce. Alors que les Capitulations de Santa Fé lui donnaient le pouvoir de nommer lui-même les officiers royaux, celui qu'on voit arriver à Saint-Domingue le 25 août 1500, alors que Christophe Colomb est à la Concepcion, se présente comme gouverneur des Indes, placé de surcroît hors de l'autorité du vice-roi par sa commission d'enquête. Celle-ci est aussi vague que possible : « le Commandeur, disent les Rois, vous parlera de notre part ».

Ce commandeur de l'ordre de Calatrava, c'est Francisco de Bobadilla. Il ne connaît rien des situations locales, et il se laisse un peu vite circonvenir par les mécontents de tout poil auxquels son ambition s'accommode de prêter une oreille exagérément complaisante. Bref, il se montre tout de suite implacable pour le gouvernement de Colomb. En fait, il voit qu'il pourrait bien prendre aux îles la place de l'amiral. Il était chargé d'enquêter, il procède à des nominations et s'improvise juge. Sans même attendre le retour de Christophe Colomb, Bobadilla impose son autorité à un Diego Colomb complètement dépassé par les événements. Il libère les rebelles que l'on n'a pas encore pendus, fait arrêter Diego qui déclarait n'avoir pas d'ordres à recevoir, ordonne des exécutions, publie des ordonnances. Il s'établit dans la résidence de l'amiral et se fait remettre la réserve d'or et de perles. Et il commence à gouverner.

Revenu d'urgence, l'amiral n'est même pas entendu. Celui qui devait mener une enquête dédaigne même de le voir. Immédiatement arrêté et mis aux fers, Colomb craint pendant deux mois qu'on ne le pende à son tour. Il poussera un soupir de soulagement quand il se retrouvera, après deux mois de cachot, toujours les fers aux pieds mais à fond de cale dans la caravelle qui le ramène en Espagne. C'est sans gloire qu'il arrive, le 25 novembre 1500, à Cadix où l'attend la justice royale. Au moins est-il à bon port : lorsque, révoqué pour ses excès, Bobadilla devra rentrer en Espagne, il périra dès le départ dans un naufrage, le 29 juin 1502, presque sous les yeux de Colomb revenu à Saint-Domingue.

Le découvreur est en vie, mais il est devenu encombrant. Les Rois lui auraient-ils consenti de tels pouvoirs s'ils avaient pu deviner l'ampleur de la découverte à venir ? Sur l'intervention de sa vieille amie, la nourrice de l'Infant, Colomb est libéré. Les Rois le reçoivent, lui donnent de bonnes paroles, lui rendent ses dignités, lui confirment son droit à une part des profits retirés des îles. Il n'est pas question de lui rendre le gouvernement des Indes. Il est, par la mansuétude d'Isabelle la Catholique, redevenu don Cristobal, amiral de la mer Océane. Il ne sera plus jamais le vice-roi des Indes.

Colomb court alors après son rêve. Il se prend pour un personnage de l'*Apocalypse*, le « messager du Nouveau Ciel et de la Nouvelle Terre », se compare au prophète Daniel dans la fournaise. Sans bien voir qu'atteindre Ormuz par la route atlantique n'a rien de pratique pour reconquérir les Lieux Saints, il parle de plus en plus d'aller à Jérusalem à travers les Indes, autrement dit de conjoindre la croisade et le tour du monde. Il compile toutes les citations de l'Écriture qui lui paraissent annoncer son entreprise. Il écrit au pape, aux Rois. Il est l'envoyé du Seigneur, et c'est l'Esprit saint qui le conduit. Il en oublie les démonstrations de sa science cosmographique qu'il multipliait dix ou vingt ans plus tôt pour convaincre rois et savants.

Dans l'entreprise des Indes, ni raison, ni mathématique, ni mappemonde ne me servirent de rien. Il fallait que s'accomplît ce qu'en a dit Isaïe.

Le quatrième voyage

Ceux qui, nombreux, pensent que le temps est venu d'un assaut décisif contre l'Islam ne refusent pas de prêter l'oreille à des propos qui, pour venir d'un illuminé, n'en viennent pas moins d'un navigateur qui a fait la preuve de sa clairvoyance. A vrai dire, les Castillans ne renoncent pas à faire pièce aux Portugais qui sont en train, avec et après Vasco de Gama, d'ouvrir la route des Indes par l'Afrique, et l'idée les séduit d'aller encore plus vers l'ouest pendant que les concurrents vont encore plus vers l'est. Avec des protestations d'amitié pour le Portugal où règne maintenant leur fille, les Rois catholiques ne seraient pas mécontents de compenser en Asie — et dans ce continent nouveau qui paraît prolonger l'Asie vers le sud — l'avantage acquis au Brésil par le Portugal, fort de la ligne de démarcation établie par l'arbitrage pontifical et par le traité. On consent donc à Colomb une ultime expédition. Mais les bornes de sa mission sont évidentes : le 13 février 1502, le nouveau gouverneur de Saint-Domingue, Nicolas de Ovando, quitte Cadix. Colomb n'est plus qu'amiral. En 1509, son fils Diego succédera à Ovando.

Le propos des Rois est réaliste. En Inde, le Portugal a consolidé son avance. On ne peut faire fi de l'expérience et du génie nautique de celui qui a eu, naguère, raison contre tous. En fait, on envoie Colomb à la rencontre de Vasco de Gama. Le cas est prévu : s'il le rencontre, il devra traiter le Portugais en ami. Mais chacun sait que ce sera l'affrontement. Le pape n'a guère raisonné en pensant à la sphère. Il n'a pas dessiné la ligne de partage aux antipodes. On sait où commence l'empire espagnol au large des Canaries ; on n'a pas dit où il s'arrêtait de l'autre côté du globe. L'inévitable négociation à venir devra tenir compte des positions acquises. Une nouvelle fois, il n'y a pas de temps à perdre. Si Colomb parle de Jérusalem, les Rois pensent à l'Asie.

Il est un nouveau continent, un Nouveau Monde. Nul ne sait encore comment il joint l'Ancien. Que la côte vénézuélienne soit autre chose que l'Asie, que Cuba ne soit pas Cipangu, le Japon, tout le monde en est convaincu dans ces années 1500. Mais on voit plutôt l'Amérique comme une Afrique de l'Asie. Un continent connu, l'Asie, un continent nouveau, l'Amérique : reste à savoir comment cela s'articule. Les îles apparaissent encore comme l'équivalent, au large de l'Asie, de ces archipels qui bordent l'Atlantique depuis Madère jusqu'aux îles du Cap-Vert. Le continent nouveau, c'est l'Amérique du sud. L'Amérique du nord est insoupçonnée. C'est l'Asie que l'on met à la place.

Parti de Cadix le 11 mai 1502 avec quatre caravelles, l'amiral emprunte à peu près la route de sa deuxième traversée, celle du glorieux voyage de 1493. Il atteint Sainte-Lucie, contourne la Martinique, touche à Santa Cruz, s'attarde en juillet à Saint-Domingue, où on lui avait pourtant enjoint de ne pas aller encombrer le nouveau gouverneur, mais où il veut remplacer un navire défectueux. Ironie du sort, l'excellent marin qu'il est devenu voit venir l'ouragan et tente vainement d'empêcher le départ de la flotte qui sombrera quelques heures plus tard, emportant en enfer son ennemi Bobadilla.

Interdit de séjour à Saint-Domingue, Colomb gagne ensuite Cuba. Prenant alors un cap au nord-ouest, puis au sud-ouest, il se retrouve, une fois de plus sans le savoir, sur le continent américain. Du cap Honduras à l'isthme de Panama, il poursuit tout l'été et tout l'automne, malgré les tempêtes qui se succèdent, une longue exploration qui est avant tout une recherche désespérée d'un passage vers l'ouest. Il passe l'hiver sur la côte panaméenne, au plus près de ce Pacifique qu'il ne connaîtra pas. Au printemps de 1503, il repart vers l'ouest. A force de trouver des îles, il ne comprend pas qu'il est sur le continent. Il a découvert l'Amérique, mais il reproche à celle-ci de lui fermer la route de Jérusalem.

Épuisé, en proie à la malaria autant qu'à l'exaltation mystique, craignant pour des navires rongés par le sel et par les vers, il regagne cette Hispaniola où tout le ramène toujours malgré les ordres des Rois. Au passage, il s'échoue en juin 1503 sur une île qu'il appelle Santiago et qui sera la Jamaïque. Un hidalgo en pirogue ira chercher à Saint-Domingue le navire du salut. Il mettra huit mois à le trouver. A Hispaniola comme ailleurs, on aimerait bien ne plus entendre parler de l'amiral. Celui-ci est au comble du désespoir. Il écrit aux Rois une lettre qui ne leur parviendra que bien plus tard, où il mêle tout, la correction des calculs de Ptolémée et le songe où son destin prend des accents bibliques. Il pleure sur lui-même.

> J'ai eu bien peu de profit de vingt ans de services, au prix de tant de peines et de périls, tant qu'aujourd'hui je n'ai pas une tuile en Castille. Si je veux manger ou dormir, je n'ai rien que l'auberge ou la taverne. Encore la plupart du temps n'ai-je pas de quoi payer l'écot !
>
> Une autre peine m'arrachait le cœur par les épaules. C'était la pensée de mon fils don Diego, que j'avais laissé en Espagne, orphelin et dépossédé de mon honneur et de mes biens, en dépit que j'ai pour assuré que des princes justes et reconnaissants lui restitueraient tout et au-delà.

Paralysé par l'arthritisme qui gonfle ses articulations, presque aveugle, l'amiral délire. Les fièvres ne le laissent plus. Il a des visions, qu'il consigne avec les accents du prophète. Comme Abraham, il fera de grandes choses dans sa vieillesse. Dieu n'a-t-il pas fait pour lui autant que pour Moïse ou pour David ? L'un a conduit le peuple élu vers la Terre promise. De berger qu'il était, l'autre est devenu roi. C'est l'Ange du Seigneur qui parle à Colomb.

> Dieu a merveilleusement fait connaître ton nom sur la terre. Il t'a donné les Indes, et toi, tu les as données à qui tu as voulu.

On finira quand même par lui envoyer un bateau. Le 29 juin 1504, Colomb est à Saint-Domingue. Mais le retour en Espagne n'a rien de glorieux. Le 7 novembre 1504, le découvreur des terres nouvelles fait à San Lucar une entrée qui ne rappelle en rien les ovations de naguère. Il est persuadé d'avoir « donné les Indes » au Rois catholiques. Encore lui faut-il recouvrer le gouvernement de sa découverte. L'amiral ne cesse de gémir, mais il ne voit pas qu'il est un homme fini. Mêlant en tout l'objet de sa quête et celui de ses rêves, il écrit jour après jour pour se justifier. Il écrit au pape, aux Rois, à ses anciens protecteurs qui lui gardent leur amitié, comme ce dominicain Diego Deza qui vient, en octobre 1504, de prendre possession du siège archiépiscopal de Séville. A tous, il dit la même chose, il est l'envoyé de Dieu, et son œuvre l'a fait entrer dans le plan de Dieu.

> Notre Seigneur m'envoya miraculeusement en ce pays pour servir Votre Altesse...
>
> L'or est très excellent. Avec l'or, on fait tout ce qu'on veut en ce monde. Grâce à l'or, on peut même faire gagner le Paradis aux âmes...

Son sort pourrait encore faire des envieux. Malgré ses dires, il est riche. Son fils est fiancé à la nièce du duc d'Albe. Il a ses fidèles. Mais nul ne miserait plus sur ses entreprises. On n'entend plus sa supplication : qu'on lui rende son rôle. Au moins voudrait-il que l'on donne à son fils, comme promis jadis par les Capitulations, le gouvernement des terres nouvelles.

La reine Isabelle, qui l'a tant aidé, est morte le 26 novembre 1504. Ferdinand s'accommode de la découverte, moins d'un partage du pouvoir politique. A pareille distance, un vice-roi est un roi.

Colomb meurt à Valladolid le 20 mai 1506, dans l'amertume d'un homme dupé. On l'enterrera d'abord chez les franciscains, puis à la chartreuse de Las Cuevas, près de Séville. Il trouvera en 1541 la sépulture qui lui convenait, dans la cathédrale de Saint-Domingue.

L'aventure d'un découvreur de génie s'achève par un procès contre la Couronne d'Espagne. Son fils don Diego se fera tout juste reconnaître, avec un titre d'amiral désormais dépourvu de toute signification, le gouvernement d'Hispaniola. Le fils de Diego, Luis, renoncera définitivement à se dire vice-roi en échange d'un duché bien réel. Il ne sera plus question de la vice-royauté « de toutes les terres découvertes et à découvrir ». La fin de l'histoire fera, pour la postérité, d'un navigateur heureux un personnage de drame.

CHAPITRE XIX
Le monde contourné

La route de l'est: Vasco de Gama

A Lisbonne, dix ans ont passé, combien féconds pour le Portugal, mais surtout pour cette Espagne née de l'union personnelle des Rois catholiques. Dias est rentré en décembre 1488, ayant trouvé le passage vers l'est. On connaît maintenant une route maritime directe vers les Indes, et l'on sait à peu près que le Prêtre Jean est le Roi des rois des Éthiopiens, des chrétiens isolés et passablement farouches, au sud de l'Islam. Avec la jalousie de qui a refusé la chance, Jean II de Portugal a vu sans plaisir revenir — paradoxalement, chez lui — le découvreur des terres nouvelles de l'océan occidental, un Christophe Colomb commandité par l'Espagne pour faire du Nouveau Monde un empire espagnol. Roi de Portugal en 1495, Manuel Ier reprend l'affaire du « passage ». Le Cap est franchi. Encore faut-il gagner réellement Calicut.

Le maître d'œuvre de l'ultime exploration, c'est Vasco de Gama. C'est un homme jeune — il n'a pas trente ans — et que l'on n'a pas encore vu sur la route du Cap. Mais l'enjeu du voyage est tel que le roi ne lui a ménagé ni les moyens matériels ni les collaborateurs de qualité. Il est notamment accompagné de quelques pilotes d'expérience. Le 12 juillet 1497, portant au total cent quatre-vingts hommes, les trois lourdes nefs et une caravelle quittent Lisbonne. Vasco de Gama commande la *São Gabriel,* Paolo de Gama est sur la *São Rafael.* Nicolau Coelho conduit la *Berio,* une caravelle qui sera plus utile pour assurer les liaisons que pour transporter le ravitaillement. On connaît maintenant les points d'approvisionnement, tant en eau douce qu'en vivres frais, et il s'agit d'assurer la jonction entre l'escadre et la côte, non de porter jusqu'au sud de l'Afrique les vivres et l'eau embarqués à La Mine.

Le projet est ambitieux. Il ne supporte pas les demi-mesures des temps où régnait l'incertitude. Grâce à Dias, Gama sait que le passage est au 34e parallèle, et il connaît les vents, contraires à la navigation à partir du Gabon. Il n'ignore pas qu'il faut aller chercher les vents d'ouest au 40e parallèle. Alors, avec courage mais avec réalisme, il coupe au large à partir de la Sierra Leone, s'épargnant le long contour du golfe de Guinée où ses prédécesseurs ont perdu tant de temps et de forces contre l'alizé qui souffle avec constance du sud-est. Le vent à bâbord arrière, il pique droit au sud-ouest, le dos à l'Afrique. Prenant ensuite le pourtour du grand anticyclone de l'Atlantique austral, il marche au sud jusqu'au 31e parallèle, où il trouve les vents d'ouest qui le ramènent rapidement vers la côte africaine, qu'il touche avec précision le 8 novembre à Santa Helena. Il est alors tout près du Cap. Réduisant les bordées, il ne fait que quelques tentatives en petites boucles vers l'ouest pour trouver, au plus près cette fois, les deux caps de Bonne-Espérance et Agulas qu'il double avec toute la difficulté annoncée. Le voilà enfin dans l'autre océan, au long de ces côtes de l'océan Indien qu'il sait devoir suivre jusqu'aux ports bien connus des navigateurs arabes et des voyageurs occidentaux.

L'escadre fête Noël dans un havre que Gama, tel Colomb fondant naguère Natividad, appelle pour cela Natal (auj. Durban). Un mois plus tard, il est sur le delta du Zambèze, où il s'attarde. Il vient de rejoindre la terre connue dont l'Occident sait ce qu'en a écrit Covilham. Au vrai, c'est peu.

La côte orientale de l'Afrique est alors occupée par des principautés auxquelles des relations suivies avec l'Arabie, l'Inde, la Malaisie et la Chine ont procuré, depuis le XIIe siècle, une réelle prospérité. Fournisseurs de l'Inde et de la Chine en or, en ivoire et en esclaves, deux grands ports dominent ces trafics

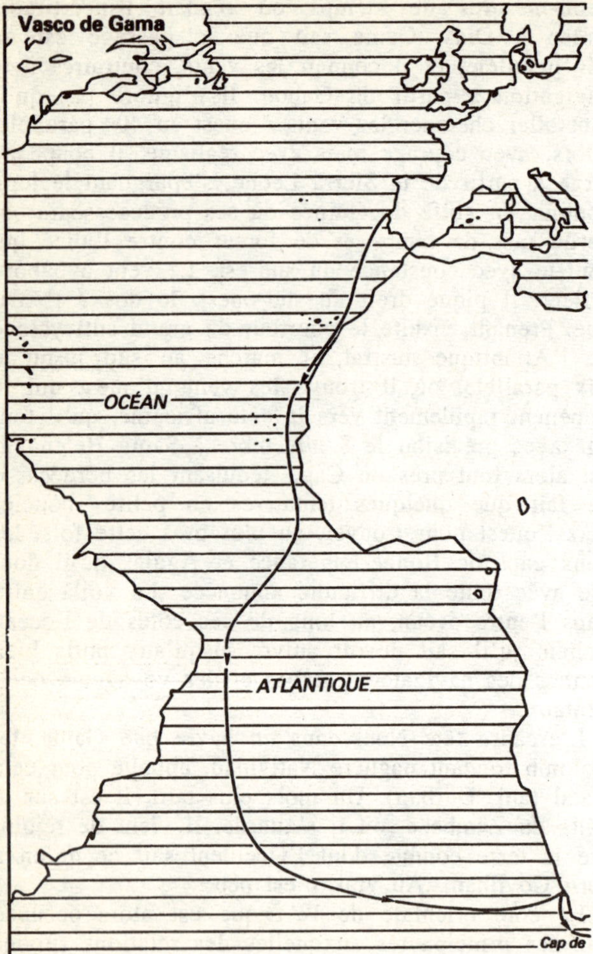
Vasco de Gama
OCÉAN
ATLANTIQUE
Cap de

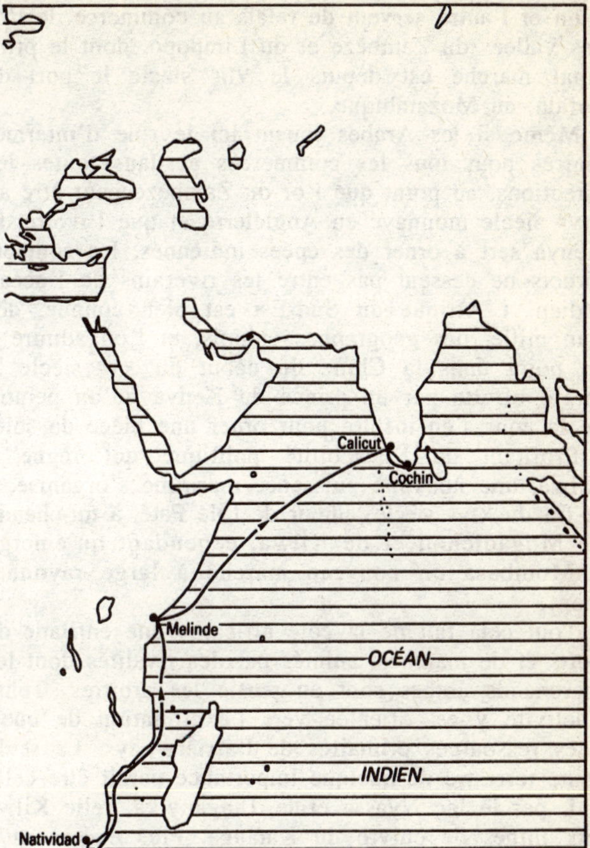
Calicut
Cochin
Melinde
OCÉAN
INDIEN
Natividad
Bonne-Espérance

de part et d'autre de l'équateur: Mogadichou (auj. Mogadiscio) sur la côte somalienne, et Kilwa sur la côte tanzanienne, qu'a visité Ibn Battuta en 1331. L'un et l'autre servent de relais au commerce de l'or des vallées du Zambèze et du Limpopo, dont le principal marché est depuis le VIIe siècle le port de Sofala, au Mozambique.

Même si les Arabes jouent ici le rôle d'intermédiaires pour tous les commerces et dans toutes les directions, au point que l'or du Zambèze peut être au XIVe siècle monnayé en Angleterre et que l'ivoire du Kenya sert à orner des épées indiennes, les contacts directs ne cessent pas entre les riverains de l'océan Indien. L'Afrique du Sud-Est est bien connue, dès l'an mille, des géographes chinois, et l'on admire à ce point dans la Chine du début du XVe siècle la girafe offerte par un prince du Kenya qu'un peintre de la cour s'en inspire pour orner une pièce de soie.

Profitant de l'instabilité politique qui règne à Kilwa, une nouvelle puissance maritime s'organise, à la fin du XIVe siècle, autour de l'île Paté, à mi-chemin de Mogadichou et de Kilwa, cependant qu'émerge à Mombasa un nouveau marché à large rayonnement.

Tout cela fait de la côte africaine une enfilade de ports et de marchés, animés par des rivalités dont les marchands arabes sont en partie les arbitres. Toute l'activité y est orientée vers l'exploitation de quelques ressources primaires de l'arrière-pays. La seule route terrestre de quelque importance paraît être celle qui, par le lac Nyassa et le Tanganyika, relie Kilwa aux mines de cuivre du Katanga. Plus encore qu'à l'ouest, la côte est un monde indifférent au cœur du continent. A l'ouest, c'est dans l'intérieur que naissent et se succèdent les empires, et les voies économiques sont celles du continent, autrement dit celles qui, à travers le désert, mettent les pays du Niger en relation avec le Maghreb. A l'est, aucun empire ne se constitue vraiment, et les centres vitaux n'ont d'autre raison d'être que la mer.

Le rêve du Prêtre Jean se heurte à une réalité assez amère : le pays est musulman, et Gama éprouve vite l'hostilité des habitants de ces grands ports, islamisés de long temps par les marchands venus d'Arabie. Il lui faut atteindre Melinde pour trouver un accueil chaleureux. C'est là qu'il se procure l'excellent pilote italien qui lui fera mettre le cap avec sûreté sur la côte de l'Inde. Le périple africain s'achève à Melinde. Le temps de l'aventure indienne commence.

Vasco de Gama coupe donc à travers la mer d'Oman. Le 19 mai 1498, un rêve vieux de deux mille ans se réalise : l'escadre portugaise atteint la côte occidentale du Dekkan. Elle fait son entrée dans la rade de Calicut. Les deux voies de l'Orient se sont rencontrées. Gama trouve même à Calicut un Tunisien qui parle le castillan. N'oublions pas d'indéfinissables moustachus qui font périodiquement leur apparition sans décliner leur identité.

> Il nous fut dit à Calicut qu'étaient arrivés il y a vingt ans de cela quelques navires pleins de je ne sais quelles gens, portant de grands chapeaux à la mode des Allemands et des barbes courtes depuis le nez jusqu'à la bouche, le menton tout ras comme les courtisans de Constantinople qui appellent ces manières de barbes moustaches, au reste habillés d'une cuirasse double avec sa bavière, leurs navires étant garnis d'une courte artillerie.
>
> Lesquels n'y sont revenus depuis, sinon deux ou trois fois, avec vingt-cinq navires qui ont quatre arbres comme ceux d'Espagne. Toutefois, on ne put jamais savoir de quelle nation ils étaient ni quelles marchandises ils menaient, sinon des toiles de lin, et ils enlevèrent à Calicut quelque quantité d'épicerie.

Le monde entier paraît à Gama s'être rencontré à Calicut, mais la fortune sera pour le Portugal. Un marchand arabe ne vaut pas une escadre portugaise.

Gama, là, manque de retenue, et les Arabes s'en aviseront vite. Car les Portugais mesurent aussi la propagation des nouvelles : on a un peu trop parlé, en Occident, des perspectives d'une nouvelle croisade. Et l'Islam est très présent en Inde.

> Il y a par-delà un grand nombre de Maures, tenant toutes leurs drogues et marchandises dans leurs navires. Vrai est qu'ils ont une belle mosquée en la place, et ils ont tant de crédit en la cité qu'ils gouvernent toutes les affaires du royaume, pour la faveur que le roi leur porte. Joignons à cela qu'ils sont de fort gentil esprit au regard des chrétiens qui demeurent là.

Très vite, les choses se gâtent. En voyant arriver l'escadre chrétienne, l'Islam réagit par une méfiance dont souffrent des navigateurs pourtant peu portés à l'évangélisation. Dans le même sens, les marchands arabes dont la fortune tient en bonne partie à leurs relations commerciales — même indirectes — avec l'Europe commencent d'entrevoir les dangers d'une concurrence maritime sur une route océanique qui leur échappe. En bref, le milieu local manifeste son hostilité. On tente d'espionner les Portugais. On paralyse les travaux d'entretien et de réparation de leurs navires. Naturellement, chacun s'emploie à gêner leurs tentatives commerciales. En bref, les conditions de l'échange ne sont pas ce qu'attendaient les Européens. Certes, on trouve « à vil prix » le poivre, la cannelle, la girofle, le gingembre, de même que la laque, le vernis ou l'encens. On trouve aussi « à bon prix » les perles, les saphirs, les rubis, les grenats. mais on n'est pas ici en Afrique, et l'Inde dédaigne la verroterie.

> Ils estiment peu nos marchandises, excepté les toiles de lin, tellement qu'en échange d'épicerie on baille des chemises de lin, bien qu'ils ne soient pas dégarnis de maintes belles toiles, lesquelles viennent du Caire.

Lorsque l'escadre repart, le 29 août, le moral est au plus bas. On a trouvé l'Inde, mais nul n'oserait dire que l'expédition se solde par un succès.

Le retour est pénible. Le système de vents commandé par la mousson ne répond à aucune des définitions connues dans l'Atlantique. Vasco de Gama perd du temps. Coelho parvient le premier à Lisbonne le 10 juillet 1499. Pour ceux qui n'ont pas vécu l'accueil hostile de l'Inde, la nouvelle qu'il apporte est celle d'un triomphe. Gama n'en tirera fierté qu'à la fin d'août. Au vrai, il n'y a là aucune surprise. L'expédition était partie pour l'Inde. Elle en revient. Le grand pas a été franchi par Dias, non par Gama. Mais celui-ci apporte la preuve d'une possibilité. Il n'y a plus, maintenant, qu'à exploiter la route.

A la même heure, les Espagnols ont commencé de coloniser ce qu'ils pensent être les terres extrêmes de l'Asie. Chacun a sa route, et le partage entériné par le pape donne aux deux royaumes leur aire de rayonnement politique et économique. Nul ne pense encore que les Portugais ont seuls ouvert la voie des Indes et que les Espagnols ont trouvé un continent. Au tournant du siècle, l'Europe a fini de découvrir ce qu'elle connaissait déjà. On a fait le tour de la sphère des cosmographes. Les navigateurs ont maîtrisé ce qui était le plus assuré sur les mappemondes, et complété celles-ci de ce qu'on pouvait le plus aisément calculer : les latitudes. Reste à mesurer les routes en longitude, et à s'apercevoir que la terre est plus vaste qu'on ne croyait.

Les Indes du Portugal

Pendant que les Espagnols vont d'île en île à la recherche de l'or, d'un continent et d'un passage vers l'ouest, les Portugais exploitent le succès de Vasco de Gama. Les situations sont bien différentes : les uns découvrent, les autres mettent la main, grâce à une ligne marchande directe, sur un monde déjà connu. Il ne s'agit, dans l'océan Indien comme peu après dans la mer de Chine, que d'aménager des entrepôts et d'organiser le trafic sur une échelle nouvelle. La route ouverte par Gama fait la fortune de Calicut et de Goa, et laisse aux cabotages arabes les relais naguère utiles aux trafics mixtes, Aden aussi bien qu'Ormuz. Ce ne sont que des glissements à petite échelle.

Aucun rapport, non plus, entre les affaires d'Afrique et celles d'Asie, entre La Mine et Calicut. L'Orient ne se satisferait guère, on l'a vu, des verroteries appréciées en Guinée. Les trocs n'y sont pas de mise. On marchande, on achète, on paie. Quant aux esclaves, il n'en est pas question. Les Portugais ont sous-estimé la civilisation et l'organisation politique de l'Afrique au sud du Maghreb et de l'Éthiopie. Ils y ont vu le désert et la forêt. Trois siècles après Marco Polo, ils ne peuvent en revanche ignorer les civilisations de l'Asie. Ils y voient des villes et des États. Ils y rencontrent une économie monétaire. Et ils trouvent, entre l'or de Sofala et les épices du Dekkan, des routes commerciales déjà fréquentées, bien adaptées aux courants marins et solidement étayées par un réseau d'entrepôts. Les Portugais tireront longtemps parti de la compétence empirique des pilotes arabes et des négociants indiens.

Aux Indes d'Occident, Colomb et ses successeurs se partagent en colonisateurs les terres et les hommes. Aux Indes d'Asie, la colonisation consiste en une implantation de colonies marchandes aux effectifs réduits par la faiblesse démographique du Portugal. Un millier de colons qui part chaque année, c'est déjà une lourde ponction pour le Portugal. Pour l'Inde, c'est peu.

Une autre différence tient au temps qui passe. Entre Séville et Saint-Domingue, le voyage d'aller et de retour prend de trois à six mois, suivant la saison et les escales. Des îles du Cap-Vert à la côte brésilienne, Cabral a mis un mois. Le voyage de Calicut ou de Goa est, lui, un investissement de treize à dix-huit mois. Cette longueur de la route sera le facteur essentiel d'un nouvel accroissement des tonnages.

A peine Gama est-il rentré que commence l'exploitation. Le 8 mars 1500, Pero Alvares Cabral quitte Lisbonne à la tête d'une flotte de douze fortes nefs et quelques esquifs de moindre tonnage. Il emporte des vivres pour dix-huit mois. A Belem, le roi Manuel lui remet solennellement l'étendard royal : il s'agit bien de prendre possession.

On connaît la large *volta* de Cabral en Atlantique, et sa découverte fortuite, le 22 avril, de la côte brésilienne. Parti du Brésil le 2 mai, il est à Moçambique le 20 juillet. Cabral a voulu passer le cap de Bonne-Espérance en plein hiver austral, alors que Dias était passé en janvier, et Gama en décembre. Il est de surcroît passé plus au sud. Il a de ce fait perdu cinq navires, un égaré dès le départ des îles du Cap-Vert, quatre brisés dans la tempête le 24 mai. Bartolomeu Dias est parmi les morts.

Ainsi amputée de l'esquif renvoyé au Portugal pour y porter la nouvelle de la découverte du Brésil, des nefs égarées ou naufragées et d'une nef perdue vers Kilwa (auj. Kilwa Kivinje, Tanzanie), au sud de Zanzibar, c'est une flotte de six navires qui touche enfin Melinde (auj. Malindi, sur la côte du Kenya) le 2 août. Cabral trouve là une route quasi régulière des navigations arabes. Le 7, Cabral met le cap au nord-est et coupe à travers la mer d'Oman. Le 22 août, il atteint l'île d'Angediva, près de Goa (auj. Panjim, Inde). Le 13 septembre, il est à Calicut. Il y découvre la dure réalité : les affaires sont difficiles.

> Notre capitaine, après avoir séjourné trois mois à Calicut, et voyant qu'il n'y avait encore que deux de ses navires chargés d'épicerie, désirant sortir de là, fit descendre en terre un homme de sa compagnie pour signifier au roi comment il était longtemps demeuré là, attendant toujours la commodité de faire son emplette, mais qu'il n'avait été capable de recouvrer de l'épicerie, sinon pour deux navires, à cause que les Maures lui cachaient les marchandises et que

les navires de La Mecque les chargeaient en tapinois, et puis échappaient à la dérobée.

Le roi de Calicut cède, accorde aux Portugais une priorité pour leurs acquisitions. Le mécontentement gronde en ville. Lorsqu'un navire arabe est saisi pour avoir contrevenu au tout nouveau monopole, l'insurrection éclate. On compte quelques morts. Mieux vaut s'en aller.

Le 25 décembre, Cabral relâche à Cochin, le grand marché des épices, presque à la pointe du Dekkan. Il y rencontre les mêmes difficultés. Les Arabes ont très bien compris que la route portugaise vers l'Europe va ruiner leur négoce.

Du 9 janvier au 21 juillet 1501, le retour prendra plus de six mois. D'autres voyages suivront. Mais on connaît maintenant la réalité politique et religieuse que masquait l'imprécision des récits où les voyageurs des siècles précédents mêlaient l'observation et le rapport de seconde main. On croyait contourner l'Islam. On le retrouve en Inde, comme on le retrouvera aux îles après le franchissement du détroit de Malacca, et cela jusqu'aux Moluques. Cabral en fait dès 1501 l'aveu particulièrement amer.

> De Goa à Cochin, sur un peu plus de cent vingt lieues, il y a plus de Maures que sur toute la côte d'Afrique, de Ceuta à Alexandrie.

Il est à cela une conséquence immédiate : l'exploitation de l'Orient portugais se fera dans un rapport de forces incertain. Leur supériorité matérielle paraissait naturelle aux Européens confrontés aux royaumes de l'Afrique occidentale. A Goa, en août 1500, Cabral nourrit encore des illusions : il se prépare à jouer les pirates contre les navires de pèlerins.

> Nos gens descendirent en terre et y demeurèrent par l'espace de quinze jours, faisant provision d'eau et de bois, se tenant aussi aux espies de ceux qui viendraient de La Mecque, afin de les voler s'il était possible.

A Calicut, en septembre, les Portugais se sentent encore invulnérables.

> Voyant que les navires de La Mecque ne venaient point, nous allâmes à Calicut, qui n'est distant de ce lieu que de septante lieues...
>
> Deux grands personnages, l'un marchand de Guzarate fort riche, l'autre un des plus apparents de toute la cité de Calicut et son gouverneur, ne firent difficulté d'entrer dans la nef de notre capitaine, lui signifiant comme leur roi était joyeux de notre venue.
>
> Nos gens, voyant les choses en tel état, commencèrent à jeter les ancres et à dresser leur artillerie, de quoi ceux de la ville furent fort étonnés voyant tels appareils, disant qu'il était impossible que personne pût résister contre nos forces, sinon Dieu.

L'histoire des éléphants est bien révélatrice d'un état d'esprit dans lequel s'ancrent encore quelque temps les Portugais, et qui les conduit vers une sérieuse désillusion.

> Une nef passa auprès de Calicut, laquelle était fort belle, bien armée et garnie de gens, chargée entre autres choses de cinq éléphants, dont l'un était de grande estimation comme d'une hauteur démesurée, et pour cela merveilleusement bon pour la guerre.
>
> Le roi, étant averti de cette venue et désirant fort se voir seigneur de ces éléphants, et spécialement de celui qui était le plus haut, fit requête à notre capitaine qu'il fût de son bon plaisir de lui saisir ce grand vaisseau où était ce brave éléphant, pour lequel il avait proposé une grande somme de deniers et qu'il n'avait pu arracher par or, argent ou prières.
>
> Notre capitaine, ne se montrant rétif en tel acte, pour gratifier au roi, lui manda qu'il exécuterait son mandement, voire avec telle superbe

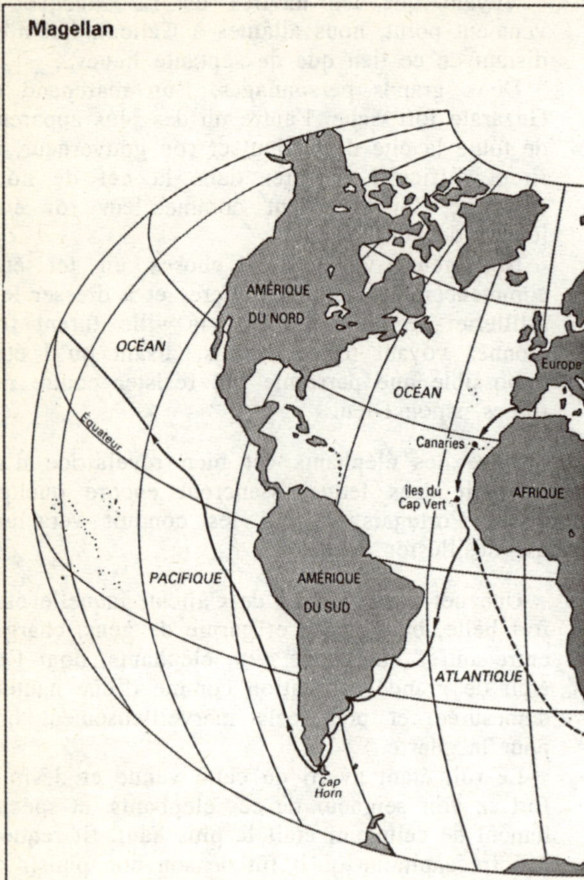
Magellan
AMÉRIQUE
DU NORD
OCÉAN
OCÉAN
Europe
Équateur
Canaries
îles du
Cap Vert
AFRIQUE
PACIFIQUE
AMÉRIQUE
DU SUD
ATLANTIQUE
Cap
Horn

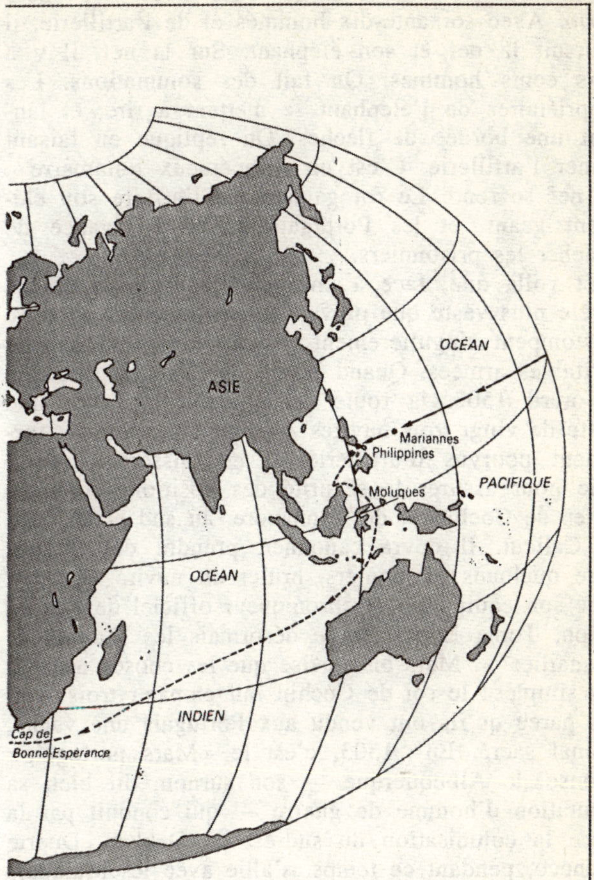
OCÉAN
ASIE
Mariannes
Philippines
PACIFIQUE
Moluques
OCÉAN
INDIEN
Cap de
Bonne-Espérance

que, si le navire ne se rendait, il mettrait tout à feu et à sang.

Un navire prend le large, sans doute la légère *Berio.* Avec soixante-dix hommes et de l'artillerie, il poursuit la nef et son éléphant. Sur la nef, il y a trois cents hommes. On fait des sommations. Les propriétaires de l'éléphant se mettent à rire, et lancent une bordée de flèches. On réplique en faisant tonner l'artillerie. C'est un « impétueux tintamarre ». La nef se rend. Le roi gagnera en l'affaire son éléphant géant, et les Portugais auront l'élégance de relâcher les prisonniers.

Et voilà que, face à un monde musulman qui se révèle plus vaste que prévu, les certitudes de victoire s'estompent singulièrement. Il va falloir montrer de véritables armées. Quand Vasco de Gama reprend, le 1er avril 1502, la route de l'Inde, c'est avec une flotte de vingt-trois navires — dont cinq nefs — fortement pourvus d'artillerie. Il en laissera cinq en Inde pour assurer la sécurité des positions commerciales de Cochin et de Cannanore, au sud et au nord de Calicut. Il devra canonner, prendre des otages, faire quelques prisonniers, brûler un navire égyptien avec son équipage. Le chroniqueur officiel de l'expédition, Toma Lopes, traite désormais les Maures de « canailles ». Mais on s'avise que les choses ne sont pas simples : le roi de Cochin fait empaler trois Arabes parce qu'ils ont vendu aux Portugais une vache, animal sacré. En 1503, c'est le « Mars portugais » Afonso de Albuquerque — son surnom dit bien sa réputation d'homme de guerre — qui conduit par la force la colonisation du sud-est du Dekkan. Duarte Pacheco, pendant ce temps, s'allie avec les Malabars contre les Arabes et fait déguerpir ces derniers de Calicut. La ville, dès lors, est en état de siège.

En 1506, on va plus loin. Tristão da Cunha tente le blocus de la mer Rouge. Il occupe la clé du golfe d'Aden, l'îlot de Socotra. L'affaire tourne alors au conflit mondial. L'Égypte embauche des ingénieurs vénitiens pour construire en mer Rouge une nouvelle flotte. L'ordre de Rhodes — l'ancien ordre de l'Hôpital de Saint-Jean-de-Jérusalem, futur ordre de Malte — met l'embargo en Méditerranée sur les importations égyptiennes des bois d'œuvre nécessaires à la construction navale. Les rivalités européennes se traduisent maintenant en mer d'Oman. Les aventuriers s'en mêlent. Un Russe nommé Melique Iaz met ses quarante galères au service de l'Égyptien. Un convoi portugais est envoyé par le fond en 1508. Le 2 février 1509, au large de Diu, la flotte musulmane est anéantie. Le Portugal tient l'océan Indien. L'année suivante, Albuquerque enlève Goa.

Le Mars portugais s'est attaqué aux deux passes stratégiques de l'océan Indien. L'une est le détroit de Malacca. Entre la Malaisie et l'île de Sumatra, il ouvre l'accès à la mer de Java et à l'Insulinde. Le 15 août 1511, le grand port de Malacca, sur la côte malaise, tombe après un mois de siège. Un an plus tard, Antonio de Abreu et Francisco Serrão font longuement l'inventaire des îles indonésiennes, de Sumatra et de Java à ces Moluques qui produisent les meilleures épices, celles que la malaguette d'Afrique n'a jamais pu faire oublier aux Européens fortunés. A partir de ce moment, la mer de Chine est accessible sans le long contournement de l'Insulinde. Les Portugais sont en Chine du sud vers 1513.

L'autre passe est, devant Ormuz, le verrou du golfe Arabo-Persique. C'est là que s'est établi depuis des siècles le relais des navigations de l'océan Indien et des routes terrestres vers la Méditerranée. Ormuz est également la porte de la Perse, et le Persan demeure l'ennemi constant du monde turc. C'est enfin le marché de l'argent, du métal précieux qui permet et irrigue l'économie arabe tout autour de l'océan Indien. En 1507, Albuquerque tient quelque temps la position. Il l'occupe définitivement en 1515. Mort devant sa victoire, le 16 décembre 1515, Albuquerque a assuré les arrières continentaux de l'empire portugais.

Le Portugal entend faire en Inde ce qu'il a, se limitant au littoral et aux îles, réussi en Afrique occidentale : il constitue un monopole. Les navires non autorisés seront coulés. Et le roi Manuel prend le titre, passablement prétentieux, de « Seigneur des Navigation, Conquête et Commerce d'Éthiopie, d'Arabie, de Perse et d'Inde ». La découverte débouche sur un empire, et sur la guerre. Le Prêtre Jean n'est pas ce qu'on croyait.

Magellan

L'exploration des Antilles n'a été au temps de Colomb et de ses rivaux qu'une série de rapides reconnaissances. A partir de 1508, la colonisation s'étend à des îles jusqu'ici entrevues. Juan Ponce de Leon assure en 1508 la mainmise espagnole sur Porto Rico. Il atteint quatre ans plus tard les Bahamas et la Floride, qu'il prend pour une île. Sebastian de Campo, l'un des compagnons de Colomb lors de son deuxième voyage, fait pendant ce temps le tour de Cuba et acquiert ainsi la certitude que l'on n'est pas encore à la terre ferme. A partir de 1511, sous le commandement de Diego Velazquez, la colonisation de l'île est rondement menée. Quelques points forts sont aménagés. Le dernier s'appellera La Havane. Cinq ans plus tard, Cuba prend à Saint-Domingue le rôle de chef-lieu des Indes espagnoles. La Jamaïque, enfin, est prise en main en 1512.

Bien que touchée au Venezuela depuis 1498 et plus récemment en Floride, la terre ferme continue de se dérober. De même, en 1508, une expédition partie de Saint-Domingue atteint-elle l'isthme. Uraba est fondée au creux du golfe qui sépare l'Amérique du sud et l'Amérique centrale, à la limite occidentale de la Colombie. Deux ans plus tard, les Espagnols tiennent tout le littoral atlantique de l'isthme de Panama. Mais c'est seulement en 1513 que Vasco Nuñez de Balboa franchit les terres à travers l'isthme du Darién et atteint au sud une autre mer libre. Tout aussi sûr de son droit que naguère Colomb plantant ses bannières sur la plage de San Salvador, Balboa pénètre tout habillé dans le nouvel océan, brandissant son épée nue et déclarant qu'il prend possession de la « mer du Sud » pour les Couronnes de Castille et de Léon. Ce bon Castillan paraît bien avoir oublié l'Aragon. Quoi qu'il en soit, l'Espagne, qui se tenait déjà pour possessionnée des terres nouvelles, tiendra désormais le Pacifique pour son domaine.

La preuve est alors faite que l'Amérique n'est pas l'Asie. Même si l'on reste incertain des positions respectives des deux continents, et si l'Amérique du nord est encore inconnue — sinon des explorateurs périodiques du Vinland — et tout à fait hypothétique, force est de constater qu'à la latitude des Antilles la terre ferme n'est ni le Japon ni la Chine. L'année suivante, l'isthme est colonisé. Les conquérants fondent des villes. Panama naît en 1519. On commence de parler de la Castille d'Or.

D'autres tentent leur chance vers le sud, comme naguère en Afrique les Portugais. C'est cette fois vers l'ouest, et dans la logique de Colomb, que l'on cherche un « passage ». L'or de l'Amérique est acquis, non les épices de l'Inde. Juan Diaz de Solis croit en janvier 1516 avoir trouvé le passage : c'est l'estuaire du Parana et de l'Uruguay, le rio de la Plata, sur lequel s'élèvera bientôt Buenos Aires. En 1519, le gentilhomme portugais Fernão de Magalhães se lance à son tour.

Fernão de Magalhães — appelons-le Magellan — n'est pas n'importe qui. Il approche de la quarantaine. Issu d'une famille ancienne, sinon fortunée, il est, dans la société ibérique, un notable de province. Sur mer, c'est un navigateur d'expérience. Pour avoir pris part en 1505 à l'expédition de Francisco de Almeida, lui-même riche des conseils de Vasco de Gama, Magellan connaît la route de l'Inde par le cap de Bonne-Espérance, et il n'ignore aucune des difficultés d'une navigation vers l'ouest aux hautes latitudes australes. Il est familier des vents et des courants atlantiques. Il le sait, ces mêmes vents qui ont servi Vasco de Gama et qu'il a lui-même pratiqués pour passer vers l'est le cap de Bonne-Espérance, vont s'opposer au franchissement du passage vers l'ouest, et cela d'autant plus que l'on trouvera ce passage plus au sud.

Il sait ce qu'il va trouver de l'autre côté. De l'Afrique aux îles de la Sonde, il a parcouru l'océan Indien. Il était à Malacca avec Francisco Serrão, et il a continué de correspondre avec celui-ci. Il a peut-être atteint les Moluques. Il a ramené un esclave malais natif de Sumatra, acheté sur le marché de Malacca le jour de la Saint-Henri : baptisé Henrique, cet esclave lui sera fort utile dans ses nouvelles navigations. Il ne parle pas de partir pour l'inconnu, mais de passer par une route inconnue. Son seul problème est d'aller chercher assez au sud ce passage que tous les cosmographes s'attendent maintenant à ce qu'on trouve à l'extrémité de l'Amérique comme on l'a trouvé à la pointe de l'Afrique. Tout ce dont il veut convaincre le roi Manuel de Portugal, c'est qu'il doit y avoir une route par l'ouest, et qu'elle serait plus directe que la route déjà ouverte par l'est.

Ce qui pousse Magellan depuis ses premiers voyages, c'est à la fois l'intérêt, car il est d'ancienne famille mais n'a lui-même aucune fortune, la soif de gloire, car l'homme est courageux s'il est parfois incommode, et la curiosité, qui paraît bien avoir été le trait dominant de tous ces découvreurs, avides de spectacles nouveaux et de « merveilles » enfin réelles. Magellan le dit lui-même : il veut « voir de ses propres yeux ».

Comme jadis Jean II devant Colomb, Manuel est rétif. Le projet lui paraît sans intérêt. L'homme lui semble douteux : parti pour le Maroc en 1513 avec l'armée du duc de Bragance, il a prétexté ses blessures pour regagner sans autorisation le Portugal, où il ne craint pas de revendiquer un rang, un commandement et une rémunération plus conformes à la haute idée qu'il se fait de lui-même. On a failli le juger.

C'est un indiscipliné et un prétentieux. Et il ne paie pas de mine : il est petit, maigrichon, et il boite. A vrai dire, l'exemple de Colomb est présent aux esprits. Un gentilhomme sans fortune peut rêver d'un royaume. Mais pour le roi de Portugal, comme jadis Colomb, Magellan est un importun. Le roi Manuel l'éconduit brutalement.

L'histoire se répète. Comme Colomb, Magellan consacre quelques mois à approfondir ses connaissances. Il profite en particulier des recherches menées par le cosmographe portugais Ruy Faleiro, qui esquisse de nouvelles méthodes pour calculer la longitude : on sait que les découvreurs de la côte africaine, rivés à leur route méridienne, ont longtemps pris leur parti de l'incertitude quant à la longitude, et que cette incertitude a été, en revanche, le cauchemar de Colomb.

Comme Colomb, encore, c'est en Espagne que Magellan trouve finalement une oreille attentive : celle de Charles Quint. Le jeune roi a soif de gloire, et celle de ses grands-parents ne lui suffit pas.

En octobre 1517, Magellan est à Séville, où l'accueille son compatriote Diogo Barbosa, un Portugais devenu alcade de l'Arsenal de Séville sous le nom espagnol de Diego Barbosa. En décembre, Magellan devient le gendre de l'alcade. Son nouveau beau-frère, Duarte Barbosa, l'accompagnera dans son expédition.

Dès lors, les portes s'ouvrent devant lui. Dans un premier temps, il échoue — comme Colomb devant tant de commissions et de conseils — à convaincre les maîtres de la *Casa de contratacion*. L'un d'eux, cependant, Juan de Aranda, pense tirer un profit personnel de l'éventuelle expédition : il se charge d'obtenir une audience du roi. Le 6 février, Magellan, qu'accompagne Faleiro, est à Valladolid, où se trouve le roi. Le Conseil des Indes entend les deux hommes, leur fait passer un véritable examen. Pendant ce temps, l'ambassadeur de Portugal multiplie les démarches pour faire avorter le projet, si ce n'est pour faire assassiner Magellan, tenu dès lors pour un traître. Le roi Manuel devra se satisfaire d'apprendre, quelque temps plus tard, que les navires de Magellan sont vermoulus dès le départ.

D'abord réticent, le grand organisateur des affaires des Indes, Juan Rodriguez de Fonseca, finit par voir dans l'affaire une occasion de damer le pion aux Portugais. Ceux-ci sont déjà à Malacca. Mais les épices sont aux Moluques, et les Moluques seront à qui y parviendra le premier. Le 22 mars 1518, le Habsbourg donne son accord. Magellan et Faleiro sont autorisés à armer une escadre. Ils sont faits commandeurs de Saint-Jacques-de-l'Épée.

Cette fois, c'est tout l'empire du petit-fils d'Isabelle de Castille et de Marie de Bourgogne qui se trouve impliqué. Sollicité par un Juan de Aranda toujours obligeant, un homme d'affaires portugais devenu espagnol et établi à Anvers — la nouvelle grande place du commerce international — voit son avantage en l'affaire : Cristovam de Haro, dit Cristobal de Haro, financerait volontiers l'expédition et prendrait tous les risques. Des banquiers de Hambourg et de Venise participeraient au capital. Il n'en faut pas plus pour décider Charles Quint. Le Trésor royal prend en charge la dépense. Magellan et Faleiro auront pour eux deux îles s'ils en trouvent au moins six, et un vingtième des profits. Magellan est nommé amiral. Comme jadis Colomb... Mais au contraire de celui-ci, il n'usera guère de ce titre. Ses hommes l'appelleront toujours « le Capitaine général ».

Le 10 août 1519, avec cinq nefs, Magellan quitte Séville. Plus ou moins fâché avec Faleiro, il laisse celui-ci en Europe. Faleiro attendra une autre expédition. Le 20 septembre, après une confession générale, la flotte prend le large, à San Lucar. Entre-temps, le Capitaine général est devenu Hernando de Magalhanes. C'était, au regard de l'Espagne, la moindre des politesses. Avec la nef amirale, la *Trinidad,* fort navire de cent dix tonneaux, il y a la *San Antonio* de cent vingt tonneaux, et trois navires plus petits, la

Concepcion (90 tonneaux), la *Victoria* (85 tonneaux) et la *Santiago* (75 tonneaux). A bord, deux cent soixante-cinq hommes, formant les équipages les plus hétéroclites qui se puissent voir : des Espagnols et des Portugais, mais aussi des Français, des Italiens, des Flamands, des Anglais. On a même embarqué quelques prisonniers : ils gagneront leur liberté en assumant les missions périlleuses parmi les indigènes. L'esclave Henrique est naturellement du voyage.

Tout a été préparé avec le soin et la compétence d'un homme qui connaît déjà les conditions du voyage. Magellan n'a pas seulement prévu le manger et le boire. Pensant aux futures négociations avec les Indiens, ceux d'Amérique comme ceux d'Asie, il n'emporte pas moins de 900 miroirs « pour que ces sauvages puissent pour la première fois de leur vie voir leur visage », 400 douzaines de petits couteaux allemands « des plus mauvais », 50 douzaines de ciseaux, des mouchoirs de couleur, des peignes, des bracelets de cuivre et des pièces de soie, de velours et de draps aux couleurs vives. Il n'a garde d'oublier ce qui a fait le succès de Colomb aux Antilles : vingt mille clochettes et grelots !

Gagner les Canaries, puis les îles du Cap-Vert, relève maintenant de la routine. Magellan connaît l'art de naviguer, et il ne laisse rien au hasard. Pour éviter la dispersion, il fait brûler toute la nuit un fanal à la poupe de la *Trinidad,* il multiplie les signaux lumineux de navire à navire, il met au point un code de communication optique : un feu pour compter les navires, deux pour virer de bord, trois pour modifier la voilure, quatre feux pour carguer les voiles. Il organise le service, la garde, le guet. Le 26 septembre, l'escadre est à Ténériffe. Quelques jours encore, et les voilà aux îles du Cap-Vert. Ils longent la côte de la Sierra Leone. Malgré une tempête, ils atteignent l'équateur au début de décembre.

La route du Pacifique

C'est maintenant une autre affaire que de traverser l'Atlantique. Magellan use intelligemment des alizés qui soufflent vers l'ouest, puis de la grande spirale anticyclonique de l'hémisphère austral, qui porte d'abord à l'ouest et enfin au sud-ouest. Il touche la pointe du Brésil. Le 13 décembre, il est au rio de Janeiro. Le 11 janvier 1520, il entre dans le rio de la Plata. En avril, il explore la baie de San Julian, sur le 49e parallèle, à l'extrême sud de l'actuelle Argentine. L'hiver vient, rude sous ces latitudes. Magellan décide d'hiverner à San Julian.

Après avoir rencontré des cannibales au Brésil, voilà qu'on trouve ici des géants au parler guttural. Les uns et les autres font bonne compagnie aux marins. Les filles sont peu farouches. Comme aux Antilles au temps de Colomb, on échange des présents. Les Brésiliens offraient des perroquets, les Patagons proposent des pièces de fourrure. On leur donne des peignes, des grelots et des miroirs. On baptise un Patagon géant, que ses semblables font aussitôt périr pour avoir eu trop de commerce avec les arrivants. Au lieu de baptiser les autres géants, on les mettra aux fers.

Magellan le sait, ici commence l'épreuve. Les équipages, aussi, le savent, et l'amiral fait face aux mêmes difficultés qu'a rencontrées Colomb quand le temps passait trop loin du pays natal. A San Julian, des mutineries éclatent. Trahi par ses lieutenants qui veulent prendre le commandement à sa place, Magellan rétablit l'ordre avec brutalité. Un mutin est décapité. Le capitaine de la *Victoria,* Luiz de Mendoza, est poignardé, puis écartelé. Le beau-frère de Magellan, Duarte Barbosa, prend le commandement de la *Victoria.*

L'hiver passe. La *Santiago* s'est brisée sur les rochers en explorant la côte. Magellan n'a plus que quatre navires. Il ne se décourage pas : il a prévu d'aller, s'il le faut, jusqu'au 75e parallèle. Fin août, il donne le signal du départ. Il faudra encore deux mois pour atteindre, le 21 octobre 1520, sur le 52e parallèle, un passage entre les terres enneigées qui pourrait ouvrir la route de l'autre océan. Envoyées en reconnaissance, la *San Antonio* et la *Concepcion* trouvent en deux jours au fond de la baie l'étroit goulet par lequel s'écoule une eau salée qui ne saurait venir d'un fleuve. On donnera le nom de Magellan à ce détroit qui, atteignant presque en son centre le 54e parallèle, forme un bras de mer à ce point étiré qu'il passerait, n'était cette eau salée, pour l'interminable embouchure d'un fleuve côtier. Les deux nefs reviennent, alors qu'une tempête faisait désespérer de les revoir. Elles tirent des salves. Les bannières flottent. Le pari est gagné.

A ce moment, il n'y a plus que trois navires. Beaucoup sont angoissés devant ce passage vers une autre mer, qui signifie que l'on s'enfonce encore plus avant dans l'inconnu et que nul ne saurait dire comment on reviendra. Les rancœurs d'Estevão Gomez se donnent alors libre cours. Ce pilote expérimenté a naguère tenté sa chance auprès de Charles Quint. Ce qu'il proposait, et qu'on lui a refusé, c'est à peu près ce qu'on a accordé à Magellan. En ne lui donnant pas le commandement de l'un des navires, Magellan n'a fait qu'aviver la haine de son rival. Gomez est simplement le pilote de la *San Antonio*. Profitant de ce que son navire s'écarte de l'escadre pour une nouvelle exploration, il fomente une mutinerie. Il prend le commandement. La *San Antonio* fait sécession. Elle regagne l'Espagne. Les mutins seront arrêtés, jugés et condamnés à la prison.

Magellan ne s'y trompe pas. Le passage est trouvé. Laissant sur bâbord l'île qui s'étend au sud et qui sera la Terre de Feu, avançant prudemment derrière les barques où les pilotes sondent en permanence les fonds rocheux, il vérifie peu à peu qu'il est bien en train de contourner le continent. Quant à l'autre océan, il paraîtra à ce point calme, après les turbulences de l'Atlantique sud, qu'on l'appellera le Pacifique. Magellan l'atteint le 28 novembre.

Les continuateurs de Magellan exploreront encore le passage vers l'ouest. L'extrême pointe insulaire de l'Amérique sera atteinte dès 1521, mais nul ne se hasardera alors à doubler ce qui sera plus tard le cap Horn. Le cap Agulas, à la pointe de l'Afrique, est sur le 35e parallèle, le cap Horn sur le 56e. Les vents, et la navigation, se ressentent d'une telle différence : l'Amérique du sud n'est pas l'Afrique.

Pour Magellan enfin parvenu dans le Pacifique, le retour vers l'équateur semblait devoir être relativement aisé. Pour redescendre en latitude au long de la côte qui sera celle du Chili, sur la tangente de l'anticyclone austral, et pour mettre ensuite, aux latitudes intertropicales, le cap à l'ouest en profitant des alizés, aucune difficulté de navigation n'est prévisible. Ce qui rend l'affaire dramatique, c'est le manque de relais. La nourriture manque. Ce qui reste est avarié. Antonio Pigafetta, cet Italien de Vicenza, chevalier de Rhodes, venu en Espagne dans la suite du nonce Francesco Chiricati et que le goût de l'aventure a poussé à s'embarquer à bord de la *Trinidad,* fera dans son journal de bord le récit de cette famine au cœur d'un océan sans îles.

> Nous demeurâmes trois mois et vingt jours sans prendre vivres ni autres rafraîchissements. Nous ne mangions que du vieux biscuit tourné en poudre, tout plein de vers et puant de l'ordure d'urine que les rats avaient faite dessus après avoir mangé le bon. Nous buvions une eau jaune infecte. Nous mangions les peaux de bœuf dont était garnie la grande vergue afin que celle-ci ne coupe pas les cordages. Mais elles étaient durcies par le soleil, la pluie et le vent. Nous les laissions donc macérer dans la mer quatre ou cinq jours, puis nous les mettions un peu sur les braises.
>
> Nous les mangions, comme nous mangions beaucoup de sciure de bois, ainsi que des rats, qui coûtaient un demi-écu l'un. Encore n'en trouvait-on pas assez.

Même les matelots qui font fortune en attrapant les rats pour les vendre un demi-écu n'échappent pas au scorbut. Les gencives enflent, les dents se déchaussent. On meurt beaucoup sur les navires de Magellan. Tous les découvreurs de la côte africaine, et après eux Colomb, savaient que le plus grave problème posé par les navigations lointaines était de faire supporter par l'équipage la longueur d'un voyage sans renouvellement de l'eau douce et des vivres frais. Après six mois de mer, les compagnons de Magellan ont perdu tout enthousiasme.

> Cette mer était bien nommée Pacifique, car, durant ce temps, nous n'eûmes aucune fortune et ne vîmes aucune terre, sinon deux îlots inhabités où nous ne trouvâmes que des oiseaux et des arbres. Nous les appelâmes les îles Infortunées.

Si encore on pouvait mouiller l'ancre et aller à la chasse. Mais les fonds sont insondables. Les ancres pendent dans l'eau. Il y aurait grand risque à débarquer. On continue.

Tout s'en mêle. La boussole, à une telle distance du pôle nord, se fait moins précise. Force est de naviguer aux étoiles, dans un hémisphère dont on connaît mal le ciel. Les pilotes sont heureux de retrouver, au milieu de l'océan, cette Croix du Sud familière aux découvreurs de la côte africaine. Ainsi peut-on noter sans trop d'erreur la latitude des îles que l'on rencontre et où l'on fait parfois provision d'eau douce et de fruits. Rêvant à leur tour, comme jadis les compagnons de Colomb, ceux de Magellan baptisent Cipangu — autrement dit le Japon — une petite île trouvée sur le 20e parallèle.

La chance, soudain, semble sourire. Ayant, peu après l'équateur, infléchi leur route vers l'ouest, les inventeurs du « passage » sont le 6 mars 1521 devant un archipel, les futures Mariannes. Ils abordent à Guam, que Magellan appelle l'île des Voleurs, parce que les indigènes montés à bord ont profité de l'occasion pour faire main basse sur toutes sortes de choses, et même sur la barque de la *Trinidad.* Comme il n'est pas question de se passer de la barque, Magellan descend à terre avec quelques hommes, incendie le village, tue quelques voleurs, récupère son bateau. Les relations avec le futur empire espagnol commencent mal.

Le 16 mars, on atteint les Philippines. Là, l'accueil est à ce point chaleureux que les Européens s'y laisseront prendre, et s'engageront trop vite dans les affaires de leurs nouveaux amis. En échange des habituels peignes et grelots, Magellan et ses hommes reçoivent du poisson, du vin de palme, des figues « longues d'un pied » et d'autres, plus petites mais meilleures. Surtout, ils découvrent le coco !

Toujours curieux, Pigafetta note tout ce que l'on tire du palmier. Avec une incision à la cime de l'arbre, on récolte du vin de palme. Avec les filaments qui entourent le fruit, on fait des cordages. Brûlée, l'écorce de la noix de coco se mange. Quant à la moelle blanche, elle accompagne les viandes et les poissons. L'eau qui sort de la noix « se congèle et devient comme une pomme ».

> Et quand ils veulent faire de l'huile, ils prennent ce fruit dit coco et laissent pourrir et corrompre la moelle dans l'eau, puis la font bouillir, et elle devient de l'huile en façon de beurre.

Plus tard, les indigènes apporteront des oranges et un coq, laissant ainsi à entendre qu'ils ont des poules à vendre. Les marins achèteront fruits et volailles. On est loin de la viande pourrie, des rats et du cuir détrempé.

Un événement vient, à la fin de mars, confirmer ce que pensait déjà Magellan. Dans une île près de Mindanão, l'esclave malais Henrique s'avise qu'il comprend fort bien le langage d'un « roi » venu voir ce dont il s'agissait. La chose facilitera les relations avec le roi. Surtout, elle prouve à Henrique qu'il n'est pas loin de son pays natal. Parti vers l'ouest après son achat sur le marché de Malacca, Henrique est revenu par l'est. Le premier homme à avoir fait le tour du monde, sans l'avoir cherché, est un esclave. Pour Magellan, cela signifie qu'il est en train de tenir la promesse faite à Charles Quint. Il a trouvé la route de l'Inde par l'ouest. Pigafetta en tire surtout la conclusion que « les rois savent plus de langages que le populaire ».

Triste succès

Le « roi » Raïa Calambu n'est pas désintéressé. Les amabilités qu'il prodigue, plusieurs jours durant, sont le prix d'une alliance dont il a grand besoin. Magellan prend les devants, demande à Calambu s'il a des ennemis que l'on pourrait soumettre. Au vrai, le Capitaine général a envie d'impressionner tous ces rois en montrant sa force. On fait voir à la fois des épées et une croix. Calambu a compris : il obtient la promesse d'une aide militaire contre des rebelles — « deux îles dont les gens sont ses ennemis » — en échange d'une vague promesse de conversion au Christianisme, que renforce la promesse d'un monopole commercial.

A partir de ce moment, tout s'embrouille. On baptise les indigènes par centaines. Ceux-ci se disent bons sujets du roi d'Espagne. Du moins est-ce ce que veulent comprendre Magellan et ses proches. Mais ces alliances, ces conversions, cette soumission à l'Espagne, tout cela conduit Magellan à se mêler des affaires entre les tribus et les îles, des affaires qu'il comprend mal et qui le mènent trop loin. Toute rébellion contre un « roi » ou un « seigneur » devient rébellion contre le roi d'Espagne. Le 26 avril 1521, le seigneur de la petite île de Mactan, Zzula, fait porter au Capitaine général par son fils un présent symbolique : deux chèvres. Et d'expliquer qu'il est fidèle mais n'a pu faire plus tôt cette allégeance parce que son propre seigneur, Cilapulapu, ne veut pas obéir au roi d'Espagne.

Dans la nuit, Magellan et ses hommes partent en guerre. Sur le rivage, le combat s'engage au matin du 27 avril. De part et d'autre, on tire des flèches. L'artillerie des navires est trop éloignée pour servir à quelque chose. Magellan parvient au village, y met le feu, provoque ainsi la fureur des rebelles. Une pluie de flèches empoisonnées repousse les Espagnols jusqu'à la mer. C'est là, sur la grève, que Magellan reçoit un trait en plein visage. Ses compagnons ne pourront même pas récupérer son corps.

Le principal lieutenant du Capitaine général, João Carvalho, prend le commandement. Duarte Barbosa devient capitaine de la nef amirale. L'un et l'autre montreront vite leur incapacité et leur indécision, qui feront perdre six mois en vaines navigations d'île en île. C'est le moment que choisit l'esclave Henrique pour trahir : il se croyait affranchi par la mort de son maître. Quand Barbosa, toujours soucieux des intérêts de sa famille, lui rappelle sans ménagements qu'il est toujours propriété de doña Beatriz, la veuve de Magellan, et qu'il a à continuer son service au lieu de se prélasser dans une couverture sous prétexte d'une légère blessure, il prend langue avec les indigènes, les prévient du prochain départ des navires et leur propose de les prendre subrepticement. Puis, avec une belle hypocrisie, il revient, « plus sage et affectionné qu'avant » , prendre sa place sur la *Victoria.*

Le troisième lieutenant, João Serrão, est pris par les indigènes ; force est de l'abandonner pour ne pas mettre tout l'équipage en péril. D'urgence, Carvalho fait lever l'ancre.

Il est maintenant à la tête d'une escadre délabrée et d'une troupe décimée par les maladies autant que par les flèches empoisonnées. Il reste un homme sur trois. Le moral est au plus bas, les ordres sont contestés. La *Concepcion* est dans un si triste état qu'il faut se résoudre à la brûler après avoir sauvé ce qui peut encore être utile.

Il faut encore trouver cet archipel des Moluques, où chacun sait que l'on trouvera les meilleures épices du monde, puis rentrer au plus vite avec les cales pleines. On compte maintenant quarante-sept survivants. Il n'y a plus une semaine à perdre. La *Victoria* et la *Trinidad* redescendent vers l'équateur, le passent de nouveau. Le 6 novembre 1521, les Espagnols atteignent les Moluques. La population de Tidore leur fait un accueil chaleureux. La souveraineté de l'Espagne est acceptée sans peine. L'autre île, Ternate, est déjà aux Portugais, arrivés là par la voie du cap de Bonne-Espérance: le monde est contourné.

L'arrivée des Espagnols — qui sont nés Portugais pour un bon nombre — reconstitue ainsi de l'autre côté du monde toutes les conditions des rivalités et des affrontements européens. Pour l'instant, on s'observe. Le gouverneur Francisco Serrão, le vieil ami de Magellan, est mort au début de l'année. Quelques Portugais sont encore là, qui attendent la relève. Ce qu'ils demandent aux Espagnols, ce sont des nouvelles d'Europe. Mais, déjà, le vice-roi portugais des Indes, Diogo Lopes de Sequeira, a reçu d'Europe ordre d'envoyer une escadre contre les prétendants espagnols à la domination sur l'Orient. Seule, la guerre contre les Turcs l'en empêchera.

Il est sage de préparer le retour. On avitaille les navires, on leur met des voiles neuves, on emplit les cales de girofle et de gingembre. Et de nouveaux cadeaux affermissent la fidélité des rois que l'on doit bien laisser seuls gardiens de la nouvelle suzeraineté espagnole.

Le sort s'acharne sur la flotte de Charles Quint. Le 18 décembre, la *Trinidad* s'échoue sur des hauts-fonds rocheux. La voie d'eau est considérable. On pompe en vain pendant deux jours. Il faut se résoudre à abandonner le navire. L'équipage se transporte sur la *Victoria,* que l'on allège en conséquence d'une partie des précieuses épices: 60 quintaux de girofle sont ainsi débarqués. On les entrepose dans une maison de Tidore, où vont demeurer quelques Espagnols, aux ordres de João Carvalho, qui a toujours soigné ses intérêts personnels mais a largement démontré son incompétence. A les entendre, ceux qui restent se sacrifient pour alléger le navire désormais unique. Pigafetta ne s'y trompe sans doute pas quand il pense qu'ils ont surtout peur d'une nouvelle navigation.

> Quelques-uns de notre navire voulurent demeurer là, de peur qu'il ne pût résister et aller jusqu'en Espagne. Mais ce fut plutôt par peur de mourir de faim.

Au moins la troupe qui reste veillera-t-elle sur la carcasse de la *Trinidad.* En tout cas, João Carvalho, que nul ne regrettera pendant le long voyage de retour, a gardé de l'artillerie : on connaît maintenant les volte-face des indigènes. Cette artillerie permet d'émouvants adieux.

> L'heure venue, les navires prirent congé l'un de l'autre avec décharge d'artillerie. Et il semblait qu'ils se plaignissent l'un et l'autre par leur dernière départie.
>
> Nos gens qui demeuraient nous accompagnèrent un peu avec les bateaux, puis, avec force larmes et embrassements, ils se séparèrent.

Le commandement de la *Victoria* passe à un forban — il a naguère participé à la mutinerie de San Julian contre Magellan — dont au moins l'énergie fait merveille, le Basque Juan Sebastian del Caño, ou El Caño. Une nouvelle fois, voilà un chien sur les routes de la découverte. Sans doute s'agit-il d'un sobriquet plus que d'un nom d'origine. C'est pourtant ce Del Caño qui organise le sauvetage de ce qui reste de l'expédition : un navire, quarante-sept Européens, treize Indiens et 750 quintaux de clous de girofle.

Le 13 février 1522, la *Victoria* quitte les Moluques. Prenant par le sud au large des routes où l'on pourrait rencontrer les Portugais, Del Caño force son équipage à tenir le cap vers l'Atlantique. Physiquement et moralement épuisés, ses hommes préféreraient une survie assurée dans une prison portugaise. Beaucoup sont malades. On doit sans cesse jeter des morts par-dessus bord. Le navire prend l'eau. Le froid sévit. La viande est puante. Au milieu de l'immensité salée, c'est un paradoxe que de voir pourrir la viande faute de sel, mais c'est le sel sec qui conserve, non l'eau de mer.

Antonio Pigafetta paraît ne pas trop souffrir. Il se targuera de n'avoir jamais été malade. Pour l'heure, il met au point d'étonnants glossaires des langues entendues, celle des Brésiliens, celle des Patagons, celle des Moluques. Plus savant pour le parler des Moluques qu'il vient à peine de quitter et pour lequel l'esclave Henrique peut l'aider, il note le vocabulaire religieux, celui de la famille, celui du calendrier, celui de la vie courante, celui de la cuisine : cela va de Dieu au fil d'hameçon en passant par les vers qui mangent le navire. Pigafetta consigne le nom des parties du corps, celui des végétaux et des animaux. Il dresse même un tableau des nombres, de un à « dix fois cent mille ». Ainsi l'écrivain de bord trompe-t-il le temps.

Quant aux perspectives de navigation, elles sont terrifiantes. Tous ceux qui ont quelque expérience des vents savent qu'au prix d'une deuxième *volta* les Portugais passent l'ancien cap des Tempêtes avec le vent arrière, mais ils ont compris qu'en sens inverse il reste les tempêtes mais on a le vent debout. Ils n'en passent pas moins le cap de Bonne-Espérance le 18 mai 1522. Ceux qui, comme l'écrira Pigafetta, « sont plus désireux de leur honneur que de leur vie », l'ont emporté.

Aux îles du Cap-Vert, où les Espagnols aimeraient bien se ravitailler, les Portugais ne croient guère à la fable qu'on leur raconte, celle d'un voyage aux Antilles contrarié par la tempête. Plus prudent que Colomb aux Açores, Del Caño sait qu'il est sur les routes du monopole portugais, et il se garde des surprises. Quand il voit arriver une barque de soldats, il fait mettre toutes les voiles. Le capitaine portugais aurait eu quelque peine à croire que la cale s'est remplie de clous de girofle aux Antilles.

Le tour du monde

Le samedi 6 septembre 1522, la *Victoria* accoste à San Lucar. Des 265 hommes partis avec Magellan, des soixante qui ont quitté les Moluques, il en reste dix-huit... La coque est percée de toutes parts. La cale est inondée. On a dû jeter du lest, en l'occurrence une bonne partie des précieuses épices. Mais un navire a pour la première fois fait le tour du monde.

Déjà, commence l'exploitation. En 1526, les frères Cabot, passés au service de Charles Quint, font l'inventaire du rio de la Plata et amorcent la mainmise espagnole sur le Paraguay. La colonisation espagnole s'esquisse en Amérique du Sud.

Juan Sebastian del Caño a fait aux îles du Cap-Vert une découverte à laquelle pas un cosmographe, d'Ératosthène à Colomb, n'avait un instant pensé. Il se croyait mercredi.

> Il leur fut répondu que pour les Portugais il était jeudi, ce dont ils furent ébahis parce que pour nous c'était mercredi. Et nous ne savions comment nous nous étions trompés car tous les jours, moi, qui étais toujours sain, j'avais écrit sans aucune interruption chaque jour. Mais, comme il nous fut dit depuis, il n'y avait point de faute, car nous avions toujours fait notre voyage par l'occident et étions retournés au même lieu de départ, comme fait le soleil.

En sens inverse, le phénomène profitera à Philéas Fogg. En 1522, personne n'y comprend rien. Mais une chose est sûre, grâce à la ténacité de Juan Sebastian del Caño qui vient de gagner ses lettres d'anoblissement : le soleil ne se couchera plus sur l'empire de Charles Quint.

CHRONOLOGIE

C'est à dessein que la présente chronologie mêle les événements les plus divers dans toutes les régions du monde. Les mêmes dates se trouvent dans ce livre au chapitre où sont logiquement évoqués les faits. Le tableau qui suit ne veut qu'aider le lecteur à constater les simultanéités.

1798	Les Amorrites occupent Mari, en Mésopotamie.
1792-1750	Hammourabi, roi de Babylone.
1720	Les Étrangers en Égypte (XVe dynastie).
1200 (vers)	Invasion des Peuples de la Mer. Les Indo-Européens au Proche-Orient. Apparition des Araméens en Mésopotamie.
IXe s.	Les Celtes en Gaule.
814	Les Phéniciens fondent Carthage.
775 (vers)	Débuts de la colonisation grecque.
VIIe s.	Les Ioniens imaginent la terre comme un disque.
659-600	Cyrus Ier, roi d'Anzan.
650	Cyrus Ier occupe la Mésopotamie.
VIe s.	Anaximandre de Milet constate la courbure du méridien. Les Celtes s'installent dans la péninsule Ibérique.
558-528	Cyrus II le Grand, roi des Perses.
Ve s.	Hécatée de Milet. Les pythagoriciens imaginent la terre comme une sphère.
484-420 (vers)	Hérodote.
480	Salamine. Victoire des Grecs sur les Perses.
443-429	Périclès maître d'Athènes
IVe s.	Voyages de Pythéas.
390	Sac de Rome par les Gaulois.
359-336	Philippe II, roi de Macédoine.
336-323	Alexandre, roi de Macédoine.

330 (vers)	Eudoxe de Cnide élabore la théorie des deux sphères.
IIIe s. (fin du)	Ératosthène mesure les ombres portées par le soleil.
279	Pillage de Delphes par les Gaulois.
264-241	Première guerre punique.
222	Expansion romaine en Italie. La Cisalpine soumise.
219-202	Deuxième guerre punique. Rome menacée.
202	Zama. Rome victorieuse de Carthage.
IIe s.	Hipparque de Nicée. Cratès de Mallos imagine la pluralité des continents.
197	Cynoscéphales. Flaminius occupe la Macédoine.
149-146	Troisième guerre punique. Carthage est rasée.
135 (vers)	Ctesibius invente une clepsydre à aiguille.
133	Rome acquiert l'Anatolie.
125-122	Rome occupe la Gaule méridionale.
107	Marius occupe la Tripolitaine.
101	Marius écrase les Cimbres et les Teutons à Verceil.
64	Pompée conquiert la Syrie occidentale.
63	Pompée établit le protectorat de Rome sur la Judée.
58-52	César conquiert la Gaule.
54	César fait mesurer les jours en Bretagne.
46	Réforme du calendrier par César.
12	Dédicace de l'autel de Rome et d'Auguste à Lyon.
12	Auguste annexe la Pannonie.
10 av. J.-C.	Facundus Novius construit l'horloge monumentale de Rome.
9 ap. J.-C.	Les légions de Varus écrasées au Teutoburg.
10 (vers)	Strabon rédige sa *Géographie*.
17	Tibère annexe la Cappadoce.
31	Octave annexe l'Égypte.
46	Claude occupe la Thrace.

49	Claude conquiert l'île de Bretagne.
83	L'expédition d'Agricola atteint les Orcades.
101-107	Trajan vainqueur des Daces.
120 (vers)	Aménagement du *limes.*
150 (vers)	Ptolémée conçoit un système du monde.
200 (vers)	Le « bouclier » de Doura Europos.
224	Avènement des Sassanides en Perse.
235	Sac de Strasbourg par les Alamans.
293	Dioclétien divise l'empire romain.
311	Les Hiong Nou pillent Lo Yang, capitale des Tsin.
325	Concile de Nicée. Définition du dogme.
378	L'empereur Valens battu à Andrinople par les Wisigoths.
407	Vandales, Suèves et Alamans passent en Gaule.
410	Sac de Rome par les Wisigoths d'Alaric Ier.
420 (vers)	Les Huns atteignent le Danube.
429	Les Vandales en Afrique du Nord.
451	Aetius arrête les Huns aux Champs Catalauniques.
476	Odoacre renverse l'empereur Romulus Augustule.
507	Clovis vainqueur des Wisigoths d'Alaric II à Vouillé.
529	Saint Benoît de Nurcie se retire au mont Cassin.
568	Arrivée des Lombards en Italie.
622	L'Hégire. Mahomet quitte La Mecque pour Médine.
636	Mort d'Isidore de Séville.
637	Les Arabes atteignent le Tigre.
651	Les Arabes en Perse.
664	Les Arabes en Tripolitaine.
678	Mission de Wilfrid en Frise.
681	Les Arabes en Mauritanie.
711	Les Arabes passent en Espagne.
716	Mission de Wynfrid (Boniface) en Frise.
722	Organisation d'une Église en Bavière par Boniface.

732 25 oct.	Charles Martel arrête les Arabes près de Poitiers.
751	Pépin le Bref proclamé roi des Francs.
787	Soumission de la Bavière par Charlemagne.
795	Charlemagne écrase les Avars.
800 25 déc.	Charlemagne couronné empereur.
804	Soumission définitive de la Saxe par Charlemagne.
819	Les Normands sur la Loire.
823	Mission de l'archevêque Ebbon au Danemark.
832	Les Norvégiens en Irlande.
842	Révolte de la Saxe contre les Francs.
844	Les Normands sur le Tage.
845	Les Normands devant Paris.
864	Cyrille et Méthode en Bohême et Moravie.
874	Les Norvégiens en Islande.
878	Alfred le Grand repousse les Danois à Edington.
885	Siège de Paris par les Normands.
896	Arrivée des Magyars en Europe centrale.
911	Le chef normand Rollon reçoit le comté de Rouen.
955	Installation des Magyars sur le Danube.
986	Des Norvégiens atteignent Terre-Neuve.
987	Avènement d'Hugues Capet.
990 (vers)	Conversion de Vladimir le Grand, prince de Kiev.
1030 (vers)	Christianisation de la Norvège.
1054	Séparation des Églises de Rome et de Constantinople.
1058	Constitution d'une principauté normande en Sicile.
1070	Les Turcs occupent Jérusalem.
1085	Reconquête de Tolède.
1094	Le Cid Campeador atteint Valence.
1095	Concile de Clermont. Urbain II prêche la Croisade.
1096 21 oct.	La croisade populaire écrasée en Asie mineure.

1099 22 juil.	Prise de Jérusalem par les croisés.
XIIe s.	Introduction en Méditerranée de la boussole sans pivot.
1118	Reconquête de Saragosse.
1130	Constitution du royaume normand de Sicile.
1136	Découverte du gisement argentifère de Freiberg.
1140 (vers)	Traduction latine du Coran à Tolède.
1145	Établissement de la puissance almohade en Espagne.
1146	Saint Bernard prêche à Vézelay la deuxième croisade.
1147	Reconquête de Lisbonne.
1180 (vers)	Gouvernail d'étambot sur des navires anglais et flamands.
1187 4 juil.	Hattîn. Victoire de Saladin sur le royaume latin.
1187 2 oct.	Saladin prend Jérusalem.
1190-1192	Troisième croisade.
1204	Quatrième croisade. Prise de Constantinople.
1206	Gengis Khan maître des Mongols.
1210 (vers)	Al-Qazwini refait les calculs astronomiques.
1212	Les Almohades écrasés à Las Navas de Tolosa.
1224	Fondation de Walata, au sud du Sahara.
1227	Mort de Gengis Khan.
1236	Reconquête de Cordoue.
1243	Reconquête de Murcie.
1245-1247	Mission de Pian Carpino en Asie.
1247	Les coordonnées de Mascha Allah corrigées à Paris.
1248	Reconquête de Séville.
1250 6 avril	Saint Louis battu et fait prisonnier en Égypte.
1250 (vers)	Révision des tables astronomiques à Tolède.
1252	Frappe de monnaies d'or à Gênes et Florence.
1252-1269	Premier voyage des frères Polo en Asie.

1253-1255	Mission de Guillaume de Rubrouck en Asie.
1260-1294	Kubilaï Khan, empereur de Chine.
1261	Chute de l'empire latin de Constantinople.
1266	Émission en France des premiers gros d'argent.
1269	Pierre de Maricourt, Du *Magnétisme.*
1271	Départ de Marco Polo pour l'Asie.
	La galère de Nicolozzo Spinola atteint la Flandre.
1274	Concile de Lyon. Tentative de rapprochement avec Byzance.
1279	Kubilaï Khan, maître de la Chine. Fin des Song.
1285 (vers)	Raymond Lull, *Blanquerna.*
1290 (vers)	Le bimétallisme s'installe en France.
	Le plus ancien portulan connu.
	Création à Rouen du Clos des galées.
1291	Prise de Saint-Jean-d'Acre par les Mamelouks.
	Les frères Vivaldi atteignent le golfe de Guinée.
	Monte Corvino part pour l'Asie.
1292	Débuts de la liaison régulière entre Gênes et l'Angleterre.
1294	Mort de Kubilaï Khan.
1295	Retour à Venise de Marco Polo.
XIVe s. (début)	Invention de la boussole à pivot.
1300	Le premier Jubilé à Rome.
1305 (vers)	Hayton, *Histoire de l'Orient.*
1311-1327	Cartes du Génois Pietro Vesconte.
1312	Des Génois aux Canaries.
1312-1332	Mansa Kankou Moussa, roi du Mali.
1315	Le dominicain Guillaume Adam sur la mer Rouge.
1316	Mission de huit dominicains en Égypte.
1318	Départ de Pordenone pour la Chine.
1325-1349	Voyage d'Ibn Battuta en Asie.
1327 (vers)	Élaboration à Paris des *Tables alphonsines.*
1328	Mort à Pékin de l'archevêque Monte Corvino.

1330	Ambassade française au Caire.
	Le dominicain Étienne Raymond sur la mer Rouge.
1334	Des Français aux Canaries.
1339	Carte du Majorquin Angelino Dulcert : figuration de l'Éthiopie.
1341	Des Portugais aux Canaries.
1344	L'infant Luis de la Cerda, prince de la Fortune.
1346	L'archevêque Marignoli quitte la Chine.
	Le Majorquin Jaume Ferrer peut-être au Sénégal.
1352-1354	Voyage d'Ibn Battuta en Afrique.
1356	Jean de Mandeville, *Livre.*
1368	Effondrement des Mongols en Chine. Les Ming.
1370	Tamerlan, roi de Transoxiane.
1374	Rénovation du Clos des galées par Charles V.
1378	Double élection pontificale. Grand Schisme d'Occident.
1393	L'archevêque Jean fait la liaison entre le pape et Tamerlan.
1396	Nicopolis. Victoire ottomane sur la dernière croisade.
1399	Henri III de Castille prend Tétouan.
1400 (vers)	Mappemonde du Génois Francesco Becca.
1402	Victoire de Tamerlan sur les Turcs à Ankara.
	Ambassade éthiopienne à Venise.
1402-1405	Béthencourt et La Salle aux Canaries.
1404	Ambassade castillane auprès de Tamerlan.
1405	Mort de Tamerlan.
1410	Pierre d'Ailly, *L'Image du monde.*
1414-1429	Le roi Isaac modernise l'Éthiopie.
1416	Le Portugais Gonçalho Velho approche le cap Bojador.
1418	Le Portugais Zarco occupe Madère.
1420 (vers)	Ambassades éthiopiennes en Aragon.
1426	La carte du Vénitien Giacomo Giraldi : repères angulaires.

1427	Les Portugais aux Açores.
1428	Projet d'alliance entre l'Aragon et l'Éthiopie.
1434	Le Portugais Gil Eanes franchit le cap Bojador.
1441	Ambassade éthiopienne au concile de Florence.
1442	Premières captures d'esclaves sur la côte africaine.
1443	Le Portugais Nuño Tristam au cap Blanc.
	Les Portugais créent l'entrepôt d'Arguim.
1444	Mappemonde de Yale : figuration du Vinland.
1445	Vallarte en Guinée.
1446	Le Portugais Diniz Dias atteint le Sénégal et la Casamance.
1447	Jacques Cœur crée les Galées de France.
	Le Génois Antonio Malfante atteint le Touat
1450	Pietro Rambulo raconte son voyage en Éthiopie.
1450 (vers)	Des pêcheurs bretons à Terre-Neuve.
	Débuts de la construction « à carvel ».
1451	Naissance de Christophe Colomb.
1451-1455	Usodimare atteint la Guinée.
1453	Les Turcs prennent Constantinople.
1455 8 janv.	Le pape Nicolas V établit le monopole du Portugal en Afrique.
1455	Antonio de Noli explore l'estuaire de la Gambie.
1456	Cà da Mosto et Usodimare se rencontrent dans le golfe de Guinée.
	Diogo Gomes explore la Gambie.
1458	Les Portugais prennent Ksar es-Seghir, au Maroc.
	Cà da Mosto aux îles du Cap-Vert.
1458-1460	Mappemonde du Vénitien fra Mauro.
1460 13 nov.	Mort de Henri le Navigateur.
1460 (vers)	Notation systématique des hauteurs de la Polaire.
1462	Antonio de' Noli, capitaine des îles du Cap-Vert.

1470	Benedetto Dei atteint peut-être Tombouctou.
1471	Les Portugais prennent Arzila et Tanger.
1472	Santarem et Escobar découvrent le delta du Niger et atteignent l'équateur.
1474	Lopo Gonçalves explore le Gabon.
1475	Les Turcs prennent Caffa.
1475 (vers)	Reprise de l'extraction d'argent en Hongrie.
1478	Christophe Colomb à Madère.
1479	Échec du Français Eustache de la Fosse dans le golfe de Guinée.
1479 4 sept.	Traité d'Alcobaça : la Castille reconnaît les droits du Portugal.
1481	Avènement de Jean II de Portugal.
1482	Construction de la forteresse de La Mine, sur la Côte de l'Or
1483	Diogo Cão explore l'estuaire du Congo.
	Louis XI envoie une mission aux îles du Cap-Vert.
	Relevés astronomiques de Martin Behaim jusqu'au cap Frio.
1485	Diogo Cão passe le tropique du Capricorne.
	Jean II de Portugal écarte les propositions de Colomb.
1485 14 août	Victoire des Portugais sur les Castillans à Aljubarrota.
1486 20 janv.	Vaine entrevue de Colomb et des Rois catholiques.
1487	Départ de Pero da Covilham pour l'Éthiopie.
1488 16 août	Bartolomeu Dias double le cap des Tempêtes.
1488 déc.	Retour de Bartolomeu Dias à Lisbonne.
1489	Colomb offre ses services à l'Angleterre et à la France.
1492 2 janv.	Entrée des Rois catholiques dans Grenade.
17 et 30 avril	Capitulations de Santa Fé.
	Martin Behaim fabrique à Nuremberg un globe terrestre.
3 août	Colomb quitte Palos.

12 août-9 sept.	Colomb aux Canaries.
12 oct.	Colomb touche l'île Watling.
28 oct.-4 déc.	Colomb à Cuba.
6 déc.	Colomb à Saint-Domingue.
16 déc.	Début de la colonisation à Saint-Domingue.
25 déc.	Naufrage de la *Santa Maria*.
1493	Création à Séville de la *Casa de contratacion*
16 janv.	Colomb quitte Saint-Domingue.
17-24 févr.	Colomb aux Açores.
4-13 mars	Colomb au Portugal.
15 mars	Colomb rentre à Palos.
4 mai	Bulle *Inter Cetera* : démarcation des empires coloniaux de l'Espagne et du Portugal.
7 juin	Traité de Tordesillas : le partage du monde.
25 sept.-27 nov.	Deuxième voyage de Colomb vers Saint-Domingue.
1494 5 mai	Colomb à la Jamaïque.
5 août	Fondation de la ville de Saint-Domingue.
1495	Manuel Ier, roi de Portugal.
1496	
10 mars-11 juin	Deuxième retour de Colomb.
1497	Les Espagnols occupent Melilla.
12 juil.	Vasco de Gama quitte Lisbonne.
1498	
19 mai-24 août	Vasco de Gama atteint le Dekkan.
30 mai-31 août	Troisième voyage de Colomb vers Saint-Domingue.
1499 mai	Départ d'Hojeda pour l'Amérique du sud.
1500 8 mars	Cabral quitte Lisbonne.
22 avril-2 mai	Cabral au Brésil
25 août	Arrivée à Saint-Domingue du commandeur Bobadilla.
13 sept.	Cabral à Calicut.
25 nov.	Arrivée de Colomb, prisonnier, à Cadix.
25 déc.	Cabral à Cochin.
1501	
9 janv.-26 juil.	Retour de Cabral.
1502 11 mai	Quatrième départ de Colomb.
1503 juin	Colomb échoue à la Jamaïque.

1504 7 nov.	Dernier retour de Colomb.
1505	Amerigo Vespucci nommé chef de la *Casa de contratacion.*
	Les Portugais occupent Agadir.
1506	Publication à Florence de la *Lettre* d'Amerigo Vespucci.
	Da Cunha fait le blocus de la mer Rouge.
20 mai	Mort de Christophe Colomb à Valladolid.
1508	Ponce de Leon occupe Porto Rico.
1510	Albuquerque enlève Goa.
1511 15 août	Albuquerque prend Malacca.
1512	Abreu et Serrão atteignent les Moluques par l'ouest.
	Ponce de Leon en Floride.
1513	Les Portugais en Chine.
	Vasco Nuñez franchit l'isthme et atteint le Pacifique.
	Magellan au Maroc.
1515 16 déc.	Mort d'Albuquerque devant Ormuz.
1516	Diaz de Solis atteint l'Uruguay.
1518 22 mars	Charles Quint donne son accord à Magellan.
1519 10 août	Magellan quitte Séville.
1520	Ambassade portugaise en Éthiopie.
11 janv.	Magellan atteint le rio de la Plata.
28 nov.	Magellan atteint le Pacifique.
1521 6 mars	Magellan aux Mariannes.
16 mars	Magellan aux Philippines.
27 avril	Mort de Magellan à Mactan.
6 nov.	Carvalho atteint les Moluques par l'est.
1522	
13 févr.-6 sept.	Retour des compagnons de Magellan.
1541	Sépulture de Christophe Colomb à Saint-Domingue.

SOURCES ET BIBLIOGRAPHIE

Textes publiés

AILLY (Pierre d'), *Ymago mundi.* Éd. Édmond BURON. Paris, 1930. 3 vol.

BÉTHENCOURT (Jean de), *Le Canarien. Livre de la conquête et conversion des Canaries (1402-1422).* Éd. Elias SERRA RAFOLS et Alejandro CIORANESCU. Las Palmas, 1960-1965. 3 vol.

BRUNETTO LATINI, *Li livre dou Trésor.* Éd. Francis J. CARMODY, Berkeley, 1948.

CLAVIJO. Voir GONZALEZ.

COLOMB (Christophe), *Œuvres complètes.* Éd. Alejandro CIORANESCU, Paris, 1961.

— *La découverte de l'Amérique. Journal de bord.* Trad. Soledad ESTORACH et Michel LEQUENNE. Paris, 1979, 2e éd., 1989. 2 vol.

— *The Journal.* Éd. C. JANE et L. A. VIGNERAS. Londres, 1960.

— *Les plus belles lettres de Christophe Colomb.* Éd. Marianne MAHN-LOT. Paris, 1961.

COLOMBO (Fernando), *Le Historie.* Éd. R. CADDEO. Milan, 1930.

— *The life of the Admiral.* Éd. B. KEEN. New Brunswick, 1959.

— *Vida del Almirante.* Éd. Ramon IGLESIAS. Mexico, 1947.

Cristoforo Colombo. Documenti et prove della sua appartenenza a Genova. Bergame, 1931.

Documents relatifs au Clos des galées de Rouen et aux armées de mer du roi de France de 1293-1418. Éd. Anne CHAZELAS. Paris, 1977, 2 vol.

GAMA (Vasco de), *Journal of the First Voyage of Vasco de Gama.* Londres, 1898.

GOMES (Diogo), *De la première découverte de la Guinée.* Éd. Th. MONOD, Raymond MAUNY et G. DUVAL. Bissau, 1959.

GONZALEZ DE CLAVIJO (Ruy), *La route de Samarkand au temps de Tamerlan.* Éd. Lucien Kehren. Paris, 1990.

GOSSOUIN, *Image du monde de maître Gossouin (L').* Éd. O.H. PRIOR. Lausanne, 1913.

Guide du pèlerin de Saint-Jacques de Compostelle (Le). Éd. Jeanne VIELLIARD. Mâcon, 4e éd., 1969.

Guide du pèlerin de Terre Sainte au XVe siècle (Un). Éd. Régine PERNOUD. Mantes, 1940.

IBN BATTUTA, *Voyages d'Ibn Battuta. Texte arabe accompagné d'une traduction.* Éd. Charles DEFRÉMERY et B.-R. SANGUINETTI. Paris, 1969. 4 volumes.

ISIDORE DE SÉVILLE, *Étymologiarum sive originum libri XX.* Éd. Wallace Martin LINDSAY. Oxford, 1911.

JACOBUS DA VERONA, *Liber peregrinationis.* Éd. Ugo MONNERET DE VILLARS. Rome, 1950.

JEAN DE MONTE CORVINO, *Lettres,* dans VAN DEN WYNGAERT, *Sinica franciscana,* tome I. Florence, 1929.

JEAN DU PLAN CARPIN, *Historia Mongolorum.* Éd. Dom Jean BECQUET et Louis HAMBIS. Paris, 1965.

Journal and other documents of the life and voyages of Christopher Colombus. Éd. Samuel Eliot MORISON. New York, 1963.

LAS CASAS (Bartolomé de), *Historia de las Indias.* Éd. Agustin MILLARES CARLO. Mexico, 1951, 3 vol.

Libro copiador de Cristobal Colon. Éd. Antonio RUMEU DE ARMAS. Madrid, 1989. 2 vol. et un album.

MANDEVILLE (Jean de), *Mandeville's Travels.* Éd. M. LETTS. Londres, 1953, 2 vol.

Navigation de Vasqye de Gamme, chef de l'armée du roi de Portugal en l'an 1497, écrite par un gentilhomme florentin qui se trouva de retour à Lisbonne avec ladite armée. Éd. Charles SCHEFER. Paris, 1898.

ODÉRIC DE PORDENONE, *Les voyages en Asie du bienheureux Oderic de Pordenone.* Éd. Henri CORDIER. Paris, 1891.

ORESME (Nicole), *Le livre du ciel et du monde.* Éd. Albert Douglas MENUT et Alexandre J. DENOMY. Milwaukee-Londres, 1968.

PIGAFETTA (Antonio), *Premier voyage autour du monde par Magellan.* Éd. Léonce PEILLARD. Paris, 1984.

PLATON, *Œuvres complètes.* Tome X. *Timée. Critias.* Éd. Albert RIVAUD. Paris, 1925.

PLINE, *Histoire naturelle.* Livre V. Éd. Jehan DESANGES. Paris, 1980. — Livre VII. Éd. Robert SCHILLING. Paris, 1977. — Livre VIII. Éd. Alfred ERNOUT. Paris, 1962.

POLO (Marco), *Le devisement du monde.* Éd. A.-C. MOULE et Paul PELLIOT. Paris, 1980.

POLYBE, *Histoire.* Livre V. Éd. Paul PÉDECH. Paris, 1977.

Relation des voyages à la Côte occidentale d'Afrique d'Alvise Cà da Mosto, 1455-1457. Éd. Charles SCHEFER. Paris, 1895.

RUBROUCK (Guillaume de), *Voyage dans l'empire mongol, 1253-1255.* Éd. Cl. et R. KLAPPER. Paris, 1985.

STRABON, *Géographie.* Éd. Germaine AUJAC et Francois LASSERRE. Paris, 1969-1986, 9 vol.

Textes et documents relatifs à l'histoire de l'Afrique. Extraits tirés des Voyages d'Ibn Battuta. Éd. Raymond MAUNY, Vincent MONTEIL, A. DJENIDI S. ROBERT et Jean DEVISSE. Dakar, 1966.

Voyage d'Outremer de Bertrandon de la Broquière, premier écuyer tranchant et conseiller de Philippe le Bon, duc de Bourgogne. Éd. Charles SCHEFER. Paris, 1892.

ZURARA (Gomes Eanes de), *Cronica da Guiné.* Éd. A.J. DIAS DINIZ. Lisbonne, 1949.

Bibliographie

ARNAUD (P.), *Imago mundi.* Paris, thèse Paris-Sorbonne, 1984.

ARNAUD (P.), « L'image du globe dans le monde romain », dans *Mélanges de l'École française de Rome, Antiquité,* 1984, p. 53-116.

Aspects internationaux de la découverte océanique aux XVe-XVIe *siècles (Les). Actes du 5e colloque international d'histoire maritime* (Lisbonne, 1960). Paris, 1966.

AUJAC (Germaine), *La géographie dans le monde antique.* Paris, 1975.

AUJAC (Germaine), *Strabon et la science de son temps,* Paris, 1966.

BAGROW (L.), *History of cartography.* Londres, 1964.

BALLESTEROS Y BERETTA (Antonio), *Cristobal Colon y el descubrimiento de America.* Buenos Aires, 1945.

BALLESTEROS Y BERETTA (Antonio), (dir.), *Historia de America.* Madrid, 1945.

BERNARD (Jacques), *Navires et gens de mer à Bordeaux (vers 1400 — vers 1550).* Paris, 1968. 3 volumes.

BLOCH (Marc), « L'or au Moyen Age », dans *Revue d'Histoire économique et sociale*, V, 1933. Réimprimé dans *Mélanges historiques,* II, Paris, 1963, pp. 839-867.

BOSIO (L.), *La Tabula Peutingeriana.* Bologne, 1983.

BOURNE (E.G.), *The voyage of Colombus and of John Cabot.* New York, 1925.

BROC (Numa), *La Géographie des philosophes.* Paris, 1975.

BROC (Numa), *La Géographie de la Renaissance.* Paris, 1980.

CARRÈRE (Claude), *Barcelone, centre économique, 1380-1462.* Paris-La Haye, 1967, 2 volumes.

Cartes et figures de la terre. Paris, Centre Pompidou, 1980.

CARY (M.) et WARMINGTON (E.H.), *The Ancient Explorers.* Londres, 1929.

CHAUNU (Pierre), *L'Amérique et les Amériques.* Paris, 1964.

CHAUNU (Pierre), *Conquête et exploitation des nouveaux mondes.* Paris, 1969. (Nouvelle Clio).

CHAUNU (Pierre), *L'expansion européenne du* XIIIe *au* XVe *siècle.* Paris, 1969 (Nouvelle Clio).

CLAVAL (P.), *La pensée géographique.* Paris, 1972.

CORTESÃO (Armando), *Os descobrimentos portugueses.* Lisbonne, 1960. 2 vol.

CORTESÃO (Armando), *Teoria geral dos descobrimentos portugueses no mundo.* Lisbonne, 1940.

CRONE (G.) *Mapes and their makers.* Londres, 1966.

DAINVILLE (François de), *La géographie des humanistes.* Paris, 1940.

DAUMAS (Maurice), dir., *Hisroire générale des techniques.* Paris, 1962-1968. 3 vol.

DELUZ (Christiane), *Le Livre de Jean de Mandeville. Une « Géographie » au* XIVe *siècle.* Louvain, 1988.

DE ROOVER (Raymond), *The rise and decline of the Medici Bank, 1397-1494.* New York, 1966.

DESANGES Jehan), *Recherches sur l'activité des Méditerranéens aux confins de l'Afrique.* Rome, 1978.

DESTOMBES (Marcel), *Cartes catalanes du* XIVe *siècle.* Paris, 1952.

DESTOMBES (Marcel), *Mappemondes. A.D. 1200 — 1500.* Amsterdam, 1964.

DILKE (O.A.W.), *Greek and Roman Maps.* Londres, 1985.

DION (Roger), *Aspects politiques de la géographie antique.* Paris, 1977.

DOUSSET (Roselène) et TAILLEMITE (Étienne), *Le Grand Livre du Pacifique.* Paris, 1976.

DUHEM (Pierre), *Le système du monde. Histoire des doctrines cosmologiques de Platon à Copernic.* Paris, 1913-1917, 5 vol.

Europa und der Orient. 800-1900. Dir. Gereon SIEVERNICH et Hendrik BUDDE. Berlin, 1989.

Europe et l'Océan au Moyen Age (L'). Contribution à l'histoire de la navigation. Avant-propos de Michel Balard. Paris, 1989. Société des Historiens médiévistes de l'Enseignement supérieur.

FALL (Y.K.), *L'Afrique à la naissance de la cartographie moderne. Les cartes majorquines.* XIVe — XVe *siècles.* Paris, 1982.

FAVIER (Jean), *De l'or et des épices. Naissance de l'homme d'affaires au Moyen Age.* Paris, 1987.

GAUTIER-DALCHÉ (Patrick), *La « Descriptio Mappe Mundi » de Hugues de Saint-Victor. Texte inédit avec introduction et commentaire.* Paris, 1988.

Géographie du monde au Moyen Age et à la Renaissance. Éd. Monique PELLETIER. Paris, 1989 (C.T.H.S., Mémoires de la section de Géographie, 15).

GERBI (A.), *La natura delle Indie nuove.* Naples, 1975.

GIAFFERI (Charles) et LE GENTIL (René), *Le secret de Christophe Colomb.* Paris, 1937.

GLÉNISSON (Jean), *Les découvertes du monde.* Paris, 1966.

GODINHO (Vitorino M.), *A economia dos descobrimentos henriquinos.* Lisbonne, 1962.

GODINHO (Vitorino M.), *Les Grandes Découvertes.* Coïmbra, 1953.

GUARNIERI (G.), *Les correnti del pensiero geografico nell' Antichità classica.* Milan, 1968. 2 vol.

GUILLEUX DE LA ROËRIE (L.), *Navires et marins. De la rame à l'hélice.* Paris, 2e éd., 1946. 2 vol.

GÜNGERICH (R.), *Die Künstenbeschreibung in der griechischen Literatur.* Münster, 1950.

HALE (J.), dir., *Renaissance Venice.* Londres, 1973.

HEERS (Jacques), *Christophe Colomb.* Paris, 1982.

HEERS (Jacques), *Gênes au* XVe *siècle. Activité économique et problèmes sociaux.* Paris, 1961.

HEERS (Jacques), *Marco Polo.* Paris, 1983.

HENNIG (R.), *Terrae incognitae. Eine Zuzammenstellung und kritische Bewertung der wichtigsten vorkolumbischen Entdeckungsreisen.* Leyde, 1936-1956. 4 vol.

HEYD (W.), *Histoire du commerce du Levant au Moyen Age.* 2e éd., Leipzig, 1885-1886, 2 vol., réimpr. anast., Amsterdam, 1959.

HOCQUET (Jean-Claude), *Le sel et la fortune de Venise,* vol. 2, *Voiliers et commerce en Méditerranée. 1200-1650.* Lille, 1979.

Imago et mensura mundi. Atti del IX Congresso internazionale di storia della cartografia. Rome, 1987.

JACOB (C.) et LESTRINGANT (Frank), *Arts et légendes d'espace. Figures du voyage et rhétorique du monde.* Paris, 1981.

JAL (Augustin), *Glossaire nautique. Répertoire polyglotte des termes de marine anciens et modernes.* Paris, 1848. 2 vol.

JAL (Augustin), *Nouveau glossaire nautique d'Augustin Jal. Révision de l'édition publiée en 1848.* Publ. sous la dir. de M. MOLLAT DU JOURDIN. Paris-La Haye, 1970 — 1989, 5 fasc. parus jusqu'à la lettre G.

JANNI (P.), *La mappa e il periplo. Cartografia antica e spazio odologico.* Rome, 1984.

JOLY (Fernand), *La cartographie.* Paris, 1976.

KISH (G.), *La carte, image des civilisations.* Paris, 1980.

KNEFELKAMP (U.), *Die Suche nach den Reich des Priesterkönigs Johannes.* Gelsenkirchen, 1986.

KOLENDO (J.), *A la recherche de l'ambre baltique.* Varsovie, 1981.

KUPCIC (I.), *Cartes géographiques anciennes.* Prague, 1980 et Paris, 1981.

LANDES (David S.), *L'heure qu'il est. Les horloges, la mesure du temps et la formation du monde moderne.* Paris, 1987.

LANE (Frederic C.), *Navires et constructeurs à Venise pendant la Renaissance.* Paris, 1965.

LANE (Frederic C.), *Venice. A Maritime Republic.* Baltimore-Londres, 1973.

LANE (Frederic C.), *Venise and History.* Baltimore, 1966.

LANE (Frederic C.), *Venitian Ships and Shipsbuilders of the Renaissance.* Baltimore, 1933.

LA RONCIÈRE (Charles de), *Histoire de la découverte de l'Afrique au Moyen Age.* Le Caire, 1924-1925. 2 vol.

LA RONCIÈRE (Charles de), *Histoire de la Marine francaise.* Paris, 1909-1920. 5 vol.

LA RONCIÈRE (Monique de) et MOLLAT DU JOURDIN (Michel), *Les Portulans. Cartes marines du* XIIIe *au* XVIIe *siècle.* Paris, 1984.

LEFEBVRE DES NOËTTES (Richard), *De la marine antique à la marine moderne. La révolution du gouvernail. Contribution à l'étude de l'esclavage.* Paris, 1935.

LEITE (Duarte), *Historia dos Descobrimentos.* Éd. V.M. GODINHO. Lisbonne, 1959-1962. 2 vol.

LOMBARD (Maurice), *Les métaux dans l'ancien monde du* V^e^ *au* XIe *siècle.* Paris, 1974.

MADARIAGA (Salvador de), *Christophe Colomb.* Paris, 1952.

MAHN-LOT (Marianne), *Christophe Colomb.* Paris, 1960.

MAHN-LOT (Marianne), *La Découverte de l'Amérique.* Paris, 1970.

MALOWIST (Marian), *Croissance et régression en Europe.* XIVe — XVIIe *siècles.* Paris, 1972.

MANCA (C.), *Aspetti dell'espansione economica catalano-aragonese nel Mediterraneo occidentale. Il commercio internazionale del sale.* Milan, 1966.

MANZANO (Juan), *Colon y su secreto*. Madrid, 1970.
MANZANO (Juan), *Siete años decisivos de la vida de Cristobal Colon. 1484-1492*. Madrid, 1964.
MAUNY (R.), *Les navigations médiévales sur les côtes sahariennes antérieures à la découverte portugaise (1434)*. Lisbonne, 1960.
Méditerranée et Océan Indien. 6e colloque international d'histoire maritime. Venise, 1962.
MIQUEL (André), *La géographie humaine du monde musulman jusqu'au milieu du* XIe *siècle*. Paris-La Haye, 1973-1980. 3 vol.
MOLLAT (Michel), *Aspects internationaux de la découverte océanique aux* XVe *et* XVIe *siècles*. Paris, 1966.
MOLLAT (Michel), *Le commerce maritime normand à la fin du Moyen Age*. Paris, 1952.
MOLLAT (Michel), *Les explorateurs du* XIIIe *au* XVIe *siècle. Premiers regards sur des mondes nouveaux*. Paris, 1984.
MOLLAT (Michel), *Les grandes voies maritimes dans le monde.* XVe *—* XVIe *siècle*. Paris, 1965.
MOLLAT (Michel), *Grands voyages et connaissance du monde du milieu du* XIIIe *siècle à la fin du* XVe. Paris, 1966-1969. 2 fasc.
MOLLAT (Michel), *Jacques Cœur ou l'esprit d'entreprise*. Paris, 1988.
MOLLAT (Michel), *Le navire et l'économie maritime du* XVe *au* XVIIe *siècle*. Paris, 1957.
MOLLAT (Michel), *La vie quotidienne des gens de mer en Atlantique.* IXe *—* XVIe *siècle*. Paris, 1983.
MORACCHINI-MAZEL (Geneviève) et BOINARD (R.), *La Corse selon Ptolémée. Une carte marine révélée par le réseau des feux de signalisation et par les ruines du monachisme primitif*. Bastia, 1989 (*Cahier Corsica*, 128-129-130).
MORISON (Samuel Eliot), *Christophe Colomb, amiral de la mer Océane*. Trad. René Guyonnet. Paris, 1958.
MORISON (Samuel Eliot), *Christopher Colombus mariner*. Londres, 1956.
NEWTON (R.), *The crime of Claudius Ptolemaeus*. Baltimore, 1977.
NEWTON (R.), *Medieval cronicles and the rotation of the earth*. Baltimore, 1972.
NICOLET (Claude), *L'inventaire du monde. Géographie et politique aux origines de l'Empire romain*. Paris, 1988.
NUÑES DIAS (Manuel), *O capitalismo monarquico portugues (1415-1549)*. Coimbra, 1963-1964. 2 vol.
NUNN (George E.), *The geographical conceptions of Colombus*. New York, 1924.

O'GORMAN (Edmundo), *La invencion de America.* Mexico, 1958.

OLSCHKI (Leonardo), *L'Asia di Marco Polo.* Florence, 1957.

PASTOR (Julio Rey), *La ciencia y la tecnica en el descubrimiento de America.* Buenos Aires, 1942.

PEDECH (Paul), *La géographie des Grecs.* Paris, 1976.

PERES (Damião), *Historia dos descobrimentos portugueses.* Coimbra, 2e éd., 1960.

PINCHEMEL (Philippe), *Le vocabulaire historique et épistémologique de la géographie.* Paris, 1982 (*Documents pour l'histoire du vocabulaire scientifique*, 3).

PIRENNE (Henri), *Mahomet et Charlemagne.* Bruxelles, 1937.

POHL (F.J.), *La découverte de l'Amérique par les Vikings.* Trad. fr., Paris, 1954.

POULLE (Emmanuel), *Un constructeur d'instruments astronomiques au* XVe *siècle. Jean Fusoris.* Paris, 1963.

POULLE (Emmanuel), « Les Tables alphonsines et Alphonse X de Castille », dans *Académie des Inscriptions et Belles-Lettres, Comptes rendus,* 1987, pp. 82-102.

PRONTERA (F.), *Geografia e geografi nel monde antico. Guida storica e critica.* Bari, 1983.

RANDLES (W.G.L.), *De la terre plate au globe terrestre. Une mutation épistémologique rapide. 1480-1520.* Paris, 1980 (*Cahiers des Annales*, 38).

RICHARD (Jean), *La Papauté et les missions d'Orient au Moyen Age.* Rome-Paris, 1977.

ROSSIER (P.), *Les cartes géographiques et leur histoire.* Alençon, 1954.

Route de Poste (Une). La route d'Espagne. Catalogue de l'exposition au Musée postal. Paris, 1977.

ROUX (Jean-Paul), *Les explorateurs au Moyen Age.* Paris, 1985.

SARTON (George), *Introduction to the history of the science.* Washington, 1927-1947. 5 vol.

SAUER (C.O.). *The Early Spanish Main.* Berkeley, 1966.

SITWELL (N. H.) *The world the Romans knew.* Londres, 1984.

SKELTON (R. A.), MARSTON (T. E.) et PAINTER (G. D.), *The Vinland Map and the Tartar Relation.* Princeton-Londres, 1965.

TAILLEMITE (Étienne), *Dictionnaire des marins francais.* Paris, 1982.

TATERSALL (J.), « Terra incognita, Allusions aux extrêmes limites du monde dans les anciens textes français », dans *Cahiers de civilisation médiévale,* 24, 1981, pp. 247-255.

TAVIANI (P. E.), *Christophe Colomb. Genèse de la grande découverte.* Trad. B. M. Festa et A. et P. Oliver. Paris, 1982.

VERLINDEN (Charles), *L'esclavage dans l'Europe médiévale.* Bruges-Gand, 1955-1977. 2 vol.

VIDAL-NAQUET (Pierre), « L'Atlantide et les nations », dans *La démocratie grecque vue d'ailleurs.* Paris, 1990.

WRIGHT (J. K.), *The geographical Lore of the time of the Crusades. A study in the history of Medieval science and tradition in Western Europe.* New York, 2e éd., 1965.

ZORZA (A.), *Marco Polo.* Paris, 1983.

INDEX

TABLE DES CARTES

TABLE DES CARTES

Table

DEUXIÈME PARTIE
LES FORCES PROFONDES

TROISIÈME PARTIE
LES MOYENS

QUATRIÈME PARTIE
LA DÉCOUVERTE DU MONDE

Composition réalisée par JOUVE

IMPRIMÉ EN FRANCE PAR BRODARD ET TAUPIN
Usine de La Flèche (Sarthe).
LIBRAIRIE GÉNÉRALE FRANÇAISE - 6, rue Pierre-Sarrazin - 75006 Paris.
ISBN : 2 - 253 - 06171 - 9

H 30/2934/5